国家哲学社会科学成果文库

NATIONAL ACHIEVEMENTS LIBRARY
OF PHILOSOPHY AND SOCIAL SCIENCES

社会民主主义概论

殷叙彝 著

中央编译出版社
Central Compilation & Translation Press

作者简介

殷叙彝，籍贯江苏镇江，1925年5月出生于江苏丹阳。曾攻读医科，因病辍学，后改习历史。1949年入清华大学历史系，1954年毕业于北京大学历史系。曾任中共中央编译局世界社会主义研究所研究员、副所长，北京大学国际关系学院、中国人民大学国际关系学院兼职教授。曾任第七、八届全国政协委员。1991年获国务院有特殊贡献专家证书。

主要著作：《十月革命对中国革命的影响》，《五四时期期刊介绍》，《从五四启蒙运动到马克思主义的传播》，《第二国际研究》（均为合著），《民主社会主义论》。主要译作：《社会主义的前提和社会民主党的任务》（[德]爱德华·伯恩施坦著），《社会民主主义导论》，《社会民主主义的转型》（[德]托马斯·迈尔著），《救国十人团运动研究》（[日]小野信尔著，与张允侯合译），《有为与无为》（[德]卡林·瓦尔特编，与周懋庸合译）。主持或参加编选、编译、校译的资料和文集：《李大钊选集》，《五四运动文选》，《五四时期的社团》，《留法勤工俭学运动》，《伯恩斯坦言论》，《考茨基言论》，《鲍威尔言论》，《福尔马尔文选》，《卢森堡文选》，《德国社会民主党关于伯恩斯坦问题的争论》，《当代西欧社会党人物传》，《未来的社会主义》，《伯恩斯坦文选》，《鲍威尔文选》，《伯恩斯坦读本》等。

《国家哲学社会科学成果文库》
出版说明

  为充分发挥哲学社会科学研究优秀成果和优秀人才的示范带动作用，促进我国哲学社会科学繁荣发展，全国哲学社会科学规划领导小组决定自 2010 年始，设立《国家哲学社会科学成果文库》，每年评审一次。入选成果经过了同行专家严格评审，代表当前相关领域学术研究的前沿水平，体现我国哲学社会科学界的学术创造力，按照"统一标识、统一封面、统一版式、统一标准"的总体要求组织出版。

全国哲学社会科学规划办公室
2011 年 3 月

谨以此书献给我敬爱的老师：

童耀卿　邵循正　杨业治
张芝联　王永兴　陈庆华

目　录

作者自序 ……………………………………………………………（1）

第一章　社会民主主义概念的发展、社会民主主义和伦理社会主义 …………………………………………（1）
第一节　"社会民主主义"和"民主社会主义"概念的渊源和演变 …………………………………………………（1）
第二节　社会民主主义和伦理社会主义 ……………………（11）
第三节　德国社会民主党新纲领制定过程中关于基本价值的讨论 …………………………………………………（40）
第四节　莱昂·勃鲁姆和当代社会民主主义 ………………（54）
第五节　列昂内尔·若斯潘和法国社会党的社会主义理论 …（72）

第二章　社会民主主义的国家理论 …………………………（91）
第一节　从拉萨尔到伯恩施坦 ………………………………（91）
第二节　考茨基和王德威尔得的国家理论 …………………（122）
第三节　赫尔曼·赫勒的"社会法制国家"理论 ……………（181）
第四节　麦克斯·阿德勒的"马克思主义国家观" ……………（193）
第五节　鲁道夫·希法亭的民主共和国崇拜 ………………（211）
第六节　莱昂·勃鲁姆的社会改良主义和国家理论 ………（248）
第七节　哈罗尔德·拉斯基的多元主义国家观 ……………（267）

    第八节　对当代社会民主主义国家观的几点看法 ………… (308)

第三章　社会民主主义和自由主义 …………………………… (324)
　　第一节　科学社会主义、社会民主主义和自由主义的关系 …… (324)
　　第二节　霍布豪斯的"新自由主义"和"社会自由主义" …… (350)
　　第三节　约翰·霍布森的"自由（的）社会主义" ………… (363)
　　第四节　弗里德里希·瑙曼和德国社会民主主义 …………… (379)

第四章　社会民主党和工会的关系 ……………………………… (393)
　　第一节　社会主义政党和工人运动及工会的关系 …………… (393)
　　第二节　德国社会民主党和工会 ……………………………… (404)
　　第三节　英国工党和工会 ……………………………………… (438)

主要参考文献 ……………………………………………………… (473)

Contents

Preface ··· 1

Chapter 1 Historical Development of the Concept "Social Democracy" and its Relation with Ethical Socialism ···························· 1

  1. 1 Social Democracy, Origin and Historical Development of the Concept ··· 1

  1. 2 Social Democracy and Ethical Socialism ···························· 11

  1. 3 Debate on the Basic Values in the German Social Democratic Party ·· 40

  1. 4 Leon Blum and Contemporary Social Democracy ··············· 54

  1. 5 The Socialism Theory of Lionel Jospin and the French Socialist Party ··· 72

Chapter 2 The Social Democratic Theories of the State ················ 91

  2. 1 From Lassalle to Bernstein ·· 91

  2. 2 The State Theory of Karl Kautsky and Emil Vandervelde ········ 122

  2. 3 The "Social Legal State" of Hermann Heller ······················· 181

  2. 4 Max Adler on the "Marxist Theory of State" ····················· 193

  2. 5 The "Democratic Republic Cult" of Rudolf Hilferding ·········· 211

  2. 6 The Social Reformism of Leon Blum and his State Theory ······ 248

2.7　Pluralistic Theory of State of Harold Lasky ·················· 267
2.8　Some Characteristics of the Contemporary Social Democratic State Theory ·················· 308

Chapter 3　Social Democracy and Liberalism ·················· 324
3.1　Scientific Socialism, Social Democracy and Liberalism: A Comparison ·················· 324
3.2　Renold Hobhouse, New Liberalism and Social Democracy ······ 350
3.3　John Hobson and Liberal Socialism ·················· 363
3.4　Friederich Naumann and Geman Social Democracy ·················· 379

Chapter 4　The Relation between Social Democratic Parties and Trade Unions ·················· 393
4.1　Historical Development of the Relation between Social Democratic Parties and Trade Unions ·················· 393
4.2　The German Social Democratic Party and the German Trade Unions ·················· 404
4.3　The Labor Party and the British Trade Unions ·················· 438

References ·················· 473

作者自序

中央编译出版社在2009年出版了我的一本文集,所收论文大部分涉及民主社会主义,所以书名定为《民主社会主义论》。这本论文集可以说是我在改革开放以后大约20年间的研究工作的结晶,而现在献给读者的《社会民主主义概论》则是近10年来我在这一基础上所作的进一步研究的成果。

我在本书中主要以第二国际后期为起点,从五个方面,或者说就五个问题,论述了社会民主主义:(1)社会民主主义(民主社会主义)概念的起源和历史演变;(2)社会民主主义和伦理社会主义;(3)社会民主主义的国家理论;(4)社会民主主义和自由主义;(5)社会民主党和工会的关系。我认为这五个方面体现了社会民主主义的基本"身份特征",因此也是研究社会民主主义政党的理论和政策,社会民主主义政党在本国和世界政治中的地位和作用,社会民主主义政党的兴衰起落和发展前景等问题的基础。

在我国大量论述社会民主主义的著作中,社会民主主义和民主社会主义这两个概念当然是最常见到的。但是,有些作者由于对这两个概念之间的共性和差别及其历史演变不是很清楚,在使用时存在很大的随意性,这也就在不同程度上影响了论述的深度。有鉴于此,我根据大量的历史文献探索并论述了这样一个过程:社会民主主义概念在1848年欧洲革命时期出现,主要是小资产阶级社会主义的思想表述;第二国际时期,它基本上是科学社会主义的同义词;第一次世界大战以后,随着国际社会主义运动的分裂,它成为各国社会民主主义政党的社会改良主义意识形态的表述;第二次世界大战结束后,社会民主主义政党在保持基本性质不变的情况下,逐渐用民主社会主义概念代替社会民主主义概念,二者的主要差别在于意识形态的多元化和伦理社会主义色彩的加强。20世纪90年代苏东剧变后，社会党国际和各国社会民主党再一次采用社会民主主义来表述自己的意识形态和政治主张。通过这一转变，社会民主主义政党明确表示它们已不再追求以作为制度的社会主义取代资本主义，只是致力于在民主主义制度下实现社会主义的基本价值。由此可见，这两个概念特别是社会民主主义在不同时期的运用反映了社会民主党的一些重大变化，而且是与伦理社会主义影响的逐步加强有密切联系的。

从社会民主主义政党成立时开始，党内不断有人主张用伦理社会主义思想来补充历史唯物主义，把二者调和起来，或者甚至主张用伦理社会主义取代历史唯物主义。这种主张在很长时期内始终未能成为主流，但党内不断有人发表论述伦理社会主义的著作，逐步扩大了它的影响。第二次世界大战以后，伦理社会主义思想终于在社会党国际和各国社会民主主义政党的纲领性文件中得到表述，成为它们批评资本主义制度并且主张用社会主义制度取而代之的重要论证。它们在如前面所述放弃制度取代以后，实际已把社会主义看成争取人类社会的几个普遍的伦理价值（自由、平等或公正、团结互助等等）逐步得到完满实现的过程。经过几十年的发展，伦理社会主义已成为社会民主党的理论基础的一个重要组成部分，因此可以说，社会民主主义是以伦理社会主义为论证的社会改良主义。

我在上世纪90年代曾经对以上两个方面进行研究，在杂志上发表了《社会民主主义和民主社会主义——概念的起源和历史演变》、《民主社会主义和伦理社会主义》这两篇文章，并且收入《民主社会主义论》文集。在本书中，我在第一章论述这两个问题。其中第一、二两节基本上是上述两篇文章的缩写，后面三节则是以近几年的研究为基础所作的补充。

社会民主主义的任务和目标是对资本主义的批判和改造。作为社会改良主义，它起初就实现这一目标的手段，后来又就目标本身与社会主义运动中的革命派和共产主义者进行争论并形成对立，而核心问题在于对待现有国家即资本主义国家的认识和态度。因此，对社会民主主义的国家理论及由此产生的策略的分析是我们确定社会民主主义身份特征的关键。一般说来，社会民主主义政党的纲领性文件只是对国家理论作一些原则性表述，详细的论述是由党的一些主要领导人、特别是党的理论家从不同角度、以不同方式提供的。本书第二章"社会民主主义的国家理论"分节论述了德、奥、英、法、比等五个国家的九个领导人或理论家的国家学说，指出他们的共同之处和各自的特点。

德国社会民主党认为自己的历史是从费迪南·拉萨尔在1864年创立"全德工人联合会"开始的，而拉萨尔恰恰是最早论述社会民主主义国家理论的。他根据黑格尔的客观唯心主义来论证国家的历史发展，认为一旦议会制民主共和国产生，工人阶级就可以利用普选权掌握国家来对社会和经济进行干预，使工人阶级的利益得到实现。拉萨尔的主张的致命缺点在于他希望俾斯麦反动政府能实行普选权并且由国家资助成立合作社，以此来实现社会主义。拉萨尔的观点遭到马克思恩格斯的严厉批判。爱德华·伯恩施坦起初也追随他们积极批判拉萨尔，但是他在开始对马克思主义提出修正后也逐渐接受拉萨尔的国家观，认为社会主义工人政党可以在议会制民主共和国范围内通过选举掌握政权，逐步实行社会主义。伯恩施坦不仅低估了资产阶级共和国反对工人阶级和社会主义运动乃至在一定条件下实行镇压的可能性，而且对于反动的军事官僚机器对工人阶级和社会主义运动的严重威胁未加考虑。伯恩施坦的这些观点和缺点在第二章论述的其他社会民主党人的国家学说中也不同程度地存在。

卡尔·考茨基是德国社会民主党和第二国际最有威望的理论家。他在许多著作中对国家问题作了详细的论述。考茨基根据马克思主义的国家理论，认为历史上的国家和当代的议会共和国都是统治阶级镇压被统治阶级的机器，同时又强调国家具有一些为社会共同体服务的职能。他认为在议会共和国时期，国家的镇压职能减少了，却获得了愈来愈多的对被剥削阶级也很重要的职能。当无产阶级作为一个自觉的阶级参加议会斗争时，议会就不再单纯是资产阶级的统治工具，这时无产阶级和资产阶级围绕议会权力进行的斗争最终会使议会成为无产阶级统治的工具，而获得普选权是无产阶级革命道路上的第一步。就此而论，考茨基与把合法斗争看成唯一可行道路的社会改良主义者似乎是一致的。但是考茨基从理论上讲并不否认议会共和国作为资产阶级的镇压机器的本质，从实践上讲对德国反动派用暴力摧毁社会主义势力的企图和行动也有所认识，因此他在使用"社会革命"一词时从来没有否认这也包含暴力革命的方式。他声称自己主张"既非不惜任何代价的革命,也非不惜任何代价的合法性",但对于社会民主党在什么样的条件下必须而且能够从合法斗争转向革命,他没有作出回答。不仅如此,他对德国当时还需要完成的一些民主革命任务的艰巨性认识不足,因此当德国工人阶级在社会民主党左派的支持下为此进行政治斗争时,他往往直接或间接支持改良派。整个说来,考茨基的理论中的有些观点是互相矛盾的,他的理论和他在政治实践中的态度之间也存在矛盾。

考茨基的这些矛盾相当大的程度上是由社会民主党当时的处境造成的。社会民主党把自己定位于主张以社会主义制度取代资本主义的革命政党,而这里所说的"革命"是隐含着暴力革命的。但是它们的政治行动主要是在现存政治制度范围内的议会斗争和工会工作,而且日益取得更大的成就,这就使党内主张以合法斗争为唯一手段的改良主义派的力量不断壮大。一般说来,党的领导仍旧必须竭力维护党的革命性质,另一方面,他们也珍惜合法斗争的成果,害怕党内革命派所倡导的激烈行动会导致政府的镇压而使这些成果毁于一旦。这就使他们处于动摇不定的状态,在关键时刻往往站到改良派一边。德国社会民主党的领导(常被称为马克思主义正统派或中派)在这一方面的表现最具有典型性,而考茨基的理论在主要方面正是党的领导的立场的表述。

考茨基关于无产阶级专政的论述是他的国家理论的一个重要方面。他实际上认为无产阶级专政就是指无产阶级政权,而无产阶级只有在发达的资本主义条件下,在人数、组织力量和政治觉悟上都占优势时才能(多半通过和平方式)掌握政权,那时这个政权的敌人的反抗已经无足轻重,对他们的镇压至多只是暂时的,根本不需要作为一种政体或过渡时期的专政。但是他无法解释马克思为什么使用这个观念。考茨基在和列宁进行争论时认为俄国的政治经济状况和无产阶级都还没有成熟到进行社会主义革命的程度,俄国只能进行民主革命。布尔什维克的行动超越了这一范围,不可能得到广大人民的支持,因此只有通过专政来贯彻自己的主张,但这种做法必然以失败告终。我在本书中主要对考茨基关于马克思无产阶级专政理论的解释和他对德国社会主义革命所持观点作了详细的分析,他认为德国的经济发展和无产阶级的力量远远超过俄国,甚至可以说已经成熟到足以实行社会主义的程度,所需要的主要是有耐心的斗争,或者所谓的"疲劳战略"。因此当第一次世界大战末期德皇被迫退位，社会主义民主党临时接管政府并且宣布成立共和国时，他虽然起初曾经主张应当摧毁反动的军官团和旧官僚的统治，却又害怕斗争的风险，尤其是害怕左派为此举行革命。特别是在1919年8月魏玛宪法制定以后，他就认为这一局面已经给无产阶级用和平手段取得政权提供充分的可能性，因此不再提出打碎军事官僚国家机器问题，反而鼓吹工人阶级应当保卫这个共和国了。他也低估了纳粹势力的危险，相信德国工人阶级有可能克服或阻止纳粹势力的威胁。这一切都表明，考茨基对德国在民主制度方面的缺陷估计不足，对德国人民进一步争取民主和捍卫民主的斗争的长期性、艰巨性估计不足，对社会主义前景盲目乐观，而这与他对无产阶级专政的理解是密切相关的。历史已经证明他的理论存在严重的缺陷。对于考茨基与列宁就无产阶级专政问题展开的争论，我也提出了自己的看法。

比利时工人党领袖、曾任第二国际常设机构社会党国防局主席的艾密尔·王德威尔得在第一次世界大战前夕写了一本论述国家理论的书，其中许多观点与考茨基基本相同，而且在当时各国社会党的领导中具有代表性，因此我把他的观点与考茨基联系起来加以论述。赫尔曼·赫勒是加入德国社会民主党的一批法学家的代表人物，鲁道夫·希法亭是"奥地利马克思主义派"的成员之一，后来是德国社会民主党的重要理论家和政治活动家，他们二人从不同角度论述了德国社会民主党在魏玛共和国中的发展前景，但都和考茨基犯了相同的错误。另一位"奥地利马克思派"代表人物麦克斯·阿德勒基本上赞同列宁关于无产阶级专政的观点，对考茨基的某些观点提出批评，但是他和考茨基一样，认为布尔什维克把这一理论运用于俄国是错误的。他也认为社会主义只是在发达资本主义国家才有可能实现，但是这一看法最后仍旧归结为和平过渡理论，第一次世界大战以后奥地利社会民主党在奥地利共和国的实践也已证明了它的失败。

本书第二章还论述了法国社会党领袖莱昂·勃鲁姆和英国工党著名理论家哈罗尔德·拉斯基的国家理论。勃鲁姆联系法国实际把社会党"行使政权"与"夺取政权"区分开来，企图以此来解释党所宣称的奋斗目标与现实政策之间的矛盾。拉斯基是多元主义国家理论的创始人之一。他从政治学角度论述国家问题，很重视对资本主义社会制度和国家制度的改造。他对这一制度和平改造的前景抱有希望，又相当悲观，而与此相联系的则是他对革命和改良的矛盾态度。拉斯基的思想可以说带有英国特点的社会民主主义思想。

第二次世界大战以后，欧洲发达国家的社会民主主义政党已从工人阶级政党转变成"全方位党"，对现存国家明确表示认同，因此对各种国家理论也可以兼收并蓄，其中多元主义国家观的影响是最重要的，社团主义、社群主义、公民社会理论等也都受到重视。本书第二章的最后一节对这一时期社会民主主义国家理论的特点作了概括的论述。

第三章论述社会民主主义和自由主义的关系。我首先指出，自由主义和科学社会主义是对立的思想体系，但是自由主义的左派与社会民主主义的右派（包括双方的一部分中派）之间在思想上和政策上是有共同之处的，在长期发展中这些共同之处逐渐形成一种共识，可以称之为"社会自由主义"或"自由社会主义"，而第二次世界大战以后出现的"社会福利国家"正是这种共识在政治实践中的体现。我主要以英国的伦纳德·特里劳尼·霍布豪斯和约翰·霍布森为例论述社会民主主义与自由主义的关系，也用德国的弗里德里希·瑙曼对待德国社会民主党、特别是对待伯恩施坦修正主义的态度作为进一步的证明。我在这一章中指出 19 世纪末、20 世纪初的"新自由主义"（New Liberalism）与 20 世纪 70 年代以来的"新自由主义"（Neo-Liberalism）之间的重大区别，认为当代社会民主主义虽然会从后一种新自由主义吸取一些思想，却不会与它形成共识，而所谓"第三条道路"正是这一态度的表述。

本书第四章首先概括论述了发达资本主义国家工人运动的两翼即社会主义政党和工会之间的关系及其发展。第二节和第三节分别论述了两个不同类型的大党即德国社会民主党和英国工党与工会关系的发展变化。这两个党的有关情况当然不能全面体现这一问题的复杂性和多样性，但毕竟是具有一定的典型意义的。

第二次世界大战结束后，社会民主主义政党成为处于西欧发达资本主义国家政治光谱中左位置的重要政治力量。60 多年以来，这支力量在不同国家和不同时期有起有落，有时会发生整个西欧范围的大起大落，甚至在相当大的范围内陷入困境或危机，但是它的作用始终是举足轻重的，社会民主主义政党的发展也不断提出需要在理论上作出回答和实践中加以解决的新问题，因此对社会民主主义的研究是具有重要意义的。我的这本书如果能为有关的研究工作者提供一些实在的帮助，我将感到欣慰。同时我也热切希望读者对本书的体裁、内容和观点提出宝贵的批评和意见。

在上世纪80年代和90年代之交，我曾经承担有关社会民主主义的一个国家社会科学重点研究项目。当时我曾经主编一套《当代世界社会主义研究丛书》，打算组织出版一批资料集、译著、专题论文集和专著，为这一研究打下坚实的基础。由于一些具体的困难，《丛书》只出版了五本，课题的最终成果也未能实现预期的目标。那时我年事已高，已不再想在这方面有所作为，但是我所在的世界社会主义研究所的两位所长王学东和张文成却建议我把这个题目继续搞下去，这对于我来说无疑是重大的激励。我在他们的支持下在2002年申请并获得中央编译局社科基金关于"社会民主主义研究"的课题，按照拟定的计划一个问题一个问题地研究，终于在2008年底完成这本书稿。在这一过程中，我有重点地阅读了一些社会民主主义或自由主义理论家的著作，其中有些是我多年以前就想涉猎但一直没有机会或时间去读的，如英国的拉斯基、法国的勃鲁姆、德国的瑙曼的著作；有些是以前已读过，这次又比较有系统地重新阅读的，如考茨基的著作。这些阅读使我拓宽眼界，重新思考了不少问题，也感到十分愉快，可以说是晚年的一大乐事。因此，我衷心感谢促成我获得这一机会的这两位同志。遗憾的是，我还有许多、许多的书想读，年龄和精力却再也不允许了。

中央编译局的领导和中央编译出版社对本书的出版提供了资助和不少方便，我在写作过程中还得到青年同事童建挺、徐洋和庄俊举的热心帮助，谨在此一并致谢。

殷叙彝
2010年5月于北京

第 一 章

社会民主主义概念的发展、
社会民主主义和伦理社会主义

第一节 "社会民主主义"和"民主社会主义"概念的渊源和演变

在关于世界社会主义运动特别是欧洲社会主义运动的文件和著作中，经常可以见到"民主社会主义"和"社会民主主义"这两个概念，关于这两个概念所表述的思想体系的争论也持续不断。由于涉及的历史跨度较大，文献浩繁，因此，时间一长，对这两个概念的起源、本来意义及其演变、二者之间的关系等等的理解有时不免有些模糊，从而也或多或少对论述或争论的深度产生了影响。有鉴于此，我认为在全面论述社会民主主义的理论以前应当把这两个概念弄清楚。

一

要理解"民主社会主义"，必须谈到它的前身："社会民主主义"。

"社会民主主义者"或"社会民主党"一词最早出现于1848年欧洲革命时期，主要是指德、法等国激进民主派中一些带有社会主义色彩的集团或小资产阶级社会主义者。当时马克思恩格斯和共产主义同盟成员曾经作为激进的一翼参加德国的革命，设想把资产阶级民主革命进行到底并且为向社会主义革命过渡创造条件，因此他们有时也自称社会民主主义者。但是1848

年革命的经过证明，上述那些社会民主主义者至多只是对工人阶级怀有模糊的同情，甚至是欺骗工人，因此恩格斯说，他和马克思后来有一段时期不愿用社会民主主义这个"如此有伸缩性的名称"来表示自己的观点，而宁可自称为共产主义者。①

二

19世纪60年代以后，欧洲各国陆续成立工人阶级的社会主义政党。最早的一个是1869年由奥古斯特·倍倍尔和威廉·李卜克内西领导的德国社会民主工人党。这个党的纲领的第4条是："政治自由是各劳动阶级经济解放的不可缺少的前提条件。因此社会问题是与政治问题不可分割地联系在一起的，社会问题的解决受到政治问题的制约，而且只有在民主国家内才能实现。"② 由此可见，它是把争取民主理解为实现社会主义的先决条件并且根据这一理解来命名的。这个党后来与拉萨尔派合并并一度改称"德国社会主义工人党"，最后在1870年定名为"德国社会民主党"，一直沿用至今。这一时期其他国家建立的社会主义工人政党通常也命名为社会民主党或社会民主工党（也有命名为工党或工人党的）。1889年各国社会主义政党联合成立第二国际，曾经考虑过采用"国际社会（主义）党"或"国际社会主义工人党"作为这个集合体的名称，在有的决议中也曾用过"社会民主党的国际组织"、"国际的革命社会民主党"等提法，虽然最后并未取得一致，不了了之，但是由此可见"社会民主党"、"社会党"、"社会主义工人党"这些名称可以交替使用，在意义上是没有差别的。为了行文方便，我在这里一般用"社会党"一词来代表所有这类政党。

这一时期各国社会党人对社会主义的理解集中表现在各党的纲领中，而第二国际规定的参加国际组织所应具备的条件可以说是这一理解的概括。第二国际1889年成立大会上悬挂的横幅标语是"从政治上和经济上剥夺资本家阶级的所有权，实行生产资料社会化"③。1900年的巴黎代表大会在以前

---

① 《马克思恩格斯全集》第22卷，人民出版社1965年版，第490页。
② 张世鹏编译：《德国社会民主党纲领汇编》，北京大学出版社2005年版，第9页。
③ 《1889年巴黎国际工人代表大会会议记录》，柏林1889年德文版，第7页。

的讨论的基础上规定参加国际的条件是:"一、一切承认以下的社会主义基本原则的组织:生产和交换手段的社会化;工人的国际团结和行动;由组织成政党的无产阶级为社会主义夺取公共权力。二、一切站在阶级斗争的立场上并承认政治活动即立法和议会活动的必要性,却并不直接参加政治生活的工会。"① 这一规定后来写进了《国际代表大会和国际局章程》②。这里的第一条涉及夺取政权和改变所有制,第二条涉及合法斗争的策略。这些都是符合科学社会主义理论的。当然,没有提到革命或暴力革命,更没有提到无产阶级专政,但这是当时各党包括俄国社会民主党的合法地位决定的。正因如此,恩格斯在晚年对德国社会民主党和第二国际的纲领和理论作了肯定的评价③,列宁在第一次世界大战以前的论述中,一方面从彻底的民主主义革命与社会主义革命的关系这一角度解释社会民主主义,另一方面也认为社会民主主义或社会民主党的学说是与科学社会主义一致的。④

由此可见,第二国际时期的社会民主主义可以说是科学社会主义的同义语。但是,肯定社会民主主义的这一正确内涵,并不等于说第二国际各党的指导思想是纯正的科学社会主义。在社会主义运动的历史上是从来不会有这种情况的。实际上社会民主党内部从一开始就存在观点分歧,特别是在革命手段问题上。

自从巴黎公社失败以后,由少数人发动突然袭击夺取政权的策略已经过时,而绝大多数欧洲国家已不同程度地实行普选权,社会党人开始进入议会,获得了通过议会斗争和其他合法途径逐步改善工人阶级的经济和政治地位的可能,因此各党的日常工作主要是议会选举和议会内的斗争以及工会斗争。从理论上讲,这些合法斗争是可以而且应当为最后发动革命积蓄力量、创造条件的。一些领导人也没有放弃社会主义革命思想,而且还不时提到工人阶级必须掌握政权,但是关于如何把日常斗争和这一目的结合起来,也就是如何从资本主义制度内部的合法斗争转向推翻这一制度的、多半要依靠暴

---

① 《国际社会党代表大会议程和决议汇编》,根特1902年法文版,第10页。
② 同上书,第16—17页。
③ 参见《马克思恩格斯全集》第22卷,第490页。
④ 参见《列宁全集》第2卷,人民出版社1984年版,第432、434、436—437页。

力手段的革命，他们并没有提出自己的策略观点。不仅如此，马克思恩格斯的社会主义革命理论并没有从原则上排除工人阶级和平取得这一政权的可能性，尽管这种可能性是很小的。在合法斗争日益取得成就的条件下，社会党内当然会有人热衷于这种可能性，认为通过资产阶级共和国范围内的改良主义就可以和平过渡到社会主义。这就是党内的右派，也就是改良主义派或修正主义派。左派则坚持通过革命推翻资本主义并且努力探索新形势下的新的革命策略。中派口头上坚持马克思主义，实际上动摇不定。这一斗争在第一次世界大战前夕反对殖民主义、帝国主义和战争危险的问题上表现得最为尖锐。第二国际各党虽然曾共同制定了在帝国主义战争一旦爆发时要坚决加以反对并且利用战争所造成的经济和政治危机来发动群众推翻本国政府的革命策略，但1914年8月帝国主义战争真正爆发时大多数欧洲社会党领导人却支持本国政府，带领党和工人群众参加了战争，同时也引起了国际社会主义运动的大分裂。

三

在第一次世界大战初期，列宁仍旧从正面意义使用社会民主主义一词，认为那些支持帝国主义战争的社会民主党领袖是背叛了社会民主主义，但是后来考虑到许多党已经被这些人把持，整个社会民主主义运动已遭到玷污，因此列宁在1917年4月第一次提出马克思主义工人政党应该屏弃社会民主主义，改称共产党，后来他发起成立了由各党左派组成的共产国际即第三国际，它的1920年第二次世界代表大会通过的加入条件规定，申请加入的党不仅要改称共产党，而且要修改"旧的社会民主主义纲领"，还必须使每一个劳动者都清楚了解共产党和社会民主党的区别。从此以后，在共产国际及各国共产党的文献中，社会民主主义成为一个贬称，成为社会改良主义、右倾机会主义和修正主义的同义语，甚至在一段时间内被指责为与法西斯主义在本质上一致，是"社会法西斯主义"。

各社会党内的中派和右派仍旧维持原来的组织和名称，仍旧把自己的理论和政策概括称为社会民主主义来同共产党所主张的布尔什维主义对立，而且也以自己的国际组织即社会主义工人国际与共产国际对抗。这一时期的社会民主主义概念的内涵与第二国际时期相比已有很大的变化。它突出以下两点：明确主张用和平的、渐进的方式过渡到社会主义，反对暴力革命；提倡一般民主，推崇议会制民主共和国，反对无产阶级专政。正是在这两点上它是与布尔什维主义针锋相对的。但是，它也带有一些旧的社会民主主义的痕迹。例如，仍旧表示信奉马克思主义，并且也被资产阶级势力称为马克思主义者（实质上是对马克思主义进行修正，同时向非马克思主义思想开放）；仍旧主张生产资料公有制并认为这是社会主义的主要标志，实质上主要是争取分配制度方面的改良，推行社会福利政策。社会民主党坚决反对十月革命和苏维埃专政，但也有部分领导人肯定苏联的建设成就，主张在帝国主义国家进攻面前捍卫苏俄。他们反对法西斯主义，但对其危险严重估计不足，有时甚至也把苏联的制度称为法西斯主义。在共产国际1937年第七次世界代表大会纠正过去的左倾错误，提出与社会民主党（主要是其左派）建立反法西斯统一战线时，社会主义工人国际只有部分领导表示欢迎，因此双方并未达成协议。但是双方在法西斯主义统治的国家和地区都遭到迫害，实际上在反法西斯斗争中是不同程度地合作的。

四

在两次世界大战之间时期，社会民主党有时也把民主社会主义当做社会民主主义的同义词使用，个别文章中这两个概念会交替出现，这主要是为了突出它们的主张的民主主义性质，突出它与布尔什维主义专政的对立。第二次世界大战以后，各国社会党的国际组织"社会党国际"1951年法兰克福成立大会通过的《原则声明》采用"民主社会主义的目标和任务"为标题，从此以后，在当代社会主义运动的文献里，"社会民主主义"一词逐渐被民主社会主义取代，但各国社会民主党却并没有因此改变名称。

这一概念的转换除了具有突出民主、表示坚决反对布尔什维主义或共产主义的意义之外，还意味着社会党的理论和政策的变化和发展。在两次世界大战之间时期，西欧有些社会党曾在短期执政或参与执政时以及在市镇自治机构中推行改良主义政策，许多社会党理论家也不断吸收或提出一些观点，为党的改良主义政策提供理论根据。上述法兰克福《原则声明》在这一基础上阐述了民主社会主义的目标和任务，为所属各党提供了制定纲领的基本准则。各党也从不同的方面进一步阐述民主社会主义思想。社会党强调民主社会主义的开放性，所以对它的解释也不企求一致，但是以下几点可以说是普遍得到承认的：

第一，实现非马克思主义化和世界观多元化。如前所述，两次世界大战之间时期的社会民主党并没有公开否认自己的马克思主义传统，但是已经向非马克思主义思想开放。二战结束以后，各国社会党在筹备建立国际组织的过程中曾围绕对马克思主义的态度进行争论，结果表明，没有一个党想明确宣布屏弃马克思主义，但是它们也不再愿意承认马克思主义是唯一的指导自己的政策和行动的理论。法兰克福《原则声明》序言第11条记录下这一历史性的转折："不论社会党人把他们的信仰建立在马克思主义的或其他的分析社会的方法上，不论他们是受宗教原则还是受人道主义原则的启示，他们都是为共同的目标，即为一个社会公正、生活美好、自由与世界和平的制度而奋斗。"① 1959年德国社会民主党哥德斯堡基本原则纲领更加明确地说："民主社会主义在欧洲植根于基督教伦理、人道主义和古典哲学，它不想宣布什么最终真理……德国社会民主党是一个思想自由的党。它是由来自不同信仰和思想派别的人组成的一个共同体。"② 这表明，民主社会主义已实现了非马克思主义化，亦即世界观的多元化。但是各党仍在不同程度上肯定马克思主义在工人运动中的历史作用，有时也认为马克思主义是民主社会主义的思想渊源之一。实际上，从一些社会党的纲领和一些社会党理论家的著作对资本和劳动的关系、经济权力和政治权力的关系、生产资料占有者对无财产者的剥削乃至南北关系的分析中，仍旧可以不同程度地看到马克思主义的影响。例如，法国社会党前总书记、法国前总理列昂内尔·若斯潘在1999年11月社会党国际巴黎代表大会的讲话中，在否定科学社会主义观点的同时声称要"重新发现马克思主义方法的有用的方面：对社会现实也就是对资本主义的分析"③。

第二，民主社会主义不是根据资本主义社会本身矛盾的发展来论证社会主义的必然性，而是认为社会主义是一些伦理价值的实现。法兰克福《原

---

① 《社会党国际文件集》，黑龙江人民出版社1989年版，第3页。
② 《德国社会民主党纲领汇编》，第70页。
③ ［法］列昂内尔·若斯潘：《现代社会主义》，巴黎2000年法文版，第64页。

则声明》说:"社会党人之所以要反对资本主义……最主要是因为它违背了社会党人的正义感。"又说:"社会主义的实现不是必然的,它要求所有信仰者作出个人的贡献。"① 德国社会民主党1989年柏林基本原则纲领说得更加清楚:"自由、公正、团结互助是民主社会主义的基本价值。它们是我们判断政治现实的标准,是衡量一种新的和更好的社会制度的尺度,同时也是每个男女社会民主党人的行动指南。"② 这是伦理社会主义思想的表现。但是这种观点往往是与以经济为基础对资本主义制度的分析并存的。就这一点来说,民主社会主义带有二元论性质。很早以前,伯恩施坦就鼓吹过这种二元论,他参加起草并对之起了重要影响的1921年德国社会民主党格尔利茨纲领认为,资本主义经济使为解放无产阶级而进行的阶级斗争成为"历史的必然"和"道德的要求"。③ 当代民主社会主义已不再认为社会主义取代资本主义是"历史的必然",但是各国社会党的纲领大多在原则性论述部分把对当前资本主义社会的分析与关于民主社会主义基本价值的论述并列,这也可以说是二元论的表现。

第三,与两次世界大战之间时期的社会民主主义一样,民主社会主义继续主张在议会制民主共和国的框架内通过改良实现社会主义,但是它对现存国家的态度有了很大的发展。一些西欧国家如法国的社会党参加反法西斯主义抵抗运动,第二次世界大战结束后又参加重建共和国的工作,因此明确地认为这个国家是"自己的"国家。大多数西欧国家的社会党获得长期或阶段性的单独执政或联合执政的机会,在野时也是主要的或最重要的反对党,因此已成为这些国家的"现存权力机构"(establishment)的一个重要组成部分,同时也完全承认了这一制度的政治游戏规则。与此相应,在国家理论方面,民主社会主义主张多元论,否定西欧国家的资产阶级性质。

第四,第二次世界大战结束后的初期,大多数社会党仍旧认为生产资料公有化是社会主义题中应有之义,一些执政的社会党还曾努力推行国有化。后来它们逐渐改变看法,不再坚持公有制是社会主义经济基础的主要标志。

---

① 《社会党国际文件集》,第7—8页、第4页。
② 《德国社会民主党纲领汇编》,第96页。
③ 同上书,第33页。

1997年英国工党决定修改党章第四条，取消其中关于公有制的主张，这突出地说明了民主社会主义在社会主义观念方面的这一根本性变化。目前各国社会党普遍主张实行多种所有制并存、但是以私有制为主的混合经济，并在这一框架内由国家对生产和市场实行宏观调控，主张工会和工薪劳动者参与企业的经济决策和生产管理（即所谓的"经济民主"），同时维护福利国家（即所谓的"社会民主"）。

综上所述，社会主义的实现既不能以国家性质的改变为标志，也不能以所有制的变革为标志，它作为一种新的社会制度与资本主义制度之间的界限也就很难划清了。但是，既然主张用伦理动机和伦理目标来论证社会主义，也就不一定需要制度变革方面的论证。因此，民主社会主义认为社会主义是一项长期的、持久的任务，对此一些重要的纲领性文件都作了明确的论断。1989年社会党国际的《斯德哥尔摩原则声明》说："民主社会主义是社会与经济民主化和不断提高社会公正的持续过程。"[①] 德国社会民主党1959年《哥德斯堡基本原则纲领》说："社会主义是一个持久任务——为实现自由和公正而斗争，保卫自由和公正，而且自身也要经受自由和公正的考验。"[②] 1989年的《柏林基本原则纲领》又说："实现这些基本价值和完善民主是民主社会主义的持久性任务。"[③] 这些论述为后来各社会党放弃社会主义对资本主义的制度替代奠定了基础。

五

1992年9月，社会党国际在柏林举行第十九次代表大会，这次代表大会以"变化中的世界上的社会民主主义"为主要论题并就此发表了声明。这一主要文件和大会上的一些重要讲话都不同程度地交替使用"社会民主主义"和"民主社会主义"二词。这一情况不是偶然的。它表明，苏东剧变后，一些社会党内对于是否应当继续使用"民主社会主义"一词来表达社会党的理论和政策已经产生疑问。

[①] 《社会党国际和社会党重要文件选编》，中央党校出版社1993年版，第17页。
[②] 《德国社会民主党纲领汇编》，第70页。
[③] 同上书，第97页。

苏东剧变以后，欧美各国右翼政治家、理论家和传媒竭力宣扬资本主义已取得最后胜利、社会主义已彻底失败的谬论。这一攻击不仅针对共产党，也是针对社会党的。社会党方面尽管过去和现在都强调民主社会主义和苏联、东欧国家的"现实社会主义"有根本区别，但是在这一形势下也感受到很大的压力。此外，由于东欧国家的共产党纷纷改称社会党或社会民主党，特别是东德的统一社会党起初加上"民主社会主义党"的副称，从1990年2月起又正式改名为民主社会主义党，这就更加使社会党人感到存在概念上的混乱。最初对此作出反应的是两德合并前夕成立的东德社会民主党，它在1990年2月的基本纲领中表示，只有在确信"民主社会主义"一词不致被误解为"现实社会主义"或者不致与德国民主社会主义党混淆时才使用这一概念，因此他们宁愿使用"社会民主主义"概念。接着，奥地利社会党经过酝酿讨论后在1991年6月决定改称奥地利社会民主党。

原东德社会民主党是在德国社会民主党的扶植下建立的，两德统一后即并入该党，因此它的上述观点实际上反映了德国社会民主党的观点。德国社会民主党内也确实为是否继续使用"民主社会主义"概念展开过争论。一部分人主张在当时的困难情况下以进攻姿态捍卫民主社会主义，要使公众认识到现实社会主义的崩溃决没有使民主社会主义丧失信誉，而恰恰是证明了它的正确性。另一部分人则认为，苏联和东欧社会主义国家的垮台已使"社会主义"大大丧失信誉，如果继续使用"民主社会主义"概念，它所造成的误解会超过它对人们的启示，因此坚持旧名称是没有益处的。这一部分人还认为，社会主义作为一个"新世界"或新制度的信念包含乌托邦的成分，它已成了"空洞的概念"，"这个伟大的词已经用坏了"，因此民主社会主义一词也就不宜再使用了。但是社会主义的遗产中还有许多东西将会保存下来，特别是对普遍民主的要求。德国社会民主党著名理论家托马斯·迈尔是后一派人的代表，他作出结论说："社会民主主义，就是民主社会主义，就是社会民主。"[①]

德国社会民主党内的争论到一定程度即告结束。党的基本价值委员会曾

---

① [德] 托马斯·迈尔:《社会主义还剩下什么?》，莱茵贝克1991年德文版，第137页。

发表一个文件介绍双方的论点，却回避作出是非判断。但是实际情况是，在近十几年来社会党的文件和涉及社会党的论著中，"社会民主主义"一词已逐渐取代了"民主社会主义"一词。2007年10月28日德国社会民主党汉堡代表大会通过新的基本纲领、它的前言的标题是："21世纪的社会民主主义"（Soziale Demokratie in 21 Jahrhundert）。《汉堡纲领》从头到尾都只使用"社会民主主义"一词，只是在第二章即"我们的基本价值和基本信念"中设了关于"民主社会主义"的一节，指出社会民主党的历史深受民主社会主义思想的影响，民主社会主义仍旧是社民党对于"一个自由、公正和团结互动的社会的远景设想（Vision）"，是"长期任务"，而社会民主主义则是党的"行动的原则"。①

我在这里要着重指出以下两点：

首先，历史上的社会民主主义不管是从革命角度还是从改良角度加以解释，它所主张或标榜的社会主义都是应当取代资本主义的一种新制度。"民主社会主义"这个用语的主体是"社会主义"，这说明社会党仍旧企求以社会主义代替资本主义。目前德国社会民主党内主张更换概念的人所说的"社会民主主义"一词的德文原文已不是原来的"Sozialdemokratie"，而是"Soziale Demokratie"，其中的"社会"一词是形容词，是"民主主义"或"民主制"一词的定语。这说明，他们认为，应当明确表示他们是以赋予当前的民主主义制度以"社会的"内容为目标，而不再企求以作为制度的社会主义取代（资本主义的）民主主义和（民主主义的）资本主义。

其次，这种思想并不是主张屏弃民主社会主义概念的人们的一家之言，而是也受到主张保留这一概念的人们赞同的。后者实际上认为，西欧发达资本主义国家的民主的工人运动已使那里的资本主义"改变成一种受到社会节制的、开明的和温驯的资本主义"，而且认为，从理论上讲，也可以设想"有可能实现一种不再主要依靠剥削人的劳动力的资本主义经济"②，因此他们也不再主张从制度上以社会主义取代资本主义。

---

① 《当代世界社会主义问题》2007年第4期，第11页。
② 中央编译局世界社会主义研究所编译：《当代国外社会主义：理论与模式》，中央编译出版社1998年版，第236页。

这一看法目前已成为西欧社会党人的共识。第三条道路的倡导人安东尼·吉登斯说："现在似乎再也没有人认为，除了资本主义我们还有什么别的选择。"① 若斯潘在1999年9月接受《社会主义评论》杂志的采访时也说，对于社会民主主义来说，20世纪的一个重要教训是，社会民主主义已不再可能被界定为一种社会制度，它是一种"调节社会和使市场经济为人类服务的方式。它是一种思想启示，一种生活方式，一种行动方法。它要坚定不移地参照那些既是民主的又是社会的价值。"他甚至说："我认为再以制度的概念——资本主义制度、计划经济制度——来进行思考和行动，或是确定一种新的制度，已无任何必要。我也不知道作为制度的社会主义将会是什么样的。但是我知道，作为价值的总和、社会运动和政治实际的社会主义应该是什么样的。"② 前引《汉堡纲领》中对民主社会主义的论述也不过是这一共识的另一种表述方式。

因此，我认为，大致说来，从1990年起，社会民主主义的发展已进入一个新的历史阶段，对此我们应当进行追踪考察，到一定时候再对它在性质上的变化发展作出概括性论述。

第二节　社会民主主义和伦理社会主义

一

恩格斯在论述空想社会主义时说："现代社会主义……就其理论形式来说，它起初表现为18世纪法国伟大的启蒙学者们所提出的各种原则的进一步的、似乎更彻底的发展"③，也就是说，是资产阶级启蒙学者所想象的理性王国的真正的、彻底的实现。恩格斯指出，三大空想社会主义者和启蒙学者一样，也想建立一个"理性和永恒正义的王国"，但是这个王国和启蒙主义者的王国是有"天壤之别"的，因为"按照这些启蒙学者的原则建立起

---

① ［英］安东尼·吉登斯：《第三条道路：社会民主主义的复兴》，北京大学出版社2000年版，第46页。
② 《现代社会主义》，巴黎2000年法文版，第23页。
③ 《马克思恩格斯选集》第3卷，人民出版社1995年版，第719页。

来的资产阶级世界也是不合理性的和非正义的,所以也应该像封建制度和一切更早的社会制度一样被抛到垃圾堆里去"①。他在一条脚注中还引用黑格尔论述法国革命的话:"正义思想、正义概念**一下子**就得到了承认,非正义的旧支柱不能对它作任何抵抗。因此,在正义思想的基础上现在创立了宪法,今后一切都必须以此为根据。"②

由此可见,当社会主义作为与资本主义对立的思想和运动开始出现时,它并不是要否定革命的资产阶级通过启蒙学者提出的原则本身,而是认为这些原则并没有真正得到实现,"真正的理性和正义至今还没有统治世界"③。空想社会主义者对资本主义制度的批评主要是针对由私有制引起的社会不平等,从认识社会发展规律的角度来说,他们并没有超过启蒙学者。在他们的著作中,是自然的,而产生正义(或公正)也好,自由、平等、博爱也好,都被看成既是产生于自然的法权原则,也是永恒的伦理原则。在他们的著作以及他们以前和以后的各国空想社会主义者的著作中尽管不乏对资本主义经济和政治制度的精辟分析,但更多的是从这些永恒的、自然的法权和道德原则出发对现存社会种种弊病的揭发和斥责以及对未来社会的具体构想。因此可以说,空想社会主义学说通常都含有较多的伦理因素。

马克思和恩格斯创立科学社会主义时当然也考虑到伦理因素的作用。历史唯物主义认为,伦理道德观点是经济基础决定的,在阶级社会中起支配作用的伦理观点只可能是统治阶级的伦理观点,而无产阶级的伦理观点是要到社会主义社会才能起支配作用的。马克思和恩格斯并不否认伦理原则对经济基础的反作用。作为革命者和工人阶级的思想家,他们当然对资本主义社会中以剥削为基础的种种不公正和不平等现象满怀义愤,在他们的著作中也有不少充满激情的斥责剥削和压迫的词句。但是他们认为,要发动工人群众起来推翻资产阶级统治,仅仅凭道义上的鼓动和激励是不够的,必须使他们认识社会发展的规律,树立自己的事业必胜的信心。另一方面,正如恩格斯在晚年所说的那样,他们由于长期同唯心主义作斗争,对上层建筑的反作用阐

---

① 《马克思恩格斯选集》第3卷,第721—722页。
② 同上书,第719页。
③ 同上书,第722页。

述得不够，在谈到伦理问题时则侧重于揭露资产阶级道德说教的虚伪性，却很少从正面论述伦理动机在社会主义运动中所起的作用。例如，恩格斯在《反杜林论》第一编《哲学》中用整整三节论述《道德和法》问题，批判了"永恒真理"、"永恒道德"、"永恒正义"的观点。他说："我们拒绝想把任何道德教条当作永恒的、终极的、从此不变的伦理规律强加给我们的一切无理要求，这种要求的借口是，道德世界也有凌驾于历史和民族差别之上的不变的原则。"① 他在同书第二编《政治经济学》中又指出："一个社会的分配总是同这个社会的物质生存条件相联系，这如此合乎事理，以致经常在人民的本能上反映出来。"② 因此，圣西门、傅立叶、欧文对资本主义的不平等分配提出的抗议"在被剥削的群众中恰恰得不到任何响应"③。只有当这种生产方式多半已经没落和过时并且它的后继者已在敲门的时候，人们才从已经过时的事实出发诉诸所谓永恒正义，而"这种诉诸道德和法的做法，在科学上丝毫不能把我们推向前进；道义上的愤怒，无论多么入情入理，经济科学总不能把它看作证据，而只能看作象征"④。马克思在与蒲鲁东论战时也批评他用关于"正义"的空话实际上肯定了现存的制度。马克思恩格斯的这些论断无论在理论上还是在实践上都是完全正确的，但是在他们当时和身后，却都一再成为反对者攻击的靶子。

历史唯物主义经常被它的反对者指责为"经济决定论"，与此同时，它关于伦理的观点也受到攻击，而大致在19世纪后半，在欧洲社会主义运动中出现的伦理社会主义就是这种思想倾向的集中表现，它的主要阵地在德国。伦理社会主义反对按照社会发展的科学规律来论证社会主义实现的必然性和社会主义信念，认为社会主义是某些永恒的道德原则的实现。他们企图以这种思想来取代或补充历史唯物主义。德国的伦理社会主义者基本上受新康德主义影响。康德在1785年发表的《道德形而上学基础》中关于应该"这样行动，无论对你自己或对别人，在任何情况下都把人当作目的，决不

---

① 《马克思恩格斯选集》第3卷，第435页。
② 同上书，第491页。
③ 同上书，第491—492页。
④ 同上书，第492页。

只当作工具"① 这句名言以及他后来在《永久和平论》（1795）等文中的进一步发挥成为新康德主义者所提倡的伦理社会主义的主要论据。

二

最早想把伦理社会主义观点引进社会主义运动的人是卡尔·赫希柏格。他是著名的新康德主义者弗里德里希·朗格的学生。但他并不是理论家，在德国社会民主党内没有什么地位，因此他的努力没有起多大作用。赫尔曼·柯亨是第一个援引康德针对社会主义而提出系统的伦理社会主义理论的人。柯亨属于马堡学派的新康德主义者。他并不是弗里德里希·朗格的学生，但是受到朗格的赏识。朗格于1873年获得教授讲席时帮助柯亨成为那里的私人讲师。由于爱朗格在去世前的郑重推荐，柯亨终于在1976年继承了他在马堡大学的正教授席位。

早在1877年写成的《康德对伦理的论证》中，柯亨就已发表了他对伦理在人和社会改造中的重要作用的看法。到了1986年他在为朗格的《唯物主义及当代对其重要意义的批判的历史》（以下简称《唯物主义史》）第5版写的"导言和批判性后记"中终于明确地、系统地阐述了他的新康德主义的伦理社会主义思想。这集中表现在该文第3节"伦理与政治的关系"中，其主要内容可以概括为以下三点：

第一，他认为，"社会主义只有当它是以伦理的唯心主义（"唯心主义"一词的原文是 Idealismus，在这里也可译成"理想主义"。本文下面也有这种情况，不再一一注明——引者）为基础时才是合理的，而伦理的唯心主义已经为它提供了论证"②。唯物主义在根本上是与真正的社会主义原则处于绝对不可调和的矛盾之中。因此，"政治的社会主义"（指社会民主党）必须彻底摒弃唯物主义。

第二，康德在表述第三条绝对命令（即"在任何情况下把人当作目的，决不只当作工具"）时已经阐明了社会主义的原则思想。据此，"人本身作

---

① ［德］埃马努埃尔·康德：《道德形而上学基础》，商务印书馆1957年版，第43页。
② ［德］弗里德里希·朗格：《唯物主义及当代对其重要意义的批判的历史》（以下简称《唯物主义史》）第2卷，1896年德文第5版，第LXV页。

为目的就产生并且规定了人格（Person）的概念，这也就是伦理的基本概念。……因此永远不能把工人仅仅当作商品，哪怕是为了所谓国民财富这一崇高目的也不行。他必须'在任何时候都同时也是目的'"①。因此柯亨认为，康德是德国社会主义的"真正的、确实的的创始人"②。当然，他在这里只是从逻辑意义上，而不是从历史发展的意义上讲的。③

第三，实现社会主义必须依靠国家和法。国家和法作为理念（1dee）应当受到尊重。当前的国家和法必然是有缺陷的，但对它们的缺陷的敏锐洞察可以与打算彻底治愈它们的深刻热情结合起来，产生"巨大的，真正革命的根本转变"④，导致不断的历史进步。

到 20 世纪初，柯亨开始超越对康德学说的解释而进一步发挥自己的观点，建立自己的体系。在 1904 年初版、1907 年再版的《作为纯粹意志的伦理》一书中，他进一步论证了社会主义的"纯粹唯心主义"的基础。另一方面，他认为唯物主义理论的内部是有"道德精神在搏动着的"。只有当唯物主义历史观能通过"自我纠正"而解决自己在逻辑上的矛盾，只有当关于社会的纯粹经济概念上升为道德的概念时，人才能不仅是经济社会发展的"产品和结果"，而是成为这个发展本身的一个"因素"⑤。

在政治方面，柯亨认为康德的绝对命令就是社会主义的政治思想，它包含了"新时代和世界历史的全部未来的道德纲领"⑥。当前的资本主义制度和国家的支配原则都是不符合这一道德准则的。柯亨主张通过联合即合作的所有制来解决问题。

柯亨已经构筑了自己的伦理社会主义体系，也为其他新康德主义者的伦理社会主义思想奠定了基础。在否定历史唯物主义这一点上，他是与科学社

---

① 《唯物主义史》，第 LXVI 页。

② 同上书，第 LXV 页。

③ 1907 年，柯亨在《宗教和道德》一书中进一步论证说：社会主义"无论在概念上还是在历史上都是以伦理唯心主义为根源的"。参见［德］卡尔·福尔伦德尔：《康德和马克思》，1925 年德文第 2 版，第 180 页。

④ 《唯物主义史》第 2 卷，第 LXXI 页。

⑤ ［德］赫尔曼·柯亨：《作为纯粹意志的伦理》，1921 年德文第 3 版，第 315—316 页。

⑥ 同上书，第 322 页。

会主义完全对立的。当他把伦理应用于政治时，他的主张同社会改良主义是接近的。这正是伦理社会主义之所以能为民主社会主义接受的原因。但是柯亨没有加入社会民主党，也不从事实际政治活动，因此他的观点未能直接对社会民主党发生影响。把由柯亨奠定基础的伦理社会主义思想传入社会民主党的工作是由两方面的人开始的。其一是以伯恩施坦为代表的修正主义者，但他们不一定是新康德主义者。其二则是一些参加了社会民主党的新康德主义者，他们一般都支持修正主义，但也并不全部都是修正主义者。

1898 年，伯恩施坦在《社会主义中的现实因素和观念因素》一文中以相当多的篇幅论述了道德因素或伦理因素在社会主义理论中的重要意义，这可以说马克思主义阵营中的人第一个从积极意义上触及这一问题的。伯恩施坦认为，历史唯物主义承认以下几种"观念力量"是社会主义运动的"正当原动力"。这就是：（1）利益；（2）关于国家、社会、经济、历史的一定的"认识"；（3）道德意识或法权观念。

他认为，利益"从一开始就具有一种社会的或伦理的因素，在相当程度上不但是理智上的利益，而且是道德上的利益，因而它也固有一种道德意义的观念性"①。但是更重要的是第三种观念因素。他在强调马克思和恩格斯的著作中存在大量"道德判断"的用语之后说："要知道，正义就在今天也还是社会主义运动中的一个极强大的动力，的确，如果没有道义上的动力就根本不会出现任何持久的群众行动。"伯恩施坦作出这样的结论：马克思主义的社会主义与其他社会主义学说的区别不在于它完全不带观念论，马克思主义只是使社会主义学说摆脱了任意的构想，把它奠定在现实主义的历史观的坚实基础上。马克思和恩格斯"在跟当时流行的无限制地夸大道德观念的做法作斗争时不得不贬低道德观念，这原是很自然的事。事实上，道德是一个能起创造作用的力量，固然并非在一切情况下如此，却是常常如此"②。伯恩施坦不赞成德国社会民主党爱尔福特纲领运用资本主义发展规律来论证社会主义实现的必然性，认为"有其他力量——经济的力量和思

---

① 参见［德］爱德华·伯恩施坦：《社会主义的历史和理论》，东方出版社 1989 年版，第 232 页。

② 同上书，第 245 页。

想意识的力量——朝着社会主义方向的迈进。……社会主义的胜利并不取决于它的内在的经济必然性。我认为既没有可能,也没有必要赋予它以纯粹物质的基础"①。可见伯恩施坦是从折中主义立场企图把伦理社会主义观点吸收进社会民主党的社会主义理论,并没有用康德的伦理学观点取代历史唯物主义的打算。他在《前提》一书的最后一章"最终目的和运动——康德反对 Cant"中再次鼓吹"回到康德去",也是想求助于这位哥尼斯堡哲学家的"批判的基本原则"来对社会民主党的"传统教义"进行"批判的审查和严厉的责备",并且"指出轻视理想和把物质因素抬高为无所不能的发展力量是自我欺骗"。②他甚至要把"回到康德去"改成"回到朗格去",这也是为了提倡在支持工人阶级的解放的同时"准备着承认错误和接受新的真理"。③总之,这都是为他全面修正马克思主义服务的,既不是专门涉及,也不是以此特别强调伦理问题。所以可以说,伯恩施坦是一个折中主义者,而不是一个严格意义上的伦理社会主义者。

社会民主党内确实有一批宣扬伦理社会主义的新康德主义者:库尔特·埃斯纳、康拉德·施密特、路德维希·沃尔特曼和卡尔·福尔伦德尔。他们与柯亨不同,并不主张把康德的伦理观点同历史唯物主义对立起来。在这些人中,埃斯纳曾担任社会民主党的一些报刊的编辑,特别是曾任《前进报》主编,因此在党内影响较大。但是其他几个人在理论上的阐述却比埃斯纳更加深入,特别是卡尔·福尔伦德尔。

福尔伦德尔是柯亨的学生。他着重研究康德有关历史哲学的著作。他曾长期担任中学教员,思想上接近社会民主党,但到 1919 年才加入党,并在同年成为大学教授。在 19 世纪末年新康德主义观点在社会民主党内的影响逐渐增加并且引起论战时,他发表了一系列著作加以评述,并且阐述了自己的观点。1911 年,他的《康德和马克思》一书出版,这本书特别是它的增补第 2 版(1900)可以说是论述新康德主义与马克思主义关系的代表著作。

---

① 参见[德]爱德华·伯恩施坦:《社会主义的历史和理论》,东方出版社 1989 年版,第 246 页。
② [德]爱德华·伯恩施坦:《社会主义的前提和社会民主党的任务》,三联书店 1965 年版,第 265 页。
③ 同上书,第 266 页。

福尔伦德尔和其他新康德主义者一样，强调马克思和恩格斯"不管他们是否愿意，都不能摆脱伦理学"。他认为，从他们青年时代的著作可以看出，他们是"在伦理的理想主义推动下从资产阶级激进观点发展到共产主义观点的"①。《共产党宣言》和《资本论》都摆脱不了伦理学。其他的社会民主党理论家从拉萨尔、狄茨根直到考茨基、伯恩施坦也都一样。党的实践更不用说。"不仅各个国家的党员同志，而且每一次鼓动演说，每一份选举号召书，每一家社会民主党杂志和报纸，不管是否愿意，都提供证据表明，离开伦理任何社会主义都不行，任何社会党人就无法生活。这样地接纳伦理决不是意味着工人阶级必须进行的实际斗争的瘫痪。相反，恰恰是鼓舞了这一斗争，加强了斗争热情，也使知识分子日益关心和参与这一斗争。"②

那么应当怎样看待马克思主义和康德伦理学的关系呢？他主张二者应当互相补充。早在1899年，他在给伯恩施坦的一封信中就向他表示，新康德主义意义上的伦理学决不是一定要忽视工人阶级解放运动的经济方面，因为光凭伦理的空话会是一事无成的。他在《康德、费希特、黑格尔和社会主义》一书中，一方面，强调康德的历史哲学方法与科学社会主义之间存在相似之处。他说："我们在康德的一些历史哲学论文里可以看到基本上根据自然科学方法来描述的人类社会的发展史，这种方法与马克思和恩格斯的社会主义理论是完全可以协调一致的。"③另一方面，他又强调，"在科学地建设社会主义时有意识地考虑到伦理，不会对社会主义理论造成损害"④。他的逻辑是：社会主义社会是以"按计划组织起来的"、由中央领导的协作为基础的社会，它要制定计划或者要有意识地组织起来，就必须确定一个目的，这个目的必须超出纯粹出于本能或个人爱好的目的之上。必须确定各种不同目的的等级次序，"低级的目的要服从高级的目的"，这就要使人们达到康德的伦理思想。

1926年出版的《康德和马克思》第2版总结了几十年来新康德主义伦

---

① ［德］卡尔·福尔伦德尔：《康德、费希特、黑格尔和社会主义》，柏林1920年德文版，第37页。
② 同上书，第38页。
③ 同上书，第31—32页。
④ 同上书，第39页。

理学与马克思主义的论争,在新增补的第 8 章即"系统性总结"中更加明确、全面地表述了福尔伦德尔的观点。福尔伦德尔认为,康德与马克思在哲学上是没有任何共同之处的。从为社会主义提供哲学论证的角度来看,只能考虑两位思想家之间,或者更加精确地说,两种方法之间的系统的结合。马克思的方法是发展历史观的和经济的,康德的方法是认识批判论的和伦理的。

福尔伦德尔认为,一种持久的社会主义哲学必须包含两个方面:

第一,它一定不能满足于仅仅在头脑中虚构出来的乌托邦梦想,而是必须依据一种力图认识社会事物的经济和历史过程现实情况的可靠方法。"对此马克思主义无论如何已经作出了重要的贡献,这是不应当再排除的。"①

第二,随着这种认识方面的社会主义而来的应当是一种行动方面的社会主义。马克思主义已经包含了这种行动的社会主义,并且在世界上为它开辟了道路,但是还没有在科学上为它作出论证。"这种行动的社会主义不能停留在单纯的历史和经济理论上,而是必须提出这样一个问题:社会主义应当和必须努力实现的最终目的是什么?只有一种关于'应在'的哲学,即伦理学才能回答这个问题。"② 康德的伦理学正是这种伦理学。它和历史唯物主义的结合就构成完整的社会主义哲学。

福尔伦德尔还就最终目的的内容论述了康德思想与马克思主义的关系。他反对某些新康德主义者把康德说成是社会主义者。他认为,由于时代条件,康德不可能成为社会主义者,至多只能成为空想社会主义者,但他恰恰也不是。但是康德关于每一个有理性的人本身都是"目的"而不是"手段"的原则如果能彻底实现,就和社会主义的最终目的相近了。在这个最终目的的范围内,尽管有严格的共同体制度,仍旧存在着自由发展每个人的道德个性的可能性。"正确理解的社会主义和真正的个人主义并不矛盾,相反,它们互为条件,甚至互相促进。"③ 福尔伦德尔认为,康德和新康德主义者关

---

① [德]卡尔·福尔伦德尔:《康德和马克思》,图宾根 1926 年德文第 2 版,第 299 页。
② 同上书,第 299 页。
③ 同上书,第 300 页。

于理想国家的提法是"有自由意愿的人们的共同体",这与《共产党宣言》中关于"这样一个联合体,在那里,每个人的自由发展是一切人的自由发展的条件"的提法几乎是一致的。康德的理想国家固然只是"自由主义的法制和经济国家",但也已包含着未来的社会国家的萌芽,"按照字面的真正意义上的自由主义的道路不仅在历史上,而且在逻辑上也是通向社会主义的,是从康德通向马克思的"。①

福尔伦德尔的观点和当代民主社会主义的观点是很相近的。我们至少可以举出以下几点:

第一,把马克思主义归结为一种方法并且从这一角度承认它是民主社会主义理论的一个思想渊源。

第二,在强调社会主义就是基本价值的实现的同时,并不排斥对当时社会的经济情况的分析,并以此作为实现基本价值的客观条件。

第三,根据上引《共产党宣言》中的那一句话来说明社会主义的最终目的,并进一步以此论证马克思恩格斯所设想的社会主义与民主社会主义的基本价值的实现是一致的。

根据前面的论述可以看出,在19世纪末20世纪初,德国社会民主党内既有伯恩施坦这样的修正主义者(但并不是新康德主义者)在宣扬康德的伦理思想,也有一批真正的新康德主义者企图用种种方式把康德的伦理哲学与马克思主义结合起来。确实如《康德研究》的编辑部所说,新康德主义在社会主义运动内部的影响已不可忽视了。这当然会引起马克思主义者的重视。于是,俄国的普列汉诺夫和德国的梅林、考茨基相继发表文章和著作批评了这一倾向。

普列汉诺夫是最早向新康德主义者宣战的。但是他的文章一般地涉及唯物主义和唯心主义之争,几乎没有提到康德和新康德主义的伦理思想。梅林关于新康德主义的文章主要是针对伦理社会主义观点的。他的批判可以概括为两个方面:

第一,柯亨和福尔伦德尔把康德的绝对命令看成"社会主义的基本观念"或甚至因此把康德称颂为德国社会主义者的"创始人"是错误的。康

---

① 《康德、费希特、黑格尔和社会主义》,第46页。

德的这句名言"对于德国社会主义的建立没有丝毫促进作用,但对于自由主义、尤其是反社会主义的自由主义的建立则提供了许多的基石"①。

第二,他反对新康德主义者企图用对社会发展史的目的论的解释"补充"因果论的解释并从而把以伦理为基础的终极目的看成"人的愿望和目的的最高标准",认为:"伦理评价只有当它以自己的社会根源为依据,不论这种社会根源是善是恶时,它才会成为历史的和政治的力量;当伦理评价要求对'因果性的'事物进程作'目的论的补充'时,它的分量就像飘浮在太空的白云一样轻了。"② 但是,梅林宽容地把新康德主义者的主观意图和他们的理论的客观效果区分开来。直到 1904 年,他仍旧说:"新康德主义在客观上和实质上只是一种想摧毁历史唯物主义的意图。我们之所以特别着重说在客观上和实质上,乃是因为,我们很愿意承认,新康德主义者们怀抱着很好的愿望,但毛病是缺乏一种历史观点。"③

考茨基对待新康德主义的态度有一个发展过程。他的最初反应是,马克思主义与新康德主义哲学的合题是有可能的。他在 1898 年 5 月 22 日给普列汉诺夫的信中说:"我必须坦率承认,新康德主义根本没有使我烦恼。哲学从来不是我的长处,而且尽管我完全站在辩证唯物主义的立场上,我仍旧认为,马克思和恩格斯的经济和历史观点在必要时也是可以和新康德主义协调一致的。"④ 但是,到 1905 年秋天,他也认为,"鉴于康德伦理学在我们自己队伍所获得的巨大影响,迫切需要根据我的观点来阐明唯物主义历史观和伦理之间的关系了"⑤。于是他着手写一本这样的书,这就是 1906 年出版的《伦理学和唯物主义历史观》。

考茨基的这一著作不仅系统地回答了新康德主义者提出的问题,驳斥了他们的观点,而且还从社会发展史和哲学的角度正面论述了伦理学的各个问题。但是这本书也暴露出达尔文主义对考茨基的某些影响,而且考茨基把道德理想在阶级斗争中的作用纯粹归结为消极的,认为它在马克思的科学研究

---

① [德] 弗朗茨·梅林:《保卫马克思主义》,人民出版社 1982 年版,第 102 页。
② 同上书,第 111 页。
③ 同上书,第 126 页。
④ 《斗争》杂志第 18 卷第 1 期,第 1 页。
⑤ [德] 卡尔·考茨基:《伦理和唯物主义历史观》,1906 年德文版序言。

和科学社会主义中没有地位,这也是片面的。因此鲍威尔在读了他的书后曾写信给他说:"我认为,在对你的书所涉及的问题感兴趣的人中,有许多不会对你关于科学和伦理关系的观点、对你对康德的批评感到满意。我担心,你的书会使这些人统统投向修正主义,而本来他们是与修正主义无关。"①

除了德国外,新康德主义在奥地利的影响也很大,所谓的"奥地利马克思主义"派的成员几乎都不同程度地接受新康德主义,但是他们对待康德伦理学的态度却和德国的新康德主义者不完全相同。最早对这一问题发表意见的是奥托·鲍威尔。他在读了考茨基的《伦理学和唯物主义历史观》后写了一篇文章"马克思主义和伦理学",发表在《新时代》上,鲍威尔基本上赞同考茨基运用历史唯物主义对道德观点的发展变化所作的科学分析,但对考茨基的一些观点提出不同看法。

在"奥地利马克思主义者"中,麦克斯·阿德勒是真正意义上的新康德主义者。但是阿德勒所关心的是以康德的认识论来为马克思的社会主义理论提供一个先验的基础,却反对用康德的伦理思想来补充马克思主义或者为社会主义提供论证。在福尔伦德尔发表了《康德和马克思》一书(1911)以后,阿德勒就在1913年出版的《马克思主义的问题》一书中专门以一章(第6章"马克思主义和伦理学")来与他进行论战。1925年,他还继续在自己的论文集《康德和马克思主义》中批评柯亨、福尔伦德尔等新康德主义者的伦理社会主义思想。但是,阿德勒并不完全否定康德思想对于社会主义理论的意义。

从上面的论述可以看出,除了柯亨是绝对地把康德看做社会主义的创始人、考茨基是绝对地否认康德伦理思想对社会主义的意义以外,绝大多数的人,无论是否社会民主党人,无论能否称得上新康德主义者,都承认康德伦理学对于社会主义信仰和社会主义实践有一定的重要意义。他们的差别只是在于是否主张用康德的伦理学来"补充"马克思主义并从而把二者结合起来。至于社会民主党内的许多从事实际工作的干部,他们在思想上也并不排斥康德的伦理学。马克思主义者对新康德主义的批评的影响不大,并不足以

---

① 转引自〔德〕汉斯-约瑟夫·施坦因贝格:《社会主义和德国社会民主党》,波恩1979年德文第5版,第102页注85。

使他们改变对新康德主义的看法。直到第一次世界大战爆发和社会民主党的分裂，党内对待康德伦理思想的态度主要是折中主义。在两次世界大战之间，这种态度在1921年德国社会民主党格尔利茨代表大会通过的、由伯恩施坦参与起草的新纲领中得到恰当的表述："资本主义……使争取无产阶级解放的阶级斗争成为历史的必然，成为道德的要求。"尽管1925年的海德堡纲领摒弃了这一提法，但是并没有改变这种折中主义态度在党内延续下去的事实。

三

第二国际时期的社会主义者中，还有一些人企图把历史唯物主义与伦理社会主义调和起来，饶勒斯就是一个代表人物。他在1891年用拉丁文撰写的博士论文《德国社会主义在路德、康德、费希特和黑格尔著作中的起源概论》中认为，社会主义的"真正"起源不是来自"极端的黑格尔左派"的唯物主义，而是路德、费希特和黑格尔的唯心主义。目前的德国社会主义在唯物主义的旗帜下战斗，把唯物主义当做盾牌只是"当前斗争"的一个特点，而不是"未来的和平"的特点。社会主义之所以确认并且相信自己是唯物主义者，是为了便于证明这个大地在摆脱阴影之后将更加显示出严酷的、可悲的现实，但是在社会主义的内心深处活跃着的却是唯心主义精神。他说，真正的社会主义者都是德国哲学的学生，德国精神本身的学生。马克思是凭着黑格尔的辩证法哲学才能看清和描绘英国的经济过程的："英国为他提供事实，德国哲学为他提供事实的解释"。

饶勒斯认为德国的"精神"和法国不同，它倾向"普遍性"，因而也趋向"社会主义"。例如，康德尽管宣传人的意志是绝对自由的，却又把自由界定为"普遍适用的义务准则"，认为"人之所以是自由的，是因为他认识到他与所有有理性的生物共同的义务。每个人都是凭着超越地、天和整个人类的道德准则而成为自由的"。对于德国人来讲，自由与法律和公正是同义的。德、法两国精神的第二个区别是，德国人倾向于调和与综合。18世纪的法国人赞扬和捍卫个人自由，康德却把个人自由思想与弗里德里希二世的普鲁士国家思想结合起来，认为每一个人的自由是法律的基础。他引用康德的话："正是自由和义务把人和事物区别开来，因而任何人都不能把别人当作事物来使用：人不是手段，而是本身的目的。"饶勒斯认为，康德尽管没有"明确地赞同社会主义"，但毕竟是"热情地维护"社会主义的。饶勒斯在博士论文的最后得出结论说："辩证的社会主义与道德的社会主义，德国的社会主义与法国的社会主义是吻合一致的。这样的时刻已经不远了：那时，心灵、精神和良心的所有德性和能力都将在一个唯一的、普遍的社会主义中结合起来。"因此单凭倍倍尔等人所赋予它的"特殊的、过渡的形态"来理解今天的德国社会主义，是不够的，而是必须追溯它的全部泉源："路德的基督教社会主义，费希特的伦理社会主义，黑格尔和马克思的辩证社会主义"。①

1894年，饶勒斯为法国著名的"可能派"社会主义者贝努瓦·马隆的的《社会道德》一书（第二版）写了导言。他在其中首先肯定马隆的这一态度："他总是感到社会主义不应当仅仅确定某种物质目的，也就是不应当仅仅以使人们更加普遍地享受福利为目的，而是也应当提出道德目的，也就是要使人性更加高尚"，"马隆确认了社会道德，认为把人类作为一个团结一致的整体组织起来应当既是道德行为的原则，也是道德行为的目的。"②接着他详细阐述了自己对于社会主义和道德的关系的看法。

饶勒斯认为，"社会主义本身是一种道德，在实践上和理论上都是。从实践上说，它在至今受缺乏协调的、自私的个人努力支配的广大人群中传播团结互助的思想。"③它使无产阶级"把个人的幸福同一个组织的整体结合在一起，从而成为一种非个人的利己主义"；而这种非个人的利己主义首先是（无产）阶级的利己主义，其次是人类的利己主义，"因为为了解放无产阶级，需要消灭无产阶级，需要废除资本主义统治所造成的各阶级，产生一个统一的人类。"④

从理论方面讲，社会主义教育无产者大众对自己的苦难和依附地位进行反思，使他们认识到雇佣劳动和资本主义产生、运作发展和衰退的机制，认

---

① ［法］让·饶勒斯：《德国社会主义的起源》（该论文的法文译本），巴黎1927年法文版，第14—15、44、92页。
② 李兴耕编：《饶勒斯文选》，人民出版社2009年版，第81—82页。
③ 同上书，第82页。
④ 同上书，第83页。

识到剥夺者最终被剥夺和财产所有制形式改变的必然性，使他们了解历史过去的进程，展望历史未来的进程。这也就是用科学教育无产者，科学就是"对自己和自己的使命有觉悟的无产者本身"①。社会主义的科学认为经济制度是在社会发展中"占优势的、起指导作用的力量"②，但决不能因此得出结论说在社会主义中只看到物质要求。社会主义理想决不消灭或贬低物质利益和利己主义，"它诉诸利己主义，但是它使这种利己主义扩大和转变；它以物质需要为对象，但是它号召人对身上存在的动物欲望进行反思，而这一思想本身深深触动了人的心灵"③。

饶勒斯由此得出结论说："社会主义成为人类世界上曾经出现过的最伟大的道德力量和最有效的道德力量。"正因为如此，人们可以像马隆那样，"从人性和道德方面"去探讨社会主义，也可以像马克思那样，"从经济的角度"去探讨马克思主义，"这是没有差别的"；"在马隆的唯心主义和马克思主义者的唯物主义者之间并不存在观念方面的根本对立，而不如说只是表述方法上的差别。"④

两年以后，饶勒斯加入了法国社会党，不久就与拉法格在一次公开集会上就"唯心史观和唯物史观"问题进行辩论。饶勒斯声称，历史唯物主义并不排斥唯心史观，二者应当形成"合题"。马克思主义的历史唯物主义既不等同于"生理的唯物主义"，也不等同于"伦理的唯物主义"（后者要使人的一切活动服从于满足物质需要和争取个人幸福的目的）。唯心史观认为，人类从一开始就具有"权利和公正思想的萌芽"，这种思想成为历史进步和社会改造的推动力量。饶勒斯认为，两种史观之间不存在不可克服的矛盾，二者可以而且必须和解，"互相渗透"，因为经济生活和道德生活是不能互相分离的。他还认为，在当时，没有一个唯心主义者不承认人类的最高理想只有在经济组织得到改造以后才能实现，另一方面，只有很少几个唯物主义信徒不是把经济过程的必然发展的后果同时也看成权利和公正的最大程

---

① 李兴耕编：《饶勒斯文选》，人民出版社 2009 年版，第 93 页。
② 同上书，第 95 页。
③ 同上书，第 93—94 页。
④ 同上书，第 93—94 页。

度的实现的。① 连马克思本人也不例外。在这一方面,饶勒斯的观点和伯恩施坦是很接近的。

四

英国的费边社会主义者也很重视伦理因素在社会主义运动中的作用。

著名的《费边社会主义论文集》(1889,现行中译本改名为《费边论丛》)分别从经济、历史、工业、道德等方面论述社会主义的基础。费边社会主义者认为,社会主义是民主主义和工业革命的不可避免的结果,是社会对生产资料和私人占有的逐步地、不断地进行管理、限制和废除的过程。用席德尼·韦伯的话来说:"民主主义的必然结果,不但是人民控制着自己的政治组织,而且通过政治组织的控制,他们还要去控制生产财富的各种主要工具;他们要以有组织的合作逐渐代替无政府状态的竞争",总之,"民主主义在经济上的理想,实际上也就是社会主义本体。"② 费边社会主义者认为社会改造必须是民主的、渐进的、合乎宪法与和平的,必须是"被人民大众认为合乎道德的变革"③。席德尼·奥利维尔的《社会主义的道德基础》一文,就是要用被人们普遍接受并且受到实证伦理科学支持的道德准则来为社会主义理想进行辩护。

与饶勒斯热情洋溢的理想主义论述不同,费边社会主义者所采取的是"经验主义的朴素方法"。奥利维尔认为,离开社会,道德是不存在的。"在所有社会里,那些趋向于保持社会存在和社会成员之间的团结和便利的行为和习惯,才被我们认为是道德的"④,而许多这类公共判断已经根深蒂固,超出意识范围,自动地或本能地受到遵循。大多数人对社会道德的看法是适合于这样一个社会的:"在这个社会里,每一个公民都贡献着积极的劳动。最古老的和对人的美德的判断,例如勤劳、忠实、人与人之间的忠诚和容忍、交往上的节制、刚毅和公平等都指出了社会存在和发展的基本必要条

---

① [法]让·饶勒斯:《历史观中的唯物主义和唯心主义》,巴黎1931年法文第4版,第6页。
② [英]肖伯纳主编:《费边论丛》,三联书店1958年版,第87页。
③ 同上书,第87页。
④ 同上书,第169页。

件。"但是土地和资本的私人占有不可避免地会把社会分成两个阶级,也就产生不同的阶级道德观。有产阶级要求绝大多数人民遵循传统道德,因为只有这样他们才能依靠无产者的劳动而过着寄生的生活。因此,社会主义者认为,"私有财产制度对于为幸福的社会生活所必需的公共道德唯一得以实现的条件起着积极的破坏作用。……现代私有财产制度的发展愈来愈驱使人们采取反社会的趋向和行动,因而就破坏了只有社会有机体的健康和进步的发展才能给予他们的自由和丰富生活的希望。正因如此,我们向着能够给予我们自由的方向去改变当前的各种制度显然是合理的。"① 奥利维尔认为,"自由不断受到私人资本主义活动威胁的那个阶级","由于它的政治地位而掌握和控制着工业组织关键的那个阶级",也就是工业无产阶级,只要他们愿意,只要他们看清是什么是需要的,"他们就能够用新制度来代替那个由于某种原因无用和有害而变为不道德的旧制度"。这个新制度的性质是:"把社会存在的基本条件与这个新制度相适应能力的道德可能性重新建立起来——那就是使每一个人得到谋生的机会,并且迫使每一个人去为自己谋生。"② 奥利维尔在文章的最后说:"适合于社会主义的道德观念正在渗透着现代社会",社会主义道德"只不过是人类生活所必需的道德",社会主义"不过是从没有道德的混乱情况走向认识到道德就是理智的有意识状态"。③

五

在两次世界大战之间,社会民主党作为工人运动中与共产主义相对立的思想体系使伦理社会主义思想进一步得到发展,在这里主要通过两个代表人物来说明这一情况,这两个人物是:比利时工人党的亨德里克·德·曼和德国社会民主党的列昂纳德·纳尔松。

德·曼起初在德国上大学,加入了德国社会民主党。后来回比利时参加工人党的青年运动和工人教育工作。1933年任工人党副主席,1938年任主席,1935—1940年之间多次出任政府部长。后来倾向于法西斯主义,在德

---

① [英]肖伯纳主编:《费边论丛》,三联书店1958年版,第177—178页。
② 同上书,第187—188页。
③ 同上书,第191—192页。

国占领比利时期间宣布解散工人党并号召党员与占领者合作。二战结束后被迫流亡国外直至去世。尽管有这一政治污点，他的一些重要著作迄今仍旧受到研究工作者的重视。

1926年，德·曼用德文发表《社会主义的心理学》① 一书，针对他所谓的马克思唯物主义的决定论提出了一种新的工人运动的哲学，把精神价值和公正理想提到第一位。德·曼在书中着重论述了社会主义的"动机"问题。他认为社会主义意向的来源不是阶级利益意识，而是历史地形成的价值尺度与现实的社会处境之间的心理冲突。无产阶级的生存条件固然会造成一些对社会主义有利的素质或倾向，但是社会主义思想本身却是根据对人类普遍有效的尺度来作出判断的知识分子所创造的。因此，他一方面肯定知识分子在社会主义历史中的决定性作用，另一方面又认为"思想"（或"理念"Idee）具有自己特有的独立自主的职能。他提出"动机的双重性"，这在社会主义工人运动中表现为"资本主义精神"（对现状适应的产物）和"社会主义精神"（与上面相反的反应的结果）的对立。运动的目的也有两个方面：（1）满足群众的外在需要；（2）提高这些需要的层次。前一个任务是通过利益斗争完成的，后一个任务要通过文化活动来完成，"而只有后一个任务才是本质上社会主义的，这是就其手段和目的之间真正达到一致而说的"②。人的动机就其伦理的质来说是可以转变的，是可以通过本能的升华来培养的，利益斗争是走向文化上升的准备阶段。德·曼通过上面的分析实际上把马克思的科学社会主义贬低为单纯满足工人阶级的物质生活需要的理论和运动，从而得出必须用伦理思想来使之"升华"和"神圣化"的结论。他进一步声称："我不再是一个马克思主义者了，这不是由于我认为马克思的这一或那一论断是错误的，而是因为，自从我摆脱了马克思的思想方式以后，我感到自己更接近于把社会主义理解成对符合我们道德感的社会制度的

---

① 1927年比利时出版了由作者校阅过的法文译本，书名改为《超越马克思主义》，1929年再版。1928年英国出版了英译本，书名改为《马克思社会主义的心理学》，1985年再版。

② ［比］亨德里克·德·曼：《马克思社会主义的心理学》，伦敦1985年英文版第2版，第488页。

永恒渴望的（随时代不同而变化的）表现。"① 他还说："如果有人问我是否相信社会主义在将来会实现。我要回答说：我相信这一点，但是把它当作一项道德义务而不是一个自然必然性。" 这种看法与柯亨把康德的绝对命令当做社会主义的唯一论证的观点在实质上是一致的。

德·曼是比利时工人党的领导干部。他提出自己的理论是要直接运用于实际的，也就是要为社会党的改良主义实践提供论证的。他明确表示反对暴力革命，认为一个政府的统治可以用武力推翻，但一种社会制度却不能。他坚定地相信"一种能改变我们本身的革命"，这种想法"既和政治机会主义的要求相适应，同样也和道德法则的要求相适应"。② 他认为，伦理动机不仅是最好的政策，而且是唯一现实的政策，正是在这一信念指引下，他才坚决主张用道德和宗教意识来更新社会主义信念。他说："我们一定不要受这一事实欺骗：世界上一切政治事件看起来无非是利益之间的棋局较量。我们见树不见林，忘记了任何利益都不能长久维持下去或者达到自己的目的，除非它能以某种方式在普遍道德意识的法庭面前为自己辩护。"③ 他认为，社会主义工人运动的力量之所以能持续增长，不是由于阶级利益，而是由于"人们日益看到工人运动的渴望是与道德要求相一致的，而对于后者在本质上的公正性质甚至统治阶级也不敢否认"，而社会主义敌人的弱点在于，"他们日益感到自己良心上的不安"。④

1928年5月底，他和另一些德国社会民主党人在德国的哈本汉姆共同发起召开了一次讨论伦理社会主义的国际会议，出席这次会议的大约有欧洲5个国家（德、法、瑞士、荷兰、比利时）的80个社会主义者，讨论的题目是社会主义的基本问题。签署邀请信者共10人，其中德·曼是主要报告人。他在为《社会主义的心理学》法译本第2版所写的前言中把这次会议称为"说德语的新费边社会主义者的会议"⑤，德·曼在作报告时提出一个

---

① 《马克思社会主义的心理学》，第493页。
② 同上书，第497页。
③ 同上书，第505页。
④ 同上书，第506—507页。
⑤ 转引自［德］维利·埃希勒：《民主社会主义理解中的个人和社会》，汉诺威1970年德文版，第111页。

论纲，然后作了阐述。《社会主义的心理学》法译本第2版把论纲全文作为附录收入。1970年出版的维利·埃希勒的论文集《民主社会主义理解中的个人和社会》一书也以《社会主义的论证》为题收入这一论纲的摘要。

论纲的主要思想可以概括如下：

第一，社会主义是对一个公正的（法文本为"平等的"）社会制度的努力追求。它的要求的正确性在于，它是按一种普遍适用的道德尺度对社会制度和社会关系作出价值判断的，因此社会主义信念是以个人的目标明确的良心决定为前提的。

第二，对社会现象的因果关系考察尽管有助于说明社会主义意志的实现的条件，却是与价值判断无关的，因此不能为社会主义信念作出论证。不应当从资本主义环境所产生的原因、特别是从一个阶级的利益斗争和权力斗争来推论出社会主义的"应在"，而是应当基于某种社会伦理价值判断的普遍适用性为基础的目的理论来加以论证。这些价值判断的来源是对我们时代的宗教伦理、伦理哲学和民俗伦理所共有的某些基本原则的信念，这些原则的实现是历史进化的意义和目的。这些原则包括：物质的占有应为公共事业而不是为个人利润服务，每一个人都对整个人类的命运负有责任，个人行为和社会机构的组织都应贯彻普遍利益的精神，为共同体的动机应高于为个人权利或利润的动机。历史发展的意义在于使人能充分发展理解和实现真、善、美的能力，而这一任务要求人人都有平等的责任、平等的权利、平等的尊严即生存权、自主权。这些原则的普遍有效性使社会主义成为向所有的人不分阶级地位差别提出的要求。

第三，争取工人阶级解放的阶级斗争应当以能促使全人类获得解放为目的，应当以普遍有效的价值判断来论证其目的和方法，而不是以阶级的特殊利益来论证；不应从阶级斗争推论出社会主义，而是应当用社会主义来论证阶级斗争。这种从伦理和法权来论证社会主义要求的做法也能比单纯援引更多的福利、保障和社会考虑（这些要求即使在资本主义的范围内也是能做到的）的做法给予工人为社会主义的斗争以更大的推动力。整个工会运动都可以由此获得更大的推动力。

第四，社会主义的政治运动的力量也可以由此得到加强。由于摆脱了反宗教的意识形态，社会主义运动就可以吸收迄今由于宗教上的阻力而敌视社会主义的那一部分工人。由于以普遍适用的法权规范论证社会主义的要求，社会主义思想的吸引力可以扩大到工业工人阶级以外，特别是扩大对农民和知识分子的影响。由于把社会主义目标的设想扩大到改造文化的基础，也就是说推翻资本主义的心理力量所依靠的价值等级次序，这就具有比单纯改变利益关系和权力关系更深刻的反资本主义意义，这是反对广大群众文化资产阶级化的最好武器。

第五，在用个人的和现实的价值动机论证当前的社会主义改良行动时，就能赋予日常活动以一种绝对的价值，因为这些行动就不再被看成仅仅是为社会主义来作的准备，而是社会主义思想本身的逐步的、每天的实现。这会有助于消除群众对改良主义政策的怀疑，加强他们的斗争意识。

从德·曼的伦理社会主义思想可以看出，当代民主社会主义有关伦理社会主义的表述在他那里已具有雏形，伦理社会主义理论与改良主义实践的关系也可以看得很清楚。因此，德·曼的思想目前仍旧受到重视并不是偶然的。

在这一时期，对伦理社会主义思想的发展起过重要作用的另一个人是德国的列昂纳德·纳尔松。

纳尔松1882年出生于柏林一个富裕的知识分子家庭，曾任戈廷根大学副教授。纳尔松接受并且发展了新康德主义者的伦理社会主义观点，在这一基础上创立了自己的所谓"自由的社会主义"。

纳尔松肯定马克思主义对唯心主义来说是一个巨大的进步，认为它使人们最终能摆脱对任何神秘力量的信赖而纯粹根据经验去对历史进行科学的考察。但是他指责马克思主义走向另一个极端，认为只有物质的事物才是起作用的，一切精神的事物都只是物质性事物的映象，从而用"对经济万能的迷信"取代了"对哲学万能的迷信"，而马克思关于社会发展将按自然规律所决定的顺序进行并以社会主义为最终目的的假设则导致了"命定思想"和被动性，导致"对必然性的迷信"。与此相反，纳尔松主张社会主义必然诉诸群众的行动意愿和人的理性。纳尔松强调他自己的所谓"革命的修正主义"是诉诸人的行动和责任心的，无产阶级对自己所处地位的不公正性的意识必须与以下的认识结合起来：公正只有在与统治阶级作斗争时才能实现。拿行动的人和对经济必然性的信念相比，前者能赋予社会主义以"更大的可靠性"。只有这样,《共产党宣言》中关于"全世界无产者联合起来"的"绝对命令"的号召力才能建立在巩固的基础之上。

纳尔松对社会主义的设想是这样的。他认为道德法则的基础是：每个人的个人尊严是平等的，这表现为每个人都有可能通过受教育而达到自由和理性的自决。当自由和平等发生冲突时，平等理想应占"优先地位"。平等是公正的一个要求，它并不意味着人与人的绝对平等，而是也考虑到人的状况包括个人特点在质上的差别，因此在一定情况下也认为一些人比另一些人获得优惠是合理的。为了实现社会公正，并不需要财产的平等，却要求任何人都有平等的、通过劳动达到富裕状态的可能性。纳尔松认为，这些要求在社会主义中才能实现，社会主义是"一种社会制度的原则"，这种制度"用平等富裕的条件来限制私有财产"。只有通过社会主义，平等的自由这一法权状态（它需要物质的保证）才能实现。

纳尔松重视国家的作用，把它看成"超越所有其他权利之上的权力"，是"通过暴力使（人的）权利在社会中生效的社会组织"。[①] 他反对由多数作出决定的民主制政府形式，实际上主张柏拉图式的"贤人政治"。纳尔松在 1917 年建立国际青年联盟，倾向社会民主党，但后来与社会民党决裂，纳尔松又创立"国际社会主义者同盟"作为联盟的后续组织。纳尔松对社民党提出尖锐的批评，而且采取毫不妥协的态度，这就使他不能继续在党内发挥作用，再加上过早去世（1927），因此虽然他做到了使伦理社会主义理论进一步深化，但实际上的影响却远不如他的学生维利·埃希勒。

六

综上所述，在两次世界大战之间时期，社会民主党内的伦理社会主义思想继续有所发展而且逐渐形成体系，但是无论德·曼还是纳尔松，他们的观点和主张都未能在社会民主党的纲领性文件或决议中得到反映。也就是说，伦理社会主义还未能成为社会民主党的正式（或官方）理论中的一个重要组成部分。第二次世界大战以后这种情况开始有了变化。最突出的表现是，

---

① 转引自［德］莎比娜·勒姆克－米勒：《伦理社会主义和社会民主党》，波恩 1988 年德文版，第 23 页。

1951年社会党国际成立时通过的《原则声明》在"社会主义与文化进步"部分的第5、6两条中这样说：

"社会主义的意义远不止于建立新的经济和社会制度。凡是有助于解放和发展人的个性的经济与社会的进步，都具有相应的道德价值。"

"社会党人之所以反对资本主义，不仅因为它造成经济上的浪费，也不仅因为它使群众不能享受物质权利。最主要是因为它违背了社会党人的正义感。社会党人反对任何形式的极权主义，因为它侵犯人的尊严。"[①]《原则声明》的序言第13条也声称："社会主义的实现不是必然的，它要求所有信仰者作出个人的贡献。"[②]

维利·埃希勒在讨论这一文件时，将上引最后一点称为"同相信过去的思想的决裂"[③]。他的意思是指终于屏弃了社会主义是历史发展的必然结果的思想。

1953年3月，社会党国际本特维尔德特别会议通过的《关于社会主义和宗教的声明》的伦理社会主义色彩就更加明显了。这一声明虽然在第2条中声称要根据平等、自由等原则"通过改变财产关系和社会关系来建立一个新的社会秩序"，但接着就说："社会主义政策是一种伦理的具体体现，这种伦理的渊源可以是宗教的，也可以是非宗教的"；"社会主义理想和政策所依据的伦理原则是同创造性文化的最优良传统相结合的"；"在欧洲，基督教福音是社会主义思想的精神源泉和伦理源泉之一。"[④]

以上言论反映了各国社会党的领导人在思想上的变化。例如，早在1945年，德国社会民主党领袖库尔特·舒马赫在为德国西方三国占领区社会民主党组织的代表会议作准备时起草的《德国社会民主党在处理与其他政治因素的关系时的政治指导方针》中就说过："社会主义以及和它完全同时产生的民主是思想和政治的基础。民主同社会主义的概念和社会主义的伦

---

① 《社会党国际文件集》，第7—8页。
② 同上书，第4页。
③ [奥]尤里乌斯·布劳恩塔尔：《国际史》第3卷，上海译文出版社1992年版，第259页。
④ 《社会党国际文件集》，第42页。

理是不可分的。"① 1946 年，舒马赫在论证民主社会主义的多元性时又说，人们不管是"出于经济分析方法，还是出于理性的哲学认识或是出于道德和伦理的动因，或是出于登山宝训精神"② 都可以成为社会主义者。1947 年，在齐根海因召开的社会民主党文化政策会议通过的决议中也声明："社会民主党承认人的精神自由和道德责任感也是塑造历史进程的因素。"③

如果说，上引德国社会民主党关于社会主义的伦理动因的言论是和他们否认马克思主义为党的指导性世界观的态度相联系的话，那么，在英国工党来说，对伦理因素的肯定却是与他们强调自己的思想渊源的独特性的立场一致的。1948 年，英国工党执委会出版了《共产党宣言》100 周年纪念版，即《〈共产党宣言〉是社会主义的里程碑》一书，其中除《宣言》正文以外，还有拉斯基撰写的序言和导论以及执委会的《工党前言》。《前言》中说："英国工党植根于英国的历史中。平均派、宪章派、基督教社会主义者、费边社社员和其他许多团体，都作出了他们的贡献。"④ 工党书记摩根·菲利普斯在为准备社会党国际法兰克福《原则声明》作准备的备忘录中也强调"英国国教会"和"宗教思想"对英国工人运动和英国社会主义精神面貌的影响。

在这里我们必须提到维利·埃希勒的作用。如前所述，伦理社会主义思想在德国社会民主党内是有较深的传统的，埃希勒就是这一传统的继承人。他不仅发展了这一思想传统的某些方面，而且更重要的是把它运用于实际，使这一思想的主要内容正式写进了党的纲领并且对党的实践起了推动作用。

埃希勒出身于一个邮局职员家庭，从事商业，第一次世界大战时曾应征入伍，战后任公司会计。他在 20 世纪 20 年代初结识了纳尔松，成为他的学生，加入了国际青年联盟。1923 年埃希勒参加社会民主党，1925 年因参加国际社会主义者同盟被开除出党。从 1924—1927 年埃希勒一直担任纳尔松的私人秘书。纳尔松去世后他继任国际社会主义联盟的领导人。他坚决反对

---

① [奥] 狄特·多沃编：《德国社会民主党纲领性文件》，波恩 2004 年德文修订增补第 4 版，第 258 页。
② 转引自 [德] 托玛斯·迈尔：《民主社会主义》，波恩 1982 年德文版，第 96 页。
③ 《德国社会民主党纲领性文件》，第 294 页。
④ 《〈共产党宣言〉是社会主义的里程碑》，商务印书馆 1964 年版，第 3 页。

法西斯主义，1933 年希特勒上台后纳尔松被迫流亡国外。1940 年到伦敦后，他作为联盟的领导人和流亡英国的德国社民党其他几个流派的领导人建立联系，逐渐消除了原则性分歧，共同发起成立旅英的德国社会民主党组织的联盟。第二次世界大战结束后，埃希勒于 1945 年回到德国，加入重建的社民党，1946 年在汉诺威代表大会上被选入理事会，负责文化和教育方面的工作。

1947 年，埃希勒在齐根海因的文化政策会议上作了题为《历史是教育大师》的报告，为伦理社会主义进入党的纲领打下了基础。1951 年他参加德国社会民主党行动纲领起草委员会。1955 年社民党理事会正式成立纲领起草委员会，埃希勒担任主席。这个纲领的第一、二稿都是由他负责执笔的，因此他被称为"哥德斯堡纲领之父"。1959 年这个新纲领通过后，他继续写了不少文章，解释和宣传纲领的思想内容。

埃希勒认为，马克思主义的吸引力并不在于其科学性，而是在于"对人的解放在道德上的必然性的不可摧毁的理想，对善的胜利、对人的共同性的不可摧毁的信念，对人的一种共同生活方式的幻想，而这种幻想总的说来可以说成是一切有理性的人的幻想。正是这一信念使社会主义运动始终具有生气和活力"[①]。但是他认为，人们对这种必然性作了危险的解释，危险在以致摧毁了人"对自己不仅在塑造自己的生活而且在塑造社会生活方面的责任感"[②]。埃希勒认为，认识到这一点，就会使人感到自己对社会主义的实现是负有责任的，"这种责任的历史意义是很重大的。实际上社会主义是否有前途，或者世界是否会沦入野蛮状态，取决于人们是否认识到这一责任并使之产生实效"[③]。

通过这样的论证，埃希勒实际上把历史唯物主义所说的客观必然性解释成"道义上的必然性"，又把道义上的必然性与人的责任感和行动联系起来，为社会主义确定了伦理思想基础。

从伦理应与政治相结合的思想出发，埃希勒强调纳尔松的著作指明了

---

① 《民主社会主义论文集》，第 144—145 页。
② 同上书，第 145 页。
③ ［德］维利·埃希纳:《世界观和政治》，法兰克福 1967 年德文版，第 36 页。

"自由社会主义国家观的基本核心,即把国家当做法权机构,当做必须为按法权塑造社会生活操心的有理性的社会的形式,这种形式使公民有能力而且有可能在这个国家中维护自己的权利和尽自己的义务,并且在这一秩序的范围内根据自由的自决来过一种有尊严和丰富文化内容的生活"①。纳尔松认,为只有当有道德的、为公正而战斗的一批人掌握国家政权并强制(必要时可以用暴力)贯彻必不可少的措施时,正义才能实现。对于这一点,埃希勒根据他对新的历史经验和政治经验的理解提出了批评。埃希勒认为,仅仅靠掌握政权来贯彻新的政策以及实行新的教育是不够的,只要这种政策还没有得到全部或很大一部分人民的理解并分担责任,就不得不用法律的强制手段或警察恐怖手段来贯彻,这样一来肯定不能为符合公正和道义的政策创造基础。在这种情况下,即使本身是好的和富有意义的措施也会产生破坏性作用,何况掌权者一旦习惯于把暴力当做贯彻政策的方便途径,最终就会越过必要的尺度而利用暴力。正因如此,埃希勒认为,必须"通过教育和授课使尽可能多的一部分人认识到自由的和公正的政治目标是值得争取的任务,而且需要在国家承认这种教育并用政策加以保证之前就这样做"②。埃希勒的这种主张和纳尔松相反,把教育置于比政治优先的地位,但他也不认为单凭教育就能决定性地改造社会,而是主张教育必须和政治结合起来。他说:"有足够的批判能力的理想主义者能够看出,没有权力,……就不能实现任何社会理想,他将和教育家合作,而后者懂得,他的争取更好的人格教育的努力只有当国家的政策支持这种努力时才会取得持久的成就。"③

埃希勒的另一个与纳尔松不同的,也可以说是他一生最大的功绩之一的观点是他对宗教的态度。纳尔松对宗教是坚决排斥的,社会民主党和教会特别是天主教会在历史上也是互相对立的,但双方都有一部分人不断力图寻找思想上的共同点,争取和解。第二次世界大战以后,天主教会对民主社会主义的态度有所转变,而社会民主党方面则通过埃希勒的努力从根本上排除了

---

① [德]维利·埃希勒:《纪念纳尔松》,法兰克福1953年德文版,第134页。转引自《伦理社会主义和社会民主党》,第221页。
② 转引自《伦理社会主义和社会民主党》,第222页。
③ 同上。

双方在思想上互相接近的障碍,肯定民主社会主义在世界观上的多元性,使伦理从世界观的总的框架脱离开来。这种态度的新的特点是:各种世界观的伦理规范的区别与其说是在于内容,不如说是在于它们的哲学的和宗教的论证,因此一旦使伦理脱离了世界观的束缚,就可以发现,构成社会主义本质内容的道德思想也可以是其他思想体系的目标和支持点。基督教的原始思想和其他宗教或人道主义观点都属于这种思想体系,它们的信徒都可以接受共同的社会理想。埃希勒很早就强调基督教和社会主义之间的类似之处,关于人在社会中的自由、关于社会公正的必要性、关于对人的尊严的尊重的道德理想也是基督教观点的组成部分。在这一方面,严肃的基督徒和严肃的社会主义者之间可以顺利地缔结起纽带来。因此,"社会主义公开承认自己的伦理基础将为使所有基督徒也能理解它的要求打开大门"。埃希勒把这称为一次"伦理的革命",而"哥德斯堡纲领的通过和《母亲与导师》通谕是这一伦理革命的里程碑"①。

埃希勒对伦理社会主义的研究和著作的成果集中体现在他作为委员会主席领导起草的哥德斯堡纲领中。我在这里不打算详细论述这一纲领的内容,只想引用埃希勒传记的作者萨比娜·莱姆克－米勒的如下一段话来说明它的历史意义:"这一纲领是德国社会民主党历史上第一个奠定在伦理的社会主义理解基础上的纲领。这种理解与列昂纳德·纳尔松以及与例如爱德华·伯恩施坦和魏玛共和国时期德国社会民主党内若干新康德主义哲学家所主张的伦理社会主义理解是相似的,但是他们的思想未能产生任何特殊的影响。哥德斯堡纲领中再现的基本思想包括:社会主义是人们自觉地争取的主张一切人权利平等的社会制度,而不是历史进程中必须存在的一个发展阶段;社会主义是持久的任务,需要不断重新加以解决;人的生活应当获得不打任何折扣的价值以及其他思想。……埃希勒一再强调,关键在于在价值本身上取得一致,必须听任每一个人自己去为此作出论证。埃希勒就这样做到了使存在于德国社会民主党内的差别很大的各种科学理论观点统一起来,只有极少数观点被排除在外。"②

---

① 《民主社会主义者理解中的个人和社会》,第73页。

② 同上。

总之，伦理社会主义在社会党内特别是德国社会民主党内的发展到哥德斯堡纲领的通过可以说是告一段落。在这一意义上也可以说哥德斯堡纲领是伦理社会主义发展历史上的一个重要的里程碑。在这以后，无论是埃希勒本人还是社会党（特别是德国社会民主党）的其他理论家的著作，无论是德国社会民主党的纲领性文件（《八五政治经济大纲》、1989年柏林纲领和2008年汉堡纲领）还是社会党国际及其所属各党的纲领性文件（例如1989年社会党国际第十八次代表大会通过的新的《原则声明》），都只是对哥德斯堡纲领中肯定的原则的进一步阐述和发挥，就其核心思想来说已经没有、而且基本上也不需要有新的发展了。

七

第二次世界大战结束以后，各国社会党普遍接受了伦理社会主义思想作为民主社会主义的理想和政策的主要论证。这些党的纲领或纲领性文件已不再像第二国际时期和两次大战之间时期那样根据（基本上）马克思主义的观点分析资本主义社会的矛盾和发展趋势，并从而得出社会主义必然取代资本主义的结论，而是把社会主义当做争取人类社会的几个普遍的伦理价值（如自由、平等或公正、团结互助等等）逐步得到完满实现的过程。当然，各党的纲领也对当前的资本主义社会的经济、政治和社会问题进行分析即所谓的时代分析，但这不是为了论证社会主义社会的历史必然性，而是为了指明，当前社会状况是不符合这些伦理原则的，因此也是必须按照这些原则来加以改造的，而在某一特定时期这些原则能够得到实现的最大程度则要受当时客观条件的制约。在这里我们还必须承认，由于长期的传统的影响，也由于当前各党对马克思主义的态度不尽相同，同一个党的内部在这一点上也存在分歧，因此在这些纲领的时代分析部分仍旧可以不同程度地看出马克思主义观点和方法的影响。例如，一般被认为最早明确表示要走改良主义道路的瑞典社会民主工党在1990年准备制定新的党纲时，发给全党的讨论提纲中还专门把如何对待马克思主义作为一个问题提出来。我们如果回忆一下19世纪末20世纪初党内的一些新康德主义者如福尔伦德尔所提出的调和马克思主义与康德伦理思想的主张，那么也可以说，在第二次世界大战以后，这一企图最终还是实现了。但是和当年的新康德主义者相比，现在的社会民主党人在修正马克思主义或者说否定和屏弃马克思主义的道路上走得更加远得多了。

第二次世界大战以后各国社会党接受和表述伦理社会主义观点的方式主要是，在纲领中把它当做社会主义理想和政策的论证，再在对当前时代和本国情况分析的基础上提出政策要求。各党的纲领结构基本上可以归纳成这样的：社会主义的伦理论证＋时代分析＋具体政策要求。但各个纲领的章节安排和写法是多种多样的，和第二国际时期各党纲领大致相似的情况也大不一样。

随着社会党正式、公开地承认伦理社会主义观点及其价值观念，这些党对社会主义的理解基本上从制度范式转为价值范式，也就是说，不再以将资本主义制度改造为社会主义制度作为努力目标和社会主义事实的标志，而是把社会主义价值的逐步实现作为努力方向和衡量自己政策性质的尺度。

尽管如此，并不能简单地把伦理社会主义和社会民主主义等同起来。从伦理社会主义理论的发展历史来看，伦理社会主义从来未能形成一个自成体系的社会主义理论。这主要是因为大多数伦理社会主义者是哲学家，他们关心的是社会主义的哲学论证，对社会主义的经济和政治方面只是偶而涉及。也就是说，他们想要解决的问题是社会主义的"为什么"，而不是"怎样做"。实际上，从柯亨开始的重要的伦理社会主义者在考虑到社会主义实践时都寄希望于某种现存的政治力量。

不是反对和推翻现存国家，而是通过利用和改造现存国家来实现社会主义，这是伦理社会主义者的政治思想的一个重要方面。在经济思想方面，伦理社会主义者虽然认为生产资料私有制是社会不平等的根源、承认劳动是创造财富的源泉，但并不主张彻底废除私有制，而只是要求加以限制。与此同时，他们对合作制经济很感兴趣。至于文化教育方面的工作，更是他们十分关心的。

由此可见，伦理社会主义是"天然地"趋向社会改良主义的。当19世纪末20世纪初伦理社会主义从新康德主义者中产生时，社会民主党的实践已日益具有改良主义性质，因此不少伦理社会主义者在政治上接近或加入社会民主党并企图使党接受他们的思想，并不是偶然的。在社会民主党方面来说，由于一部分政治活动家、工会工作者和理论家对马克思主义关于资本主义发展趋势的分析和预言产生怀疑,企图为自己的实践寻找其他论据,也就很自然地会趋向伦理社会主义。伯恩施坦和爱德华·大卫尽管不是新康德主义者,但却都积极地宣扬康德的伦理思想,也不是偶然的。

伦理社会主义为社会改良主义提供恰当的理论论据,社会改良主义为伦理社会主义付诸实践提供具体政策和组织机构,这一密切的相互关系经过几十年的发展终于使伦理社会主义成为社会党的理论基础的一个重要组成部分。我们可以说,社会民主主义是以伦理社会主义为论证的社会改良主义。

第三节 德国社会民主党新纲领制定过程中关于基本价值的讨论

一

第二次世界大战结束以后,西欧发达资本主义国家的社会民主主义政党(社会民主党、社会党、工党)陆续放弃以社会主义制度(主要标志是生产资料公有制)取代资本主义制度的目标,满足于资本主义框架内的改良,并且把自由、公正和团结互助这三个"社会主义基本价值"确定为衡量社会革新的标准。本章第一节在结尾时引用的法国社会党领袖若斯潘的一番话可以被看做是对于一个发展过程的概括。但是,最初以价值为标准来论证社会主义的是德国社会民主党。该党在1959年的《哥德斯堡基本原则纲领》中提出:"自由、公正和团结互助,即从共同紧密联系中产生的相互义务,这些都是民主社会主义意愿的基本价值。"[①]"社会民主党努力追求一个体现这种基本价值精神的生活制度。"德国社会民主党1989年柏林党代表大会制定的新纲领,即《柏林基本原则纲领》进一步阐发说:"自由、公正、团结互助是民主社会主义的基本价值。它们是我们判断政治现实的标准,是衡量一种新的和更好的社会制度的尺度,同时也是每个男女社会民主党人的行动指南。"[②]

---

① 《德国社会民主党纲领汇编》,第70页。
② 同上书,第96页。

这三个基本价值是从法国大革命的"自由、平等、博爱"发展而来的，因此，自由主义和保守主义的政党不会公开反对这些价值，甚至可以在自己的纲领性文件中不同程度地宣扬这些价值，同时却按自己的思想来解释这些价值及其相互关系，来为自己的政策辩护。另一方面，社会民主主义政党既已经放弃制度替代，在实行社会福利国家政策时也和资产阶级政党有一定的共识，因此，上世纪末西方政治学界产生了一种认为社会主义、自由主义、保守主义这些大的政治概念的差别已日益模糊、甚至不复存在的观点。上世纪70年代以后在西方政治界占上风的新自由主义竭力突出"自由"的价值，以此来贬低和否定其他价值，攻击社会主义运动和社会福利国家。社会民主主义政党方面也受到客观经济社会条件变化的压力，不得不寻求革新，同时又要竭力维护自己的"身份特征"，而这"身份特征"的核心就是坚持基本价值，同时对它们在新的条件下的实际贯彻做出新的解释。正因如此，托尼·布莱尔在《第三条道路：新世纪的新政治》[①] 中，在他和格尔哈德·施罗德的联合声明《欧洲："第三条道路"／"新中间"》[②] 中，以及法国社会党在向社会党国际1999年代表大会提交的文件《走向一个更加公正的世界》中，都把基本价值放在一个很重要的地位。例如上述法国社会党的文件说，把各国社会党团结在一起的"首先是我们共同的价值观。法国大革命的三个原则'自由、平等、博爱'迄今仍是我们保证遵守的基础"[③]。

在这方面，又是德国社会民主党走在了前面。《柏林纲领》是在两德统一和苏东剧变前夕通过的，不久以后就在许多方面落后于现实，因此德国社会民主党于1999年柏林代表大会决定，在保持自由、平等、团结互助等基本价值为"我们政策的尺度和指导原则"的前提下，制定新的基本原则纲领。按原定计划，新纲领应于2003年通过，但由于此后几年内党的主席三次更迭（从施罗德到弗朗茨·明特费林，再到马蒂阿斯·普拉策克，再到库尔特·贝克），又经过两次大选（2002，2005），所以制定新纲领的进度

---

① 陈林、林德山主编：《第三条道路：世纪之交的西方政治变革》，当代世界出版社2000年版，第5—29页。
② 同上书，第36—50页。
③ 根据网上文件。

放慢。在这期间，发表过以下重要文件：

在 2001 年 11 月纽伦堡代表大会上，纲领委员会提交中期报告，题为《一个新的基本原则纲领的路标——关于持久塑造全球化时代的社会民主主义的设想》，并附有党理事会所属常设基本价值委员会以及纲领委员会 7 个工作小组的报告。①

2003 年 7 月 16 日，德国社会民主党在柏林总部举行了题为《关于公正原则的讨论——对一个老问题的新回答》的讨论会。总书记奥拉夫·朔尔茨发表了关于《21 世纪的公正和团结一致的中间派》的讲话。②

2006 年 4 月 24 日，社会民主党主席库尔特·贝克签署发表了文件《革新的力量——21 世纪的社会公正》，要求党的各个层次进行讨论，这就是后来通过的汉堡纲领的基础。据基本价值委员会副主席、著名理论家托马斯·迈尔的说明，这一文件第三部分（"社会民主主义的目标"）所包含的 6 点将是新纲领的主要内容：一、和平与世界秩序；二、公平的全球化；三、富裕和就业；四、所有人的社会参与；五、可持续的进步；六、在变化中保证安全和掌握方向。③

此外，2003 年 10 月，由当时的联合政府环境部长西格马尔·加布里埃尔为首的 40 名社会民主党国会议员和党干部组成的"柏林网络"提出题为《加强人，开辟道路》④的文件，企图以此推动制定纲领的讨论。2003 年 11 月，纲领委员会编审小组的 6 个成员在题为《一个新的基本原则纲领的重点》⑤的文件中就他们认为应当进一步讨论的重要问题提出自己的看法。2004 年 12 月，沃尔夫冈·蒂尔泽（曾任党的副主席，当时为国会副议长）和格辛娜·施万（曾为社会民主党提名的总统候选人，当时为教授）联名发表《我们政策的基础》，作为推动纲领讨论的文件。

社会民主党的理论刊物《新社会/法兰克福杂志》在 2003 年连续 4 期开

---

① 《德国社会民主党纲领性文件》，第 465—580 页。
② 《新社会/法兰克福杂志》（以下简称《新社会》）2003 年第 9 期，第 15—20 页。
③ ［德］托马斯·迈尔：《德国社会民主党纲领主要论题》，《新社会》2006 年第 5 期，第 10 页。
④ 同上书，第 581—628 页。
⑤ 同上书，第 629—650 页。

辟了关于公正原则的论坛，2004年连续6期开辟了关于党纲领的论坛，2006年连续10期开辟了关于社会民主主义的论坛。

以上所举关于新纲领的文件和讨论当然涉及许多方面，但关于基本价值，特别是关于公正原则的讨论占了重要地位。

二

2001年纲领委员会中期报告（《路标》）在表明对《柏林纲领》的态度之后首先论述的就是"基本价值和对人的理解"问题。文件认为，20年来，自由主义和新自由主义的观点和意识形态在许多领域占据支配地位，对基本价值也作了歪曲："自由被片面地解释成享有不受限制的行动机会的消极自由，公正被缩小为自行其是的市场分配机制，团结互助退居次要地位，并且受到一个仅仅以竞争为准绳的社会的威胁。"这些歪曲解释归根结底会损害所有人的自由机会。因此，针对这一点，"社会民主党提出了自己对21世纪社会民主主义政策的基本价值理解"①。

与此同时，基本价值委员会的报告也在一开头重申基本价值是"我们政策的准绳和指导原则"，并且援引《柏林纲领》的有关论断。这个文件认为，《柏林纲领》关于基本价值的论述无需修改，但是新纲领应当根据新的形势和新的经验对基本价值作出"新的解释，突出新的重点，使它们精确化，而这种做法与它们的持久有效性和现实性是不存在矛盾的"②。

在这次讨论中，社会民主党首先努力在"自由"问题上与联盟党划清界限。新任总书记胡贝图斯·海尔毫不隐讳地说："我们目前的联合伙伴（指联盟党——引者）说要通过更多的自由来实现公正。社会民主党应当提防这些花言巧语的诡计。"③ 由于联盟党主席安吉拉·默克尔模仿维利·勃兰特当年关于"敢于要更多的民主"的名言提出："敢于要更多的自由"，于是托马斯·迈尔结合新党纲的讨论发表了《一半的自由和完全的自由》一文提出批评，并且从理论上对新自由主义的自由观点进行了分析和批判。

---

① 《德国社会民主党纲领性文件》，第471页。
② 同上书，第491页。
③ ［德］胡贝图斯·海尔：《一个具体的乌托邦吗？论新的原则纲领》，《新社会》2006年第9期，第42页。

迈尔首先批评了以赛亚·伯林关于消极自由和积极自由的观点。伯林认为，消极自由即个人抵制国家干涉的自由，是自由的原始观点。但是19世纪中叶，在工人运动及其社会主义纲领的观点影响下，积极自由即国家对所有人的行动可能性提供的保证被纳入自由主义概念。伯林认为，这两种自由概念的矛盾是无法解决的。他毫不妥协地主张消极自由。迈尔认为，伯林继承了并且加强了弗里德里希·哈耶克的传统，他所主张的是"自由至上民主主义"的自由，而社会民主党所主张的是以"自由社会主义"为根源的现代化自由理解。在这一方面，迈尔赞同英国学者托马斯·马歇尔的观点。马歇尔认为，如果一种作为基本权利的自由仅仅保证抵制外来侵犯，却不同时保证所有人获得自决行动的前提和手段，那么它对于现代社会的大多数人是没有"使用价值"的，因而只是空洞的许诺。而20世纪的经验证明，自由必须包含享受那些使自由行动成为可能的社会公共物品的权利，而教育机会、收入保障、健康保护、社会分享是这些社会公共物品中最重要的。迈尔认为，西方新自由主义鼓吹的自由和苏联东欧国家的自由都只是一半的自由，社会民主主义主张的才是完整的自由概念。① 迈尔的论述既是一般地针对自由主义，又是特殊地针对以默克尔为代表的联盟党的，就实质上说，并没有什么创新之处，但是我们也要看到，最近几年，他在自己的著作中多次引证马歇尔，并强调，1966年制定的《联合国基本权利宪章》是现代化自由理念的体现，且赋予这一理念以"国际法的庄严性"，这一次他又重申了这个观点，这是值得重视的。

尽管一如既往，社会民主党领导人和理论家在强调基本价值三位一体的同时，总是突出"自由"的首要作用，但是在这次讨论中，公正问题却成为重点。

在作为《路标》附件的《基本价值委员会中期报告》中首先提到了一个新的观点。沃尔夫冈·克勒门特（当时担任北莱茵威斯特法伦州州长，2002年大选后曾任联邦经济和劳动部部长）在2000年4月举行的社会民主党基本价值论坛中要求从纲领角度对"公正"这一基本价值重新进行思考。

---

① ［德］托马斯·迈尔：《一半的自由和完全的自由》，《新社会》2006年第3期，第22—23页。

他说:"有限的不公正"很可能也会成为促进"个人和社会发挥能力"的"催化剂"。他甚至说,这是社会民主党纲领讨论中的"阿基米德支点"。"这个支点也许有一天能理所当然地与哥德斯堡(纲领)相比。"① 文件对克勒门特的狂妄未加指责,却是冷静地做了分析。文件认为,社会民主党从来认为物品和资源分配中的不平等是合法的,只要它是以特殊需要、功绩或贡献的差别为根据就行。但是社会民主党与自由主义不同。自由主义认为"平等地进入自由市场的条件,也就是机会平等,是实现公正的足够的条件"。而社会民主党却认为,以不是由于自己过失造成的成就差别为衡量标准是"不合法的"。例如,社会出身的差别应当被看成是不平等的,所以对此就应当"区别对待"(ungleiche Behandlung)。因此,只有当人们力图减少"没有道理的社会不平等"时,平等原则才能在相应的程度上实现。文件说:"社会民主党身份特征的一个核心内容是:更多的公正始终意味着平等的扩大。"至于简单的平等,亦即对所有人严格地平等对待,"在任何时候都不是社会民主党的理想"②。

根据以上论述,文件认为,"有限的公正"对社会民主党人来说,不是"新的经验",但是它必须以在社会中创造更多的平等为前提。这以后,在社会民主党人的论述中还使用过"公正的不平等"来表示"有限的公正"的意思。

不管使用什么术语,这次讨论表明,社会民主党内确实有人在考虑"公正"概念的内涵。著名工人运动史专家于尔根·科卡教授说:"并不是任何不平等都是不公正的,但是存在着起不公正作用并且确实是不公正的不平等——也包含社会的和经济的不平等。不过很难划清界限。"③ 他举出几种为不平等提供理由的说法。美国自由主义政治学家约翰·罗尔斯认为,只有"对每一个人都有好处"的不平等才是公正的。托马斯·迈尔等人提出,只有在考虑到更高一级的标准,如生产率、经济增长、社会发展、许多人的

---

① 《德国社会民主党纲领性文件》,第497页。古希腊科学家阿基米德说:"给我一块站立的地方,我可以(用杠杆)把地球翻过来。"

② 同上。

③ [德]于尔根·科卡:《社会民主主义基本价值在今天》,《新社会》2003年第12期,第12页。

自由和公共幸福等时，不平等才是有辩解理由并且可以与公正协调一致的。这些观点都有道理，但也很难详细论证。另一方面，科卡也指出，当前社会——尤其是在国际上——在收入、财产、生活机会和风险分担方面的不平等毫无疑问是不公正的。在2004年9月，他又重复提出这些问题，并且指出，当前德国一方面大大削减失业补助，另一方面大大减轻企业的税负，或者对使企业破产的经理支付高额补偿金，而工人职员却丧失生存基础，这无论如何是左派无法接受的。

格辛娜·施万和沃尔夫冈·蒂尔泽，在2004年12月提出的《我们政策的基础》报告中也对"公正的新定义"发表了看法。他们认为，公正的不平等是为了说明，一个动态社会的效率应当允许多少不平等。而这一"经济自由主义观点"的核心是这样的主张：不平等通过"物质的或提高声望的刺激促使在市场上活动的经济主体提高效率。这会导致生产更多的财富，又通过它来开辟更多的个人分配机会"。施万等人认为，虽然"公正的不平等"对社会民主党来说并不是"禁区"，但是目前社会民主党在公正政策方面遇到的问题不是收入上的差别大小，而是如何对不劳而获和毫无绩效的收入提出论证，而且很久以来收入情况的发展已不再表现为正常收入者和高层收入者之间符合效率的"分义"了。施万等重复上述《路标》附件中关于社会民主党对不平等的传统观点，指出：对不平等的"区别对待"是"合法的"，只要"它在道德上是有根据的，例如通过分配某一物品来弥补公正方面的缺陷为意图"就是可以允许的。他们的结论是：特别强调"公正的不平等——即使这是符合效率公正的——是没有必要的，而且在目前收入剪刀差极大的背景下，这会是一个政治上遭到误解的信息"。因此他们建议不采用这一概念。①

托马斯·迈尔在《公正的规范》一文中也提到，为了使公正政策保持其可信性，"应当以两个问题为例子对工资和效率问题进行争论，其一是征收遗产税问题，这是能够减少未作贡献的收入的明显不公正的。"其二是对

---

① ［德］格辛娜·施万、沃尔夫冈·蒂尔泽：《我们政策的基础》，《维利·勃兰特大厦资料》2004年12月，柏林。

经理人员的薪金和补偿金的天文数字的限制。①

由此可见，许多社会民主党干部和学者是不同意"公正的不平等"的提法的。但是在社会民主党的实际工作中，却不能不考虑到客观存在的不平等，在力图减轻它的同时又不得不从理论上找出一定的辩解理由。2003年7月，当时的社会民主党总书记奥拉夫·朔尔茨关于《21世纪的公正和团结互助的中间派》的讲话就足以表明党的官方态度。朔尔茨认为，在战后的德国，曾长期地把公正作为"富裕增长和收入增长"的公正分配问题来讨论，这种公正观点即"分配公正"已不符合现实状态。朔尔茨当然不会正面反对分配公正，而是提出社会民主党对公正的理解应当是"始终关注它与自由的关系"。公正的目的是使人能按照自己所希望的那样塑造自己的生活，而决不能"使人长期处于依赖状态，剥夺其行为能力，伤害其自尊心"②。这一说法显然是针对德国目前的高失业率而讲的，社会民主党当时实行所谓"哈茨计划 IV"，减少领取失业补助金的时间，把失业救济金与社会救济金合并处理，目的是促使一些工人愿意在即使不是对自己合适的条件下就业，以减轻整个社会保险负担，同时减少"社会排斥"。

"社会排斥"是这次关于社会公正原则讨论中引进的新的概念。这是指近几年来，有愈来愈多的人被排斥在工作之外，丧失了劳动的权利和机会。于尔根·科卡说，对于社会民主党来说，就业劳动是个人和家庭融入社会的"最重要（zentrale）手段。"就业劳动不仅创造收入，而且使人获得"社会尊重、自我价值感、生活意义和生活纪律，与别人的交往、融入"，因此失业"即使不直接导致经济上的匮乏，也是重大的损失，是严重地受到剥夺"。朔尔茨在这一报告的第7节"劳动作为公正的核心前提"中几乎全部照搬了科卡的这些观点，并且得出结论说："社会民主党在今后几十年最紧迫的任务就在于想尽一切办法，提高就业率。"③

与此有联系的另一个概念是"参与公正"。这包含两方面的意思，一是

---

① ［德］托马斯·迈尔：《公正的规范》，《新社会》2003年第10期，第20页。
② ［德］奥拉夫·朔尔茨：《21世纪的公正和团结互助的中间派》，《新社会》2003年第9期，第15—16页。
③ 同上书，第17页。

公平地参与社会财富的分配，这里又牵涉到效率问题。另一是以平等身份参与社会生活和政治生活，而这又要以前一种参与为物质基础。目前社会民主党的政策可以说是以适当地降低前一方面的参与公正的要求为条件，来换取后一方面参与的机会，并为逐步实现全面地参与公正打下基础。在这方面，通过培训使失业工人扩大再就业的能力是一个重要手段，而教育则是保证下一代能获得参与公正的最重要途径。因此，朔尔茨讲话的第 6 节的标题是"教育是公正——公正是教育"。他说："今天没有什么比大力扩展社会各阶层受教育的机会和途径更加公正了……按照公正的观点，更加重要的是预先防止产生失业和社会排挤的原因，而不是在失业、社会边缘化和社会排斥等社会弊端已经出现时再采取转移支付和其他措施去干预。谁要是在一开始就失去了受教育的机会，那么他在今天和将来就几乎没有全面参与的机会。"①

教育公正是社会民主主义与自由主义关于公正的观点划清界限的一个重要方面。自由主义强调"机会平等"，反对"结果平等"，而且认为资本主义社会中形式上人人平等的权利和自由就为每个人提供了平等的机会。针对这一点，社会民主党提出"起点平等"，这实际上是从消极方面指出，在资本主义社会中，由于社会环境等差别，每个人的"起点"是不可能平等的，社会福利国家的目的之一就是力求起点平等，而平等的受教育机会则是根本性的，其重要性超过了福利国家的转移支付："公正政策的质量现在（和过去）从来都不是社会转移支付的数量问题。"②

但是仅仅起点平等还不够。因为人的一生中会遇到种种风险，使他利用起点机会所取得的一切化为乌有，例如疾病、失业。"因此必须关心平等的生活机会，个人在整个一生中必须获得以自我负责的态度过有尊严生活的机会。"③

最后还有一个代际公正问题，这是与德国以及所有发达资本主义国家社会老龄化问题密切相关的。特别是在德国，社会保险金（包括养老、医疗

---

① 《21 世纪的公正和团结互助的中间派》，第 16—17 页。
② 同上书，第 16 页。
③ ［德］托马斯·迈尔：《公正的规范》，第 19 页。

等）是由在职工人和雇主分担缴纳的，由于通货膨胀、社会老龄化等原因，养老金账户早已存在亏负，在职工人对自己将来退休时的待遇也缺乏信心。因此，社会民主党内也有不少人认为，适当减少退休金，以此来减轻现职工人的负担，同时增加教育和科研的投入，而且不要给后代留下过多的国债，这是符合"代际公正"的。

2006年4月发表的《革新的力量，21世纪的社会公正》文件已经汲取了近几年来有关讨论的成果，在第二节"社会民主主义的基本价值"中以下几点是明确的：

第一，社会民主主义实现这三个价值的意志不需要重新论证或重新界定，"我们必须回答的问题是，我们如何能够在21世纪的已经改变的条件下以新的方式正确地实现这些基本价值。"

第二，自由不仅是免受强制的自由，而首先是塑造自身生活的自由。自由是与对自己和对社会的责任密切联系的。

第三，"公正"要求所有的人不分出身、性别或"属于哪一个世代"，都有可能参与为实现自决的、自我负责的生活所需要的前提和手段。"公正的参与"首先意味着机会平等，而且是"终身机会"的平等。公正原则要求，所有的人，不管他在各个时期对社会的贡献大小，都享有平等的自由和平等的尊严，但是也承认他们对于社会的贡献是有差别的。

第四，社会福利国家是"有组织的团结互助"，但是"实现团结互助的能力和愿望不是自发产生的，也不是可以强加于人的"。必须通过"我们社会的谅解过程日复一日地重新创造出来"。这在日益个人主义化的社会中是更加困难的，同时也是更加重要的。

第五，三个基本价值是"互为条件、互相补充和互相限制的"，只有同时争取实现三个基本价值，才能使其中的每一个得到实现。谁要是玩弄使这些价值彼此对立的手段，最后结果将是一个价值也无法实现。"这一基本观点使德国社会民主党与德国其他政党区别开来。"

第六，值得特别指出的是，在这一节的最后一段出现了"民主社会主义"一词，认为在德国社会民主党的历史中，"民主社会主义是专制的国家社会主义的对抗模式。它表述的不是关于社会最终状态的设想，而是一种价值设想和一种政治运动。"在不再提"制度对抗"以后，民主社会主义这一概念体现了以下的持久有效的见解:"在一种市场经济中,也始终存在着不应当受市场逻辑支配、而应当以需要为方向的生活领域和公共物品。这些非市场形式的公共性因素是我们社会的生活质量和机会平等的不可缺少的泉源,必须作为社会民主主义的基本前提而得到加强。"① 这一段话进一步证明社会民主党是用价值标准替代制度标准。

在文件其他部分还可以看到一些与基本价值有关的论述。例如第三章的《社会民主主义的目标》中关于"代际互助"的小节就涉及"代际公正",关于"所有的人的社会参与"小节涉及参与公正,并且提到"接受教育培训和文化是机会平等和参与公正的一个中心要素"②。

实际上,社会民主党领导所提出的这一文件回避了讨论中一些比较尖锐的问题,如是否应提"公正的不平等",是否还要强调"分配公正"等等,而是采用了大部分人能取得共识而且又不会与党的现行政策发生矛盾的提法。科卡认为,新的基本原则纲领的指导原则把公正理解成"机会平等"、"效率公正"、"分配公正"和"参与公正"等因素的"共生"。③ 他在这里用的是一个很巧妙的词。但是我认为,上述文件实际上是突出了"参与公正"。这一原则既可以在政策上落实到教育和就业这两大任务,又可以包容对"公正"概念的灵活解释。科卡认为,从参与公正来说,"尽可能平等地分配并不是绝对必须的。不如说,如果某一个人被排挤到边缘并且排斥在(社会之)外,才是不公正的。"

无论如何,科卡对公正概念的解释是比较接近德国社会民主党当前领导的理论和现实的。他首先再一次强调"代际公正",指出"任何名副其实的社会公正战略都必须包含代际成分,也就是对以后世代的公正。"因此,即使以社会公正为论据,国家负债也不能无限制地扩大,这当然会要求节约社会福利开支。其次,他在像以前那样批评德国目前明显存在的一些极大分配不公正的同时,仍旧指出:"不管人们为了社会公正作出了什么决议和做了

---

① 以上有关基本价值的引文均见《革新的力量——21世纪的社会公正》第二部分:社会民主主义的基本价值观。原件无页码。

② 同上文件,第三部分:"社会民主党的目标"。

③ [德] 于尔根·科卡:《公正政策及其前提》,《新社会》2006年第9期,第49页。

什么事，如果这会扼杀市场机制，那么归根到底会事与愿违，并且会导致我们的增长明显落后于国际水平。"当然，他也强调增长要以社会团结为前提，二者之间的关系是"辩证的"，不是"对立的"。最后，他认为现代的公正政策必须把"以更大的经济平等为目标的重新分配"放在次要地位，不要那么重视它。因为第一，由于当前制度要维护在全球化条件下允许大额财产外流的自由原则，经济平等这一目标很难实现。第二，这一目标使更高一级的公正目标如生产率、社会发展、个人自由和普遍富裕更加难于实现，或甚至不可能实现。第三，使大家都生活得更好，这比缩小他们之间的差别更加重要，也就是说，"在日益增长的高水平的整体水平基础上的不平等比停滞的或甚至不断降低的低水平基础上的不平等更加符合人道。"当然，社会福利国家总是包含重新分配的，但这首先应通过税收制度来施行。"现代社会国家不应当主要以生活条件的更大平等为目标，而不如说是应当以社会融入、所有人的参与为目标。"①

三

基本价值的论述当然不可能是纯理论的，而是必然要与纲领中关于政策原则的部分，特别是与社会福利国家联系起来。在上述文件中，社会福利国家是在第四节"一次新的社会协调"的一个小节中论述的，标题为"一个新的理想模式：预防性的社会国家"。文件对"新的社会协调"的论争是与基本价值相联系的。文件认为，一个自由和平等的社会应当就"如何使各个社会集团、各个世代和不同性别的利益协调一致"达成谅解。由于社会持久分裂成赢家和输家，使所有的人共同受害，最后也将使所谓的赢家变成输家。只有通过社会共同努力革新才能正确对待已经发生根本变化的条件，为此必须在德国和欧洲形成"新的社会协调"。这种协调要求加强民主制，不断重新给它注入新的生命力。也要求强大的公民社会，也就是要求力求实践基本价值的男女公民在公共生活中与各级政府协调配合，尤其是需要"对我们国家的新的积极的认同"。在这里，德国社会民主党再一次宣示它对现存国家的态度。

---

① ［德］于尔根·科卡：《公正政策及其前提》，《新社会》2006年第9期，第52页。

这样的国家必须是一个主动的和合作的国家,支持男女公民以自我负责和团结互助的态度行动;这样的国家既不是官僚主义的,也不是缩小规模和缺乏权威的,它要有行动能力;这样的国家需要财政资源,以便为公众谋求福利;这样的国家还要有能力保证人们能享受公共物品,而且有能力"按照更加明确的目标和公正地行动"。把这些观点应用于社会国家方面,就是"我们所要的不是规模缩小的社会国家,而是更好的社会国家。我们为21世纪提出的模式理想是预防性社会国家,它要比迄今更多地投资于人及其潜力。"

文件充分肯定了社会国家过去的重大成就,同时批评它过分忽视预防,过少地促进人的积极性,对新的社会问题、特别是新形式的贫困和排斥重视不够,主要依靠转移支付,对能支持人们积极参与社会生活的"社会基础设施"投资甚少。与此相反,预防性社会国家将着重预防工作,特别是认识到"教育对于个人以及对于我们社会的未来所具有的生死攸关的重要意义"。社会国家的财政来源也应扩大,不仅来自"依附性就业者"的保险金,而且还应增加税收部分,使其他阶层也参与互助。①

国家问题也是纲领讨论的一个重点,而且与公正问题有直接的联系。曾长期担任乌培塔尔市市长的汉斯·克勒门达尔在《核心任务是提供保证:社会民主主义与国家》一文中指出了新自由主义经济政策的原则是:"私人优先于国家":降低税率、减少社会福利交款,以降低企业成本并保证企业的竞争力、企业利润和企业投资以及工作岗位。此外还要增加个人在社会保障和教育方面的自付费用。通过私人慈善事业来救助贫困者。与此相反,社会民主主义坚持公正原则和国家对整体负责的原则,绝不会把"私人优先于国家"看成是金光大道,而是要坚持"国家有塑造任务,为此它需要经费,而仅仅依靠市场经济过程,既不会产生公正,也不会使所有的人都能参与"。它认为预防性社会国家的核心任务是"为公共物品,以及为所有的人都能平等地分享这些物品提供保证",而不是"包揽一切";允许私人参与公共事业,但"责任仍由国家承担"。一个积极的塑造性国家"对于积极的

---

① 《革新的力量——21世纪的社会公正》第四部分:"一次新的社会协调";第三节:"一个新的理想模式:预防性的社会国家"。

公民社会来说，不是威胁，而是必要的框架条件"①。克勒门达尔强调，"社会民主主义需要强有力的国家"，为了有效地、高质量地完成保证任务，国家必须有权通过征税来获取必要的经费。为此，"对高额财产、遗产和收入征收高额的税不是禁区"。总之，社会民主党不应当"上新自由主义时代精神的当"②。

柏林社会研究中心的沃尔夫冈·默克尔教授也主张应当有一个"现代化的强有力国家"。他认为："问题既不在于市场，也不在于国家。在现代社会中经济活力和社会公正必然构成一个整体，它们互为条件。"③ 他强调，应当主要依靠征税来维持社会福利国家。科卡教授也赞成他们的观点，认为"公正政策也要求今后有一个强有力的国家"，为此，国家必须拥有它自己无法创造的资源即经费。但是科卡反对提高税率，因为"如果资本和知识的载体因此外流或者泄气，收入反而会减少"。他的结论是："不如说，强有力的国家要以充满活力的公民社会和有竞争力的经济为前提。根据全部历史经验，没有很大的自由，两者都是不可能实现的。就此而言，自由是社会公正的前提。"④ 这就又回到了三个基本价值之间的关系这一问题上。社会民主党人虽然一再强调三者之间相辅相成，但也承认他们之间存在一定的"紧张关系"（Spannungen），而实际上从维利·勃兰特起，他们是把"自由"放在首位的，这是由他们所认同的制度框架决定的，尽管他们力图在自由的理解上与资产阶级党派、特别是与新自由主义划清界限。我认为，这个问题是我们今后研究社会民主主义基本价值时应当首先关注的问题。

四

2007年通过的德国社会民主党《汉堡纲领》和《哥德斯堡纲领》、《柏林纲领》一样，也设立"我们的基本价值"一节，其中的主要论点基本上

---

① ［德］汉斯·克勒门达尔：《核心任务是提供保证：社会民主主义和国家》，《新社会》2006年第7—8期，第54页。
② 同上书，第57页。
③ ［德］沃尔夫冈·默克尔：《一个现代化的强有力的国家》，《新社会》2006年第9期，第44页。
④ ［德］于尔根·科卡：《公正政策及其前提》，《新社会》2006年第9期，第52页。

继承了前两个纲领的论述，只是有些地方更加明确，有些地方增加了一些新的提法，显然是吸收了上述讨论的一些成果。例如，纲领强调社会民主党在历史上始终没有满足于自由的法律前提条件，而是"还要通过斗争取得它的物质前提条件"，而且，"除了法律上的平等之外，还要通过斗争取得参与的平等和生活机遇的平等，即社会公正。"①

此前的纲领都强调三个基本价值构成一个整体，相辅相成，新的纲领除了重申这一观点外还明确指出，"保守党人和自由党人经常为了对自己有利而把这些价值对应起来：自由愈多，公正就愈少。"此外还强调："我们对于基本价值的理解使我们不会将自由降低为市场的自由，将团结互助降低为贫困救济。"② 这显然是针对德国联盟党和自由民主党近些年来为了争取选民有时也标榜"基本价值"的做法而发的。

与此相应，纲领中关于"预防性福利国家"的一节则是社会民主党为了应对当前社会福利国家面临的困境而提出的政策措施，也是它力求在新的世界形势和国内条件下使自己的基本价值观付诸实践的尝试。这一努力的效果如何，还需要时间来检验。

第四节　莱昂·勃鲁姆和当代社会民主主义

当代社会民主主义的理论来源是多方面的，但是它的基本观点在两次世界大战之间时期已经形成，而其萌芽则可以追溯到第一次世界大战以前社会主义政党内部的一些思想流派或代表人物。目前欧洲的一些社会党都推崇自己的理论先驱，如德国的伯恩施坦、奥地利的"奥地利马克思主义派"（鲍威尔、伦纳等）、比利时的王德威尔得、法国的饶勒斯。饶勒斯可以说是法国特色的社会主义理论的奠基者，它在法国社会党内的影响经久不衰，但是他在第一次世界大战爆发前夕就遇刺身亡，未能充分发挥自己的历史作用。他的挚友莱昂·勃鲁姆在第一次世界大战结束后继承了他的事业，成为法国社会党政治领袖，而且提出了一些理论观点来论证社会党的政策和策略。在

---

① 《当代社会主义问题》2007年第4期，第9页。
② 同上。

目前法国社会党的理论和政策中仍旧可以看出这些观点的影响，因此是值得对它进行探讨的。

莱昂·勃鲁姆（1872—1950）在19世纪90年代参加法国社会主义运动，属饶勒斯派，1905年参加统一的法国社会党（工人国际法国支部），在第一次世界大战爆发后社会党参加战时内阁时任公共工程部办公厅主任（部长为社会党人桑巴）。1919年首次当选国民议会议员，以后长期担任社会党议会党团的主席。1920年12月，在法国社会党图尔代表大会上为反对加入共产国际的少数派领袖，在社会党分裂后领导少数派沿用社会党（工人国际法国支部）的名称，与共产党对立。1934年参与发起建立人民阵线并曾两度担任政府总理。第二次世界大战爆发后因反对维希卖国政府被捕，1943—1945年被囚禁在德国布痕瓦尔德集中营。战后继续积极从事党和政府的工作，在1946年社会党第28次全国代表大会上，以居伊·摩勒为首的左派夺取党的领导权以后他还曾短期担任政府总理，以后逐渐退出政治舞台，但仍不断在社会党的报刊上发表文章，直到去世。

和许多社会民主党领袖一样，勃鲁姆自称信奉马克思主义，但他主要是接受了马克思对资本主义社会的分析，而对历史唯物主义却持一定的保留态度，在早期活动中更是这样。整个说来，他在社会主义理论方面是一个折中主义者，信奉和宣扬饶勒斯所主张的马克思主义和唯心主义的"综合"。

一

第一次世界大战前，勃鲁姆还未积极投入社会党的活动。他在法国行政法院工作，同时为《白色评论》等报刊写了大量的书评和剧评。他早期对社会主义和马克思主义的看法就是在这些文章中片断地出现的。

1896年他在《白色评论》2月号上发表文章评论亨利·米歇莱的《国家的概念》一书，此文收入《莱昂·勃鲁姆文集》第一卷，文集编者在按语中说他"用社会主义的学说和要求来同米歇莱先生的观点对比"[1]。米歇莱在书中论述国家和个人的矛盾，认为二者中必有一个为另一个作出牺牲。他认为个人是一个"活的道德的存在"，而国家应当对个人"履行道德的义

---

[1] 《莱昂·勃鲁姆文集》第1卷（1891—1905），巴黎1954年法文版，第11页。

务",也就是应当使个人的"行动手段"和权利得到充分实现。勃鲁姆指出这实质上不过是18世纪的个人主义理论。勃鲁姆反驳说:"他是否认识到劳动的权利,获得救助的权利?国家在教育我们和使我们变得更美好之前难道不要操心使我们活下去吗?它会使我们吃饱吗?我不相信应当把国家的行为限制为一种道德行为。如果国家干预,它就要干预经济斗争;它要规定劳动的条件。它已经偏向资本这样做了,今后它要偏向雇员这样做。"他认为不能从思想影响(influences métaphysiques)的角度来解释个人的发展受到阻碍、改变和歪曲的原因;米歇莱关于国家和个人对立的提法是专断的,"国家干预的一切形式都可以用个人的名义作出……社会主义的要求肯定不是以抽象的国家概念为根据,而是以个人的权利和需要为根据的。"因此他赞成黑格尔关于国家的意志是普遍的意志的观点,并且说在黑格尔的一元论和马克思的社会理论之间存在着"十分意外的重合"[1]。从这些论述中可以看出,勃鲁姆已经肯定资本和劳动的矛盾是阻碍个人发展的原因,肯定经济的作用超过道德,同时间接地表示赞同马克思的社会理论,当然,特别是在这最后一点上,他的观点是相当模糊的。

1897年,他在评论法国社会党人夏尔·安德勒的《国家社会主义在德国的起源》一书的文章中,批评安德勒仅仅在社会主义经济学说和自由主义经济学说之间作出区分,却没有明确划出"马克思、李卜克内西先生或盖德先生的民主社会主义"和洛贝尔图斯的"国家社会主义"之间的界限。但是从勃鲁姆的论述看来,他自己也只是认为二者之间的差别"与其说是在学说方面,不如说是在政治倾向和感情对抗方面"。他认为安德勒和马克思的距离在于:安德勒相信社会改良意味着政治改良,而马克思却主张"某种给定的社会状况决定革命必然要发生";安德勒对马克思的"命定论、乐观主义和教条主义"是抱怀疑态度的。不仅如此,勃鲁姆还说,安德勒和马克思的分歧"有可能主要是在形而上学方面。安德勒本人是爱好形而上学的,他不喜欢平庸的形而上学是很自然的"[2]。这等于说马克思的哲学思维是"平庸"的。三年以后,他更是直截了当地说出了自己的看法。

---

[1] 《莱昂·勃鲁姆文集》第1卷,第13、14页。
[2] 同上书,第51页。

1899年12月，饶勒斯派和盖得派在法国各社会主义组织巴黎代表大会上就米勒兰入阁问题发生激烈争论，勃鲁姆是支持饶勒斯即赞成米勒兰入阁的。大会以后他写了《关于社会党代表大会的思考》，其中有这样一段话："在能作深刻思考的社会主义者中间，没有人不知道马克思的形而上学是平庸的，没有人不知道他的经济学说每天都要断掉一个链环。我知道这一点。我也知道一种学说在不断更新自己的时候总会是不确定的。但是行动和科学一样，和生活一样，都不需要确实的原则。因为（行动、科学、生活）本身是持久的和确定的，它们能建立在不稳定的基础之上。这样说不是怀疑主义。"① 勃鲁姆传记的作者拉库蒂尔把这种对马克思很不尊重的态度归咎于勃鲁姆在米勒兰问题上对作为马克思主义者的盖得派的不满。但是米勒兰问题主要涉及的是阶级斗争理论和策略问题，如果说勃鲁姆会因此就对马克思主义发表这样的攻击性言论，那么这至少说明他对马克思主义的理解是很肤浅，甚至是相当错误的。（关于这一问题下面还要进一步分析）不过无论如何，正如拉库蒂尔所说的，几个月之后他在《新编歌德与埃克曼对话录》中收入这一段有关社会主义理论和行动之间关系的言论时把这些涉及马克思的话删去了。② 当然可以把这理解成他已放弃这一看法。他在这以后确实再也没有发表类似的观点。

勃鲁姆的早期言论表明，平等和公正的理想在他的社会主义论证中占据重要的地位。1900年11月到1901年3月之间，他曾经匿名在《白色评论》上分3次发表《新编歌德与埃克曼对话录》，1901年经补充修改后结集出版。他在这一对话录中借歌德之口阐述了他的社会主义观点。

勃鲁姆首先强调物质生活是实现真正的自由的基础。在这篇对话录中，歌德谈到他和席勒对未来社会的探讨。席勒非常重视"物质的自由"，也就是说，一个人即使有权利按他自己的意愿生活，不需要护照，也不受宪兵管理，那也不一定意味着他是幸福的。歌德也赞同这一观点，并且问道，为什

---

① 转引自［法］让·拉库蒂尔：《莱昂·勃鲁姆》，巴黎1977年法文版，第73—74页；又见［美］路易丝·埃里奥特·达尔比：《莱昂·勃鲁姆：一个社会主义者的发展》，纽约1963年英文版，第163—164页。

② 参见《莱昂·勃鲁姆文集》第1卷，第291页。这次对话标明的日期是1900年1月4日，但实际发表时间为11月。

么当大地生产了足够喂饱所有的人的面包时,却有些人缺乏面包,而另一些人却吃着不是由自己劳动所得的面包?歌德曾寄希望于科学,然而科学虽然能无限地增加人类的财富,但最重要的却是这些财富的平等分配。因此歌德作出回答说:"自由的首要条件是占有生存所必需的食品";"要获得自由,首先需要活下来";"所有声称要保证人们获得自由的社会都应当从保障他们的生存开始"。①

在另一段著名的谈话中,歌德以英国一个马蹄铁匠的儿子当了内阁大臣为例发表了他对平等的看法。他说:"今天,特权几乎是无处不在的,但是特权的可憎恶和不公平之处并不因此就减少。阶级之间的界限不是确定不变的,但是阶级并不因此就不互相敌对。谁会否认阶级之间存在交换地位的情况?但是由于这种交换的偶然性,我认为这不过是意外情况,而不是一个规律的正常实现。"如果一个工人上升到资产阶级,人们把这看成奇迹,但是如果一个资产阶级成员下降到做手工劳动,人们就会认为这是"悲剧"了。因此"这不是真正的平等。真正的平等在于为每个人和他们担任的职务之间存在正确的关系。如果一个铁匠的儿子具有当部长的才干,他成为部长是好的,但是应当看到的是,如果部长的儿子只适合打铁,那他就当铁匠。应当把这一后果看成平等的、简单的"②。值得注意的是,勃鲁姆后来在论证社会主义的必要性和合理性时多次重复同样说法(例如1919年在《为了做一个社会主义者》的演讲中,1924年5月1日在《巴黎评论》上发表的《社会主义的理想》一文中。有时几乎是逐字重复的)。

有趣的是,勃鲁姆在对话录中让歌德阐述他对《浮士德》第三部的设想。浮士德成了一个"社会主义的鼓动家",要"使人类必须实现公正"。歌德列举了浮士德身上的社会主义者应有的种种美德,并且说浮士德确信"有可能说服世界上的幸福的人感觉到自己的不公正,从而说服他们自动放弃自己的特权。浮士德是温和的。他害怕流血,他希望革命是和平的、友好的。"摩菲斯特在第三部中也要出现,而且是一个社会主义的"带头闹事

---

① 参见《莱昂·勃鲁姆文集》第1卷,第242页。这次对话标明的日期是1900年1月4日,但实际发表时间为11月。

② 同上书,第256页。

者"（meneur），有时和浮士德联合，有时和他敌对。这个魔鬼鼓动工人起来闹事，并且责备浮士德诉诸议会是"成了为资产阶级办事的人"。和浮士德相比，魔鬼在很长时期内更加强有力，但只是暂时的，而浮士德的行动在目前虽然只能给他带来"失望和悲伤"，但是它们很快就会开始为未来带来丰硕的成果。"在谈话的最后，歌德表示，对于浮士德的事业的最后成功我完全有信心。"①

在这本书中，歌德还对托尔斯泰的《复活》发表长篇议论。他不赞成托尔斯泰的基本思想，即人类的解救是通过人的赎罪来完成的。他认为：这只不过是一种陈旧的宗教思想，无论如何已不再适应我们时代的需要了。毫无疑问，对别人犯下的每一个错误都是欠下的一笔新债，但是应当由整个人类来偿还我们单个的人这样欠下的债，而且是通过行动，不是通过牺牲来偿还的，"只有这样才能真正补偿，而且是有效的"，因为我们会忽略每个人的单独的利益，却能清楚地深入了解整个人类的集体利益。"为了解救人类，深入了解需要坚决地攻击不幸、苦难和犯罪的总的根源。"②

由此可见，在1900年左右，勃鲁姆已经阐述了他对社会主义的目的和实现手段的基本看法，而且已涉及自由、平等、博爱这些价值，特别是公正。也就是在这一时期，他已经试图把社会主义表述为对社会发展的科学认识和道德要求的结合。1903年5月，他在《白色评论》上评价法朗士《喜剧的历史》一书时说："社会主义恰恰是，或者说它自认为是，屏弃过去的、资本主义化的传统的努力，是使制度和法律准确地适应当前的经济必要性的努力。另一方面，它是关于社会的一种纯粹理性主义构思的结果。……社会主打算使社会公正与理性协调，使实在的制度与理性的确实性协调。"③

当然，早期著作中的表述方式是比较晦涩和模糊的。第一次世界大战以后，随着他积极参加社会党的工作，他开始用明确、通俗的语言宣传自己的

---

① 《莱昂·勃鲁姆文集》第1卷，第243—245页。[英]里查德·施托克斯在《莱昂·勃鲁姆：从诗人到总理》一书（伦敦1937年英文版）中认为勃鲁姆在这里是用浮士德和摩菲斯特来影射饶勒斯和盖得。见[法]吉尔贝特·齐布拉：《莱昂·勃鲁姆和社会党：1872—1934》，巴黎1967年法文版，第77页注68。

② 同上书，第298页。

③ 同上书，第88—89页。

社会主义观。1919年他竞选国民议会议员时曾向公众发表一篇演说，后来以《为了做一个社会主义者》为书名印成小册子出版，而且多次再版。他在其中说，社会主义的学说与其说是政治的，不如说是经济的，因为对历史的分析和人们的日常经济生活都证明"经济事实，即所有制的形式，食品的生产、交换和分配的现象，日益对现代社会的进化起支配作用，日益对它的制度和它的政治关系起确定方向的作用"①。同时也指出，一个半世纪以来的经济进化的主要特征是：现代社会分成有产的"老板"和无产的"雇员"两个阶级，而无产者人数日益增加。因此社会主义是以阶级斗争为"初始原则"的。它还用相当多的篇幅分析了工业资本、地产的性质和劳动价值等问题。从勃鲁姆的这些论述中我们可以看出，他基本上接受了马克思分析资本主义社会的观点。

但是这篇演讲的一个重要内容是说明现存的所有制和分配制度不符合人的道德原则。他说，一个人从他认识到现存制度不是永恒的、不是不可改变的那一时刻起就是社会主义者了。也就是说："一个人从他感觉到所谓的事物的秩序是与我们心中的公正、平等、互助的意志明显地抵触的那一时刻起，他就是社会主义者了。"他还说："人类心灵中所有的宽宏大量、大公无私的感情，在这一世界上只有在社会主义中才能得到表现。这些感情即使不是永恒的，也是早就有的"，它们在历史过程中有过种种表述形式和名称，但是"社会主义信念是这种普遍感情的唯一能确切反映当前社会生活和经济生活条件的表述形式。所有其他的形式都被时代的进程超越了"。他由此得出的结论是："社会主义因此既是一种学说，又是一种道德，而且几乎是一种宗教。"②

这已经接近典型的把经济必然性和道德结合起来的表述方式了。在这里必须谈到饶勒斯对勃鲁姆的影响。二人差不多是同时参加社会主义运动的，但饶勒斯在第一次世界大战以前已是法国社会党和国际社会主义运动的领袖之一，也是著名的理论家，因此勃鲁姆非常尊重他，经常引用饶勒斯的理论来论证自己的观点，其核心就是饶勒斯的"综合"天才。

---

① ［法］莱昂·勃鲁姆：《为了做一个社会主义者》，巴黎1954年法文版，第4页。
② 同上书，第4—5页。

二

早在1903年，勃鲁姆在评论饶勒斯的《社会主义史·法国革命》第一卷时就这样说："饶勒斯先生没有把历史简单地归结为经济事实的某种演绎，但是他从来没有忽视那种把经济进化与政治变化联系起来的关系。"①他同时盛赞饶勒斯阐明了法国大革命期间及其以后的一些政治家、思想家（包括空想社会主义者）的思想之间的相互关系以及他们的思想对无产阶级自觉的产生所起的累积作用。此后他日益明确地宣扬饶勒斯对马克思主义和唯心主义的综合，声称法国社会党的社会主义观就是这种"综合"。

1917年7月31日，勃鲁姆在纪念饶勒斯遇刺逝世三周年的集会上说："在所有的根本问题上，他特有的天才是调和，是把各种观念、体系、行动方式融合为一个生机勃勃的统一体，而这些观念、体系、行动方式在这以前很可能会被认为是直接地互相矛盾的。"② 1924年5月1日，他在《巴黎评论》上发表《社会主义的理想》一文，一方面肯定"马克思教导我们，事物的必然性是对我们有利的，它的发展的内在规律是注定要使当前社会倾向我们所设想的那个新社会的，集体财产的制度是在资本主义内部形成的，正如婴儿是在母亲的腹中长成一样"③。另一方面又认为，马克思所说的社会主义的历史必然性必须受一种理想制约，必然的事物并不是凭它本身就会成为公正的，因此社会主义要把公正当作自己的目的。勃鲁姆说，饶勒斯这样教导他："社会主义是对人类本性的最深刻的要求的反应，是对那些与人类同样古老的感情的反应，这些感情经常受到生活的伤害，经常被社会摧毁，但是它们构成普遍的道德。"④ 勃鲁姆对饶勒斯思想的解释基本上是正确的，但是有些简单化，未能反映它的复杂性。

本文不可能全面评价饶勒斯，但是有必要从理解勃鲁姆的角度对饶勒斯的有关思想略作分析。

---

① 《莱昂·勃鲁姆文集》第1卷，第155页。
② 转引自〔美〕威廉·洛格：《莱昂·勃鲁姆的成长年代：1872—1914年》，美国伊利诺州立大学出版社1973年英文版，第112页。
③ 同上书，第113页。
④ 同上书，第112页。

1894 年 12 月，饶勒斯在巴黎集体主义大学生协会发起的一次演讲会上，就"历史观中的唯心主义和唯物主义"问题发表演说，拉法格在 1895 年 1 月 10 日作了答复，这是法国社会党历史上一次著名的"大辩论"①。

　　饶勒斯演说的题目是"历史上的唯心主义"。他首先表示他要说明马克思的历史的"经济唯物主义"并不妨碍人们对历史作出唯心主义的解释。按照马克思的解释，决定社会由一种制度向另一种制度发展的，决定人的思想和道德的，是人们之间的经济关系即生产关系。公正的思想并不是在人的脑子里现成就有的，而是生产的经济关系在人脑中的反映。但与此同时还有多种形式的唯心主义观点。按照这种观点，人类在获得历史经验和建立某种经济制度之前，"预先就有一种公正和权利的观念，正是这种预先确定的理想使人类从一种文明的形式向更高级的文明形式发展；而当人类向前运动时，这不是由于生产方式的机械的自发的转变，而是由于这一理想的模糊的或明确的影响"②。而且"我们所有的观念彼此之间都存在一个某种明白易懂的逻辑关系，一个观念会按照这种关系引出另一个观念"③。饶勒斯认为，这两种观点似乎彼此对立和互相排斥，但实际上却是"互相渗透的"，"在当代人们的意识中，它们几乎已经混合和调和起来了"。他说："实际上，没有一个唯心主义者不承认人类的最高理想只有在经济组织得到改造以后才能实现；反过来说，只有很少几个经济唯物主义的信徒才不会诉诸公正和权利的思想，而仅仅满足于这样的预见，即只有在明天的共产主义社会中公正和权利才能得到更高程度的实现。"④

　　饶勒斯力求从认识论的角度肯定这两种观点只是同一个真理的两个方面，而且认为，从文艺复兴以来的四个世纪中人类的哲学和思想运动的特点就是对这类矛盾的"调和"和"综合"。他列举了笛卡尔、莱布尼茨、斯宾诺莎和康德，最后特别援引黑格尔"关于矛盾的合题的伟大公式"来证明

---

　　① 另一次大辩论是 1900 年 11 月饶勒斯和盖得关于"两种方法"的辩论。1994 年法国的樱桃时节出版社以"大辩论"为书名重新出版了这两次辩论的全部演说。
　　② [法] 让·饶勒斯：《历史观中的唯心主义和唯物主义》，巴黎 1931 年法文第 4 版，第 5 页。中译文可参见李兴耕编：《饶勒斯文选》，人民出版社 2009 年版，第 46 页及以下。
　　③ 同上书，第 12 页。
　　④ 同上书，第 6 页。

唯物主义与唯心主义的调和是合理的。

饶勒斯在演讲中一再说明,他不打算把人的精神能力、道德能力和经济力量相提并论,表示赞同马克思关于公正观、道德观等等只不过是经济现象在人的脑中的反映的观点,但要加上一个条件:"在头脑中,由于审美感、同情感和协调的需要,已经存在对经济力量进行干预的基本力量。"正是根据这一附加条件,他表示"我不能赞同马克思关于宗教的、政治的、道德的观念只不过是经济现象的反映的看法"①。有些历史学家根据这一句话论证饶勒斯反对历史唯物主义,这当然是片面的。饶勒斯的这种观点仍旧没有超出折中主义。

受到勃鲁姆高度赞扬的《社会主义史·法国革命》第一卷是1901年出版的。饶勒斯在"导言"中概括分析了法国从1789年革命到巴黎公社的发展过程,作出了一些正确的论断,而且明确地说:"经济条件——生产和所有制的形式——是历史的根本",对于个人是如此,对于社会也是如此,"在历史发展的每个时候,社会的经济结构也决定着政治形态、社会习俗及思想发展的总的趋向"。但是同时又说:"我们对历史的解释,既有马克思的唯物论,也有米希勒②的神秘论。经济生活无疑是人类历史的基础和原动力,可是,随着社会形态的不断更迭,有思想的人便要求给予思想以充分的活力,希望把迫切要求统一的思想和神秘的宇宙密切结合起来。"③ 最后还说要"按照马克思、米希勒和普鲁塔克所给予的启示"来写这部历史。这篇导言也突出地表明了饶勒斯的折中主义观点。

但是我们必须看到饶勒斯思想的另一个方面。大致与此同时,也就是在1900年2月10日,饶勒斯在巴黎集体主义大学生协会发表批评伯恩施坦的演说(《伯恩施坦和社会主义方法的进化》),十分热情地为马克思的剩余价值论和"经济唯物主义"辩护。他说马克思的经济唯物主义是"一个真正

---

① [法]让·饶勒斯:《历史观中的唯心主义和唯物主义》,巴黎1931年法文第4版,第5页。中译文可参见李兴耕编:《饶勒斯文选》,人民出版社2009年版,第46页及以下
② 即儒尔·米歇莱(1798—1874),法国历史学家,与前面提到的米歇莱不是同一个人。
③ [法]让·饶勒斯:《社会主义史·法国革命》第1卷,商务印书馆1989年版,第11、14、15—16页。

的社会性的发现",生产方式和经济关系体系是历史的基础,所有其他一切如政治制度、法律、哲学、宗教归根到底只是经济力量体系的反映。随着所有制的发展变化,人们对于世界、正义、政府、法律、权利的观念也随之改变,"而人类历史的总的运动则是取决于经济制度的形式缓慢或急剧的变化"①。他还援引恩格斯晚年的著作来说明政治或意识形态因素的反作用。他承认人类在历史上形成的观念、信仰有其本身的内在的发展逻辑,但是它们都要服从经济演变的根本的、决定性的逻辑。在实践方面,他主张"对于运用于某一种次要的、派生的思想体系的行动和运用于经济力量和社会力量的基本体系的行动,并不予以同等的重视";应当在不脱离马克思的经济历史观的条件下采取一种"复杂、全面、同现实一样广泛、同现实一样分成等级的行动方法",而"不采取毫无意义的折中主义"。② 这些论述同上引"导言"相比,观点要明确得多,而且没有使用"神秘"之类的词。饶勒斯这篇演说还涉及革命和改良的关系,社会党同其他政党的关系等等,整个说来可以说是用自己的具有特色的、生动的语言阐述了马克思主义的社会主义理论。当然,饶勒斯还在其他许多文章和演说中论述和宣传过马克思主义,每次的侧重点并不完全一样③,但整个说来他是承认生产力和生产关系在社会发展中的支配性作用的,因此像勃鲁姆那样简单地把他的思想的特点说成是"折中"、"调和"和"综合"是不恰当的,不如说这实际上是勃鲁姆自己思想的特点的反映。

三

但是无论如何,勃鲁姆在两次世界大战之间时期实际上已经以饶勒斯的思想为根据确定了一种以"唯物主义的历史必然性"和"人的道德要求"相结合的社会主义理论,这和受伯恩施坦影响的德国社会民主党 1921 年格

---

① 《国际共运史研究资料》第 13 辑,人民出版社 1985 年版,第 227—228 页。
② 同上书,第 232 页。
③ 例如,他在前引《历史上的唯心主义》中一开头就说他曾在几个月之前的一次演讲中为马克思的经济唯物主义辩护,以致使人们觉得他是毫无保留地接受这一学说的。

尔利茨纲领中的表述是十分相近的。①

他在被维希政府囚禁期间对法国社会党在第一次世界大战以后的议会斗争和执政的经验教训进行了反思，继续考虑社会主义理论问题。1941年12月他写成《在人类范围内》一书（1945），1945年5月他从德国布痕瓦尔德集中营获释回到法国后立即积极投身于社会党的工作，在党的两次代表大会上发表了重要讲话，在《人民报》等报刊上也发表了不少文章。和第二次世界大战以前相比，勃鲁姆关于社会主义的理论观点更加成熟了。

勃鲁姆在《在人类的范围内》一书中说，法国的社会主义经过一些挫折和分裂，仍旧从"灰烬"中再生了，而且力量更加强大，更有信心；社会主义是"一种完全符合人性的设想"（une conception toute humanine），但是它要从"客观事物的必然性"中吸取养分。勃鲁姆认为，"30年来构成法国社会主义的教义的，就是马克思和饶勒斯的这种精神的合题（synthése spirituelle），而它是处于我们时代的所有的思想力量的交叉点上的。"② 他还重复以前讲过的话（例如本文第一节引用的1924年的言论），指出马克思给了工人运动最有力的鼓舞，使他们相信"历史必然性也是有利于他们的"，但是"必然发生的事物不一定是公正的，不一定是能满足批判的理性和道德的"。③（勃鲁姆在表述历史的"必然性"时有时用"fatalité"，有时用"necessité"，但他又强调"necessité"不是"fatalité"，可见他是在"必然性"的意义上使用"fatalité"一词的，这时就不能把这个词解释为"命定性"。）

勃鲁姆这时又援引饶勒斯，把社会主义和法国大革命提出的权利和道德观点结合起来。他说："饶勒斯那时已经指出，社会革命不仅是经济进化的不可避免的后果，而同时也是人的理性和道德的永恒要求的终点。因此社会主义使法国革命的光荣口号即人权和公民权、自由、平等、博爱得到完满的实现和精确的证实。……可见唯物主义的历史观是受到所有的共和主义的唯

---

① 格尔利茨纲领中是这样说的："资本主义经济……使争取无产阶级解放的阶级斗争成为历史的必然，成为道德的要求"，见《德国社会民主党纲领汇编》，第33页。
② 《莱昂·勃鲁姆文集》第5卷（1940—1945），巴黎1955年法文版，第453页。
③ 同上书，第466页。

心主义和人道主义的唯心主义的渗透的。"① 在这本书中的另一个地方他更加明确地说："社会主义的目标就是建立一个以各国内部的平等为基础的普遍社会。……社会主义从来不否认'道德'的价值或'精神价值'；它从来不排斥美德感和崇高感；它只不过赋予它们以一种与过去基督教所赋予的不同的意义。"② 由此可见，当代社会民主主义以基本价值来论证社会主义的观点在勃鲁姆那时的思想中就已成型。不同的是勃鲁姆始终坚持这种道德观是与历史必然性相结合的，他也始终没有放弃社会主义要以所有制的转变为基础的思想。

勃鲁姆在1945年和1946年两次法国社会党全国代表大会上的讲话以及他在一生的最后几年发表的文章在涉及社会主义理论时有两个特点。第一，强调法国社会党是信奉马克思主义的。第二，强调法国社会党的社会主义是马克思主义和饶勒斯思想的合题。1945年8月13日，勃鲁姆在社会党第三十七次全国代表大会上发表题为《社会主义是当前的主宰》的演说。他声称，尽管社会党的原则声明中没有提到马克思的名字，但是社会党仍旧是忠实信奉马克思主义的一切基本原则的，饶勒斯在他一生的任何时候都从来没有否定这些原则中的任何一点。勃鲁姆说："我们完整地接受马克思对资本主义社会的分析。我们完整地接受关于价值和剥削的理论。我们接受它们，不作任何一点保留。"③ 1948年2月16日，他在为《共产党宣言》法文新版写的序言中对它的历史意义作了高度评价，认为100年来，"这个宣传小册子已成为任何人都没有权利忽视其名称和意义的基本著作之一"；"马克思主义的全部精华都包含在《共产党宣言》中，而经过一个世纪的考验，马克思主义变得比过去任何时候都更有活力，更起作用，更有威信了"；"它的任何一个基本论据都没有因为事件的进程或思想（esprits）的运动而被击败"；"马克思主义的学说基础完整无损，与其说它由于时代的发展而被削弱，不如说是更加巩固了"。他认为《共产党宣言》将作为"教义问答"和"法典"为千百万人提供"信念的原则和行动的准则"。他在序言的最后一

---

① 《莱昂·勃鲁姆文集》第5卷（1945—1947），巴黎1958年法文版，第466页。
② 同上书，第490—491页。
③ 《莱昂·勃鲁姆文集》第6卷（1945—1947），第66页。

段强调:"资本主义制度也许拥有比历史上在它以前的任何制度更多的抵抗力,但是马克思向我们指出了它在自身内部包含着促使它消灭的逻辑上必然的原因和条件。"①

关于勃鲁姆这些涉及他对马克思主义的态度的表白,应当看到两个方面:

第一,和他早期的模糊观点、甚至和他在第二次世界大战以前的言论相比,这是一个很大的进步。至少可以认为,他赞同马克思对资本主义的分析的表示是真诚的,这也确实是他的社会主义信念的基础。

第二,他对马克思主义的理解和解释仍旧存在不少问题,对于社会民主主义者来说,这也是很自然的事。

勃鲁姆对历史唯物主义的赞同显然是有保留的。他在《社会主义是当前的主宰》中认为,历史唯物主义的表述方式"存在歧义"(équivoque)。如果把它理解成要用唯物主义来反对唯心主义,也就是或者把它当做解释人的认识的"心理学理论",或者把它当做解释宇宙的"形而上学理论",那么他是不能接受的。但是如果这里涉及的历史唯物主义是一种"历史的哲学",那么他将毫无保留地接受。第二年在法国社会党第三十八次代表大会上,他进一步说明了自己的观点,而且涉及列宁和斯大林的辩证唯物主义。他说,历史唯物主义是一个"解释历史的规律","它认为在历史的运动中,经济现象是起首要作用、基本作用的,所有其他的现象,首先是社会现象,然后是法律的、政治的、道德的、宗教的、精神的现象都是由经济现象、特别是由生产力的关系决定或加以解释的"②,而列宁和斯大林提出的辩证唯物主义实际上包括哲学唯物主义,因此它不再是对历史的解释,而是解释认识和存在的学说。不仅如此,列宁和斯大林还认为,哲学唯物主义和历史唯物主义之间存在必然的联系,二者互为依据,互相推导,如果反对或否定其中的一个,也必然要反对或否定另一个。根据这种观点,反对哲学唯物主义的人,就不可能是马克思主义者,因此也不可能是社会主义者。勃鲁姆认

---

① 《莱昂·勃鲁姆文集》第 7 卷 (1947—1950),巴黎 1963 年法文版,第 431—432 页。
② 《莱昂·勃鲁姆文集》第 6 卷 (1945—1947),第 80 页。

为，这是把某种世界观同社会主义信念、同社会党员的身份联系起来，是不正确的，因为社会党人从来宣称"社会主义是不取决于任何哲学的和宗教的差别的"①。

勃鲁姆的另一些话还说明他把哲学唯物主义等同于机械唯物主义。他不反对用"辩证的"一词来说明马克思的唯物主义历史观，却反对"辩证唯物主义"。这一切归根结底都是为了给马克思主义和饶勒斯思想的综合提供论据，而是为社会主义的思想来源的多元化、为社会党的世界观多元化提供论据。我们在这里也可以看到当代社会民主主义关于世界观多元化的主张的渊源之一。（当代社会民主主义对马克思主义的接受程度比勃鲁姆还差。拿法国社会党为例，党的前领袖、刚刚卸任的总理若斯潘虽然认为应当"重新发现"马克思主义的"有用部分"，也就是它的分析资本主义的方法，却不赞成马克思主义关于社会主义的科学解释。）此外，勃鲁姆不仅批评列宁和斯大林的辩证唯物主义，而且甚至在上引《共产党宣言》法文新版的序言中说："如果说今天有某种事物使马克思主义蒙上阴影或受到怀疑，那就是它的某些信徒所宣称的过分的精神上的虔敬，那就是围绕马克思的文献的普遍存在的狂热和偶像崇拜"，他认为，"这种狂热崇拜实际上是一种异端。对于马克思的著作，重要的是它的精神，而不是文字，而且马克思的全部著作都是号召自由的批评和理性的。"②他在这里把"民主社会主义"和马克思主义等同起来，认为"民主的社会主义也就是说马克思主义的社会主义已被列宁—斯大林的共产主义学说和策略危险地损害了。但是我相信马克思会胜过他的误入歧途的或堕落的门徒"。当然，我们不否认各国共产党特别是苏联共产党都不同程度地犯过教条主义错误，但是勃鲁姆的这种态度无异于以马克思主义的正确解释者自居，大大抬高了自己。不过对于一贯和共产主义对立的社会民主主义者来说，这种态度也是不足为奇的。

四

世界上是不存在不偏不倚的折中的，无论在理论上还是在实践中都是如

---

① 《莱昂·勃鲁姆文集》第6卷，第281页。
② 《莱昂·勃鲁姆文集》第7卷，第432页。

此。勃鲁姆虽然宣扬社会主义是历史必然性和道德要求的合题，甚至也表示赞同经济因素在社会发展中的首要作用，但实际上归根到底还是把人的永恒的理想放在首位，把社会主义看成"人性"的完满实现，提倡"人道的社会主义"。早在《新编歌德与埃克曼谈话录》中，勃鲁姆就把未来的人类社会描绘成人性与宇宙特性融为一体的社会。勃鲁姆认为宇宙的特性是各个星球之间的和谐一致，而人与人的关系本来也应当是这样的，但是现代社会中的人已经丧失了这样的认识，结果导致文明的野蛮化和人的自私。未来的人类社会将受到理性的指导，将"通过公正而实现人的幸福，通过自由而实现个人之间的和谐"，到那时"人的理念（idee），幸福的理念，人的公正的理念将包容一切，解释一切"。[①] 40 年后，他在《在人类的范围内》[②] 中进一步发挥了这一思想。他在这本书的最后热情洋溢地说："正义的事业一定能完成"，当我们由于当前社会存在的不幸和卑劣而感到烦恼时，应当把眼光放宽放远，"看到宇宙的全部和谐性"，"世界上存在着永恒的思想，存在着一个把人类本身和宇宙法则联系起来的人的目的"，人类既已产生那么多的天才和英雄，为什么不能创造公正、博爱和和平呢？为什么不能产生指引它自身走向符合宇宙和谐法则的集体生活形式的领路人呢？社会体系毫无疑问是和星球系统一样具有吸力和重力的，"不管是谁，只要他考虑到这一远景，他就会受到一个不可战胜的希望的鼓舞，但愿人想到目的，但愿他忠诚于自己的命运，但愿他不害怕使用自己的力量。当人感到烦恼和沮丧时，只要想到人类就行了"[③]。

勃鲁姆在 1945 年 5 月 4 日被美军从布痕瓦尔德集中营解救，14 日回到巴黎，20 日就在社会党各联合会书记联席会议上发表演说，论述"社会党的义务和任务"。他在其中强调维护和发展人的权利是社会主义的"公式"，是社会主义的"内容"，是饶勒斯一生力图实现的"马克思主义的批判的基本观点和法国 1789 年革命的古老原则的结合"。所有的人都希望有一个以社

[①] 《莱昂·勃鲁姆文集》第 7 卷，第 335 页。
[②] 这本书的中心思想是：当人们在全人类的范围内在物质上和精神上都达到符合真正的人的价值的水平时，社会主义就彻底实现。因此书名也可以译为"在人类的层次上"。
[③] 《莱昂·勃鲁姆文集》第 5 卷，第 495 页。

会公正为基础的社会。社会公正无非是逐步废除资本主义所造成的世袭特权,创立一个社会,在其中除了天然的不平等以外不再增加任何不平等的负担,"每个个人都各得其所,处于平等的地位,符合他个人志向的地位,他在这个位置上可以最大限度地为集体服务,并因此可以最大限度地保证自己的安乐和幸福"①。此外,他在上述两次全国代表大会的讲话中把人性的实现当做社会主义的最终目标作了详细的论述。

他在1945年的代表大会上说,社会改造本身还不是社会主义革命的最终目的,而只不过是手段和条件,"是改造人的情况(condition)的手段和条件",而所谓"改造人的情况"就是说:"革命的目的不仅是使人摆脱任何经济剥削和社会剥削以及由这种剥削决定的一切附带的和次要的奴役,而且是要保证人能在集体社会中充分获得他的基本权利和充分发挥他个人的天然爱好。革命的目的是要实现人这个社会单位(unité sociale)和将成为集体社会的整个社会之间的和谐"。因此社会主义不仅是一个"社会进化的设想"或"社会构建的设想","它是一个普遍的学说,一个应能渗透进人的精神和心灵的学说,一个应能改变人的生活方式和思想方式的学说,应能改造整个习俗和所有的人的学说,而人类将被社会主义所渗透并获得振兴"。②

他从上面这些论述得出的结论是:"我们正是在这一意义上说我们的社会主义是人道的。它并不因此而减少其革命性。不,它因此而成为更加革命的了。"他把这种社会主义观称为"一个生机勃勃的合题",马克思的辩证法和饶勒斯的唯心主义的"合题","马克思的辩证法向我们指出,社会主义社会必然地(我不想说是命定地),也就是按必然性的逻辑从资本主义社会本身的进化中产生出来;饶勒斯的唯心主义向我们指出,在马克思主义的社会主义中,存在自从人类文明开始以来贯穿人类的所有伟大思潮的终点和成果,这些思潮包括精神流派和信仰流派以及对公正、对人道、对人的慈爱心的渴望"。③

在1946年的第三十八次全国代表大会上的讲话中,他又联系社会党的

---

① 《莱昂·勃鲁姆文集》第6卷(1945—1947),第8—9页。
② 同上书,第69—70页。
③ 同上书,第70页。

目的即"社会结构的革命的改造"也就是"生产和财产制度的改造"来论述社会主义的"人道"的目的。他说:"如果说我们为这一改造而斗争。那么这不仅是因为这一改造是符合历史规律的,不仅是因为它表现了生产力及由生产力所决定的生产关系的进步,而且也是因为这一改造是符合公正(原则)的——当我们使用'被剥削阶级'和'剥削阶级'等词时,我们同时也把一个法权观念引进我们的学说——,是因为它使存在许多世纪的不公正结束了,是因为按照饶勒斯的话来说,它使人类与其本身和解了,是因为它将保证个人能自由发挥他的天然爱好并且充分发展他的人性(personne)了。"①

最能说明问题的是他在这次讲话中特意从让·帕尔梅洛写的《饶勒斯。当代名人》一书中转引了饶勒斯的几句话来证明"社会主义的最终目的是人性(personne humaine)的完整的解放"。这几句话是:

"资本主义的实质是对人的否定。"

"把资本主义所有制改造成社会主义所有制是解放人类的唯一手段。"

"完整的社会主义是这样的:社会主义不是作为一个狭隘的派别,而是作为人类本身,作为人类的形象出现的。"②

勃鲁姆发表这次演讲距离他去世不到四年,因此这几段引文也可以看成他对自己的社会主义理论的最后概括表述,同时也充分说明他所主张的社会主义是一种人道的社会主义。

当然,这里所说的社会主义理论仅仅涉及社会主义理想和社会主义制度的界定,社会主义最终目的和实现社会主义的主体的界定。要把这一理想转变为实践,也就是说要开展社会主义运动,还必须有相应的政策和策略。在这方面勃鲁姆也就革命和改良、阶级斗争和阶级行动、行使政权和夺取政权等问题提出了自己的观点,形成了一套完整的社会民主党的社会主义改良主义理论,对此我将在本书第二章第六节中论述。

---

① 《莱昂·勃鲁姆文集》第 6 卷(1945—1947),第 278 页。
② 据《莱昂·勃鲁姆文集》编者注,这几句话出自饶勒斯的"道德和社会主义"一文,收入《让·饶勒斯全集》第 1 卷(1888—1897),巴黎 1931 年法文版。此处的引文引自《莱昂·勃鲁姆文集》第 6 卷,第 279—280 页。但是我查阅了《让·饶勒斯全集》第 1 卷中的原文,只找到第一句,见该书第 267 页。

第五节　列昂内尔·若斯潘和法国社会党的社会主义理论

　　法国社会党自1997年6月执政后，通过左翼联盟政府推行"左翼现实主义"政策，批评上届右翼政府的经济自由主义，强调社会公正，主张增加就业、缩短工时、提高工资以扩大消费来带动经济增长，在这一基础上巩固和改革社会保障制度。这些政策取得了一定成就。与此同时，法国社会党十分重视如何使自己关于社会主义的理论观点适应世纪之交的新的国际形势、经济全球化、新的科技革命和社会结构的新变化，力图提出一些新的观点和远景设想来指导自己的政治实践，争取选民的信任，积极推动欧盟的建设，并且在参加目前欧洲各国社会民主主义政党普遍进行的关于革新社会主义理论的讨论中突出本党的法国特色。列昂内尔·若斯潘在这方面是起着带头作用的。他从1998年以来的四次重要讲话（1998年8月30日和1999年8月29日在社会党的拉罗舍尔暑期大学的两次讲话、1999年春天与《社会主义评论》杂志负责人的谈话、1999年11月8日在社会党国际巴黎代表大会上的讲话）已由社会党的饶勒斯基金会编成《现代社会主义》一书于2000年3月出版。1999年10月法国社会党向社会党国际巴黎代表大会提出了一个题为《走向一个更加公正的世界》的提案，详细阐述了党对社会主义理论和政策的主要观点和主张。2000年11月24日至26日在格勒诺布尔举行的法国社会党第七十二次代表大会通过了由总书记奥朗德、政府总理若斯潘等领导人领衔提出的主流派动议，题为《共同努力，在当前取得能在未来令人信服的成就》。这两个重要文件都体现了法国社会党在理论上和政策上的特色。此外，1992年成立的饶勒斯基金会从1995年起以不定期会刊的方式出版探讨理论和实际问题的书籍，1999年以后出版频率明显提高，关于全球化、欧盟、布莱尔－施罗德1999年6月共同声明、国家理论、民主制、国防等问题都有论述。1985年由马隆创办，但早已停刊的《社会主义评论》杂志也于1999年复刊。这些情况对于我国从事世界社会主义运动和社会主义理论的研究工作者来说都是很值得重视的。

一

近代社会主义是从工人阶级与资本主义的对抗中产生的。这一历史事实仍旧是法国社会党人提出他们的社会主义理论的出发点,而对资本主义和工人阶级的新变化的认识和评价则使他们的社会主义理论具有新的内容和带有时代的特点。我们也必须从这一点出发来分析和理解法国社会党的社会主义理论。

1999年春天若斯潘在接受《社会主义评论》杂志的采访时说:"实际上,社会主义是在与工业社会资本主义的对抗中产生,然后得到构建和发展的——这是一种对广大工人进行剥削并且形成制造业世界的资本主义。"[①] 社会主义与资本主义社会的关系是"盘根错节"的。它随着资本主义的发展和自身内部的斗争而发展变化,经历了一系列困难和挫折,和资本主义一同"存活下来"了。按照法国社会党向1999年10月社会党国际第二十一次巴黎代表大会的提案《走向一个更加公正的世界》中的说法,在目前世界发生深刻变化的时期,社会党人"必须重新思考与资本主义的关系","必须坚持对资本主义的批判关系"。[②]

若斯潘在上述那次访谈中援引斐尔南·布劳戴尔关于"资本主义的活力"的论述,认为资本主义"由于它的灵活性,它的可塑性,确实是一个生机勃勃的力量"。但是他又认为:"这个力量凭其自身是既不能指明方向,也不能产生计划,也不具有意义的——而所有这些都是一个社会所不能缺少的要素。"总之,"资本主义是这样一个力量,它向前进,但是它不知道走向何处"。由于今天的经济"金融化"和"信息化"导致金融活动与生产活动本身之间的断裂,资本主义的这一双重特性就表现得更加突出了。

若斯潘认为,金融活动是以"光速"进行的,生产活动是以"声速"进行的;前者具有"绝对的流动性"和"极端的瞬时性",而后者则由于涉

[①] 谈话的对手是杂志负责人亨利·韦伯等,记录发表在《社会主义评论》创刊号(1999年春季)上,后来以论文形式,以《社会主义和欧洲社会民主主义》为书名由英国费边社出版了英文小册子,与此相应的法文本收入若斯潘:《现代社会主义》2000年3月法文版,此处引文见第25—26页。

[②] 根据饶勒斯基金会提供的法文打印本第3页。

及"受人推动的物质的和社会的现实,因此具有一种粘性和不可避免的迟缓性"。金融活动的节奏比生产活动的节奏快得多,因此"必须对这种金融化进行调控,重新赋予这些变化以(积极的)意义。财富的生产应当符合人道的目的"①。若斯潘认为,1998 年的世界金融危机至少有一个积极的后果:它证明,自由主义关于市场力量的自由组织是使世界经济运行的最好方法和关于必须屈从于这种全球化而不能指望对它进行控制的奢望都已破灭。这次危机证明,必须对资本主义实行调控,从而防止"它的所谓的'自然的'机制对社会制度起支配作用"②。

谈到资本主义必然要涉及市场问题。在这一方面,法国社会党力图突出它和英国工党的区别。在饶勒斯基金会 1999 年出版的批判布莱尔-施罗德联合声明的小册子《批判的分析》中,亨利·韦伯在《第三条道路:分歧在哪里?》一文中指出,对于布莱尔和他的顾问们来说,"资本主义整个说来发展得很好,市场总是比政府更加聪明,私营企业的经理总是比公务人员看得更清楚。应当释放他们的创新力量,并使社会行动主体适应那些由于他们的动力而导致的变化"③。但法国社会党并不认为是这样的。法国社会党承认市场经济的突出优点,却也强调它的局限性,认为"市场不会自发地导致经济的最佳状态,也不会导致社会的最优状态。相反,它有可能导致自然界的退化和社会的分崩离析"④。

若斯潘在这方面也有不少论述。1998 年他在暑期大学关于改革的讲话中说:"市场经济是我们在其中活动的现实。而对市场,我们既没有像它的自由主义歌颂者那样的幻想,也没有新信徒(指社会民主党内具有新自由主义倾向的人——引者)的那种热情。对我们来说,市场是给定的,是一种技术,是一种我们愿意掌握的实行生产和分配资源的技术。"但是,"对于我们来说,市场不是一种价值";市场经济不管有多大的活力、灵活性和可塑性,"它不能形成一个社会的发展前景。社会需要具有一种意义,需要

---

① 《现代社会主义》,第 39—40 页。
② 同上书,第 40 页。
③ [法] 亨利·韦伯等:《批判的分析》,巴黎 1999 年法文版,第 96 页。
④ 同上书,第 96 页。

掌握自己的命运，需要创造一种符合组成社会的男人和女人的愿望的未来。市场尽管产生财富，但它既不产生互助，也不产生共同的计划"①。1999年11月8日他在社会党国际代表大会上发表的演讲中也说："关于财富的创造和资源的分配，市场对计划的优越性是不容争辩的。但是我们并不因此就把市场当作一种价值。市场是一个有效的、可贵的工具，但只不过是一个工具。它应当始终为社会服务。就其本身而言，市场既不产生意义，也不产生计划。"②

法国社会党也反对社会的全面商品化。《走向一个更加公正的世界》中说："在人道社会中并非所有财富都是商品。……人类的劳动和精神创作不能被看作简单的商品。人类的躯体也不是商品。……人类的健康不是商品。……我们的环境也不是商品，不是简单的、人类可以不为子孙着想而取之不尽的原材料仓库。"③ 若斯潘在社会党国际巴黎代表大会上重复了这一观点。他说："我们拒绝社会的商品化。健康不是商品。精神作品不是商品。人的劳动不是商品。自然环境不是商品，不是取之不尽的储备。不能把对后代的责任当作商品来交易。这一责任是必须承担的。"④

若斯潘用一句简练的话概括了法国社会党对市场的态度，他说："要市场经济，不要市场社会。"1998年6月19日他在华盛顿会见记者时第一次提出这一公式，7月23日又在伦敦重复。这句话已成了他的"名言"，不但在法国社会党的文献中反复出现，而且已被英国工党和德国社会民主党接受，写进了布莱尔－施罗德联合声明。⑤

所谓"不要市场社会"就是不允许整个社会商品化，不通过自由市场来分配全部社会财富，不把利润法则当做衡量价值的唯一标准。这实际上就是法国社会党对待资本主义社会的态度。所谓"不要市场社会"并不是要推翻资本主义制度，而只是要对它实行调控。法国社会党承认资本主义制度

---

① 《现代社会主义》，第83—84页。
② 同上书，第63页。
③ 法文打印本，第6页。
④ 《现代社会主义》，第63页。
⑤ 参见陈林、林德山编：《第三条道路：世纪之交的西方政治变革》，当代世界出版社2000年版，第37页。

是它必须在其中开展活动的客观现实，但是它拒绝屈服于这一现实。若斯潘反对有人把对待资本主义（包括全球化）的态度简单地归结为在"墨守成规"和"宿命论"之间的选择，他说："对我来说，选择是清楚的：要适应现实，但是不屈服于一个所谓自然的资本主义模式。"① 他认为，历史的教训是："对资本主义必须不断加以控制和调节"②，要做一个社会主义者就要拒绝承认事物的现状具有所谓"自然的"性质，是固定不变的。而为了"对抗、控制和改革"资本主义，就必须继续对它进行思考。③ 他还主张社会党人应当重新发现马克思主义方法的"有用的部分"，即"对社会现实、也就是对资本主义的批判的分析"④。

显然，法国社会党和若斯潘对资本主义的批判态度是以承认它是客观存在的现实为前提的，这也是目前欧洲各国社会民主主义政党共同的态度。例如，德国社会民主党过去要把"克服（资本主义）制度"的改良主义与"维护制度的"改良主义区别开来，现在却已经满足于充当资本主义的"医生"了。英国工党的重要理论家、第三条道路的倡导者安东尼·吉登斯认为，现在的世界是"一个资本主义已经无可替代的世界"，"现在似乎再没有人认为除了资本主义我们还有什么别的选择"。⑤ 不过，与英、德两党的主流理论相比，法国社会党更加强调对资本主义的对抗和控制，这是不容否认的。

二

若斯潘仅仅承认马克思对资本主义的批判的分析是马克思主义的"有用的部分"，他对马克思关于社会主义的理论是不赞同的。他说："马克思主义所确认的关于存在一种对世界的科学解释的奢望已经消失"，"社会主义已不再是一种教条体系，"而是千百万男人和女人的"政治的和道德的远

---

① 《现代社会主义》，第42—43页。
② 同上书，第68页。
③ 同上书，第64页。
④ 同上。
⑤ ［英］安东尼·吉登斯：《第三条道路：社会民主主义的复兴》，北京大学出版社2000年版，第35、46页。

景设想"① 了。这段话再一次证明，当代欧洲发达国家的社会民主主义已经放弃用社会主义制度取代资本主义制度的要求，致力于在制度框架内的改良。在这一总的背景下，作为一个社会主义政党的领袖和政府首脑，若斯潘在接受《社会主义评论》的采访时对"社会主义是什么"作了十分清楚的论述："本世纪的一个教训是：已不再能把社会民主主义界定为一种制度。我认为，现在按照制度的概念——资本主义制度、计划经济制度——来行动已不是绝对必要的了。我们自己也没有必要来界定一种制度。我不知道作为制度的社会主义将会是什么样子的，但是我知道作为价值总和、作为社会运动、作为政治实践的社会主义可能是什么样子的。它是一种思想启示，一种生活方式，一种行动方法。它要坚定不移地参照那些既是民主的，又是社会的价值。"② 这段话同他关于法国社会党的经济和社会政策的论述联系起来，可以看出他在明确宣布改良主义的同时力图维护社会党作为左派政党的特性，推行符合"人道的"社会的政策，在经济全球化的条件下把社会主义的价值与现代化结合起来。

在经济上，当代社会民主主义和传统的社会主义之间的一个本质性区别是对生产资料所有制的态度。第二次世界大战后法国社会党的第一个《原则声明》（1946）明确表示"坚持废除资本主义所有制以解放个人"。1973年的《原则声明》还声称，"投资手段、生产资料以及交换手段的逐渐社会化"是实现社会主义目标的不可缺少的基础。③ 但1990年3月，雷恩代表大会通过的《原则声明》已改为"主张建立混合经济的社会，在承认市场法则的同时，向强大的公营部门和社会的主力提供手段，以实现符合整体利益的目标"④。而2001年通过的新章程的开头仍旧沿用这一《原则声明》。可见法国社会党和英、德等国的党一样，也不再认为生产资料公有制是社会主义不可缺少的条件。若斯潘说得更加清楚："长期以来，人们把社会主义界定为生产手段的集体占有。今天的情况已不再是这样了。因此我们的工业

---

① 《现代社会主义》，第63页。
② 同上书，第23页。
③ 《社会党国际和社会党重要文件选遍》，中央党校出版社1993年版，第299—300页。
④ 根据网上下载文件。

政策已经超越生产资料所有制的性质问题。"除了在某些涉及国家安全或某些不能由市场解决的公共服务目标时仍有必要采取公有制以外，应当实行与法国或外国的、特别是欧洲的私有企业的"工业联盟"，不应当以"资本的公共占有份额应占多数"为理由来阻碍这种联盟。①

在政治上，法国社会党完全认同本国的民主共和国体制，坚守党的创始人之一、著名理论家和政治家让·饶勒斯的传统，认为"社会主义就是民主制的彻底实现和共和国的完成"②，并且要以此为目标实行一系列政治体制方面的改革。

既然社会主义在经济上和政治上都不构成对现存制度的替代，那么它就是"一些价值的总和"③，就是社会民主主义所主张的一些基本价值的总和。《原则声明》把这作为全体人民的如下愿望："自由、男人和女人的平等与尊严、福利、责任和团结一致。"④ 而按照《走向一个更加公正的世界》中的提法，把各国社会党人"团结在一起的首先是我们共同的价值观。法国大革命的三个原则'自由、平等、博爱'迄今仍旧是我们保证遵守的基础"⑤。

当然，若斯潘的言论和法国社会党的重要文献中对价值的解释并不是每次都完全相同，但基本内容是一样的。例如，1998年8月30日若斯潘在拉罗舍尔法国社会党暑期大学所作关于改革的演讲中说："社会公正，我们命运的集体掌握，自由，各种自由：这些价值确定了我们的特性，我们是热爱这些价值的。"⑥ 1999年春他接受《社会主义评论》的采访时两次谈到价值。一次说："作为社会主义的来源的价值是：公民性，社会公正，民主，对集体命运的掌握，进步和控制进步的意愿，向一个多元化世界的开放。"⑦ 另一次说："我们的价值基本上保持不变：公正，自由，对我们命运的集体

---

① 《现代社会主义》，第37页。
② 同上书，第79页。
③ 同上书，第64页。
④ 根据网上下载文件。
⑤ 法文打印本，第2页。
⑥ 《现代社会主义》，第81页。
⑦ 同上书，第28页。

掌握，在不否定集体现实的条件下个人的充分发展，进步的意愿。"[①] 同年9月，他在社会党国际代表大会上的演讲中提到民主社会主义力求对之作出反应的男人和女人的愿望时说："对社会公正，个人在互助的社会中的充分发展，集体对自身命运的掌握，一个更加尊重人和环境的经济增长体制。"[②] 这些提法已不仅涉及基本价值，而且也包含由这些价值产生的政策了。

需要加以解释的是"公民性"。对于这一概念，《走向一个更加公正的世界》中专门有一节作了论述，其中说："社会主义首先是一种旨在保证个人充分发展的集体主权的理想。现代社会主义必须明确无误地成为公民性的理论。"这一文件在论述资本主义新时期如何实现社会主义价值的时候又说："民主社会主义旨在尽可能赋予每一个人参与社会生活、充分行使权利和承担责任的能力；这是以适用于现实的一切形式的公民性为基础的。"[③] 从文件中的进一步解释可以看出公民性包含以下几方面的内容：

第一，公民应通过共同采取行动来掌握社会的基本发展趋势，并且抵御个人行动导致的不良后果；

第二，民主制应通过政治行动使公民有可能平等参与一切与他们自身有关的领域的决策；

第三，所谓的社会公民性则通过把生活保障和机会均等结合起来使公民能充分地实际地参与政治共同体。

文件认为，社会党在采取以价值为基础的行动时应把政治、经济和社会等方面结合起来，这就是以公民性作为行动的准则。根据这些论述，我们可以认为公民性是社会主义基本价值的能动性综合，也可以说这个概念是带有法国特色的社会主义基本价值的表述。

从法国社会党和若斯潘关于社会主义的论述可以看出，在这些基本价值中他们突出强调的是平等和（或）公正。《走向一个更加公正的世界》一开头就声称，社会党人在适应新的变化时"并没有否认对公正的追求"。后来又说，社会党人"希望建立一个更加公正和更加人道的社会"，"人道的社

---

① 《现代社会主义》，第36页。
② 同上书，第64页。
③ 法文打印本，第5—6页。

会应以缩小各种不平等为目标"；"社会民主主义坚持以追求公正为理想"。在结束语中又重申社会民主主义"体现了人们追求以自由的重要性为基础的公正的愿望"①。法国社会党 2000 年 11 月格勒诺布尔代表大会通过的主流派动议《共同努力，在当前取得能在未来令人信服的成就》中提出，"缩小不平等依旧是每时每刻需要我们进行的斗争"，在联系到政策时又强调要"将与不平等进行斗争置于我们政策的优先位置"，为此不仅需要"进一步巩固增长，同时还需要使经济增长变得更加公正"；"不仅需要关注增长，而且特别需要保障公正的增长"。②

若斯潘在讲话中反复强调反对不平等的斗争在社会党政策中的重要地位。1998 年 8 月他在社会党暑期大学谈到公共服务的意义时说："对我们来说，公共服务代表一种价值。它属于我们绝对坚持的关于社会的一种远景设想。它是社会联系的核心。它是公民之间的平等的保证之一。公共服务既没有过时，也没有被超越。"③ 1999 年春他对《社会主义评论》的负责人说："作为社会党人，就是要建设一个更加公正的社会。作为社会党人，就是要努力缩小不平等。"④ 同年 9 月，他在社会党国际巴黎代表大会上表示拒绝这样的"二者择一"的提法：不是更多的就业和更多的不平等，就是更少的不平等和更少的就业。他说："社会党人应当探索在保持社会凝聚力和减少不平等的条件下实行充分就业的办法。"⑤ 他甚至坚决地说："我们知道平等和自由之间早就存在的紧张关系。这一紧张关系是我们的政治斗争的始创力（fondatrice）。本世纪的一个教训是：没有自由，社会主义不会存在。但是没有平等，社会主义也就不再有什么意义。"⑥ 当然，他也一再声明，社会党人力求减少的不平等"不是由于个人才能不同而产生的差别，而是社会学方面的不平等。我们的职责是使社会的弱者不那么冷酷，对强者提出更高的要求。""我们要平等，但这是寓于多样性中的平等。我们探索'寓于

---

① 法文打印本，第 1、2、4、16 页。
② 根据网上下载文件。
③ 《现代社会主义》，第 83 页。
④ 同上书，第 47 页。
⑤ 同上书，第 69—70 页。
⑥ 同上书，第 47 页。

差别中的平等'。"① 不仅如此，社会党还应当能够超越"社会问题"而考虑方方面面的不平等，例如男女之间的平等。这种对不平等的全面考虑要求社会党的政策超越传统的再分配的范围，要在事先防止不平等的加剧，而唯一的需要就是机会均等。

这种对平等和公正的强调是法国社会党作为左派政党的重要的"身份特征"。意大利进步学者博比奥谈到当前政治上的左右派对立时认为是否主张平等是分野的主要标志②，这一观点在法国社会党那里又一次得到证实。

法国社会党放弃用制度替代、转而用基本价值的实现来界定社会主义的观点对当代欧洲发达国家的社会民主主义党来说已成为共识，但同英国工党、德国社会民主党等相比，法国社会党确实更加强调平等和公正。

和其他社会民主主义政党一样，法国社会党也提出社会主义思想或理论的革新。若斯潘认为，革新应当围绕三点信念也就是三个行动原则来进行：（1）不断创造目的和手段的恰当结合，以实行真正的改良主义；（2）通过公共权力的意志能动性来调控资本主义；（3）以机会平等为原则来团结各社会阶级。下面两节将分别对这三个方面作出评介。

三

对于法国社会党来说，基本价值是永恒的，是它的政治特性的基础，但随着环境的发展变化，为实现这些价值而采取的手段却不得不改变。若斯潘说："我们努力追求的目标应当是持久不变的，但手段是可以重新考虑，修改和改变的，只要这是环境所要求的，只要这是使手段能继续使我们的价值保持活力的条件就行。"③ 问题在于如何使手段与目的有机地结合起来，而这正是法国社会党既要在实践中探索又要在理论上作出说明的问题。

若斯潘说，民主社会主义就是要"不断创造目的和手段的恰当结合"④；"我们应当探索我们的目标和我们的手段之间的最佳协调。要坚持不懈地这

---

① 《现代社会主义》，第70页。
② 参见［意］诺贝托·博比奥：《右和左》，柏林1994年德文版，第82—86页。
③ 《现代社会主义》，第81页。
④ 同上。

样做。"① 他同时又说:"我在目标方面是坚定不移的,在手段方面是能够做到随机应变的。"② 法国社会党对法国尖端工业或具有战略意义的工业的私有化问题的政策是说明这种态度的恰当例子。他认为,为了维护民族的利益和增加就业,在这些部门可以与本国或外国的私有企业结成"工业联盟"。这种联盟在政治上和经济上都是有正当理由的,因为这可以使法国工业政策的目的即就业、增长、加强法国企业的经济和工业实力以及法国在世界上的地位得到实现。若斯潘说:"如果为了捍卫这些目标,需要一个公共企业向资本开放,也就是使它私有化,我们是会赞同的。"③

长期以来,社会民主主义政党已经确认自己是改良主义的党,而法国社会党在论证目标与手段的结合时,一方面肯定改良主义是改革资本主义社会的最好方法,另一方面强调自己在这一点上与右派政党的区别。

若斯潘认为,改良是"将一项政治计划转化为行动和使我们的信念获得生命力的最有效的方法",改良是处于"墨守成规"和"转向采取暴力"之间的"改造社会的方法",在新的条件下使目的和手段达到新的协调是"建立真正的现代改良主义的方式。我们已不再需要使用革命的豪言壮语或者关于决裂的隐喻来为自己的行动辩护了"。④ 总之,"改良是我们的政治特性的一个中心要素:我们的社会主义是改良主义的"⑤。社会党所进行的改良是为社会改造服务的,"在这一意义上,我们为已被右派引入歧途的改革思想本身恢复了名誉"。对于右派来说,改革就是瓦解公共服务,减少社会保障,否定近几十年来的进步所取得的成果。但对于法国社会党来说,"改良主义始终是进步的同义词"⑥。

法国社会党的改良主义在一个重要方面与英国工党、德国社会民主党有明显的区别,这就是对凯恩斯主义的态度。自从 20 世纪 70 年代末 80 年代初以来,在发达资本主义国家,无论是社会民主党本身还是它们的反对者都

---

① 《现代社会主义》,第 36 页。
② 同上书,第 81 页。
③ 同上书,第 37 页。
④ 同上书,第 38 页。
⑤ 同上书,第 76 页。
⑥ 同上书,第 38 页。

普遍认为凯恩斯主义已经过时，但是目前法国社会党却反对这样的看法，而且公开表示它主张新凯恩斯主义。

亨利·韦伯在批评布莱尔-施罗德联合声明的《第三条道路：分歧在哪里？》一文中说："在经济政策方面，新工党是新自由主义者，法国社会党是新凯恩斯主义者。"他不赞成吉登斯的分析，不认为新凯恩斯主义即使在欧洲范围内也已经过时。他说："若斯潘的政府在1998年通过重新推动需求和投资的政策促进了增长。如果在欧盟层面实行这样一种政策，将会取得更加令人信服的效果。"① 若斯潘的经济分析委员会成员、经济学教授让·皮萨尼-费里在《真理、虚张声势和缄默……》一文中，反对把供给政策和需求政策对立起来。他说："经验证明，持续增长同时既需要一个好的宏观经济，也需要一个好的微观经济。关于应当刺激供给还是应当刺激需求的问题，只有在当时当地（hic et nunc）根据具体的情况提出来才有意义。"② 法国众议员、社会党负责团结互助的全国书记玛丽索尔·图兰在《一次新的社会妥协》一文中说："认识和承认市场经济并不禁止一切实行经济调控和支持增长的政策"，而法国最近两年来超过欧洲其他国家的经济成就证明了"革新的凯恩斯主义是有效的。可以通过私人和公共的需求推动增长。"③《走向一个更加公正的世界》中也表示反对那种认为凯恩斯主义适用于昨天的世界，但不能在"复杂的现代化中存活下来"的看法。④ 若斯潘在接受《社会主义评论》的采访时更是把新凯恩斯主义与法国的现代化联系起来，认为"社会民主主义不应当仅限于推行新凯恩斯主义的经济政策。它应当在现代性的广阔天地中前进"。⑤

这里要简单说一下现代性的问题。饶勒斯基金会的吉尔·芬歇尔斯坦在《现代社会主义》一书的序言中说，法国社会党要在两种对立的风险中间寻找恰当的定位。这两种风险是：没有社会主义的现代性和没有现代性的社会主义。若斯潘力图对此作出回答，提出"受到控制的现代性"亦即"现代

---

① 《批判的分析》，巴黎1999年法文版，第98页。
② 同上书，第76页。
③ 同上书，第85—86页。
④ 法文打印本，第10页。
⑤ 《现代社会主义》，第34页。

社会主义"的观点，这就是一种由集体建立的、尊重民族特性的、能被所有公民接受的现代性。它的基础是：在全球化的世界中掌握经济政策；通过经济增长、减少工时和实行青年就业计划来和失业作斗争；通过反对社会排斥和实行普遍疾病保险来追求进步；争取社会和政治的现代性。他认为这最后一点是很重要的，正是社会民主主义超越新凯恩斯主义经济政策的地方。但他所举出的措施是：民主生活中的男女平等，司法改革，反对兼职以及允许同性恋者结婚，等等，这些当然仍旧没有超出改良主义的范围。

法国社会党目前能做到增加就业、缩短工时，但距离它提出的目标即"更加人道"、"更加公正"的社会仍旧很远。所谓目标和手段的恰当结合仍旧超不出实用主义的框框，这也是目前发达资本主义国家的社会民主主义政党普遍面临的困境。这些党为了显示自己与右派政党不同的身份特征，必须不时地宣传自己的理想或远景设想。德国社会民主党领袖勃兰特在20世纪80年代就提出要为"具体的乌托邦"奋斗。吉登斯在《超越左与右》一书中也认为自己的思想属于"乌托邦式的现实主义"[①]。若斯潘和他们一样，在赞扬改良主义的同时强调"改良并不是为乌托邦敲响丧钟。我们不是'梦想的破坏者'。人们在脚踏实地和打算掌握自己命运的同时完全可以梦想自己的未来。我愿意做一个现实主义乌托邦的建设者"[②]。他在社会党国际巴黎代表大会上说明社会民主主义能应付现代世界提出的一切问题时也不忘记加上一句："对梦想的需要吗？这是我们的进步愿望的核心，是通过我们对乌托邦的参照得到说明的。"[③]

四

法国社会党认为，随着近几十年来资本主义的新发展，虽然法国的社会仍旧是由阶级构成的，"但是它们之间的界限常常不很清楚而且变动不定"[④]。《走向一个更加公正的世界》中说："我们的社会仍旧是由不同的社

[①] 参见［英］安东尼·吉登斯：《超越左与右》，李惠斌、杨雪冬译，社会科学文献出版社2000年版，第258—266页。
[②] 《现代社会主义》，第38页。
[③] 同上书，第66页。
[④] 同上书，第106页。

会群体组成的。目前，中产阶级已成为我们社会的核心。他们对经济增长起着特殊的作用。但持续20年的大规模失业也导致了'被社会排斥群体'的产生。大众阶级尽管已发生变化，但并没有消失。因此，社会民主党人应同时考虑被社会排斥者、大众阶级和中产阶级的利益和愿望。"① 这一文件把这称为"新联盟"。1999年8月29日若斯潘在社会党暑期大学发表题为"新联盟"的演说，论述"我们要把我们的政策建立在新联盟的基础上"②。他在回答《社会主义评论》时说："法国社会党是一个跨阶级的政党。我们的社会基础既不是清一色的，也不是狭窄的，它是经历过更新和发展的。正因如此，我们应当在各个阶层之间进行最恰当的仲裁。"③ 有些阶层对当前社会满意，不愿意为增加平等而付出代价。对另一些阶层来说，平等观念及其具体的深化却有根本性的重要意义，而社会党就是要使中等阶级和大众阶级"和解"，使它们"齐头并进"。

若斯潘认为，中等阶级是一个多样化的领薪者集团，他们在法国社会的作用日益加强。过去社会党对他们的某些合法要求不够重视，目前对此已有正确的认识。他们中的一部分感到经济方面的极端自由主义的威胁，因此并不会自发地被右派争取过去。就生活方式和习俗而言，他们认为左派更加现代化。而中小企业的创办者和管理者则认为左派关心创新、精简行政机构并愿意承担风险。大众阶级包括工人阶级（尽管这个词已经不常使用）和低级职员等等，过去在第二部门人数众多，今天也存在于服务部门。他们的劳动艰苦，环境差，收入低，社会党要努力提高他们的购买力并且为消除他们的生活不稳定和缺乏保障而斗争。对于"被社会排斥者"则要实行"能动的一体化"政策，尽最大可能使他们回到生产过程中，回到社会的怀抱。社会党要争取使所有的人都能过稳定的生活。"稳定是一种权利。不稳定是另一种不公正。"④ 总之，尽管这三个群体的利益各自不同，有时甚至是背道而驰，但他们仍有共同关心的事，如增加就业，改善教育制度，巩固社会

---

① 法文打印本，第9页。
② 《现代社会主义》，第103页。
③ 同上书，第50页。
④ 同上书，第51页。

保障。因此他们可以赞同法国社会党的政治计划和改造社会的计划。但这里的核心问题仍旧是平等："围绕机会平等把各社会阶级团结起来是可能的。"①

五

若斯潘一方面积极主张在欧洲层次建设社会民主主义，另一方面强调各国社会党必须重视本国的并互相尊重各国的民族特点，强调欧洲社会民主主义必须是多元的。

若斯潘高度称赞欧洲社会民主党1999年3月米兰代表大会通过的《为1999年欧洲选举发表的宣言》，认为其中作出的21项承诺包含了"就业的欧洲"、"社会的欧洲"、"民主的欧洲"、"强大的欧洲"这四个方面。"在这个方案里可以找到作为社会主义起源的所有价值：公民性，社会公正，民主，对集体命运的掌握，进步的意愿和控制这一进步的意愿，向多极化世界的开放"②。这一宣言也表示，"左翼党派和右翼党派不同，是以民主方式运行的。在整个左翼政党内正在普遍发展一种自上而下和自下而上交替进行的、具有民主特征的表达意见、实行监督和批评的运动。更加广泛地说，这一宣言接受了我们交换意见的习惯和我们的国际主义"③。

若斯潘认为，当社会民主党人在欧洲层次齐心协力工作时，他们的力量就会更加强大。但这要有一个条件："他们必须懂得这一点：对本国的现实状况、本国的历史、意识形态方面的参照、政治格局的构成必须绝对地加以考虑和维护"④。各国的社会主义道路都有自己的特色，因此谈论所谓的"最好的道路"或者在所谓的"布莱尔模式"、"施罗德模式"、"若斯潘模式"之间进行选择是没有多大意义的。

从布莱尔提出"第三条道路"开始，法国社会党就不赞成，也从来不在文件中使用这个词。若斯潘在回答《社会主义评论》的问题时说，他不知道怎样给"第三条道路"下定义才好。如果说它处于共产主义和资本主

---

① 《现代社会主义》，第47页。
② 同上书，第28页。
③ 同上书，第29页。
④ 同上书，第30页。

义之间，那么这不过是英国特有的对社会民主主义的一个新的称呼。这并不意味着法国人也有同样的想法。如果说它是指社会民主主义和自由主义之间的道路，那么他是不赞成的，他认为没有必要提出这种"二者之间"的道路。若斯潘认为，当前"整个欧洲所有的社会主义的或社会民主主义的力量都在从事理论上和政治上的重新建设"，而"第三条道路"实际上是英国从事这种重新建设时所采取的"民族形式"[①]。他在2000年11月法国社会党格勒诺布尔代表大会上的讲话中进一步阐述了这一观点。他说："对于三年来流行的所谓第三条道路的说法，今后可以把它的实质理解成带有工党历史特征的一国尝试。它也许是适合英国的条件的，带有浓厚的自由主义特点，但毕竟是很难'输出'的。"[②]

从上面最后这句话可以看出若斯潘对第三条道路的自由主义倾向的指责。1999年8月29日他在社会党暑期大学所作的关于"新联盟"的讲话中也说过："我们不搞'社会自由主义'。我们的态度与我们的朋友托尼·布莱尔和格尔哈德·施罗德的宣言（指两人的共同声明——引者）中表现的态度不一样。我们是一个团结在一种现代社会主义周围的左翼革新派。"[③]这显然也是对布莱尔和施罗德的温和的批评。但是饶勒斯基金会在布莱尔和施罗德共同发表声明两个月后就出版了一本小册子《布莱尔—施罗德"宣言"。批判的分析》，其中收入宣言的法文译本和5篇文章，这里的批评的调子就高多了。

这五篇文章的作者分别是：《社会主义评论》杂志编辑洛朗·布韦，外交部顾问雅克-皮埃尔·古戎，若斯潘的经济分析委员会成员、前财政部长施特劳斯-康恩的经济顾问让·皮萨尼-费里，法国社会民主党（负责团结互助的）全国书记、众议员玛丽索尔·图兰和法国社会党（负责培训的）全国书记、参议员亨利·韦伯。这些人的身份说明这本小册子是代表法国社会党的官方立场的。批评涉及对资本主义、全球化和市场经济的态度、凯恩斯主义的意义、国家的作用等方面，在批评分析的同时也表述了法国社会党

---

① 《现代社会主义》，第31页。
② 参见《国外理论动态》2001年第1期，第13页。
③ 《现代社会主义》，第98页。

的理论观点和政策,这些内容在本文前面几节中都已涉及,这里不再重复,只想补充几点。

这里对布莱尔的批评不是停留在指出他的第三道路的新自由主义倾向,而是进一步分析了"工党思想"(labourism)与自由主义在历史上根深蒂固的联系。布韦认为,如果仅仅从"功能"角度考虑,认为布莱尔主义仅仅是适应英国大选的需要而出现的,就会掩盖它在理论上和实践上对欧洲社会民主主义提出的挑战。布莱尔—施罗德声明的自由主义精神不是新工党最终转向撒切尔的自由主义的结果,"自由主义是英国进步主义传统的一个组成部分",布莱尔的"政治雄心"是要使"社会主义传统和自由主义传统和解",而在他看来,这两个传统"在工党学说中从来没有分开过。"[①] 布韦认为,因此可以说,在布莱尔看来,自由主义与其说是"或多或少为了满足中产阶级而临时借来的",不如说是一种特定的时刻和特定的条件下的实用主义和一种理论信念这两个方面的"双重结果"。前一方面是指后撒切尔主义,加速全球化,劳动市场灵活化,技术革命,后一方面是指前面所说的自由主义是英国左翼进步主义的一部分,而最初的工党学说(责任,机会平等,社会公正……)是与这种进步主义联系在一起的。布莱尔—施罗德声明至少从英国方面来说是"实用主义和理论信念的这一巩固结合的证明",这一结合也是布莱尔主义"在方法论上的"特征。[②] 我认为,这些观点对于我们研究工党的思想是有启发和帮助的。

布韦还指出声明的另一个应加重视的方面,这就是"对英国在欧洲的作用的重新确认"。在声明发表的同时,英国出现了一个支持欧元的、以"英国在欧洲"为主题的运动。布莱尔正式表示支持一批企业老板、政治家和工会领袖发起的这一支持英国加入欧元的"独立的运动"。布韦认为,这一表态证明了布莱尔重申英国在欧洲地位的战略,"这一战略是他的政策的主要轴心之一,而为'第三条道路'而进行的斗争则代表了它的前哨阵地"[③]。自从布莱尔上台以来,他的智囊就企图传播"英国回到欧洲和它以

---

① 《批判的分析》,巴黎1999年法文版,第48页。
② 同上书,第49页。
③ 同上书,第50页。

"'第三条道路'为基础在欧洲联盟中占据领导地位的必要性的思想"。布莱尔和施罗德共同签署的声明的深刻意义也正是布莱尔的行动的核心所在："依靠'第三条道路'加强英国在欧洲的地位"①。布莱尔实际上是想把第三条道路模式作为新的欧洲社会民主主义范式甚至是世界的社会民主主义范式来推广的。而法国社会党对这一挑战的回答是：欧洲的社会民主主义是多元的。

古戎的《使德国的"新中派"合法化》一文着重批评施罗德，指出他在执政初期还强调把就业问题和社会政策放在欧洲政策的中心地位，提出"欧洲（联盟）应当不仅仅是一个市场"，但到1999年第一季度与拉封丹决裂后已走向为一种属于"社会自由主义"性质的经济政策进行辩护，他所关心的更多的是市场的自由、企业财政负担的削减，而不是"组织和结构"问题；他把重点放在作为创新关键的自由和个人责任观点上，而不是团结和再分配思想。布莱尔—施罗德声明正是这一转变的标志，"它是这一正在进行的发展过程的'海底涌浪'的表现"②。

尽管如此，法国社会党对英、德两党的批评还是注意分寸的。例如布韦在指出彼此之间的深刻分歧时仍强调所采取的政策很大一部分是一致的，而且大家的最终目的是一样的，这就是若斯潘提出并且被布莱尔和施罗德接受的公式：要市场经济，不要市场社会。③ 其次，对他们的政策的积极的方面仍加以肯定。例如布韦说，布莱尔既谴责旧的社会主义，也否定撒切尔时代的新自由主义的资本主义，但这个"双重的否定"是不对称的，"第三条道路表现为一种尝试，它要坚决站在左边来革新本身已经十分'改良主义的'社会民主主义"④。皮萨尼-费里也说，撒切尔主义的多年统治在英国人的心目中留下深刻印象，因此，"托尼·布莱尔尽管在行动上往往是左的，却想竭力防止右边来的攻击"⑤。亨利·韦伯则强调在争论时避免"漫画化"，"不能把布莱尔的新工党简单化成为'带有人道面目的撒切尔主义'，正如

---

① 《批判的分析》，第51页。
② 同上书，第61页。
③ 同上书，第54—55页。
④ 同上书，第48页。
⑤ 同上书，第71页。

不能把法国社会主义与'主张'国家干涉主义（étatisme）的老左派等同起来一样。"①

综上所述，法国社会党近几年来确实在努力维护社会民主主义基本价值的前提下适应现代化的条件进行了社会主义理论的革新。它在对资本主义的批判、对国家干预作用的强调、对左右政治分野的坚持等方面和英、德两国的党相比确有差别，而且在社会民主党阵营里已经引起重视。德国社会民主党基本价值委员会在它为准备制定新纲领的讨论提供的文件《第三条道路——新中间派：全球化时代社会民主主义改革政治的特征》中把法国与英国、荷兰、瑞典列为四种不同的改革模式，承认"在西欧所有社会民主党和社会党中间，法国社会党似乎是最坚定地拥护传统的、国家干涉主义的政策的"②，也肯定它"按照社会的标准在政治上对经济进行调控的想法受到很多法国选民的赞同"，同时指出它的许多优点和缺点。从法国社会党的角度来说，若斯潘等人是针对英、德两党特别是英国工党在理论方面的"挑战"而提出自己的观点的，它对自己在这方面的成就感到十分自豪。芬歇尔斯泰因在《现代社会主义》一书的序言中一开头就说："打赌赢了：列奥内尔·若斯潘曾经面临被限制在欧洲社会民主主义边缘的危险，但从今以后他已占据了核心地位。"③ 我们尽管认为这种说法有些夸大，但也认为法国社会党的努力是值得重视和认真研究的。

---

① 《批判的分析》，第93页。
② 参见《第三条道路：世纪之交的西方政治变革》，第313、315页。
③ 《现代社会主义》，第3页。

第 二 章

社会民主主义的国家理论

第一节 从拉萨尔到伯恩施坦

一

国家学说是社会民主主义的改良主义政策的重要理论根据。它的思想来源是多方面的,但如果仅就社会主义工人运动内部来说,应当首先追溯到拉萨尔。

拉萨尔的国家观受到黑格尔和费希特的哲学思想、特别是黑格尔的唯心主义思辨的影响。他运用黑格尔的关于绝对精神的客观唯心主义观点来分析国家的实质和发展规律。他在早期著作《特别根据黑格尔的哲学来考察的现实的主要特征》(1843)中说:"国家是真正意志的实现,是普遍精神的自我体现。"在稍后写作的《社会发展史手稿》中,他又说:"法和国家的概念根本上就是:普遍精神在外部世界的实现。"他认为,"历史本身就是绝对精神的发展","历史是天启的神的存在"。所谓"神",他吸收了费尔巴哈的解释,认为"神是一个时代普遍的人的精神在感情的内在想象形式中的表现。同样的内容在外部世界中的实现就是国家和法"。

拉萨尔根据这种观点把人类历史分成四个发展阶段:第一阶段是"自然精神"的阶段,人是在没有国家共同体的条件下生活的。在第二阶段,人建立了国家,并且"服从法律,这证明他已发现自己的普遍本质,知道自己是和这个本质一致的",这是"历史精神"的阶段。这时世界精神从"自在"发展到"自为",但主要表现在各种宗教中。第三阶段分成宗教、艺术和国家这三个"次阶段"(Unterstufe)。第三个次阶段即"国家"是

"当前的现实和世界的领域"。这个次阶段又分成"法律"(抽象的自在)、"资产阶级社会"(抽象的自为)和道德性或本来的国家三个阶段。

拉萨尔所说的"国家"这个次阶级的第一阶段,即所谓"法律"的阶段涉及的时期很长。最初是"罗马世界"即古希腊和罗马时期。那时的国家是"僵死的普遍性"(harte, tote Allgemeinheit),还没有由主体加以充实,因此它只达到国家的外在形式和抽象概念。在此后开始的"日耳曼世界"中,"主体的无限性已经进入意识形态并且提高成为原则"。拉萨尔在这里实际上说的是中世纪。在中世纪,主体的绝对性起初是通过宗教来表现的。当时贵族和僧侣是两个高贵的等级。等级原则成为特权,出身决定地位,因此,主体是不自由的。随着个人从"宗教的—先验的"领域转向"此岸",才开始发生转变。①

拉萨尔虽然钻研哲学,但并不想当一个单纯的哲学家,而是要积极投身政治斗争的。他是德国 1848 年革命的参加者,后来曾对德国统一问题积极提出自己的主张。19 世纪 60 年代初期,德国工人运动逐渐高涨,拉萨尔也开始投入这一运动,做了大量的宣传和组织工作。1862 年 4 月,他在柏林郊区奥兰宁堡手工业协会第一次发表演说,并印成《工人纲领——论当前历史时期与工人等级思想的特殊联系》一书出版。后来他又把他因出版此书受到柏林法院审判时在法庭上发表的辩护词以及法院就此案作出判决后他向高等法院提出的辩护词先后以《科学和工人》(1863)和《间接税和劳动阶级的状况》(1863)为题出版。当筹备全德工人代表大会的莱比锡委员会函请他用书面形式发表对工人运动的意见时,他在 1863 年 3 月发表了《公开答复》。在这些鼓动性小册子中,拉萨尔用通俗的语言阐述了自己的国家观,一方面是为了启发工人群众认识本阶级的历史地位和历史使命,另一方面是为了给他为工人运动确定的方针提供理论论证。

二

拉萨尔在著名的《工人纲领》中一上来就说,要了解工人等级②的思想

---

① 以上关于拉萨尔历史观的论述,参见〔德〕蒂洛·拉姆:《斐迪南·拉萨尔:革命家和法学》,柏林 2004 年德文版,第 29—31 页。

② 伯恩施坦曾表示拉萨尔使用"工人等级"一词是不恰当的,认为实际上他说的是现代工人阶级。

同当前特定历史时期的原则之间的特殊联系,"必须追溯历史,即回溯过去;正确地理解过去就可以说明现代的意义,并且展望未来"。他在这里所指的"过去"大致相当于前述世界精神的第三阶段中的"国家"这一次阶段的"法律"时期,而"现在"相当于"资产阶级社会"时期,"将来"则是"本来的国家"时期。

拉萨尔从中世纪开始论述。他认为,在中世纪,"有一个等级和一个因素在当时占统治地位,这就是地产","它给当时的一切制度以及生活的各个方面都打了自己的特殊烙印,因此,地产应当被认为是当时的统治原则"。① 后来,工业的进步、资产阶级生产和日益发展的分工的进步以及因此而出现的"资本财富"起了"真正革命的"作用。早在1789年法国大革命以前很久,这种"平静的、不知不觉的革命性的进步就已经使地产完全丧失了原有的意义","社会内部的即社会实际关系中的革命就已经开始了,剩下的问题只是给予这种变革以表面决议和法律承认"。② 法国革命的任务和作用就在于此。通过这次革命,第三等级即资产阶级获得了统治权,开始了一个新的历史时期。

拉萨尔说,"第三等级在初期认为自己同全体人民是一致的。自己的事业就是全人类的事业"。但是一旦成为统治阶级,它就通过对选举权的种种限制、对税收制度的操纵和对舆论的掌握而占有了决定国家意志和宗教的特权,"使自己的基本原则即资产变为一切社会制度的统治原则;……给一切社会制度打上自己的特殊原则即资产或资本的绝无仅有的统治的烙印,也就是自己的特权的烙印"③。在这方面,资产阶级和贵族完全一样,而"在某些方面,资产阶级实行其特权的基本原则的统治的彻底程度,比起中世纪的贵族实行其地产的统治有过之而无不及"④。

拉萨尔总结说,他在这里考察了两个世界历史时期,"其中每个时期都受社会上一个特定的等级的统治思想支配,这个等级把自己的原则加之于当时的一切制度"。前一个时期以法国革命告终,但是德国仍存在这个历史时

---

① 《拉萨尔言论》,三联书店1976年版,第40页。
② 同上书,第50页。
③ 同上书,第59页。
④ 同上书,第62页。

期的很多的、而且是明显的残余，这些残余迄今还处处严重地妨碍资产阶级，变革很慢。后一个即上世纪末以法国革命为起点的历史时期"实际上也已经结束了，虽然表面看来似乎还没有结束"①。从1848年欧洲革命开始，"一个新的历史时期的曙光出现了"②。这个时期就是第四等级即工人阶级统治的时期。这个等级是社会中最下等的阶级，也是"被剥夺继承权的等级，它再也提不出、也不可能提出任何可以形成新的特权的……特殊条件。无论是高贵的地位，还是地产，还是资本占有"③。

拉萨尔对这两个历史时期的论述涉及社会中的阶级对立和斗争，对生产资料的占有与对权力的占有之间的关系，特别也涉及国家问题。在论述中世纪时他指出，当时的公法制度或国家根本制度是：只有诸侯和僧侣才能在德意志帝国国会里享有代表资格。他在论述资产阶级社会时指出，"这个历史时期以大量资产或资本为自己的原则，并把它变成了特权，这种特权不仅贯穿在一切社会制度中，而且成了参加决定国家意志和宗旨的先决条件"④。因此伯恩施坦认为《工人纲领》是"适应时代和环境而对《共产党宣言》所作的改写"，是"进入社会主义精神世界的卓越的入门书"。⑤ 马克思自己却说："《工人纲领》无非是把《宣言》和其他我们时常宣传的、在某种程度上已成为口头禅的东西，卑劣地加以庸俗化而已。"⑥ 拉萨尔传记的著者赫尔曼·昂肯则认为，虽然《工人纲领》的某些句子听起来像是《宣言》的"回响"，但是"恰恰在《工人纲领》的第一部分，尽管表面上有些相似，却找不到作为《宣言》特点的唯物主义历史哲学观点"。拉萨尔并没有明确地从经济的下层建筑推论出所有的公法现象和文化现象，而是突出了二者的相互作用。昂肯认为，拉萨尔在解释当代时突出表现了他"从唯心主义哲学借用来的国家观"，而"在拉萨尔的一生中，黑格尔的国家思想始终

---

① 《拉萨尔言论》，三联书店1976年版，第63页。
② 同上书，第60页。
③ 同上书，第64页。
④ 同上书，第63页。
⑤ 转引自［德］赫尔曼·昂肯：《拉萨尔：在马克思和俾斯麦之间》，斯图加特和柏林1966年德文第5版，第203页（初版为1904年）。
⑥ 《马克思恩格斯全集》第30卷，人民出版社1974年版，第320—321页。

是他的坚定的伦理思想之一，根深蒂固，没有由于别人的思想复合体（Gedankenkomplexe）的竞争而受到损害"①。综合上面这些看法，我们可以说，拉萨尔确实从《共产党宣言》中吸取了一些论点，却没有接受历史唯物主义观点，而是把这些论点同他的唯心主义历史观、国家观结合起来了。

拉萨尔在1850年写的《社会发展的历史》中说："被一个时代、一个民族认为是人的真正的、最高的本质的东西，是在外在世界——国家、法的基础上实现的。"另一方面，"社会中的统治阶级始终利用国家权力、国家形式，使自己对其他阶级的统治在宪法中得到保证"②。德国当代研究拉萨尔的学者蒂洛·拉姆据此分析说："拉萨尔一方面认为国家是为统治阶级服务的镇压工具，另一方面又认为历史上的国家都具有双重性。它既体现道德性，又体现非道德性，既体现理性，又体现非理性。它本身包含着矛盾，也就是"它关于道德性和理性的概念与非道德的和非理性的现实之间的矛盾"，而历史的发展"当然"会使现实性日益接近概念，从而最终消除这一矛盾，"而这一任务是由工人等级完成的"③。

根据这一观点，拉萨尔在分析资产阶级和工人阶级的对立时把道德观念放在重要的地位，指出工人阶级"对于国家的道德宗旨的理解也完全不同于资产阶级"。资产阶级的道德观点无非是：保证每个人毫无阻碍地发挥自己的力量。这种观念只有在每个人都同样有才能、同样有文化和同样富裕的条件下才是"合乎道德的"。既然不存在这样的条件，那么这种思想就是不道德的，"它将导致强者、智者、富者对弱者进行剥削和欺压"。与此相应，资产阶级所理解的国家的道德宗旨是"保护每个人的个人自由和个人财产"。拉萨尔尖锐地指出，"这是守夜人的思想。按照这种思想，国家的全部使命就是防止偷盗和抢劫"。与此相反，工人阶级的道德观念是："个人毫无阻碍地、自由地发挥自己的力量是不够的；在一个有道德规范的共同体中，还必须加上利益上的一致，发展上的合作和互惠。"④

---

① 《拉萨尔：在马克思和俾斯麦之间》，第203页。
② ［德］古斯达夫·迈耶尔编：《拉萨尔书信和遗著》第6卷，柏林1926年德文版，第94页。转引自蒂洛·拉姆：《斐迪南·拉萨尔：革命家和法学》，第38—39页。
③ 同上书，第39页。
④ 《拉萨尔言论》，第70页。

拉萨尔由此得出结论说：按照工人阶级的道德原则，"国家是个人在一个道德整体中的统一"，它的职能是去进行人类同自然的斗争，"同贫困、愚昧、软弱无力以及人类在历史的初期所遭受的种种不自由的斗争"[①]；由国家实行的联合将使其中所有个人的力量增长千百万倍"。因而，"国家的宗旨就是：使人的本质能够积极地发展和不断地完善，换句话说，就是真正实现人的使命，即实现人类能够达到的文化。国家的宗旨就是教育和推动人类走向自由。"[②] 在因发表《工人纲领》而受到柏林法院审判时，他在题为《科学和工人》的辩护词中重复了上述观点，并且强调国家的宗旨只能是实现它的"天然职能"，也就是说，"通过组成国家使人们能够达到他们作为个人永远也不能达到的目的和生存阶段。"[③]

拉萨尔认为，国家的这种"宗旨"或"职能"只能由工人等级来完成。工人阶级没有特权，"它同全人类是一致的。它的事业真正是全人类的事业，它的自由是人类本身的自由，它的统治是一切人的统治"[④]。工人阶级的经济地位必然使他们"深刻地本能地认识到，国家的使命就是而且必然是使通过一切人的联合帮助每个人，实现他作为个人无法实现的那种发展"[⑤]。"国家具有一个崇高的伟大的使命：要扶植人性的幼芽，就像它有史以来就这样做了，而且将永远做下去那样；要作为为一切人而存在的机关，把一切人和人的状况置于自己的保护之下。"[⑥] 因此，"首先应当把完善的国家观念称作工人等级的思想。……工人等级在本能上、物质上和经济上是接近这种思想的"[⑦]。

拉萨尔又提出，这种国家观点，"从前就已经是推动国家前进的思想了"，不过"它从来只是国家的不自觉的本性，它往往是在事物的理性压力下，没有国家的意志，甚至违反国家的领导人的意志，而或多或少地加以实

---

① 《拉萨尔言论》，第70页。
② 同上书，第71页。
③ 同上书，第83页。
④ 同上书，第64页。
⑤ 同上书，第83页。
⑥ 同上书，第111页。
⑦ 同上书，第83页。

现的"。工人等级"只是把自古迄今一直是模糊不清的国家有机本质的东西，变成一种认识，变成社会的自觉的目的"。而且"这就是整个人类发展的伟大继承性和共同性"。1848 年革命开辟的时期无非是"一个自觉地把工人等级的道德观念宣布为社会统治思想的历史时期"①。

由此可见，拉萨尔在这里所说的工人阶级的国家也就是他的历史哲学观中的第三时期的最后阶段即"道德性"或"本来的国家"（eigentlicher Staat）这个阶段实现以后，历史就进入第四时期，即"历史的自觉的辩证法"时期，绝对精神认识到自己就是"存在"，"存在"就是自己。拉萨尔把这一达到自觉的过程称为"新日耳曼精神"②。

拉萨尔在所有上引论述中提到的"人的本质"。"人的使命"正是与他在哲学著作中所说的"绝对精神"、"普遍精神"、"道德意志"和"神"等概念相对应的。他本人也在《科学和工人》中明确地说，《工人纲领》是"一部从中世纪到现代的历史哲学"；"这是作为欧洲历史基础的那种客观的合理的思想的发展，这是内在精神的发展"。他认为《工人纲领》这本小册子"精确地证明了历史不过是理性和自由的不断进步，这种进步是在表面看来纯属外在的和物质的关系的掩盖下，由于内在的必然性而得到实现的"③。

从伯恩施坦起，许多研究拉萨尔的人都认为，拉萨尔的哲学思想不仅受到黑格尔的影响，而且也受到费希特的影响，在国家的问题上也是如此。伯恩施坦说，拉萨尔是"国家的绝对保护者，而且他作为黑格尔的学生在这一点上也受到费希特的深刻影响，以致人们有时怀疑，拉萨尔所表述的观点是更多地来自黑格尔还是费希特"④。他认为拉萨尔在许多著作中特别积极地捍卫费希特的国家观点，并举出《工人纲领》。但是实际上《工人纲领》中引用的费希特的话并不属于它的中心思想，中心思想仍是黑格尔的。另一方面，我们可以从拉萨尔 1862 年 5 月 16 日在柏林的纪念费希特诞辰 100 周

---

① 《拉萨尔言论》，第 84 页。
② 参见《斐迪南·拉萨尔：革命家和法学》，第 33 页。
③ 《拉萨尔言论》，第 79 页。
④ ［德］伯恩施坦：《社会主义的过去和现在》，柏林 1923 年德文版，第 79 页。

年大会上的演说《费希特的哲学和德意志民族精神的意义》中概括地看出费希特对他在以下三方面的影响。

第一，主观唯心主义：把"纯粹的自我或自我意识的概念当做"其他一切都是由之发展出来的绝对第一"，"自我或者纯粹思维成了真正的自在之物。这甚至是一切存在的绝对的自在，是他一切存在着的东西都从它自身中发展出来的绝对的自在"。

第二，天才论："在德国每经过一代无不在我们中间生出至少一个天才人物"，他们把形而上学思维的"神圣之火发扬光大"，而这种火焰是同"民族的地上的命运不可分割地联结在一起的"。

第三，德意志民族精神在世界历史中的使命："德国人注定先于其他民族在历史上代表完善和进步"；德意志民族是"神的世界计划"这一概念的"唯一承担者"。

拉萨尔认为，从费希特对德意志民族的演说，国家学说和其他国家哲学著作中所说明的"一些有价值的片断"，已经可以得出"历史哲学的具体原则，对这个原则黑格尔已经试图作出最初的阐述，进一步完成这个历史哲学则还是保留给（费希特）这个德意志天才的一项最光荣的任务"。由此可见，拉萨尔是企图用费希特的思想来补充黑格尔的。①

三

拉萨尔是一个杰出的鼓动家，他当然不会向工人灌输晦涩的哲学思想，而是用生动的语言，通过历史的叙述启发工人，使他们认识到自己是最进步的阶级，是体现和贯彻完满的道德力量的，是全人类利益的代表等等。他关于地主和资产阶级的社会地位和历史作用、关于资本主义生产的特征和它所起过的进步作用的描述基本上是符合历史唯物主义的。他还根据1855年的普鲁士的国家预算说明，国家收入总额中来自直接税的实际上只占1/8，其余的即7/8是绝大部分由无财产者即国内较贫困的阶级支付的。但是，根据三级选举权制度，拿第一级选民即大市民（资产阶级）和第三级选民即非有产者相比较，结果却是：1名富人享有同17名非有产者同样的选举权，

---

① 以上有关费希特的引文，见《拉萨尔言论》，第416—431页。

而且这仅仅是平均比例数，实际情况还要更糟得多，例如在杜塞尔多夫，每36名第三级选民才享有同1名富人一样的选举权。拉萨尔指出这是一种"奇特的矛盾"和"奇特的公正"："把维持国家所需要的全部经费都摊派在贫苦人民身上，却又把直接税作为选举权，从而也就是作为政治统治权的标准和条件"①。

他在《间接税和劳动阶级的状况》中重复了这一论点。在《给筹备全德工人代表大会的莱比锡中央委员会的公开答复》中，根据对普鲁士王国按照收入划分的人口调查统计表的分析指出，72.25%的人口处于极贫困的状况，16.75%的人口处于贫困状况，7.25%的人口也始终处于困苦状况。因此两个处于最受压迫状况的阶级就占了人口的89%，如果再把占7.25%的阶级加上去，那么就有96.25%的人口处在受压迫的贫困状况，因此，"国家是属于你们受苦阶级的，而不是属于我们上层等级的，因为国家是由你们组成的！……你们贫困阶级的大联合会——这就是国家！"②

这种以官方数字为根据的鲜明对比和尖锐的结论是有很大说服力和煽动性的。拉萨尔能巧妙地把一些唯物主义的社会分析和阶级分析用唯心主义的论断结合起来，《工人纲领》是最突出的例子，其他面向工人大众的讲话和小册子也具有这种特点，因此从当时到现在，学术界和政治界对他的评价存在很大的差别和争论。甚至像考茨基和梅林那样著名的马克思主义者也认为，拉萨尔接受了《共产党宣言》中的历史唯物主义观点，却仍旧是一个唯心主义的黑格尔派。③ 普列汉诺夫也说："它（指《工人纲领》——引者）的内容在很大程度上是从《共产党宣言》中借用来的。这说明其中唯物主义历史观点优势的原因。……但是这里甚至没有提到概念的独立发展和'德意志精神'。讲演者已同唯心主义传统彻底决裂。"④

弗朗茨·梅林在他的重要著作《德国社会主义党史》中曾以很大的篇幅评述拉萨尔在德国工人运动史上的作用，也在多处涉及他与马克思和马克

---

① 《拉萨尔言论》，第61页。
② 同上书，第137页。译文略有改动。
③ 见《斐迪南·拉萨尔：革命家和法学》，第8页。
④ 转引自张文焕：《拉萨尔评传》，人民出版社1983年版，第112页。

思主义的关系。梅林认为，拉萨尔"之所以犯许多错误，只是由于他把《宣言》的经济观点先翻译成法学和哲学的观点"；他虽然理解无产阶级的阶级斗争，但是"从没有摆脱唯心主义的思想形式"，所以也没有摆脱古典哲学的那种"国家崇拜"①。说到《工人纲领》，他认为它与《共产党宣言》一样，是"按自己的方式成为一部伟大的杰作"，可以把它说成是"反映德国状况的《共产党宣言》"。② 他认为，在国家问题上，"拉萨尔同《共产党宣言》完全一致，虽然他没有补充说明，工人阶级夺取政权将使国家化为社会主义社会"③。梅林还为《工人纲领》中的一些缺点作了解释，并且指出，《共产党宣言》"对德国无产阶级群众必然是一本难懂的书"，而《工人纲领》虽然是片面的（指只讲法国和德国），"却十分明确"。④ 不过他也说，《工人纲领》"似乎也没有立即产生巨大的效果"⑤。"《工人纲领》虽然也已经使《共产党宣言》的思想适应德国的状况，但是它在工人阶级中没有引起反应。"⑥

普列汉诺夫和梅林对《工人纲领》的评价显然是片面的，但至少说明了它和《共产党宣言》的关系。梅林在《德国社会主义民主党史》中还对拉萨尔发表了许多溢美之词，也批评了拉萨尔的缺点和错误，这些对我们今天全面评价拉萨尔是有帮助的。

四

拉萨尔的国家观与他的革命观是有密切关系的。但是仅就拉萨尔所阐述的工人阶级的国家观本身来说，它尽管带有唯心主义的因素，却并不一定排斥革命化的结论。另一方面，从他的另一些明显具有历史唯物主义性质的分析中也不一定会得出革命的结论。1860年起德国资产阶级与普鲁士政府就

---

① ［法］弗朗茨·梅林：《德国社会民主党史》第2卷，三联书店1964年版，第245页。
② 同上书，第344页。
③ 同上书，第346页。
④ 同上书，第344页。
 同上书，第344页。
《德国社会民主党史》第3卷，第40页。

军事改革和军费问题发生争执，因而引起所谓"宪法冲突"，1862年4月，拉萨尔发表了《论宪法的实质》的演说。拉萨尔认为，一个国家的"实际的力量对比"是它的真正的宪法，它在成文宪法中得到表现，"当它写成文字时，它也就成为法律，谁反对它们，就会受到惩罚"。成文宪法一旦变得不再符合实际力量对比，就仅仅是"一纸空文"，必须根据新的力量对比加以改变。因此，"宪法问题本来不是法律问题，而是权力问题"。宪法是一个人类群体统治另一些人类群体的形式，只要还没有实现一切人的自由，就会存在宪法斗争和权力斗争。他分析当时普鲁士王国的实际权力对比是：拥有对军队和大炮的最高指挥权的国王、贵族、银行、司法和行政官僚机构等等构成"社会的有组织的权力"，而与之相对抗的"社会的无组织的权力"则表现在舆论和人民群众的人数优势之中。蒂洛·拉姆据此认为，拉萨尔企望通过鼓动使人民认识他们自己的"强大力量"并获得革命的勇气。在一次革命中，社会的无组织权力会显得更为强大，但由于缺乏组织只能维持短暂时期，因此它们必须利用这一时期来摧毁国家的权力手段。①

从拉萨尔关于宪法的定义和他对于宪法变更原因的论述，是有可能得出革命的结论的。例如，他在《工人纲领》中分析法国革命时说，早在它以前很久，"社会内部的即社会实际关系中的革命就已经开始了。剩下的问题只是给予这种变革以表面承认和法律认可"。他还说，"一切革命的情形都是这样"，"革命是绝对不能制造的"，人们只能给社会实际关系中发生的革命以"法律上的承认"并且将革命进行到底。② 法国革命就是这样的革命。拉萨尔的这一分析与他对宪法本质的论述是一致的，是具有革命精神的。但是，他也可以根据同样的分析得出不必采取革命手段的结论，例如他在宪法冲突中向德国资产阶级推荐的斗争手段是："议院决定无限期地停止开会，直到政府证明它已停止支出未经（议会）批准的费用时为止。"③ 这种办法显然是无法触动普鲁士的反动统治的，连软弱的德国资产阶级也不愿意接受。

---

① 参见《斐迪南·拉萨尔：革命家和法学》，第48—49页。
② 《拉萨尔言论》，第50页。
③ 同上书，第103页。

拉萨尔尽管在《工人纲领》等著作中揭发资产阶级对工人阶级的剥削和压迫，指出工人阶级与资产阶级在国家观方面的对立，却同时强调工人阶级的利益同全人类的利益是一致的，"它的统治是一切人的统治"并且从这一观点得出了纯粹改良主义的结论："这绝不是号召社会各阶级相互分裂和分离，相反，这是和解的呼声，是对整个社会的呼声。"他在这里还提到"团结的呼声"、"仁爱的呼声"，他认为所有人都应当响应这种呼声，因为这"永远是人民真正的呼声"。①

拉萨尔认为，可以从三个方面来研究作为社会统治原则的工人等级的原则：（1）关于实现它的形式上的手段；（2）关于它的道德内容；（3）关于它对国家宗旨所持的政治观点。第二、三两点我在前面已经分析过了，第一点实际上体现了拉萨尔的鼓动的真正目的，也就是他所主张的政策：普遍的和直接的选举权。这在当时的普鲁士当然是一个进步的、甚至有革命意义的要求。他在后来的演说和小册子中反复宣传这一要求。他关于纳税问题和人口问题的论述都是为论证这一主张服务的。他还主张国家应对经济实行有利于工人阶级的干预。在给《筹备全德工人代表大会的莱比锡中央委员会的公开答复》中，拉萨尔强调"工人等级应当建立独立的政党，而且应当把普遍的、平等的、直接的选举权作为这个党的原则口号和旗帜。……为此而利用一切合法手段进行和平的合法的鼓动，这就是而且应当是工人党的政治纲领"②。就这个党对资产阶级政党的策略而言，它应当"随时随地意识到自己是独立的党"，并且同进步党"分道扬镳"，"在有共同利益的地方和问题上支持进步党，但是只要它离开了共同利益就坚决抛开它，反对它"。③所有这些观点和主张都是正确的，对当时的德国工人运动是起推动作用的。问题在于：拉萨尔把这一切都归结为一项政治主张：通过普选权，依靠普鲁士国家资助工人建立生产合作社。他说："在国家的援助和促进下实现的自由的个体的合作社——这是工人等级摆脱困境的唯一道路"。为了使国家实行这种干预，只有通过普遍的选举权，"当德国立法机构都是根据普遍的直

---

① 《拉萨尔言论》，第64页。
② 同上书，第118页。
③ 同上。

接的选举权产生的时候,工人才能指定国家履行它的这一义务"①。因此,他对工人说:"普遍的、直接的选举权不仅是你们的政治原则,也是你们的基本社会原则,是一切社会帮助的基本条件。这是改善工人等级物质状况的唯一手段。"② 为了达到这一目的,拉萨尔不惜与俾斯麦进行秘密会谈,争取俾斯麦同意实行普选权和资助工人合作社。国外有些研究拉萨尔的学者把拉萨尔的这些言论和行为解释成策略手段,甚至说他可能企图在遭到政府拒绝后以此作为揭露政府的材料,也有人认为工人合作社只是拉萨尔实行社会主义的经济手段之一,一旦工人阶级取得政权,他会提出更加彻底的主张。由于拉萨尔早逝,我们对这些假设无法检验,但拉萨尔的言论和他与俾斯麦的勾结却是实在的,因此马克思和恩格斯指责拉萨尔企图实行"普鲁士王国的社会主义",仍旧是有道理的。我们今天至少可以说拉萨尔的主张是充满幻想的,他的手段则是机会主义的。

　　拉萨尔不仅在《工人纲领》中用抽象的"全人类利益"来掩盖或冲淡现实社会中阶级利益的对立,而且在此后为这一演说所作的辩护词以及其他著作中反复说明自己反对暴力革命,嘲笑法官总是把革命"幻想为挥舞着的干草叉",认为这并不是革命这个词的"科学意义"。③ 他还说,"我认为社会的发展是一种和平的发展"④。如果说,在反动政府的法庭上这样辩解可以保护自己,是斗争策略所允许的,那么1863年5月他在法兰克福的两次演说(出版时以《工人读本》为书名)中的观点也许是能说明他的真实思想的。他在第二次即5月1日演讲中说,以他和洛贝尔图斯、布赫尔等人为代表的"有产者中最好的阶层"在社会问题上表现出"主动精神",这是"科学和爱的成果",是"阶级调和的伟大事实",而"前所未有的狂暴(这是违背我们的意向的)只能造成阶级之间的冲突和仇恨"。如果这种主动精神遭到压制,其后果只能是"我们将在几十年内陷于野蛮的无产阶级革命之中,我们将要亲身体验六月战斗的可怕景象!"他认为,这种事情是

---

① 《拉萨尔言论》,第141页。
② 同上书,第142页。
③ 同上书,第86页。
④ 同上书,第97页。

不容许也不应当发生的,"正因为如此,所以需要及时打开阀门来扑灭爆炸"①。

这里所说的"六月战斗"是指法国 1848 年革命,而拉萨尔在《工人纲领》中恰恰是把这次革命说成是"一个新的历史时期的曙光"的。但是这也并不是自相矛盾,因为拉萨尔歌颂的是 1848 年 2 月 24 日给法国工人带来的普选权,而不是巴黎工人的六月起义。拉萨尔对革命和改良的不同态度是表现得很鲜明的。

尤其重要的是他在《科学和工人》中认为,他把"革命"一词"用于哲学基本原则的发展"时,是"在同物质暴力毫无共同之处的意义上理解这个词的"。他说:"革命就是变革,因而进行革命的时候,总是以崭新的原则来代替现存的制度,不管它是否采取暴力,——手段在这里中是毫无意义的。进行改良的时候,现有制度的原则都保持着,只是变得更温和或者更前后一致和更公正一些。手段在这里同样是毫无意义的。改良可能通过暴动和流血的方法来实现,而革命却可能在最安宁的和平中实现。"他把农民战争与工业革命相对比,说"农民战争是企图用武力强迫进行改良。工业的发展是以最和平的方式完成的一次全面的革命,因为它以崭新的原则代替了当时尚存的制度"②。拉萨尔在这里是以哲学的名义对"革命"概念作出最广泛的解释,以此来抹煞政治斗争中革命与改良的对立。工业革命不是政治革命,却是政治革命的经济基础,而由它引起的资产阶级革命往往是有物质暴力伴随的,法国革命是典型例子,这是拉萨尔也不能否认的。拉萨尔一贯不加分析地把农民革命斥为"反动"的(《工人纲领》中就这样说),这里又把它同"改良"联系起来,这可能是指农民革命不会导致社会政治制度的变革,但这种联系毕竟是勉强的。纵观拉萨尔的著作中有关革命和改良的言论,可以看出,他认为有了普选权和完善的议会民主制,就没有必要进行暴力革命,而且也应当避免暴力革命。从历史发展的角度来看,这是正确的,但在当时普鲁士王国的条件下仍不免带有幻想性质。

拉萨尔的观点是符合第二国际时代社会民主主义政党右翼的思想和两次

---

① 《拉萨尔言论》,第 189 页。
② 同上书,第 87 页。

大战之间时期的社会民主主义思想的，因此曾多次被引用。本章中关于赫尔曼·黑勒和麦克斯·阿德勒的国家观的论述都将提到这一点。

五

马克思和恩格斯对拉萨尔的理论及他本人进行了尖锐的批判，并与他严格划清界限。但是，德国社会民主党对待拉萨尔的态度与马克思恩格斯却不完全一致，这是有其历史原因的。1875 年，拉萨尔派的全德工人联合会与倍倍尔和李卜克内西创立的德国社会民主工人党（爱森纳赫派）在哥达代表大会上合并，成立德国社会主义工人党（1890 年改称德国社会民主党）。这次代表大会通过的纲领即著名的"哥达纲领"收入了拉萨尔的一些理论观点（如劳动产品的归属、铁的工资规律）和由国家帮助建立生产合作社的主张，因此受到马克思的批评，但党的领导没有接受马克思的意见（《哥达纲领批判》）在 1851 年才公开发表）。1878 年社民党由于德国政府的《反社会党人法》而遭查禁后，在瑞士出版的党的刊物《社会民主党人报》却对拉萨尔思想进行了一系列的批判，这主要应归功于报纸的编辑伯恩施坦，恩格斯对他的帮助也起了重要的作用。

俾斯麦实行"鞭子加糖果"政策，一方面严厉镇压社会民主党，另一方面极力推行所谓"社会改良"政策，即一系列有关工人福利的措施，企图离间工人和社会民主党的关系，瓦解党和工人群众的斗争。社会上则有一批资产阶级改良主义者高唱"国家社会主义"，把银行国有化和烟草专卖等等都称为"社会主义"。他们不谈政治改革，却鼓吹依靠帝国政府来改善工人阶级的状况。他们的这些言论为俾斯麦提供了理论根据。在社会民主党方面，用恩格斯的话来说，一部分领导本来"极力想用温良恭顺，卑躬屈膝的办法，乞求取消反社会党人法"[1]，这时就认为俾斯麦的社会改良证明他们单纯依靠和平手段和妥协退让的政策是正确的了。他们甚至认为《社会民主党人报》对俾斯麦政府的批评是导致政府加强镇压的原因。此外，党内不少人对"国家社会主义"的本质认识不清，连保尔·辛格尔这样的优

---

[1] 《马克思恩格斯全集》第 35 卷，人民出版社 1971 年版，第 327 页。

秀领袖也赞同俾斯麦的计划，认为任何国有化都是向社会主义前进一步。①在这种情况下，揭露俾斯麦这些措施的反动本质，阐述社会主义对待现存国家的正确态度，就成了社会民主党的当务之急。

1881—1882年间，伯恩施坦在《社会民主党人报》上发表了威廉·李卜克内西、考茨基和他自己的许多文章，揭露和批判俾斯麦的假社会主义。伯恩施坦在《国家援助吗？》一文中评论政府的一项税收政策改革法案，指出："今天的国家用一只手给工人的东西，它会用另一只手从工人那里两倍三倍地拿回来"，谁今天还认为国家援助是工人的社会解放的手段，他"不是不可救药的梦想家，就是骗子"。② 在《国家社会主义和阶级国家》一文里，伯恩施坦分析了国家的阶级性，指出只有在有产阶级的统治结束时，阶级国家才能结束，因此"阶级国家中的国家社会主义简直是自相矛盾，是一个弥天大谎"③。在俾斯麦宣布"社会改革"以后，伯恩施坦立即发表《曼彻斯特主义、社会民主党和"社会改革"》一文，指出有些社会民主党人由于反对曼彻斯特主义而错误地认为社会主义和国家帮助是一回事，但实际上"国家帮助"、"社会改革"、"反对曼彻斯特主义"等等已成为反动政府为了欺骗工人而使用的标签。④ 1882年10月，他又在《讲坛社会主义的智慧》中说："有阶级觉悟的工人对曼彻斯特主义和讲坛社会主义的蒙昧主义者置之不理，它走自己的路，在达到自己的目的即用社会主义的社会组织消灭资本主义剥削阶级以前是不会休息和停止的。"⑤ 到了1883年底，他又发表《社会主义和国家》一文，援引恩格斯在《社会主义从空想到科学》中关于国家的本质和职能的论述，明确表示反对"自由人民国家"的提法，指出这会起模糊和掩盖阶级差别的作用"。这篇文章批评有些社会主义者关于国家是"永恒的事物"、"抽象的事物"、"一切人的联合"的观点，认为国家是统治阶级的代表，社会民主党必须"夺取国家"，"力求使无产阶级、工人阶级成为国家中的统治阶级，利用国家机器来达到他们的目的"。文章

---

① 《马克思恩格斯全集》第35卷，第316页。
② 《社会民主党人报》1881年第2期（1月9日）。
③ 同上，1881年第41期（10月6日）。
④ 同上，1882年第43期（10月19日）。
⑤ 同上，1881年第49期（12月1日）。

最后说:"因此,不要认错了我们的最终目的,也不要走错迈向这一目的的道路!这一道路是:夺取国家中的权力。"①

不难看出,这些文章所批评的一些观点正是拉萨尔的,伯恩施坦确实也认识到拉萨尔的国家理论同马克思主义的对立,认识到社会民主党内的拉萨尔主义残余是同国家社会主义理论相呼应的。1882年9月1日,他写信给恩格斯抱怨说:"由于拉萨尔的鼓动,我们的队伍中存在着严重的国家崇拜,因此始终有这样的危险:这些分子会迷惑上随便那一种完全非社会主义的计划,只要'国家'一词在其中起一定作用,并且这一套被说成是针对大资本的,或者确实是针对所谓流动资本的就行。"②伯恩施坦认为,要批判国家社会主义,就必须肃清拉萨尔主义在党内的影响。恩格斯赞同他的看法,并且表示自己也要写文章批判拉萨尔主义。从1883年3月起,伯恩施坦发表了一系列批评拉萨尔主义的文章,但为了照顾党内的团结,回避了对拉萨尔个人的批评,并且注意肯定他的在向工人的鼓动工作中的功绩。

伯恩施坦针对"普鲁士王国政府的社会主义"的反动本质,批判了所谓"社会王国"的提法。他在《关于"社会王国"的童话》一文中指出,一仆不事二主,"任何人都不能同时既代表剥削者的利益,又代表被剥削者的利益。一个其法律和制度整个说来是按照统治阶级的利益决定的社会王国是无稽之谈",是"有意识的谎言"。俾斯麦的疾病保险、国有化计划以及所有的国家社会主义措施的目的都是为了削弱工人阶级的影响。而工人阶级已经认识到"只有依靠自己才能取得真正的解放",他们"将坚持不懈地考虑为自己夺取政权",而当有产阶级还在统治的时候,"一切改良努力在最好的情况下也只会带来零星补缀的工作"。这篇文章的最后结论是:"无产阶级的真正解放只有在社会共和国中才能实现"③。

在《由国家贷款的生产合作社》一文中,伯恩施坦首先为拉萨尔的这一主张作了一定的辩护,认为这不过是为了把工人阶级组织起来而采用的手

---

① 《社会民主党人报》,1883年52期(12月20日)。
② 《伯恩施坦和恩格斯通信集》,阿森1870年德文版,第123页。参见《恩格斯与伯恩施坦通信集》,人民出版社1982年版,第151页。
③ 《社会民主党人报》1883年第10期(3月1日)。

段，并且表示对拉萨尔是否真正认为普鲁士国家能提供资助这一问题不加讨论，接着就根据对拉萨尔死后20年以来德国经济上政治上的重大变化的分析，尖锐地指出，在今天，这一要求在理论上是倒退，是幻想，在实践上就更加有害："今天，当国家比任何时候都更加是巨大剥削者利益的管家时，它将以什么条件提供帮助，它将会怎样实行控制，这是毫无疑问的。"因此，这一要求只会"阉割工人"，只会是"腐蚀工人运动的手段"。[①] 这应当说是对拉萨尔的非常尖锐的批判。除此之外，伯恩施坦和《社会民主党人报》还对拉萨尔的"反动的一帮"、"铁的工资规律"等理论观点进行了批判。

伯恩施坦在批判拉萨尔主义时期总是援引《共产党宣言》、《社会主义从空想到科学》、《家庭、私有制和国家的起源》等著作。从他的言论可以看出，他接受了马克思主义国家理论的一些基本观点：国家是阶级压迫的机关，是统治阶级的管理委员会，无产阶级必须夺取国家政权才能解放自己，等等。但是，伯恩施坦对拉萨尔的批判是与他对普鲁士王国和俾斯麦的反动政府的态度密切相关的。他对俾斯麦政府及其一系列政策的批判确实十分激烈，但是与此同时，他对议会制民主共和国的态度都截然不同。他在驳斥德国反动派关于资产阶级民主共和国并不比君主制高明的谬论时，强调共和国同波拿巴警察国家相比是一项进步，这无疑是正确的。但是他在谈到共和国时似乎忘记了马克思主义的国家理论，几乎不提它的阶级性，而只是抽象地把它同君主制对立起来，强调"在一切民主国中，政府权力日益受到限制，公共生活的重点日益转到人民大众方面"；"君主制是永恒的谎言，共和国是通向真理的道路"；"共和制是公开办事，君主制是秘密勾当"等等。他还把法国、美国这样的资产阶级共和国对人民民主权利和政治自由的侵犯主要归咎于封建专制残余的影响和人民还不懂得使用民主，甚至说："在君主国中，人民缺乏获得面包的自由，在共和国中，如果自由也不能使人民获得面包，那过错在于人民"。他号召德国人民"不要上当！民主、真正的人民自由只有在共和国中才可能存在！"他在纪念法国大革命和1848年革命的文章的结尾都要加上"共和国万岁！"的口号。从这些方面已可以看出伯恩施

---

① 《社会民主党人报》，1884年第26期（6月26日）。

坦对民主共和国理想化的倾向。

　　这里也涉及他对议会的作用的看法。社会民主党 1890 年德国国会大选中取得空前胜利，俾斯麦下台了，反社会党人法即将废除，这时伯恩施坦发表了《礁石》、《略谈策略问题》等文章，论述党在恢复合法地位后在策略方面的转变。伯恩施坦认为，随着社会民主党的拥护者和权利的增加，它的义务也增加了。"一般的批评已不够了，现在应当在涉及它所代表的阶级利益的一切地方进行干预。它有权提出建议案，提出质问，参加委员会（都是指在议会中——引者），而我们认为它必须尽量充分地利用这一权利"。他承认必须克服过高估计议会作用和染上"议会痴呆症"的危险，但是"最凶险的礁石之一"是"由于考虑到我们在原则上反对现存国家和社会制度而忽视这些任务"。① 这些当然都是正确的，但是他在文章最后进一步强调，"通向彻底、完全的政治自由的道路是经过议会政治的，而不是绕过议会政治的"，社会民主党在扩大议会的影响时并没有丝毫放弃自己的革命性质，而只是摆脱了貌似革命的反议会主义词句，而"如果这些词句还有作用的话，那对党真是一块有害的礁石"。② 考虑到德国当时的政府还是对皇帝负责、而不是对议会负责以及德皇和政府用别的手段镇压社会民主党的可能性，伯恩施坦对议会在德国政治生活中的作用显然是估计过高了。1890 年 9 月，他在一篇《丹麦来稿》的按语中说，社会民主党应当向国家提出要求，扩大对国家领导、立法、行政的影响，"简言之，把国家机器转变为一个解放工人阶级的工具"。他反对提出"打倒国家"的口号，主张"把国家拿过来"。③ 这些观点虽然主要是针对无政府主义和当时德国社会民主党内的左倾机会主义的"青年派"的，但是表述方式比较模糊，实际上反映了伯恩施坦对资产阶级议会制民主共和国的态度。

六

　　伯恩施坦从 1896 年开始发表明显地修正马克思主义的言论以后虽然没

---

① 《社会民主党人报》1983 年第 28 期（7 月 5 日）。
② 同上，1890 年第 18 期（5 月 3 日）。
③ 同上，1890 年第 36 期（9 月 6 日）。

有发表专门论述国家问题的著作，但是在一些文章中陆续提出了批评马克思主义国家观的观点。他主要是从两个方面着手的。其一是冲淡或抹煞国家作为阶级统治机关的特性，强调其管理职能。其二是突出议会政治在改造现存国家，为实现社会主义创造条件方面的作用。这两个方面使他与拉萨尔的国家观联系起来。伯恩施坦不但支持和鼓吹拉萨尔的国家观，而且对之作了进一步的发展。

在1896—1897年间，伯恩施坦在《新时代》上以"社会主义问题"为题发表了一系列论文，对马克思主义的一些原理提出批评或不同的看法。在第一篇《空想主义和折中主义》中，他一方面赞同肖伯纳的观点，认为尽管英国议会还没有独立的社会民主主义政党的代表，但是它"在立法方面已经表现出来日益增长的社会主义倾向"。另一方面，他批评社会民主党的在宣传中"把存在着极不相同的国家置之不顾"。他认为，欧洲有一些国家是"凌驾于社会之上的、几乎独立地同社会对立的机关"，另一些国家是"从属于社会的，而社会本身是高度民主化的"。[①] 在这一系列文章引起社会民主党内的批评和争论之后，他在1899年为反驳考茨基的批评而写的《自然界和历史中的必然性》一文中进一步发挥了这一观点。他认为，现代阶级国家中，"没有在法律上孤立的阶级"，每个人"同时又是公民"，而"作为公民他必然要发展公众的利益"。因此"各阶级的相互矛盾的利益通过斗争得到解决"，一部分在经济斗争中解决（这是基本的），另一部分"而且在日益增高的程度上，在立法中得到解决。在立法中公共利益会慢慢地由阶级利益的争执里冒出头来，国家越民主越是这样"。他认为，在已形成民主制度的国家，阶级斗争的形式逐渐会采取和阶级政治特权国家里不同的形式，依靠言论、选票进行斗争，而"一切对民主制度要求有发言权的党派必须对公共利益作出贡献"[②]。这些言论是他在《社会民主党人报》后期的观点的继续，也是符合拉萨尔的观点的。在其他文章中，他进一步从理论方面批评马克思主义国家观。

---

① 爱德华·伯恩施坦：《社会主义的历史和理论》，东方出版社1989年版，第143、145页。

② 同上书，第291页。

1897年，伯恩施坦在《空间和数字在社会政策上的意义》一文中提出，在国家问题上，社会主义阵营可以分成两大主张，"一派企图按照一定的原则改造现有的国家，使它成为社会改革的杠杆，到最后完全获得社会主义的性质"。伯恩施坦明确地说：这种观点即"继续现有的国家，是德国社会民主党今天还坚持的主张"[①]。另一派则是企图把国家完全取消。伯恩施坦在后来发表的著作中指出，这一派包括空想社会主义者和无政府主义者。

我在前面提到，伯恩施坦曾经主要以恩格斯的《反杜林论》为根据，批评了拉萨尔的国家观。这时他却把现存国家看成可以利用来进行改革以最终实现社会主义的工具，这显然是不符合恩格斯的思想的，因此他在这里一方面对《反杜林论》中的国家观作出了自己的解释，另一方面隐晦地批评了这种国家观。

伯恩施坦把德国社会民主党根据《反杜林论》而形成的国家观概括为：既不是那么教条，以致不愿意把一定的社会任务委托给现有国家，又不愿意听说国家本身有朝一日可以变为社会主义国家，而是认为：国家将随着社会主义的胜利而废除，随后开始社会主义的社会。

伯恩施坦认为，恩格斯的观点是针对社会民主党内"曾经有一个时期"流行的"相当无批判的国家崇拜"而发的。这种国家崇拜没有看到"国家是一个'恶棍'，它是既实现阶级利益又粉饰阶级利益的工具"，而是受到国家装出的"整体利益代表者的外貌"的迷惑。恩格斯的观点也是要防止"对社会主义的官僚主义式理解"，也就是说，他主张用"民主自治的机关逐渐代替国家今天的职能"，反对把国家看成"超乎国民全体以上的权力"，是"以某种在全体国民的明显意志和需要之外的法律名义取得大权的"。[②] 归根到底，伯恩施坦仍旧是认为，虽然不能直接把现存的国家搬用到社会主义社会，但毕竟仍旧是可以通过改造它而实行社会主义社会的。

不仅如此，伯恩施坦还认为，问题在于，社会民主党根据恩格斯的观点而得出的国家观"是否给'国家'一词加上了过于狭隘的定义，加上了这

---

① 《社会主义的历史和理论》，第165页。
② 同上书，第166页。

个词在今天已经一部分不再具有的意义"①。他的意思是，过分强调国家作为阶级镇压机关的性质，忽视当前国家通过社会民主党的斗争而已经发生的某些改变，这里所指的正是国家的管理职能。在这篇文章的以后部分，伯恩施坦对这一方面作了详细的论证，并且得出这样的结论：现代的文明国家是一个大而复杂的组织，也需要相应的复杂的管理机构，无论是在资本主义制度下，还是在社会主义制度下都是如此。

我在前面已经指出，伯恩施坦在编辑《社会民主党人报》的后期已在议会制度和普选权问题上发表了不少片面的言论。1896—1897年间，他在为瑞士社会主义历史学家路易·埃里梯尔的《1848年法国革命史》一书的德文译本写的评注中认为，1848年法国二月革命后成立的共和国临时政府是当时法国的经济政治条件所允许的最进步的政府，工人阶级只要利用已经取得的普选权就可以最终获得解放。他在这里援引了拉萨尔："正如拉萨尔所说的，随着普选权的实行，一个新的历史时代的曙光出现了。1848年2月24日实际上鸣钟宣布欧洲民主主义时代的开始。"②他认为，在那一条件下，法国工人阶级为了争取实现自己的要求而采取的任何激励行动如示威游行等都是有害的，起义更是绝对的错误，它打乱了共和国和平发展的进程，成了社会的灾难。伯恩施坦甚至认为，由于巩固共和国是当时的首要任务，因此政府出动军队镇压起义的是非只能从这一大的背景来判断。由此可见，伯恩施坦对待六月革命的态度不但与拉萨尔没有区别，而且比他走得更远。

1899年，伯恩施坦在《社会主义的前提和社会民主党的任务》一书中对议会制和普选权作了详细的论述。他强调民主既是"争取社会主义的手段"，又是"实现社会主义的形式"；民主制的选举权使这个权利的持有者"潜在地成为共同体的合伙者，而这一潜在的合伙长久下去一定会导致事实上的合伙"；随着工人的数目和知识的增长，选举权"就成为使人民代表从人民的主人转变成人民的真正仆人的工具"。拿德国来说，"普选权可能暂时曾经作为俾斯麦的工具为他服务，但是最后却迫使俾斯麦作为它的工具为

---

① 《社会主义的历史和理论》，第166页。
② ［德］爱德华·伯恩施坦：《一次革命是怎样失败的？》，斯图加特1921年德文版，第7页。

它服务"①，反社会党人法的通过和后来的废除就是证据。随着伯恩施坦修正主义观点的发展，他对拉萨尔的评价也日益提高。1904年，他在为纪念拉萨尔逝世四十周年而写的《斐迪南·拉萨尔及其对工人阶级的意义》一书中盛赞拉萨尔在争取普选权方面的功绩，甚至认为，如果没有拉萨尔对普选权所作的研究和鼓动工作，"俾斯麦在1866年是否会实行民主的选举权，是大可怀疑的"；而如果没有普选权，"德国尽管仍旧会有社会主义工人运动，但是未必会有如此强大、如此统一、如此有影响的社会主义运动"。他在此书的最后用黑体字引用了拉萨尔的这句话："直接的普选权，这不仅是他们的基本政治原则，而且还是你们的基本社会原则，一切社会援助的基本条件"，以此来表示希望工人们牢牢记住拉萨尔的这句遗言。②

在马克思主义者方面，对于资产阶级共和国内的议会制度和普选权的看法是随着欧洲的革命形势、工人运动和社会主义运动形势的发展变化而发展的。在1848年欧洲革命时期，马克思和恩格斯曾经设想无产阶级作为民主派的左翼推动资产阶级民主革命进行到底，直接或间接地建立无产阶级的统治，他们在这一时期提到的"民主"、"选举权"等等基本上不属于资产阶级民主制度的范畴，而是保证和促进建立无产阶级统治并且向社会主义过渡的手段。《共产党宣言》所表述的就是这一思想。1848年革命失败后，马克思和恩格斯纠正了自己对于革命成功时间的过分乐观的估计，积极为社会主义胜利作长期的理论和组织工作准备。这时他们揭发资产阶级民主制的虚伪的一面，批评英、德、法等国议会的软弱无力和议员的"议会痴呆症"，但是同时也非常辩证地阐述了一个道理：资产阶级为了反对封建主义而提出的自由、平等、博爱的原则和议会制民主，如果贯彻到底，就会对资产阶级本身不利，而对占人口大多数的无产阶级有利。在这一意义上，资产阶级认为这些东西都会带上社会主义的性质，因此他们为了维持自己的制度，宁可使它们不起作用。与此相反，无产阶级为了自己的解放，必须迫使资产阶级实现这些原则和制度。无产阶级就把资产阶级锻造出来的反对封建主义的武器

---

① 《社会主义的前提和社会民主党的任务》，三联书店1965年版，第192—194页。
② ［德］伯恩施坦：《斐迪南·拉萨尔及其对工人阶级的意义》，三联书店1964年版，第99—100页。

倒转过来反对资产阶级。当英、法、德等国的工人阶级还没有足够的力量或者还不懂得、不善于利用这些武器的时候，马克思和恩格斯曾把普选权说成是对工人阶级的"陷阱"和"欺骗工具"，但同时仍旧支持工人阶级争取普选权和其他民主权利的斗争。随着工人运动的发展，特别是在独立的工人阶级政党产生以后，他们的看法随之有所发展。

1882年，马克思和恩格斯在他们为法国工人党纲领起草的导言中写下了这一著名的论断："必须使用无产阶级所拥有的一切手段，包括借助于由向来是欺骗的工具变为解放工具的普选权。"① 1895年，恩格斯在《卡·马克思"1848年至1850年的法兰西阶级斗争"一书导言》中指出，德国社会民主党人对工人阶级事业的最大贡献之一是，向各国共产党人表明了应当怎样利用普选权这一"新的武器——最锐利的武器中的一件武器"。他还由此引申说："原来，在资产阶级借以组织其统治的国家机构中，也有许多东西是工人阶级可能利用来对这些机构本身作斗争的。"② 另一方面，马克思和恩格斯的主要着眼点始终是议会斗争同工人阶级最后夺取政权的斗争的联系，是它为这一最后"决战"进行准备所起的作用。恩格斯在上述导言里对这些作用作了完整的表述：通过选票计算自己的力量，加强工人的信心和敌人的恐惧；提供衡量敌我力量对比的尺度，避免不合时宜的畏缩和蛮勇；在竞选时和议会活动中的宣传鼓动作用。当然，马克思和恩格斯从来没有绝对否定资本主义向社会主义和平过渡的可能性，但这是有条件的，特别是恩格斯在上述导言中还强调，社会主义革命是否采用暴力手段，并不完全取决于工人阶级自己，而是要取决于资产阶级是否采取先发制人的镇压手段，而且国际战争也会对此产生重大的影响。由此可见，拉萨尔关于普选权的鼓动工作虽然有重大的历史功绩，但是他对普选权的作用的分析和论述存在很大的片面性和很多夸大之处。与此相比，马克思和恩格斯的观点显然是全面、科学的，既符合当时的实际情况，也有一定的前瞻性。当然，我们也不应要求他们能完全准确地预见后来的发展。

伯恩施坦在论述马克思恩格斯对议会制的态度时，没有全面分析他们的

---

① 《马克思恩格斯全集》第19卷，人民出版社1963年版，第264页。
② 同上书，第22卷，第601、603页。

观点的发展变化，而往往是作出片面的、含糊的论断。他在《前提》中说：恩格斯在为马克思的《法兰西阶级斗争》一书写的"导言"中"以空前的坚决态度赞扬普选权和议会活动是工人阶级解放的手段"①。1919 年，他在《拉萨尔和布尔什维主义》一文中又说，恩格斯在上述"导言"中肯定："德国工人已经懂得将选举权从一种欺骗手段变成解放工具"②。他在这样引证时都没有说明恩格斯这句话的上下文关系以及我在上面提到的恩格斯对议会斗争作用的全面估计。

魏玛共和国时期，1921 年，伯恩施坦在柏林大学开设《社会主义过去和现在的争论》讲座，他以讲稿为基础写成《社会主义的过去和现在》一书。他在此书的"国家学说和社会主义"一章中明确表示拉萨尔国家观比马克思的更加正确。伯恩施坦脱离社会发展和阶级斗争来谈国家的性质，认为政治学关于国家的定义是多种多样，差别极大的，但有一个共同之点，即认为它是一个其统治远远超出一个地方的巨大的共同体，它有共同的法律并且通过一定的机构而行使最高的权力。这个最高权力往往被称为"主权"。他接着又侈谈所谓"超国家"、国际法和国际联盟，等等。在谈到社会主义者对待国家的态度时，伯恩施坦把这分为"国家反对者"和"国家崇拜者"两类。前者包括某些空想社会主义者和无政府义者，而社会主义的国家崇拜者在德国的"古典代表人物"则是拉萨尔与编辑《社会民主党人报》时期不同，他是在肯定意义上使用"国家崇拜"一词的。伯恩施坦盛赞《工人纲领》特别是其中提出的"第四等级的国家观"，认为除了"第四等级"这一错误的表述方式（他认为实际上这里是指现代工人阶级的国家观）以及一些由拉萨尔的法学思维方式产生的类似的错误外，《工人纲领》"应当属于社会主义文献的经典性纪念碑之列"。它之所以是经典性的，一方面是由于"它的丰富思想和在贯彻这些思想方面的特别明确的态度"，另一方面是由于"它在社会主义历史上的重大影响"③。伯恩施坦在简单介绍了拉萨尔

---

① 《社会主义的前提和社会民主党的任务》，第 85 页。
② 《伯恩施坦言论》，第 393 页。
③ ［德］爱德华·伯恩施坦：《社会主义的过去和现在》，柏林 1923 年德文版，第 80 页。

对资产阶级国家和"守夜人思想"的批判后大段地引用拉萨尔的第四等级国家观,主要是关于它的"道德本质"和"教育和推动人类走向自由"的"崇高使命"的内容。① 伯恩施坦指出,拉萨尔在此后的演说中屡次重复这一思想,并且避免任何要求暴力的词句。

伯恩施坦认为,马克思和恩格斯所创立的社会主义理论说明了另一种完全不同的国家观,即"批判的国家观",它同拉萨尔的"国家崇拜"毫无共同之处。伯恩施坦引用了《共产党宣言》中关于"国家即组织成为统治阶级的无产阶级"和关于它最后将消灭阶级统治的那几段话,又引用了恩格斯在《社会主义从空想到科学》中关于国家消亡的论述。(具有讽刺意味的是,伯恩施坦在《社会民主党人报》上基本上是援引这一些段落来批判拉萨尔主义的国家观的),最后又引用了马克思在《法兰西内战》中关于以地方分权削弱中央政府,借助公社制度"消灭以民族统一的体现者自居同时却脱离民族、凌驾于民族之上的国家政权"的主张,指出马克思认为,"这个国家政权只不过是民族躯体上的寄生赘瘤。旧政权的纯属压迫性质的机关予以铲除,而旧政权的合理职能则从僭越和凌驾于社会之上的当局那里夺取过来,归还给社会的负责任的勤务员"②。伯恩施坦表示他要弄清马克思、恩格斯和拉萨尔的这两种观点中那一个更加正确。他是从两个方面来比较双方的优劣的。

首先是关于国家的镇压职能和管理职能问题,这时伯恩施坦的观点已经比《空间和数字在社会政策上的意义》一文明确多了。伯恩施坦认为马克思恩格斯只承认"国家只起过渡的暂时的作用,即实质上只有镇压或压制的权力";虽然恩格斯也说过国家是社会分工的产物,"是由于社会分工而必然产生的执行行政任务的领导机关",但是他并没有深入研究"这些职能和它们的前景",却"总是把国家只当作镇压机关"。③ 虽然在伯恩施坦所引的马克思的话中明明提到"旧政府权力的合理职能",他们仍旧强调马克思

---

① 参见《拉萨尔言论》,第71—72页,本节前面都已涉及。
② 《马克思恩格斯选集》第3卷,第56—57页。
③ 《伯恩施坦言论》,第438页。

"还是照样把国家称为社会的寄生虫、赘瘤和实行压迫的力量"。① 伯恩施坦在这里把马克思和拉萨尔进行对比,说马克思"几乎没有谈到国家的崇高使命职能,而在拉萨尔看来,国家也还是在实现着某种崇高的文化使命,即使它(指历史上的国家——引者)有时不愿意这样做"②。伯恩施坦问道:"真理究竟在哪一边?"他没有直接回答,但是他赞成拉萨尔的态度是明显的。

不仅如此,伯恩施坦还从马克思肯定巴黎公社的分权制的言论推论出他与蒲鲁东的联邦主义思想是一致的。实际上马克思并未否认中央权力的重要作用,而只是强调旧政府权力的"合理职能"应当交给对社会负责的公仆、也就是由这些公仆组成的政府。伯恩施坦却批评马克思把现代国家看成"各个独立公团的简单联盟"而"完全忽视了巨大的经济联系的影响",他所发挥的观点"完全是小资产阶级的"。③

马克思恩格斯确实没有详细论述国家的管理职能,这主要是因为他们首先是从无产阶级革命的角度来考虑国家问题的。在当时,国家的行政管理职能对于他们来说是次要的问题。而一旦无产阶级夺取了政权,对资产阶级实行剥夺,消除了剥削和阶级压迫的经济基础,国家的镇压职能也就随之消失,剩下的只是管理职能,但这时本来意义上的国家也开始消亡了。当然这里还涉及作为过渡时期的无产阶级专政问题,由于马克思恩格斯在这方面只是指出一个大的方向,没有详细论述,因此在社会主义运动中对此一直存在不同的理解和激烈的争论(本章第二节关于考茨基国家理论的部分将详细论述),但无论如何决不能由此得出马克思和恩格斯否定国家的管理职能的结论。伯恩施坦对于马克思忽视现代社会中某些经济集中管理的必要的批评更是缺乏说服力的。

伯恩施坦提出的第二个肯定拉萨尔,否定马克思恩格斯的观点是所谓"人民国家"。他认为,这是社会民主党内在工人运动实践的影响下流行起来的一种思想,"人民国家不是上层阶级和上层阶层的工具,而是由于人民

---

① 《伯恩施坦言论》,第440页。
② 同上。
③ 同上书,第440—441页。

大多数有了平等的普选权而获得自己的性质,"而就这一点来说,"拉萨尔在历史面前证明是正确的",尽管他的论述有夸大之处。伯恩施坦指出拉萨尔在《公开答复》中在援引了当时社会各阶层收入分配的统治数字之后得出结论说:"因此,国家属于你们,属于贫苦阶级,而不属于我们,即上层等级,因为你们组成国家,你们的、穷困阶级的巨大联合就是国家。"① 伯恩施坦把拉萨尔的论证概括成一句话:"国家是由人民组成的,因此人民就是国家"②,但是他认为这一论证有些"简单化","指出国家的居民是由什么人组成的,还不能说明国家这句话只有在一定条件下才具有真实的内容"。③ 于是他用英国费边社前成员、英国工党领袖拉姆赛·麦克唐纳的话来对拉萨尔作出补充:"国家是一个共同体通过政治手段来实现共同意志的组织。认为国家仅仅是那种由个人造成的东西是错误的,过去也创造了国家……因此,必须把国家看作一个有机体"④。

伯恩施坦认为麦克唐纳的这一观点是反对恩格斯的,"这是在无私的历史裁判面前能够长期站得住脚的一个关于'国家'的定义"⑤。伯恩施坦之所以极高地评价这一观点,除了因为它否定国家的阶级性、确认国家代表"公共意志"之外,还是由于其中强调"过去"即"历史"在国家形成过程中的作用。他认为当人们谈论"公共意志"的形成时,必须考虑到除了当时的一定数目的人的表决之外,还有一种"更加强大的力量"在起作用,这个力量不是一种神秘的超感觉的力量,而"只是指历史,过去"。⑥ 伯恩施坦的这一番话是有些晦涩的,但只要把它与他在前面称赞拉萨尔认识到"国家也还是在实现着某种崇高的文化使命"的话联系起来就容易理解了。伯恩施坦实际上是接受了拉萨尔关于国家是历史精神的发展的外在表现的观点,并且用他自己的方式作出表述。

伯恩施坦由上面的论述得出的结论是:"从国家之中跳出去是不可能

---

① 《伯恩施坦言论》,第442—443页。参见《拉萨尔言论》,第137页。
② 同上。
③ 同上书,第443页。
④ 同上。
⑤ 同上。
⑥ 同上书,第444页。

的，只能改变国家。"① 这实际上是否定了《共产党宣言》中关于阶级社会中国家的本质的观点，特别是后来马克思恩格斯关于打碎旧的国家机器的观点。伯恩施坦通过这一结论把国家问题引导到"关于一般民主和政府问题"，也就是"作为民主制和议会制的社会主义"（此书第七章的标题）问题上。

伯恩施坦在这个第七章的一开头就说："当涉及到争取预算法、议会批准拨款法、反对半君主专制政权的斗争时，无论马克思和恩格斯或拉萨尔都是赞成议会制的。"② 他接着正确地指出，威廉·李卜克内西1869年发表的完全否定议会斗争的言论是错误的，同时也指出，马克思和恩格斯是不赞成李卜克内西的，而且"在发展过程中，他们（马克思和恩格斯——引者）对德国社会民主党的议会斗争的兴趣也在增长"。这些说法基本上都是符合实际情况的。需要特别指出的是，伯恩施坦在接下来的论述中一定程度地纠正了他过去援引恩格斯"导言"中的论点时的片面性。

他谈到"导言"时认为，恩格斯在其中"比过去任何时候都更加肯定地赞同这样一个观点：德国社会民主党利用普选权不仅是为了争取社会民主党人当选，而且还为了在议会中，即在帝国议会或邦议会和地方自治代表机构中进行活动"，但是他接着就说："这种毫无保留的赞同——如果可以这样说的话——仍然处在量变过程中。"在最后这句话中，"毫无保留地"这一限定词固然是错误的，但是"量变"一词却值得注意。这至少表明，伯恩施坦并不认为恩格斯晚年的观点同他完全一样。他认为，恩格斯在这里只看到"表面的宣传鼓动的效果"和"愈来愈多的社会民主党人进入了那些机构并且在那里对政府和资产阶级能够施加愈来愈大的压力的事实"，但是"没有考虑到黑格尔'量到质'的格言"，即"代表数目的日益增加对他们活动的实质的影响"。③ 伯恩施坦认为这一方面是由于恩格斯还在国外，对情况了解得不详细，另一方面是因为他在世时德国社民党议员最多时也未超过50人。伯恩施坦认为，如果有一个很强大的日益发展的社会民主党团，

---

① 《伯恩施坦言论》，第444页。参见《拉萨尔言论》，第137页。
② 同上书，第445页。
③ 同上书，第447页。

"议会活动就会起质的变化",具体说,如果社民党拥有超过议员总数的 1/4 即 112 个以上的代表时,"在某种条件下就会有非常多的事情要取决于他们的投票了,他们就会赢得巨大的物质的和精神的影响"。[①] 伯恩施坦说,议会活动的质变问题在社会民主党人中间还存在争论。他把 1900 年第二国际巴黎代表大会、1903 年德国社会民主党德累斯顿代表大会、1904 年第二国际阿姆斯特丹代表大会关于策略问题的争论都归结为这种性质的争论,甚至认为 1914 年 8 月第一次世界大战爆发后德国社会民主党议员在军事拨款问题上投票时的分歧也属于这样的争论。但是无论如何,他认为,"随着社会民主党以更加强大的力量进入议会,它的议会活动也不可避免地发生质的变化"[②]。

伯恩施坦在《社会主义的过去和现在》一书 1923 年再版时增补了两章,其中最后一章即第十一章,是"马克思主义中持久存在的东西"。他在这一章的第三节"阶级斗争学说在近代"中进一步分析了议会斗争。他认为,当 1847 年马克思和恩格斯提出他们的理论时,除了瑞士以外,工人阶级还都没有选举权。1866 年马克思完成《资本论》第一卷时,工人对选举权的利用还是很困难的,因此"马克思和他的信徒们必然认为,工人只有通过旧的意义上的革命才能夺取政权"。但是在这以后,发展的进程发生了变化,"议会和地方自治机构部分地民主化了,部分地处于民主化过程之中。运动的形式因此一定要改变,措施的次序一定要改变"。《共产党宣言》所提出的作为革命措施对传统权利和财产的干预措施中的很大一部分现在已"通过立法转化成现实,而且大部分是在工人阶级的斗争的影响下实现的"。他说,"没有人能否认我们正在向社会的改造前进",至于这一改造将以什么形式完成,也就是说,是通过"暴风雨般的革命",还是通过"和平的工作"促进发展来实现,人们还需要多大程度的激情来进行斗争,单纯依靠组织手段能实现多少目的,目前还无法预见。"我们只看到,我们在走向社会的基本机构的一切领域、经济结构、法律观点、政治概念以及道德观点方面的变革,同时也将形成与过去的理解不同的另一种社会团结互助的观

---

① 《伯恩施坦言论》,第 448 页。
② 《社会主义的过去和现在》,第 109 页。

念"。而这一改造的"最强大的社会因素"、"最强大的主观因素"就是在政治、工会和合作社领域活动的工人阶级。①

《社会主义的过去和现在》是伯恩施坦晚年的著作,也可以说是他的最后一本重要著作,从上面引用的论述看来,他是始终坚持自己对民主共和国和议会斗争的观点的,尽管并没有完全排除革命的可能性。他显然对魏玛共和国从经济制度、社会结构直到政治制度中包含的潜在危险估计不足,对它的发展前景估计过分乐观。正是在这一时期,他参加了一次重要的理论和政治工作——德国社会民主党(1921)格尔利茨纲领的制定。这一纲领虽然批判并且表示要消灭资本主义和帝国主义,但是对工人运动的力量估计过高,认为它已成为"资本主义势均力敌的对手",并且声称社会民主党认为"民主共和国是历史发展所赋予的不可改变的国家形式,对它的任何侵犯都将是对人民生存权利的侵害",社会民主党要"保卫共和国使之免受敌人的打击"。②

伯恩施坦在《德国社会民主党格尔里茨纲领》(1922)小册子中对这一纲领的思想内容作了阐释。他说,对民主共和国的攻击来自两个方面:妄图复辟君主制的反动势力和主张实行无产阶级专政的共产党人。他认为复辟企图不会得逞,俄国布尔什维克式的无产阶级——暴力专政的道路也行不通,"只有建设的道路才能稳妥地通往社会主义。在一个有着组织完善、训练有素的强大工人阶级的国家,人民的民主权利保证这条道路取得成功"③。

我特别要提到的是,伯恩施坦在这里说:"德国社会民主党积五十年以上的经验,深信拉萨尔的断言是正确的。"这个断言是:民主选举不是"卜棒"④,而是"治愈自己所制成的创伤的长矛"。伯恩施坦表示深信拉萨尔就这一民主运动选举权向德国工人所作的号召也是正确的。这个号召就是前面引用过的:"这不仅是你们的政治原则,这也是你们的社会原则,是一切社会救治的基本条件。"⑤ 因此,我们完全可以得出结论说,伯恩施坦坚持不

---

① 《社会主义的过去和现在》,第180—181页。
② 《德国社会民主党纲领汇编》,第34页。
③ 《伯恩施坦言论》,第475页。
④ 从前探寻矿脉时使用的一种以树枝做成的卜器。
⑤ 《伯恩施坦言论》,第475页。参见《拉萨尔言论》,第142页。

渝地继承和发扬了拉萨尔的国家观。

第二节 考茨基和王德威尔得的国家理论

一

第二国际时期，欧洲各国绝大多数的社会主义政党都是合法的政党，大部分都在议会中有代表。从指导理论和纲领目标来说，它们都声称要用社会主义制度取代现存的资本主义制度，自认为是主张社会革命的政党。但是它们的日常政治实践却主要是从事议会斗争和工会斗争，而这些都属于改良的范畴。按照恩格斯的观点，在坚持革命目标的前提下，这些斗争的实质是用资产阶级铸造出来的反对自己敌人的武器来反对资产阶级。但是，日常的改良工作只有通过以下两种方式中的一种才能与最终目标联系起来。其一是承认必须通过一次革命的决战，推翻现存制度和政权，建立新的社会主义社会。其二是承认通过合法斗争才能逐步过渡到社会主义社会。在这一方面，第二国际各党内部是存在尖锐的分歧和斗争的。革命派认为革命、而且是暴力革命是不可避免的。改良派认为当时已存在由资本主义向社会主义和平过渡或"和平长入"的可能。所谓"正统马克思主义者"或"马克思主义中派"基本上企图坚持马克思主义关于国家与革命的理论，但是面对议会斗争和其他方面的改良工作所取得的成就，同时又认识到在民主共和国条件下进行革命的种种困难，他们对上述问题的回答实际上是动摇于革命和改良二者之间，而且往往采取回避问题的态度。

曾经成为第二国际一些社会主义政党纲领的样板的1981年德国社会民主党爱尔福特纲领就已经反映出正统派的这一矛盾态度。纲领的第一部分即原则部分，按照起草人考茨基的说法，是根据《共产党宣言》、《资本论》、《社会主义从空想到科学的发展》等著作的精神写作的。[①] 伯恩施坦起草的第二部分表述了德国社会民主党的最近要求。当代德国社会民主党的著名历

---

① 参见［德］卡尔·考茨基：《爱尔福特纲领解说》，三联书店1963年版，第1—2页。

史学家狄特·多沃对此评论说："不能忽视在承认现存国家与拒绝现存国家之间的这种二元主义态度。拒绝现存国家，是纲领第一部分的基础，而没有对现存国家的承认，纲领第二部分所提出的要求就是毫无意义的。"① 我认为这种看法是有一定道理的，尽管把这一情况说成是"二元论"并不一定恰当。

在参加起草爱尔福特纲领之前，伯恩施坦就已强调议会工作在社会民主党策略中的重要地位。在开始对马克思主义进行修正后，他更是力求使党的理论和实践都统一到社会改良主义上来，尽管出于理论上的慎重，他也不完全否认革命的可能性（参看本章第一节中对他在《社会主义的过去和现在》的观点的分析），但他的倾向是很明显的。他没有对国家问题进行系统的论述，但是他零散发表的国家观点都是为改良主义提供论证的。

与此相比，考茨基作为正统派马克思主义的权威理论家，在许多著作中对国家问题作了系统的、深入的研究和阐述，包括国家的起源、发展和消亡，国家与社会主义和社会主义革命的关系，社会民主党对待国家的态度以及"无产阶级专政"的意义，等等。考茨基是企图维护马克思主义的国家理论的，但是在阐述德国社会民主党的实践时，他也无法自圆其说。他绝不否认一次社会主义革命（包括暴力革命）的可能性，却把论述的重点放在议会斗争和工会、合作社的作用上。他可以大谈社会民主党在革命的"次日"应当采取什么措施来推行社会主义，却回避对这一革命将采取什么形式和手段作出明确的回答。考茨基的这种态度在很大程度上是当时德国社会民主党处境的反映，而从他的全部论述中可以得出这样的结论：只要认识到社会民主党当前的工作都是为实现最终目标做准备的，那么这一切工作都是必要的，至于它们与最终目标如何联系起来，那要留待实践和形势的发展来解决。因此他的理论最终仍旧是为社会民主党的改良主义实践辩护的。

在第二国际的领袖中，有一个并不以理论家著称的人曾经专门写书论述社会主义与国家的关系。艾密尔·王德威尔得是比利时工党领导人，曾长期担任第二国际的社会党国际局主席。他在政治上属于中派，在第一次世界大战时支持本国政府参战并曾入阁担任劳工大臣，战后继续参政。他在1914

---

① 《德国社会民主党纲领汇编》，第170页。

年写成《社会主义反对国家》一书，1918年大战结束后才整理出版。王德威尔得的观点与考茨基基本相同，他的书又是与考茨基的《无产阶级专政》一书同年出版的，因此虽然他并没有针对苏俄的无产阶级专政发表任何评论，列宁却在发表《无产阶级革命和叛徒考茨基》一文时专门写了一个附录，对王德威尔得的书进行批判，认为他和考茨基都是用马克思主义的词句"巧妙地"掩盖自己的投降资产阶级的事实，而王德威尔得的机会主义的特点是"比较圆滑，不那样笨拙，比较精巧地伪造马克思主义，所用的基本手法则与前者相同"①。

二

考茨基的国家理论的一个基本观点是，遵循马克思和恩格斯的理论，认为历史上的和当代的国家都是统治阶级镇压被统治阶级的机器。与此同时，强调国家具有一些为整个社会共同体服务的职能。

考茨基在《爱尔福特纲领原则部分解说》（现行中译本的书名为《爱尔福特纲领解说》）中论述现代国家的产生过程时说："现代国家是随着资本家阶级并在这个阶级帮助之下壮大起来的，另一方面，它又是使资本家阶级上升的最强有力的工具。"考茨基认为，资本家与国家"相倚相助"，资本家在对内对外方面都需要国家的保护。法律是为了资本家剥削的需要而制定的，是从强有力的国家权力获得"强制力量"②的，是通过法院和警察执行的。国家的武装力量即军队是为了帮助资本家阶级在世界市场上进行战争服务的。资本主义国家还需要庞大的官吏队伍来处理司法和警察业务以及财务。

另一方面，考茨基认为，"每个社会都有经济任务需要完成。在中世纪社会中，这些任务（如修路，管理水路交通，保护森林，直到铸造货币）是由城市和乡村公社以及宗教团体承担的。当中世纪的国家变成现代官僚和军事的国家，即变成资本家阶级的工具的时候，情况发生了变化"。现代国家虽然和所有的国家一样，也是"阶级统治的工具"，但是，由于资本主义

---

① 《列宁选集》第3卷，人民出版社1995年版，第676页。
② 《爱尔福特纲领解说》，第57—58页。

生产方式的特点，尤其是随着它的发展，现代国家必须把上述职能统统承担起来，而且还要承担一些新出现的职能，即为了调节和整顿经济生活而干预经济生活的职能，甚至会把越来越多的企业集中到自己手里。在这种情况下，国家为了这些目的所能支配的手段也日益强大了，"国家的无限经济权力正在作为资本主义生产方式的必然后果发展起来"①。

但是，考茨基也指出，"像所有的国家一样，现代国家首先是保卫统治阶级共同利益的工具。国家的这一本质，决不会因为它执行不仅满足统治阶级的利益，而且符合整个社会利益的公共职能，而有任何改变"。现代国家之所以承担这些职能或者经营某些企业，第一，是为了保护和加强资本主义生产方式，或者直接参加剥削，增加收入。第二，是因为如果忽视这些职能，就会损害社会的安全，从而损害统治阶级的地位。考茨基说："现代国家无论如何不会把这些职能执行得同上层阶级的共同利益相抵触，更不会威胁到他们的统治。"②

考茨基在1937年发表的重要著作《唯物主义历史观》中以大量篇幅分析了国家的产生和发展的历史，涉及人类学、社会学、经济学和政治学等方面。他的基本观点是以《家庭、私有制和国家的起源》等马克思主义著作为根据的，但是在论述资本主义国家的发展及其与社会主义革命的关系时提出了不少自己的看法，其主要内容之一就是关于现代国家的职能问题。

考茨基一方面说，历史上的国家都是"起源于军事行动"，而且国家内部"重大的有决定性的权力转移，也总是通过武力实现的"，现代民主国家在这方面也不是例外，"但是，尽管赢得和保持民主制非常需要民主阶级占有军事上的优势，尽管在这件事情上现代民主国家仍像至今一切国家形式一样凭借军事暴力的方法，随着现代国家出现的毕竟是一种全新的国家类型"，正是由于民主制已得到保障，"用武装斗争来解决冲突，是不再行得通了"。③ 也就是说，国家的镇压职能减少了，国家机器作为"军事组织"

---

① 《爱尔福特纲领解说》，第101页。
② 同上书，第102页。
③ ［德］卡尔·考茨基：《唯物主义历史观》第五分册，上海人民出版社1964年版，第118、120页。

的意义,"相对于其他一些经济和文化方面的任务说来,越来越减退了"①。这些职能一部分是从过去继承下来的,另一部分则是从一些新出现的经济技术和政治关系中产生的。总之,"国家获得了愈来愈多的对于被剥削阶级说来也很重要的职能,而且这些职能是只有国家机器才能充分执行的。"②

当然,考茨基仍旧认为,"国家至今却始终掌握在剥削阶级手里,国家机器仍和向来一样是维持剥削的,只不过现在剥削越来越少依靠武力了"③,剥削现在是来自资本家阶级对于生产资料的所有权。

王德威尔得在《社会主义反对国家》一书中阐述了他对马克思主义国家观的理解。他根据马克思恩格斯的《共产党宣言》、《社会主义从空想到科学的发展》、《家庭、私有制和国家的起源》等重要著作把马克思恩格斯的国家理论概括为:(1)国家是社会达到一定发展程度的产物,是从抑制阶级对立的需要中产生的,它通常是由力量最强大的阶级所统治的国家。(2)无产阶级革命的当前目标是掌握国家,夺取政权。(3)无产阶级将利用政权逐渐剥夺资产阶级,把生产工具集中在国家手里,即集中在作为统治阶级组织起来的无产阶级的手里。(4)在完成这些任务之后,阶级将因此消灭,国家也将随之消失,而被一个自由人的联合体所取代。他认为,在第一次世界大战以前,欧洲工人运动中有三种主要倾向:改良主义的社会主义、革命的工团主义和社会民主主义。社会民主主义反对前二者,确定了两个目标:(1)由组织成为政党的无产阶级夺取国家;(2)在完成这种夺取以后废除作为一个阶级统治另一个阶级的工具的国家。

王德威尔得认为,马克思恩格斯在这些方面所说的国家是严格意义上的,也就是"狭义"的,它所涉及的不是"管理事务的问题,而是治理人的问题;不是国家作为一个管理机关的问题,而纯粹是国家作为一个权力机关的问题"④。他们所指的是"国家政权,是权威机关,是一个阶级统治另

---

① [德]卡尔·考茨基:《唯物主义历史观》第五分册,上海人民出版社1964年版,第149页。
② 同上。
③ 同上书,第150页。
④ [比利时]艾密尔·王德威尔得:《社会主义反对国家》,第11页。

一个阶级的工具"①。王德威尔得还说，马克思在《法兰西内战》中是把"一切人的自由联盟"同作为"资本统治劳动的全国政权"、"组织起来强制实行社会奴役的政治力量"、"阶级专政的机器"的国家对立起来的。恩格斯在《反杜林论》中也认为，国家是剥削阶级在每一时代用以维持它的生产的外部条件的那种组织。王德威尔得认为，如果承认这样的定义，那么"社会主义废除国家"就是可以理解的了。但是，马克思主义对于国家这个问题的这种解释却可能引起"误解和混乱"②。

王德威尔得认为，应当把国家理解为"广义的国家"，即"作为管理机关的国家，代表社会一般利益的国家"③。他认为，应当明确地说明："在一个社会主义社会里，如果说作为权力机关的国家看到它的职能缩小到最低限度，那么作为行政机关的国家却将继续代表全社会的一般利益。"④ 在此书的最后部分，王德威尔得又概括说："今天，国家主要是一种附带地行使某些经济或社会职权的、实行高压和统治的权力。相反，在社会主义制度下，这些职权将成为它的活动的主要部分。"⑤

拿法国为例，王德威尔得反对亚历山大·米勒兰所主张的由现存国家实行生产资料和交换手段公有化，认为这并不能改变资本主义所有制，只是把"某一个资本家的财产变为整个资产阶级的财产"，在这一条件下公用事业的扩展反而会助长资产阶级的势力，而国家的集中管理的发展也会削弱工人阶级。他赞成盖得派的主张，认为必须先由无产阶级取得政权，改变现存国家的阶级性质，但仍旧强调，即使在这以后，也要"把作为权力机关的国家同作为管理机关的国家分开，或者，借用圣西门的话来说，就是把治理人的工作同管理事的工作公开"⑥。他也把这两种职能分别称为"政府国家"和"生产国家"，认为二者分开才能防止工人国家像以前的历届政府一样"滥用那些由于统治权大大扩展而有所保证的权力和资源"，而且，也只有

---

① 《社会主义反对国家》，第80页。
② 同上书，第81页。
③ 同上书，第80页。
④ 同上书，第81页。
⑤ 同上书，第136页。
⑥ 同上书，第89页。

通过"扩大作为管理机关的国家的行动范围"才能"限制作为权力机关的国家的权力",这种发展的最后结果是:"我们将碰到这样一种社会制度,在这种制度下,作为权力机关的国家的职能减低到最小限度,而作为管理机关的国家的职能达到最大限度"。① 王德威尔得认为这是符合恩格斯在《社会主义从空想到科学的发展》中关于国家的政治权威也将消失的观点的,并且引用了此书的结尾作为论据。②

本章前一节提到伯恩施坦也很重视国家这两方面的职能,这在理论上讲并没有什么错误。但是应当看到,在阶级社会里,国家在履行管理职能时不可能是中立的,不偏不倚的,而是势必带上阶级的烙印。考茨基在这一方面的论述是全面的。王德威尔得却倾向于强调管理职能的社会普遍性和历史继承性,完全脱离阶级对抗来谈论这一问题,而对于国家的作为阶级压迫机器的职能却只是一带而过。他虽然也强调无产阶级及其政党必须首先夺取政权,但从《社会主义反对国家》中的论述可以看出,他对议会制民主在实现社会主义中的作用是评价很高的,特别是在第一次世界大战以后,他认为,由于战后国家垄断组织增加的倾向,"以对事物的经营管理为基础的社会主义代替以权力和对人治理为基础的国家统治主义的问题将是显得越来越迫切"③。他这里所说的"国家统治主义"就是国家社会主义,也就是资产阶级国家所实行的"国有化"。他反对把这种国有化当做社会主义,强调必须变革政权,而民主手段在变革政权中将起决定性作用。他在书中把考茨基在《爱尔福特纲领解说》中的观点概括成这样一个公式:"民主政治将使工人阶级夺取政权,以便靠政权的帮助把国家变成一个庞大的经济合作组织。"④ 由此可见,他对于国家的管理职能的观点是同他对社会主义革命的观点联系在一起的。

---

① 《社会主义反对国家》,第91—92页。
② 同上书,第92页。参见《马克思恩格斯选集》第3卷,人民出版社1995年版,第760页。
③ 同上书,第5页。
④ 同上书,第11页。王德威尔得在此书第28和34页以略有不同的措词重复这一思想。

三

考茨基和王德威尔得的国家理论中的另一个重要观点是国家与革命的关系问题。

前一节提到，王德威尔得认为马克思主义国家理论中应加以修正的另一个方面是夺取政权问题。在这一方面，他也是赞同盖得的。他从盖得的《社会主义与公用事业》一书中引用过这样的观点："公用事业的开始取决于生产资料和交换手段的社会化，而这种社会化本身又取决于无产阶级之夺取政权和剥夺资产阶级，这也就意味着革命"；"首先是实行革命，也就是说，要从政治上和经济上剥夺资产阶级；此后才举办公用事业。"①

王德威尔得把社会主义革命主要解释为经济和社会制度的变革："这不是由国家资本主义来代替私人资本主义的问题，而是由工人们即生产资料和交换手段的主人们的合作来代替私人资本主义和国家资本主义的问题。这种消灭资本家和工人的差别的转变十足是一场革命。"关于革命将采取什么手段和方式，他没有作出明确的回答，而是说，这种"推翻现有一切法律和政治上层结构的下层社会的一次起义的社会革命，也许是突然发生的或缓慢的，也许会采取以前历次革命的传统形式，或者更可能是分解为一系列比较艰苦、比较激烈的局部斗争"②。他在书中援引了第二国际1896年伦敦代表大会通过、1900年巴黎代表大会重申的加入国际的条件。这一条件表示坚持由组织成为政党的无产阶级用社会主义手段夺取公共权力，却没有确定这种手段的形式。王德威尔得的解释是："多数的社会主义者（即使不是所有的社会主义者）承认：这种政治行动可能或必须在一个特定时刻采取一种革命形式，即按借用暴力这个意义来说的革命形式。"③ 但实际上他的论述的重点却是民主共和国条件下工人阶级的议会斗争和其他形式的合法斗争。

王德威尔得认为，承认暴力革命的可能性或必要性并不妨碍社会主义者取得这样的一致意见："1. 无产阶级应当力求获得适用于一切选举的普选

---

① 《社会主义反对国家》，第31页。后一句话在此书第127页中重复引用，但中译文前后不完全统一。

② 同上书，第136页。

③ 同上书，第37页。

权,连同使普选权得以正常行使的种种政治权利。2. 它应当利用选票,以便使尽量多的代表渗入地方、各省和全国的议会。"① 但是王德威尔得对议会制作了全面的估计。他认为:"谁也不会怀疑,几年之内民主制度(指确立或彻底扩大普选权——引者)将在享有欧洲文明的一切国家取得胜利;'人民的主权'即使不是在事实上也至少在法律上将臻于完备"②,但是,"仅仅掌握选票是不够的,还需要有利用选票的知识和力量。"资产阶级会采取贿赂、高压手段、报刊宣传、各种竞选手段来影响选举,"总之,占少数的有产者能够使用合法或非法的有力手段来使'人数的力量'保持中立或转到他们这边来"③,而人民群众的"无知、轻信和默从"以及他们在正常时期的"顽固的保守态度",也就是"从本能上仇视一切变革,深切地尊重既定的秩序"④ 的态度都为资产阶级控制普选、维持甚至加强资本主义统治的做法提供了土壤。王德威尔得还用很多篇幅说明美国、英国、法国这"西方世界的三大民主国家"的资本家是如何对当选议员施加影响的。他根据以上几个方面的论述指出,议会政治"正在经历一次危机"⑤,甚至面临破产的危险。

尽管如此,王德威尔得仍旧认为,议会政治虽然有一切缺点,但"毕竟比以前的各种制度进步得多",它虽然是一个"十分平凡的改革工具",却"还是防止滥用权力的有效手段",不过它只能胜任"处理资产阶级事务的行政会议","要解决一个走向革命转变的社会中所发生的一切问题和应付一切困难,它是无能为力的"。⑥ 他认为,要抑制和废除资本主义国家,仅仅靠组织普选是不够的,"社会民主主义也显然不能……成为一个虽以夺取政权为唯一目的、但却纯粹从事选举和议会活动的政党。为了达到夺取政权这一目的,它必须用劳工组织及其合作社、工会、教育机构等等的力量来

---

① 《社会主义反对国家》,第 37 页。
② 同上书,第 37—38 页。
③ 同上书,第 51 页。
④ 同上书,第 39、40 页。
⑤ 同上书,第 63 页。
⑥ 同上书,第 65 页。王德威尔得在这里是复述 1912 年他和其他几位政治家一同发表的意见。

同资本主义权力组织相对抗"①。他称赞德国社会民主党在第一次世界大战前已经作出了榜样。他还举出英、法等国的罢工斗争，认为"一切的情况都表明：劳工们将来会越来越多地依靠有组织的罢工以争取立法上的改革；这种从外部施加的压力势必成为克服资产阶级议会的迟钝、软弱和恶意的一种几乎正常的手段"②。

不仅如此，王德威尔得进一步认为，工人阶级只有通过各种方式（组织政党、工会、合作社等等）组织起来，才能积累管理国家、管理经济的经验，培养合格的人才，为接管政权做好准备。从以下这些话可以看出他在这一方面作出的乐观估计：

"他们必须依靠工人阶级组织在其一切形式下的发展，在国家内部建立一个国家，它的日益增长的权力有助于用合作社的管理来代替资本家的统治。"③

"正是在工人组织的本身之内，正在形成一个新的社会，正在制定一套新的法律，并且无产阶级正在作必要的准备，以便某一天用它自动的管理来代替工业巨头和资本主义社会富豪的统治。"④

"在资产阶级社会的边缘并与资产阶级社会相对抗，一个新的世界正在形成。它有它自己的伦理学、纪律、司法制度、组织规章和社会标准。它已经构成一个兼具合作社、工会和政党性质的庞大联合会，其紧密编成的网状组织遍布全世界。……无产阶级取得政权可以通过策略或顺利的选举来达到目的，但它应该有一个先决条件、一个必要条件，即事先要有一个能够在新体系内部提供经营管理人员的组织"⑤。

王德威尔得认为，这样理解的"取得政权"既和那种企图单纯通过竞选取得议会多数的途径不同，也和"以武力突然夺取国家的行动"不同，它的关键在于："在工人们能够成为指导阶级以前，他们在通过资本主义演变已经变成居民中的大多数（或者像《共产党宣言》所说的绝大多数）以

---

① 《社会主义反对国家》，第71页。
② 同上书，第74页。
③ 同上书，第67—68页。
④ 同上。
⑤ 同上书，第76页。

后，还必须在他们人数力量之外再加上政治和经济方面的组织力量。"① 他还认为，巴黎公社的挫败正是说明："只要无产阶级缺乏充分的准备，不能运用形势使其掌握的权力，资本主义制度就不可能结束。"②

王德威尔得把这一观点同他关于国家的两种职能及其存废的观点联系起来。他在此书的最后部分中论述社会主义和国营企业的关系，又回到本章前面提到过的盖得关于"首先是革命……然后才是公用事业"的提法，认为无论在马克思恩格斯的著作中还是在考茨基的著作中"都找不到刚才引自盖得的那种鲜明的公式"。③ 他承认，资本主义国家所实行的私营企业国有化在管理、工资制度、劳动组织等方面来看都与私营企业一样，虽然从所有制的角度来看，是属于"集体主义性质"的，也就是"属于国家的"，但是这个国家尽管具有民主的形式，"却仍然是阶级国家"。④ 因此在这一方面他赞同盖得关于这种国有化"与社会主义毫不相干"的看法。但是，对于盖得认为这种国有制只能加强资本家阶级却削弱工人阶级并使工人运动陷于瘫痪的看法，他认为，"如果提得太绝对，也可能会变成不正确的"，因为"在以一个阶级的独占统治为基础的资产阶级国家和旨在废除阶级的无产阶级国家之间，有许多中间阶段"。⑤ 普鲁士的沙皇俄国的国有财产是"工人阶级所不能享受的财产"，但瑞士和法国的邮政、报刊和铁路系统以及大多数市营企业却不能被认为单纯是"整个资本家阶级的财产"，"它们当然是属于一个阶级国家的，但在那个阶级国家内部或对于那个阶级国家，无产阶级具有一种它在比较落后的国家中所没有的影响"。在民主国家里，"工人阶级在政治上不再是一个可以轻视的因素，作为管理机关的国家或多或少地完全同作为权力机关的国家分离开来"，因此，如果还认为在这些国家里的公用事业只会助长资产阶级的势力，"论据就不那么确实了"。⑥

王德威尔得认为，在民主国家内，国营企业或公用事业除了能为公共利

---

① 《社会主义反对国家》，第 76 页。
② 同上书，第 79 页。
③ 同上书，第 108 页。
④ 同上书，第 129 页。
⑤ 同上。
⑥ 同上书，第 129—130 页。

益提供许多好处外，还可以起这样的作用："在作为权力机关的国家和作为管理机关的国家之间的分离方面，可以并且必须完成越来越彻底的转变。"由于工人阶级能对政府施加越来越大的压力，这些企业的组织显然可以而且应当实行"根本的改革"，例如由集中化趋向分散化；"企业管理工作将不再属于由政府委派的、以命令指挥工资劳动者的官吏，而是属于组成公共团体的全体工人"。①

王德威尔得对这种"彻底的转变"的发展前景是抱乐观态度的。他认为，"从今以后的整个的工人运动，包括政治的和经济的，势必向这一最后的结果发展"。尽管这需要时间和精力，而且战争已经妨碍了这个运动，但是"在战争结束后，我们将立即看到工人们发挥强大的力量，把战争所产生的垄断组织的财政权力争取过来；从而我们将大踏步地走向主要生产资料和交换手段的集体所有制"，工会则"将在资产阶级社会的内部建立起未来社会的机关，即经营将来的社会化企业的公共团体"；而且战后工人运动国际联系的恢复和有利的国际形势"将逐渐限制政府国家的职能，同时集体主义的发展将增加生产性国家的职能"。②

王德威尔得从上述论证得出的结论是："通过个体和集体努力的倍增，正在逐渐奠定从现社会过渡到一种新制度的基础"③，而这种新制度竟是法国空想社会主义者在《社会的命运》中所说的没有警察和军队的、由许多联合会组成的管理委员会。他在此书另一个地方也引用过圣西门为社会主义国家下的定义："法兰西国家的目的，在于通过有实际效用的和平工作来实现其成员的幸福。"④ 但是，王德威尔得并不明确主张向社会主义的和平过渡，他在此书最后又回到马克思和恩格斯的观点，强调社会革命包括一次起义的可能性（见前），同时也反对完全拒绝利用现存国家进行改良工作。他说：社会主义者"对国家施加影响，强制它实行改革。他们甚至还在要求扩大国家的势力范围。他们正在努力征服国家，使它的强制力的锋芒转过来

---

① 《社会主义反对国家》，第132—133页。
② 同上书，第133页。
③ 同上。
④ 同上书，第136页。

反对资本主义。顶顶重要的事情是：这种征服或利用国家的行动并不妨碍我们进行反对国家的斗争，只要国家仍然是阶级斗争的工具"①。

王德威尔得不是理论家，却花费很大精力来论述国家问题，而且正是在第一次世界大战前夕这样关键的时刻，这说明，他作为第二国际日常工作的主持人，深感这一问题在当时各国社会党策略中的重要意义。把他的论述与考茨基的论述放在一起分析，恰恰可以看出，考茨基作为理论家的确是为社会民主党的实践提供了合适的表述和论证的。

四

与王德威尔得相比，考茨基对国家和革命的关系的论述显然要周密得多。除了许多单篇论文之外，他还在一些重要著作即《爱尔福特纲领原则部分解说》、《社会革命》、《取得政权的道路》、《无产阶级专政》中反复论述，但是他的基本论点实际上已经在《爱尔福特纲领原则部分解说》中提出来了。他的论述可以概括为：

第一，生产力的发展和资本主义所有制的矛盾必然导致生产资料公有制代替私有制，这也就是"社会革命。"但是这种发展的"不可遏止的自然的必然过程"并不是无需人力参加就能完成的。经济的发展以必然性创造着被剥削者反对这种私有制而进行斗争的条件，使被剥削者人数增加，并且最后使他们处于不推翻现行制度就无法生存的境地，从而使社会革命成为不可避免的。

第二，"这种革命，根据它进行的情况，可以采取各种各样的形式，并不一定非采取暴力手段或流血手段不可"。社会革命并不一定一举就可以取得成功，而是在数年或数十年的政治和经济斗争中准备起来的，而且没有一次社会革命"是在不知不觉中和在没有最受现状压迫的人们积极参加下进行的"②。

第三，任何既想消除资本主义制度中不断加剧的矛盾、又努力维持和巩固这种私有制形式的社会改良工作都是没有效用、没有益处的，被剥削者不

---

① 《社会主义反对国家》，第138—139页。
② 《爱尔福特纲领解说》，第85页。

应把社会改良估计得过高,而且也应当仔细研究各种社会改良方案是否对他们有害,但是这不等于说,"在现存私有制形式的范围内被剥削者不可能为反对他们不得不忍受的苦难而进行任何斗争"①。

第四,工人阶级开始觉悟以后就会组织起来进行经济斗争,随着"构成无产阶级的各个阶层越团结成为一个统一的工人阶级,工人阶级的斗争也就越要具有政治性"②,"政治斗争不过是经济斗争的一种特殊的、最广泛的、而且多半是最有决定性作用的形式"。维护工人阶级的政治权利和涉及工人阶级利益的法律,都需要激烈的政治活动,"因此,工人阶级也应当和其他阶级一样,必须努力增大政治影响和取得政权,努力使国家政权为自己服务"③。

第五,在现代国家,为了达到这一目的,除了特权阶级是"专制政体的天然拥护者"外,"其他一切阶层的人民只有依靠自己选出的议会才能对国家的治理发生影响",而"议会制度的最后结果,就是代议制共和国"。④

考茨基以很多篇幅分析议会制度,认为在现代国家中一切非特权阶级"都力图一方面增强议会的权力,另一方面扩大他们自己在议会中的权力",而议会的权力既取决于这些支持它的阶级的力量,又取决于"它把自己的意志强加于它们的那些阶级的力量的决心"。一个阶级在议会中的力量既取决于选举权的性质,又取决于它在选民中的威信,而且也"视该阶级的议会活动能力为转移",而这最后一点要求长期从事社会活动的经验和广阔的眼界,远大的眼光。在资本主义社会内,农民和大部分小资产阶级都缺乏这些参加议会活动的先决条件,他们无法和资产阶级相比,所以迄今为止,一直是资产阶级在支配议会,"议会制度是保证他们在国家中的统治和迫使下层阶级的力量在政治上为他们服务的最合适和最有效的手段"⑤。只有当无产阶级作为一个自觉的阶级参加议会斗争时,议会制度才开始改变它的最初

---

① 《爱尔福特纲领解说》,第85页。
② 同上书,第85页。
③ 同上书,第171页。
④ 同上书,第172页。
⑤ 同上书,第174页。

特性,"议会不再单纯是资产阶级的统治工具了"①。

考茨基说,这种斗争对于无产阶级来说,第一,是唤醒他们中对斗争抱消极冷漠的阶层并使他们产生自信和对美好未来抱有希望的最有力手段;第二,是使无产阶级各个不同阶层日益巩固地团结起来,形成统一的工人阶级的最有力手段;第三,是无产阶级现在拥有的,影响国家政权、使其为自己的阶级利益服务,并迫使国家政权机关作出现存条件下尽可能做到的让步的"一切手段中最有力手段"。"简而言之,这种斗争是使无产阶级上升,摆脱经济的、社会的和精神的屈辱地位的最有力杠杆。"因此,无产阶级"有一切理由以最坚定的精神一方面促进议会加强对政府的控制,另一方面,加强自己在议会中以独立的社会主义工人政党的代表的资格进行活动的力量"②。

考茨基认为,"早期的工人社会主义必然带有空想主义的一切重要特征",而一当他们对资产阶级空想主义者的和平的社会主义不再信任以后,就转向"要依靠无产阶级的拳头来实现暴力的革命的社会主义",认为"革命将要破坏旧的房屋,打垮旧的政权,让新建筑的设计人或设计小组实行专政,以帮助新的救世主建成社会主义社会大厦"。③ 这是一种"幼稚病",它同今天的小资产阶级的"主张和平的无政府主义"虽有很大差异,却有一个共同点:"厌恶、甚至憎恨顽强的阶级斗争,尤其是厌恶和憎恨阶级斗争的最高形式——政治斗争"。④

考茨基在《爱尔福特纲领解说》一书的最后强调,社会民主党的理论是以马克思恩格斯的学说为"科学基础"的,只有它才能使无产阶级明确地认识自己的历史任务,并"指出它能够以最小牺牲直接走向预定的目标";社会民主党的任务不是要"拯救"无产阶级,而是"支持它的阶级斗争,提高它的阶级觉悟,帮助它的政治组织和经济组织,以便使它的自己解放自己的时日能够迅速而没有痛苦地到来,使无产阶级的阶级斗争能够成为更自觉和更合目的的斗争"。⑤ 他在说明爱尔福特纲领的实践要求部分时强

---

① 《爱尔福特纲领解说》,第175页。
② 同上书,第175—176页。
③ 同上书,第184页。
④ 同上书,第185页。
⑤ 同上书,第186页。

调，这些要求表明社会民主党是代表一切劳动者和被剥削者的利益的，并且附带阐述了社会民主党对待小农、小资产者和小企业的态度。根据此书前面关于无产阶级在现有社会中的合法斗争与最终目标关系的论述，当然可以把纲领的第二部分所提的要求理解成为实现第一部分所提出的最终目标进行准备的工作，但是考茨基回避了如何从合法斗争向革命过渡的问题，而从他这本书的总的精神来看，议会斗争显然是居于主要地位的。

一年以后，考茨基在《议会制度、人民立法和社会民主党》这个小册子中进一步发挥了他在《爱尔福特纲领解说》中的观点。他认为，英国下议院曾经是"贵族专政"的工具，后来成为"工业资本家专政"的工具，目前，"这些资本家已经失去了自己的独占统治。无产阶级已经能够在议会中并且通过议会来影响国家的对内政策，使之有利于自己，而英国的无所不能的议会将成为无产阶级专政的工具的那一天正在大踏步地迫近着"。[①] 正是由于看到议会对于工人阶级的这种重要意义，德国的资产阶级已不再相信议会制度在任何条件下都能保障他们的统治，他们宁愿议会保持软弱无能，却把希望"寄托在德国实际上是专制主义和军国主义在统治这一事实上。"法国的资产阶级也开始害怕普选权，"今天，法国的资产阶级政客宁愿工人筑起街垒，而不愿他们参加选举斗争，这样他们可以更加容易地对付工人"[②]。考茨基说："真正的议会制度也能够是无产阶级专政的工具，正如它是资产阶级专政的工具一样。工人阶级在争取政治权力的斗争中最重要的任务不是取消代议制，而是破坏政府对于议会的权力。……工人阶级无论在哪里都不能一下子完全占有政治权力。在真正的议会制国家里，获得选举权是无产阶级革命这条道路上的第一步，"而在"伪立宪"的国家里，则首先要争取"一个完全的议会制度"。[③]

1893 年，考茨基在《社会民主党的教义问答》一文中更加明确地发挥他关于革命和改良的观点。他首先指出："社会民主党是一个革命的政党，却不是一个制造革命的政党。"社会民主党无力制造一场革命，所以也不会

---

① 《考茨基言论》，三联书店 1966 年版，第 20 页。
② 同上书，第 23 页。
③ 同上书，第 24 页。

想到"挑起或准备一场革命"。他说:"既然革命不能由我们任意制造,我们也就丝毫不能说,它将在什么时候,在什么条件下,以什么方式出现。"正因如此,"我们也就无从谈起,这些决战是不是流血的,是物质力量将在其中起巨大的作用,还是仅仅用经济的、立法的和道义的压力作为手段来决定胜负",但是"后一种手段将比物质力量即军事力量占优势",原因之一是,现代政府的军事装备比"普通公民"所拥有的武装具有更大的优势,这使"他们的任何反抗通常一上来就没有成功的希望"。[1] 民主政治即议会共和国不能消除资本主义社会的阶级对立,不能阻止这一对立的必然后果即革命,"但能够防止某些过早的、毫无希望的革命尝试并使某些革命起义成为多余"[2]。在这种制度下,具有远见和充满自信的无产阶级将在尽可能长的时间内只使用合法手段进行斗争,而"破坏这种努力的危险主要来自统治阶级的神经过敏的情绪"[3]。统治阶级的政治家多半希望在社会民主党还没有足够强大的时候冒险挑起"国内战争",社会民主党却要努力尽可能地推迟统治者的"疯狂发作",同时"避免毫无意义地煽动统治阶级采取政策的一切行为"[4];社会民主党越是强大,"实践任务也就越是变得重要,我们就越是必须在工业无产阶级之外进行广泛的鼓动,我们就越是应该节制不必要的挑衅,特别是虚声恫吓"[5]。

但是,考茨基认为在这方面掌握必要的分寸是极其困难的:"既要给现在以应有的地位,又要不忽略将来;既要考虑到农民和小资产阶级的心理,又要不放弃无产阶级的观点;既要尽可能避免一切挑衅行动,又要使人们感觉到我们是对整个现存社会制度进行不调和斗争的战斗的党。"[6] 考茨基在这里实际上涉及了我在上面提到的当时社会民主党理论和策略中的一个重大矛盾,而远远不止是人们对党的"感觉",或者如他所说,人们是否把党看

---

[1] 《考茨基言论》,第28页。
[2] 同上书,第28页。
[3] 同上书,第30页。
[4] 同上书,第31页。
[5] 同上书,第33页。
[6] 同上。

得比实际上更加"温和"① 的问题。

因此,当伯恩施坦企图使社会民主党的理论和策略统一到社会改良上来时,考茨基感到必须强调问题的另一方面了。他在 1898 年 9 月德国社会民主党斯图加特代表大会上发言批评伯恩施坦时说,伯恩施坦所设想的资本主义向社会主义的和平过渡只有在英国才是"可能的",而且也只是"可能的",因为并没有排除灾变(指资产阶级用暴力反对无产阶级——引者),但是在美国、法国等国,仍旧存在暴力灾变的倾向。考茨基认为,德国只有一个民主力量,这就是无产阶级,它也许还能利用"资产阶级青年时代的民主残余",但是资产阶级争取新的民主权利的可能性已经被排除,"民主的胜利取决于无产阶级的胜利","民主的胜利只有通过无产阶级的胜利才能取得",而这一胜利不经过灾变是几乎不可能的。考茨基说,德国"正处于反动势力得势的支配下",欧洲到处都在酝酿着大突变,"人们在谈论政变,谈论取消选举权,谈论监狱,这是我们可能有的前途",在这种前景之下,"伯恩施坦所建议的道路是不能想象的"。② 考茨基的这一发言的内容主要是抽象的论断,缺乏论证,而且有些地方夸大其词,特别是说美国的情况与英国"完全不同","暴力灾变的倾向在任何地方都不像在美国这样大,这样明显",更可以说是危言耸听。但这恰恰说明,考茨基尽管对议会政治和议会制民主共和国抱很高期望,但是在理论上,特别是在联系德国的实际情况时,仍不能也不愿完全否定暴力镇压和暴力革命的可能性。

五

大致从这时起直到 1910 年,考茨基表现出一定程度的激进化趋向。原因是多方面的:社会民主党内开展的反对修正主义的斗争;德国反动政府加强了对无产阶级的进攻,例如 1907 年国会选举中煽动沙文主义情绪,使社会民主党的议席大大削减,又如普鲁士邦政府坚决反对取消三级选举权制,萨克森邦政府企图实行四级选举权制;1905 年的俄国革命对欧洲社会主义运动引起强烈的反响;帝国主义战争的威胁日益迫近,引起国际社会主义运

---

① 《考茨基言论》,第 33 页。
② 《爱尔福特纲领解说》,第 39—40 页。

动的高度重视，等等。考茨基在一些著作中更加明确地表示反对和平长入社会主义的观点，论述欧洲发达国家发生革命的可能性。

1902年，考茨基发表《社会革命》一书，详细论述了社会改良和社会革命问题。他认为，虽然社会民主党在议会中的力量加强了，或者说正因为这种加强，资产阶级政府和资产阶级自由主义党派却力图削弱议会的影响力，因此议会制度"需要革命来使其重新具备生命力"，也就是说，要"在无产阶级夺得整个国家政权的同时也夺得议会，并且使议会为无产阶级的目标服务"。① 他援引恩格斯1895年为《法兰西阶级斗争》一书写的导言中的观点，指出无产阶级和社会民主党既要充分利用议会制度，但也不能"高枕无忧"。他说："恩格斯早就认定，我们目前靠利用现有的合法基础就最能兴起；如果我们铲除这些合法基础，那么我们就是傻瓜。但正是从这一认识中，他得出结论说，我们愈强大，我们的敌人就愈觉得有必要采取暴力手段，使我们不可能走合法途径，因而他们就成了逼迫西欧无产阶级走上革命道路的人了。"② 考茨基认为，即使在发达的民主国家，如瑞士、英国和法国，用暴力对付罢工、在选举上弄虚作假以及实际上取消无产阶级结社权的做法也是常见的。在德意志帝国用法令来废除选举权和结社权则更加容易，这样的危险也更大。这时"无产阶级无疑会被迫进行生死决战，而这一决战可能仅仅以争取选举权的斗争开始，从而扩大成反对整个统治政权的斗争，即扩大成革命"③。

考茨基认为，政治自由在西欧的存在，并不排除发动革命的可能性，而这种革命的任务首先是要保卫现有的权利，但是，"胜利的行动是不能用单纯防御方式来完成的。敌人会践踏现存的自由并且会限制无产阶级的组织，无产阶级就会更快地被迫转入进攻，革命斗争的时刻就会更快地到来"④。因此，西欧无产阶级绝不能以为"现有的政治自由就向我们提供了和平进入社会主义的保证"，"最有害于无产阶级的，莫过于去劝告无产阶级立即

---

① ［德］卡尔·考茨基：《社会革命》，人民出版社1980年版，第57页。
② 同上书，第70页。
③ 同上书，第70—71页。
④ 同上。

解除武装，以便争取到资产阶级的所谓让步与和解"。① 他说："要在资本主义生产方式下求得社会和平，那只是一种空想……资本主义逐步长入社会主义，这也是一种空想。"②

1909年，考茨基对他在《新时代》上与德国社会民主党内的改良主义者麦克斯·亨利·摩连布莱赫尔就革命与改良进行论战的几篇文章进行修改和补充，写成《取得政权的道路》一书出版，他在序言中说这是《社会革命》一书的补充。考茨基在此书的"既非不惜任何代价的革命，也非不惜任何代价的合法性"一章中援引恩格斯的文章和书信来反驳改良主义者的观点。1895年，恩格斯根据德国社会民主党执委会的要求，编辑出版马克思的《法兰西阶级斗争》一书，并为此书写了导言。执委会由于害怕此书为反动政府企图推行《反颠覆法案》提供借口，请求恩格斯删去一些敏感的词句。恩格斯同意作了一些修改，却仍使"导言"基本上保持革命精神。但是《前进报》编辑部却自行发表经他们任意删节的"导言"摘要，给人造成恩格斯是一个"不惜以任何代价换取合法性的和平崇拜者"的印象。恩格斯因此非常生气，写信给考茨基发表了自己的看法，并要求他在《新时代》上全文发表"导言"（当然是经过恩格斯本人删改的那一文本）。考茨基在《取得政权的道路》中叙述了这一过程，并且摘引了恩格斯1895年4月1日给他的信。考茨基还引用1892年恩格斯发表的《新时代》上的"德国的社会主义"一文，恩格斯在其中表示社会民主党不能像资产阶级所要求的那样"永远放弃使用革命手段"，而且指出资产阶级及其政府"破坏法律和权利，以便用暴力来摧毁"社会民主党的可能性。③

考茨基认为，恩格斯的这些话丝毫没有表明他放弃了革命思想，他只是反对在时机不成熟时举行革命、孤注一掷而已。考茨基认为，从19世纪90年代初起，欧洲已进入一个持续几十年并且有可能"使无产阶级在西欧建立起自己的专政"的为政权而斗争的时期。他从"革命因素的增长"、"阶

---

① 《社会革命》，第71页。
② 同上书，第59页。
③ 参见［德］卡尔·考茨基：《取得政权的道路》，三联书店1961年版，第57—60页。

级矛盾的尖锐化"等角度分析了当时的形势，指出：无产阶级在人数、组织和道义等方面的力量都加强了，广大小资产阶级由于某种原因对现行制度的不满会转到工人阶级方面来；政府的帝国主义世界政策使国际矛盾尖锐化，在这种普遍动摇的形势下，"无产阶级如果不改变它据以进行斗争的国家基础，就将不可能继续前进"。他所说的改变国家基础，指的是："德国无产阶级的最近任务就在于采取最坚决的行动，争取在整个帝国和个别邦国（如普鲁士和萨克森）确立民主；它的最近的国际任务就在于反对世界政策和军国主义。"①

考茨基在《社会革命》中谈到社会革命的"武器"时强调政治性罢工的作用。他说，"当经济发展到一定高度时，就很容易产生利用罢工作为政治斗争手段的想法"，这种手段已经在法国、比利时、意大利，特别是在俄国应用得很成功，"它在未来的革命斗争中肯定会起重大的作用"。考茨基强调在这个问题上必须和那种要使总罢工成为一举推翻现存社会制度的手段的无政府工团主义思想划清界限，他认为作为政治斗争手段的罢工不能代替无产阶级其他斗争手段，只能补充和加强它们。"我们正走向这样一个时代：这时，在企业主组织的优势之下，孤立的非政治罢工是没有成功希望的，正如在资本家控制的国家政权的压力下，工人政党孤立的议会活动是没有成功希望那样。因此越来越有必要把罢工和议会活动都推动起来并使这二者互相配合而发挥新的力量。"②

正因如此，考茨基在这一问题上曾一度和党内左派取得一致并且进行合作。在1903年9月的德国社会民主党德累斯顿代表大会上，考茨基曾和卢森堡、蔡特金一同支持一项在下届党代表大会上讨论群众罢工问题的提案，但未能通过。1905年9月，在俄国革命的影响下，社会民主党耶拿代表大会经过激烈辩论终于通过一项决议，把"广泛地运用群众罢工"当做工人阶级行之有效的斗争手段之一，虽然仅仅把政治性群众罢工限制在捍卫国会选举权和结社权方面。考茨基是支持这一决议的。但是这一决议遭到工会的改良主义领导的反对。1906年2月，社会民主党执委会与德国工会总委员

---

① 《取得政权的道路》，第123页。
② 《社会革命》，第63、64页。

会达成妥协性协议,同意举行政治性群众罢工必须得到工会领导的谅解,并且在同年9月的曼海姆代表大会上把这一情况纳入大会关于政治性群众罢工的决议。考茨基和卢森堡等一样,也是反对执委会和这种妥协态度的。他在1906年10月《社会革命》第2版的序言中说,德国社会民主党在群众罢工问题上观点的改变(指左派和他自己的态度——引者)最显著地说明了俄国革命所引起的"情况和观念变化的程度",他甚至表示莫斯科的起义使他已经不能那么有把握地宣称在未来的革命中,武装起义和街垒战已不再起决定性的作用。① 他在《取得政权的道路》中再一次提到群众性的罢工是工人阶级新增加的斗争手段。他说:"我们还在90年代初期就从理论上承认了这种罢工,而从那时以来它在有利条件下所具有的效果,也一再为实践所证明",虽然"在任何情况下都采取总罢工将是愚蠢的"。②

考茨基还谈到战争和革命的关系。他说,"战争也可能成为加速政治发展和使无产阶级取得政权的一种手段。战争曾常常被证明是一种很革命的因素"。统治阶级为了调动全部人民力量进行战争,不得不让新兴阶级获得其平时决不可能获得的巨大力量;另一方面,战争挫败会引起国内崩溃,"以军队为主要支柱的政权也就完蛋了。"在这两种情况下,战争"显然是导致进步的有效手段,哪怕它具有残忍粗暴和极大的毁灭性"③。考茨基认为,"必须估计到在可预见的时期内爆发战争的可能性,但从而也估计到发生政治动荡的可能性,这种动荡若不直接以无产阶级的奋起发难而告终,就毕竟至少能为这种奋起发难开辟道路。"④ 但是,战争又是达到革命目的的"最缺乏理性的手段",战争所引起的革命"有时会恰好发生在革命阶级正处于无能为力的时刻",这就会使革命阶级"过早地负起了它在当时还弱小得无力解决的那些任务",而战争造成的人员牺牲和精神上、道德观上的衰退也可能使革命阶级遭到进一步削弱,因此,"由战争引起的革命往往更容易失败,或者过早地丧失动力";⑤ "我们没有丝毫理由去希望用战争来人为地加

---

① 《社会革命》,第3页。
② 《取得政权的道路》,第123—124页。
③ 《社会革命》,第64页。
④ 同上书,第66—67页。
⑤ 同上书,第64页。

速我们的进展"①。

考茨基在《取得政权的道路》中也谈到这一问题，态度却比以前更加乐观。他说，世界大战已经迫在眉睫，而"近几十年来的经验告诉我们，战争也就意味着革命"。他援引恩格斯1891年的观点，认为在革命时机还不成熟时发生可以引起革命并且可能使无产阶级取得政权的战争并不是好事，"在一段时期里，无产阶级与其在战争所引起的革命上冒险，还不如利用现存国家基础更能稳步前进"。但是他也认为，从那时以来情况发生了很大的变化，"既然无产阶级已经从现存国家基础吸取了它所能从那里吸取的全部力量，既然这个基础的改造已经成为无产阶级进一步发展的必要条件，那么就不能再说什么为时尚早的革命了"。无产阶级对战争是深恶痛绝的，它要尽一切努力阻止战争情绪的发展，但是"如果战争终于爆发，那么现在无产阶级已经可能满怀着对未来的希望等待战争的结局了"②。

由此可见，考茨基的上述两本著作，特别是《取得政权的道路》一书，对待无产阶级革命的态度是比他以前的言论更加积极、更加激进的，因此列宁也认为《取得政权的道路》是考茨基反对机会主义的所有著作中最后一本最优秀的著作。德国社会民主党执委会以此书中的某些观点会招致政府以叛国罪起诉考茨基为理由禁止此书发行，考茨基不服并向监察委员会申诉，监察委员会支持他并要求执委会撤销禁令，执委会拒绝执行这一决定，监察委员会内以蔡特金为首的左派为此与执委会进行坚决的斗争，而考茨基本人却最终与执委会妥协，同意声明此书仅仅代表他个人意见并对内容作一些修改，以此来换取执委会同意此书由前进报出版社出版。蔡特金严厉地批评了考茨基，指出这样做的结果是："小册子的基本观点，即我们不会长入未来国家、而是必须通过革命斗争夺取政权的观点，成了你的个人意见被逐出党外，也就是正式地被否认是党的意见了。"蔡特金指责考茨基仅仅从自己的小册子是否能出版的狭隘角度考虑这一事情，却未能考虑整个党的发展，"于是你投降了，更糟的是：由于你投降，你从背后打击了那些想利用这一

---

① 《社会革命》，第68页。
② 《取得政权的道路》，第118页。

情况来为整个党谋取利益的人"①。

六

蔡特金对考茨基的批评是中肯的。考茨基确实是在执委会改良主义分子的压力下退回到原来的在改良和革命问题上模棱两可的立场,而且很快就与卢森堡等左派社会民主党人发生争论。1910年1月的普鲁士社会民主党第三次代表大会在讨论反对普鲁士邦的三级选举权的斗争时通过了一项关于在必要的情况下可以宣传和采取政治性群众罢工的决议,此后普鲁士各地多次举行了争取普选权的群众集会。2月普鲁士政府提出众议院选举法修改草案,仍坚持三级选举权制,这就引起进一步的抗议运动。3月德国社民党执行委员会、社民党普鲁士邦组织的常务委员会和《前进报》编辑部达成协议,决定不在《前进报》上讨论群众罢工问题。在这一压力下,考茨基也拒绝在《新时代》上发表卢森堡的支持政治性群众罢工并要求提出建立民主共和国口号的论文《下一步怎么办?》。于是卢森堡在布勒斯劳和多特蒙特的地方党报上发表了这篇文章,但考茨基又发表《今后怎么办?》一文,反对卢森堡的主张,二人之间展开了激烈的争论。②

考茨基仍旧援引恩格斯1895年的著名"导言"作为主要论据,但是把自己的观点进一步发展成所谓"疲劳战略"的理论。他说,无产阶级革命运动曾经使用两种不同的战略。一种是"击破战略",也就是集中自己的全部力量给敌人以致命打击、使之丧失战斗力,从而击溃他们;另一种是"疲劳战略"(Ermattungsstrategie,也可译为"消耗战略"),就是尽量避免决战,采取迂回机动的方式,使敌人处于经常紧张的状态,疲劳不堪,从而可以不经过重大决战就打败他们。考茨基认为,直到巴黎公社以前,"击破战略"都是有效的,在那以后,它就被"疲劳战略"代替了,而德国社会民主党应当把它的力量的增长和迄今为止所取得的成就都归功于这后一种战

---

① 参见〔德〕英格里德·霍尔蒂:《知识分子的代言人:卡尔·考茨基和社会民主党》,柏林1986年德文版,第233页。

② 关于这一过程可参见《卢森堡文选》下卷,人民出版社1990年版,第211—212页正文及有关编者注;《德国工人运动史大事记》第1卷,人民出版社1983年版,第280页以下。

略。考茨基说,"疲劳战略"和"击破战略"的差别仅仅在于"它不是直接瞄准最后决战,而是预先作长期准备,只在它考虑到敌人已被充分削弱时才进行这一决战"①,或者在敌人对无产阶级已经争到的自由、从而也对无产阶级政治和组织上发展的可能性造成威胁时才进行这一"正面战斗"。考茨基认为,这两种情况在德国都没有出现,而卢森堡的主张却使德国无产阶级面临二者择一的境地:"不是消灭(敌人)就是被消灭"。这是与德国社民党根据疲劳战略而取得的经验相悖的:"德国社会民主党从来没有提出这样的口号:通过在几个月的时间内日趋激烈的行动来消灭现行政权,却只是提出这样的口号:在争取到直接、秘密、平等的选举权以前决不与普鲁士停战。"②

卢森堡写了《疲劳还是斗争?》一文反驳考茨基,考茨基写了《一个新战略》进行反驳,卢森堡又写了《理论和实践》一文反驳。在这场论战中,卢森堡对考茨基的批评,特别是在指出他歪曲恩格斯的观点方面,基本上是正确的。如我在本章前面所说,考茨基过去在援引恩格斯的"导言"来论证"既非不惜任何代价的革命,也非不惜任何代价的合法性"时,基本上是正确的。但是他在这次论战中跨出了错误的一步,实际上与伯恩施坦等人一样,把"导言"中的观点解释成"唯合法主义"的了。

恩格斯认为完全过时的战略是由少数革命者带领群众发动的突然袭击,不是指政治斗争中任何进攻性的行动。恩格斯强调无产阶级和社民党充分利用合法斗争的必要性,并且强调议会斗争的重要作用,但是并没有认为议会斗争是唯一的合法斗争手段。示威游行、政治性罢工等议会外斗争手段仍旧属于合法斗争的范围,而且又是可以与议会斗争互相配合或者为议会斗争服务的。这些斗争的目的不是推翻现行政权,而是向现行政权要求或维护工人阶级和广大群众应得的权利,而且按照考茨基的观点,这些权利恰恰是对社会的和平发展与进步有利的。实际上一些欧洲国家如比利时、瑞典、奥地利等国的无产阶级正是通过运用这些手段才争取到普选权的。我在本章前面也提到,考茨基自己就曾反对把群众罢工和议会斗争对立起来,认为群众罢工

---

① 《新时代》第28年卷(1909—1910)第2册,第38页。
② 同上书,第71—72页。

应当与议会斗争互相配合，互相补充，而考茨基一再强调无产阶级在政治上的成熟过程也包含他们在罢工斗争中，在经济罢工和政治罢工中，通过成功的经验和失败的教训所受到的教育。但是当考茨基把恩格斯的教导和德国社会民主党的经验归结为"疲劳战略"时，他实际上是把议会内的斗争看成唯一可以利用的合法手段，甚至要求社民党和无产阶级群众把希望寄托在1912年举行的大选将会开创的"全新的局面"[①]上，这证明卢森堡对他的批评是完全正确的："考茨基同志现在把我们的久经考验的议会斗争的策略同人们设想的这种群众罢工对立起来，所以实际上他对目前局势所推荐的简直就是议会主义，并不是像恩格斯那样反对空想的街垒社会主义，而是反对无产阶级为了取得和行使政治权利而采取社会民主党所主张的群众行动。"[②]

恩格斯认为可以把议会选举的结果当做衡量阶级力量对比的尺度，使无产阶级避免在时机还不成熟时发动夺取政权的革命，他也警告无产阶级应当尽量避免在反动政府的挑衅下与政府军队发生大规模流血冲突并从而导致严重的力量挫折。考茨基以此为证据来指责卢森堡主张政治性群众罢工是把德国无产阶级置于二者择一的处境，显然是夸大其词。发动政治性群众罢工来争取普选权并不等于革命。政治性群众罢工作为群众运动总是有起有伏的，有时会很激烈，有挫折和失败，甚至不排除发生流血冲突的可能性，但规模和范围毕竟是有限的，离革命还会有很长的距离。社会民主党的任务应当是发动、组织并且在适当的时候停止这种罢工，同时给罢工规定正确的目标和下一步努力方向。另一方面，按照卢森堡的观点，党应当结合德国的形势从历史、政治和经济方面宣传群众罢工，这样"就能够最分明地考察德国整个政治局势、阶级和政党的营垒，就能促进群众在政治上的成熟，提高他们对自己力量的认识，激发他们的战斗热情，唤起他们的理想主义，就能给无产阶级开拓新的视野"，并且可以把无产阶级中漠不关心的阶层和追随无产阶级政党的无产阶级群众吸引过来，"使群众做好准备应付局势的任何变

[①] 对于这个新局面是什么，考茨基并没有说清楚，卢森堡在《疲劳还是斗争》一文中对此作了分析和批评，参见《卢森堡文选》下卷，第230—232页。

[②] 《卢森堡文选》下卷，第230页。

故，又可以用最好的方式为帝国国会选举做好准备"①。

德国社会民主党领导当时的做法恰恰不是这样的。他们不但禁止《前进报》讨论群众罢工，而且在5月普鲁士政府迫于群众运动的压力撤回2月4日公布的选举法草案时，没有利用这个关键时机发动全国性的进攻，发动街头示威游行和示威性群众罢工来争取更大的胜利。恰恰相反，从4月份以来，在党组织的压力下，各地的示威游行停止了，普鲁士的反选举权斗争被迫停止了。考茨基在这方面完全成了党领导的帮手。除了前面提到的反对群众罢工的理由外，他还在《一个新战略》一文中把群众罢工设想成一次"最后的"搏斗："处在德国这样的情况下，或只能把帝国的整个无产阶级倾其全力投身进去的政治性群众罢工想像成一次性的事件，想像成一场生死存亡的搏斗，要么把我们的敌人打败，要么将我们的全部组织和我们的全部力量摧毁或至少使其瘫痪数年之久。"② 他当然也知道，这个事件不可能是"孤立的"、"突然发生的"行动，而是应当"有一个激烈的群众斗争和群众行动的时期"作为准备，但是他既然甚至连争取选举权的群众罢工都要反对，那么"激烈的"群众斗争空间还剩下什么呢？考茨基实际上是把政治性群众罢工同夺取政权的斗争等同起来，一方面以此来指责卢森堡等左派，另一方面又为社民党领导的无所作为辩护。卢森堡对考茨基的所有这些观点对社会民主党所起作用的批评同样也是正确的："考茨基同志进行反对的实际效果，不过是给党和工会的那些对无所顾忌地继续开展群众运动感到不快、希望给予抑制、最好是尽快回到议会和工会的日常斗争的舒适的老路上去的分子，提供了一道理论上的屏风而已。考茨基引用恩格斯的话和马克思主义的词句，使这些分子可以为自己的行径得到良心上的安慰，同时也提供了一种手段，可以用来使他自己希望其声势越来越浩大的示威运动又很快就遭到扼杀。"③

卢森堡还列举考茨基过去的言论来证明他关于无产阶级革命和群众斗争的观点与她的主张在许多方面是相近的。考茨基在《社会革命》中认为将

---

① 《卢森堡文选》下卷，第242页。
② 《新时代》第28年卷（1909—1910）第2册，第374页。
③ 《卢森堡文选》下卷，第243页。

进入一个完整的、长久的革命斗争时期，而政治性群众罢工将肯定会起巨大的作用。他在《取得政权的道路》中认为，从20世纪90年代初以来已经进入一个极有可能有利于无产阶级的权力变动的持续斗争的时期，而无产阶级在德国的最近任务就是在各个邦尤其是普鲁士和萨克森争取民主，并且提到作为手段的群众罢工。考茨基曾经因为把政治罢工当成越来越有必要采取的"新的策略"而和德国工会总委员会的《通讯》进行争论。1905年考茨基在评价鲁尔矿区《矿工罢工的经验教训》一文中认为罢工一开始就必须作为政治性罢工出现，"这一新的工会策略是政治性罢工的策略，是工会行动和政治行动相结合的策略"①。最后，还有考茨基自己投票赞成德国社会民主党1905年耶拿代表大会关于政治工作群众罢工的决议。与这些文章和文件中的观点对比，考茨基显然是倒退了。

在考茨基和卢森堡就群众罢工问题进行的激烈争论将告一段落的时候，社民党巴登邦议会党团违反党的纪律，以多数在邦议会上再次投票赞成预算，这成了党内争论的一个新的重点。9月8—24日在马格德堡举行的党代表大会把这一问题列为重要议程，并以多数通过了严厉谴责这一行为的决议。大会在关于争取选举权的斗争的决议中虽然吸收了左派提案的意见，补充了在必要时进行政治性群众性罢工的内容，但是没有接受左派关于在报刊和会议上讨论和宣传政治性群众罢工的意见。在代表大会之前，考茨基发表了《在巴登和卢森堡之间》一文，他说："如果我们看看地图上的巴登和卢森堡大公国，那么我们就会发现，在它们之间是特里尔——卡尔·马克思的故乡，从那里向左越过国境线，可以到达卢森堡，向右越过莱茵河，可以到达巴登。地图上的位置今天是德国社会民主党内状况的象征。"他声称："社会民主党将在巴登和卢森堡之间走向胜利。"② 这里的巴登和卢森堡都是双关词，既指地名，也分别指巴登的社民党领导和罗莎·卢森堡，考茨基以此表明他既不赞成党内的右倾改良主义，也不赞成左倾激进派，而是"马克思主义的中派"。这篇文章当然可以被看成是中派的正式宣言，但正如我在前面所说，考茨基的中派主义观点早就形成，当他发表这篇文章时，实际

---

① 《新时代》第23年卷（1904—1905）第1册，第780页。
② 《新时代》第28年卷（1909—1910）第2册，第667页。

上他向改良主义靠拢的倾向已经很明显了。

七

考茨基自命为马克思主义的中派,他在自己的著作中也确实力图全面、准确地解释马克思主义的社会主义革命理论,反对社民党和工会内的改良主义者,但是在斗争的关键时刻,他往往选择阻力最小的途径,理论上和实践上都表现出很大的动摇,向改良主义让步。

大致从19世纪后半期起,在具有比较完备的议会民主制的发达资本主义国家,无产阶级及其政党已不可能通过革命突袭来取得政权和实行社会主义,但这不等于说他们已经完全能够通过合法的议会斗争来取得政权。马克思在1872年确实提到在英、美甚至荷兰有可能实现向社会主义的和平过渡,但他所说的只是一种可能性,也没有作出任何具体的阐述。后来这一论述经常成为改良主义者的重要论据。而实际情况是,在第二国际时期,欧洲发达资本主义国家的工人阶级社会主义政党已经能通过普选权把自己的代表送进议会,1899年甚至发生过法国社会党人米勒兰应否担任资产阶级政府的部长的争论。第一次世界大战以后,有些国家的社会民主主义政党已经能参加与其他政党联合组成的政府或者单独执政。但是这样的政府必须在原来的宪法的框架内,按照议会制民主的政治游戏规则办事,何况社会民主党和其他政党一样,必须通过若干年一次的选举来确定是否能继续获得授权。实际上社民党的参政往往是短期的,即使它们是单独执政也不能在这一期间就实行从资本主义向社会主义的过渡。第二次世界大战以后社民党的力量普遍加强,参与执政和单独执政的机会也大大增加,但是它们能做到的主要是实行"社会福利国家"政策,并不能触动资本主义制度。上世纪80年代以后,欧洲的社会福利政策由于本身的缺点和经济衰退而普遍遇到很大困难,社民党在新自由主义的挑战下不得不对社会民主主义理论和策略重新思考。在当前的全球性金融危机和实体经济衰退的浪潮中,社会民主主义又一次受到考验。不管它将以什么样的新面目出现,但我们至少可以说,迄今为止,没有任何一个国家能通过和平过渡实现社会主义。

我在前面已经分析过,考茨基在论述社会主义革命的方式时是考虑到各种可能性的,这是他和把一切希望寄托在社会改良与和平过渡上面的改良主义者的重大区别，但是考茨基对和平过渡也是抱很大期望的。《社会革命》一书的第二部分即关于"社会革命后的日子"的论述实际上是以和平过渡为前提的。

恩格斯在为《法兰西阶级斗争》一书写的导言里虽然对议会斗争的作用作出高度评价，甚至也并没有否认无产阶级和平取得政权的可能，但是他同时强调发展的另外两种可能性。因此恩格斯绝不是"无论如何"都主张"和平的和反暴力的策略"，绝不是一个"爱好和平的、无论如何要守法的崇拜者"。① 在这一方面，考茨基是支持恩格斯的。他在涉及"导言"中的社会主义革命理论时力图全面解释恩格斯的观点。但是在德国革命的关键时刻，他对待恩格斯的理论的态度与德国社会民主党右派却没有什么区别。

恩格斯在"导言"中讲到德国等国的社会主义运动有这样一种发展可能性：在无产阶级的力量通过合法斗争日趋强大，以致威胁到资产阶级的统治时，资产阶级政府会采取暴力镇压手段，摧毁无产阶级的力量。现在看来，在英、法这样议会制民主发达的国家，这种情况是不可能发生的。只有在封建势力残余还很严重、特别是掌握着军队的国家才有这种可能。德国恰恰就是这样的国家。1894 年帝国政府曾提出所谓"反颠覆法案"（又译"防止政变法案"）。1897 年政府准备起草所谓"苦役监禁法案"，1898 年 9 月 6 日，德皇扬言要实行这一法案，对组织和举行罢工者实行苦役监禁。1899 年 6 月，政府正式提出这一法案。虽然这两项法案最后都未获议会通过，但是德皇和反动政府欲置社民党于死地的野心始终存在。1899 年 7 月，威廉二世甚至说过，如果政府不行动起来，就会失去一切，因此他可以随时宣布整个帝国戒严，"在士兵没有把社会民主党的领袖从帝国国会赶出去和依军法枪毙以前，形势是不会有所改善的。我们需要制定一个把社会民主党人流放到加罗林群岛的法令"②。普鲁士邦和萨克森邦的政府也确实通过了压制社民党活动的法令，更不用说普鲁士邦坚持三级选举权制、萨克森邦竟企图实行四级选举权制了。

正是在这一形势下，恩格斯在 1891 年认为，为了避免政府的迫害，不

---

① 《马克思恩格斯全集》第 39 卷，人民出版社 1974 年版，第 436、432 页。
② 《德国工人运动史大事记》第 1 卷，第 216 页。

适合把民主共和国的要求写入社民党的纲领。也正是在这一形势下，社民党领导才在 1895 年要求恩格斯在《法兰西阶级斗争》一书的"导言"中删去一些敏感的词句。但也正是在这种形势下，恩格斯认为社民党不应当把全部希望寄托在合法斗争上，必须作反动政府开第一枪的准备。伯恩施坦和另一些改良主义者故意曲解恩格斯的意思，考茨基却坚持应当全面理解恩格斯的意思，并且在《取得政权的道路》中全面论述了恩格斯的思想。但是恰恰是由于估计到反动政府有可能对工人阶级和社会民主党进行镇压，他采取了回避激烈斗争的态度。实际上，德国社会民主党为了反对"反颠覆法"和"苦役监禁法"都曾发动声势浩大的群众示威，这对于阻止法案的通过也确实起了一定的作用。党也完全可以通过包括群众罢工在内的合法斗争手段争取到普鲁士邦和萨克森邦改革选举权法，其风险也不是不可避免的。党内左派正是竭力推动党采取这种策略，考茨基却在这时畏缩了。恩格斯指出的另一种能为社民党取得政权提供机会的情况是战争。当时帝国主义战争的危险日益迫近，恩格斯已预见到今后的战争将是全欧洲规模的战争，它或者会加速社会民主党的胜利，或者会使它遭到严酷镇压和彻底失败，长期不能恢复元气，因此社民党必须对此作好充分准备。这已涉及社民党利用战争可能造成的政府危机发动革命的问题。第二国际各党也都在考虑这一问题，而第二国际的正式决策是：一方面尽一切力量阻止战争爆发，另一方面在战争万一爆发时利用它给资产阶级统治带来的经济和政治危机来推翻这一统治。考茨基的观点基本上是符合这一精神的，但是在第一次世界大战爆发后，他的立场却又一次动摇了。

1914 年 8 月 3 日，考茨基以《新时代》编辑的身份应邀参加社民党党团会议，讨论如何应对政府的战争拨款要求。他起初主张在议会表决时投弃权票，后来又支持党团内主张投赞成票的多数派。8 月 8 日，他发表《战争》一文，为党团的立场辩护，强调党内必须团结，"在这一方面，批判的武器现在也必须默不作声。……我们大家必须比从前更加万众一心团结一致地为党的实践作后盾。目前我们的成就的最重要条件不是批评，而是信任"[1]。在大战爆发前夕和爆发后，他发表了《帝国主义》等文，提出所谓

---

[1] 《考茨基言论》，第 178 页。

"超帝国主义论",直接间接地为帝国主义战争辩护。1915年6月18日,他与伯恩施坦、胡果·哈阿兹(社民党主席之一)联名发表题为《当务之急》的宣言(起草人为伯恩施坦),反对德国政府的兼并政策,呼吁早日结束战争,同时却非常害怕左派发动群众反对战争的努力。他支持哈阿兹、伯恩施坦等社民党议员在1916年3月成立的、反对右派领导的"社会民主党协作组",并且在1917年4月加入中派和左派的联合组织"独立社会民主党",继续保持这种态度。在独立社会民主党左派参加新成立的德国共产党后,考茨基1922年9月与独立社会民主党的其余部分一同回到社会民主党。

德国十一月革命迫使德皇退位后,社民党右派从首相巴登亲王手中接管了政府并且宣布成立德意志共和国。这个新政权恰恰没有打碎旧的国家机器,也就是没有触动旧政府的官僚军事机构。考茨基对这一政权的性质是有一定认识的。他在1918年12月29日发表的《继续推进革命》一文中说,革命还没有结束,革命在政治上和经济上都才刚刚开始。他说:"一向阻碍任何进步的军事独裁已被打倒,不过旧的行政和统治机器仍旧在国家和军队中行使职权",他认为这种局面只能是一种"暂时的局面","必须全面改造迄今为止的国家机器,必须剥夺官僚的权力和许多组织职能,并且把它们置于民主选出的市、镇、省、邦和全国的人民代表机关的监督之下"。[①] 他在与此大致同时发表的《德意志社会主义共和国想做什么?》一文中不仅谈到废除旧官僚的统治,而且说到"除非在为了实行军队复员有需要时,必须剥夺现存军官团的一切指挥权;如果还需要武装权力,必须用民兵代替常备军"[②]。他在1919年1月发表的《社会主义行动纲领的指导方针》小册子中再次强调:"我们的任务首先在于最快地解散常备军,彻底废除军官团在常备军并且通过它在国家中迄今占有的统治地位。应当用人民军队代替常备军……在其中只有负责训练的教官和高级军官才是职业军人。"[③] 但是他认为革命者面临二者择一的处境,如果通过一次打击来粉碎这种机器,就会使

---

① 《考茨基言论》,第314页。
② 转引自[意]马西诺·萨尔瓦多利:《社会主义和民主:卡尔·考茨基(1880—1938)》,斯图加特1982年德文版,第332页。
③ 转引自同上书,第339页。

士兵复员、国家的任何行政活动、甚至整个社会生活无法进行；如果听任这种机器并从而也听任旧制度的基础继续存在，就会把革命限制为一种"暂时的局面"。考茨基把这一情况称为"绝望的选择"，而按照他在前一时期的理论观点，他实际上是宁可选择后者，至少是暂时无所作为的。他把希望寄托在当时已在德国产生的工人和士兵苏维埃特别是工人苏维埃身上，认为它们的监督能使这样一种局面成为可能："旧的国家机器能够继续执行职能，却不会导致反革命。"① 这当然是幻想。由于社民党右派的破坏、独立社会民主党的分裂和德国共产党的错误政策，工人和士兵苏维埃根本未能发挥应有的作用，而社民党右派领导的政府竟然利用旧军队镇压了1919年1月的德国工人革命斗争，并且杀害了卢森堡和卡尔·李卜克内西。考茨基本人也曾被反动军队短期关押（他的家也被搜查，目的是要查清他和卢森堡的关系），只是在社民党和政府领导人艾伯特的干预下才被释放。考茨基对此当然是不满的。1922年，考茨基曾把诺斯克比作镇压巴黎公社的刽子手，称他为"德国的加利斐"②。但是，考茨基也把德国社民党左派（斯巴达克斯派和后来的共产党）的革命行动看成导致反革命暴力的一个诱因。因此他对社民党右派的反对是不彻底的。

在1919年1月19日举行的国民议会选举中，德国社民党虽然获得的议席最多，但仍仅占37.9%（独立社会民主党议席占7.6%，共产党抵制这次选举），和资产阶级政党相比仍占少数。国民议会选举社民党领袖艾伯特为总统，社民党另一领袖谢德曼为总理组成第一届联合政府。此后直到纳粹上台为止，社民党始终只能以联合政府中的一方或甚至以反对党身份参加国家管理。1919年8月制定的魏玛宪法为德国的议会共和制奠定法律基础，确认了人民大众的政治权利和社会权利，但是它赋予总统过大的权力，特别是允许他"在公共安全和秩序受到威胁的情况下宣布宪法规定的基本权利无效"，这就留下很大的隐患。但是对于考茨基来说，国家已走上了他长期企求的议会民主制轨道，已为无产阶级今后夺取政权开辟了道路。他在1921

---

① 《考茨基言论》，第313—314页。
② [美]盖利·史汀生：《卡尔·考茨基》，匹茨堡1978年英文版，第284页（注49和注50的注文）。

年发表的《一个马克思主义者心目中的马克思主义国家观》中认为,世界大战及其后果已使先进国家的社会主义运动进入一个新的阶段。在这一阶段,对于社会主义政党来说,进行宣传的必要性已让位于"参加国家生活的必要性",而且这种参加不仅限于"以反对派态度进行批评",而"主要是积极参与执政,即使还不是作为单独执政的党,但毕竟是作为这样的政党:它或者以联合的形式参加政府,或者打算在不长的时间内接管政府。"他强调说:"由于无产阶段的不断加强,这一阶段或迟或早一定会在具有资本主义工业的国家出现。"[①] 他在1922年回到社民党以前发表的《无产阶级革命及其纲领》一书中说:"从革命中产生的德国宪法,尽管有它的缺点,却给社会主义无产阶级提供了用和平手段取得政权的充分可能性。"[②] 他明确地说:"如果民主制能在德国保留下去(这是我们有一切理由可以指望的),那么,统一的社会民主党在德国也将像马克思和恩格斯对于英国所预料的那样,只要有民族的大多数作它的后盾,就用和平的方法取得政权。"[③]

考茨基在这本书里阐述了他对马克思和恩格斯所说的"打碎传统的国家机构"的理解。他认为,马克思否定的只是这种机构的一种"特殊形式",即"官僚军事机构"。而马克思关于摧毁"官僚军事机器"是"大陆上任何一次真正的人民革命的先决条件"的论断"并不是对任何现存国家都适用的"[④],只是对军事君主国家而言的。考茨基把英国排除在"军事君主国"之外,实际上也把德国排除在外,这说明,他认为魏玛共和国已经不存在打碎旧的官僚国家机构的任务,可见他严重忽视了魏玛共和国的隐患。

考茨基主张,社会民主党应当对现存的共和国完全认同,并且用一切力量来捍卫它,他说:"这个宪法还不是很有保障的,因此无产阶级也许还需要再一次诉诸武力来维护它。但是无产阶级没有丝毫理由要使用暴力来推翻

[①] [德] 卡尔·考茨基:《一个马克思主义者心目中的马克思主义国家观》,耶拿1921年德文版,第5页。
[②] 《考茨基言论》,第360页。
[③] 同上书,第370页。
[④] 同上书,第388页。

它。"① 考茨基发表这一著作的目的之一是为德国社民党制定新纲领提出意见，而他的这一思想在 1925 年制定的德国社民党海德堡纲领中得到这样的表述："民主共和国是工人阶级进行解放斗争并从而实现社会主义的最有利的基地。因此，社会民主党要保卫共和国并促进它的发展。"② 他还为社民党参加联合政府提出理论论证，甚至把马克思在《哥达纲领批判》中关于无产阶级专政的著名表述修改成："在民主国家的纯粹资产阶级统治时代和纯粹无产阶级统治时代之间，有一个从前者变为后者的转变时期。同这个时期相适应的也有一个政治上的过渡时期，这个时期的政府通常将采取联合政府的形式。"③ 这时考茨基的观点和右派已经没有区别。他实际上认为，魏玛共和国的建立已经消除了右派和中派的分歧，现在的任务只是反对左派即共产党的激进主义了。

我认为，即使在德国那样发达的资本主义国家，当时在经济上也还没有具备实行社会主义的条件；从政治上说，社会民主党也未能争取人民中的大多数相信社会主义，因此卢森堡等左派的进行社会主义革命的主张也是脱离实际的。但是肃清封建主义和军国主义势力的问题是与绝大多数人民的切身利益有关的，社会民主党和共产党完全可以把这当做最迫切的任务而采取联合行动。共产党方面的过左政策固然是这一联合行动的障碍，但社民党方面实际上已放弃了进一步争取民主的要求，考茨基在这一时期的许多著作如《继续推进革命》（1918 年）、《无产阶级革命及其纲领》（1922 年）等都是为社会民主党当时的政策辩护的。考茨基甚至在 1930 年出版的反对苏联的书《陷于绝境的布尔什维主义》中还附带发表了自己对德国社会主义运动的历史和现状的观点。他说德国（以及另一些欧洲国家）的社会主义运动的发展经历了三个阶段。第一阶段是成立群众性政党；第二阶段是做"不调和的反对派"；第一次世界大战以后，由于三个大的军国主义君主国（俄、德、奥）被推翻，开始了现代社会主义的第三个阶段，"也就是我们在其中生活的这个阶段"。考茨基认为，社民党现在是在民主共和国内活

---

① 《考茨基言论》，第 360 页。
② 《德国社会民主党纲领汇编》，第 41 页。考茨基曾担任起草委员会主席。
③ 《考茨基言论》，第 377 页。

动,"这个共和国是受到反动派的威胁的,它只能从无产阶级得到可靠的保护。我们现在的职责是要去维护这个共和国,也就是当前的这个国家,而不是去推翻它"。他认为,在这限度内,社民党已不再是革命的而是变得"保守"了,这不是由于它放弃了自己的任何目标,而是由于它已经"实现了某些目标","不是社会民主党变了,而是国家变了。在政治革命实现以后,政治革命的思想就失去了它的意义"。他又一次为联合政府辩护。他说:"无产阶级也已经成长壮大并获得了巨大的力量,以致如果说它不是占据优势的话,至少也是同中产阶级政党旗鼓相当的。虽然一个社会主义政党还不可能单独进行统治,但是它并不再需要去同一切政府和一切其他政党进行不调和的斗争。因此,社民党人不得不放弃那种深恶与其他政党组成联合政府的态度。"考茨基认为德国社民党这样做是对的。他的结论是:"只要我们一旦拥有大多数,足以单独组成一个强有力的政府,能够负起制订法律的责任,那就会进入争取社会主义的斗争的第四个也是最后的一个阶段。"①

考茨基的这一乐观论断与德国社会民主党在魏玛共和国时期组织或参加联合政府艰难曲折的实际情况是相差很远的。考茨基在纳粹上台以后继续对社民党推翻纳粹统治的可能性作出乐观的估计。1924年以后他移居维也纳,仍旧关心德奥两国社会民主党的活动,而且继续发表著作。这些著作虽然对现实的政治斗争不能起多大作用,但是确实能帮助我们全面地、历史地理解他关于国家和革命的理论。考茨基关于无产阶级专政的理论是他关于国家和革命理论的重要组成部分,因此我在下一节中专门探讨这一问题。

八

无产阶级专政理论是马克思恩格斯的无产阶级革命和社会主义理论的重要组成部分。它的基本思想在《共产党宣言》中有关无产阶级"建立自己的统治"并"上升为统治阶级"、"无产阶级建立自己的政治统治"、"组织成为统治阶级的无产阶级"等等提法中已经得到表述。1848年欧洲革命以后,马克思恩格斯总结了无产阶级在这次革命中与资产阶级进行激烈阶级搏

---

① [德]卡尔·考茨基:《陷于绝境的布尔什维主义》,柏林1930年德文版,第130—131页。参见三联书店1965年版,第120—122页。

斗的经验教训，第一次提出无产阶级专政概念。1852 年 3 月马克思在致约·魏德迈的信中表示他对阶级斗争学说所作的新的贡献包括"阶级斗争**必然导致无产阶级专政**"和"这个专政不过是达到**消灭一切阶级**和进入**无阶级社会**的过渡"①。

1871 年巴黎公社失败以后，马克思恩格斯进一步明确表述了有关无产阶级专政的一个重要思想。马克思在 1871 年 4 月 12 日给路·库格曼的信中说到巴黎公社时强调指出他在《路易·波拿巴的雾月十八日》最后一章中"认为法国革命的下一次尝试不应该再像以前那样把官僚军事机器从一些人的手里转到另一些人的手里，而应该把它打碎，这正是大陆上任何一次真正的人民革命的先决条件"②。恩格斯在《共产党宣言》1872 年德文版的序言中也说，巴黎公社已经证明："工人阶级不能简单地掌握现成的国家机器，并运用它来达到自己的目的。"并且指出这句话出自马克思起草的《法兰西内战。国际工人协会总委员会宣言》，"那里把这个思想发挥得更加完备"③。

1875 年，马克思针对德国社会民主党哥达代表大会准备通过的纲领草案写了《哥达纲领批判》一文（即《德国工人党纲领批注》），其中对无产阶级专政下了经典性的定义："在资本主义社会和共产主义社会之间，有一个从前者转变为后者的革命转变时期，同这个时期相适应的也有一个政治上的过渡时期，这个时期的国家只能是无产阶级的革命专政。"④

根据马克思、恩格斯的上述各次论断，并且联系到他们在有关著作中对 1848 年革命和巴黎公社的经验教训的分析，我认为在论述无产阶级专政思想时有两点是应当突出指明的。

第一，无产阶级在进行社会主义革命时必须打碎现成的官僚军事国家机器，建立自己的新的政权。

既然打击对象是官僚军事机器，那么在通常情况下是必须经过暴力革命的。当然，马克思并不否认，在有些国家"工人阶级可能用和平手段达到

---

① 《马克思恩格斯选集》第 4 卷，人民出版社 1995 年版，第 547 页。
② 同上书，第 599 页。
③ 同上书，第 1 卷，第 249 页。
④ 同上书，第 3 卷，第 314 页。

自己的目的"①，但是这一设想的前提是：这些国家（例如英国和美国）具有军阀制度和官僚制度最少等特点，而且即使如此，统治阶级也未必会不经过叛乱就"屈服在这种和平的和合法的革命面前"②。

第二，特别是从马克思恩格斯对巴黎公社某些不足之处的批评和对某些措施的高度称赞，可以看出，无产阶级专政既要求对反动派和革命的敌人实行镇压，也要求对工人阶级和广大人民群众实行高度的社会主义民主。

马克思恩格斯从来是不愿意为未来社会制定蓝图的，因此他们对于无产阶级专政主要限于原则上的论述，许多具体问题要由后来的革命者通过实践去提出解决方案。考茨基正是这一历史背景下对无产阶级专政理论提出自己的解释并且与列宁进行争论的。

《哥达纲领批判》是马克思寄给德国社会民主党（当时的名称是德国社会主义工人党）的领袖阅读的意见，当时没有公开发表。到1891年德国社会主义党爱尔福特代表大会前夕，恩格斯才公开发表这一重要文件。马克思批评哥达纲领草案中没有提无产阶级专政，恩格斯在1891年发表的对社民党爱尔福特纲领草案的批判中也提到"民主共和国甚至是无产阶级专政的特殊形式"③。但是这次大会通过的新纲领（所根据的草案是考茨基和伯恩施坦起草的，不是受到恩格斯批评的那一个）并没有使用无产阶级专政的提法。第二国际一些社会党以《爱尔福特纲领》为样板制定的纲领（包括俄国社会民主党纲领）也都没有提到无产阶级专政。

原因很简单，当时这些党都是进行合法斗争的政党，至少在正式文件中是必须尽量避免使用"革命"之类的字眼的。《爱尔福特纲领》提到把资本主义所有制变为社会所有制，提到工人阶级为此必须"掌握政治权力"，但是回避了"革命"一词。恩格斯也认为，"从法律观点看来，似乎是不许可把共和国的要求直接写到纲领里去的"④，更不用说"无产阶级专政"了。第二国际1896年伦敦代表大会通过的加入国际的条件（后来成为第二国际

---

① 《马克思恩格斯选集》第18卷，第179页。
② 同上书，第23卷，第37页。
③ 同上书，第3卷，第314页。
④ 同上书，第4卷，第412页。

章程的第一条）则使用了"由组织成阶级政党的无产阶级为社会主义夺取公共权力"这样的提法。1900年巴黎代表大会关于米勒兰入阁问题的决议的名称也是"关于夺取公共权力的决议案"。在这种情况下，德国社会民主党和第二国际其他社会党在纲领性文件中不提"无产阶级专政"是完全可以理解的。

  但这只是问题的一个方面。问题的另一面与社会党的领导人和理论家对无产阶级革命或社会主义革命的理解有关。我在前面论述的考茨基的理论观点在当时是有代表性的。他们普遍认为：社会革命是有"自然必然性"的，是不可避免的；政治革命是完成和巩固社会革命的手段，是无产阶级政党力争实现的；在这两个问题上基本上不存在分歧。但是政治革命以什么方式实现，是通过暴力革命还是和平过渡，党内的左派和右派各执一端，正统派或中派则认为要视情况的发展而定，他们对和平变革寄予很高的期望，同时认为不应绝对排除暴力革命的可能性。至于革命后的无产阶级政权或无产阶级国家是仅仅具有管理职能还是也有镇压职能，当然也与革命的方式有关。"专政"这个词从通常意义来说，当然包含暴力和镇压的内容，带有"刺激性"，因此一般情况下，社会民主党的领导人和理论家是避免使用这个概念的。

  在第一次世界大战前考茨基的著作中偶尔也可以发现提到无产阶级专政的地方，不过从上下文看来都是用来泛指无产阶级政权的。例如1893年，考茨基在《议会制度、人民立法和社会民主党》中说："英国的无所不能的议会将成为无产阶级专政的工具的那一天正在大踏步地迫近着。"[①] 这句话的前面还提到中世纪的"贵族专政"和当代的"工业资本家专政"，这里的"专政"显然是指这些阶级的独占统治。

  1896年，伯恩施坦在《空想主义和折中主义》一文中说，近年来社会民主主义运动几乎在"一切文明国家"（德、英、法、瑞士、意大利、奥地利等）所取得的显著的进步，已经容许人们作出这样的结论：社会民主党必须修改今天仍然采取的立场即主要只是对现行制度提出批评的立场，转为提出积极的改良建议。"我们在最先进的国家里，已处在虽然不是'专政'

---

① 《考茨基言论》，第20页。

的前夕,但毕竟也是工人阶级或代表工人阶级的政党获得重大影响的前夕。"他在这篇文章稍后的地方又说:"工人阶级和代表他们的政治组织的影响在增长着,虽然还谈不到无产阶级专政。"① 伯恩施坦这篇文章的中心思想是主张资本主义可以"长入"社会主义,反对把资本主义社会和社会主义社会截然区分开来。他在文中紧接着上引的第二句话说,主张截然划分的人所认为的"本应是灾变以后才发生的问题,将不可避免地提到日程上来。关于这点,谈论社会的长入社会主义,并不是错误的"。由此可见,他是不赞成社会主义革命有无产阶级专政这一阶段的。

伯恩施坦在公开对马克思主义提出修正以后,1899年在《社会主义的前提和社会民主党的任务》一书中明确表示反对无产阶级专政。他说,在当前时代,社会民主党的代表在一切可能的地方实践上都已站在议会工作、比例人民代表制和人民立法的立场,而这一切都是同专政相矛盾的。因此在这一时代再坚持"无产阶级专政这一词句"已经没有意义,"这一词句今天已经如此过时,以致只有把专政一词的实际意义去掉并且赋予它随便什么削弱了的意义,才能使这一词句和现实相一致"。② 他认为,社会民主党的信徒已经"觉悟到自己是一种更高级文化的先锋",他们努力创造一些条件,使"现代社会制度在不发生痉挛性爆发的情况下转移为一个更高级的制度",而阶级专政却属于"较低下的文化",是"政治上的返祖现象",因为它所主张的由资本主义向社会主义过渡的发展形式是属于过去的某一个时代的,那个时代"还完全不知道今天的传播和争取法律的方法",也没有"适合这一目的的机关"。③ 伯恩施坦显然是指资产阶级议会制民主共和国以前的时代。从本书前面的论述可以看出,他认为只有在这个时代,暴力革命才是必要的。

考茨基立即在《伯恩施坦和社会民主党的纲领》一书(这是根据他在《新时代》上发表的一系列批判伯恩施坦的文章加工编辑而成的)中对伯恩施坦的观点进行反驳。这可以说是德国社会民主党历史上乃至整个国际社

---

① 《社会主义的历史和理论》,第142、144页。
② 《社会主义的前提和社会民主党的任务》,第195页。
③ 同上。

主义运动历史上第一次围绕无产阶级专政问题进行的论战。

考茨基正确地认识到，伯恩施坦对无产阶级专政的态度是同他对无产阶级革命的态度密切相关的，而伯恩施坦在使用"革命"一词时又是把它理解成起义或非法的暴力行动，因此他也从这一角度切入问题。他说，"我不想发誓担保无产阶级的阶级统治非采取阶级专政的形式不可。但是要说民主的形式已经足以使无产阶级的阶级专政对于无产阶级的解放来说成为不必要的东西，这是向来的实践及其今后的前景丝毫也证明不了的。"考茨基承认，"在其他条件相同的情况下"民主制最适于防止阶级斗争"不必要的尖锐化"，但仍旧不能抵制"由于经济发展而必然出现的阶级斗争尖锐化"，因此民主制不可能"使无产阶级的阶级统治成为不必要的事"。考茨基认为，就无产阶级专政这一概念来说，它所涉及的是否坚持无产阶级独立组织并由它取得政权的方面在当时是重要的，但其他方面的问题"满可心平气和地留待将来去解决"，这些问题包括：无产阶级统治将在何时到来；它将怎样到来，也就是通过大风暴或若干次灾变到来，还是"在逐渐的循序的实现中到来"；无产阶级统治初期的社会和无产阶级将是什么样子。由此可见，考茨基只是反对伯恩施坦把革命单纯解释成暴力革命并绝对加以排斥，反对他主张资本主义和平"长入"社会主义而否定两者之间存在着以政权转变为主要标志的明确界限。他在这里发表的所有涉及无产阶级专政的观点与他在其他著作中关于无产阶级革命和无产阶级政权的观点并无不同。

这场争论到此为止，直到十月革命以后考茨基才就无产阶级专政问题与列宁进行了一场历史性的论战。但在这以前，王德威尔得的有关观点是值得一提的。

王德威尔得在《社会主义反对国家》中关于"无产阶级的取得政权"一节中专设一小节讨论"无产阶级的集体专政"。他的论述是以我在本节前一小节中引述的他关于无产阶级应在民主制度下为掌握政权作好准备的观点为基础的。他认为："工人阶级这个自主的组织越是有所发展，对于无产阶级专政的原始和初步的想法就必须格外彻底地加以修改。"[1]

那么，什么是关于无产阶级专政的"原始的和初步的想法"呢？他说：

---

[1] 《社会主义反对国家》，第79页。

"似乎无可否认的是,恩格斯和马克思至少在《共产党宣言》中认为,穿着警察国家的靴子的无产者在一定时候将借用无产阶级所建立的强制权力来对资产阶级实行统治。"①

但是,他紧接着就说:"为了制造社会革命,无产阶级将利用统治阶级所铸造的统治工具来使革命成为不可能发生的事。"② 这句看来费解的话无非是说,通过议会制民主可以避免暴力革命而实行社会革命。既然无产阶级已经有了坚强的组织,那么他们对资产阶级国家的利用就只会是为了一个目的:"用今后在工人阶级庞大的工会、合作社和政治联合组织中逐渐形成的一个新国家来代替资产阶级国家的问题。"③

王德威尔得认为,这并不是说旧的国家机器中的任何部分哪怕作为临时措施都不应加以保存,但是"我们大家不大容易承认,这种统治和压迫的工具能够不经过重大的修正就当作解放和获得公民权利的手段来使用"④。因此,他很乐于引用恩格斯1891年为《法兰西内战》单行本写的《导言》中的最后一句话:"先生们,你们想知道无产阶级专政是什么样子吗?请看巴黎公社,这就是无产阶级专政。"⑤ 王德威尔得在这里突出强调的是,胜利了的无产阶级将像公社一样立即除去国家这个祸害的最坏的一面,同时"等待彻底排除这一祸害"。因此实际上,王德威尔得是把无产阶级专政同废除国家联系起来的,他认为不应当把废除国家理解成一个通过"比较突然的转变"来实现的"从无产阶级专政到无政府即没有政府的过程"⑥,而是应当尽量缩小国家作为权力机关的职能,继续保留其代表全社会一般利益的职能。在这里,王德威尔得关于无产阶级专政的提法就与他的国家理论和社会革命理论融为一体了。

考茨基的立场和思路基本上和王德威尔得是一致的,但他的论述在理论上更加明确,逻辑上也更加严密。

---

① 《社会主义反对国家》,第80页。
② 同上。
③ 同上。
④ 同上。
⑤ 《马克思恩格斯选集》第3卷,第12—14页。
⑥ 《社会主义反对国家》,第80页。

考茨基在《无产阶级专政》一书中首先从无产阶级革命的先决条件着手进行论述。他认为要实行社会主义，必须具备使它成为可能和必要的特殊历史条件。第一个条件是实现社会主义的意志，而这是以第二个条件即生产的高度社会化为其物质基础的。随着这两个条件的存在，第三个条件即实现社会主义的力量（主要指人数）也就必然存在了："大企业意味着无产者——也就是实现社会主义符合其利益的那些人——的人数增多，同时也就意味着资本家的人数减少。"① 他还明确地说，"无产阶级最有效的武器就是它的人数；只有在无产阶级成为居民中人数最多的阶级时，只有在资本主义社会已经发展到农民和小资产阶级已不再在劳动阶级中占大多数时，无产阶级才能解放自己。"② 以上这些条件都是从经济发展中直接产生的，是在没有无产阶级参与作用的情况下发生的。为了实现社会主义，还需要一个"第四因素"："无产阶级不仅必须有实现社会主义的兴趣，不仅要具备实现社会主义的物质条件和拥有利用这些条件的力量，而且还必须具备一种保持和正确运用这些条件的能力"，这也就是"无产阶级的成熟"，这个条件和前三个条件不同，不经过无产阶级本身的作用不能产生，"这个因素必须是从无产阶级反对资本的努力中产生的"。③ 在稍后的地方他又说，阶级斗争会"提高无产阶级，并且使无产阶级具备这样一种能力，这种能力是无产阶级所必需的，如果无产阶级不仅是要利用机会作为偶然的成功而夺得政权，而且还要能保持和运用这个政权的话"④。

以上四个条件归结为两条：第一，资本主义生产的高度发展；第二，无产阶级（包括受到无产阶级影响的其他劳动阶层）的人数和阶级的觉悟都达到较高的程度。但是这两个条件都是相对的。一般说来，大企业愈发达，也就是说，需要社会化地加以组织的企业的数目愈少，社会主义就愈容易实现，但也有一些情况会使这一问题复杂化。另一方面，无产阶级同样的力量和能力对于实现社会主义是否足够，也要视不同国家和不同时期而异。考茨

---

① 《无产阶级专政》，三联书店1963年版，第8页。
② 同上书，第16页。
③ 同上书，第8—9页。
④ 同上书，第11页。

基认为，只能肯定地说："无产阶级在人数、力量和智慧方面正在不断增长着，它正在愈接近它的成熟时期"，但是即使在无产阶级已占人民的多数而且人民中的多数已经表示要实现社会主义的意志时，也还不能肯定地说，它已达到成熟时期。与此相反，可以肯定的是："只要人民群众的多数还对社会主义抱敌对态度并且不想要社会主义，这个国家的人民就没有成熟到实现社会主义。"①

这种论述在考茨基以前的著作中曾反复出现。《爱尔福特纲领解说》用大量篇幅分析无产阶级和资本家阶级，认为资本主义生产使"无产阶级的情况越来越遍及于整个社会。在一切文明国家里，大量的居民都已下降到无产阶级的水平"。随着产业资本在经济中日益取得决定性意义，"工人阶级"的概念不断扩大，这首先是指大工业中的无产阶级，而他们的"情感和思想方法对全体工资劳动者也日益发生着决定性的作用"，而后者包括工场工业和手工业中的劳动者、城市中的非工业劳动者以及农业劳动者，"于是，一切的劳动者阶级日益汇合成一个单一的工人阶级"，"一个具有新的道德和新的哲学，人数日益增多，团结日益加强，经济意义日益增大，自觉性日益增强和眼界日益扩大的新阶级成长起来了）"。②

1909年，考茨基在《取得政权的道路》一书中联系德国的情况分析欧洲的革命形势时认为，西欧各国在前一个时期，无产阶级不占人口多数，社会民主党也不是最强大的党，但是从90年代初起，欧洲发达国家已进入一个可能延续几十年之久的"为国家制度和国家政权而斗争的时期……这个斗争可能在不远的将来就大大加强无产阶级，甚至使无产阶级在西欧建立起自己的专政"③。这一时期的特点是："无产阶级不仅在人数上增长了，在组织上巩固了，而且在道义上也取得了巨大的优势"④；有一个受到这个阶级信任，能把这个阶级引导到胜利的社会民主党；在阶级斗争尖锐化和资产阶级政府的军国主义、帝国主义政策的影响下，无产阶级中缺乏觉悟的部分和

---

① 《无产阶级专政》，第13—14页。
② 《爱尔福特纲领解说》，第154页。
③ 《取得政权的道路》，第71页。
④ 同上书，第118页。

甚至一度可能敌视无产阶级的小资产阶级群众都被争取到社会主义方面来了。考茨基认为，可以确信的是，"我们已经进入了普遍震荡和不断政治变革的时期"①，而不管这一普遍动荡和政治变革的时期所采取的形式和延续的时间如何，"在无产阶级还没有蓄积起足够的力量来从政治上和经济上剥夺资本家阶级，从而为世界历史开辟一个新纪元以前，是不会转入较长的稳定时期的"②。这一论断与他在《无产阶级专政》中所作的论断实质上是一致的。

王德威尔得在《社会主义反对国家》中也下过这样的论断，不过简单得多："在工人们能够成为指导阶级以前，他们在通过资本主义演变已经变成居民中的大多数（或者像《共产党宣言》所说的绝大多数）以后，还必须在他们的人数力量之外再加上政治和经济上的组织力量。"③

考茨基关于无产阶级专政的理论的第二个观点是民主与无产阶级的成熟和无产阶级革命之间的关系。

考茨基认为，首先，欧洲的工人阶级是通过一系列民主斗争、包括流血的斗争为自己争得民主权利并且受到教育的，"由于他们为了赢得、保持和扩大民主而进行斗争并且不断运用各种民主权利而进行组织、宣传和争取社会改革，无产阶级就一年一年地更加成熟起来，无产阶级已经从人民群众中最低的阶层变成了人民群众中最高的阶层"④。资本主义社会中日益增长的矛盾不断引起重大冲突并且不断使无产阶级面临重大问题，这就提高了无产阶级的认识能力，使之超出日常小事的界限。但是在民主国家里，这种提高不单限于少数杰出人物，"而是会变成人民群众本身的提高，人民群众同时就在日常工作的实践中被锻炼得具有自治的能力"⑤。

其次，民主制度（包括结社自由、出版自由、普选制等）能使各个政党和阶级之间的力量对比关系显示出来。考茨基援引他在《取得政权的道路》中的话说，至少在具有一定程度的民主的国家里，"人们把这种民主制

---

① 《取得政权的道路》，第126页。
② 同上。
③ 《社会主义反对国家》，第76页。
④ 《无产阶级专政》，第12页。
⑤ 同上书，第23页。

度称为社会的安全阀门。……民主不能消除资本主义社会阶级矛盾,也不能阻止这种矛盾的必然的最后结果——资本主义社会被推翻。但是民主能做到一件事:这就是它虽不能防止革命,但能防止某些时机尚未成熟的、没有希望的革命尝试并且能够使某些起义成为不必要";由于民主能显示各个不同的政党和阶级之间的力量关系,它就可以使"新兴阶级不去试图完成它所不能胜任的任务",使统治阶级"不去拒绝那些他们已不再有力量来拒绝的让步"。结果是,"发展的方向并不因而有所改变,但发展的历程会更加肯定,更加平稳"。①

第三,在民主制度下,阶级力量对比关系不是固定不变的。阶级是通过政党来参加政治斗争和实行统治的,而"政党力量的变化比阶级力量的变化还要快","任何政党都不能很有把握地一直执政下去,任何政党都必须估计到变成少数派的可能性",但又"不会永远属于少数派"。由此就产生了"对少数派的保护","保护少数派是民主发展的必不可缺的条件,其重要性并不亚于多数派的统治"。②

总之,只有通过民主,无产阶级才能达到它为实现社会主义所需要的成熟程度,民主也提供衡量这一程度的标尺,因此在民主国家中发生革命形势并引起无产阶级的实际行动时,胜利的可能性就会很大,而且也能成功地保持下去。考茨基认为,"在无产阶级业已取得政权而还没有在经济上实现社会主义的时候,在准备社会主义和已经实现社会主义这两个阶段——这两个阶段都需要民主——之间,总还有一个第三阶段,即过渡阶段"③,这个过渡就是马克思所说的无产阶级专政。

由于马克思在《哥达纲领批判》中没有详细说明他对无产阶级专政的设想,就给后人留下作各种解释的余地。考茨基说,有人认为在无产阶级专政阶段,"民主不但是不必要的,而且是有害的"④。对此他是不赞成的。他的看法可以归纳成以下三点。

---

① 《无产阶级专政》,第20—21页。参见《取得政权的道路》,第62—63页。
② 同上书,第17、19—20页。
③ 同上书,第24页。
④ 同上。

按字义讲，专政就是取消民主或个人独裁。但既然说阶级专政，当然排除个人独裁。但是从马克思对巴黎公社的描述和恩格斯关于巴黎公社就是无产阶级专政的提法可以看出，"这个专政并不同时就是废除民主，而是以普选制为基础的最广泛地运用民主"①。因此马克思不是按专政一词的字面意义使用它的。

第二，马克思既然如此重视全体人民的普遍选举权，他所说的专政就不会是一个与民主制不同的或对立的政体，而只能是指"一种在无产阶级夺得政权的任何地方都必然要出现的状态"②，"无产阶级专政是一种在无产阶级占压倒多数的情况下从纯粹民主中必然产生出来的状态"③。

理由是：无产阶级通常只有在它已经构成居民大多数或者至少受到居民大多数支持的地方，才能战胜统治阶级的权力手段，取得政权。在这种情况下，这个"在群众中扎根很深的政权，没有丝毫理由去损害民主"④。

当然，这个政权在"有人用暴力行动来压制民主的时候"也不能永远避免使用暴力，因为"暴力只能用暴力来回答"，但是"这个知道自己受到群众支持的政权使用暴力，不是为了放弃民主，而是为了保卫民主"。⑤ 他在此书后面的一句话中又间接地说明，专政是"在局势一平静时就应该重新让位给民主的一种暂时的权宜措施"⑥。

考茨基关于无产阶级专政的理论是以发达资本主义国家的经济和政治条件为根据的。《无产阶级专政》中有一段话清楚地概括了他的观点："一个国家一方面愈是资本主义化，另一方面又愈是民主，那么它就愈接近社会主义。一个国家的资本主义工业愈发达，那么它的生产力就愈高，它的财富就愈大，劳动就愈社会化，它的无产阶级人数也就愈多。而且，一个国家愈民主，它的无产阶级就组织得愈好，愈有训练。民主有时也会阻碍无产阶级的革命思想，但是民主是促使无产阶级达到它取得政权和实现社会所必需的成

---

① 《无产阶级专政》，第 25 页。
② 同上书，第 24 页。
③ 同上书，第 25 页。
④ 同上书，第 27 页。
⑤ 同上。
⑥ 同上书，第 77 页。

熟程度的必不可缺的手段。在任何国家里，无产阶级和统治阶级之间的冲突总是不可避免的，但是一个国家在资本主义和民主方面愈是先进，那么无产阶级在这样的冲突中不但能暂时取得胜利而且还能保持胜利的希望也就愈大。如果一国的无产阶级在这种条件下取得了国家政权，它就会在那里发现已经有足够的物质力量和思想力量来使经济立即朝着社会主义方向去发展，并且立即增进普遍的福利。"① 而这种实际事例教育也会促进落后国家的社会主义事业，因此"俄国目前的革命只有在同西欧社会主义革命同时发生的情况下才可能具有社会主义性质"②。

考茨基的这一论断已经涉及他对俄国十月革命的态度。他在这本书中与列宁就无产阶级革命理论进行论战之前，首先一般地对类似俄国革命的情况作了以下的论述。

考茨基设想这样一种与发达资本主义国家不同的情况："各种有利条件的特殊巧合允许一个无产阶级政党取得政权，尽管大多数居民不赞成或者坚决反对这个政党"，这是一种"非常情况"③，只有这时才能对"作为废除民主的专政"加以考虑。这种专政是"少数派的专政"，它只能借助于"足以胜过无组织的人民群众的一种中央集权组织的优势"和"军事威力的优势"来进行统治，这甚至会迫使反对派用"诉诸刺刀和拳头的办法而不是用选票的办法来寻求出路"，于是"内战就成为政治矛盾和社会矛盾的转化形式"。④ 考茨基认为，即使在这种情况下，拥护社会革命的人也有迫切的利害关系使它仅仅成为暂时的、迅速进行的一段"插曲"，要使内战只是"有助于实现民主和巩固民主"，要使社会革命"受民主影响的支配"，也就是说，社会革命不能超越人民群众大多数所愿意达到的程度，否则就不能获得使它"获得那种赖以形成持久局面的必要条件"。⑤ 他从这一设想出发与列宁进行争论，批评和否定了布尔什维克的无产阶级专政理论。

考茨基指出，俄国社会民主党分成孟什维克和布尔什维克两个派别。孟

---

① 《无产阶级专政》，第53页。
② 同上书，第54页。
③ 同上书，第27页。
④ 同上书，第29页。
⑤ 同上书，第32页。

什维克认为，在俄国现有的经济基础上，革命只能是资产阶级革命，除非在俄国革命的同时，欧洲也发生社会主义革命。而"布尔什维克一直只相信意志和暴力是万能的，现在不考虑俄国的落后性，想要使革命立即变成社会主义革命"①；他们还假定俄国革命会"构成欧洲革命的起点，俄国的大胆创举将号召全欧洲的无产阶级起来斗争"②。

不言而喻，考茨基是赞同孟什维克的。他说："现在正在俄国进行的，实际上是最后一次资产阶级革命，而不是第一次社会主义革命。"③ 他认为布尔什维克的两个估计，即他们只要取得政权就会得到大多数人民的拥护并且引起欧洲革命的估计都落空了。俄国资本主义经济远不够发达，缺乏社会主义革命的物质条件，而俄国无产阶级无论就力量还是在觉悟程度上说都还不够成熟，也不能说服广大小资产阶级和农民相信社会主义道路，于是"用专政来代替民主就成为不可避免的了"④。

考茨基承认，在俄国 1905 年革命中首次出现的苏维埃是"把工人阶级在政治上和经济上的力量联合起来的"组织形式，它已经有伟大光荣的历史，"它的未来历史一定更加伟大，而且不限于俄国一国"⑤。"苏维埃组织是当代最重要的现象之一。它在我们正去迎接的这一场资本同劳动的大决战中将起决定的作用。"⑥ 他也承认，"一个社会主义政党在一个大国里毕竟成了执政党——这在世界历史上还是第一次。对于战斗的无产阶级来说，这无疑是一个重大的光辉的事件。"⑦ 但是他坚决反对布尔什维克把无产阶级专政看成是一种政体，也反对布尔什维克解散根据普选权选出来的立宪会议，却"把向来是一个阶级的战斗组织的苏维埃变成了国家组织"⑧。

考茨基不但援引列宁的言论，而且援引布哈林起草的《社会主义革命

---

① 《无产阶级专政》，第 33 页。
② 同上书，第 35 页。
③ 同上书，第 54 页。
④ 同上书，第 36 页。
⑤ 同上书，第 39 页。
⑥ 同上书，第 40 页。
⑦ 同上书，第 75 页。
⑧ 同上书，第 40 页。

提纲》来证明，布尔什维克把无产阶级专政看成一种"崭新的国家形式"，"整整一个历史时期内的国家形式"，它的含义可以说是"对资产阶级的经常的战争状态"。他还证明，布尔什维克认为专政的含义"就是暴力制度。这里重要的是暴力的阶级内容"①。因此他们也反对"普遍自由"和普选权，认为"在现阶段里，在原则上保障普遍自由（这就是说也给反革命的资产阶级以自由）不仅是多余的，而且会起完全有害的作用"②。

考茨基反对这种观点。他认为普选权比这种做法优越。他分析了两种可能性。一种可能性是，资本家及其追随者只是无足轻重的少数，这时他们在普选制之下无法阻挠向社会主义的过渡，而只会更加安分守己。另一种可能是，资本家及其追随者是一大批人，这种情况在落后国家中是会出现的。资本家本身虽然"只构成一个薄薄的阶层"，但是"同社会主义者对比起来，他们的追随者可能是人数众多的"。因为那些认为社会主义是不可能实现的人，只要是用现代眼光看问题的就必然赞成资本主义，即使他们与资本主义根本没有利害关系。因此，"在一个落后国家里，居民中间直接或间接维护资本主义的诸阶层的人数可能是很庞大的"③。他们也许会在一个根据普选权选出的议会里成为一个"厉害的反对派"，但是恰恰是在这种民主的普选制度之下，一切阶级和利益在议会中的代表是与它们的力量大小相应的，"任何阶级和政党都能对任何法案进行最自由的批评，指出这个法案的缺陷，而且还能显示在居民中间存在的反对力量的大小"。反过来说，如果剥夺资本家及其追随者的选举权，"并不能减少他们的反对，他们却会更强有力地对抗这个新的暴政政权的一切措施"④。

考茨基认为，在普选制之下，工人阶级如果团结起来，也不需要害怕他们的敌人，而且普选制更加有利于使工人团结起来与敌人进行斗争。苏维埃却不是这样。苏维埃已将阶级敌人完全排除出去，使"一个社会主义政党的阶级斗争完全采取了对其他社会主义政党进行斗争的形式"，这样只会培

---

① 《无产阶级专政》，第77—78页。
② 同上书，第79页。
③ 同上书，第42页。
④ 同上书，第42页。

养"宗派狂热",而不是阶级觉悟。不仅如此,布尔什维克还陆续把其他政党即孟什维克、社会革命党右派和中派、社会革命党左派的代表排除出苏维埃,结果就使无产阶级专政成为无产阶级内的一党专政了。

考茨基认为,苏俄的实际情况是"有一个强有力的、目标明确的少数派取得了政权并且利用这个政权来实行社会主义措施"①,但是"社会主义要以无数个经济性的和政治性的自由组织为其前提,并且需要最充分的组织自由",如果国家通过人民中某一个阶层的专政来组织生产,"它就会阻碍朝向社会主义的发展,而不是促进这种发展"②。考茨基还分析了苏俄的工农业政策,认为俄国的农民所关心的只是自己的私有土地和小生产,"那种指望在目前俄国农业基础上能建立社会主义经济的想法是一种幻想"③。工业方面,仅凭剥夺资本主义财产是不能建立社会主义生产的,国营经济不等于社会主义,在俄国当时的情况下,国营经济的工人作为生产者的利益是与作为消费者的农民的利益相矛盾的,农民希望国营经济通过降低工资来降低产品价格。国营经济发展得愈大,这个矛盾就愈显得尖锐。"俄国革命的真正遗产将是这种矛盾,而不是社会主义"④。除此之外,还要加上内战造成的灾难和饥荒。"专政并没有证明是一个在与大多数人民相对立的情况下在一个国家里取得政权的社会主义政党赖以确保其政权的一种手段;专政只能证明是这样一种手段:它向一个社会主义政党提出了许多它所力不胜任的任务,使它为了解决这些任务而弄得精疲力竭和狼狈不堪。"⑤ 原因在于,"他们所宣扬和实行的无产阶级专政无非是一种想要超越或者用法令来取消那些自然的发展阶段的大规模试验而已"⑥。

考茨基对于俄国当时的政治经济条件、俄国无产阶级和其他阶级的力量对比的分析是基本上符合实际情况的。列宁当然不是不了解这些情况,但是他作为革命者不愿错过通过革命夺取政权并且尽快实行社会主义的机会,因

---

① 《无产阶级专政》,第49页。
② 同上书,第29页。
③ 同上书,第63页。
④ 同上书,第70页。
⑤ 同上书,第81页。
⑥ 同上书,第54页。

此他强调俄国的特殊性。他在《论我国革命》一文中批评考茨基等人"只看到过资本主义和资产阶级民主在欧洲的发展这条固定的道路",却不相信"世界历史发展的一般规律,不仅丝毫不排斥个别发展阶段在发展的形式或顺序上表现出特殊性,反而是以此为前提的"。这种特殊性就是:"我们为什么不能首先用革命手段取得达到这个一定水平(在这里是指文化水平——引者)的前提,**然后**在工农政权和苏维埃制度的基础上赶上别国人民呢?""我们为什么不能首先在我国为这种文明创造前提,如驱逐地主,驱逐俄国资本家,然后开始走向社会主义呢?"①

列宁和考茨基的分歧当然不是仅仅表现在对俄国革命性质和革命形势的分析上,而是主要表现为他们二人根据自己对马克思恩格斯思想的不同理解而各自提出的无产阶级专政理论。列宁的无产阶级专政理论和考茨基的无产阶级专政理论是他们二人不同的社会主义革命理论的产物。列宁认为,无产阶级只有通过暴力革命才能推翻资产阶级的统治而夺取政权(在西欧是如此,在俄国尤其是如此),并且必须通过用各种形式的暴力镇压资产阶级和其他反动阶级的反抗来巩固自己的政权和推行社会主义。考茨基虽然在理论上承认社会主义革命可以根据不同的情况而采取不同的形式,包括暴力革命,但实际上他是把主要希望寄托在无产阶级政党通过议会制民主以和平方式取得政权并且实行社会主义的。我在前面已经详细论述了考茨基为这种和平过渡所设定的种种主观和客观条件,他的无产阶级专政理论也是以这些条件为前提的。考茨基力图用马克思1872年在海牙的一次讲话中关于和平过渡可能性的论述以及马克思关于巴黎公社政治制度的评论为根据来证明马克思恩格斯所说的无产阶级专政无非是以普选制为基础、以民主共和国为形式的无产阶级统治。列宁却尖锐地指出他在这方面的论据不能成立。无论如何我们至少可以指出考茨基忽略了以下几个重要方面:

第一,在巴黎公社进行民主选举时,资产阶级反动派及其政权已经逃离巴黎。

第二,如本节开头所说,马克思在《法兰西内战》第三部分详细地阐述了工人阶级为什么不能简单地掌握现存的国家机器来达到自己目的的道

---

① 《列宁选集》第4卷,人民出版社1995年版,第777—778页。

理，恩格斯在《共产党宣言》1872年德文版序言中又郑重地重申了这一观点。

第三，马克思在《法兰西内战》的第二部分用大量篇幅描述了反动军队对人民群众的镇压和屠杀，为公社方面的某些报复行为进行辩护，同时指出，1871年4月7日公社颁布的声明自己有责任"保护巴黎不受凡尔赛匪帮的野蛮虐杀，要以眼还眼，以牙还牙"的法令在反动派眼中"只不过是空洞的威胁"①，因此根本不能制止反动派的暴行，这实际上是间接批评巴黎公社对反动派软弱无力。

第四，恩格斯在他为《法兰西内战》1891年单行本写的导言中批评公社没有掌握法兰西银行，认为这是一个"严重的政治错误"②。恩格斯在《论权威》一文中说，通过革命"获得胜利的政党如果不愿意失去自己努力争得的成果，就必须凭借它以武器对反动派造成的恐惧，来维持自己的统治。要是巴黎公社面对资产者没有运用武装人民这个权威，它能支持哪怕一天吗？反过来说，难道我们没有理由责备公社把这个权威用得太少了吗？"③

考茨基虽然也不得不承认无产阶级的民主统治有时也必须用暴力来反对敌对者的暴力，但是竭力把这一因素置于微不足道的地位。他努力冲淡"无产阶级专政"这个概念在马克思的革命理论中的重要性，甚至说它是马克思1875年在一封信中用过一次的"词儿"（Wörtchen）④，但是他始终未能说明，马克思为什么偏偏要使用"专政"这个词和"无产阶级的革命专政"这个概念。考茨基在1921年与托洛茨基进行论战时非常明确地说："历史已使无产阶级专政一词成为布尔什维主义的标志……因此我们有一切理由放弃使用无产阶级专政这个口号。这个词经常引起误解，而且在1917年以前仅仅在马克思主义的论战性著作中使用，并没在民马克思主义的宣传鼓动性著作中起过作用。《共产党宣言》中的语言对于我们来说已经而且应当完全够用了。那里没有说到**专政**，而是说到以通过革命取得的民主为基础

---

① 《马克思恩格斯选集》第3卷，第51页。
② 同上书，第1卷，第10页。
③ 同上书，第3卷，第227页。
④ 参见《无产阶级专政》，第77页；《列宁选集》第3卷，人民出版社1995年版，第591页。

的无产阶级**统治**。"①

考茨基在自己晚年的一些著作中继续论述无产阶级专政问题。例如，在大致于1935年写成并且在1937年发表的《社会主义者和战争》一书关于"民主和专政"的一节中，他把苏联的"红色专政"与意大利的"黑衫党专政"、德国的"褐衫党专政"相提并论，认为这些专政不但将使这些国家经济上陷于落后状态，而且将危害国际和平。他说："能够把人民群众导向更高级的生活方式的，不是专政的手段，这就是说，不是武装的少数用暴力压服赤手空拳的多数，也不是无产阶级专政，而是人民群众自愿承认无产阶级民主的领导，也就是说，自愿承认意识到自己社会任务的、有训练的和自由组织起来的无产阶级的领导。"② 他在另一著作中又一次谈到马克思的无产阶级专政观。他援引马克思1872年在阿姆斯特丹的一次公众集会上的讲话，说明马克思并不否认在美国、英国，可能也在荷兰，"工人可能用和平手段达到自己的目的，但是在一切其他的国家中，情况却不是这样"。考茨基认为马克思所说的其他国家显然是指德、俄、奥等"军事和警察集权的大国"。按照马克思和恩格斯的观点，在这些国家，工人阶级"不应该再像以前那样把官僚军事机器从一些人手里转移到另一些人的手里，而应该把它打碎"。考茨基解释说，"把专政作为一种政治秩序来说，那么维持一个强大的官僚军事的国家机器，就成为维持专政的先决条件。摧毁这个机器，就意味着完全的无政府状态或彻底的民主，而绝不意味着专政"，而在马克思和恩格斯看来，"摧毁集中的国家机构最重要的目的仅仅是建立民主"。

由此可见，考茨基归根到底还是认为无产阶级专政就是无产阶级民主，但是他仍旧不得不回到他始终无法解决的这个难题："马克思和恩格斯从未说明过，为什么要把这种状态说成'专政'，虽然这种状态必然是从民主产生出来的。我认为他们使用这个名词只是表示一个强大的政府。"③ 这种说

---

① 《从民主制到国家奴役制：与托洛茨基的争论》，柏林1921年德文版，第84页。转引自[意] 马西诺·萨尔瓦多里：《社会主义和民主：卡尔·考茨基（1880—1938）》，第481页。
② 《考茨基言论》，第521页。
③ 大卫·舒勒等在考茨基去世后，从他1932—1937年间的著作中选编一些论述编成《社会民主主义对抗共产主义》一书（纽约1946年英文版）。这里和以上几处的引文都选自此书，最初出处待查，中译文见王学东编：《考茨基文选》，人民出版社2008年版，第411—415页。

法与 20 年以前相较，显然没有前进任何一步。

考茨基还援引罗莎·卢森堡《俄国革命》① 一文中批评列宁的话来证明自己的观点。他说，卢森堡尽管"这样接近布尔什维克，并且一直坚持为无产阶级专政进行斗争，可是直到她最后的日子，始终坚决相信这样一种专政必须建立在民主的基础上面"②。但是考茨基回避了重要的一点：卢森堡是充分肯定和高度赞扬列宁把马克思恩格斯的无产阶级专政思想运用于俄国实践的革命创举，她对列宁的全部批评都是以这为前提的。不仅如此，她在论述俄国革命时是把考茨基作为机会主义者与革命家列宁相对比的。因此，我在本节的最后要简单说一下列宁、卢森堡、考茨基三人关于无产阶级革命和无产阶级专政的理论的异同问题。

在无产阶级革命和无产阶级专政问题上，卢森堡和考茨基有两点重大的区别。首先卢森堡是主张暴力革命，反对改良主义的和平过渡的。她把政治性群众罢工看成由合法斗争准备并逐步转向暴力革命的一个重要手段，而考茨基却只把这种罢工看成是捍卫工人阶级民主权利的一种手段。考茨基也没有认真考虑如何利用世界大战造成的政府危机举行社会主义革命的问题。

第二，卢森堡明确地认为，无产阶级夺取政权后要实行无产阶级专政，而且以俄国革命为例子，认为在这一阶段，工人政府不得不采取一切措施如"剥夺政治权利、不发经济生活资料等等"来镇压用怠工来抵制苏维埃的反对者，而这种反对者包括"整个中产阶级、资产阶级和小资产阶级的知识分子"③。考茨基虽然也承认工人政府不能完全避免使用暴力，但是竭力缩小这种必要性，把它说成是"暂时的权宜措施"。

在俄国革命问题上，考茨基明确地认为它只可能是一次资产阶级民主革命，卢森堡却认为这种看法是一种"教条主义理论"，认为俄国革命从资产阶级共和国阶段向前发展成社会主义革命，是俄国的和国际的社会和经济关系以及革命本身按照内在逻辑的必然性发展下去的结果。考茨基认为，俄国革命只有在同西欧的社会主义革命同时发生的情况下才能具有社会主义性

---

① 即《卢森堡文选》下卷，第 474—506 页的《论俄国革命》。
② 《考茨基文选》，第 414 页。
③ 《卢森堡文选》下卷，第 499 页。

质,卢森堡虽然也认为俄国革命的最终命运是取决于国际事件的。也就是说,如果没有欧洲革命特别是德国革命,俄国革命很难保持胜利,即使维持下去,也很难建设真正的社会主义国家。但是她并没有像考茨基那样因此就否定俄国革命,而是一方面为德国社会民主党领袖的背叛和德国工人阶级的"不起作用"感到痛心和可耻,另一方面高度赞扬"布尔什维克在确定自己的政策时完全着眼于无产阶级世界革命,这正是他们的政治远见、他们的原则坚定性、他们的政策的魄力的光辉证明"①,而且认为十月革命将对欧洲革命的最后胜利起促进作用。

考茨基认为,布尔什维克之所以实行列宁所主张的那种无产阶级专政并且因此犯了一系列错误,归根到底是由于他们超越俄国的条件举行了社会主义革命。他们的错误是不可避免的,最后的失败也是不可避免的。

卢森堡虽然并没有论证俄国在经济上已经成熟到实行社会主义,却认为俄国的政党和工人阶级已经成熟到能夺取政权并且提出社会主义政策。她针对考茨基等人关于社会主义革命必须以工人阶级或工人阶级及其追随者占人口多数为前提的观点,认为"革命的真正的辩证法却把这一鼠目寸光的议会真理颠倒过来了:不是通过多数实行革命策略,而是通过革命策略达到多数",列宁等人在决定性时刻提出了"唯一能向前推进的口号即全部权力归无产阶级和农民!",因而几乎在一夜之间就从"非法的"少数成为"形势的绝对主宰"。因此卢森堡认为,布尔什维克在实行无产阶级专政方面所犯的错误并不是因为他们只占据少数而必然造成的,而是一方面由于列宁、托洛斯基等人在理论上和策略上的缺陷,另一方面由于不利的世界条件造成的。卢森堡说,在十月革命所处的极其艰难的条件下,"甚至依靠最伟大的理想主义和最经得起风浪的革命毅力也不能实现民主制和社会主义,而只能实现二者微弱的、歪曲的开始阶段",如果指望布尔什维克会"用魔法召唤出最美好的民主制、最标准的无产阶级专政和繁荣的社会主义经济,那是对他们提出超人的要求"。②

因此,卢森堡对俄国革命的一切批评,都是为了使布尔什维克的专政更

---

① 《卢森堡文选》下卷,第476页。
② 同上书,第506页。

加完善，而不是像考茨基那样根本否定布尔什维克的无产阶级专政。尽管如此，卢森堡对布尔什维克的批评，除了针对土地政策和民族自决权的批评（恰恰在这两点上我认为卢森堡是错误的）之外，主要是针对民主问题的，其激烈程度在有些方面并不下于考茨基。

卢森堡尖锐地批评了布尔什维克解散立宪会议的行动以及托洛茨基为这一行动进行辩护而提出的"民主的笨重的机制"在革命期间总是跟不上群众的生动活泼的政治经验的理论。

卢森堡一方面支持布尔什维克用"铁拳"来粉碎反对革命者的抵抗，认为"正是在这时社会主义的专政得到了表现，它为了维护整体利益，不怕使用任何威力来强制实行或阻止某种措施"①。另一方面，她坚决反对"只给予那些靠自己劳动为生的人以选举权，而拒绝给予一切其他的人"。她认为这是不符合从资本主义社会形态向社会主义社会形态过渡的时期即无产阶级专政时期的社会和经济关系的。这不仅涉及资本家阶级和地主阶级，而且也涉及"小的中间等级这一广大阶层和工人阶级本身"。由于苏俄当时的经济状况不可能为所有劳动者提供工作，"一种把普遍的劳动义务当作经济前提的政治选举权是完全无法理解的措施"。卢森堡说，布尔什维克这一政策就其倾向来说，本应当只使剥削者丧失政治权利，结果却"实际上使小资产阶级和无产阶级的广大并且愈来愈多的阶层丧失权利"②。

不仅如此，卢森堡还指责布尔什维克"取消出版自由、结社和集会的权利，苏维埃政权的一切反对者都被剥夺了这些自由和权利"，"没有自由的、不受限制的报刊，没有不受阻碍的结社的集会活动，广大人民群众的统治恰恰是完全不能设想的"。③ 她甚至在《论俄国革命》原稿的边上加了这样一个注："只给政府的拥护者以自由，只给一个党的党员以自由——就算他们的人数很多——这不是自由。自由始终是持不同思想者的自由。"④ 卢森堡认为，社会主义只能通过"自己的经验"在"活的历史的发展"中产

---

① 《卢森堡文选》下卷，第499页。
② 同上书，第498—499页。
③ 同上书，第500页。
④ 同上书，第500页注①。

生，因此它必须依靠最广泛的民主，一方面对群众进行深入的政治训练和积累经验，另一方面最大限度地使群众参加国家的公共生活，发挥群众的创造力，以便"纠正一切失误"，实行"绝对公开的监督"，克服"不可避免的"腐化①，如此，等等。

卢森堡在对布尔什维克进行了一系列批评后提出了自己对社会主义民主的看法，她认为，马克思主义者应当"把资产阶级民主制的社会内核同它的政治形式区别开来"，马克思主义者之所以批评资产阶级民主制在"形式上的平等和自由的甜蜜外壳所掩盖的不平等和不自由的酸涩内核"，不是为了抛弃这个外壳，而是要"用新的内容去充实这一外壳"。无产阶级取得政权后"应当创造社会主义民主制去代替资产阶级民主制，而不是取消一切民主制（这实际上是说：不要取消马克思主义者通常所说的形式民主——引者）。"卢森堡认为，社会主义民主制不是在社会主义的经济基础已经创造出来时才开始，而是"与废除阶级统治和建设社会主义同时开始的。它在社会主义政党夺取政权的那一刻就开始了。它无非就是无产阶级专政。"卢森堡进一步解释说：无产阶级的专政"是在于运用民主的方式，而不是取消民主（即取消形式民主——引者）"②。它一方面坚决侵犯资产阶级社会的既得权利和经济关系，另一方面"必须处处来自群众的积极参与，处于群众的直接影响下，接受全体公众的监督，从人民群众日益发达的政治教育中产生出来。……专政必须是阶级的事业，而不是极少数领导人以阶级的名义实行的事业"③。

正因如此，卢森堡认为列宁、托洛茨基同考茨基"完全一样"，都是把专政同民主对立起来。考茨基维护资产阶级民主而反对无产阶级专政，列宁、托洛茨基则"决心维护无产阶级专政而反对民主，从而维护一小撮人的专政，也就是资产阶级专政"。卢森堡说："这是对立的两极，二者同样距离真正的社会主义政治很远。"④

---

① 《卢森堡文选》下卷，第502页。
② 同上书，第505页。
③ 同上。
④ 同上书，第504页。

前面已经说过，卢森堡是从爱护出发严厉批评布尔什维克的。由于当时还在监狱之中，卢森堡对俄国革命的复杂情况不可能充分了解，而且《论俄国革命》还只是一份手稿，所以其中的论断和用词未必都很精当，但是整个说来，卢森堡对苏俄的无产阶级专政的批评是正确的，精辟的，其中的不少预见已被历史证实，也给后人研究马克思主义的社会主义革命理论提供了宝贵的遗产。卢森堡显然认为，德国本来是可以为她的无产阶级专政的实践提供更加理想的土壤的，遗憾的是德国社会民主党的背叛使历史错过了这一机会。

卢森堡和考茨基的立场是截然相反的，但二人有一个共同的之处，都是从发达资本主义国家的社会主义工人运动出发来考虑问题的，都认为工人阶级及其拥护者占人口多数是社会主义革命的必要的主观前提条件。考茨基期待社会经济的发展来创造这一条件，卢森堡则认为成熟的社会主义工人阶级政党可以通过革命行动创造这一条件。考茨基认为，既然工人阶级及其追随者已占人口多数，工人阶级政权完全可以通过民主的形式贯彻社会主义措施，而不必害怕仅占人口少数的资产阶级残余势力的反对，因此专政基本上是多余的。卢森堡认为，既然布尔什维克能通过革命行动争取到多数而取得政权，他们的专政行动和其他社会主义革命和建设措施也都能争取到人民多数的支持，完全可以通过民主制度贯彻，因此专政和民主是可以并行不悖的，而且恰恰是由于彻底实行民主，专政才能得到最好的保证。

我在前面虽然也几次提到马克思的无产阶级专政概念，但是我认为，我们今天在探讨列宁、卢森堡、考茨基的无产阶级专政理论时并不需要以他们是否正确解释马克思的观点为标准（实际上也很难做到），而是应当以实践为标准。列宁的理论是真正付诸实践的，历史也已为它的得失成败作出结论，虽然后人对此的理解还是众说纷纭。卢森堡的理论基础没有得到实践的机会，但我觉得它过分理想化，在实践中恐怕也会遇到很多问题而不得不作出修正。考茨基的理论是他的改良主义理论的一个重要组成部分。我在前面已经指出它在魏玛共和国的实践中的种种问题和失误。在第二次世界大战以后，欧洲发达资本主义国家的社会民主主义政党确实也通过普选权获得而在议会制共和国执政或参与执政的机会，但迄今也未能产生考茨基所设想的那种工人阶级政权。这也说明，历史的发展要比他所设想的情况复杂得多，曲折得多。

第三节　赫尔曼·赫勒的"社会法制国家"理论

在1919年1月德国国民议会经选举产生以后，德国社会民主党与德意志民主党和基督教民主党组成第一届联合政府并且积极推动和参加宪法的制定。7月31日国民议会通过宪法，这就是有名的"魏玛宪法"。这一宪法确定了德国的资产阶级共和国制度，不仅规定了公民的各项基本政治权利，而且规定了一系列首先对劳动人民有利的经济和社会权利。宪法还确定国家有权将适合社会化的企业收归国有。但另一方面，这一宪法承认私有制，没有触动旧的国家机器特别是旧军队，这就保护和巩固了资产阶级和容克地主在政治、经济和社会上的统治地位。魏玛宪法赋予总统过大的权力，直到可以在"公共安全和秩序受到威胁的情况下宣布宪法所规定的基本权利无效"，这就使议会的权力受到很大限制。总之，魏玛宪法的制定是德国历史上的一大进步，但它是充满矛盾的。

正是在这一背景下，德国出现了一些参加或支持德国社会民主党的法学家和政治学家。他们认为，魏玛宪法中的矛盾是德国社会现实中的矛盾的反映，社会民主党完全可以依据这一宪法，以有利于工人阶级的方式克服这些矛盾，使社会向社会主义发展。他们各自提出自己关于国家、政党、工人运动等方面的理论，企图以此来影响社会民主党的政策。这里只想以赫尔曼·赫勒为一个代表人物，对他的国家理论作一些介绍和论述。

赫尔曼·赫勒（1891—1933）曾在维也纳大学攻读法学，1920—1925年在德国参加"民众高等教育运动"。1925—1931年在"外国和公共法及国际法研究所"工作。1932年任法兰克福大学教授。同年为逃避纳粹迫害移居马德里，于1933年11月病逝。他是德国社会民主党员，曾参加右翼青年社会主义者组织"霍夫盖依斯迈尔集团"。

他的最著名著作《国家学》是在他逝世以后才出版的（1934）。1971年，由马丁·德拉特、奥托·施塔默尔、格尔哈特·尼迈尔和弗里茨·博林斯基编辑了三卷本《赫尔曼·赫勒著作集》，在荷兰莱顿出版。1983年，德国图宾根J. C. B. Mohr出版社根据收入上述著作集第2卷的《国家学》版本重印出版了此书的单行本（校订第 6 版）。我在国内见到的赫勒的著作只有这一本。由于材料限制，我在这里主要根据以下德文著作的论述和所引材料介绍赫勒的观点：鲁迪·瓦尔泽尔：《赫尔曼·赫勒思想中的社会主义观》（1985）；沃尔夫冈·卢塔尔德：《魏玛共和国时期的社会民主主义宪法理论》（1986）；《韩国》LeeEun-Jeung：《替代专制统治的社会法治国家：赫尔曼·赫勒的国家和民主理论的现实意义》（1994）。

一

要了解赫勒的国家观就必须先了解他在哲学和社会主义方面的基本观点。

赫勒在早期著作中曾发表过与历史唯物主义相近的观点。他在 1919—1920 年冬天对莱比锡印刷工人发表的演讲中说，他认为社会主义是"一个经济的必然性"，并且表示企图使他的听众感到"自由在历史必然性中所占比重是很小的"。① 但是不久以后，他在《黑格尔和德国政治》、《社会主义和民族》等文章中论述马克思主义和黑格尔思想的关系时倾向于模糊唯心主义辩证法和唯物主义辩证法的界限，强调马克思和黑格尔"都抱有"对历史中的理性的"不可动摇的信念"。在他看来，马克思主义无非是"用一种具有极高认识价值的研究原则加以补充的一元主义的黑格尔理性哲学"，是一种"就其核心来说唯心主义的历史观"，或者说，马克思主义就其精髓来说，是一种"用对全部社会生活的经济下层建筑的卓越认识"加以完善化的黑格尔唯心主义。②

根据这一理解，赫勒把历史唯物主义关于生产关系或下层建筑是社会发展的决定性因素的观点看成是"机械的"，并且警告说，决不要指望社会主义会是"历史的自我实现的辩证法的奇迹"。③ 也反对那种把"社会的实际变化"解释成"只有通过生产关系按因果的必然性而发生的变化才有可能

---

① ［德］《赫尔曼·赫勒著作集》第 3 卷，第 579 页，转引自［德］鲁迪·瓦尔泽尔：《赫尔曼·赫勒思想中的社会主义观点》，巴塞尔和法兰克福 1985 年德文版，第 34 页。
② ［德］《赫尔曼·赫勒著作集》第 1 卷，第 248 页，转引自［德］瓦尔泽尔，同上书，第 36、38 页。
③ 同上书，第 463 页，转引自［德］瓦尔泽尔，同上书，第 39 页。

实现"的观点。① 他认为自己对马克思主义的理解是正确的,也就是说,马克思主义是"充满精神的"历史唯物主义,是与认为"历史发展是'经济关系'的机械的—自然规律的自我发展"的观点相对立的。② 这种理解实际上把他引向伦理社会主义。他认为,马克思主义关于人的社会存在决定人的意识的论断一般来说是正确的,但是马克思恩格斯对社会主义事业的献身恰恰说明他们为解放被压迫人们而斗争的理想超越了社会地位的局限性,可见"在每一个人的意识中,这种赞成或反对某种相互关系秩序的道德理由都是起决定作用的"③。

赫勒认为,必须由一个"更加符合人的尊严、更加公正的制度"来代替资本主义的"野蛮破坏行为"(Vandalismus),这个制度就是社会主义。他说:"对我们来说,社会主义的真正本质的最后论证在于社会公正的理想,在于互相帮助和公正共处的意愿,在于按照道德对我们彼此之间关系的塑造。"④

赫勒的社会主义观的另一个重要特点是,他在政治理论上和左派自由主义者一样分析现代资本主义制度的产生、发展及其向社会主义转变的可能性。他把宗教改革与上升的资产阶级所进行的政治斗争并提,认为二者共同反对专制主义国家权力,提出"保护个人的生命、自由、财产的自然权利学说",要求政治自决和法制国家的保障。17 和 18 世纪的资产阶级革命是这一发展的质的突变的顶点。法国大革命使"200 多年来仅仅属于理性秩序的东西、迄今受到非道德的暴君权力阻碍的东西通过拥有至高权力的人民起义而成为现实"⑤,它是"几个世纪以来发展起来的欧洲社会民主意识在政治上的突破"⑥。但是,作为 1789 年思想载体的资产阶级受自己的利益的局

---

① 《赫尔曼·赫勒著作集》第 1 卷,第 382 页,转引自〔德〕瓦尔泽尔,同上书,第 40 页。
② 同上书,第 463 页,转引自〔德〕瓦尔泽尔,同上书,第 40 页。
③ 同上书,第 441 页,转引自〔韩〕Lee:《替代专制统治的社会政治国家》,柏林 1994 年德文版,第 106 页。
④ 同上书,第 442 页,转引自〔韩〕Lee,同上书,第 106 页。
⑤ 同上书,第 38 页,转引自〔德〕瓦尔泽尔,同上书,第 59 页。
⑥ 同上书,第 318 页,转引自〔德〕瓦尔泽尔,同上书,第 59 页。

限，只实现了有财产者和受过教育者的民主。社会主义归根到底是政治自主要求的彻底实现，它把政治和法律领域的自由和平等思想也扩大到社会生产的领域。由此可见，赫勒认为社会主义的任务就是使原来的资产阶级理想完满实现，对于他来说，自由主义和社会主义不是两种对立的原则，而仅仅是民主制的不同的"发展阶段"①。在这一点上，赫勒的看法和伯恩施坦是一样的，也是和接受社会主义影响的自由主义者即所谓"自由社会主义者"，如英国的霍布豪斯、霍布森、德国的弗里德里希·瑙曼相一致的。

二

在上述的基础上，赫勒提出了自己的"社会法治国家"理论。这一理论的实质是多元主义国家观，它又是和赫勒关于德国在魏玛共和国的框架内以和平方式向社会主义过渡的理论密切相关的。

赫勒认为，社会是国家的基础。社会中的单个的人一旦产生想做某件事的共同意愿时就会结合成各种团体，国家是这种团体之一，是社会发展到一定阶段时的必然产物："一旦在某一确定的地区产生那种程度的社会互相依赖，就出现了对社会关系的统一秩序的要求，从而也出现了共同的，同时也不得不对外贯彻的秩序暴力（Ordnungsgewalt）的要求"②，这时国家就产生了。因此，建立国家的意愿是随着建立自身的"领土秩序"的意愿产生的。国家将作为独立的权力对地区社会的共同生活进行组织并使之活跃起来。这就是国家的职能。国家的强制力量不仅针对法律上的国家成员，而且在原则上也适用于本地区的所有居民，因此国家与所有的个人团体不同，它是地区统治团体，它在本地区是"至高无上的（souveräne）决策和行动单位"，能以独占的物质强制暴力克服反抗者而贯彻其决定。在世界国家还没有产生的情况下，它与其他同样的地区统治团体彼此独立，因此它既是"最高的"，又是"独占的地区秩序的暴力"。③ 但是社会的成员也必须相信，国家的政治统治至少部分地是符合他们的利益的，否则国家的统一或迟或早会崩溃，

---

① ［德］《赫尔曼·赫勒著作集》第1卷，第281页，转引自［韩］Lee，《替代专制统治的社会政治国家》，第108页。
② ［德］同上书，第3卷，第309页，转引自［韩］Lee，同上书，第40页。
③ ［德］赫尔曼·赫勒：《国家学》，1983年德文版，第268—269页。

因为它是不能仅仅依靠强制力量维持的。

赫勒认为，社会和国家之间、国家和个人之间的辩证的相互关系不是一个抽象的概念，而是通过法制表现出来的。按照他的定义，法制是"通过共同权威设定的社会秩序，这个秩序从规范上限定了意志载体（Willensträger 指公民——引者）的互相有关的行为即社会行为"。各个意志载体的意向是不同的，一旦他们的行为即他们所做的事、所容忍的事、所放弃的事不是仅仅停留在内心过程，而是产生社会效果时，就要"由一个权威性规则从规范上加以限制"①。人们形成国家的意志和建立法制的意志是密切相连。法制所体现的是"主体之间的规范性意志形成"，是确立规则的工具，它使现实存在的社会作出决定的统一性具有了约束力。

法制包含法的基本原则和实在的法律条文。实在的法律在任何时候和任何地方都具有"历史的和个人的现实性"，因此，只具有"经验的有效性"。法的基本原则却是超实在的，超越国家及其法制的，因此具有"理想的有效性"②。但是它们只能通过具体的实在法才能产生社会效果。法的基本原则又可区分为逻辑的和伦理的。逻辑的基本原则是"纯粹的法的形式上的构成原则"，是普遍适用的，是在任何实在法中都起作用的。伦理的基本原则则是"法的内容的建设原则"，它们本身是受文化环境制约的，在历史上可以变化，是社会结构的反映。实在法只有与反映社会结构的法的基本原则相联系才能具有实在的意义。法的伦理基本原则尽管在司法方面不具有约束力，它们也不能直接得到应用，但是如果不借助它们，社会秩序就不能维持。它们是解释实在的法律规范的尺度。由于它们具有随时代和环境变化的可能性，也就是"开放性"，它们作为实在法的解释尺度保证了法律制度的连续性和变化，保证了它的"稳定性和适应能力"③。

赫勒接受了卢梭的"总意志"（volunté générale）概念并对之作了自己的解释。他认为，法的伦理的基本原则决定"总意志"（或"普遍意志"）。

---

① 《赫尔曼·赫勒著作集》第 1 卷，第 68 页，转引自［韩］Lee，《替代专制统治的社会政治国家》，第 108 页。
② 同上书，第 2 卷，第 69—70 页，转引自［韩］Lee，同上书，第 108 页。
③ 《国家学》，第 291 页。

总意志所表述的是在一个社会所有的个人那里都存在的"我们—意识"（Wir-Bewuβtsein），它也是由"反对一致性的人"参与构成的。由这一意识产生的"意志共同性"（Willensgemeinschaft）是国家发挥作用所不可缺少的。如前所述，法的伦理的基本原则是"不确定的"，只有社会的总意志才能使其中的某些原则发挥社会效用，使它们能在与另一些基本原则对立的情况下得到贯彻。也就是说，只有这样，法的伦理的基本原则才能成为实在的法律条文，规定"某一个人在某种环境下以某种方式行动"①。因此，总意志是最高的"设定法律的权力"（Rechtssetzungsgewalt），它拥有最后的决定权，赫勒把这称为"至高的"（souverän）权力，它的至高无上性就在于它能"使法的基本原则实在化，成为最高的、决定共同体的法律条文"②。

赫勒说，任何政治权力为了使自己的统治超出暂时性状态，形成持久的权力一致性，就必须力图以法律形态组织起来。也就是说，"政治权力是由法律组织起来的权力"③。赫勒进一步指出："对于国家来说，法律是最不可缺少的整合因素"，是"国家权力在技术上和精神—道德上所必需的表现形式"。④ 赫勒通过以上论述把法的伦理的基本原则与国家权力联系起来，强调国家不仅必须"从法的技术上作为权力发挥作用"，而且必须是"有权从伦理道德上使（人的）意志承担义务"的权威。仅凭它组织地区社会的职能，国家在要求其成员作出牺牲或行使强制暴力时是不具有道德上的合法证据的。国家不是由于它保障"随便哪一种社会秩序"而获得合法性的，"只有在它力图实现一个公正的秩序的限度内，国家的非常重大的要求才具有合法论据"⑤。但是，正如社会不可能是完全同质一样，也不存在完全同质的法律共同体，因此也就存在着个人对公正的理解、个人的法律良心（Rechtsgewissen）与国家法律发生冲突的可能性。赫勒认为，个人是有"道德上的反抗权利"的。从国家方面来说，虽然不能以任何形式使这种道德反

---

① 《赫尔曼·赫勒著作集》第 2 卷，第 70、73 页，转引自 ［韩］Lee，《替代专制统治的社会政治国家》，第 51 页。
② 同上。
③ 《国家学》，第 219 页。
④ 同上书，第 220 页。
⑤ 同上书，第 246、247 页。

抗合法化，但是另一方面，个人仍旧享有凭自己的法律良心来衡量国家行为的公正性的权利，这就能防止国家权力的绝对化。对于赫勒来说，国家保证法律得到贯彻的职能始终是相对的。人们应当认识这种相对性，而不应掩饰这种相对性，或者使相对性成为绝对性。他说："所有的法律在实现时都会有权力的魔力附身，这是可悲的，但是应加谴责的却是今天如此广泛流行的对这一魔力的伦理化。"①

总之，赫勒认为国家的"至高无上"的权力的根源在于法的伦理的基本原则，不在于总意志。因此他说："当谈到国家主权（Staatssouveränität）时，总是要同时以任何一种方式想到人民主权思想。"② 归根到底，拥有至高无上权力的是国民（Staatsvolk），他们的意志行为就是国家意志。

四

赫勒认为议会制民主是最好的政治体制，也是向社会主义过渡的最好形式。

按照多元化理论，赫勒认为国家表现了"从行动多样性产生的集体行为的统一性"③。他不赞成卢梭的观点，认为国家出现以前并不存在社会和谐，也不存在作为统一实体的人民或"国民统一体"（Staatsvolksgemeinschaft）。社会是充满矛盾和对立的，通常情况下会存在"政治意向的多元性"④。社会的各个成员分别属于不同的团体并通过这些团体与国家发生联系或者说参与国家。许多在政治上起作用的团体必然力图按照它们的意图组织社会的共同行动，使自己的目的部分地转化成国家权力。但是利益和意见的多样性不可能造成国家的统一性。赫勒认为，只有民主制才能通过议会程序不断重新使对立的个人达成国家的统一性。对于赫勒来说，民主制意味着"人民通过法律实行的统治和由法律确定的代表实行的统治"⑤。议会制的基

---

① 《国家学》，第258页。
② 《赫尔曼·赫勒著作集》第2卷，第96页，转引自［韩］Lee，《替代专制统治的社会政治国家》，第53页。
③ 《国家学》，第102页。
④ 同上书，第185页。
⑤ 《赫尔曼·赫勒著作集》第2卷，转引自［韩］Lee，同上书，第57页。

础是"把一切对立整合起来的共同意志"。在这里，政治上的统一是通过"使所有集团的政治行动能力能尽可能自由和平等地发挥"而实现的。使意志统一化的政治体系"不是通过自上而下的暴力的命令，而是通过一切团体之间的商讨、谈判、谅解和讨论，自下而上地建立的"①。

由此可见，赫勒认为，民主制和议会制是用和平方式调节社会矛盾、避免暴力斗争的最合适手段。

议会制民主之所以能实现意志的统一，按照赫勒的观点可以归纳成以下三个原因。第一，少数派自愿服从多数的意志，放弃用暴力反对；而多数派也放弃用暴力压制少数派和阻碍他们以后转变成多数派的机会。② 第二，各个集团或政党在解决政治问题时至少以下一点上是一致的：愿意通过讨论达成共识，并且允许对手有"公平办事的可能性"③。第三，正因如此，甚至被多数票击败者（Überstimmte）也认为，"具体的价值共同性和意志共同性的存在……比（他的）也许更好的见解的得到贯彻在政治上具有更高的价值"④。这里所说的前两点正是赫勒常常使用的"社会的价值共同性"概念的内容，他认为这一共同性是国家统一性的基础。

再进一步说，各个不同的政治群体之所以能达成"价值共同性"，是由于"社会同质性"的存在，这是指：所有的公民都能明确表达自己的政治利益，至少能看到自己的政治利益有得到贯彻的实际可能性，从而能对国家认同。赫勒认为，形式民主所赋予的公民法律上的"政治同质性"只是社会同质性的"预备阶段"，因为只要在经济上优越的人能运用自己的权力地位对民主的意志形成过程施加影响，就会破坏这种同质性。因此必须克服"经济上的差异"，从而使同质性发生质的变化，也就是从"政治同质性"发展成"社会同质性"，但这决不是要"消除必然具有对抗性的社会结构"。赫勒认为没有对抗的"和平共同体"是不存在的，把它当作政治目的只是人类共同生活的"扭曲"（Denaturierung）。因此，赫勒所说的社会同质性仅

---

① 《赫尔曼·赫勒著作集》第 2 卷，第 468 页，转引自［韩］Lee，《替代专制统治的社会政治国家》，第 58 页。
② 同上书，第 497 页，转引自［韩］Lee，同上书，第 59 页。
③ 同上书，第 427 页，转引自［韩］Lee，同上书，第 61 页。
④ 同上书，第 470 页，转引自［韩］Lee，同上书，第 61 页。

仅是一种"社会的心理状态",在其中有一种"我们—意识"和"我们—感觉",有一种现实化的"共同意志"把始终存在的对立和利益斗争联系在一起,"对重大的紧张对立进行处理,对重大的宗教的、政治的、经济的和其他的对立进行消化"①。赫勒认为:"如果没有一定程度的社会同质性,根本不可能达到民主的一致性。"②

但是,这样的意识方面的"社会均衡"如果没有经济上的同质性是不可能实现的。经济差异对政治民主的威胁固然可以通过日常协议达成的同质性而受到抑制,但这是决不能持久的。因此,如果想使民主不仅仅停留在形式上,它就必须发展成社会民主。赫勒说:"如果没有社会同质性,最极端的形式平等就会成为最极端的不平等,而形式民主就会成为统治阶级的专政。"③

五

赫勒的国家理论是与他对魏玛共和国的性质和发展的分析密切结合在一起的。他认为,魏玛宪法既规定了公民权利,也规定了社会权利。这些权利是否能真正起作用,关键在于工人阶级和社会民主党的努力。赫勒始终相信,德国社会民主党有可能与资产阶级自由派合作,组织联合政府,克服保守派的反抗,逐步实现魏玛宪法的社会条款,为过渡到社会主义做准备,也就是按 1921 年的社民党格尔利茨纲领所说:"要为争取实现在自由的人民国家内组织起来的人民意志对经济的统治、为按照社会主义集体思想的精神革新社会而斗争。"④ 为了达到这一目的,赫勒认为妥协是不可避免的。但是,一方面由于资产阶级自由派政党的抵制,另一方面由于社民党的左派和工会领导的反对,几届联合政府都垮台了。到了 1930 年,法西斯的威胁已迫在眉睫,赫勒也提出了"是法制国家还是专政?"这样尖锐的问题,并且以此为题发表了文章。但他的对策是,使魏玛宪法第 151 条至 165 条所确定的社

---

① 《赫尔曼·赫勒著作集》第 2 卷,第 428、427 页,转引自〔韩〕Lee,《替代专制统治的社会政治国家》,第 63 页。
② 同上书,第 428、427 页,转引自〔韩〕Lee,同上书,第 63 页。
③ 同上书,第 430 页,转引自〔韩〕Lee,同上书,第 65 页。
④ 《德国社会民主党纲领汇编》,第 34 页。

会法和经济法规范转化为实践，以便向"社会法制国家"过渡。

赫勒在《当前的政治思想派别》一书中，分析魏玛共和国中的五个思想派别。他认为，自由主义和社会主义是"民主主义的不同的发展阶段"①。民族主义在一定情况下可以与前三者形成"合题"，但它所包含的暴力因素可能以危险的方式单独发挥作用。君主主义则是与社会的合乎理性的发展相对抗的。由于工人阶级的觉悟和工人运动的发展壮大，自由主义的、资产阶级的民主还在向"某种社会民主"过渡，这就引起资产阶级的恐慌，减少他们的妥协意愿和进行理性对话的可能性。但是双方的冲突不是必然会摧毁"民主主义的政治形式"，而是可以在议会中以和平的方式解决的。② 工人运动既然只是想从自由主义得出更加彻底的结论并从而消除自由主义的矛盾，资产阶级当然也可以与工人阶级达成一个基本共识。

社会法制国家思想的核心在于"社会观念"，也就是"公正社会的观念"，这当然也和赫勒的伦理社会主义思想有密切联系。对于赫勒来说，这是政治民主和经济民主的彻底实现。政治民主只消灭了等级差别，经济民主却是针对经济上的阶级的，也就是说，要使"纯粹的法制国家"转变成"民主—社会的福利国家"。社会法制国家要努力以公正的经济生活秩序代替"生产的无政府状态"，而为了达到这一目的，它要对私有财产尽可能加以限制，但是第一，它决不是要使生产资料社会化，而只是在保持私有财产关系的条件下使经济民主化。第二，它虽然也要求扩大经济中的国有部门，但这并不是建立俄国布尔什维主义形式的"普遍的国有经济"，而只是要从政治上引导经济，达到真正的人民自决。赫勒认为这是从私人经济利益的优势统治下挽救资产阶级民主的前提。③ 第三，这不是要消灭自由主义的法制国家，而是它向经济领域的继续发展，也就是"使劳动秩序和财富秩序（Arbeits-und Güter-ordnung）服从物质的法制组织，把自由主义的法制国家改造成一个社会主义的法制国家，而不是根本取消法制国家"④。

---

① 《赫尔曼·赫勒著作集》第 1 卷，第 281 页，转引自［韩］Lee，《替代专制统治的社会政治国家》，第 104 页。
② 同上书，第 330 页，转引自［韩］Lee，同上书，第 105 页。
③ 以上参见［韩］Lee，同上书，第 116、120 页。
④ 《赫尔曼·赫勒著作集》第 2 卷，第416页，转引自［韩］Lee，同上书，第116—117 页。

赫勒的社会法制国家与他关于国家职能的理论是一致的。赫勒认为，现实的资本主义社会是一个阶级社会，它的特征并不是"'弱'国家不对经济生活进行任何干涉"。资产阶级社会制度的真正口号决不是"不干涉"，而是"使人们动员国家权力对经济领域进行非常强有力的干涉"①。在多元社会中，国家权力与经济权力之间存在着紧张关系。一方面，广大群众要求经济也服从他们的政治决定，而民主的立法机构是他们为此所必须使用的合法手段。另一方面，经济界领袖认为民主政治在经济方面的影响是不能忍受的，他们不满足于以间接的和匿名的方式施加政治影响，而是希望除了经济方面的指挥权之外也能获得直接的政治指挥权。这种情况不能长久维持下去，"要就是，国家权力通过自己在经济上奠定权力基础而获得在政治上摆脱私人经济影响而独立发挥作用的可能性；要就是，经济界领袖的斗争至少暂时会获得成功，为了他们自己的利益而取消民主立法"②。赫勒根据自己对于法制、社会同质性、民主制的观点得出的结论是："在国家中组织和激活起来的不仅是一个经济社会，而是一个地区社会连同它的全部的、性格和文化上共性的矛盾。但是国家的职能恰恰在于，使经济目的服从于政治的整个情况，这一点当然只有从一个凌驾于经济之上的立场才能做得到。"③

六

赫勒不仅是一个宪法专家和社会民主主义理论家，而且是一个积极的政治活动家。他曾经积极参加反对卡普暴动的斗争，后来又参加了青年社会主义运动。在多数派社会民主党与独立社会民主党合并以后，青年社会主义运动分为"汉诺威派"和"霍夫盖依斯迈尔派"，前者坚持革命立场、阶级斗争理论和国际主义，后者则接近原多数派社会民主党的改良主义立场。赫勒属于霍夫盖伊斯迈尔派。1924 年降临节（复活节后第 7 个星期日）霍派举行工作会议，赫勒是外交政策的报告人。1925 年 4 月 12—13 日，青年社会主义者在耶拿举行第三次全国代表会议，赫勒是霍派的发言人。会议的主题

---

① 《国家学》，第 128—129 页。

② 同上书，第 150 页。

③ 同上书，第 244 页。

是："国家、民族和社会民主党"，赫勒的发言后来就以此为标题发表。在会议以前他还发表了《社会主义和民族》一文。赫勒肯定当时德国是一个资产阶级国家，指出资本主义企业家"把自己根据私法获得的对生产资料的占有权力以托拉斯或卡特尔的形式组织起来，通过它们能在许多工作领域排斥国家权力，在另一些领域很大程度地限制了国家权力"，因此尽管存在"民主制的国家形式"，"归根到底却是农业资本、工业资本和金融资本对整个国家实行单方面的经济统治"。① 但是对他来说，国家不仅仅是阶级国家。他在1924年发表《基本权利和基本义务》一文评论魏玛宪法时就已指出，这些基本权利为资产阶级和无产阶级的斗争所安排的道路不是"马克思主义的阶级斗争和专政"的道路，而是"均衡和尽可能由双方达成协议"的道路。② 在上述1925年的发言中，他说，根据马克思恩格斯的观点，资产阶级民主制是无产阶级革命的重要条件和真正的工具，"今天的形式民主制国家尽管就其内容来说是资本主义的，但是就其整个组织来说却不是向纯粹的社会主义制度的发展的障碍。纯粹从法律角度来看，魏玛宪法不需要作一点改动就可以很好地容纳社会主义组织。这里的障碍不是在于政治形式，而是在于缺少社会主义的力量"③。

赫勒的观点遭到在同一次会上发言的奥地利社会民主党人、著名的奥地利马克思主义者麦克斯·阿德勒的批判。阿德勒指责赫勒虽然在《社会主义和民族》一书中尽可能多地引用了马克思、恩格斯、倍倍尔和考茨基的言论，似乎是马克思主义理论的"真正捍卫者"，实际上却"完全放弃了马克思主义的核心即阶级斗争和阶级国家学说"。④ 在当代研究赫勒的德国学者中，有一些人是基本赞同阿德勒对他的批评的。但是鲁迪·瓦尔泽尔却认为赫勒并没有完全否认阶级斗争，也不是死心塌地的改良主义者，他对阶级

---

① 《赫尔曼·赫勒著作集》第1卷，第443页，转引自［德］鲁迪·瓦尔泽尔，《赫尔曼·赫勒思想中的社会主义观点》，1985年德文版，第165页。
② 同上书，第2卷，第312页，转引自［韩］Lee，《替代专制统治的社会政治国家》，第166页。
③ 同上书，第535页，转引自［德］鲁迪·瓦尔泽尔，同上书，第166—167页。
④ 麦克斯·阿德勒：《在青年社会主义者第三次代表大会上就国家、民族和社会民主党论题所作的副报告》，转引自［德］瓦尔泽尔，同上书，第164页。

斗争的看法也包含革命的因素。① 例如赫勒在1924年就已经说过："公正不能自动得到贯彻，为了实现它，需要人和权力。如果一切其他手段都不够，也需要物质暴力。"② 后来他又说过："在经济基础上发展起来的阶级斗争决不是必然要摧毁民主制，但是一旦无产阶级确信，如果平等对待自己的占优势的敌人就会使民主形式的阶级斗争毫无希望"时，他们就用自己关于无产阶级阶级专政的理想"来和资产阶级以国家的专政对抗"。③ 他在《社会主义和民族》一书中援引拉萨尔在《间接税和工人阶级的地位》中给革命下的定义，认为"阶级斗争是以和平或者甚至暴力的方式来实现一个新的原则，一个新的态度，也就是根据与资本主义的人不同的精神和情感来回答一切经济的和非经济的生活问题"④。因此，"革命的阶级斗争是有道理的"，而且也应当拒绝那些"苛求工人迁就现有的不法行为及其辩护理由，而不是依靠自己的力量争取独立的新的形式"的"好人们的善意"。⑤

但是，赫勒心目中革命所需要的暴力从实质上说是防御性的，是万不得已才能采用的。在正常的资产阶级议会制民主条件下，谈不到使用这种暴力，而一旦资产阶级民主制被法西斯专政取代，无产阶级也就根本没有条件使用暴力，只能遭受镇压或者逃亡了。赫勒本人也和许多社会民主党人一样是被迫流亡国外并且客死他乡的。

第四节 麦克斯·阿德勒的"马克思主义国家观"

本章前节已提到麦克斯·阿德勒曾在德国青年社会主义者1925年代表会议上批评赫尔曼·赫勒的国家观。俄国十月革命以后，麦克斯·阿德勒在理论上承认无产阶级专政的必要性，但是反对苏俄的无产阶级专政，主张奥

---

① 参见［德］瓦尔泽尔，《赫尔曼·赫勒思想中的社会主义观点》，第164—172页。
② 《赫尔曼·赫勒著作集》，第1卷，第435页，转引自［韩］Lee，《替代专制统治的社会政治国家》，第167页。
③ 同上书，第1卷，第430页，转引自［韩］Lee，同上书，第169页。
④ 同上书，第2卷，第471页，转引自［韩］Lee，同上书，第167页。
⑤ 同上书，第1卷，第471页以下，转引自［德］瓦尔泽尔，《赫尔曼·赫勒思想中的社会主义观点》，第167页。

地利的工人苏维埃应和国民议会并存，只对资产阶级政府起监督作用。他曾和奥托·鲍威尔一起坚持把无产阶级在必要时可采取内战和专政手段的思想写入1926年的奥地利社会民主党林茨纲领，但他本人很少参加实际斗争。他曾写过一些论述国家问题的文章，1922年出版的《马克思主义国家观——对社会学方法和法学方法的区别的论述》是他在这一方面的代表作。此书是以与奥地利著名资产阶级法学家、维也纳大学教授汉斯·凯尔森的《社会主义和国家》一书进行论争的体裁写作的。他把凯尔森的国家学说与马克思主义国家学说的差别归结为法学方法与社会学方法的差别，这一观点虽然并不恰当，但是他在书中大量引用马克思和恩格斯的著作，论述了马克思主义的国家观，同时阐述了他对无产阶级专政、俄国十月革命等重大问题的看法，自成一家之言，是值得加以研究的。

一

阿德勒认为，马克思恩格斯不是把国家当做抽象的概念，而是作为具体的社会历史条件的产物来分析和论述的。《共产党宣言》指出国家是"一个阶级用以压迫另一个阶级的有组织的暴力"①。国家并不直接对被压迫阶级进行剥削，它是这种剥削的"公法形式"。他引用恩格斯在《社会主义从空想到科学的发展》中的一段话："现代国家也只是资产阶级社会为了维护资本主义生产方式的一般外部条件使之不受工人和个别资本家的侵犯而建立的组织。"② 不仅如此，国家是各个时期的剥削阶级为了"维持它的外部的生产条件，特别是用暴力把被剥削阶级控制在当时生产方式所决定的那些压迫条件下"③ 所必要的组织。国家赋予这种剥削以一定的法律秩序的形式。

阿德勒指出了自由主义国家学说的阶级实质，认为它只有在问题涉及对上升的资产阶级来说成为"桎梏"的那些方面时才反对国家，才是"自由的"。它所要求的是第三等级的贸易自由和剥削自由。他也驳斥了那种认为资本主义国家范围内的社会政策能通过立法限制剥削、因而这个国家也能具

---

① 《马克思恩格斯选集》第1卷，人民出版社1995年版，第294页。原文的主语是"原来意义上和政治权力"，我认为阿德勒在这里把它解释为国家是可以的。
② 同上书，第3卷，第753页。
③ 同上书，第755页。

有消除剥削的倾向的看法，指出社会政策主要是由两方面的原因产生的。首先是由于统治阶级需要健康的士兵和有一定技术的工人，而无产阶级的贫困化不仅会对此起破坏作用，而且会造成日益具有威胁力的群众，因此必须缓和贫困化。就此来说，社会政策意味着不是消除资本主义剥削的趋势，而是维护这一剥削的趋势。至少企业主阶级中明智的、能从政治上思考的人会认识到这种必要性。其次是由于组织起来的无产阶级的压力，而这正是阶级斗争本身的成果，是一个以反对阶级国家为目标的革命运动争得的成果，而且有关立法的贯彻也需要经过工人组织的不懈的努力，这也证明社会政策不能表明现存国家消除剥削的趋势。阿德勒的结论是："马克思主义国家观的基本内容（das Wesentliche）仅仅是在于它所涉及的是阶级统治，因此作为国家的共同体组织（Gemeinschaftsorganisation）始终是剥削的一种形式。"①

为了论证资产阶级国家和无产阶级国家的区别，阿德勒首先论述了马克思主义关于阶级的定义。他援引发表在《新时代》第21卷（1902—1903）第一册上的马克思《"政治经济学批判"导言》中关于生产、分配和消费关系的论述来回答"什么事情形成阶级"这一问题，指出阶级是"社会生产过程的结果；它们必然是从生产的条件、这一条件所包含的生产工具的分配及由此给定的生产社会成员的划分产生的"，"决定阶级的特征的是它们与生产的经济关系以及从而与分配的经济关系"。② 他还援引了恩格斯的话："只要社会总劳动所提供的产品除了满足社会全体成员最起码的生活需要以外只有少量剩余，就是说，只要劳动还占去社会大多数成员的全部或几乎全部时间，这个社会就必然划分为阶级。"③ 但是，一个阶级只有在某种程度上具有阶级意识时，才能成为"对社会过程进行干预的因素"④。马克思在《路易·波拿巴的雾月十八日》中曾根据这一观点分析当时法国的小农既是一个阶级，又不是一个阶级，"他们不能以自己的名义来保护自己的阶级利

---

① ［德］麦克斯·阿德勒：《马克思主义国家观》，维也纳1922年德文版，第84页，并参见同书，第78—83页。
② 《马克思主义国家观》，第98—99页。
③ 《马克思恩格斯选集》第3卷，第756页。
④ 《马克思主义国家观》，第100页。

益……他们不能代表自己，一定要别人来代表他们"①。马克思同样也指出，现代无产阶级已经是一个"自为的阶级"："经济条件首先把大批的居民变成劳动者。资本的统治为这批人创造了同等的地位和共同的利害关系。所以，这批人对资本说来已经形成一个阶级，但还不是自为的阶级。在斗争中……这批人联合起来，形成一个自为的阶级。他们所维护的利益变成阶级的利益。"②

阿德勒之所以用相当大的篇幅来论证上述关于阶级的观点，是为了驳斥凯尔森的这一观点：既然阶级是经济剥削产生的，那么一旦资本主义剥削被消除，就不再存在阶级，也不再需要实行阶级统治的国家，也就是不再需要无产阶级国家了。阿德勒指出，不能把阶级概念简单化归结为一个经济概念。经济剥削是产生阶级的因素，但阶级一旦产生，也就形成一个社会结构（soziale Gebilde），它通过反映自己共同利益的意识形态而具有自己的"现实性、稳定性和再生产倾向"。当无产阶级取得胜利时，它可以一举消灭全部经济剥削，甚至可以立即使对生产资料的私人占有全部社会化，但是尽管如此，资产者阶级、有产者阶级仍旧存在，因为财产利益和企业主利益的精神处境（geistige Situation）并不能像它们的物质控制（Betätigung）一样消除。这种"没有经济根基（Substrat）的阶级意识"将与这些人本身同样长期地存在，甚至也可以影响到下一代。

因此，不能说无产阶级国家中没有马克思主义意义上的阶级统治，这里仍存在阶级对立，资产阶级和无产阶级之间的阶级斗争仍旧存在，只不过权力的分配改变了，以前是资产阶级运用法的强制秩序反对无产阶级，后来是无产阶级运用这一秩序来反对资产阶级。以前是承认私有制的强制规范使无财产者服从有财产者的利益，现在是取消私有制而使有财产者服从无产者的利益。如果说无产阶级感觉自己受到资产阶级的法权形式的暴力压迫，那么现在资产阶级同样感觉自己受到无产阶级的法权形式的暴力压迫。在这两种情况下，两个阶级与法律秩序的关系是不一样的，这也决定了统治的性质，关键在于法律秩序是为哪一个集团利益服务的。

---

① 《马克思恩格斯选集》第 1 卷，第 677—678 页。
② 同上书，第 193 页。

由此可见，阿德勒是认真地阅读了马克思和恩格斯的著作，力图阐明马克思主义国家观的，他的有关论述与赫尔曼·赫勒对国家本质所作的多元论分析是不一样的。但是，阿德勒所处的时代不仅与1848年欧洲革命时期不同，而且与第一次世界大战以前的第二国际时期也有很大区别。这时德、奥两国都已建立议会民主制的共和国，德国和奥地利的社会民主党不仅参与建立共和国，而且曾经参与执政。另一方面，俄国布尔什维克党已取得十月革命的胜利，建立了无产阶级专政的苏维埃国家。在这种形势下如何实现社会主义的问题，必然涉及民主制度、革命和进化以及无产阶级专政等问题。阿德勒对这些问题的回答既包含他个人的一些独特见解，也表现出奥地利马克思主义者在这一时期的主流思想。

二

阿德勒反对凯尔森把民主制看成"纯粹形式上的组织原则"的观点，认为对马克思主义的思想体系来说，民主是一个历史性概念，人们始终必须问："谈的是哪一种民主？"阿德勒认为，民主从字义上讲意味着"人民的统治"、"人民的自决"，这在资本主义国家中是不可能实现的，因为缺少人民统治的"基本前提"，也就是还不存在"统一的人民"，而是存在着在经济、文化和意识形态方面都分裂成不同阶级的居民。民主制实际上是不能脱离多数决定原则的，但是单凭投票上的多数决定问题的原则并不具有法权根据，因为这会导致取消人民的自决，使少数人受多数人压迫。"民主的真正的决定生存的原则"（Lebensprinzip）不是在于多数的意志，而是在于卢梭所说的"总意志"或"普遍意志"（Gemeinwille, allgemeine Wille）。在票数上被压倒的人之所以服从，不是因为他们人数少，不是因为占多数的人更强大，而是因为投票的结果表明他们违背了总意志。而这一情况的前提是"人民形成一个团结的统一体"，但是对于资本主义社会来说，这只能是一个幻想。阿德勒说："民主制在资产阶级世界中的历史悲剧在于：它必然会由于从这一世界的生存条件中产生的统治的阶级对立而告失败。"[①] 民主制的形式在以普选权为基础的议会制人民代表机构中得到最完满的表现。"但

---

① 《马克思主义国家观》，第125页。

我们看到，在阶级社会的土地上，甚至最民主的人民代表机构也从来不能体现统一的人民意志。在人民的议会制自决形式中总是进行着某种阶级斗争：它总是一个阶级权力的贯彻，即一个阶级对另一个阶级的暴力，这个阶级凭借自己的多数把法律强加给反抗它的阶级。"①

另一方面，阿德勒又指出，卢梭的幻想实际上是"革命的资产阶级的世界历史性幻想"，这个阶级认为自己的统治意味着人类摆脱一切统治和被统治的对立，因此也将建立团结的人民一致性。一旦人民构成了团结的共同体，一旦在人民整体中不再存在对投票起支配作用的那种生死攸关的对立，那么得票数的差别就不再意味着对生存利益的暴力压制，而只是根据对事情的实效和迫切程度的意见差别而作出的决定。投票就成了单纯社会行政或事务管理的行为。② 历史证明，资产阶级未能实现这一革命幻想，它将由社会主义来实现。由此就产生了民主概念的混乱。民主只是无阶级社会才能实现的概念，但是在阶级社会中却必然被进行斗争的向上的阶级当做自己的指导思想。因此阿德勒建议，通过确定的术语来表现民主的多方面的含义。

阿德勒认为，既然民主只有在无阶级社会中才能实现，应当把这种充分的民主，也就是与概念名实相符的民主称为"社会民主"，而把一切其他的也被称为民主的形式称为"政治民主"。根据这样的区分，尽管人们在论述时有时也会省略定语，但是只要谈到阶级社会中的民主，就是指实际上并非民主的民主，因此是必须克服的。而在谈到无阶级社会的民主时，就是指现在根本还不存在，而是必须争取的民主。阿德勒认为，这样把民主的双重意义区分开来的做法可以解释马克思恩格斯用语中表面上的矛盾，例如，"恩格斯有一次把民主制称为'妄想'（Chimäre），后来却又宣称民主是无产阶级可以通过它取得统治的形式；马克思嘲笑那种认为民主共和国是千年王国的'民主主义奇迹'，却仍旧把实际上是一种民主制的（巴黎）公社说成是无产阶级专政的一个范例。"③

---

① 《马克思主义国家观》，第125页。
② 阿德勒在这里是重述他在1919年出版的《民主和委员会制度》一书中的有关观点，参见《马克思主义国家观》，第123页。
③ 《马克思主义国家观》，第127页。

阿德勒进一步通过这种区分论述了无产阶级专政问题，也就是无产阶级专政与民主的关系问题。资产阶级及其学者对无产阶级专政的批评的最主要的一点是：专政与民主是矛盾的。阿德勒坚决否定了这一批评。他甚至用罗莎·卢森堡批评苏俄无产阶级专政的遗稿《论俄国革命》中的这句话来证明自己的观点："无产阶级专政在于运用民主的方式，而不是在于取消民主。"① 他认为，人们只有当认清民主的双重意义后才能了解专政概念的真正含义。他从以下四个方面阐述了自己的观点：

第一，专政（包括无产阶级专政）与政治民主之间是不存在矛盾的。"政治民主始终是阶级统治的一种形式。没有专政，政治民主是从来根本不可能存在的，将来也不可能存在。"资产阶级民主毫无疑问是统治阶级的专政，尤其是当它在所谓紧急时期暂时停止执行国家宪法、宣布非常状态并且用士兵、法官和警察来对付"叛乱的"群众时更加露骨。无产阶级专政是采取政治民主的形式以无产阶级的统治取代资产阶级的统治。对于反抗它的社会努力（soziale Bestrebung）来说，它很自然地也是一个权力问题，正如资产阶级迄今所做的一样。因此一部分居民也就是被推翻的统治阶级的出版、集会、结社自由等等也会在紧急时期受到限制或被取消，这根本不是与民主相矛盾的。它们不过是无产阶级阶级斗争的必然继续，也是为了较快地消除旧制度残余而采用的手段。阿德勒引用了恩格斯在1875年3月致倍倍尔的信中批评《哥达纲领》的话来论证自己的观点："既然国家只是在斗争中，在革命中用来对敌人实行暴力镇压的一种暂时措施，那么，说自由的人民国家，就纯粹是无稽之谈了：当无产阶级还需要国家的时候，它需要国家不是为了自由，而是为了镇压自己的敌人，一到有可能谈自由的时候，国家本身就不再存在了。"②

第二，无产阶级专政与社会民主是矛盾的，因为社会民主的多数统治并不意味着它与少数人之间存在生死攸关的利益对立，"因此也不是对少数人

---

① 《马克思主义国家观》，第138页注①。卢森堡的话，参见《卢森堡文选》下卷，第505页。

② 同上书，第193页。恩格斯的话，参见《马克思恩格斯选集》第3卷，第324页。

的统治，而是同时也以他们的名义，根据他们的意志作出的处置（Verfügung）"①。阿德勒还援引列宁在《国家与革命》中的这段话来说明，在消灭了阶级制度的社会中，尽管还存在少数人的服从，但是已不存在多数人对少数人施加暴力（Vergewaltigung）的情况："我们并不期待一个不遵守少数服从多数的原则的社会制度。但是，我们在向往社会主义的同时深信：社会主义将发展为共产主义，而对人们使用暴力，使一个人**服从**另一个人、使一部分居民**服从**另一部分居民的任何必要也将随之消失，因为人们**将习惯于遵守公共生活的起码规则，而不需要暴力**和**服从**。"② 阿德勒认为，列宁在这里所说的就是社会民主，它与少数人的屈服不是一回事，"因为在那里根本不存在少数人的统治利益。在那里少数人是自动服从的"③。

第三，凯尔森等人还认为，如果说无产阶级在建立专政时已占居民的多数，那么专政就已经是多余的了；或者说，由于存在民主制，专政已经是不必要的了。这时用占压倒优势的多数来对付一小群没有权力的资本家、地主和多种社会寄生虫，无异于用大炮轰麻雀。阿德勒认为这是机械的经济决定论观点，没有认识到"阶级的本质包含它的阶级意识这一意识形态因素"；"一个阶级不会由于使它产生和保持存在的经济条件已经被排除就停止存在"。阿德勒在这里重复了我在上面引用过的他在论述阶级时的观点，但说得更加透彻，因此我认为应当详细地加以引述："这些阶级的成员有着恢复本阶级的意愿，他们的全部精神和意志面貌代表着这一阶级地位的利益，他们甚至努力传播这些意愿和利益，在同年龄段的一代中争取支持者，并且对年轻人进行这方面的教育"。只要这些成员还存在，这一阶级和阶级对立就会永远存在。"无产阶级虽然也占多数，却不能一举就建立社会主义社会，而在仍旧很长的时间内，在经济的、政治的、教会的和文化的组织的许多领域，仍旧必然会有旧状态的重大残余，而这些残余同样也能成为一种阶级反动的出发点，因此上述对立就更加危险了。"④ 他在这里也引用了列宁的话。

---

① 《马克思主义国家观》，第198页。
② 《列宁选集》第3卷，第184—185页。
③ 《马克思主义国家观》，第198页。
④ 同上书，第200页。

列宁在1905年批评那些不理解为什么无产阶级政权要对少数人运用暴力的人说："他们错了，因为他们不是从发展来看这一现象。他们忘记了新的政权不是从天上掉下来的，而是在旧的政权旁边，反对这一政权，在对这一政权的斗争中产生和发展起来的。"①

阿德勒进一步解释说，单凭民主的形式是不能说明其内容的。对于本身也是处于统治地位的少数人，如果他们想用另一种方式实行统治或者想更多地参加权力，那么对于他们是不需要镇压（Repression）的。但是如果少数人想推翻这一阶级统治本身，那么他们目前所处的无权状态并不能成为宽恕他们的理由，否则就会给他们提供获得更大权力的机会。他还说，反对一个阶级的斗争必须进行到这一阶级消灭为止，因为只有到那时才会产生无阶级社会。

第四，从上面的引述可以看出，阿德勒对无产阶级专政的本质和必要性的理解与布尔什维克的观点基本上是一致的。正因如此，他才会一再援引列宁的话。但是另一方面，阿德勒认为苏俄的无产阶级专政的实践是错误的，是违背马克思主义理论的。

三

阿德勒说，布尔什维克的领袖们自己也把马克思恩格斯所说的无产阶级专政理解成这样一种无产阶级的阶级统治：它即使不是依靠无产阶级在人数上所占的大多数，毕竟是要依靠无产阶级在整个社会中所占的经济优势的。但是在俄国，无产阶级既不占居民的多数，也不具备决定性的经济优势，无产阶级甚至还没有达到全体成员的政治成熟程度，因此在列宁和托洛茨基的理论中以及后来在整个布尔什维主义理论中，就作了一次"后果严重的修改"（verhängnisvolle Modifikation），不再把无产阶级专政说成是阶级的专政，而是说成只是它的一部分，所谓的先锋队、先驱、工人精英的专政。这样一来，无产阶级专政就更成了对无产阶级的专政，从阶级的专政变成了一个党的专政。为了证明自己的观点，阿德勒引用并解释了列宁在《国家与革命》

---

① 《马克思主义国家观》，第201页。列宁的话参见《关于专政问题》，维也纳1921年德文版，第14页。

中的一段话。列宁说："马克思主义教育工人的党，也就是教育无产阶级的先锋队，使它能够夺取政权并**引导全体人民**走向社会主义，指导并组织新制度，成为所有被剥削劳动者在不要资产阶级并反对资产阶级而建设自己社会生活的事业中的导师、领导者和领袖。"① 阿德勒认为，这是用"单纯的领导能力"来取代由于经济条件已经实现而获得的领导地位。因此，虽然马克思恩格斯认为无产阶级专政是"整个无产阶级的斗争的最终形式"，但是它在布尔什维主义那里却成了"根本还未成熟的无产阶级斗争的开始。无产阶级专政本来意味着无产阶级的阶级利益的胜利的自我贯彻（Eigendurchsetzung），现在却成了一个领导集团为了无产阶级的利益而执行的政策，它从根本上说只是开明专制主义的一个新的变种，它声称自己只是为了人民的利益而行使自己的暴力"。②

考茨基在《无产阶级专政》一书中引述了《社会主义革命提纲》③中的一些提法，如俄国社会主义革命发现了无产阶级专政应当采取的形式，"这就是苏维埃共和国的形式，就是无产阶级和（俄国的）农民的贫苦阶层实行长期专政的形式"。阿德勒认为这是布尔什维主义的"后果严重的错误"。单就把贫苦农民列为阶级基础而言，就已证明俄国还谈不到无产阶级的专政。苏维埃共和国在发展过程中不仅与农民进行了残酷的生死斗争，而且（战时）共产主义最终向农民屈服，"这也证明谈不到存在这些阶级的利益一致，而惟有这种一致性才能使专政建立在居民大多数的基础上。剩下来的就是莫斯科中央政府的专政了"。④

尽管如此，阿德勒一再表示，布尔什维克对无产阶级专政概念的解释基本上是正确的。他说，布尔什维克理论家"对我们探讨的问题（指无产阶级专政——引者）作出了很值得重视的贡献"。他认为在马克思主义者阵营中反对布尔什维主义的斗争往往引起激动，以致"列宁和托洛茨基（我只

---

① 《列宁选集》第3卷，第131—132页。
② 《马克思主义国家观》，第189—190页。
③ 考茨基原文未说明作者。这是布哈林1918年应德国共产主义者中央委员会的要求而写的《关于社会主义革命和无产阶级在俄国实行专政时期的任务的提纲》。
④ 《马克思主义国家观》，第202页。考茨基引用的提纲参见《无产阶级专政》，第79页。

举出这一派别中最重要的两个）著作中的正确的和优秀的内容根本不再能被吸收。他们对于无产阶级专政的论述并不是错误的，但是他们把这运用于自己的党——在一个落后的农民国家中的一小群无产者——的做法对于社会主义的发展是一个巨大的、后果严重的错误"①。在介绍考茨基对上述《社会革命提纲》的评论时，他认为，这一纲领的第10条关于无产阶级专政的含义的分析，即无产阶级专政可以说是"对资产阶级的经常的战争状态"，"专政的含义不是别的，就是暴力制度。这里，重要的是暴力的阶级内容"，等等，是"出色地表述了无产阶级专政的特性"，说明它是一种"即使在民主制内部就其本质来说始终是一个阶级反对另一个阶级的暴力"。② 他甚至认为，在无产阶级专政问题上，布尔什维克"在理论上绝对没有错误，相反，他们使已经在一些马克思主义者意识中消失的许多理论观点重新得到正确的表述，他们只是错误地把这理论应用于自己的政策"③。

不仅如此，他还对考茨基的个别观点提出异议。考茨基在《无产阶级专政》中强调，马克思在1875年使用"无产阶级专政"一词时，只是想用它来表明一种政治状态（Zustand），而不是表明一种政体（Regierungsform）。阿德勒认为，考茨基显然是打算用这种区分来说明，无产阶级专政只是一种"暂时的"过渡状态，而不是社会主义社会的一个"持久的形式"。但是阿德勒认为这种区分是"不高明的"（unglücklich）。因为，即使无产阶级专政的状态仅仅是、而且肯定是暂时的，但是在它存在的期间，它必然是一种政体，也就是无产阶级的国家。何况过渡状态的存在时期是不能预先估计的，也与对专政的理论理解无关。过渡可能持续几年或者几十年，从理论上讲……它是特殊的马克思主义意义上的暂时状态，这就是说，对它的克服，对它的有条不紊的消除，在这里是无产阶级政府活动的有意识的目标。但是正因如此，它在这一活动本身的范围之内是一种持久的，需要不断保持直到目的达到为止的状态。"④ 因此考茨基的批评只能用来针对布尔什

---

① 《马克思主义国家观》，第190页注①。
② 同上书，第202页。"提纲"文本参见《考茨基言论》，第301页。
③ 同上书，第199页。
④ 同上书，第203页。

维克把苏维埃等同于无产阶级专政的做法，但是在批评时必须提防它也涉及专政概念本身，因为布尔什维克的观点如果与它在俄国的应用区分开来，"可以看成是对马克思和恩格斯关于无产阶级革命家专政的观点的极好的表述"①。阿德勒明确地作出结论说："毫无疑问，这一专政肯定要在一整个历史时代，也就是在从资本主义社会向社会主义社会过渡的时代持续存在，它在这一时代维持一种政体，即无产阶级国家，它通过这一政体——民主制，而且当然是在政治民主制的基础之上，作为它的后果——保持一种针对资产阶级的经常的战争状态。"②

综上所述，阿德勒是肯定布尔什维克关于无产阶级专政理论的理解是符合马克思恩格斯的原意的。也可以说，他是按照布尔什维克的解释来理解马克思恩格斯的无产阶级专政理论的。这在社会民主主义理论家和政治家中可以说是绝无仅有的。在这一点上他和考茨基之间当然存在很大分歧。但是当他指责布尔什维克不该把无产阶级专政理论应用于俄国时，他的论据却是与考茨基相同的。他们都认为无产阶级革命或社会主义革命必须具备以下的主客观条件：资本主义经济及其矛盾已充分发展；无产阶级已占人口的多数，而且有很大部分已经认识到自己的历史使命，并且用这种认识来影响无产阶级的其余部分以及其他劳动阶层；与此相应，在政治上已存在议会制共和国制度。但是阿德勒和考茨基根据上述前提条件得出的关于无产阶级专政的理论又有区别。考茨基认为，无产阶级在这些条件下取得政权后已经不必采用专政手段，即使需要，也只是一种短暂的状态。阿德勒却明确地主张，需要一个作为由资本主义向社会主义过渡的无产阶级专政阶段。但是如果进一步考察就会发现，阿德勒对这一过渡阶段的确认只是停留在理论层面，一旦接触到无产阶级革命的方向问题，他的观点实际上又与考茨基是一致的。

四

阿德勒在《马克思主义国家观》中专门用一章来论述"革命的进化"问题。这首先也是针对凯尔森的。凯尔森认为，马克思主义的经济学说与政

---

① 《马克思主义国家观》，第 204 页。
② 同上。

治学说是有矛盾的。前者是"进化的",认为无产阶级的力量是由于它在经济发展中成了社会中最强大的阶级。而无产阶级既已成为人口中的多数,那么在民主制度下它就不必使用暴力来实现资产阶级国家向无产阶级国家的转变了。何况马克思本人1872年在阿姆斯特丹发表的一次演说中也不排除通过和平道路实现社会主义的可能性。凯尔森认为,在民主制度下,通过普选权的扩大而在议会中成为多数的无产阶级要实行这种转变甚至于不必改变宪法,只要通过经济立法就行了。因此"无产阶级专政"和"革命"的概念也就失去意义,成了用于宣传革命的空话。阿德勒对凯尔森的反驳涉及革命(无产阶级革命)的社会性质、合法手段和暴力手段、国家性质的根本转变、革命和进化的关系等方面。

阿德勒认为,马克思主义意义上的革命是一个历史性概念。无产阶级革命是由资本主义生产关系内部的生产力发展程度决定的,从无产阶级的阶级利益产生的对"新的社会任务"的认识,是与无产阶级必然会产生的实现这一任务的"意志"联系在一起的,而这一任务就是以生产资料的社会所有制代替私有制。

马克思主义意义上的无产阶级革命是与"社会革命"等同的。它必然要与资产阶级社会的经济宪法(ökonomische Verfassung,此处应是指经济结构——引者)决裂。它要"目标明确地使社会转移到它内部形成的新的经济秩序上来"①。这一新的经济关系虽然是在资本主义社会内部逐渐发展的,但这一过程不是纯粹"唯物主义的",而是一定要伴随着人民思想上的变化。这就是说,它首先使无产阶级头脑中产生对自己经济地位的意识,然后是对纠正这种地位的手段的认识,最后则是行动的意志,但是"只有行动才能实现纠正,只有行动才造成经济关系的变化,创造新的秩序"②。马克思关于"新的更高的生产关系,在它的物质存在条件在旧社会的胎胞里成熟以前,是决不会出现的"这一论断并不是说这些"新的物质存在条件"已经就是"新的社会本身"了。这种"经济自发主义"决不是马克思主义。马克思恰恰认为,通过这一发展过程产生了工人阶级的"历史使命"。他在

---

① 《马克思主义国家观》,第160页。
② 同上书,第163页。

《法兰西内战》中说:"工人阶级不是要实现什么理想,而只是要解放那些由旧的正在崩溃的资产阶级社会本身孕育着的新社会因素。"① 阿德勒认为,"这一新秩序的解放就是革命"②。

凯尔森等人强调民主制可以纠正自己的弊端,可以通过立法扩大自己的法律基础(Rechtsboden),因此无产阶级应当修正用革命颠覆现存社会的观点,转到以合法手段改造社会的立场上来。对此,阿德勒指出,凯尔森所说的民主制是政治民主。在这种民主制度下,无产阶级为了争取议会制度必须进行激烈的阶级斗争,包括罢工和街头冲突。在政治民主制下对人民的权利的限制和损害也不是仅仅由于法律规定方面的缺陷,而是由于"植根于国家中的那些社会集团的阶级权力,他们在现行法律形式的内部发挥自己的影响,因此这些限制根本不能通过法律来取消,而是只能通过法律制度以外的事实对这一阶级权力进行抗衡。"③

阿德勒指出,合法性是资产阶级国家意识形态的一个幻想,是统治阶级实行自我保护的借口,无产阶级应当用重新认识创造社会整体的必要性的意识来反对死守合法性的原则。阿德勒引用1848年革命失败后马克思在《新莱茵报》上的话:"我们从不隐瞒这一点。我们的基础不是法制的基础,而是革命的基础。"④ 他还指出马克思在科隆陪审法庭上重复说,完全有理由把他和他的同志们看成"法制基础的反对者"⑤,并且指出这种说法适用于任何上升的阶级,也特别适用于现在充当法制基础保护人的资产阶级。但是在各种情况下,法律的维护者都是已经没落或正在没落的社会利益的代表者,他们只是使与普遍需要相矛盾的利益上升为法律。但是"社会不是以法律为基础的。那是法学家们的幻想。相反地,法律应该以社会为基础。法律应该是社会共同的、由一定物质生产方式所产生的利益和需要的表现,而不是单个的个人的恣意横行"⑥。36年以后,恩格斯又在《卡尔·马克思在

---

① 《马克思主义国家观》,第3卷,第60页。
② 同上书,第163页。
③ 同上书,第151页。
④ 同上书,第6卷,第118页。
⑤ 同上书,第290页。
⑥ 《马克思恩格斯全集》第6卷,第291—292页。

科隆陪审法庭面前》一书的再版序言中指出这一演说对当前时代的重要性，因为它"维护了革命观点，反对了政体的虚伪法制"①。恩格斯本人在青年时期就已经指出英国当时的法律"神圣性"是资产阶级社会地位的"最可靠的支柱"，而无产阶级却"知道得十分清楚，法律对他说来是资产阶级为他准备的鞭子，因此，只有在万不得已时工人才诉诸法律。"②

五

阿德勒还引用托洛茨基在《恐怖主义和共产主义》中的话。托洛茨基认为资产阶级民主国家肯定对工人阶级的发展是有利的，"但是它也通过资产阶级合法性的框框限制了这一发展，它在无产阶级的上层中积累和巩固了合法主义的偏见"③。

不仅如此，阿德勒还引用马克思关于资产阶级国家本质的一些著名论断来反驳凯尔森，而且他解释这些论断时的措词比在此书前面论述国家的性质时更加激烈。他援引马克思在《路易·拿破仑的雾月十八日》中的话，指出法国从封建统治崩溃以来，"一切变革都是使这个机器（指国家机器——引者）更加完备，而不是把它摧毁。那些相继争夺统治权的政党，都把这个庞大国家建筑物的夺得视为胜利者的主要战利品"④。阿德勒对此的解释是："从封建主义到专制国家，即合法的和立宪的王国，直到议会制共和国，国家形式上的一切进步都必然只是使国家权力成为各个时期的统治阶级或阶级集团的更加有效的统治工具。"⑤ 他还称赞列宁的一项理论功绩是，使马克思曾经明确地表述，却又经常被马克思主义者忽视的一个基本思想重新引起人们的注意，这个思想就是："国家，只要它还是建立在阶级对立面的基础之上的，即使采取民主制的形式，仍旧是镇压机器。"⑥ 他还大肆引

---

① 《马克思恩格斯全集》第 21 卷，人民出版社 1965 年版，第 235 页。
② 同上书，第 2 卷，人民出版社 1957 年版，第 515—516 页。
③ [美] 列·托洛茨基：《恐怖主义与共产主义》，汉堡 1920 年德文版，第 18 页。
④ 《马克思恩格斯选集》第 1 卷，第 676 页。
⑤ 《马克思主义国家观》，第 151 页。
⑥ 同上。

用托洛茨基在《恐怖主义和共产主义》一书中的言论来加强自己论述的分量。①

在谈到巴黎公社和打碎国家机器问题时,阿德勒又一次称赞列宁值得感激,因为他指出,马克思的观点并不是随便发表的,是他从《雾月十八日》一书以来反复强调的②,这个观点的决定性内容在于:"与旧事物的决裂,迄今国家的经济的和政治的内容的消除,而社会革命正是必须完成这一任务。"③ 无产阶级国家的建立不是在没有改变的社会环境中建立一个新的党的统治,而是一个上升的阶级消灭旧的生活条件,实行新的生活条件,也就是马克思所说的:"公社的真正秘密就在于:它实质上是工人阶级的政府,是生产者阶级同占有者阶级斗争的产物,是终于发现的可以使劳动在经济上获得解放的政治形式。"④ 当然,公社也是一个"压迫组织",所谓取消常备军并不是取消军事暴力,而是代之以"武装的人民";用普选选举权代替特权选举权也是国家的一种形式;以劳动者的机构代替议会不是议会制的消灭,而是把它转变成更加接近直接民主的形式。总之,在国家消亡之前,工人阶级仍旧需要作为镇压机关的国家,只不过其阶级性质改变了。阿德勒的这些论述与他关于无产阶级专政的观点是一致的。

但是,恰恰在革命问题上,阿德勒和赫尔曼·赫勒一样,引用了拉萨尔在《科学和工人》(1853年拉萨尔因为出版《工人纲领》小册子而在柏林法庭接受审判时发表的辩护词)中对于革命和改良的区别的论述。拉萨尔说:"革命就是变革,因而进行革命的时候,总是以崭新的原则来代替现存的制度,不管它是否采取暴力,——手段在这里是毫无意义的。进行改良的时候,现存制度的原则却保持着,只是变得更温和或者更前后一致和更公正一些。手段在这里同样是毫无意义的。改良可能通过暴动和流血的方法来实现,而革命却可能在最安宁的和平中实现。"⑤ 阿德勒认为,虽然拉萨尔的

---

① 《马克思主义国家观》,第151—152页。所引托洛茨基言论见《恐怖主义与共产主义》,第23页。
② 参见《列宁选集》第3卷,第142页及以下。
③ 《马克思主义国家观》,第166页。
④ 《马克思恩格斯选集》第3卷,第58—59页。
⑤ 《拉萨尔言论》,第87页。

观点是"唯心主义的",但这一定义却是"经典性的"。① 他以此为基础阐发了两点看法:

第一,革命根本不是"必然"要"暴力地"发展的,"合法地"完成一场革命也并不违背革命的概念。"可以设想,无产阶级的统治能够通过议会的一次多数决定而完全不经战斗就建立起来。"不过,就革命的社会意义来说,无产阶级的统治是"和平地"还是"暴力地"建立是一个完全次要性问题。"重要的仅仅在于,随着无产阶级的统治而来的是统治的社会职能的根本改变,是与它迄今的性质的彻底决裂。"②

第二,社会革命对于马克思主义者来说既不是必然要使用暴力,而且也不一定是"违法"(Rechtsbruch)。例如,当议会以多数通过决议以"合法的"形式废除迄今受到宪法保护的私有制时,这对于法学家来说仍旧是"法制国家"的继续,但从社会学角度来看却是"国家的经济结构的重大改变",在这以后的国家与以前的国家已不再是同样的了。阿德勒还说:"关于经济发展怎样使重大的社会革命能在没有改变的法律形式内部进行,恰恰是马克思和恩格斯教我们懂得而且在《共产党宣言》中以简练的方式第一次说明的。"③

阿德勒在这里显然是指《共产党宣言》第一部分"资产者和无产者"中关于无产阶级在资本主义社会内部如何逐渐觉醒,"组织成为阶级、从而组织成为政党"并且进行斗争的过程。但是这一部分的最后,他明白无误地说道:"现存社会内部或多或少隐蔽着的国内战争,直到这个战争爆发为公开的革命,无产阶级用暴力推翻资产阶级而建立自己的统治。"④ 可见,阿德勒在这里企图用比较含混的言语援引《共产党宣言》来论证自己的观点,是没有道理的。

阿德勒本来把他和凯尔森的争论看成与伯恩施坦修正主义斗争的继续:"这是关于进化和革命关系的老的争论,伯恩施坦修正主义时期播下了思想

---

① 《马克思主义国家观》,第157页。
② 同上书,第158—159页。
③ 同上书,第160页。
④ 《马克思恩格斯选集》第1卷,第284页。

混乱的种子，它始终没有得到克服。"① 阿德勒对伯恩施坦的批评是符合实际情况的。伯恩施坦在《社会主义的前提和社会民主党的任务》一书中把马克思的社会主义革命理论看成是主张"和平进化的"思想与主张"密谋暴动的"思想的结合和妥协，认为马克思主义只是屏弃了布朗基主义的暴动方法，但是"在过高估计暴力对于现代社会的社会主义改造和创造力这一点上，它从来没有完全摆脱布朗基主义的见解"②。他自己则是主张"社会的长入社会主义"、"社会主义的一部分一部分的实现"，反对"画了一条界线：这边是资本主义社会，那边是社会主义社会，根本不谈资本主义社会里有系统的工作"。③《前提》一书 1909 年的英文节译本改名为《进化的社会主义》，而这个译本是伯恩施坦本人审定过的。由此可见，伯恩施坦确实是把进化与革命对立起来的。

但是，阿德勒在批评伯恩施坦时却借用生物进化论来论证自己的观点。他说生物学上的任何一个新的"品种"（Art）都不是通过逐渐的改变和适应，而是通过突变（Mutation）产生的，每一次突变都是"与旧品种的决裂"和"新品种的开始"，而整个进化则是只能通过一系列前后相继的革命才有可能实现的，因此"革命和进化根本不是对立物，因为后者涉及的是变化的因果关系，前者指的是变化的方式"。阿德勒认为："只有改良（变异）才是与革命对立的，因为后者指的是与迄今状态的决裂，前者则是指这一状态内部的变化。"④

我认为，阿德勒的这种说法是经不起推敲的。首先，凯尔森和伯恩施坦所说的进化实际上就是指改良，阿德勒在这里所说的进化却是泛指历史的发展，他是把这两种不同的概念混淆了。其次，撇开生物学上的突变论是否正确不谈，像阿德勒这样把革命与"逐渐的改变和适应"对立起来的提法也是不恰当的。改良不等于改良主义。在资本主义制度内部进行的某些改良是为了巩固这一制度、防止革命的，另一些改良则可以为革命创造条件，还有

---

① 《马克思主义国家观》，第 163 页。
② 《伯恩施坦文选》，人民出版社 2008 年版，第 169 页。
③ 同上书，第 16 页。
④ 《马克思主义国家观》，第 164 页。

一些改良则是两种作用兼而有之。阿德勒自己也说：在政治民主制或资本主义社会内部，"革命观念不仅有可能产生，而且具有很好的意义。它无非是排除那些（对无产阶级的）'障碍'的意图"，但是这一意图必须与如下的认识结合起来："这种排除只有与排除整个现存社会制度同时进行才是可能的。"① 按照这种理解，阿德勒完全可以把许多改良解释成与革命意图有关或与革命同时进行的行动。阿德勒在接受拉萨尔关于革命的定义时正是这样做的。

阿德勒属于"奥地利马克思主义派"的左翼。在他们的无产阶级革命和无产阶级专政的理论中都存在一种"理想的"模式，也就是以社会经济条件发展为基础的和平过渡模式。他们认为当时的欧洲发达资本主义国家正在朝这一方向发展，但是实际政治经验告诉他们，即使在这样的国家，无产阶级凭借议会多数合法地夺取了政权，仍旧不免会遇到资产阶级和其他反动势力的暴力反抗，因此他们认为不可能绝对排除暴力，但是只能在万不得已时才使用暴力。"奥地利马克思主义派"的另一个著名代表人物奥托·鲍威尔把这称为"防御性暴力"。阿德勒是赞同和支持鲍威尔的。他曾协助鲍威尔将这种思想写进1926年奥地利社会民主党林茨代表大会通过的纲领。② "防御性暴力论"的致命弱点在于，在资产阶级国家中，无产阶级及其政党很难掌握不得不动用暴力的恰当时机，而且也无法获得运用暴力的物质条件如武器，等等，因此必然陷入被动境地。1927年奥地利工人起义的失败教训以及奥地利社会民主党在起义过程中的表现充分说明了这一点。

阿德勒在《马克思主义国家观》中还论述了马克思主义关于国家消亡的理论并且阐述了马克思主义与无政府主义的本质区别，但无论在当时还是现在看来，这些都不过是空谈，因此这里就不再论及了。

第五节　鲁道夫·希法亭的民主共和国崇拜

希法亭的"有组织的资本主义论"是从经济学角度为社会民主党的改

---

① 《马克思主义国家观》，第156页。
② 参见《鲍威尔文选》，人民出版社2008年版，第324—326页。

良主义国家学说提供论据的。本节拟比较详细地论述他的国家学说的发展过程及其与魏玛共和国时期德国社会民主党的改良主义的关系。

一

鲁道夫·希法亭原为奥地利社会民主党人，1906到德国，成为德国社会民主党职业活动家，并曾在魏玛共和国时期两度出任财政部长。他是"奥地利马克思主义派"的代表人物之一，曾在1904年与麦克斯·阿德勒一同创办《马克思研究丛刊》，他的成名之作《金融资本》（1910）就属于这一丛刊。列宁肯定此书对"资本主义发展的最新阶段"作了"极有价值的分析"，同时指出它的一些重要错误，但本文只是把书中所包含的"有组织的资本主义"观点的雏形当做论述的出发点，不涉及全书的评价问题。

希法亭在这本书中论述了银行资本和工业资本融合成金融资本以及企业卡特尔的产生过程和发展趋势，然后提出了一个问题："卡特尔的限界究竟在哪里？"他的回答是："对卡特尔来说，绝对的限界是没有的，不如说存在着不断扩大卡特尔的倾向"，结果"就会产生一个总卡特尔。整个资本主义生产由一个主管机构有意识地加以调整，这个机构决定一切生产领域的生产规模"。到那时，货币将失去作用，生产的无政府状态也将消失，而全部产品的一部分由卡特尔"分配给工人阶级和知识分子，其余部分归卡特尔随意使用"。希法亭认为，"这是得到有意识调整的对抗形态的社会。"① 但是，他在这里只是指出一个发展趋势，他还没有使用"有组织的资本主义"一词，也没有由此得出与社会民主党的斗争策略有关的一些结论。

恰恰是在这本书中，希法亭论述了金融资本必然要采取帝国主义的政策，而"只有帝国主义才使资本主义本身所意味着的那种革命一般化，从而也使社会主义胜利的条件一般化"，也就是说必然导致战争的发展和"革命风暴"。但是，无产阶级在认识到这一点以后，既不能采取命定主义的态度，"放弃它对帝国主义和战争的敌意"，等待革命自然而然地发生，也不能因为帝国主义政策归根到底会促进无产阶级的最终胜利，就去"支持这

---

① 《第二国际修正主义者关于帝国主义的谬论》，三联书店1976年版，第194页；参见王辅民等译：《金融资本》，商务印书馆1994年版，第264页。

种态度"。相反，无产阶级的最终胜利"只有从反对这种政策的不断斗争中才能产生，因为只有到那时，无产阶级才能成为这种政策必然导致的崩溃的继承人"①。

希法亭认为，从经济结构上说，金融资本的"社会化职能"使克服资本主义变得非常容易。"一旦金融资本把最重要的生产部门置于自己的控制之下，只要社会通过自觉的执行机关即被无产阶级夺取政权的国家占有金融资本，就足以立即获得对最重要的生产部门的支配权"，并通过它们来控制其他产业，这就使"社会主义政策的最初步骤非常容易进行"②。

从政治上说，金融资本也使资本主义向社会主义的过渡更加容易。希法亭认为，在阶级对抗的社会中，"只有统治阶级已经把自己的权力集中到尽可能高的程度时，伟大的社会变革才能发生，这是一个历史规律"③，而金融资本正处在这个时刻。在自由资本主义时期，资产阶级的自由主义是力图削弱国家政权的力量，反对国家干预经济的，与此相反，金融资本"所希望的不是自由，而是统治"，它需要政治上强大的国家，保证国内市场，加强对日益增长的工人阶级力量的镇压，并把整个世界转变为自己的投资场所，推行扩张政策和吞并殖民地。在这种情况下，"经济权力同时意味着政治权力，对经济统治的同时也提供了对国家政权的权力手段的支配。经济领域中集中程度越高，对国家的控制越是不受限制"④。而"资本家阶级这样直接地、毫无掩饰地和公然地占有和利用国家组织为自己谋利的情况，就会使无产者认识到夺取政权是自己首要的和切身的利益，迫使每一个无产者为夺取政权而努力"⑤。

在阶级关系和阶级力量对比方面，金融资本所起的作用是有利于无产阶级的。它在增强自己的权力的同时也加强了被统治者的力量。后者表现为"潜在的力量"，但在革命时期就会被证明为实际力量。另一方面，垄断也打击了中间阶层，包括职员和工商业的中产阶层。"战争的危险加强了军备

---

① 《金融资本》，第 424 页。
② 同上书，第 426—427 页。
③ 同上书，第 429 页。
④ 同上。
⑤ 同上书，第 427—428 页。

和赋税负担,最终促使生活日益受到威胁的中间阶层加入无产阶级的行列。"总之,"作为资产阶级最坚决的敌人的无产阶级,得到其他阶级的支援",能够在夺取政权的斗争中"摘取果实"。①

希法亭认为,无产阶级对金融资本和帝国主义政策的回答就是"社会主义",即"生产的组织化以及对经济的自觉调节(不是通过和为了资本巨头,而是通过和为了社会全体)"。到了金融资本阶段,"社会主义不再是遥远的理想,甚至不再是仅仅对'当前要求'发生决定性影响的'最终目的',而是变成了无产阶级直接的实际政策的基本组成部分"②。

值得特别指出的是,希法亭此书的最后一段是:"金融资本,在它的完成形态上,意味着经济的或政治的权力在资本寡头手上达到完成的最高阶段。它完成了资本巨头的专政统治。同时,它使一国民族支配者的专政同其他国家的资本主义的利益越来越不相容,使国内的资本统治同受金融资本剥削的并起来斗争的人民群众的利益越来越不相容。在这些敌对的利益的暴力冲突中,金融巨头的专政统治将最终转化为无产阶级专政。"③

这显然可以说是一个革命的结论,但也可以说是一个"口头上的"革命的结论。希法亭和当时第二国际的大多数正统派马克思主义者一样,在社会主义问题上是坚持这样几个观点的:第一,要用公有制代替私有制;第二,要由无产阶级通过其政党即社会党夺取政权;第三,要积极进行议会斗争、工会斗争和其他合法斗争,一方面争取工人阶级的当前利益,另一方面也为夺取政权做思想、组织和干部方面的准备,其间也不排除争权扩大民主制或保卫民主制的斗争。关于夺取政权,他们从来没有明确宣布排除暴力手段,因为正如恩格斯所说,这并不仅仅取决于他们。我们可以说他们的社会主义革命思想隐含着暴力革命思想,但是他们并没有解决如何由和平手段和合法斗争转向暴力手段的问题。他们是实际上寄希望于两种可以使无产阶级容易取得胜利的可能性。第一,民主国共和制的改进和发展(例如法国。

---

① 《金融资本》,第 428—429 页。
② 同上书,第 425 页。
③ 同上书,第 429—430 页。原译文在涉及"资本巨头"和"金融巨头"时都译为"独裁",只在涉及无产阶级时译为"专政",在这里都统一为"专政",特此说明。

在德国则是半专制国家制度转变为民主国家问题);第二,战争削弱资产阶级政权,造成经济和政治危机。后一点主要是第二国际左派的观点,正统派支持这一观点,但缺乏行动的决心和勇气。对希法亭所说的"无产阶级专政"必须放在这一思想背景下来理解。这个词在书中是紧接着上文的"金融巨头的专政统治"一词而出现的,实际上就是无产阶级政权,其延伸的意义至多与奥地利马克思主义主要代表人物奥托·鲍威尔的"防御性暴力论"一样,是指无产阶级在资产阶级采取暴力手段破坏民主制或反对无产阶级政权时可以使用暴力反击,而且只是一个短暂的过渡阶段,而他们是力求避免这一阶段,并且相信在民主共和国的条件下是可以避免的。

希法亭在《金融资本》一书中关于社会主义革命的论述的矛盾在于他对国家作用的看法。他根据马克思主义的国家观阐明了经济权力与政治权力的关系以及垄断资本对国家权力的控制,却大大低估了由这种控制产生的强大的国家的统治镇压力量,另一方面又极其抽象地论述被统治者的"潜在力量"的加强,从而一再乐观地谈到社会主义更加"容易"实现,这当然是缺乏说服力的。希法亭在魏玛共和国时期的社会改良主义国家观就是以这一矛盾为基础发展出来的。

在我看到的国内外研究《金融资本》或希法亭与此有关理论著作中,都只谈经济问题,在涉及政治问题时只是一般地指出他是反对无产阶级革命,主张改良主义的,例如列昂节夫为1959年莫斯科出版的《金融资本》俄文译本写的长篇前言,爱德华·麦尔茨为1968年西德法兰克福出版的《金融资本》重印本(1973年再版)写的长篇前言都是这样。但我国1994年出版的《金融资本》中文版的前言(王辅民著)却在最后几节论述了希法亭的经济理论与社会民主党政策的关系,对他关于金融巨头的专政统治最终将转化为无产阶级专政的论断作了肯定的评价,这在希法亭的研究方面是一个很大的进步(尽管我并不完全同意他的分析)。①

二

第一次世界大战爆发后,希法亭支持以胡果·哈阿兹为首的社会民主党

---

① 《金融资本》,第 xix—xx 页。

中派，曾和《前进报》多数编辑一同向党的领导提出声明，表示反对右派把持的社会民主党国会党团的投降主义政策。① 1915 年 4 月希法亭回到维也纳开业行医，1916 年他被奥匈帝国政府征召入伍，在意大利前线担任军医。这时他仍和考茨基保持密切的通信联系，而且经常在奥地利社会民主党的刊物《斗争》月刊上发表论文。1915 年 5 月 1 日，他在《斗争》月刊上发表《历史的必然性和必然的政策》一文，驳斥德国社会民主党右派分子亨利希·库诺以帝国主义的历史必然性为理由论证投降主义政策的谬论。6 月 19 日，伯恩施坦、哈阿兹和考茨基发表主张立即停止战争、尽可能和谈的《当务之急》呼吁书，希法亭在给考茨基的信中表示赞赏。

希法亭在《历史的必然性和必然的政策》一文中概括地论述了金融资本与帝国主义的关系以及无产阶级政党对此应当采取的政策，虽然在这方面没有超出《金融资本》一书的内容，但是他使用了"高度有组织的金融资本主义"一词，而且强调它和无产阶级社会主义革命之间的关系，他针对库诺说："社会主义问题并不是抽象的资本扩张可能性的问题（即使资本主义——何况还是高度有组织的金融资本主义——没有不断的空间扩张就不可能存在这一错误观点是正确的），而是无产阶级的政权问题，当然，这个问题对历史的考察来说是经济发展的作用，但是对政治行动来说同时也是为实现最终目的而进行宣传和鼓动的任务。"② 他认为，无产阶级对金融资本扩张政策的反抗，特别是对它的暴力方法的反抗，会变得十分激烈，结果也有可能出现一些使无产阶级取得政权来在社会方面实现它的利益的斗争。他在这篇文章中明确表示，社会主义只能在"不断的斗争"中，即通过"不断地实践中否定资产主义是一种历史的必然性"才能实现，否则就可能产生一种改良主义的工人运动，而不会产生社会民主党。③ 显然，希法亭这期间仍旧坚持他在《金融资本》中得出的政治结论的革命内容，反对德国社会民主党和工会领导的阶级投降政策。

---

① 这一声明没有公开发表。见［德］欧根·普拉格尔：《德国独立社会民主党史》，柏林 1921 年德文版，第 30 页。
② 《第二国际修正主义者关于帝国主义的谬论》，第 215 页。
③ 同上书，第 218—219 页。

同年 10 月，他又在《斗争》月刊上发表《这是阶级之间的协作吗?》一文，激烈抨击德国社会民主党右派的一些代表人物与十位大学教授合写的论文集《新德国的工人阶级》中表现出来的机会主义和改良主义观点。正是在这一篇文章中，他第一次阐述了"有组织的资本主义"概念及其为社会民主党策略提出的任务。

希法亭在文章的开头就明确提出，战争帮助机会主义意识形态在社会民主党内取得了"意料不到的胜利，以致到处的工人运动都处于党的右派的独裁之下"，这些右派政治家利用这一有利的机会，力图把以彻底改造社会为目标的革命运动转变成使工人阶级适应资本主义社会的改良主义运动，要在原则上承认现有的社会、特别是今天的国家权力，把工人阶级纳入现存的社会和国家制度。希法亭认为，机会主义的这一胜利"成了对工人运动的未来的威胁，因为资本主义发展的一些阻碍社会主义实现的趋势会由此得到支持"[1]。

他进一步分析了资本主义的发展对工人运动的消极影响，他认为，马克思在他当时只能看到资本主义对工人运动"起革命作用的趋势"，却忽视了资本主义社会中由工人阶级的斗争、社会民主党和工会运动而造成的（对资本主义的）"适应"。[2] 这里指的是，工人阶级在精神和物质上的提高使资本主义成为更加易于忍受的，使工人更能生存下去。和过去任何受压迫阶级相比，工人阶级在精神上和体力上都更强、更有战斗力、更加自觉，但同时他们的直接的革命动力削弱了。资本主义的最恶劣的贫困化趋势已不可能实现，因而它也就有可能避免一场由绝望的群众发动的革命。由此得出的似非而是的（paradoxal）结论是："工人运动的反革命作用削弱了资本主义的革命趋势。"[3]

但是，最近的高度发达的资本主义本身也产生一些起保守作用的倾向：缩短萧条时期，减少失业，缓解危机的压力。金融资本即"少数大银行对

---

[1] ［德］科拉·施特方:《希法亭文选》，波恩 1982 年德文版，第 65 页。
[2] 希法亭的这一观点是片面的，实际上马克思和恩格斯已经指出资本主义的发展和"工人贵族"的产生之间的关系。
[3] 《希法亭文选》，第 66 页。

垄断地组织起来的工业的支配,具有使生产的无政府状态缓和的趋势,并且包含着从无政府资本主义的经济秩序向有组织的资本主义经济秩序转变的萌芽。由金融资本及其政策所造成的国家权力的极大加强也是朝着这一方向起作用的"。结果有可能不是社会主义取得胜利,而是出现一个"有组织的经济的社会,但它不是民主地组织起来的,而是按统治与被统治关系(herrschaftlich)组织起来的经济,顶层是资本主义垄断和国家联合起来的权力,下面则是按等级划分的劳动群众作为生产的雇员在工作"。那时,"就不是资本主义被社会主义战胜,而是会出现一种能比过去更好地适应群众的直接物质需要的,有组织的资本主义社会",而在战争中"在权力上,尤其是在自觉性上大大加强的国家政权仅仅由于财政原因(国家垄断!)就会促进这种趋势"。①

  希法亭认为,这一情况向社会民主党和工人运动提出的问题是:是帝国主义的权力政策,还是对全部内外政策的民主主义改造;前途是有组织的国家资本主义还是民主的社会主义?而目前在工人阶级的领导中存在着一种宣扬工人阶级与统治阶层的利益、特别是与国家的利益一致的思想,企图以通过社会改良措施来满足工人阶级直接物质利益的希望来掩盖这两种前途的对立,"民主的贯彻和社会主义本身的实现似乎都已不是无产阶级直接的实践目的",而这种错误的利益和谐政策在德国工人中也是受到支持的。显然,与1910年发表《金融资本》一书时相比,希法亭对社会主义的实现不那么乐观了,但他并没有因此放弃对革命的希望。他认为这种希望并不是来自对于"民主制的必然性"的信念,而是主要根据这样的认识:"正是由于战争的作用,重新出现了一些趋势,它们会使工人阶级相信,唯有我们所主张的原则性政策和策略才符合他们真正的和持久的利益。"他认为,马克思主义者应当承担起《共产党宣言》中所提出的代表无产阶级长远利益和充当工人运动的最坚决的、始终起推动作用的部分的任务:"我们不怀疑,群众最终会决定支持我们,也就是支持民主的社会主义,因为我们所代表的无非是他们真正利益的理论觉悟,对历史必然性和工人阶级的世界历史性使命的

---

① 《希法亭文选》,第66页。

认识。"①

这篇文章对于研究希法亭的思想发展是很重要的。它说明希法亭对德国社会民主党和工会中的改良主义有相当深刻的认识，在这种情况下，他虽然力图坚持革命信念，却显得脱离实际，软弱无力。这一矛盾可以说是理解后来他在魏玛共和国时期的理论和策略观点的关键。

三

1918年11月革命前不久，希法亭回到德国，加入独立社会民主党，成为执委会成员和党刊《自由报》的主编。他这时的思想认识有几个主要特点：德国推翻了帝制，成立民主共和国，为无产阶级夺取政权创造了条件；反对由苏维埃（德国人称之为"委员会"Rat）实行无产阶级专政，但主张保留苏维埃作为监督政府的机构；社会民主党应当利用政府权力肃清旧制度的残余即官僚机构和军队的领导，逐步实行主要产业的社会化。他这时既有革命理想，也有阶级和平的幻想，在这一过程中，多数派社会民主党政府对1919年1月起义的镇压，党的领导的坚持右倾，独立社会民主党的分裂，社会化委员会的失败，等等，终于使他放弃了德国可以很快实现社会主义的幻想，而1920年3月卡普暴动的平定却增强了他关于工人阶级有力量保卫共和国的信心。他从此放弃了通过革命道路实现社会主义的思想，坚决主张在现行的民主共和国制度下通过合法手段走向社会主义的改良主义道路。他在1920年的两个重要会议上的报告和发言说明了这一情况。

1920年10月5日，他在德国企业职工委员会第一次全国代表大会上作了题为"政治的和经济的力量对比与社会化"的报告。他在其中总结了两年来德国工人运动的进程。他认为，1918年11月9日德国的旧制度已经崩溃，全部政权已经由工人阶级接管，但是当时工人运动还没有为此做好思想和物质准备，他们中有很大一部分认为工人阶级没有能力单独行使国家权力，因此多数派社会民主党实际上继续执行战争时期与资产阶级政党联合的政策，工人阶级的激进经济政策当然也无法贯彻。"当时重要的事情本应是：对最重要的工业立即开始实行社会化，以此来掌握资本主义的决定性经

---

① 《希法亭文选》，第66—67页。

济权力阵地，从而立即巩固（工人阶级）手中的政治权利。但是当时却把无产阶级政策的这一主要问题放在次要地位，没有采取这些决定性措施。"①希法亭认为，这不仅是由于领袖的错误，而主要是由于战前的繁荣使工人阶级强烈地倾向社会改良主义的政策，他们大多数人把社会主义看成一个非常遥远的理想，只是努力去争取物质生活的直接改善。结果就是："我们今天面对的是一个资产阶级政府，我们确认资产阶级已经重新得到巩固。"②

希法亭再一次分析了资本主义生产的组织化的趋势，认为这一趋势无疑会继续加强，而工人阶级需要回答的不是经济是否需要组织化的问题，而是这一经济将按照资本主义的等级制组织起来、还是按照民主主义的社会主义组织起来的问题。随着经济组织化趋势的向前发展，资本主义也有可能进一步限制竞争，减少生产无政府状态，逐渐缓和失业，而工人也有可能在一定条件下从下层雇员上升为生产的重要领导人。"这是一种有组织的、按等级制建立起来的资本主义"，工人阶级需要做出决定：是满足于这样一种生产组织化，还是应当并且必须要求由真正从事生产的脑力和体力劳动者大众来利用这种生产组织化，来为全体平等的社会成员的利益服务，而不是为了几个资本家巨头服务，如果是后者，那么"社会主义就不会是意味着以某种共同的组织形式与资本家的合作，而是把资本家从生产中排除，把作为有产者的资本家排除"③。希法亭说这番话的背景是：他在1918年12月5日由当时的人民代表委员会（起临时政府作用）任命的社会化委员会的五个成员之一（主席为考茨基）。1920年5月15日共和国总统艾伯特批准这一委员会继续工作。1920年9月3日委员会就煤矿社会化问题提出两个方案。考茨基、希法亭等提出的方案主张立刻实行煤矿社会化，拉特瑙等提出的方案则主张暂时仍由企业主保留所有权，但要削减利润。两个方案都规定对企业主给予补偿。在希法亭作这一报告时，两个方案都已提交政府的经济委员会。希法亭正是按照这一报告中的上述精神在社会化委员会坚持激进的社会化方案，反对温和的方案。但是他认为两种方案都会遇到资本家的坚决抵

---

① 《希法亭文选》，第111页。
② 同上书，第110页。
③ 同上书，第117页。

制，因此一定会引起资本家和工人阶级之间的斗争，而斗争的结果将取决于双方的力量对比。

这一报告中关于工会的作用的论述对于研究希法亭这一时期的思想发展是很重要的。早在《金融资本》中希法亭就论述企业家组织和工人组织的发展将使工会斗争从个别企业中的"游击战"发展成整个产业部门的群众斗争，并进而"由直接涉及企业家和工人的事情变成社会的一般事情，即成为一个政治事件"①，这时在工会中组织起来的工人必然要求以政治活动即独立的工人政党活动来补充工会活动。在大战时期发表的一些文章中，他又论述了与社会民主党领导改良主义化同时发展的工人运动和工会的改良主义化。我在这里引用的这一报告中关于形势的论断实际上包含着对这种改良主义的批评。但也正是在同一报告中，希法亭认为十一月革命既然已使工人的一些当前要求得到满足，因此"为了最终目的即社会主义的斗争将越来越能够在整个工人政策中占据主要地位，而工会作为经济组织的载体也意识到这一点"②，而且确实在这一方面有了一些进步。希法亭还对企业职工委员会抱很大希望，要求它们一方面对工人阶级进行对生产实行监督的教育，另一方面要超越单纯代表本企业工人利益的狭隘眼界，把实现无产阶级和社会主义阶级利益当做目的。希法亭认为，要工会和企业职工委员会发挥这样的作用，必须进行社会主义理想的教育，"我们需要更多的理想主义（Idealismus）"。他甚至引用英国著名的费边主义者乔治·柯尔关于"建设性理想主义"的论述："工会只有当它们受到真正的理想主义鼓舞时，才能成为未来的革命力量。"他在报告的最后说："我们有了建设性的社会主义思想（die konstruktive Idee des Sozialismus），我们不想贬低和冲淡这一思想。我们要体现这一思想直到胜利。"③

希法亭虽然对社会化的可能性和作用抱如此高的希望，但政府对社会委员会提出的方案采取拖延态度，实际上不予考虑，社会化委员会的工作以失

---

① 《金融资本》，第419—420页。
② 《希法亭文选》，第128页。
③ 同上书，第132页。希法亭很欣赏柯尔的"基尔特社会主义"，曾为他的《工业中的自治》一书1921年柏林德文版写了"导言"。

败而告终。

在工人阶级和社会主义运动内部的斗争问题上，希法亭既反对多数派社会民主党的右派领导，又反对倾向布尔什维克党的左派。1918年底斯巴达克派从独立社会民主党分裂出去建立德国共产党后，1919年9月共产国际成立。由于留在独立社会民主党内的左派的强烈要求，1919年11—12月的莱比锡代表大会作出了与共产国际就加入问题进行谈判的决议，但1920年2月共产国际执委会要求独立社会民主党清除"右派"分子，并与共产党合并，同年7—8月的共产国际第二次代表大会又通过加入国际的21条。1920年10月，独立社会民主党在哈雷举行的代表大会通过加入共产国际的决议。希法亭代表反对加入的少数派作了题为"革命的政策还是对权力的幻想？"的发言。[1] 这一发言针对共产国际代表季诺维也夫在会上（长达4个半小时）的演说，详细阐述了对无产阶级专政、民主共和国等问题的看法，大的前提是：工人阶级的解放是它自己的事情，因此不能把外国的经验简单地搬用到德国来。德国工人阶级必须对俄国的经验进行加工，然后才能应用。

希法亭援引独立社会民主党的行动纲领[2]指出，十一月革命以后独立社会民主党是主张建立苏维埃共和国和实行无产阶级专政的，只是由于苏维埃代表大会的多数反对工人阶级单独执政，才转而支持举行国民议会选举。希法亭认为：在这种情况下，"共和国比君主制好，一个有国民议会的共和国比一个没有国民议会的共和国好"[3]，而这是完全符合列宁的策略思想的。

希法亭进一步解释说，德国的历史发展将使一个无产阶级专政的阶段成为不可避免的，因为"在一个像德国这样曾经十分反动的国家，对暴力万能的反动信仰在资产阶级的头脑中是根深蒂固的，我们不可能通过民主手段站住脚，因此需要一个无产阶级专政的阶段"。也就是说，在德国的政治和

---

[1] 这一发言和法国社会党领袖莱昂·勃鲁姆在1921年法国社会党图尔代表上所作的"为了保住老房子"的发言具有同样的历史意义。二者都是标志工人运动历史性分裂的重要文件。

[2] 1919年11月30日—12月6日在莱比锡举行的非常代表大会通过，其中声称："无产阶级专政是消灭一切阶级和取消任何阶级统治、获得社会主义民主的一个革命手段。"见《德国社会民主党纲领汇编》，北京大学出版社2005年版，第30—31页。

[3] 《希法亭文选》，第150页。

经济的力量对比条件下,"不可能在瞬息之间使资本主义的、反动的德国成为一个社会主义的机构（Gebilde）"。

但是,这种无产阶级专政只是通向社会主义民主的一个过渡阶段。这应当是一个比较短暂的阶段。无产阶级政权不应当在这一阶段"对人民群众实行专政",而是"必须真正争取人民群众,和我们一起建立社会主义民主"。① 希法亭在这里是间接地批评苏俄还没有做到这一点,批评布尔什维克对孟什维克和其他反对派实行恐怖政策,并且大段大段地引用罗莎·卢森堡1904年发表的《俄国社会民主党的组织问题》来批评布尔什维克的集中制组织。②

关于德国工人运动当时应当采取的政策,希法亭是这样看的：帝国的崩溃还不是一次革命,也不是革命的结束,而是"开始",它首先表现为受改良主义影响的德国工人阶级的"革命化"过程。独立社会民主的任务是通过提出具体的、确定的斗争目标来推动这一过程。每一次斗争都是一次权力斗争,它将使工人阶级取得在资本主义社会范围内最大限度可能取得的进步并且扩大自己的权力。同时独立社会民主党要向他们指明,必须一起超越这一限度,以便在这以后进行夺取政治权力的伟大的、最后的斗争。当然,一个具体的目标并不是全部目标,但是如果不领导工人去为实现这些由具体的阶级状况产生的具体目标而奋斗,而是认为这些目标是不充分的、不好的,就会阻碍工人阶级的斗争,也就无法展开取得政权的斗争。

这次发言是论战性质的,不是一次正面的、系统的论述,但是从中也可以看出,希法亭关于魏玛共和国时期德国社会民主党的政策和策略的观点已经基本形成：通过民主共和国逐步实现改良来达到社会主义。

哈雷代表大会以后,独立社会民主党分裂,1920年1月左派与德国共产党合并,中、右派于1922年9月与多数派社会民主党合并,起初称统一社会民主党,1924年6月恢复社会民主党的名称。希法亭在党的领导机构中担任两个副主席之一,并曾在1923年8月至11月出任施特雷泽曼（德意志人民党）为首的大联合内阁的财政部长。11月,社会民主党退出政府。

---

① 《希法亭文选》,第151页。
② 同上书,第152—156页。

1924年4月希法亭创办可以说是《新时代》杂志后继者的《社会》月刊（《新时代》于1923年8月终刊），但是他在1925年10月5日给麦克斯·夸克的信中说，《社会》杂志并不是"正式的党的月刊，相反，我力求摆脱一切（党的）正式的内容"①。

四

在希法亭为《社会》杂志第1期（1924年4月）写的相当于发刊词的文章《时代的问题》中，他的"有组织的资本主义"理论已经基本完成。他说目前应当分析和研究以下几个问题：经济中的变化；国内政治关系的改变以及国家和公民之间的关系；新的国际格局和外交政策。

希法亭认为，在世界大战期间和战后时期，资本的集中化趋势大大加强，"自由竞争的时期行将结束"，"这意味着从自由竞争的资本主义向有组织的资本主义的过渡"。有组织的资本主义的特征是：

第一，大的垄断企业成为经济中起决定作用的统治者，他们日益与银行紧密结合，而银行则把社会资本集中在手中并且提供给经济。原来分开的资本形式即工业、商业和银行资本结合成单一的金融资本的形式。

第二，大企业中劳动过程的社会化导致整个工业部门的劳动过程的社会化以及各个社会化了的工业部门的联合。

第三，与此同时就会日益有意识地对经济规定秩序和进行领导（bewußte Ordnung und Lenkung），"力求在资本主义基础上克服自由竞争的资本主义固有的无政府状态"。

第四，"如果这一趋势能够不受阻碍地得到贯彻，结果将会产生一种尽管是有组织的、却是以对抗的形式，按统治和被统治的关系（herrschaftlich）组织起来的经济。"

第五，在有组织的资本主义中，资本主义生产关系的不稳定性减少了，危机或至少是它们对工人的作用缓和了，对新的投资也能有计划地加以分配。②

---

① 《希法亭文选》，第166—167页。
② 以上引文见《社会》1924年第1期，第2页。

希法亭认为，在这种按统治和被统治关系组织起来的资本主义国民经济中，劳资关系也发生变化。一方面，劳动分工和劳动专业化加强了劳动强度，并且随着机械化的发展而按照"科学的工厂组织的方法"日益细化，从而使劳动大军分成不同阶层的"带有类似公务员性质的"雇员。另一方面，社会改良，包括老年、残疾和失业保险、限制工时和提高工资，使劳动大军能够忍受机械化的、非常紧张的劳动，在政治上起了保守的作用，促使工人阶级适应这一经济制度。[①]

希法亭在这里进一步阐发了他在1915年的《阶级之间的协作吗？》一文中论述的工人阶级的"社会心理"随着资本主义和工人运动的发展而改变的观点。他认为，社会主义是从外面带给本来只是为直接改善物质生活条件而斗争的工人运动的。它当然不是人们任意想象出来的，而是根据对资本主义发展的认识产生的目标，但是它毕竟不是工人本身的要求，而是向工人提出的要求（Postulat），它给还未发展的、组织得很差的工人运动提供了方向和目标。这一社会理想唤醒了受压迫的贫困工人，鼓舞他们为提高工资、缩短工时、争取结社和政治自由而斗争。但是随着工人运动的发展，工人的思想状态日益受到迫切的日常需要的影响，代表工人利益的工会日益把社会改良和对资本主义的适应、而不是把克服资本主义当做奋斗的内容。这样一来，社会主义的理想就成了"意识形态"（Ideologie）[②]，马克思主义也成了"意识形态"，工人阶级不是利用自己的权力地位去实现社会主义，而是去改善自己的处境，扩大社会改良和政治民主。[③]

但是，我们从上引1920年《政治的和统治的力量对比与社会化》一文中已经看到，希法亭对工人运动的估计已不像战争期间那么悲观，而在这篇《时代的问题》中他的看法又向前发展，不是仅仅指责德国工会在战争期间与政府合作，而是认为"战争在把工人投入战壕去互相为敌的同时，也在国家内部、在实际上和思想上提高了工人阶级的地位"。战争的时间愈长，物质供应就愈能起决定性作用，因此"战争没有工会（的支持）就无法进

---

① 《希法亭文选》，第2—3页。
② 此处的"意识形态"为贬义，意为空洞、模糊的理论观点。
③ 以上引文见《社会》1924年第1期，第5—6页。

行下去"。在所有的交战国，政府都必须与工会就劳动条件、就争取他们参与工业的改造或合理化进行谈判。工会的权力和威信提高了，工人对自己力量的自觉也提高了。与由于战争时期国家权力必然加强而受到压迫的工人政党相比，生产者组织即工会日益感到自己是"国家的真正载体"、"政治的载体"。在战时经济中甚至产生过"让生产者组织直接过问政治、由企业家组织和工人组织共同确定社会和经济政策的基础并交给政府和议会去执行"的想法。但是到战争将近结束时，情况改变了。"关于结束战争的时刻和方式的决定，关于停战和缔结和约的决定又恢复了行政机关和政党的重要性。"尽管如此，这时工人组织的人数和社会重要性大大增加了，而且已把职员和技术员、公共事业的职员和公务员包括进来。工会产生了在战后继续利用战争期间国家支配经济的巨大权力来为工人阶级服务的意志，也就是说，把经济权力直接转化为政治权力的全部心理条件都已具备了。①

从以上分析可以看出，希法亭认为无论在资本家方面还是在工人方面，组织化的程度都大大加强了，而经济和社会生产力的组织化是有利于占有生产资料的各阶层的，他们仍旧力图对生产的领导和社会产品的分配施加决定性影响。但恰恰是这种经济组织的对抗性的基础使斗争不可避免。"组织的程度愈发展，对生产的管理愈是有意识的，生产者群众就愈不能忍受集中化生产资料的占有者对经济权力和社会产品的篡夺"。经济的组织化与无组织的资本主义时期继承下来的"对立的所有制基础"发生了公开的、无法再隐瞒的矛盾。这一矛盾将通过"按统治与被统治关系组织起来的经济转化成民主地组织起来的经济"而得到解决，"少数人为了实现自己的权力目的对经济的自觉的社会管理将成为生产者群众的管理。这样一来，资本主义正是当它达到自己的最高阶段即重新组织起来的经济的阶段时，提出了经济民主的问题"。②

希法亭认为，经济民主的建立是一个非常复杂的问题，只有经过一个持久的历史进程才能完成，因为政权从一个阶级转向另一个阶级是可以通过一次较短的行动即革命来完成的，而"经济的组织（Ausgestaltung）始终只能

---

① 《社会》1924年第1期，第10—12页。
② 同上，第3页。

通过持久的发展，即通过进化来进行"①。经济民主问题使工人阶级在思想上面对另一种情况，即资本家的经济组织与生产者的组织相对立。后者的政策既包括使其成员在按官僚制组织起来的经济中上升的可能性，也包括对经济组织本身施加影响和使其民主化的意图以及对生产的程度不等的监督直到夺取经济民主。"这样一来，工会就不再仅仅是社会政策的机构，而是成了民主的生产政策的载体"。社会主义也不再既是科学，又是社会和政治的"意识形态"，不再是为改善生活状况而适应资本主义的工人的"抽象观念"，而是"工人为对有规则的和有组织的经济施加影响而进行斗争时需要直接实现的内容"。希法亭认为，马克思和恩格斯的毕生事业是使社会主义从空想发展成科学，而现在的问题则是把社会科学应用于社会组织，这将会是从科学社会主义向"建设性社会主义"的过渡。在这方面，工会为了提高其成员的参与意识和管理能力，必须进行大量的教育工作。②

希法亭没有专门论述国家作用的著作，但是他关于有组织的资本主义的理论是通过他对国家的观点而和社会民主党的改良主义政策联系起来的。在《时代的问题》中他已涉及国家问题。

希法亭认为，战争时期和战争结束后，卡特尔和托拉斯成了行使统治职权的权力中心，它们对于受统治者来说常常比国家主权更为重要。它们赋予形式的权力以实在的内容，破坏权利平等，创造新的依附关系，并最终越过经济而干预国家政策，使国家的权力组织为它们的目的服务。在这种情况下，经济等级组织的顶层与在民主基础上建立起来的政治组织发生冲突。他们力求对国家的外交、经济和社会政策、政府和行政机构的构成以及政党施加决定性的影响，将经济权力直接转化为政治权力。希法亭认为，这里提出的国家和大垄断组织之间的关系问题包含一系列问题，如国家是否有可能提出卡特尔政策，国家如何对待经济民主，等等，而"这些个别问题显然都要服从于在经济中的等级统治组织和民主组织之间作出决定性抉择的问题"③。

---

① 《社会》1924年第1期，第3页。
② 同上，第6—7页。
③ 同上，第7—8页。

希法亭在这里谈到了他对马克思的国家理论的认识。他说，按照马克思的观点，"国家是统治组织，国家权力所服务的目的是由支配国家的阶级决定的。但社会主义的目的不是政治目的，而是经济目的，是要用另一种方式组织经济。政治只是实现这一目的的手段。作为政治组织的国家本身被贬低为手段。在社会目的实现后，不仅国家的某种形式成为多余的，而且它本身就成为多余的了"①。

这只能说是对马克思主义关于国家在阶级社会中的性质以及在无阶级社会中的消亡前景的粗浅解释。但是他强调的却是组织成政党的工人阶级主张扩大国家干预经济的权力并以此来反对自由主义的国家观。这些政党要在政治上动员和教育工人群众，使他们"参与塑造国家政策"，而这种实践与马克思主义的理论并不矛盾，因为按照马克思主义，国家在社会改造完成后才会"消亡"。希法亭在这里回避了资本主义国家的阶级性质，企图把社会民主党的社会改良工作纳入马克思主义国家学说的范围。

联系到德国的实际，希法亭认为，战前德国的社会主义政治斗争是在半专制的、非民主的国家中发展起来的，这一国家在一切方面都成为工人运动的障碍。而且德国占支配地位的国家理论把这种国家形式神秘化、绝对化，认为它是永恒的，在本质上是不能改变的，因此工人运动自然会把消灭这种国家形式、同时也就是消灭国家本身当作最终的政治目的。但是战后情况改变了，德国经历了民主的"突变"，成立了共和国，"工人阶级把共和国看成了自己的事业，他们是这种国家形式的载体，没有他们的热情支持和捍卫，就不可能有这种国家形式。过去僵化的政治制度现在变得可塑了，有可能接受工人的影响了"。随着工人阶级权力意识的加强，"他们也有可能行使这一权力了"。现在妨碍他们的已不是民主的国家，而是社会影响及取决于它的思想影响。因此，"对国家的态度应当改变。需要一种全面的国家理论"②。

希法亭并没有声称他已制定这样的国家理论，他只是在这里谈了一些看法。他认为，"国家不再表现为互不依赖、互相分散的公民的唯一的自觉的

---

① 《社会》1924 年第 1 期，第 12 页。
② 同上，第 13 页。

社会组织，现在公民已在各种经济组织和利益组织中联合起来，不再直接属于国家，而是属于各个组织了。国家的法权形式与组织的权力处于互相对立的紧张关系。国家的权力中心看来已受到积累起来的经济权力的限制和威胁。于是民主制问题被重新提出来。……必须有一种深入探讨民主制国家的功能的学说，来分析所有的决定政治的因素之间的关系并且在阐明政治的主要内容的同时阐明国家的本质。"[1] 这一看法表明，他企图以社会的各种利益集团的概念来补充或取代阶级的概念，并且认为国家的作用取决于各利益集团对它的影响，这也就是他在不久后发表的《现实主义的和平主义》一文中所说的"合力"。

《现实主义的和平主义》主要是论述国际关系、战争与和平问题的，但也涉及民主制和国家的作用，而且与此有关的观点是他对上述各问题的观点的论据。他首先对所谓"资产阶级民主制"的提法表示自己的态度。他说，现代民主制的思想结构的基础当然是第三等级思想家奠定的。但是在历史现实中，在大的资本主义国家，民主制是由工人运动争取来的。拉萨尔经常把普选权与民主制相提并论并且把普选权思想归功于工人阶级，这是正确的。民主制不仅包含平等的选举权、出版自由和集会自由，它还要求自治。自治是限制官僚机构的独断专行并使它们服从民主的国家意志的最重要手段。民主制也要求军队的意志服从文官的意志，也就是说要克服本来意义上的军国主义。

希法亭进一步阐述了民主制与工人阶级的关系。他认为民主制只有在具备其载体时才有可能存在。否则，民主制机构就会成为纯粹的形式，会被波拿巴式的人物或寡头滥用。这个载体就是在政治上有行动能力的、受过训练的、有责任感的、有组织的群众。他们要通过争取民主的斗争，尤其是通过在民主制中间的活动才能有效地发挥自己的功能。

希法亭关于民主制的论述的关键之处在于指出它能和平地解决阶级冲突。他说，民主的自治一方面唤醒了工人阶级对社会问题的关心和加强了他们的阶级觉悟，与此同时创造出一种国家组织，在其中"阶级矛盾极有可

---

[1] 《社会》1924 年第 1 期，第 13 页。

能不经过突发的暴力而得到解决"①，因为民主的宪法在两方面发挥作用。一方面它可以经常衡量阶级力量对比，使人们能更好地认识和考虑彼此的力量；另一方面，这些力量会直接转化为国家意志，而"在民主制中国家意志只可能由公民意志的合力而形成，而不会成为一个与群众脱离的、以其他方式作出决定的统治组织，从外面与群众对抗的意志"②。当然不能忽视，所有由社会的经济组织产生的社会关系和社会依附性都会对政治意志的形成施加影响，但是这些影响不能算作政治制度的缺陷，而只能通过改变经济组织来排除。

希法亭认为，德国已处于这种民主发展的开始阶段，"它的本质性标志是：民主的国家权力面对社会阶级的变动不定的力量对比而表现出来的可塑性、可屈挠性和柔顺性，这与其他的政府制度的相对僵化状态是相反的。这同时也意味着，尽管资本家阶层的意志仍旧可以在国家的统治组织中得到贯彻，但是在形成国家意志时，广大群众的政治影响已日益加强，并且和以前相反，已日益能直接发生作用。③

在这里要附带提出一个问题，即"超帝国主义"理论问题，这是考茨基在第一次世界大战前夕提出来的，实际上第二国际还有一些领袖也不同程度地赞同这一观点。④ 但是希法亭在《金融资本》中阐述了资本输出与金融资本的必然联系，指出金融资本的经济扩张必然会导致帝国主义的殖民政策，这不仅会使帝国主义国家和殖民地之间的矛盾激化，而且一定要引发帝国主义列强之间的争夺投资地区和势力范围的斗争，最后导致它们之间的武力冲突："这种情况必然大大加强德国同英国及其卫星国之间的对立，最后诉诸暴力解决。"⑤ 他的这一判断显然比考茨基的观点更加符合实际，而且已为第一次世界大战的爆发证实。

但是到第二次世界大战以后发达国家资本主义相对稳定的时期，希法亭的看法也改变了。在《时代的问题》中他就大战以后各国之间关系的变化

---

① 《社会》1924年第2期，第112页。
② 同上，第111页。
③ 同上。
④ 参见殷叙彝等：《第二国际研究》，中央编译出版社1998年版，第530—536页。
⑤ 《金融资本》，第381页。

提出一系列问题：在国际关系中是否已发生"质的变化?"战争的结局是否已使帝国主义政策结束或者至少发生决定性的变化？资本主义扩张政策的变化是会导致共同安全和共同利用世界市场，而不是对个别地方的暴力占领？这是否会有可能导致战争趋势的削弱和一种能被称为"现实主义的和平主义"的政策？是否只有在彻底克服资本主义以后才能消灭战争，还是有可能通过一个超国家组织来限制多个国家的主权并从而创造世界政治秩序的新形式？[1] 正是在这篇题为《现实主义的和平主义》一文中，希法亭对上述问题作了基本肯定的回答。

希法亭在这里详细分析了战后英、美、德等国的国内经济和彼此关系的发展。我在上面引用的他关于民主制的言论也是同它对现实主义的和平主义政策的影响相联系的。他得出的结论是："战争以后，恰恰是最重要国家的权力政策并不是朝着用战争来解决争端的方向起作用的。"在各国内部也有强大的资本主义阶层首先对恢复政治稳定并从而恢复它们的活动能力感到关心。广大农民和工人群众即"民主的载体"的利益也是与此相联系的。在这种格局之下，"我们的口号不能是：资本主义是战争，社会主义是和平。我们必须利用这一仅仅从经济角度看也许是暂时的形势，通过使用政治权力使它成为一种确定的情况"。他满怀信心地说："我们能做到这一点，因为在民主制内部，国家意志日益受到有组织的工人运动的政治意志的影响。"[2] 他还说到了民族解放运动，认为如果使这种运动以"渐进发展"的方式进行，对于和平和社会主义都是有利的。不仅如此，最近这次战争的后果和新的战争技术的巨大破坏力已经产生这样的心理影响，以致"无论是群众还是统治阶层都相信一次新的战争在经济上和社会上所造成的破坏必然超过任何一次胜利的成果"[3]。总之，无论是从资本家的角度还是从工人的角度来看，维持和平都是可能的和必然的。这些观点已经和考茨基的"超帝国主义论"基本一致了。希法亭在这一问题上显然也是过高地估计了工人阶级的力量和民主制对资本主义破坏力量的限制作用，这与他在国内政策上的社

---

[1] 《社会》1924年第1期，第14—15页。
[2] 同上，第2期，第112页。
[3] 同上，第113页。

会改良主义是相辅相成的。

五

1924年以后，资本主义世界进入相对稳定时期，德国的经济也由于1923年底进行的币制改革和1924年8月的"道威斯计划"而逐步恢复和发展。1924年11月到1928年6月，德国社会民主党一直在野。在这一阶段，希法亭作为党的主要理论家的地位和声誉已经确立。这表现在：担任《社会》杂志主编；接替考茨基担任党的纲领委员会的主席；在1927年的基尔代表大会上作题为"社会民主党在共和国中的任务"的报告。

1925年9月海德堡代表大会通过的新纲领在基本原则部分采用了希法亭对金融资本的界定："资本主义的垄断欲望促使一些工业部门联合并把相互衔接的生产程序联合起来，建立了卡特尔和托拉斯的经济组织。这个过程把工业资本、商业资本和银行资本联合成金融资本"；纲领还指出金融资本与帝国主义和战争威胁的关系，但未对金融资本与社会民主党政策的关系作进一步的阐述。①《社会民主党在共和国中的任务》这一报告则可以说是有组织的资本主义理论的经典性文件。这个报告不仅把希法亭过去文章中关于有组织的资本主义的论述系统化，而且更加清楚地论述了这一理论与国家理论以及与民主共和国的关系。

希法亭说："具有决定意义的是，我们目前正处在这样的资本主义阶段，在这一阶段中资本主义纯粹由盲目的市场规律所统治的自由竞争时代基本上被克服了，我们达到了资本主义对经济的组织化，也就是从各种力量的自由比赛的经济达到了有组织的经济。"② 这种有组织的经济有四个特征：

第一，技术上是以合成化学的发展为基础的，这是"一个能够以巨大的爆炸力变革资本主义生产中我们技术的整个基础的崭新事物"。

---

① 这一报告发表在《德国社会民主党1927年基尔代表大会会议记录》第165—184页。我未见到这一纪录，但手头有两个单行本。其一是1927年柏林版，是重新排印的，增加了各节的小标题，书名和报告的题目相同。另一个是1973年海牙版，是原纪录中的报告和有关讨论的影印本，仍保留记录原来的页码，书名改为《有组织的资本主义：报告和讨论》。我在这里使用的是后一版本。

② 《有组织的资本主义：报告和讨论》，海牙1973年德文版，第166页。

第二，资本主义力图以有组织的方式利用各种新的可能性，并且可能在世界范围内组织起来。

第三，卡特尔和托拉斯的国际化。

第四，私人企业、各个企业主的经济领导已不再是企业主个人的事情，而是成了"社会的事业"。而最重要的一点是："康采恩的形成，愈来愈多的企业联合成一个最高的领导，对于各企业来说意味着自由竞争的消除。"因此，"有组织的资本主义实际上意味着在原则上用有计划生产的社会主义原则来代替自由竞争的资本主义原则"。这种得到有计划的、自觉的管理的经济在更大得多的程度上有可能受到社会的自觉影响，也就是说受到社会的唯一自觉的、具有强制力量的组织的影响，即国家的影响。①

希法亭的这些论述实际上只是说明一个问题：有组织的资本主义生产规模和生产组织已经为实现社会主义创造了物质条件。他同时也认为，由于康采恩已采用了社会主义的"经济领导原则"，这样一来，资本主义"对社会主义的最后的心理上的反对意识也就落空"。但是在回答工人阶级如何通过具有强制力量的国家来对资本主义施加影响这一问题时，他仍旧不能摆脱从发表《金融资本》一书时就存在的矛盾。

如本文前面所述，希法亭在《金融资本》中一方面强调金融资本加强了对国家权力的掌握，另一方面又认为无产阶级可以更加容易地实现社会主义。在以后发表的文章中他又多次强调金融资本在政治权力方面的发展，特别是在战争中得到的加强。但是在分析工人阶级方面的力量时却逐渐转向强调长期的，以社会主义为最终目的的改良主义斗争。在基尔大会报告中，他在作出上述分析后得出结论说："如果是这样的话，那么，资本主义经济组织在一方，国家组织在另一方就明显地对立起来了，而问题在于我们打算怎样使它们互相渗透。"这句话有两个问题。第一，希法亭没有提出任何论述来证明国家是和资本主义对立的。第二，对所谓的"互相渗透"未作阶级分析。就是根据这样模糊的论断，他认为时代向社会民主党人提出的问题"不可能是别的，只可能是社会主义"，也就是"要依靠国家的帮助，依靠社会的自觉调整的帮助，把这个由资本家组织和领导的经济转变成一个由民

---

① 《有组织的资本主义：报告和讨论》，第168页。

主国家领导的经济"。① 这是一句画龙点睛的话，通过这句话，希法亭就把关于有组织的资本主义的经济理论同关于民主共和国的国家理论和社会民主党的改良主义政策联系起来了。

希法亭的报告中专门有一节论述国家理论（1927年出版的单行本给这一节加的小标题是"社会民主党和国家"）。这一节里有一个重要的错误：他虽然承认马克思所指出的"国家的一个决定性的标志"，即"不仅要把国家作为政治实体来加以考察，而且要考察它的社会内容，即统治阶级通过国家权力来维持它的统治"，却认为"这一国家定义不是国家理论"，理由是："它对于阶级社会开始以来的所有国家形态都是适用的，而问题在于弄清楚区别国家发展的标志。"② 实际上马克思和恩格斯的国家理论不仅适用于一切阶级社会，而且也已考虑到阶级社会的发展和变化。他们当然未能预见到资本主义进一步发展时资产阶级支配和利用国家的方式和手段的变化，但是他们的理论的基本原则并没有被否定，因此所谓"不是国家理论"的说法是错误的。希法亭无非是想说，马克思的国家理论对于有组织的资本主义阶段的国家已经不适用或不完全适用了，这正是问题的核心。

希法亭认为，对社会党人来说，"国家就是政府、行政机构和组成国家的国民"。此外，由于单个的人只有通过政党的中介才能实现他的意志，"因此一切政党都是国家的必要组成部分，正如政府和行政部门一样"。希法亭认为，既然党派斗争是各阶级互相斗争的反映，他的这一说法也是符合马克思主义的国家定义的。但实际上，他恰恰忽视了在资本主义社会中各阶级政党力量对比的问题。

希法亭还强调工会的发展。他认为工会越来越政治化了，在自由竞争的社会里，工会只能为工作时间和工资问题而进行工人与企业之间的直接的阶级斗争，现在它们却不仅要在社会政策领域影响国家，而且要把"争取企业民主的斗争和争取经济民主的斗争当做工会运动的占统治地位的原则"。而经济民主就是"使经济的私人利益服从社会利益"；企业民主则意味着"各个人根据自己不同的能力上升到企业领导的可能性"。希法亭认为，"在

---

① 《有组织的资本主义：报告和讨论》，第169页。
② 同上书，第170页。

有组织的资本主义的时代，从工会的发展本身就会产生出（herausgewachsen）旨在摧毁财产特权的社会主义目标，工会必须提出社会主义的任务。有组织的工人运动内部的全部斗争只能是为了日益向前发展地贯彻社会主义原则。"①

希法亭认为，工人阶级目前面对这一矛盾：财产特权在政治方面已经消除了（指工人已取得平等的选举权），在经济方面仍旧存在，"这一矛盾如此明显，因此工人阶级的全部思想内容必然会是在经济方面排除财产特权"。对此他们是具备了可能性的："他作为国家公民有权力，可以掌握国家的政治杠杆，并从而也把经济的财产特权排除掉。"②

为了说明有组织的资本主义时期工人阶级组织即政党和工会能通过国家对经济发生影响，希法亭举了两个例子，这都属于"劳动市场这一领域中的国家调整，"即政治的工资调整和政治的劳动时间调整。德国已经做到在失业人数超过200万时大致保持工人的实际工资不变，这"首先是由于工人阶级的政治影响已经强大到能用失业保险、仲裁法庭和工资谈判制度等方法来至少阻止削减工资"。因此目前的每周工资是一种政治工资，这取决于工人阶级在议会中的代表和力量，取决于工人阶级组织的力量和议会外的社会力量对比。希法亭强调指出，这是违背资本主义的本质的，是同自由竞争的原则不可调和的，"只是因为我们有一个有组织的经济，它愈来愈服从于通过社会、通过国家实行的自觉的组织，才有这样的可能"③。

第二个例子是十小时工作日。希法亭援引马克思的话，说明这是一个原则的胜利："资产阶级政治经济学第一次在工人阶级政治经济学面前公开投降。"马克思的这一论断是说明工人阶级通过斗争也能在资本主义社会内部取得重大的局部胜利，并没有否定最后夺取政权和实行制度改造的必要性，但希法亭却把它的意义引申为："为了普遍利益利用国家作为领导和统治经济的手段这一工人阶级政治原则愈来愈取得胜利"④，也就是把它引申为有

---

① 《有组织的资本主义：报告和讨论》，第171页。
② 同上书，第172页。
③ 同上书，第169—170页。
④ 同上书，第171页。

组织的资本主义理论的政治结论的证明。有趣的是，伯恩施坦在《社会主义的前提和社会民主党的任务》一书的扉页上也印上了马克思这句话，其用意是很明显的，也就是认为这句话可以用来证明他的改良主义理论的正确性。

尽管如此，仍旧存在工人阶级是否能利用现有国家达到"排除经济特权"的目的这一问题，这里就涉及如何对待民主共和国的问题，这构成希法亭报告的一个重要组成部分。

希法亭重复他在《现实主义的和平主义》一文中的观点，认为"从历史上看，民主始终是无产阶级的事情。实际上没有比无产阶级为争取民主而反对资产阶级的斗争更加激烈的斗争。因此，从历史上讲，资产阶级民主制的说法是错误的。"

不仅如此，从社会分析来看，资产阶级民主制的提法也是错误的。民主意味着用与专制国家时期完全不同的"技术"来形成国家意志。"目前国家意志的形成不过是各个人的政治意志的组合，……统治者必须诉诸公民，他们必须一再通过与我们的思想斗争来使自己的统治得到多数人的确认。否则，他们的统治将在民主制的基础上结束。"

"形式民主"的说法也是错误的，因为它忽视了政治和政治的社会作用之间的密切联系。民主制意味着（与专制制度下）不同的政治的权力分配。这种分配或者已经实现或者有可能实现，"这当然也会产生另一些社会效果，意味着从社会上说，国家意志也可以用另一种方式来形成。从这一角度看政治民主制也绝对地是无产阶级的事情。……它对于每一个工人的命运都具有极大的内容方面的重要意义"①。

针对有些人提出的防止对民主制幻想的警告，希法亭表示不同的意见，认为既然工人凭自己在工厂劳动中的切身体会已经明白政治解放（即普选权）不等于社会解放，这时再不停地提醒他们防止对民主制的幻想，就是"知识分子的幼稚行动了"②。真正的危险在于，无产阶级的某些阶层和一些国家的整个无产阶级还没有认识自由和民主的重要意义，墨索里尼之所以能

---

① 《有组织的资本主义：报告和讨论》，第172—173页。
② 同上书，第174页。

在意大利上台，正是由于这个原因。

就德国的情况来说，希法亭认为问题已不在于君主制和民主共和国之间的斗争，反对共和国的斗争已经不再是那么危险了，但是资产阶级反动派已更加容易地联合起来进行"反对民主制和支持法西斯主义的斗争"，危险不在于确定哪一种国家形式（即政体是共和国还是君主制），而是在于"民主制的真正内容和规模"。社会民主党人必须认识，如果我们不再捍卫共和国，如果我们不是不断地向无产阶级灌输关于共和国的高度价值的思想，共和国就会立即受到新的威胁。总之，共和国和君主制之间的斗争已经转变为"法西斯主义反对民主制"的斗争。社会民主党如果不提醒无产阶级在政治上关心这一问题，就会犯严重的错误。[1]

但是关于如何捍卫民主共和国，希法亭一方面认为"如果民主制的基础遭到破坏，我们就会处于守势并且别无选择。那时我们必须使用一切手段"，另一方面又强调必须反对暴力，因为暴力就意味着内战，而他赞成鲍威尔的看法，认为如果无产阶级政权从内战产生出来，社会主义者将处于非常困难的地位。因此"维持民主制和共和国是社会民主党的最重要的利益"[2]。

希法亭对教育工作寄予很高的期望。他说，如果希望工人阶级能通过自己的受托人"来领导经济，那就必须（和资产阶级目前的做法不同）在广大规模上用知识和技术来武装工人，我们的学校斗争是社会解放斗争的一个部分"，"这是对教育特权的破坏，其重要意义绝不比破坏财产特权更小"。[3]

希法亭虽然在这里指出法西斯主义的危险，但他的主张仍是自相矛盾的。他认为只要坚持民主制就可以捍卫共和国，但是没有回答如果法西斯势力使用暴力，社会民主党和工人阶级应当怎么办的问题。当然在德国当时的情况下谈不到准备暴力革命和内战，但是面临法西斯主义的威胁，必须考虑如何应付反动政权的镇压（包括合法的议会外斗争、地下工作、局部的武装反抗以及流亡国外，等等），而对此无论是希法亭个人还是社会民主党的

---

[1] 《有组织的资本主义：报告和讨论》，第175页。

[2] 同上书，第173页。

[3] 同上书，第177页。

领导都是没有思想准备的。在这种情况下，所谓捍卫民主共和国的斗争就其政治内容来说，只剩下改良主义了。

希法亭在报告的最后谈到参加政府问题。他认为，为了对国家意志施加影响，社会民主党需要和其他政党争夺选民，需要利用一切可能参加政府。他说："在任何一个国家都必须实行统治。如果我们声明我们在任何情况下都不参与执政，在任何情况下都不支持政府，那么就会成立由社会民主党的敌人组织的政府。"今天和专制国家时期不一样，国家意志是社会民主党参与塑造的，"社会民主党也是国家的一部分，如果我们制定一个在任何情况下都不承担政府责任的公式，这会是我们所能犯的最大的错误，是给敌人效劳"。他说，正因为如此，现在已没有党员在原则上反对联合政策了。当然这是一个策略问题，是允许"自由的灵活性的"①。

希法亭在报告结束时重申："如果社会民主党在这样的口号下斗争：忠于社会主义的原则，在夺取国家权力这一目的上决不动摇，但在策略上要有自由的灵活性，那么胜利的可能性会成为胜利的现实性。"②

在希法亭报告之后，代表们作了将近一天的讨论。从讨论可以看出，对关于有组织的资本主义的分析基本上没有人反对。左派的代表人物托妮·森德尔说，在希法亭所恰当描绘的这个资本主义阶段，"在旧社会的内部，新的形式已经在形成，这些形式向我们展示了为社会主义社会接管生产所作的准备工作"。由此得出的结论是："社会主义的客观前提已在很大程度上具备了"，社会民主党现在的任务是："努力为社会主义的实现创造主观的前提。"③

但另一个左派奥夫豪泽尔虽然赞同希法亭对有组织的资本主义的阶段自由竞争原则受到限制的分析，但却反对希法亭，他说：关于"如果在这些条件下今天的民主能够维持和得到加强，就会逐渐长入社会主义"的结论。他认为，有组织的资本主义虽然为社会民主党人争取的目标提供了一定的前提条件，但却意味着资本家的权力大大加强，这对工人阶级是一个巨大的威

---

① 《有组织的资本主义：报告和讨论》，第 181—182 页。
② 同上书，第 184 页。
③ 同上书，第 187 页。

胁。资产阶级联合集团的建立并不是国家对经济的影响加强的征兆，而是相反，表明"资本家对国家的支配比以前加强了"①。中派分子勒伯也说，经济的相对稳定迄今仅仅扩大了资本主义的权力范围，而工人阶级还在承受危机和合理化的后续效应。②

关于共和国问题，右派代表人物谢德曼强调它是"我们的成果，是社会民主党的创造"。当然，这时的德国已不像1918年时那样，总统、总理和国会议长都已不是社会民主党人，兴登堡已当上总统，因此谢德曼也承认，社会民主党需要很长时间才能获得多数，但是他仍旧认为，社会民主党即使不能单独领导政府，但和所有其他政党相比，仍是最有资格参加政府的，而无论从积极方面还是从消极方面看，这都是有好处的。③但是森德尔认为，共和国虽然是工人阶级的成果，但是它现在还没有成为工人阶级的共和国，而是"仍旧使资产阶级有可能以也许比以前更加露骨的形式建立自己的经济权力"，"资本主义已经得到加强"④。来自法兰克福（美因河）的代表诺特林为目前的德国国家辩护，指责一些党员在国家问题上具有双重盲目性：谁看不清今天的国家的阶级结构，就是在"社会学方面"盲目的；谁不承认国家的"变动过程"，就是在历史方面盲目的。他认为，这些党员继续认为国家是"镇压工具"，而实际上"它能够从镇压工具变成解放工具"。谁在今天还说国家纯粹是"重工业的办事处"，就是丝毫未看到"国家内在的运动趋势"。⑤支持希法亭的布莱特夏特针对前引奥夫豪泽尔的发言说："事实是，资产阶级试图支配国家，而这一尝试在很大的程度上是成功的"，不过他认为唯一的关键问题是："无产阶级、社会主义的工人阶级要夺取这一权力手段。"⑥

在革命和改良以及暴力等问题上，森德尔认为，社会主义运动早已不把革命和改良当做两个对立的概念，但是也不能否定"发展的革命形式"，而

---

① 《有组织的资本主义：报告和讨论》，第198—199页。
② 同上书，第197页。
③ 同上书，第191页。
④ 同上书，第185页。
⑤ 同上书，第194—195页。
⑥ 同上书，第207页。

关于"和平长入社会主义的可能性"的思想是错误的。她赞同希法亭的观点，认为社会民主党人不是"暴力的说教者"，是拒绝暴力的，但是"解决争端（Auseinandersetzung）的方法不是由我们单独决定的，它也会由敌人强加给我们。……我们也有责任为两种可能性作好准备"。① 她参加署名的奥夫豪泽尔提案的最后一段是："反对党应当无须顾及资产阶级政党，按照无产阶级组织斗争的精神使用一切合适的议会内和议会外的手段。"党的主席赫尔曼·米勒则对此表示，什么是"合适的手段"应当由党的执行委员会和仲裁委员会（Ausschuss）来决定。他还以卡普暴动时的情况为例来证明，"在任何类似的情况下，社会民主党将关心使工人群众最大程度地献出有可能献出的力量，来反抗那些想要剥夺我们的革命成果的人"。他认为，社会民主党反对别人使用暴力，并且声明自己在别人采取非法行动时并不放弃暴力，但是为此并不需要制定任何指导方针，"革命不是按照指导方针实现的"②。无独有偶，塞韦林也说："如果社会领域和政治领域的和平发展由于法西斯主义的暴动或资本主义的专政欲望而遭到破坏，那么我们不仅有权利，而且有义务也着手使用暴力。"历史已经证明，这些豪言壮语统统是空话。

在参加联合政府问题上，森德尔反对那种认为在任何情况下社会民主党参加政府都是获得一种"权力地位"的假定，因为联合协议必然是在"现存制度的基础"上缔结的，因此代表这一制度的党派即资产阶级党派更加容易获得成功。她认为，"只有社会上存在强大的、积极的社会力量支持政府时，当我们在社会中也已获得一种权力地位时，（参加政府）才会成为权力地位。"社会民主党人"不害怕为我们的政策承担责任，但是我们害怕为在很大程度上受政府中的资产阶级部分影响的政策承担责任"③。为了保持无产阶级的信任和争取更加广大的群众，社会民主党必须把这种责任问题向他们讲清楚。近几年来，社会民主党恰恰是由于处于反对党地位时揭发了德意志民族党领导的资产阶级联合政府采取的反对工人、农民和小资产阶级的

---

① 《有组织的资本主义：报告和讨论》，第187页。
② 同上书，第211—212页。
③ 同上书，第185—186页。

政策才提高了小农和基督教工会工人的觉悟，这就是证明。奥夫豪泽尔提案中也说："鉴于当前的（政治）格局，社会民主党的策略必须是：不要联合，要做反对党。"对此布莱特夏特认为，既不能把联合、也不能把充当反对党定为原则，而是要根据当时情况下怎样能为工人阶级取得成就来决定，因此他认为森德尔在这一提案上署名就已与自己对革命和改良关系的看法发生了矛盾。党即使在处于反对党地位时也有责任在条件合适时随时参加政府。[①] 塞韦林认为，社会民主党不应不惜任何代价参加政府，那样就会丧失自己的战斗力和群众的信任。"但是如果党宣布要在原则上自愿作反对党，那就是甘心充当被动的角色。"他甚至大言不惭地援引马克思，说"马克思主义也是最高程度的积极主义！"他说："在这一意义上我们愿意做好的马克思主义者，我们不愿意在政治上被动，而是要最大程度地发展积极行动，不要做决议制定者（Resolutionäre），而要做革命者（Revolutionäre）。"[②]

基尔代表大会上的讨论足以说明，希法亭的有组织的资本主义观点已经被党的主流派接受，成为党的策略的理论基础。这一理论包括两个主要方面：一方面是认为有组织的资本主义已经为社会主义的实现准备好物质基础。对于这一点，左派森德尔是完全接受的，奥夫豪泽尔也是基本上接受的。另一方面是肯定工人阶级和社会民主党能够利用民主共和国，赋予它以符合工人阶级利益的"社会内容"，通过经济民主来逐渐实行社会主义。对于这一点，基尔代表大会上的左派是持保留态度的，但不够坚决。团结在《阶级斗争》杂志周围的左派是激烈批评希法亭理论和党的路线的这两个方面的，但是他们受到党的领导的压制，代表大会上听不到他们的声音。

从经济观点上说，希法亭的理论基本上正确地指出了世界资本主义的发展趋势，但是片面强调了它的组织化的一面，忽视了仍旧不可避免地存在着的竞争和无政府状态的一面，而这种情况即使在资本已经进入全球化时代的今天仍旧还存在。他在政治方面的结论则犯了严重的错误。

我想把他的错误概括地说成是对民主共和国的绝对崇拜。民主共和国当然比专制制度进步，但是，它的阶级性并不因此就已消失。特别是当时德国

[①] 《有组织的资本主义：报告和讨论》，第208页。

[②] 同上书，第204页。

的官僚机构和军队中还有相当严重的帝国时代的旧影响，民众的思想中也是如此，这是希法亭自己也不否认的。但是正如他在基尔大会的报告中所表明的那样，他一再抽象地强调民主制能使社会的共同利益得到贯彻这一优越性，回避其阶级性。早在1922年末，他在《法兰克福报》上发表的《政治的变化》一文中已经明确地表示：社会民主党应当把"社会的普遍利益"置于工人阶级的阶级利益之上。他说："尽管重大的阶级利益是政党建立和发展的基础，但是政党在现代国家中仍有这样的任务，即把这些特殊的利益升华为能普遍适用的利益，使它们能用自己的纲领争取人民的多数，并从而能接管政府。当然，社会民主党起初只代表工人阶级的利益，但是它之所以成为政党，只是因为在它看来这些利益能成为社会的普遍利益，而且它们只有在适应这一普遍利益时才能代表一个工人阶层的特殊利益。"[①] 这番言论同今天德国社会民主党论证自己作为"人民党"的言论几乎没有什么差别，但当时德国的现实以及同希法亭本人对十一月革命失败的教训的总结相差又何其大！希法亭的观点得到党和工会领导中的许多人的支持，例如"经济民主"的主要鼓吹者弗里茨·纳夫塔利在《经济民主：它的本质、道路和目标》（1928）中说：由于普鲁士专制国家向民主主义宪制的过渡已经"确定"（gegeben），"国家制度内在的国家和工人阶级之间的矛盾、政治权力和工会之间的矛盾"似乎已不再存在了。由于建立了社会民主制度，国家已几乎根据宪法成了"共同体"（Gemeinwesen），即"凌驾于一切个人之上的、表达公共意志的机构"[②]。本文前面说过，希法亭在国家问题上的观点不是遵循马克思关于国家是"阶级统治的机构"的理论，而是强调社会民主主义用来与自由主义国家学说对抗的、自主的、在社会和经济方面进行干预的国家，其干预方向取决于各个时期统治者所代表的社会力量。希法亭等人实际上已把魏玛共和国看成这样的国家。用希法亭的另一个积极支持者阿尔弗雷德·布劳恩塔尔的话来说，这"完全取决于各个时期的政治格局。

---

① 《法兰克福报》第937号，1922年12月31日，转引自［德］君特·孔克：《有组织的资本主义：社会民主党和国家》，斯图加特1987年德文版，第117页。

② 弗里茨·纳夫塔利：《经济民主的实质、道路和目标》，科隆1971年德文版，第168、31页，转引自孔克：《有组织的资本主义：社会民主党和国家》，第120页。

如果一个资产阶级政府掌权，那么国家在经济上进行干预的能力就会被利用来促进大资本家的利益，反对无产阶级的利益，而受无产阶级影响的政府则会朝相反的方向运用同样这些能力"[1]。

不少当代德国的学者对魏玛共和国时期德国社会民主党和希法亭等人的国家观点作了研究，对这些观点的实质提出了中肯的看法。例如，格奥尔格·费尔贝特、奥尔夫甘·米勒等人认为，在社会民主党人看来，国家与其说是一个"阶级中立的机关"，不如说是一个"空壳"，一个"权力基础"，能够由各个不同的阶级占领并按照它们特殊的利益来运作。国家在执行分配职能时不受资本主义经济制度的"绝对命令"（Imperative）约束，而是能对社会福利的分配施加决定性的影响，因此成为各阶级的社会冲突的焦点。为此他们可以举出许多证据。例如，布劳恩塔尔认为，在民主国家中，阶级斗争已"升华"为分配社会产品的斗争，因此它在很大程度上表现为"不断地争夺国家政权的斗争"。工会干部理查德·赛德尔认为，在这方面工人组织的任务是"毫不懈怠地"加强它们对国家决策的影响，以争取更多的"让步"，"促使社会制度和法律制度发生进一步的变化"。[2]

这种变化的方向和最终目标就是把资本主义改变成社会主义。纳夫塔利认为，在有组织的资本主义时代，民主制国家能成为"新的经济制度向前推进的载体"，应能以公共的支配权逐步取代私人的经济权力："国家作为从公共利益角度限制大经济领域行动自由的过程的手段将必然起日益重要的作用，而从这一对经济支配权的限制也会产生生产资料所有制职能的转变。在国家影响扩大的同时，对生产关系的影响将同自觉的政治改造力量结合起来"，而一切经济的参与决定形式和自治形式最终都将受到国家机关的集中制决策职能的限制，都将"纳入必须由国家的干预能力加以保证的整体利益"。[3]

希法亭在1925年8月社会主义工人国际马赛代表大会上的发言中的一

---

[1] 《社会民主党和国家权力》，《阶级斗争》第5卷第12期，1928年6月15日，第356页。转引自《有组织的资本主义：社会民主党和国家》第121页，注20。

[2] 参见《有组织的资本主义：社会民主党和国家》，第121页及注72。

[3] 《经济民主：它的本质、道路和目标》，第49、193页。转引自《有组织的资本主义：社会民主党和国家》，第121—123页。

番话可以概括地说明他对这一阶段德国社会主义运动发展状况和前景的乐观估计："我们在德国常常听到善意的反对者说，社会民主党变了，不再像战争以前那样远离实际了。我认为我们的反对者错了。情况与此相反，不是我们，不是社会主义，不是社会民主党向现实靠拢，而是现实向社会主义靠拢了。"①

希法亭等人当然要涉及社会阶级力量对比和政治力量对比的问题、资本主义的经济力量和政治力量的关系问题，但是他们把这一关系理解得过分简单化，认为资本家集团无非是通过政党渠道和官僚机构来使政府决策符合自己的利益，一旦社会民主党掌握政府，这种影响即使不能完全被排除，也会受到很大的限制。他们忽视了以生产资料私有制为基础的、政府以外的经济势力范围的强大影响，而这种影响（不管资产阶级政党是否掌握政府）使国家行为受到了限制。当时的社会民主党左派安娜·希姆森在这一方面对希法亭的国家观点提出了切中要害的批评，指出魏玛共和国受到两方面的限制：一方面是官僚机构中根深蒂固的民主前传统；另一方面是议会外的权力集团。而在一切民主国家中，官僚、司法、警察、大经济集团都能在议会外持久发挥作用。它们常常打乱议会措施，使它们"转向反面"。他说："由行政、司法、军队、经济所构成的不成文宪法"要比宪法规定的民主机构即国会和各州议会"强大得多"。"国家机构不是没有生命的、中立的工具。它的机构、它的传统和作为行政载体的人，是资本主义社会的代表（Exponent）。只要经济即财政、工业和地产把它看成仆人和助手，这一工具就能极好地和顺畅地为资本主义的利益运作。一旦它要为反资本主义的利益、计划经济效劳时，它就失灵了。"②

希法亭的观点不仅受到左派的批评，连流亡国外的俄国孟什维克特奥多尔·唐恩也对希法亭美化议会民主制的观点提出批评。1926 年他在《社会》杂志上发表文章说："只有把资产阶级议会制当做民主的关键内容，当做民主

---

① 《社会主义工人国际代表大会会议记录》，格拉斯许腾 1974 年德文影印本第 2 卷，第 266 页。

② ［德］安娜·希姆森：《在走向社会主义的道路上：对于从海德堡到爱尔福特的社会民主党纲领的批判》，柏林 1932 年德文版，第 42、47 页，转引自《有组织的资本主义：社会民主党和国家》，第 124 页。

的化身的人",也就是"资产阶级议会制的崇拜者"才会把资产阶级议会制与民主主义等同起来。唐恩认为,资本主义阶级统治并没有移交给"议会决议",而是以"议会外的资产阶级政治、经济和文化组织的权力"为基础的,这些组织包括政府机关和自治团体、学校和报刊、教会及其"触手"(Faugarmen),而"选民大众和当选的议员以及整个议会"都要服从它们的影响。①

希法亭虽然承认共和国存在敌人,在文章中和党代表大会上一再强调社会民主党和工人阶级必须保卫共和国,甚至把这一义务写进党的海德堡纲领,但是实际上大大低估了反对民主制的力量,认为民主制在德国已不可逆转,因此他们所谓的保卫共和国仍旧超越不出议会斗争的范围。希法亭在《论德国的议会制》一文中说:"在发达的民主制国家,由于各个时期的社会和政治权力的分配已经看得很清楚,所以对议会外手段的运用是有限的。"②党的主席米勒更加乐观,他说:"如果在德国真正能做到取消议会制度(由于国内和国际的原因,这是不可能的),那么被剥夺权利的群众的愤怒会如此激烈,会使它必然恢复。"③

正是这种对民主共和国的崇拜造成希法亭和观点与他相近的德国社会民主党领导人及工会领导人的悲剧。他们在希特勒上台的危险已迫在眉睫的时候仍旧对议会制民主的生命力和抵抗力抱有幻想。1928年的国会选举中,社会民主党取得较大胜利,此后以米勒为总理组成大联合内阁,但这届政府到1930年3月就在右派和中派政党的压力下垮台了,接着成立的勃鲁宁政府可以说是为希特勒上台作间接准备的过渡政府。而希法亭在10月发表的《在危险中》一文中虽然正确地分析了纳粹党的社会成分和德国面临的法西斯化严重危险,却仍旧认为,可以"绝对有把握地说,如果不能做到维护议会的基础,那就更加做不到维护和继续执行社会政策,因为社会政策和民主制是一回事"。反过来说,如果能做到保证国会行使职能,那么只要纳粹党人无法背弃公开的社会反应(这它在目前是几乎不敢做的),就有可能避

---

① [俄]特奥多尔·唐恩:《民主的危机和专政的危机》,载《社会》1926年第2期,第137页。
② 《论德国的议会制》,载《社会》1926年第3期,第292页。
③ 转引自《有组织的资本主义:社会民主党和国家》,第118页。

免社会（政策）方面的恶化。因此他主张为了防止纳粹夺取政权，保卫民主制，社会民主党宁可容忍勃鲁宁政府。① 同年6月，亚历山大·施夫林在《党的机构和党的民主》一文中还运用"有组织的资产主义"观点对德国的当前形势作出相当乐观的估计。他认为，资本主义在第一次世界大战以后时期"使自己的组织进一步发展和完善化了，它成了有组织的资本主义"，而这种组织的性质本身就成为它的稳定性的因素，"组织化加强了它的抵抗力和适应力"，德国的资本主义也是如此。但是，"必须把稳定时期的经济和政治区别开来。资本主义的经济稳定既不意味着资产阶级的政治统治的稳定，也不意味着工人运动的倒退"。他以英国和德国为例，认为1928年德国社会民主党在国会选举中的胜利表明，"资本主义作为彻底组织起来的（durchorganisiertes）经济制度能够坚持下来并且得到加强，但是这和作为群众组织的资产阶级政党的权力决不是相应的"。他认为："资产阶级的这一政治力是按照倒退的路线运动的。"在这种情况下，夺取政权在很大程度上成为"工人运动内部的问题"②，也就是如何克服工人运动的分裂，把广大工人群众争取到社会民主党方面来的问题。按照他的这种看法，当时最大的危险就不是反对法西斯主义，而是一方面改进社会民主党的组织和另一方面与共产党作斗争了。而当时社会民主党的主要错误恰恰是在于低估了法西斯主义的危险和拒绝与共产党建立统一战线。

尤其可悲的是，1932年底，在希特勒受兴登堡之命组阁，并从而得以实行法西斯专政的前夕，从希法亭的《在各种抉择之间》（Zwischen Entscheidungen，也可译为"何去何从"）一文仍旧可以看出他对民主共和国的崇拜的明显表现。纳粹党虽然在7月的选举中已获得压倒性胜利，但还未能做到立即获得兴登堡的授权，10月的大选中获得的选票又有所减少，因此希法亭分析说，希特勒被"击败"了（或者说受到了一次打击）；纳粹党的力量还不足以用议会外的手段推翻现政权，他们还不得不遵循"合法性"，也就是依靠议会多数来执政，这样就必须实行"容忍"或"联合"政策，最后将导致自己党内各种不同成分的不满和党的分裂。他一再引用"合法性

---

① 《社会》1930年第10期，第296页。
② 同上，第516—518页。

害死他"（La légalité le tue）来加强自己的论证。这句话是1848年革命时期法国保守派政治家奥迪隆·巴罗讲的，原话是"合法性害死我们"，表示当时法国反动势力的代表人物打算挑动人民起义，再把它镇压下去，恢复君主制。① 希法亭的用意是合法性会束缚希特勒的手脚，但历史情况恰恰是：希特勒正是通过"合法"手段上台的，不过依靠的却是有可能发动政变的压力，而他上台以后立刻破坏魏玛共和国宪法的"合法性"，实行无情的专政，把社会民主党和共产党都查禁了。由此可见，被"合法性"害死的不是希特勒，而是社会民主党和希法亭等领袖以及许多党员，这是历史的最大的讽刺，也是历史性的悲剧。②

此后德国历史的发展在这里无须赘述。1933年，希法亭本人被迫流亡国外，1941年在法国被纳粹杀害（有材料证明，他是为了避免被引渡给纳粹而自杀的）。第二次世界大战以后，德国和其他国家的学者在总结德国社会民主党和希法亭的悲剧教训的同时也对希法亭的国家学说作了详细分析，他们的看法对我们研究当前欧洲社会民主党的理论和政策、特别是它们的国家学说颇有帮助。例如，德国格廷根大学教授瓦尔特·奥伊希纳认为，希法亭在国家理论方面的思考包含了"一种现代议会民主制的主要结构原则，并且以显著的创新力提前指出了（antizipieren）一种多元主义竞争性民主模式的主要因素"。他认为，希法亭关于国家理论的思想"不符合当时的形势"，出现得太早了。作为多元主义理论，它在今天说明问题的价值超过了当时。③ 我认为，即使仅就这一点而言，我们今天研究希法亭的国家观也是有很大现实意义的。

---

① 参见《马克思恩格斯选集》第4卷，人民出版社1995年版，第24页及注377。
② 希法亭的这篇文章发表在《社会》1933年第1期（第1—9页）上，那时希特勒已上台，《社会》在出完第3期后被迫停刊。
③ 《论两次世界大战之间的社会民主主义国家观》，收入［德］霍斯特·海曼和托马斯·迈尔主编：《改良社会主义和社会民主党》，波恩1982年德文版，此处引文见第112、113页。可参见我在本章第八节中引用的德国社会民主党《85年大纲》中关于多元主义国家学说的论述。

第六节　莱昂·勃鲁姆的社会改良主义和国家理论

我在本书第一章第三节中论述了勃鲁姆的社会主义理论的基本观点。勃鲁姆以这一理论为基础就法国社会党的策略提出了一系列观点和主张，包括革命和改良、无产阶级专政、阶级斗争和阶级行动、行使政权和夺取政权等问题。这些观点实际上也构成了他的国家理论，而且许多方面是和当代社会民主主义政党的观点一脉相通的。

一

第二国际时期，德、法、英等国的社会主义政党都是合法的政党，它们在议会中有代表，而且组成了自己的党团。从指导理论和纲领目标来说，这些党都是声称要用社会主义制度取代现存资本主义制度的革命政党，但是它们的日常政治实践却主要是议会斗争和工会斗争，这些斗争都属于改良范围。对于这些政党的领袖和理论家来说，如何以令人信服的方式解释当前的改良工作与最终的革命目标的关系是一个重要的任务。正因如此，勃鲁姆在参加法国社会主义运动后不久就认真思考了这一问题并且提出自己的看法，在他成为党的领袖以后又逐步加以发展，并且在这一基础上形成了一整套改良社会主义的策略。

勃鲁姆是在《新编歌德与埃克曼对话录》①中最初谈到革命与进化、革命与改良的关系的。他借歌德之口说，自然界和社会都是不断向前发展的。传统不是静止不动，它是自然界和历史的连续性的表现。在事物目前的状态中，没有任何东西是神圣的、永恒的。"一切制度，一切观念，不管是现在还是过去，只要它们有可能阻碍文明和正义前进，就应当消失"，但是这种前进是"有规律的，它服从稳定的规律"。他说"自然界不飞跃（Natura non facit saltus）"，"道德的自然界和物质的自然界一样，也不会越过中间阶

---

① 这是勃鲁姆假托歌德谈话的方式写成的系列散文，1900 年 11 月起分几次在《白色评论》上发表，后结集出版，已收入《莱昂·勃鲁姆文集》第 1 卷。

段，但是和平的、继续的进化并不是自然发展的唯一规律"，革命同样是自然规律，正像橡树在一定时候就要死亡，树干就要倒下一样。

勃鲁姆生动地阐述了革命和进化之间的辩证关系。他借歌德之口说："在物理世界的形式中，正如在社会的构成中一样，具有特别重要意义的结果从来不是通过有规律的和平静的进化产生的，不是一个片段接一个片段地、一次进步接一次进步地产生的。需要潜在能量的一次突然的迸发，一次动荡，需要革命的、可怕的、轰隆的声音。确实，革命从来只不过是对布雷地域的激发，它也只会在特定日子爆发，也就是在它不再能抑制自己力量的秘密膨胀的时候才爆发。"他说："进化为革命做准备，但不能代替革命。"另一方面，"革命并不能节省进化的时间"。1789年革命似乎在几年内完成了整个世纪的工作，但是在这一个世纪中法国的政治动荡非常频繁，其原因正是在于，"被打断的进化需要恢复"，"革命似乎取消了中间过程，但中间过程在革命后通过历史规律的反作用重新进行，只不过如果没有发生革命，这些中间状态本身是不会实现的"。① 因此革命是必要的，也是合法的，但是一次革命并不必然是残酷的、流血的。

如果把这些话改写成政治语言，那么可以说勃鲁姆对革命和改良的看法这时已经基本成型：改良和革命对于社会发展来说都是必要的、合乎规律的；改良为革命做准备，但不能代替革命，革命也不否定改良；革命不一定用暴力完成。

勃鲁姆给这次对话署的日期是1898年10月14日，但日期和对话本身一样，都是虚拟的。对话第一次在《白色评论》上发表的日期是1900年11月1日，这已经是在法国各派社会主义者就米勒兰入阁问题发生激烈争论以后。勃鲁姆在这场争论中追随饶勒斯，支持米勒兰入阁，因此他借歌德之口发表的言论可以看成是间接为入阁派辩护。但整个说来，勃鲁姆在第一次世界大战前并不是社会党的重要政治活动家或理论家，除此之外，他在革命和改良问题上没有发表什么重要言论。只是在第一次世界大战结束后，在1920年12月的法国社会党图尔代表大会上，面临与支持第三国际的左派的

---

① 《莱昂·勃鲁姆文集》第1卷（1891—1905），巴黎1954年法文版，第251、252页。

分裂，勃鲁姆才代表右派作了一次有历史意义的演说（后来以"为了保住老房子"为题发表），在其中对革命和改良的关系作了系统的阐述。

勃鲁姆在这篇演说中否认法国乃至国际上存在两种不同的社会主义即革命的社会主义和改良的社会主义。他认为，自从1904年第二国际阿姆斯特丹代表大会和1905年法国社会党统一以来，无论在法国的社会主义中还是在国际社会主义中，改良主义或修正主义都已不再存在。"就我所知，法国迄今只有一种社会主义，这就是由党章规定的、写在我们党证上的社会主义，它是革命的社会主义。"① 目前社会党内的争论不是在改良观点和革命观点之间，而是在两种革命观点之间进行的。

勃鲁姆分四个层次来阐述他关于社会主义革命的观点。首先，革命的实质是经济制度的改造。"对于传统的法国社会主义来说，革命意味着把一个建立在财产所有制基础上的经济制度改造成建立在集体的或公共的所有制基础上的制度。只有这一改造，不管它将用什么手段来达到这一结果，只有它才是革命。"其次，这样的制度改造"不是通过不知不觉的改变和连续不断的进化完成的。在某一特定的时刻，在涉及根本问题即所有制本身的时候，不管那时人们事先已经完成了多少变化和改善，仍旧需要一次连续性的断裂，一次绝对的、断然的变化"②，而这种断裂就是革命本身的开始。不难看出，这里的观点是同《新编歌德与埃克曼谈话录》中的观点相似的。第三，夺取政权是革命的"必然条件"，但还不是它的"完全条件"。勃鲁姆说："这是我们的学说的根本。我们、我们社会党人认为，所有制的革命改造只有在我们已夺取政权的时候才能实现。"③ 第四，革命的手段既可以是暴力的，也可以是合法的，国际社会主义运动从来没有对此作出限制。勃鲁姆说："列宁自己也承认，在英国完全可以通过选举手段夺取政权。但是没有一个社会党人，哪怕是像我这样温和的社会党人，都曾被谴责为仅仅等待通过选举成功而夺取政权。"他还引用盖得的话说："要用一切手段，包括

---

① 《为了保住老房子》，见［法］莱昂·勃鲁姆：《民主的社会主义》，巴黎1972年法文版，第27页。

② 《民主的社会主义》，第28、29页。

③ 同上书，第29页。

合法的手段!"①

按这种说法,很难看出勃鲁姆所代表的法国社会党少数派与共产国际和布尔什维克之间有多大分歧。问题在于上述第四点。勃鲁姆说,法国社会党认为夺取政权只是实现革命目的(即社会改造)的手段,而布尔什维克却认为夺取政权本身就是革命的目的。这就是他所说的"两种革命观点"。他进一步批评布尔什维克说,他们因此主张尽快通过武装斗争夺取政权,而且认为"在资本家阶级对工人阶级的统治没有被暴力摧毁之前,一切为集合、教育和组织这一工人阶级的努力都必然是徒劳的"②。勃鲁姆的这一批评显然是片面的。十月革命以后俄国布尔什维克的领袖确曾希望欧洲其他国家会很快爆发无产阶级暴力革命,但到这时已经放弃这一幻想,而且列宁批评"左派"幼稚病的文章已在1920年6月发表。共产国际的一些文件中尽管对各国革命形势仍有不切实际的估计,或者也提出一些错误的策略建议,但是总的说来并没有完全否定资本主义制度范围内的改良主义政治和经济斗争,包括议会和工会斗争。勃鲁姆对此不可能不了解。他之所以从革命手段方面的分歧着手批评布尔什维克,恰恰是因为他虽然在理论上没有排除非法手段的可能性,实际上是把合法斗争当作考虑一切问题的出发点。他对布尔什维克的批评正是为法国社会党在资本主义社会内部的改良主义工作进行论证和辩护的。他的如下一段话可以充分说明这一点。

勃鲁姆说,如果认为社会改造是目的,是革命,那么"在资产阶级社会的范围内有可能为这一改造做准备的一切就成了革命工作。如果这是革命,那么(社会党)战士每天进行的宣传努力就是每天前进一点的革命。社会党人的一切组织和宣传工作,这些各种各样的工人组织在资产阶级社会内部的扩展,有朝一日都会成为集体社会的依靠,这一切都是革命的"③。至于改良工作,"如果它们有利于增加和巩固工人阶级对资本主义社会的影响,如果它们赋予工人阶级以更多的活力和勇气,如果它们激励工人阶级的战斗热情,那么在这种意义上进行的改良是革命的。我们正是在这一意义上

---

① 《民主的社会主义》,第30页。
② 同上书,第32页。
③ 同上书,第33页。

为改良辩护，而且愿意继续为改良辩护"①。

这一段话也可以说是法国社会党在两次世界大战之间时期的策略的概括。当然，勃鲁姆也从来没有放弃对夺取政权的许诺，而是一再强调改良对夺取政权所起的准备作用。例如1927年1—2月，勃鲁姆为了应对激进党领袖莫里斯·萨尔劳在《巴黎评论》上对社会党和共产党的批评，发表了一系列文章，后来编成《激进主义与社会主义》小册子出版。萨尔劳认为，社会党和激进党有共同的目的，只是意识形态不一样（指激进党主张缓慢的进步，而社会党相信突变）。勃鲁姆反驳说，激进党根本不打算改变资产阶级所有制，因此它的目的与社会党是不同的。为了说明二者所进行的改良工作的区别，勃鲁姆用与图尔代表大会讲话同样的论据阐述了革命和改良的关系，然后说："夺取政权还不足以保证社会改造，而且在夺取政权之前也不是不可能进行任何有效的改良。相反，我们断定，只有在夺取政权以前的预备工作对现存社会和工人组织已进行了能起促进作用的改善的条件下，夺取政权才能产生它的社会效果。"同时，为了与共产党划清界限，他还表示拒绝把夺取政权的方式仅仅设想成"一场胜利的内战"，仅仅把社会主义的宣传和组织工作看成"起义的某种军事准备"。②

也就是在这一时期，勃鲁姆为他的改良主义策略提出了一个新的表述方式，即所谓的"行使政权"与"争取政权"的区分。关于这一点将在最后一段进行论述。

二

勃鲁姆对布尔什维克的革命观的批评必然要涉及无产阶级专政，这也正是他和布尔什维克的最重要的分歧所在。

首先需要着重指出的是，勃鲁姆并不像德国社会民主党的伯恩施坦、考茨基那样完全否定无产阶级专政，而是像奥地利社会民主党的鲍威尔那样有条件地承认无产阶级专政的必要性。勃鲁姆在图尔代表大会上的讲话中声称，法国社会党人也是无产阶级专政理论的支持者，甚至有一次曾把这一主

---

① 《民主的社会主义》，第34页。
② [法]莱昂·勃鲁姆：《激进主义和社会主义》，巴黎1928年法文版，第20页。

张写进自己的竞选纲领中。他表示:"我们既不怕这个词,也不怕这件事",而且并不认为无产阶级专政"必须保持民主的形式",因为专政的实质就是"取消一切先决条件和废除一切宪法的规定"。他说,法国社会党也设想将来在夺取政权后由社会党作为整个无产阶级的代表来实行专政。

勃鲁姆认为,法国社会党和布尔什维克在无产阶级专政问题上的分歧在于两个党的组织原则和革命观不同。勃鲁姆在图尔代表大会讲话一开头就对布尔什维克党的组织原则作了尖锐的批评。他在涉及无产阶级专政的问题时说,法国社会党赞成"由一个以人民的意志和自由为基础的、以群众的意志为基础的党实行专政",即无产阶级的"非个人的(impersonnel)专政",反对"由一个集中制的党实行专政,在这个党里一切权威逐级上升并最终集中在一个公开的或秘密的委员会手中"。总之,"一个党的专政,赞成;一个阶级的专政,赞成;若干为人熟知或不为人所知的个人的专政,反对。"[①]

其次,专政应当是暂时的、临时的。"如果人们把无产阶级专政设想成唯一能为(所有制的)改造作准备的操作方法,而无论是资本主义的进化还是我们的宣传工作对这一改造都没有任何效用了。如果因此认为在夺取政权(作为条件)和革命的改造(作为目的)之间应当有一个很长的距离和一个几乎是无限期的间隔,那么我们是不会赞成的",因为这样的专政已不再是让人们可以从事最后的建设新社会工作的暂时的专政,而是成了一个几乎是正规的"稳定的政府制度"[②]了。

第三,在涉及苏俄的具体情况时,勃鲁姆认为,俄国共产党人指望通过无产阶级专政使革命改造的条件"强制成熟",而不管本国的经济发展事先已达到什么程度。因此这种无产阶级专政已不再是"一切夺取政权的运动在取得成功的次日必须采用的那种不可避免的权宜之计,而是一劳永逸的政府制度"。不仅如此,"在整个社会主义运动的历史上,这也是第一次不是把恐怖仅仅看成为了对付资产阶级的反抗,为了公共安全而万不得已才采取

[①] 《民主的社会主义》,第42页。
[②] 同上书,第42—43页。

的极端措施,不是看成涉及革命存亡的一种必要性,而是一种施政的手段"①。

勃鲁姆的这一著名的"为了保住老房子"演说已概括表述了两次世界大战期间社会民主主义与共产主义的原则对立。此后他不断在社会党的报刊上重复讲话中的观点,特别是关于无产阶级专政。例如,1922年7月21日指责布尔什维克"不是为了革命而专政,而是为专政而专政";7月27日指责布尔什维克把专政变成"寡头的执政",使无产阶级专政变成"对无产阶级的专政";8月2日又说布尔什维克的专政既"使一切法律暂时失效",又"限制了自由"。② 当1922年德国共产党人保尔·列维第一次根据卢森堡的狱中手稿出版《俄国革命》一书时,勃鲁姆也在《罗莎·卢森堡和布尔什维克主义》(4月18日《人民报》)中援引她批评苏俄无产阶级专政的观点来论证自己的观点。③

在上面提到的法国激进党领袖萨尔劳的文章中也涉及社会党和共产党的异同。萨尔劳说:"当然,阶级斗争是社会党的教条之一,无产阶级专政也是它喜欢使用的语词之一,但是我们领会话中的含义"④,这是暗示社会党在空口说白话。针对这一批评,勃鲁姆除了重申关于革命和改良的看法外又对无产阶级专政进一步发表了自己的意见。他说:"任何一次政治革命,也就是由一种政治制度转向另一种政治制度,几乎总是要包含一个合法性空缺的时期,那时旧的机构已被颠覆,新的机构还不能运行。这种合法性空缺的时期就是专政时期。"因此,无产阶级专政"几乎是无产阶级革命的必然结果",不过它也"只是一种以经验为根据的和临时的必要性,是最好能加以避免的,其持续时间和手段应当严格限制在环境所必需的程度上。"此外,他还重申,"不管出于任何原因,专政都不应当由一个社会等级、仅仅为了一个阶级的利益行使。——因为阶级恰恰应当消失了——而是应当以整个人

---

① 《民主的社会主义》,第43页。
② 转引自[美]路易丝·达尔比:《莱昂·勃鲁姆:一个社会主义者的发展》,纽约和伦敦1963年英文版,第229页。
③ 参见[法]吉尔贝特·齐布拉:《莱昂·勃鲁姆和法国社会党:1872—1934》,巴黎1967年法文版,第108页。
④ 《激进主义和社会主义》,第11页。

类集体的名义来行使",而且不能把"恐怖的专政当作形成体系的和持久的施政方法(méthode de government)"。①

实际上,萨尔劳对社会党的估计基本上是正确的。勃鲁姆和饶勒斯一样,认为社会主义就是法国的民主制的彻底实现,他甚至曾为改革法国的行政制度写了一本书。② 按照他的想法,社会党经过多年的议会斗争和对工人阶级的教育,将能争取到人民的大多数拥护社会主义并且通过普选以合法手段夺取政权,那时如果需要专政的话,也只是对反叛势力的短期镇压。这和鲍威尔所设想的"防御性暴力"实质上是一样的。从这一意义上讲,他所说的"无产阶级专政"当然与俄国布尔什维克所主张的不一样。关于所谓的"以整个人类集体的名义来行使专政"更是连逻辑上都说不通的。因此,萨尔劳批评社会党在这一问题上空口说白话并不算夸大。

勃鲁姆在论述社会党和共产党的分歧时一再指出布尔什维克把争取政权当作革命的目的本身,这实际上就是批评他们在夺取政权后没有实行真正的社会改造。他一直坚持这一看法,到第二次世界大战以后也没有改变,而且观点更加明确。

1947年11月他为美国人詹姆士·伯恩汉姆的《经理革命》一书(1940)的法译本(书名改为《组织者的时代》)写了序言,并同时以《社会主义革命还是经理革命》为篇名发表在《社会主义评论》第7卷第11期上。伯恩汉姆此书的中心思想是:资本主义将很快消灭,生产资料私有制将被废除,但企业的管理人员即经理将形成一个阶级,把对生产的领导与对社会的领导融为一体。因此将发生的革命不是社会革命,而是经理革命,"社会主义不是资本主义的唯一替代"。伯恩汉姆认为美国的新政、德国的纳粹统治和俄国十月革命都是"经理革命"的实例。俄国革命确实消灭了资本家的私有制,但是由官僚和技术人员组成的"经理阶级"成了国家的主人,实际上继承了资本家阶级的权利和特权,广大无产阶级只不过是换了剥削者而已。勃鲁姆在序言中并没有分析和驳斥伯恩汉姆对纳粹和苏联的评价,只

---

① 《激进主义和社会主义》,第20—21页。
② [法]莱昂·勃鲁姆:《关于政府改革的书信》,根据1917—1918年在《巴黎评论》上发表的一系列文章编成,1918年出版。

是表示不赞同他关于"有可能摧毁资本主义却没有建立社会主义"的结论，认为应当采用这样的表述方式："有可能摧毁资本主义所有制却没有摧毁资本主义"，而苏联就是这样的例子。

勃鲁姆认为，如果在生产资料所有制废除以后，由它产生的整个经济关系和社会关系仍旧存在，也就是说如果雇佣劳动制、家长式的管理、分配方面的不平等、利润的攫取等等继续存在，特别是如果人们之间的等级关系继续存在，那么这一制度既不是本来意义上的资本主义，也不是本来意义上的社会主义，可以说是一种"中间类型"，是一种走向社会主义的"暂时的过渡阶段"。勃鲁姆认为，社会主义计划经济需要作为管理人员的精英分子，劳动报酬也不应一律，生产也需要纪律，但这一切都应当遵循公正和平等的原则，并且应当让所有的工人平等地参与管理。勃鲁姆相信，要把"经理制度"改造成社会主义制度，采用民主制是必要的，也是足够的，"它足以清除资本主义的残余，阻止一种集体的资本主义所有制的形成，禁止技术领导人形成特权阶级，维护劳动大众在生产手段的控制和管理中应有的权利，保证集体劳动的整个队伍不致丧失平等这一基本特性"。① 他还说："也许，在詹姆士·伯恩汉姆先生认为是经理社会先行模式的苏俄，这一制度已经在我们不知不觉的情况下开始了。"② 这句话既可以看成对苏联的期望，也可以看作对它的批评，而期望也是立足于批评之上的。

勃鲁姆对苏联的这种态度一直到他生命的最后日子也没有改变。1950年3月5日，也就是在他去世前不久，他在《人民报》上发表一篇题为《英国政府连任》的评论，这是他一生的最后几篇文章之一。他在其中对英国工党政府的业绩和苏联的成就作了对比。他认为，在第二次世界大战后，大多数欧洲国家已对所有制实行调控，因此它们现在虽然还不是社会主义的，但已经不再是资本主义的了。这种改变私人对工业的控制的做法导致社会制度发生一些变化，能使社会党更容易执政并且运用暂时的权力当作反对资本主义的工具。勃鲁姆认为，艾德礼和工党政府所进行的改良虽然没有摧毁资本主义，但确实改善了资本主义制度下的不平等。与此相比，苏联消灭

---

① 《莱昂·勃鲁姆文集》第6卷（1945—1947），第425—426页。
② 同上。

了私有制，但是"工资劳动者制度继续存在，工人的物质条件仍旧很差，在公民的经济的和政治的范围中，一切基本的和个人的自由都无情地遭到拒绝"①。勃鲁姆认为，一种制度改造了所有制，却没有改变生活条件，另一种制度通过改良改善了条件，使社会上所有的人都能享受更多的平等、公正和自由。因此他说："革命可以从上而下改变合法的所有制，却不一定带来有效地解放工人这样的后果。"② 从这篇文章可以看出，勃鲁姆已明确改良比革命好，不再像他在第二次世界大战以前那样主张革命和改良二者都不可缺少了。

三

前两节的论述表明，勃鲁姆虽然在理论上承认社会主义必须通过革命才能实现，但实际上是全力以赴从事改良活动的。随着法国社会党力量的逐渐壮大，参加政府成为它面临的一个现实问题。勃鲁姆和社会党领导机构的多数成员鉴于第一次世界大战前米勒兰入阁的教训，在这一问题上采取十分慎重的态度，几次拒绝激进党人提出的参加联合政府的邀请，后来才逐渐改变态度。勃鲁姆作为社会党议会党团主席，除了与党的领导一同考虑和确定社会党入阁的条件外，还提出一些观点为参加政府准备理论根据，其中最重要的是关于"阶级行动"和"行使政权"的观点，前者又是为后者作铺垫的，它的意义只有与后者联系起来才能理解。

社会党的社会主义理论是以资本主义社会中无产阶级和资产阶级的对立和斗争为出发点的，勃鲁姆当然承认这一点。在1919年的《为了做一个社会主义者》演说中，他用不少篇幅论述"老板"对"雇员"的剥削，并且使用了"阶级斗争"一词。1927年，当激进党领袖萨尔劳暗示社会党虽然把阶级斗争当成"教条之一"，实际上不过是说说而已时，勃鲁姆立即作了反驳。但值得注意的是，他恰恰回避使用"阶级斗争"一词。

勃鲁姆批评萨尔劳说，激进党不打算废除雇佣劳动制，否则它就一定会

---

① 这篇文章未收入《莱昂·勃鲁姆文集》，这里对它的内容的介绍和引文，均根据《莱昂·勃鲁姆：一个社会主义者的发展》，第383—384页。

② 同上。

承认"阶级对抗"（antagonisme des classes）的事实，因为正是雇佣劳动者和资本主义之间的利益对立造成这一对抗。不仅如此，如果激进党当真想废除雇佣劳动制，从逻辑上说它甚至会赞同"关于阶级行动的马克思主义观点"，因为劳动者不能指望资本家会在废除这一制度即取消自己的特权时会提供帮助或表示同意，而马克思提出的历史性表述公式"工人阶级的解放是工人阶级自己的事情"因此就具有重要意义，但激进党只"打算在现行社会制度的范围内进行改良。……而这些改良是现行财产所有制容许的"①，因此它不承认阶级对抗和阶级行动。此后勃鲁姆经常使用"阶级行动"一词，而依据他的解释，这是指无产阶级组织成阶级的党来夺取政权。这一解释本身没有什么问题，但我们很难看出它和阶级斗争概念有任何矛盾，也不能理解为什么勃鲁姆要用它来代替阶级斗争概念。他在1946年法国社会党第三十八次全国代表大会之前发表的《关于学说的笔记》是对这一问题的全面阐述。它的背景是：在1945年第三十七次全国代表大会之前，勃鲁姆负责起草社会党的新的《原则声明》，他把以前的声明中关于社会党是"一个以工人阶级为基础而进行阶级斗争的党"这一表述中的"阶级斗争"一词改为"阶级行动"。这一修改被第三十七次代表大会否决了。大会以后他继续思考这一问题，把有关的笔记汇集和修改成这篇文章。

勃鲁姆认为，马克思在自己的著作中，特别是在《共产党宣言》中关于"阶级斗争"的表述是把好几种不同观点结合在一起的"合金"。这些观点在马克思和恩格斯的思想中是互相联接的，是"通过深刻的亲和力互相吸引的"，但它们是不同的观点，人们可以承认其中的一些，否定另一些；一些观点已由经验证实，另一些已遭到经验的驳斥，因此有必要通过分析把它们区别开来。

第一个观点是阶级斗争。勃鲁姆认为它是解释历史的一个"规律"，是历史唯物主义的补充或甚至是理解它的"钥匙"，"文明的进步不过是逐步用一个被剥削阶级取代一个剥削阶级，这个被剥削阶级自己又成了剥削阶级。作为对历史的回顾性解释的、历史意义上的阶级斗争就是这样的"②。

---

① 《激进主义和社会主义》，第16—17页。
② 《莱昂·勃鲁姆文集》第6卷（1945—1947），第272页。

第二个观点是阶级对抗。勃鲁姆认为,阶级斗争的观点只能用于阐明历史,但是"不能通过纯粹地、简单地把过去的曲线延长来达到马克思主义的结论,即一次最终的革命将通过最终消灭阶级而使最终消灭一切阶级斗争成为可能"①。马克思是通过对资本主义生产制度的直接分析得出这一结论的,他在这样论证时用资本主义社会内部必然发生的"日益加强的阶级对抗"观点代替"阶级斗争"观点。正是前者使革命不可避免,使阶级斗争除了达到"完整地消灭资本主义"以外没有其他结局。勃鲁姆说:"马克思是根据日益加强的阶级对抗,而不是根据第一种意义上的阶级斗争来把我们引向未来的阶级社会的。"②勃鲁姆也把这种观点称为"经济范畴的"观点。

第三个观点既不是历史的,也不是经济的,而是最广泛意义上的策略性的。马克思认为"社会革命是历史的逻辑必然性,但是这一逻辑必然性只有通过运用人的意志才能实现,而对于马克思来说,这种根据意志的行动只可能是为了夺取政权而组织成政党的无产阶级的阶级行动"。勃鲁姆在这里引用马克思关于工人阶级的解放是工人阶级自己的事情的论断,认为这是"阶级行动的公式",强调"这对于马克思主义来说是最重要的。这已成为一切源出于马克思主义的政党的法律"。③

根据以上论述,勃鲁姆认为,法国社会党的《原则声明》中提到的"阶级斗争"不可能是指第一个观点,因为"不可能依据一个对历史进行回顾解释的规律来建立一个党。"第二个观点也不行。因为经过一个世纪的考验,"阶级对抗不断加强的观点似乎是马克思主义的结构中最缺乏抵抗力的论点之一"。这一观点表示资本主义的集中化、中等阶级的无产阶级化、小农的赤贫化都不断加强,但是"马克思的这些预见中的任何一点都没有准确地得到证实。资本主义瓦解的过程比这更加复杂,也不是这样有规律的。"另一方面,社会党的政治策略也不可能不考虑到"一种相反现象的补

---

① 这篇文章未收入《莱昂·勃鲁姆文集》,这里对它的内容的介绍和引文,均根据《莱昂·勃鲁姆:一个社会主义者的发展》,第383—384页。
② 《莱昂·勃鲁姆文集》第6卷(1945—1947),第273页。
③ 同上。马克思和恩格斯的这句话是:"工人阶级的解放应当是工人阶级自己的事情。"见《给奥·倍倍尔、威·李卜克内西、威·白拉克等人的通告信》,《马克思恩格斯选集》第3卷,第685页。

偿效果"，这就是由国家的内在危机或多或少持久产生的各阶级之间的团结。勃鲁姆认为在涉及周期性经济危机的时候，这种团结是虚假的，"但是当它涉及使国家的存在、独立和自由遭到威胁的、真正带有民族性质的危机时，这种团结是真实的"①。

勃鲁姆的最后结论是，法国社会党《原则声明》中所说的"阶级斗争"只可能是指阶级行动，而如前所说，既然阶级行动的目的是夺取政权，而夺取政权是所有制的革命改造的条件和手段，那么，"不管社会党在资本主义社会范围内所做的预备工作必须采取什么样的变动不定的和复杂的组合形式（议会中的联合、参加政府、行使政权等等），不管来自其他党派的，能为它的任务的某些因素提供方便的协助同情和一致行动是什么样的，它只能依靠自己特有的（spécifique）行动或者不如说有组织的无产阶级的特有的行动来取得最后的胜利"②。他在这里又一次引用马克思关于工人阶级的解放只能是工人阶级的事情的话来加强自己论断的力量。

由这最后一段话可以看出，勃鲁姆关于"阶级行动"的观点和社会党的策略的关系。他肯定了社会党在资本主义制度范围内的改良主义政治行动直到参加政府的必要性，并且把这和革命联系起来。但是这里必然涉及社会党在资本主义国家的"管理"中承担责任的问题，而如何把这与"追求革命目的"结合起来，"这是一个从来没有在理论上得到恰当解决的问题"③。为此，仅仅提出"阶级行动"的观点是不够的，于是他提出了"行使政权"的观点。

四

勃鲁姆是在 1926 年 1 月社会党贝莱维勒瓦斯特别代表大会上的讲话中

---

① 《莱昂·勃鲁姆文集》第 6 卷（1945—1947），第 273 页。这一观点使我们联想到勃鲁姆在 1899 年追随饶勒斯赞成米勒兰入阁，理由就是共和国遭到威胁，米勒兰应当参加这个"战斗的内阁"。他甚至把这一行动称为"真正革命的"（见 [美] 威廉·罗格：《莱昂·勃鲁姆的成长年代：1872—1914》，北伊利诺斯大学出版社 1975 年英文版，第 134 页）。第一次世界大战时期勃鲁姆参加战时内阁是同样性质的例子。

② 同上书，第 275 页。

③ 同上书，第 273 页。

第一次提出"行使政权"的观点来和"夺取政权"相比较的。① 在同年5月的克勒蒙-费朗代表大会的讲话中他又阐述了这一观点。此后他陆续发表演说和文章进行论述，还把它们汇集成《行使政权》一书于1937年出版。《莱昂·勃鲁姆文集》第3卷收入了这些文章。遗憾的是我目前还未找到这一卷和有关材料，只能从几本传记中看到一些引文和评介。第二次世界大战以后，勃鲁姆在1946年9月社会党第三十七次全国代表大会上的讲话中谈到这一问题，1947年5月又向高等师范学校的社会党学生小组发表了题为《行使政权和夺取政权》的演说。这一演说后来发表在《社会主义评论》1947年11月号上，并被收入《莱昂·勃鲁姆文集》第6卷（1945—1947），而勃鲁姆的一个传记作者达尔比称这篇文章是他论述这一问题的"最好的单篇原始材料"②，我在这里的评介主要是以这两个文件为根据的。

贝莱维勒瓦斯代表大会上的讲话中有一小段是两本书都曾引用的：即"尽管在涉及夺取政权问题时我不是合法主义者，但是在涉及行使政权问题时，我是合法主义者。我估计，如果议会实践的进展要求我们在现行制度的范围内行使政权，我们应当合法地、忠诚地行使，不会玩弄以下这种诈骗，即利用我们在政府中的存在来把行使政权转变成夺取政权"③。第二十三次全国代表大会上的讲话中有一段也很值得注意："我们宁可认为我们的麻烦首先来自我们的力量。如果我们在国内的影响（比现在）更小，在议会内的权威更小，我们将摆脱我们大部分的犹豫和顾虑。政党的困难是随着它们的责任而增加的，而它责任又是随着它们的力量而增加的。正因如此，我们甘愿看到我们的困难增加。"④ 这两段话是关键性的，上述第二次世界大战以后的两个文件中的阐述仍旧是以它们为中心思想而展开的。

第三十八次全国代表上的讲话把"阶级行动"与"行使政权"联系起来，认为马克思不仅确认夺取政权是社会改造的必不可少的条件，而是始终确认无产阶级的阶级行动必然包含政治行动，而在一个实行普选权的国家，

---

① ［法］让·拉库蒂尔：《莱昂·勃鲁姆》，巴黎1977年法文版，第197页；［法］约克·克尔古：《法国社会党：从公社到当代》，巴黎1983年法文版，第117页。
② 《莱昂·勃鲁姆：一个社会主义者的发展》，第427页。
③ 《莱昂·勃鲁姆》，第198、199页。
④ 同上书，第199页。

政治行动必然意味着议会行动和代议制。当一个政党壮大到足以成为议会内多数派或多数派的"必然成分"时，政治行动就成为政权问题，这时社会党的困难就不是由于它的力量弱小，而是由于它的力量强大而产生的。目前党的一切困难都是行使政权的后果。"这些困难都是来自这一事实：社会党由于它的政治行动的一个后果，有可能全部地或部分地成为资本主义社会的代表、管理者，而这一社会正是它所谴责的，是它想要摧残并且取而代之的。"但是这些困难是政治行动和议会行动的不可避免的后果，"你们不能回避它们，除非放弃政治行动本身，也就是背弃马克思主义的一个基本论据，正像巴枯宁和无政府主义者在将近1870年时所做的那样"①。

不仅如此，社会党在这样做时并不打算玩弄"特洛伊"木马诡计，不打算在政权的中心放置"炸药包"，而是"诚心诚意的"，"我们是为工人阶级的利益而这样做的，但同时也是为民族的普遍利益而这样做的。我们是诚实的、忠诚的管理人"。当然，社会党不打算修补和复兴它所谴责的这个制度，"相反，我们试图为它的进化确定方向，使它向社会主义制度的转变过程成为最可靠的和最迅速的"。与此同时，"我们努力为公共利益服务，突出表现把工人阶级和整个民族联系起来的利益共同性"②。他在这里又重复强调由此产生的困难："这样一来，我们显然就要对资本主义制度内在的和不可克服的一切矛盾承担起责任了。"但只有在社会主义完全取得胜利以后，社会党才能摆脱这一困难来面对其他问题。

在1947年5月的高等师范学校的讲话中，勃鲁姆首先指出他是通过把"行使政权"和"夺取政权"这两个术语进行比较来界定"行使政权"的意义的。行使政权是在革命前发生的，它是指这样的事例："某一个社会主义政党根据民主制度的正常运作而处于和所有其他合法掌握政权的政党相同的正式情况（conditons formelles），这时社会主义政党按照（它受其支配的）那些制度（institutions）并且在现存的社会制度范围内，亦即在资本主义制度的范围内行使合法的权力。"③ 而工人阶级夺取政权则是一次革命行动，

---

① 《莱昂·勃鲁姆文集》第6卷（1945—1947），第282页。
② 同上书，第283页。
③ 同上书，第428页。

是社会的革命改造的必不可少的先决条件,但还不是它的完全条件。政治革命仅仅是革命的开始,在实行社会革命后,革命才算完成。社会革命不仅要摧毁法律上的资本主义所有制,而且要摧毁"资本主义造成的所有的社会的、道德的、文化的关系以及一切国际方面的关系。"从历史来看,消灭了原因还不足以同时消灭结果,后果存在的时间要比原因长得多,"只有当不仅资本主义社会制度消失,而且它在自己存在的几个世纪内在所有的现存社会内(指各国社会——引者)创立的和制定的一切方面都消失以后,社会改造才会最终完成"[①]。

按照这个标准,勃鲁姆认为苏联虽然完成了政治革命,却尚未完成社会革命。苏维埃国家遇到的某些问题和那些由社会党行使政权的国家一样。欧洲其他国家没有一个已经实行夺取政权的政治革命。正常的情况是:在资本主义所有制在法律上仍旧有效(某些国有化并未改变这一情况,国家代替雇主并未改变雇佣劳动制的实质)的国家,社会党行使政权,或者是一党执政(如英国),或者是社会党在联合政府中占优势(如比利时、波兰和法国),或者是社会党参加联合政府(如捷克和罗马尼亚)。所有这些社会主义政党都有相同的困难:必须使工人阶级认识到行使政权和夺取政权的区别,使他们不致陷于失望,丧失耐心,感到受欺骗。勃鲁姆承认,1936年以后,也就是在法国的人民阵线执政以后,他一直在努力消除法国工人的这种情绪,但是,"我从来没有认为,对于社会党来说,行使政权或参加政权已成为一种必要的或甚至是正常的立场。我认为,即使环境经常迫使我们这样做,这种情况仍旧只能是例外的情况"[②]。

勃鲁姆认为,社会党行使政权的真正困难在于,需要表明"一切情况既能维持,同时又有变化"。需要使人们产生这样的感觉,即"民族的集体利益在社会党的手里时会与在任何其他的政党手里时一样得到维护",同时又需要使整个国家、特别是工人阶级感到确实"发生了一件特别的事","事情的发展将和任何其他的党执政时不一样",而这种不同的做法是只有社会党才能采取或者尝试的。"应当使政府行为发生一种可以感觉到的变

[①]《莱昂·勃鲁姆文集》第6卷(1945—1947),第428—429页。

[②] 同上书,第431页。

化，应当完成这种变化。"这当然是很困难的事，因为在勃鲁姆看来，社会党为此需要调和"两种现实"：其一是社会党是在资本主义框架内执政的，它必须忠诚地履行职责，这不仅是遵循"正直诚实的道德规则"，而且也是符合党和它所代表的工人阶级的集体利益的。与此同时，"我们是社会主义者，我们的任何行为都是要力求实行社会改造的，因此也是要力求实行必然会使目前的资本主义社会走向明天的社会制度的那些调整和改善的"①。作为资本主义社会的"管理者"，社会党面临许多十分敏感的问题，而作为社会主义者，他们知道这些问题是无法获得任何令人满意的解决的。

勃鲁姆在这里阐述的问题实际上是第二国际以来发达资本主义国家社会主义政党一直面临的问题，但是在这些党的领袖中，以这样细致的、层次分明的分析来对待这一问题的人是不多的。勃鲁姆试图通过把"行使政权"和"夺取政权"区分开来解决这一矛盾，但也不能真正地解决问题。只有在当代社会民主主义表示认同现存国家和社会制度，不再企求用作为制度的社会主义取代资本主义之后，这一问题才得到解决，但这时它们又遇到了新的问题，需要提出新的方案来应对了。

从勃鲁姆第一次提出"行使政权"概念到发表这篇演说已经过二十余年。② 在这一时期，勃鲁姆经历了人民阵线的创立和瓦解、反法西斯主义斗争和第二次世界大战，担任过政府总理，做过维希政府和纳粹的囚徒，积累了丰富的政治经验。他经过反思，在《在人类的范围内》一书中谈了他对法国资产阶级与政权关系的切身体会。他说："和表面上看起来的情况不一样，一个半世纪以来确实是资产阶级在统治着法国，两次战争之间出现的例外情况纯粹是虚幻的。"他指的是"人民阵线"。他认为这不过是一些政治力量在1934年6月以后自发形成的"防御性联合"，它依据的是一种"保守的本能"，是为了"捍卫民主原则"。社会党受命组织政府，但是它完全了解，它只能在资产阶级社会的范围内行使政权。即使当选举产生的下议院

---

① 《莱昂·勃鲁姆文集》第6卷（1945—1947），第432页。
② 勃鲁姆1947年5月在高等师范学校的演说中说自己是大约在25年之前提出这一表述方式的。见《莱昂·勃鲁姆文集》第6卷（1945—1947），第428页。关于夺取政权和行使政权问题，可参考李兴耕在《勃鲁姆的"民主社会主义"》一文中的有关论述，见何宝骥主编：《世界社会主义思想通鉴》，人民出版社1966年版，第386—389页。

似乎被民众的多数派占据时，资产阶级仍旧掌握抵抗的手段，只是由于害怕（革命）才暂时让步，一旦恐惧消失后，这些手段就重新生效了。资产阶级掌握地方的议会、公务员、新闻界、财政、工商界，尤其是法国的上议院拥有其他国家的上院在任何时候都未曾拥有的那种权限。"实际上，每当通过普选表示的人民意志迫使政府的构成体现了人民的倾向和改革积极性时，掌握领导权的资产阶级立刻就会把它当作异物一样消灭和抛弃。法国的资产阶级掌握着政权，既不愿意放弃，也不愿意让人分享。它完整地保留着政权。在1939年的战争前夕，它仍旧掌握着民族国家机器的方向盘，但是它已不再有能力驾驭这个机器了。"①

另一方面，勃鲁姆也看到了法国资产阶级的衰落。所以他才说这个阶级已丧失驾驭能力。他认为，十年来的发展表明，资产阶级已不能适应法国社会，已不能在它本身中发现任何"能量储备"，任何"想象力资源"，任何足以克服经济萧条的更新的、重整的能力。法国资产阶级在所有的生产活动中，在创新和发明方面都落在其他国家后面。它甚至"允许工人阶级的状况恶化到悲惨的地步。它不懂得，雇主和雇员之间关系的不断改善不仅是由于他们本身的利益，而且是由于民族的切身利益必须进行的"②。正是由于对法国资产阶级的这种认识和估计，勃鲁姆即使在四年多的囚禁中仍没有丧失对社会党前途的信心，但是这也同时说明他仍有许多幻想。

所有这些认识、信心和幻想在《行使政权和夺取政权》这篇演说中都有反映。

他在演说的最后又回到了"阶级行动"问题。他说，他经过反复思考得出的结论是：尽管行使政权会带来许多困难，但是如果一个无产阶级政党拒绝政治行动，保留自己的全部力量，准备在时机到来时用于革命，那么"这个党将一点一点丧失行动的能力和兴趣"。他认为"对于无产阶级政党的保健（hygiène）来说，参加政治行动是必要的；对于群众的政治教育来

---

① 《莱昂·勃鲁姆文集》第5卷（1940—1945），巴黎1955年法文版，第439页。
② 同上书，第440页。值得注意的是，勃鲁姆一生的最后一篇文章（《工资和生产》，1950年3月29日发表于《人民报》）仍旧论述提高工人工资的重要意义。

说,对于精英的施政能力教育来说,政治行动都是必要的"①。

在谈到行使政权会不可避免地遇到的困难时,这篇演说表现了相当乐观的情绪。他认为,在当时这些困难即使还不能解决,但至少已是"可以面对的"了,已经不致使社会党必须回避它们了。原因在于,在多数欧洲国家,"国家已不再是资本主义的纯粹和单纯的表现、精确的表现"。如果假定它们还是原来那样的,那么"在资本主义社会内行使政权就会是一个不能维持和不能容忍的矛盾"②。勃鲁姆援引"马克思主义的辩证法"(实即历史唯物主义)指出,资本主义的生产力与它所决定的法律制度、所有制、意识形态上层建筑之间已经"不相容"了,这是资本主义衰落的一个象征。另一个象征是法定的所有制与这一制度所决定的意识形态、信仰和习俗之间的"不相容"③。

勃鲁姆认为,资本主义的衰落在第二次世界大战以后比过去任何时候都更加明显,他指的是民主制。民主制的现代形式是资本主义创造的,但现在民主制已愈来愈脱离产生它的资本主义,因此"行使政权的社会党所遇到的矛盾和所处的条件目前已不像以前的资本主义制度时期那样"。勃鲁姆不同意有些人认为法国已完成革命或开始革命的说法,因为法国的资本主义所有制仍旧存在而且可以无限期地传下去,雇佣劳动关系仍旧存在而且严酷,所以"我们并不处于革命阶段"。但是"就双重矛盾日益加剧的意义来说,革命问题是出现了。资本主义显然愈来愈不能支配(产生它的)生产力,而且它发现自己所创造的政治制度愈来愈脱离它了"。

我认为,勃鲁姆在这里已把他关于行使政权的观点发展成他关于当代资本主义国家的观点。他认为,由于以上两种矛盾,"现代国家逐步地摆脱资本主义。正因如此,社会主义政党有可能在还没有控制国家的条件下运用它,同时这些党本身也更加有理由不受资本主义控制。社会主义政党在掌握政权时要把它当作一个进行反对资本主义斗争的工具,这就是说,要利用国

---

① 《莱昂·勃鲁姆文集》,第6卷(1945—1947),第435页。
② 同上书,第435页。
③ 同上书,第435—436页。

家的权威来创造有利于社会主义来临的条件"①。勃鲁姆承认这是困难的和危险的,尤其是因为社会党不是在平静的情况下冷静地行使政权的,而是会遇到"不可预见的事件的震动,临时出现的反应,敌对者的攻击的火力",是会在激动和混乱中进行的。但是只要社会党的领袖能作出理性的选择,群众有判断的能力,党内存在积极的团结,还是有可能做到的。

从莱昂·勃鲁姆去世到现在已经过了半个世纪。在这半个世纪内,在欧洲发达资本主义国家,社会民主主义运动有了很大的进展,社会党行使政权(单独执政或者参加联合政府)已经不是例外,而是正常的情况,而且它们即使在野时也是最重要的反对派。但是资产阶级的经济和政治力量并没有像勃鲁姆所设想的那趋向衰落。人民群众对资产阶级民主制的信心削弱了(主要表现在对选举和政党的冷漠,甚至厌恶),却提不出更好的制度来改进或代替它。尽管如此,资本主义现在还是有生命力的,并没有像勃鲁姆所想的那样衰落,人们离社会主义目标还相当遥远。目前已认同资本主义制度的社会民主主义政党无论在理论上和实践上都遇到许多新的问题,本身也需要革新,但是它们的立场和勃鲁姆是相同的。从这一点来说,勃鲁姆确实是当代社会民主主义的先驱之一。

第七节 哈罗尔德·拉斯基的多元主义国家观

哈罗尔德·拉斯基是20世纪上半叶英国工党著名的政治理论家和政治活动家。他曾在加拿大和美国的大学任教,1920年以后在伦敦政治经济学院任教(1926年起任教授直至去世)。还曾担任英国工党执行委员会委员(1939—1946)和主席(1945—1946)。作为多元主义国家理论的创始人之一和英国工党的左翼理论家,他的学说在英、美等国的政治学界产生过重大影响,但50年代以后逐渐被忽视,到80年代才又重新受到注意。我们在研究现代西方多元主义国家观时必然要追溯到他的思想,而在两次世界大战之间时期社会民主主义国家理论的发展中,他更是值得重视的代表人物。

拉斯基的国家理论的发展可以划分为两个时期:多元主义时期和部分地

---

① 《莱昂·勃鲁姆文集》,第436页。

接受马克思主义的时期（用1997年版的十卷本《拉斯基著作集》编者保尔·希尔斯的说法，也可以把这一时期称为"准马克思主义"时期）。这两个阶段很难精确划分，但我认为大致可以1931年为分界线。前一时期又可分为两个阶段，以1925年《政治学原理》一书的出版为分界线，而多元主义的核心在这两个阶段中是一贯的。这里涉及的是他从1915年到1931年的多元主义思想的形成和发展。

一

常被引用的拉斯基关于多元主义的著作是这三本书：《主权问题研究》（1917）、《现代国家中的权威》（1919）和《主权的基础及其他论文》（1921）。其中《主权问题研究》的第一章（"国家的主权"）是他于1915年11月在美国哥伦比亚大学发表的演讲；《主权的基础及其他论文》中收入的《团体的人格》是1916年发表的，《多元主义的国家》是1919年发表的。此外，1915年发表的《国家的人格》、1916年发表的《国家的极点》也常被引用。1922年写的《新社会秩序中的国家》则是作为《费边短论》第200号出版的。因此可以说，拉斯基的多元主义国家观是在1915至1922年之间形成的。后来他的观点虽然发生变化，但是有些变化在这一阶段已可以看出萌芽，而另一方面，在他的后期（包括"准马克思主义"时期）观点中仍旧可以看出早期观点的影响。

我对多元主义第一阶段的分析以《主权问题研究》中的观点为主线，首先要评介他对一元主义国家观的态度。

拉斯基的多元主义国家观涉及的主要问题是国家与社会的关系、国家与公民的关系、国家的职能和目的等等，它在这些方面实际上是17—19世纪英、法等国的自由主义思想的继承和发展，而直接的思想来源则是19世纪两位英国历史学家梅特兰德和费吉斯所提出的主张现代社会中的团体具有自己的"人格"、应当受到保护的多元主义理论。

拉斯基一再强调"国家不是没有变化的组织"[①]，"国家是一组特殊的历

[①] ［英］哈罗尔德·拉斯基：《现代国家中的权威》，耶鲁大学出版社1919年英文版，第21页。

史环境的产物"①。与此相应，关于国家的学说当然也应当反映这种变化，而他自己的国家学说正是这样产生的。

从拉斯基这一时期的著作中可以看出，他认为，像英、法这样的议会制民主国家的政治和社会生活中近几十年来发生的主要变化是：三权分立只是形式上的，国家的权力实际上已逐渐从议会转移到中央集权的政府手中；国家对经济和社会生活的干预逐渐加强；社会中的多种团体，如工会、教会等日益发展并且不同程度地发挥重要作用，却没有受到应有的重视。尤其重要的是，拉斯基已经认识到劳动与资本的矛盾和斗争的重要意义，认为"这是一个历史过程的一部分，而这一过程有朝一日将会使我们摆脱资本主义制度，正如我们在16世纪到18世纪之间摆脱了封建主义一样"②，而他在强调社会团体的重要意义时实际上主要考虑的也是工会。

但是，在英国当时政治学界具有很大影响的却是以格林、布拉德雷和鲍桑葵为代表的新黑格尔主义学派。他们应用黑格尔的客观唯心主义理论，把现存国家说成是某种独立于个人之外、凌驾于个人之上的客观意志或伦理意志的体现，认为国家主权是压倒一切的，要求个人绝对服从。梅特兰德和费吉斯的多元主义正是针对这种近似神秘的一元主义国家观的。拉斯基则在他们的观点的基础上形成了自己完整的多元主义国家观。

拉斯基的《主权问题研究》的开头一句话就是针对新黑格尔主义的："像黑格尔派一样（hegelianweis），我们不能避免那种促使我们把国家当作一个统一体的诱惑。"③ 拉斯基认为，一元主义国家观把国家看成一个"统一体"（unity），认为它是吸收一切的或者是"伟大的整体"（great whole），是"伟大的全"（great all），或者是"单一"（one）。也可以说，这种政治理论中的国家相当于哲学中的"绝对"（absolute）。按照这种理论，"国家中的一切群体只应当是它的生活的侍奉者（ministrants）。这些群体的实在性

---

① ［英］哈罗德·拉斯基：《主权的基础及其他论文》，纽约1921年英文版，第1页。

② 1917年4月5日拉斯基给法·霍尔姆斯的信，转引自［英］迈克尔·纽曼：《哈罗德·拉斯基政治传记》，伦敦1993年英文版，第43页。

③ ［英］哈罗德·拉斯基：《主权问题研究》，耶鲁大学出版社1917年英文版，第1页。

是国家的主权的产物,因为如果没有它,它们就不能存在。它们的善只有凭借国家存在的庇护力才能实现。国家可以说是唯一永恒地存在的,而群体只有按照自己受到国家包容的程度而存在。"①

尽管在国家中存在许多一元的实体(monistic entity),如俱乐部、工会、教会、学会、市镇、大学等等,它们各自有其群体生活,它们的重要性也是得到公认的,但是一元主义的国家观却认为,国家是"神秘地"超越于这些实体之上的"单一":"在任何地方,单一都处于众多(many)之先。所有的众多都起源于单一并向单一复归。因此一切秩序都在于多样性(plurality)对统一性(unity)的服从。而且在任何时候和任何地方,除非单一对众多实行统治并且把众多引向目标,众多所共有的目的就永远不会实现。……统一性是一切的根源,因此也是一切社会存在的根源。"②

拉斯基指出,按照这种理论,国家也必然是"统一而不可分开的",国家的所有部分都交织在一起,成为一个"和谐的整体"。工会会员和资本家一样,都必须使各自的小的、有时互相冲突的利益服从国家的单一的、包容一切的要求。对于一个公民来说,他首先是那个"单一"的一个部分,只有在次要的层次上才属于教会,或阶级,或种族。"在单一中,差别由于调和而消失了。没有富人或穷人、新教徒或天主教徒、共和党人或民主党人的差别,大家都是国家的成员"③。

拉斯基说,这种观点实际上认为国家体现了卢梭所说的"普遍意志"或"总意志"(general will)。国家的意志因此就具有道德上的"卓越性"(pre-eminence),国家的命令因此具有道义上的制裁力,这种制裁力就其权威来说是比群体或个人的要求更高的,个人必须把自己的意志融合进国家的意志,而国家也有权利或权力把个人的意志约束在国家的意志之内。只有作为国家的施政机关(organ of government)的那些人才能解释国家的要求。他们发布命令(dictate),"而对于各个部分来说,除了沉默地顺从以外没有

---

① [英]哈罗尔德·拉斯基:《主权问题研究》,耶鲁大学出版社 1917 年英文版,第 1 页。
② 《主权问题研究》,第 5 页。
③ 同上书,第 5 页。

别的职能"①。

拉斯基认为,如果相信这种一元主义国家观,就会成为国家的"崇拜者":"我们怀着无法用言语表述的赞美心情匍匐在它面前,认为它的性质在很大程度上是无须我们关心的",结果就等于"暗自接受某种冷酷的黑格尔主义",让自己被纳入一个"伟大的全"而不加抗议,"我们不许否定它的善。我们被告知说,我们仅仅是为它而生,而且是生活在它的生命之中的,否则我们就是不存在的。于是国家成了一种现代的偶像(Baal),公民不知不觉地必须对之顶礼膜拜"。②

二

拉斯基在概括介绍了一元主义国家观的主要论点以后对它作了详尽的批判。有趣的是,他在这里运用的哲学观点是美国哲学家约翰·杜威和威廉·詹姆士的实用主义。他声称,多元主义的国家理论在形式上和内容上都是像杜威所说的那样"始终一贯地实验主义的"(consistently experimentalist)。因此他无须过多地从哲学理论上对一元主义国家观进行批判,而是可以直截了当地根据历史上和当前的事实来论证它的错误。

拉斯基认为,在现实生活中,我们必须对具体的行为或群体是否正确作出判断,只有先认识部分才能认识整体。在政治上这就是意味着:"我们并不是以国家根本上比其各个部分更加统一为理由而从国家出发来考虑部分。相反,我们承认部分和整体同样是现实的和自我满足的。"③ 他援引詹姆士的话说:"事物是在许多方面彼此'相关'的。但是没有任何事物是包容一切事物或者支配一切事物的。"因此多元性世界更像一个"联邦共和国",而不像一个帝国或王国。"尽管有许多事物可以集合在一起,尽管有许多事物会在任何一个有效的意识中心呈现,但总是有另一些事物是自主的,不会在那里出现,不能被简化到单一性里面去。"④ 拉斯基认为,一个集团例如工会,可以和国家一同运作,但不是必然要这样,它是"国家的一部分,

---

① 《主权问题研究》,第8页。
② 同上书,第208页。
③ 同上书,第9页。
④ 同上书,第10页。

但并不和国家融为一体"①。用詹姆士的话来说，国家不是"合的"（collective），而是"分的"（distributive）。②

拉斯基认为，如果说一个集团即国家在理论上说能使它的所有行为都得到服从，那是荒谬的。"国家的主权实际上与一个教会或一个工会所行使的权力并无差别。"当路易十四废除南特敕令时，当一个教会发布某种新教义时，当一个工会宣布罢工时，"它们都是在行使一种与国家的权力仅仅在程度上，而不是在本质上不同的权力"。权力体现国家的意志，但有的时候，各种不同的意志，不管是个人的还是团体的，会发生冲突，这时"只有（一方）屈服或（各方的）力量较量才能决定哪一个意志是更加优越的。因此国家命令的力量不一定能获胜，而任何提出这种看法的理论都是没有价值的"③。

那么，国家的意志怎样才能得到贯彻呢？拉斯基的回答是：只有通过竞争。"国家的意志恰恰只有在以下程度上才能获得超过其他集团的意志的优越性，这就是：当对这一意志的解释是明智的，足以获得普遍承认的时候。除此之外不会更多。"他还说："国家的意志是这样一种意志，它在某种程度上与其他意志竞争，并且按照达尔文所说的那样仅仅依靠它应付环境的能力才能得以存活。如果它冒险进入危险的地方，它就会因为自己的鲁莽而受到惩罚。它会发现自己由于同意（consent）而获得的主权将由于异议（disagreement）而变为软弱无能。"④

拉斯基在这里突出强调了传统自由主义思想中经常出现的一个观点，即"同意"。这一观点是贯彻在他一生的政治思想中的，既是他的民主主义思想的核心，也是他的改良主义思想的核心。拉斯基说："主权只不过是获得赞同（assent）的能力。……除了人心的同意以外没有其他东西可以批准法律。如果想象国家的权威除了它的成员的意志外还有任何其他保障，那纯粹

---

① 这里的原文是"but it is one with and not of it"，应译为"但它是与它（即国家——译者）融为一体的，而不是它的一个（部分）"，而这个意思恰恰和拉斯基的观点以及他在其他地方多次重复的提法相反，因此我判断为印刷错误并改成这个样子。
② 同注②。
③ 《主权问题研究》，第270页。
④ 同上书，第14页。

是幻想。"① 而获得同意的关键是成员对国家目的的看法。拉斯基说:"一个国家可以从理论上说是为了给它的成员争取最高级的生活(highest life)而存在的"。但实际生活中,"目的的伟大"并不比"获得强烈的爱慕的能力"更加重要,因为某些组织的目的尽管不比国家的目的更大,却更加贴近个人当前的愿望,因此对他们来说暂时更有实效,这是历史上和现实中某些群体能对国家进行反抗的心理原因。因此拉斯基再一次强调,"国家的命令和任何其他组织的命令相比更加能得到遵守的情况只是一个程度问题,不是本质问题。"国家不能依靠强力(force)来贯彻自己的意志,只能依靠成员的同意。他说:"我们主张,国家之所以有权要求其成员对它的目的提供助力,不是因为它可以用强力迫使他们同意,而是因为它的要求最终将会证明自己是有助于实现这一目的的。"② 在某一次特定的冲突中,国家可能具有较高的道德要求,使它处于优先地位,但是"它不是凭强力,而是依靠同意获得优先地位的。"国家要用自己的行为向它的成员证明它"内在地"具有比其他组织更加重大的"资格"(claim)。它之所以能获得成员的效忠,不是出于"先验的理由",而是依靠它的"坚实的道德成就"。③

拉斯基的多元主义国家观的主要论点实际上在《主权问题研究》的第一章即《国家的主权》一文中已全部得到表述。他在文章的最后对此作了一些概括。他认为,多元主义国家理论否定强力的正义性。它以事实为根据而取消了国家天生具有的要求服从的资格。它坚持国家和任何其他团体一样应当凭自己的成就来证明自己。他主张各个集团在不断争取扩大进步的努力中互相竞争。它认为,国家现在是什么样子以及将来会变成什么样子,只能取决于它的"道德纲领"。它声称,国家的成员有权利不断地对国家的道德基础进行检验。它承认所有的意志的存在都是正当的,只不过人们在这些意志的冲突中应当对那个具有更高的道德目标的意志效忠。拉斯基认识到,这种理论实际上把作出判断的权力交给了国家的每一个成员,因此,"这实际上是一种个人主义的国家理论,而这是任何多元主义的态度都不能避免

---

① 《主权问题研究》,第14页。
② 同上书,第17页。
③ 同上。

的"。但是必须有一个限定条件："它只是在它要求人应当成为社会的存在（social being）的限度内才是个人主义的"。与此相比，在一元主义的国家理论中，"看来对于人的存在根本没有任何保证"①。

尤其重要的是，拉斯基在这里已经涉及不同的阶级对于国家的不同态度。他说，当人们对严酷的事实进行分析时就会发现国家所维护的善，实际上是社会的"某一部分（section）的善"，而不是"社会作为一个整体的善"。② 另一方面，许多人在使用"国家"一词时，心里所想的内容是不一样的。"例如，对于德国皇帝和卡尔·李卜克内西先生来说，国家不是同一回事。当前者要求德国人支持他，以免德国灭亡时，他心目中的国家与李卜克内西所认为的几乎是完全相反的东西。"③

三

在此后几年发表的文章中，拉斯基对多元主义国家观点作了一些补充和发挥。

在1916年发表的《团体的人格》一文中，他认为人类活动的每一个领域都有由于某种需要而产生的团体，国家只是其中之一，是由"对于社会的组织化的要求"而产生的。所有的团体都是"社会的生活必需品"④。它们具有"人格"即法人的资格，在法律上既有权利，也有义务。团体的人格是实在的，并不是国家赋予的，它的意志也不是国家委托给它的。拉斯基在这里也提到黑格尔主义的国家理论力求"国家的一致化（unification）"，"使国家不能容忍自己内部的团体"，使国家成为黑格尔式的吸收性的（absorptive）；认为它是绝对拥有主权的（all-sovereign），而且是不允许挑战的。"但是事实并非如此，国家并不比它的组成部分更加一致化（unified）"，"在国家内部的任何地方我们都发现对它的最高地位提出挑战的集团。它们可能是与国家发生关系的，是它的一个部分，但是并不与它融为一体（one

---

① 《主权问题研究》，第23—24页。
② 同上书，第15页。
③ 同上书，第21页。
④ 《主权的基础及其他论文》，第140页。

with it)，它们拒绝把这一关系简化成一致性（unity）"。① 拉斯基在这篇文章中也重复了他在《主权问题研究》中引用的詹姆士的那些论点，并且在文章最后作出结论说："我们不赋予后一集团（指国家——引者）以任何特殊的美德。我们否认它具有其他一切的创造者的资格。我们使它用自己的成果来证明自己正确。我们通过使它同其他与之并存或对它补充的团体进行竞争来激励它的行动。正如它不可能消失一样，它也不能声称自己具有优越性。和其他任何集团一样，它现在是什么样子和将来会变成什么样子，只能凭它的成就来决定。"②

1919年发表的《多元主义的国家》中说，历史的经验迫使我们得出结论说，无法把国家的意志直接了当地界定为"善良的意志"（good will），"因此个人必须或者凭他自己或者与其他人协同，通过检验这个意志的实质来对它的正当性作出判断。"这样一来，传统观念的国家主权就不再存在了。国家的行为（实际上是它的基本机关即政府的行为）"在道德上就与任何其他团体的行为处于同等地位了"，国家的判断"除了它们凭借自己的道德内容而内在地具有的力量以外，没有其他的力量"。而在公民方面，"对国家行为的基础进行检验成为一项道德上的义务。政治上最恶劣的罪行是在重大决定上不加思考的默认"③。

与此大致同时发表的《现代国家中的权威》一书中指出，多元主义的社会观否认社会和国家的同一性（oneness），认为社会仅仅就其目标来说才是单一的，但是对于这一目标是存在不同的解释的，而且它是可以用"不止一种方法"来实现的。根据这种分析，"国家只是人类团体的许多形式之一。它不一定比一个教会或一个工会或共济会的支部更加能与社会的目的和谐一致"④。拉斯基在这里也比以前更加明确地论述了国家和政府的关系。他说："对现代国家的现实主义分析表明，我们所说的国家行为实际上是政府行为"；"国家行为只不过是获得普遍承认的政府行为"；"权威的行使，

---

① 《主权的基础及其他论文》，第169页。
② 同上书，第170页。
③ 同上书，第244—245页。
④ 《现代国家中的权威》，第65页。

不管我们是把它称为权力还是主权,不管我们愿意把它称为什么,它在绝大多数情况下是由政府掌握的。"① 政府的意志有可能与其他意志发生冲突,它是否能获得人们的效忠,要看"人们认为它在与社会生活的目的达到和谐一致方面胜过它的对手们的程度"②。

拉斯基在这本著作中还用许多篇幅来论述如何对国家的目的进行评判的问题。他认为,对国家所宣布的目的的内容,对国家的每一个行动,都应由"个人的良心来作出判断",而"事情的最终仲裁者是这些良心的全体"③。按照当时公认的理论,"国家是作为我们迄今为推进我们认为善的目的而创造的手段中最合适的一个而存在的",因此不言而喻,它的行为是与那个目的一致的。但是,"除了依靠个人的判断,我们怎样能说明国家行为真正是正确目的的恰当表现呢?"④ 他认为一个恰当的国家理论必须根据实践来检验国家的权威要求的有效性。国家的目的被说成是"获得善的生活"(to secure good life),知道这一点是重要的,但更加重要的是知道它的运作(function)。"对于它的成员来说,国家基本上是一个巨大的公共服务公司,而直截了当地说,公众的关系是集中在红利(dividend)上的。"因此问题不是在于国家表示它要干什么,而是它用自己的名义干了些什么;人们不去探讨国家的"道德纲领",更有成果的方法是"耐心地分析它的实践"。只有这样才能说明为什么广大群众会自愿服从他们中的掌握政府的一小部分人。⑤

在分析这种服从态度时,拉斯基不赞成霍布斯关于"恐惧是服从的基础"的理论,而赞同卢梭关于"服从是以同意为基础"的观点。当然,他也不主张把卢梭的契约论和"普遍意志"(general will)直接运用于公民和国家的关系,但是这并不影响他强调"同意"的重要性。他认为,在关于公民服从国家的理论中,"对政策的同意,不管是多么间接的,都是首要的

---

① 《现代国家中的权威》,第30—31页。
② 《主权的基础及其他论文》,第30—31页。
③ 同上书,第65页。
④ 同上书,第29页。
⑤ 《现代国家中的权威》,第31—32页。

因素"①。国家是为推进它的成员的美好生活而存在的，政府是把这一目的转化为事实的机构。如果政府要持久存在下去，"它的目的必须在每一个阶段都接受检验"②。

四

拉斯基的多元主义国家理论的主要缺陷是，他完全否认国家拥有支配在它范围内的所有社会组织的至高无上的权力即主权这一事实，把这些社会组织的地位抬高到与国家完全平等的程度。他否定国家行使"强力"的正当性，片面地强调"同意"的重要作用，这也是不符合客观事实的。他的理论贯彻到底就会使社会成为各种组织和各个利益集团互相竞争、互不服从，而国家又无法加以控制的无政府状态。这当然不是拉斯基的本意，他也为此一再作过解释。我们今天研究拉斯基的这一理论，也必须撇开它的不切实际的方面，而要探讨它所包含的积极因素，特别是使他成为坚定的民主社会主义者并且在一定程度上接受马克思主义理论的那些因素。

拉斯基的多元主义国家理论首先是他的激进的民主主义和自由主义思想的表现。

他认为，每个历史时代都会产生自己的国家理论，而现在流行的国家理论是英国和法国的资产阶级民主革命的产物。这些革命起初把政治权利扩大到中产阶级，然后又逐渐扩大到全体公民，这当然是很大的历史进步，但是广大的普通公民实际上并不能真正参与政治、参与国家的管理。拉斯基在《现代国家中的权威》中详细阐述了自己的观点。他说，如果坚持"同意"是国家有资格要求公民服从的最有力的根据，那么国家的各个成员就有义务认真检验它的政策。如果当问题涉及他的良心时，他最终至少可以抗议，甚至也许可以不服从，那么对政治的积极的关心就是公民性的最不可缺少的条件。但是对于普通选民来说，他很少有机会了解国家事务。他说："政府历史上的主要罪恶之一是这一悲惨的事实：在很长一个时期内，政治曾经是一个有闲阶级关心的事，这仅仅是因为社会的其他部分没有时间或精力来充分

---

① 《现代国家中的权威》，第35页。
② 同上书，第34页。

专心致力于这些问题"①,因此政府中的占支配地位的思想所依赖的泉源是很狭窄的。

拉斯基说:"如果要使政府在任何实在的意义上真正代表它的成员的意志和愿望,那么他们的意志和愿望必须具备某种最低限度的物质基础,也就是使之能发挥作用的恰当的物质和知识水平,而这又包含要采取保证他们的希望得到表述的措施。"② 例如,自由表达意见的权利,结社的权利,受教育的权利。他在《多元主义的国家》一文中也说:公民只有在他认为国家的要求是"正确行为"时才会对之效忠,为此他必须拥有对是否正确作出判断的手段,而权利的重要意义正是在此。"公民的义务除非在一定的条件下是不能履行的;必须保证这些条件能得到实现而不致受到权威的侵犯"③,他在这里列举了言论自由,能维持生活的工资,恰当的教育,适当的闲暇,为社会努力而结社的权利。他认为:"没有这些权利,国家的目的的就不能实现……这些权利的合法性也不取决于国家。它们是人类的人格的崇高价值中内在具有的。"在这两种意义上说,它们是"自然权利"。"当这些权利被否定时,国家明显地破坏了它要求人们效忠的资格。"④ 由此可见,拉斯基把国家理论同广大人民争取、捍卫和扩大基本民主权利的斗争联系起来了。

不仅如此,拉斯基认为,目前英、法等国的议会制民主政府的体制存在缺陷。所谓三权分立只是形式上的,国家的权力实际上集中在行政机构,特别是中央政府手中。"一元主义的国家是一种等级制的结构,在其中,权力为实现最后的目的,是集中于一个单一的中心的。多元主义的倡导者认为这在行政上说是不完全的,在伦理上说是不合适的。"⑤ 他指出权力集中的危险性,特别是如果按照一元主义国家观承认国家的法律主权与它的道德主权是同一的时候更加如此。"权利是一个危险的词——因为它既是政治的权利,同样也是伦理的权利,而在一个老练的政治家手中,这两个方面的意义有可能不知不觉地融合起来",这就使具有法律权利的国家也拥有道德的权

---

① 《现代国家中的权威》,第47页。
② 同上。
③ 《主权的基础及其他论文》,第245页。
④ 同上书,第246页。
⑤ 同上书,第240页。

利，后者很容易转变成"道德上的义务"。这样一来，"政府就凌驾在适用于卑微的个人的道德准则之上。它在几乎没有引起人们注意的情况下被提高成暴政。它获得了凭自己的意志压服一切冲突的权力，而不管这一意志在道德上具有什么含义"①。

因此，必须用人民的权利来限制国家的权利（权力）。一个政府如果不能实现人民的权利，尤其是如果它打算压制这些权利，它就是滥用了人民的信任，而政府的权力如果不受到人民权利的限制，那么"除了不断的革命以外就没有别的办法实现国家的目的了"②。

以上是拉斯基对政府提出的要求。另一方面，他也非常强调人民群众自身主动、积极地培养和发挥参政能力的重要意义。他在文章中多次批评人民方面的"惰性"和"默许"态度。他说，现代国家中最令人吃惊的一个事实是，由于真正的"社会机制"在民主制的掩盖下是向人民群众隐瞒的，所以他们往往对政府的决策采取"惰性的接受"态度。③ 他认为，舆论杠杆是很容易受到利用的武器，"我们很少估计，多数人的意见在多大程度上是积极的赞同，在多大程度上实际上只不过是那种宁可蛰伏（slumber）而不愿挑战的惰性的默许"。他痛斥这种惰性说："在施政过程中，这种惰性因素的重要性是怎样估计也不过分的"④；"惰性的奴隶状态是一种在任何地方都会繁荣滋长的莠草，我们首先应当采取预防它的侵犯的措施"⑤。他认为，"唯一有希望打破这种惰性的方法是增加权威的中心"，例如使公民争取参加工会、学校管理委员会，等等。另一方面，他非常强调教育的作用，认为"对知识资源的控制是通向权力的一条可靠的道路"⑥；有很重要的证据表明，工人本身在要求一种能使他们获得控制权的教育体系方面是走在最前面的。他在自己的政治著作（不仅是这一时期的）中论述应当由公民个人自

---

① 《主权问题研究》，第 20 页。
② 《现代国家中的权威》，第 48 页。
③ 《主权的基础及其他论文》，第 246 页。
④ 《现代国家中的权威》，第 58 页。
⑤ 同上书，第 122 页。
⑥ ［英］哈罗尔德·拉斯基：《新社会秩序中的国家》，伦敦 1922 年英文版，第 4 页；又见《法律和政治研究》，伦敦 1932 年英文版，第 126 页。

己作出这个判断时一再使用"受过教育的判断"（instructed judgment）一词就充分说明了他的这一态度。

拉斯基批评"惰性"和"默许"的论述是和他强调个人自由、个人良心的论述密切联系的。他说："一个人首先必须对自己忠实（true to himself）。因为一旦他走出在权威的要求面前违背自己的良心的冲动而贬低自己的致命性一步，踏上默许的道路就很容易了。"① 他指责当前的社会制度倾向于日益摧毁国家成员的个人意志，以"普遍目标"为理由来要求他们"被动地默许"国家的政策。他认为这样取得的"一致性"是对自由的否定，"这是自发性的灭亡。而摧毁自发性就是阻止自由主义登台"②。

拉斯基的自由主义思想还表现在他对"同意"的解释上。他在《主权问题研究》的第一章即《国家的主权》一文中对此作了精辟的论述。他说，同意不等于意见完全一致，甚至最勇敢的人也无法举出"舆论一律"（homogeneity of public opinion）的证据。不过，"缺乏这种一律也不是缺点。相反，在我看来这基本上是说明存在真正的思想的征兆"。他说，"一个能表示不同意（can not agree）的社会就已经是一个有能力前进的社会了"；进步是通过"对变异的选择"而不是通过"保持一致性"而取得的。这篇文章的最后说："我们不想使国家成为一个牧场，在那里只有牧人才能识别家畜。我们宁愿从男人和女人的思想中汲取他们的最丰富的成就。……我们将使对不同意的同意（consent to disagreement）成为国家的基础。我们将在这里保证达到最深刻的和谐一致。"③

以上概述的可以说是拉斯基的多元主义国家理论的民主主义内核，而且由此可以看出，他的看法是有辩证因素的。

五

但需要着重指出的是，拉斯基在这里并不是抽象地谈论民主或所谓的"一般民主"，而是早就涉及资本主义社会中的基本阶级对立即工人与资本

---

① 《现代国家中的权威》，第58页。
② 同上书，第121页。
③ 《主权问题研究》，第24—25页。

家的对立以及这一对立的经济基础与政治之间的关系。上面已经提到，拉斯基在《主权问题研究》一书中已经提到不同阶级的人对国家的态度是不一样的，也已提到，严酷的事实表明国家实际上维护的"善"只是社会的一个部分的善，而不是社会整体的善。在《多元主义的国家》一文中，他驳斥了那种认为国家主权代表人的普遍性方面（universal aspect）或共性（generality）或卢梭所说的"共同的善"（common good）的观点，认为只要对国家的内部历史进行考察，就会发现这种观点所假定的"在目的和努力方面的统一性"是不存在的。"我们实际上面对的是一个利益的复合体，在这些利益中有不少是彼此无法取得和解的。"例如，"在旨在通过摧毁资本主义组织而控制工业的工会"与资本主义的维护者之间就不存在"持久合作的基础"。拉斯基认为，从历史上看，"任何政府体系都是受当时掌握经济权力的人支配的，而他们所认为的'善'大部分是对他们自己利益的维护"①。

1919年发表的《现代国家中的权威》一书中对经济和政治的关系，特别是工人与资本家、工会与国家的关系作了详细的论述。拉斯基引用并发挥英国共和主义政治思想家詹姆士·哈林顿②的观点说："自从哈林顿阐明权力来自土地所有权以后已过了三个多世纪，如果我们从工业革命的角度把这一观点引伸到最广义的资本上去，那么政治权力是经济权力的侍女的说法现在就是老生常谈了。"19世纪上半叶的改革家们没有触及问题的根源，"任何政治民主如果不同时也是一种经济民主的反映，就不可能是真实的。政府的事务在很大部分是工业性质的，因此不可避免地要受到掌握经济权力关键的那些人的看法和目的的深刻影响"③，例如，"大的金融康采恩与对外政策的联系是一个老问题，已足以使每一个公正的观察者承认它的重要意义了"④。

---

① 《主权的基础及其他论文》，第238页。
② 詹姆士·哈林顿（1611—1677）：英国政治思想家，他在《大洋国》一书中描绘了他理想中的资产阶级议会制共和国，其中提出财产所有权状况决定国家性质的观点。参见商务印书馆1963年出版的中译本第10页。
③ 《现代国家中的权威》，第38页。
④ 同上书，第48页。

拉斯基也阐述了"善"与经济的关系。他说："当权力实际上是由社会的任何一个部分掌握时，它会十分自然地把自己所特有的见解当作社会的善（social good）的同义词。"国家实际上是一个在社会中居支配地位的集团或阶级所相信的政治的善（political good）的反映，而"政治的善"在今天大部分是"根据经济来界定的"，也就是说，"它的内心反映了社会的经济结构"。① 但是这个已由历史充分说明的真理在我们的时代由于容易受到民主机制的掩盖，"也许有些难于察觉了"②。至于党派，它们的最普通的和最持久的起源是财产的"不同的和不平等的分配"。一般说来，政治是那些拥有权力的人和那些想分享权力的人之间的斗争。如果认为"政府不是为国家内部的任何政党或阶级的利益，而是为国家作为整体的利益行使权力"，那是"明明白白的理想主义"。③

拉斯基早在大学生时代就已经加入费边社，他对工人运动一直是积极支持的。所以他在1915—1921年论述国家问题的著作并不是一般地反对国家主权，而实际上是在为工会和工人阶级争取和维护权利，并且进而改革资本主义制度。但是尽管他发表了不少中肯的、有些甚至是精辟的见解，但恰恰在这一方面暴露出他的思想的矛盾。

拉斯基在《多元主义的国家》中已经指出工会和资本家的利益是最终不能和解的。他在《现代国家中的权威》中分析了阶级利益和阶层利益。他认为，在资本所有者和无财产的工人的利益之间有很大差别，而熟练工人和非熟练工人之间的差别也很明显，某些行业之间、男工和女工之间也有利益冲突，但是通过"明智的活动"也许可以消除工人运动内部的对抗，而"在资本利益和工人利益之间很难看到任何永久的和解的基础。他们所要求的事情是互相对抗的"，资本主义所能作出的最大的让步还不能满足工人的要求。在这一情况下，"工人对一个在性质上主要是资本主义的国家的猜疑是不可避免的"④，工人只有在假定国家会站在他们一边时才会承认国家具

---

① 《现代国家中的权威》，第81页。
② 同上书，第39页。
③ 同上书，第39—40页。
④ 同上书，第87页。

有"完全的主权"。但是工人目前唯一能确认的事实是,"国家的主权是主要被用来反对他们的利益的",因为现代国家的社会制度不是"劳工制度",而是"资本主义制度"。根据哈林顿的理论,由此必然得出的结论是:"主要的权力也是资本主义的"。这就是说,工人除非在他对国家的目的感到满意时,不会承认国家具有决定性的权威(final authority)。① 从拉斯基的这些观点似乎可以得出他认为必须反抗现代国家、推翻资本主义制度才能解决工人和资本家的对抗的结论,但是实际上拉斯基却绕过了这一问题,他在许多地方分析工人阶级在现行国家和社会制度的范围内改善自己的地位的可能性并且提出一些具体的主张。

首先,他非常重视1918年英国的选举改革和英国工党的兴起。他在1922年发表的《新社会秩序中的国家》小册子中说:"正如拿破仑的斗争使各商业阶级摆脱了贵族控制的最后残余一样,(英国)最近的冲突的主要结果有可能终于使工人阶级在国家中获得一个新的地位,"而工党作为"主要的议会反对党"的兴起是这一新的倾向的重要标志,"这意味着,第三等级已不再把政府概念与财产结合在一起了"。可以想象,1918年改革法案的结果将是"缓慢地摧毁那些阻碍工人获得国家的道德财富的特权"。在这一改革法案的基础上,我们时代的立法将倾向于"造成一个世界,在其中那些除了自己的劳动没有其他商品可以出售的人将充分分享文明所能提供的财富"②。

拉斯基一度对工人直接管理生产很感兴趣。他认为,工人活动的最终目标是工业中的民主自治,也就是要由工人自己来决定生产过程每一阶段所采用的方法、工人的任务、工作时间和工资。这样做了,就会消灭"等级制控制",使工会成为将能产生一个"崭新的工业制度"的"单个细胞"。他认为,工人通过组织生产就能把生产中的主要权威赋予代表他们的工会,"简而言之,这意味着工人夺取对生产的控制,而这种控制一旦被夺取,是不会轻易放弃的"③。

---

① 《现代国家中的权威》,第87—88页。
② 同上书,第3页;又见《法律和政治研究》,第125—126页。
③ 同上书,第87—88页。

不能否认，拉斯基曾经受到工团主义的一定影响。但是他既不是无政府主义者，也不是无政府工团主义者。他说："我们并不赞成无政府主义者的态度，他们像威廉·戈德温那样完全否定权威的必要性。我们也不赞成只强调生产者利益的工团主义者的态度。"[1] 他认为，在代表生产者利益的集团和代表消费者的国家之间缓慢地进行一些调整是有可能的。为此他设想建立两种体系的全国性立法机构，一种机构考虑有关生产的法律，另一种则代表消费者对供给问题作出决定，共同的问题则结合起来解决。在这方面，他显然是受到 G. D. H. 柯尔的基尔特社会主义的影响，不过不久以后就放弃了这种想法。

对于拉斯基来说，更加重要的是权力分散的思想。他认为，"使国家成为无所不能的，就会使它听从任何足以利用它的强大集团的摆布，而这确实是社会冲突的一个主要原因"，它不可避免地要使利益的斗争十分激烈，而双方都不敢提出妥协。"摆脱这一死胡同的唯一出路是使国家中立化，而除了划分今天集中在它手中的权力以外不可能使它中立化。"[2] 拉斯基认为分权包括"地域上"和"职能上"两个方面，并且提出具体的方案建议。实际上分权只是政府的行政制度的改革，不涉及社会制度，也不可能使国家"中立化"，拉斯基却把它置于如此重要的地位，这是与他关于当前国家制度的阶级性质的判断相矛盾的。另一方面，即使在今天的英、法等国，仍旧存在中央政权和地方的矛盾，权力分散始终是政治改革的一个内容，因此拉斯基在这方面论述仍有现实意义，但这与本文的内容没有直接关系，这里就不多谈了。

六

上面提到的拉斯基在资本主义社会制度和国家制度改造方面的矛盾观点反映了他对革命与改良的关系的看法，而这个问题可以说是贯穿在他一生的政治思想中的。

如前所说，从拉斯基的多元主义国家理论是可以得出革命的结论的。拉

---

[1] 《现代国家中的权威》，第88页。
[2] 同上书，第385页。

斯基的看法可以概括为：公民和国家即政府的矛盾有可能导致革命，而正是为了避免革命，政府必须进行改良。

他在《现代国家中的权威》一书中论证了人民的反抗的双重作用。他说："如果国家的成员有可能对它的权威进行反叛，国家的生命就难以维持。但是如果他们很少发表异议，这却是一个具有生死攸关后果的因素。"因为"国家的事务是为人服务，当它对这一路线的偏离使它的行为的正当性遭到损害时，在某些地方就会出现抗议。因此可以这样主张：一个害怕其政策会引起革命的国家与一个其公民已不再用自己的良心反对它的国家比起来，更加不容易犯错误"①。他在论及公民的基本权利时认为国家的法制是对此的保证，但是"革命的后备权力（reserve power）始终是保留着的"。他多次举法国大革命为例来说明这一问题，认为这次革命是"确认了人民对掌权者的缺乏信任，并且要把国家改变成有可能满足某些权利要求的形式"②。

拉斯基关于法律和秩序的看法有时也是很激烈的。他说："如果一种关于统治者和被统治者的观点不包含取消这种关系的可能性，它就是不完全的；因为这意味着它对居民的忠诚和无私的要求远远大于它对人民的统治者的要求。"③他认为，最近几年的历史表明，在大的民众运动面前，法规是无力的，这是因为社会的变化很大，法律没有跟上，"与其说法律创造民众情绪，不如说它是追随民众情绪的"，只有主张法律应以实用主义态度"综合"冲突各方的利益的法律理论才是合用的，而这必须从至少在理论上承认一个新观点开始，即：政府的利益决不是至高无上的（paramount）。人们也不要自己欺骗自己，认为"法律的首要利益是维护秩序"。他说："有些时候，法律的事情不是维持一个旧的平衡，而是创造一个新的平衡。我们目前必须努力实现这一任务。"④他举罢工为例说："在罢工的时候，宣布国家的最高利益是维持秩序，这已经就是使它偏袒一方了。"因为，虽然"国家

---

① 《现代国家中的权威》，第316页。
② 同上书，第40页。
③ 同上书，第316—317页。
④ 同上书，第379页。

的最高利益在于公正，但是由此并不一定得出结论说，公正和秩序是完美地结合在一起的（perfectly correlative）"①。但是必须强调的是，拉斯基由上述所有观点得出的结论仍旧只是国家的"中立化"和"分权"。

在1921年发表的《新社会秩序中的国家》中，拉斯基非常清楚地表述了他对革命和改良的看法。他认为："英国人不习惯于走直接通向他们的理性目标（intellectual goal）的大道。这个民族常用的方法与其说是奔向那些能由学说指明其本质的益处，不如说是减轻弊病。"② 他在分析工业革命以后英国社会已经发生和将要发生的变化时指出，这些变化决不是迫在眉睫的，所走的道路也不会是容易和直接的。这些变革的后果将深刻地影响国家的结构、传统、财产关系，会受到保守势力和惰性的反抗，因此必须"一件一件地进行，在这里会前进，在那里又会失败，直到它们大部分自己也成了传统"，那时，按照"典型的英国方式"，由于它们已变成我们习惯的制度，"我们将把它们看成社会的必要基础"。③

拉斯基主张避免革命，认为"理性的道路尽管缓慢却比暴力的道路更加可取"④。他认为过去的那些社会制度之所以崩溃，主要是由于它们"未能对人的基本冲动作出恰当的回应。"他说："革命的爆发并不意味着人民中间存在做坏事的意志。人民始终是、而且在深刻的程度上是无秩序状态的受害者。革命从来不是出自投机的阴谋家的努力或者来自险恶的思想。它总是过分不能令人容忍的坏事的结果，对于不明白改良是防止革命的唯一真正保证的那个政府来说，革命所涉及的道德判断是决定性的。"⑤

拉斯基在这里谈到了社会主义。他说，在第一次世界大战以前的几年里，唯心主义（idealism，实即指国家理论上的一元主义）作为一种政治信念已丧失阵地。国家的权威无论就其形式还是就其成就而言都不能证明它对效忠的要求是合理的。"各种形式的社会主义提出证据，表明国家既不能使

---

① 《现代国家中的权威》，第385页。
② 《新社会秩序中的国家》，第3页；《法律和政治研究》，第125—126页。
③ 《新社会秩序中的国家》，第5页；《法律和政治研究》，第128—129页。
④ 同上书，第129页。
⑤ 《新社会秩序中的国家》，第6页；《法律和政治研究》，第130页。

它的成员获得自由，也不能使他们获得幸福。"① 他认为现存社会是"以财产为基础组织起来的。所有权赋予权利，而权利在法律上是与完成服务不相关的"，而未来的社会则是"以职能为基础组织起来的，它将赋予的权利将取决于我们履行的职能"。拉斯基把这种关于社会主义的模糊论述同社会产品分配上的平等原则联系起来，认为如果在雇主和工人之间缺乏"分配方法的原则"，那么产品的分配就会纯粹由"对抗力量的压力"来决定，结果就会是所谓的"阶级斗争"。相反，如果不是从"财产仅仅由于是财产就享有权利"的假定出发，而是使每个人都按照他履行职能多少的比例享有达到自己目的的权利，"不和谐的基础就消失了"。机会平等就是承认，除非每个公民都能平等地享有国家的财富，"不和谐就肯定会存在，也肯定会引起内战（internecine warfare）"②。不平等促使社会上许多人对维持社会的基础消极地"很不关心"，同时有少数人积极地"怀有仇恨"，而"没有一个国家能在一群公民由于深刻的道德信念而把推翻它当作目标的情况下长期存活下来"，正因如此，"朝向平等的运动是反对革命的唯一的可靠保证"。③

在所有制问题上，拉斯基是很慎重的。他在说到机会平等原则时声称："这一学说不会涉及取消财产本身。它只是坚持以实行服务为条件来限制所有权产生的各种权利。"④ 他认为，当国家努力通过教育等手段加强个人发挥自己才智、参与政治的能力并为之创造重要的最低水平的环境时，它的实际含义是"用服务精神代替贪利精神"，"为了实现这一目的，整个财产观念必须经受一次激烈的变化"，这也许并不是意味着"破坏基于财产的法律观念"，但是确实意味着"堵塞它的火门"。⑤ 拉斯基的这些看法与当代的社会民主主义思想是有许多共同之处的。另一方面，他从多元主义观点的立场一贯反对实行经济全面国有化，但是并不反对对某些与国计民生有重大关系的垄断性产业的国有化。他说："基本的垄断行业即煤、动力、运输、土地必须由人民自己直接经营管理。国有化是一个有多种解释的词，但是某种形

---

① 《新社会秩序中的国家》，第8页；《法律和政治研究》，第133页。
② 《新社会秩序中的国家》，第9页；《法律和政治研究》，第135页。
③ 《新社会秩序中的国家》，第11页；《法律和政治研究》，第138页。
④ 《新社会秩序中的国家》第10页；《法律和政治研究》，第136页。
⑤ 《新社会秩序中的国家》，第14页；《法律和政治研究》，第142页。

式的国有化是民主政府的一个不可避免的推论。"①

在本节的以上六个部分里我尽可能全面地评介了拉斯基这一阶段的政治思想特别是他的国家理论。我基本同意他的传记作者迈克尔·纽曼把他这一阶段的思想状况概括为"左翼自由主义"②。关于他对社会主义的观点，纽曼认为这时"决不是已经确定的，是继续与相当多的自由主义因素混合在一起的"。我认为，拉斯基在1919年5月20日写给霍尔姆斯的信可以说明这一点。他在信中是这样说的：

"几乎任何制度都比一种赋予某些人以支配其他人的经济权力的制度好。我不是一个马克思意义上的社会主义者；但是我反对巨额财富的继承，反对人们拒绝允许劳工日益扩大地分享对营业的控制，反对那种不愿在工厂中创造适当的合乎人道的条件的态度。我相信存在真正的阶级战争，相信随着工人力量的增长人的能力会得到更加充分的发展。在目前的工业组织下给我印象最深的事是能力的浪费，我认为这是最严重的罪恶。而我们试图用第二种罪恶来救治它，这就是社会改良——这个名称是指增加办事员和教师的人数并且迫使自发性让位给家长式统治。"③

七

1925年拉斯基发表了他的早期代表作《政治学原理》（旧译《政治典范》），全面阐述了他的国家理论。此后又继续出版《共产主义》）（1927）、《现代国家中的自由》（1930）、《服从的危险及其他论文》（论文集，1930）、《政治学》（即《政治学导论》）（1931）、《法律和政治研究》（论文集，1932）等书。在这一阶段的著作中，拉斯基摒弃了他的多元主义理论中绝对否认国家主权的观点，但仍旧保留这一理论的重要内容。他在这一阶段接受了一些马克思主义的观点，但他的思想的主流仍是社会改良主义，也可以说是属于费边社会主义的范围。

---

① 《新社会秩序中的国家》，第4页；《法律和政治研究》，第126页。

② 参见［英］迈克尔·纽曼：《哈罗德·拉斯基政治传记》，第48页。纽曼的说法是对拉斯基到1917年为止的思想的评价，但我认为这一评价适用于1925年以前的整个阶段。

③ 转引自同上书，第56页。拉斯基在这里说到的"社会改良"显然不是我们目前通常所说的社会改良，也不是他在当时提倡的社会改良。

在本文前面引用过的《多元主义的国家》一文中，拉斯基提到美国政治学家 A. E. 齐默恩在《民族性和政府》一文中关于国家的定义，即"可以用法律的语言把一个国家界定为一块领土，在这一领土上有一个政府拥有无限的权威"。他说，多元主义国家观在承认国家是"一个分成政府和属民（subjects）的有领土的社会"这一点上是与齐默恩一致的。二者的差别在于，多元主义不承认政府应当拥有权威。① 但是到写作《政治学原理》时，拉斯基的观点显然已经改变了，他给国家下了这样一个定义："近代国家是一个拥有领土的社会，它分为政府和属民（subjects）两个部分，它在指定给它的物质领域内拥有对其他机构（institutions）的最高地位。它在事实上是社会意志的最后的合法的储藏所。它规定所有其他组织的发展前途（perspective）。它把人的一切被它认为应当加以控制的形式的活动置于自己权力的管辖之下。……国家是社会拱门的拱顶石。它为无数人类生命的命运承担责任并且塑造它们的形式和实质。"②

同样是在这本书中，他把国家和个人所属的其他组织作了比较。他认为，就国家所行使的职能的广度、其权力的限度、其对人的幸福的影响来说，它的行为的意义要比其他任何团体的意义更为重要。一个人可以不服从自己所参加的组织的决定，也可以退出这一组织，但是对国家却不可以这样。"我只能以接受惩罚为代价来对它所做的结论表示异议。我不能以任何有重要意义的方式摆脱它的管辖。……它是我在其中生活的正常环境中能作出决定的最终源泉。显然，这会使它的意义具有比任何其他方面的意志更大的重要性。它可以通过征税使我无法维持生活。它可以不许我奉行自己的宗

---

① 《主权的基础及其他论文》，第 236、239—240 页。
② ［英］哈罗尔德·拉斯基：《政治学原理》，伦敦 1925 年英文版，第 21 页。1931 年出版的《政治学导论》第一章《国家的性质》第一节说的比这里更加清楚，现译出附在这里："现代世界中的每一个公民都是一个国家的属民。他按法律规定必须服从这个国家的命令，他的生活的轮廓是由国家强加的规范决定的。这些规范就是法律，而国家的本质就在于它强迫所有生活在其边界之内的人们遵守这些法律的权力。所有其他的社团都是自愿性质的，只有当个人愿意成为其成员时才对他有约束力，但个人一旦成为某一个给定国家的居民，按法律规定他就除了服从这个国家的命令外别无选择。这些命令就其法律资格来说是胜过任何其他团体对他的要求的。可以说，国家是现代社会大厦的顶点，它的特殊性质就在于它凌驾于所有其他形式的社会集团之上的最高地位（supremacy）。"见该书第 15 页。

教。它可以强迫我在一次被我认为在道德上是错误的战争中牺牲我的生命。它可以拒绝向我提供智力训练的手段,而没有这些手段,我几乎不能希望在现代世界中实现自我。"①

与以前一样,他仍旧强调国家和社会之间的区别,"国家可以确定社会制度的基调,但是它和社会不是同一的(identical)"。国家的职能必须由一个政府来行使,关于国家的理论基本上是关于政府行为的理论,"国家的意志是政府的意志"②。但是他承认政府的意志"可能是我们在正常情况下遇到的最广泛的意志(largest will)",尽管它还不等于社会的意志。他说,构成文明实质的各种兴趣即社会的、艺术的、宗教的、个人的、政治的兴趣,"不能简化成一个单一的类型",而国家的意志是"整体的一个特殊方面"。他把国家的意志比成人体的骨骼。"骨骼是身体的一个不可缺少的方面,就这一意义来说,国家的意志是一个至关重要的(urgent)方面。但是,它正如身体的生命并不存在于支持它的骨骼中一样,国家的意志也不是和社会的意志融为一体的(one with it)"③。

从这些论述可以看出,拉斯基已纠正了他早期的多元主义国家理论的一个重大缺点,即脱离现实政治而否定国家的主权或权威。尽管他的定义还不够简练明确,有些比喻也未必恰当,但整个说来是符合现存国家的实际的。

但是他仍旧坚持他的多元主义理论的一些重要内容,而这些基本上可以说是具有积极意义的内容。

首先是他对国家意志的分析。本文前面已经讲到,他否认国家意志与社会意志的同一性。他进一步分析说,"简而言之,国家的意志是在为控制社会力量而互相竞争的无数意志的冲突中选拔出来的意志",它并不总是通过理性的思考决定的,它也不是由它所涉及的那些人们的一致同意而产生的,它甚至不是"天生"就是"善的意志"。只有当它把善的意图与有益的后果结合起来时,它才是一个善的意志。因此,"在我们对那一运作中的意志的

---

① 《政治学原理》,第38页。
② 同上书,第26页。
③ 同上书,第28页。

结果作出估计之前，我们没有任何权利赋予国家意志以任何特殊的道德属性。"① 由此可见，他仍和以前一样，强调国家要通过与其他团体的竞争来证明自己在道德上的合法性。

其次，他仍旧认为，只有公民个人能对国家的意志是否合乎道德作出判断。他说，国家或政府的意志毫无疑问具有一种"特殊庄严的力量"（force of a peculiar majestic kind），但是这种力量的运用始终是一个要由我们中的每一个人作出判断的"道德上的争端"（moral issue）。所谓"公民性"，就是"我们受过教育的判断对公共的善所作的贡献"，在这种判断的指引下我们会去支持国家，也会去反对国家，"国家的意志只有在我自由地用我的判断去帮助它推行时才是我的意志"。他在这里重复了他在早期文章中常用的提法："我是国家的一部分，但不是和它融为一体的"，并且说："如果说个人是牧群中一员，那么他同时也处在这一牧群之外，并且对它的行动作出判断。"②

不仅如此，他还重复说，这种观点"首先是一种个人主义的学说。它根据我的冲动是否能得到合理的满足来检验机构的合适性"，而且认为当国家未能满足自己和别人的利益时，个人负有"对失败的原因进行探索的道德义务"，探索的结果会迫使个人采取行动，而在一定条件下，对国家的分析甚至"在伦理上会迫使我设法去推翻它"。③

当然，拉斯基在这里所说的"个人主义"也是附有社会限制的。个人对国家意志是否合乎道德进行检验的尺度仍旧是它的社会目的。拉斯基用各种不同的措词表述了这一观点："它（国家）成了一个能使广大人群在尽可能最大的规模上实现社会的善的组织"④；"撇开法律不说，我们服从国家的义务取决于国家实现它的目的的程度。我们是这一成就的裁判者"⑤；"人们对国家，不是按照它在理论上是什么样子，而是按照它在实践中做了什么来作出判断的。因此国家要接受道德方面的检验。它的决定并不具有先验的正

---

① 《政治学原理》，第35页。
② 同上书，第29页。
③ 同上书，第39页。
④ 同上书，第25页。
⑤ 同上书，第26—27页。

确性"①。

在拉斯基的思想中个人是否能充分实现自己是社会是否能安定繁荣的基本先决条件。因此他说:"我之所以成为国家的一个成员,是为了有可能和我的同类(fellow)一起达到我的最佳状态(myself at my best)"②;"每一个个人有权利期望通过国家的行为获得这样一种环境,在其中他至少潜在地(potentially)能希望实现自己的最好的方面(the best of himself)"③。拉斯基也论述了这种"最好的自我"与单纯的利己主义的区别和界限,这也是自由主义以及任何政治思想在论述个人自由时不可避免要加以探讨的问题。对此拉斯基虽然作了一些论述,却并没有值得特别加以研究的内容。我在这里要着重指出的是,他有关个人发展的论述实际上最后仍旧落实到公民权利以及与此相关的国家的道德基础上。

拉斯基认为,人们是凭国家所维护的权利来认识国家的。"我们判断国家性质的方法首先是看它对人的幸福的实质所作的贡献。……简而言之,国家不创造权利,而是承认权利,国家的性质是通过在任何给定时期得到承认的权利而显示出来的。"公民有资格向国家要求自己的权利,而国家必须尊重他的权利,必须为他创造条件,"没有这些条件,他就不能达到他有可能达到的最好的自我(the best self)"④。这当然不是说国家必须保证他能达到,而是说国家要尽可能通过自己的行动为他排除达到这一目的的障碍。

拉斯基认为,权利是国家的基础,它们使国家权力的行使获得道德特征。它们对于善的生活(good life)是不可缺少的。它们在这一意义上说是自然权利。公民正是通过国家所维护的权利来认识国家,国家通过努力使这些权利获得更多的实质内容来在较长时期内获得公民的忠诚。⑤ 换句话说,拉斯基把国家即政府的"合法性条件"设定为一种权利体系即"一系列要求,如果它们不能实现,就会妨碍国家实现其目的",因此任何政府在运作时必须力求把这些要求"转化为人的生活的日常实质",而每一个政府都是

---

① 《政治学原理》,第 28 页。
② 同上书,第 39 页。
③ 同上书,第 57 页。
④ 同上书,第 93 页。
⑤ 同上书,第 40 页。

建立在"一个相应的道德义务"之上的,"它在多大程度上维护这些权利(rights),它的行动就在多大程度上是正确的(right)。当它或者对这些权利漠不关心,或者坚持对它们加以限制时,它就丧失了要求国家成员效忠的资格"。①

不难看出,拉斯基的这些论述同这一时期第一阶段的著作中的论述是基本一致的,他所开列的基本权利也和以前一样。

八

拉斯基这一阶段的思想与前一阶段思想之间的连续性还表现在他对主权、政府、社团等问题的观点上。

《政治学原理》的第二章是论述主权问题的。拉斯基在界定主权时承认现代国家是主权国家,而主权包括对内和对外两个方面。就对内来说,国家"在它所控制的领土范围内是至高无上的。它向那一地域内所有的人和所有的社团发布命令,却不接受它们中的任何一个的命令。它的意志是不服从任何种类的法律限制的,它所要达到的目的仅仅凭它所宣布的意图就是正确的"②。但是他认为,对这个关于主权的理论至少必须从三个方面认真加以审查。第一个是它的历史发展过程和前途,对此本文在这里可以不加考虑。第二个方面是法律理论,涉及国家意志的内容,本文在上面已经说过。在这里要说的主要是第三个方面即政治组织问题。拉斯基认为,在这一方面,"我们事实上处理的是权力,而在权力性质上重要的是它企求实现的目的和它为这一目的服务的方式",而从历史上看,主权国家只是对权力的使用进行组织的多种方式中的一种,它的效用目前已达到"极点",我们面临的问题是"使现代国家服从人类的利益"。③ 他在《法律与国家》(1929)一文中也说:"国家被授以权力,是为了使它能在最大可能的规模上满足人们的愿望,或者组织这种满足人们愿望的行为。它通过一个代理人即政府的行为来实现这一目的,而且仅仅是为了实现这一目的"。这一目的就是"最高的

---

① 《政治学原理》,第57页。
② 同上书,第44页。
③ 同上书,第44—45页。

善"。而"国家不是为权力而拥有权力的,它甚至不是为了那个凭借权力得以维持的秩序而拥有权力的,因为秩序并不是最高的善,而仅仅是一个实现那些被认为比它更高的善的手段"①。

这里涉及国家的代理人即政府与国家的关系问题。拉斯基认为,必须在国家和政府之间作出明确的区分:"界定国家的职能并不就是界定政府的权力,只不过是界定政府所要达到的目的",因此如果认为政府的命令(fiat)本身就是恰当的,就等于使政府成为"自己事业的裁判者"。② 实际上,国家的代理人所作的判断和其他团体的代理人所作的判断在性质上是一样的。"他们同样易受诱惑。他们同样易犯错误。他们的眼界和任何其他人的眼界一样受到自身经验的限制。他们行使权力所要达到的目的始终受到由他们所处环境产生的一系列假设的限制。"拉斯基在这里实际上仍旧是重复他早期的论述,认为赋予国家以主权地位的危险正是在于这一事实:"它总是要通过代理人来行动,而代理人所属的那一集团的经验并不一定和社会的普遍利益(general interest)相吻合。通常,他们甚至倾向于把自己关于善的经验与人类的共同需要等同起来。"③

这又涉及对政府权力的审查、监督和防止腐化的问题。拉斯基认为权力就其性质来说是一种"应不断受到审查的委托(trust),因为它容易被滥用。如果说国家是通过它所维护的权利而被认识的话,那么它显然需要维护这些权利的权力。但是始终存在这样的危险:一种为了获得善而存在的权力由于本身的强大力量有可能被用于摧毁善。以善良意图作为保证肯定已不再合适。对那些占据政府位置的人必须根据他们是否能使卑微的和普遍的人得到提高来作出判断"④。拉斯基对政府腐化的担忧仍旧是很明显的,他说:"正如卢梭所说,所有的政府都天然地倾向堕落。权力具有甚至使行使权力的最高尚的人腐化的习性。由此可以推论出,如果让国家拥有对社会上一切其他意志的最后控制权,事实上就是使很少数人拥有他们很难不加以滥用的

---

① 《法律和政治研究》,第 245—246 页。
② 《政治学原理》,第 70 页。
③ 同上书,第 71 页。
④ 同上书,第 41—42 页。

权威。"①

在社团、团体与国家的关系方面,拉斯基在一定程度上仍保留原来的观点。他说:"集团(group)是实在的,正如国家在同一意义上是实在的一样。这就是说,它要推进一项利益,要履行一种职能。它不是由国家产生的。除了在法律范畴中,它是不依赖国家的。它是在整个环境中作为对那一环境各个因素的自然反应而产生的。"②那些与政治机构并存的自愿的机构代表了人们的极其复杂的"自发性"和"自我实现的意志",其重要意义是怎样强调也不为夸大的。与国家相比,它们更加有把握满足自己成员的愿望。例如工会、地方商会、职业联合会、邻里互助会,它们为其成员提供的生活内容比他们仅仅作为国家的成员所能享受的生活要"丰富得多",它们所享有的忠诚是任何国家都不能忽视的。

但是,拉斯基并不把社团和国家完全对立起来,而是认为在一定条件下双方是可以相辅相成的。一方面各种团体能帮助国家实现其目的,"我们的问题在于如何为公共目的而恰当地利用它们,而这只有当它们的影响(其多样的创造性是令人吃惊的)被整合进政治体系的时候才能做到"。到那时,政府就能利用这些团体所体现的经验,接触到被它们熔合在一起的无数公民的愿望,而这些公民的意志是很难通过任何其他清楚的和有条理的形式"达到权力的中心焦点的"。通过利用这些社团,政府就能了解在纯粹政治关系中受到忽视的公民个人生活的意义,这就使它"更有能力进入个人的内心"③。另一方面,只有当人们确实相信社会的每一个成员都能充分有保证获得个人实现其最好的自我(his best self)所必需的那些权利时,"国家的权力才有可能成为凌驾在所有其他团体之上的"④。

拉斯基关于国家与社团关系的核心问题的论述更加表明他的多元主义观点,他认为,这个核心问题在于一个社会中人们意志的多样性:"如果说社会每个成员的意志是各自独立的(separate),那么它们不会形成一个单一

---

① 《政治学原理》,第 71 页。
② 同上书,第 256 页。
③ [英]哈罗尔德·拉斯基:《服从的危险及其他论文》,纽约和伦敦 1930 年英文版,第 67—68 页。
④ 《政治学原理》,第 98 页。

的、共同的意志这件事就更加清楚了。确实,任何观察现代生活的特征的人都会发现,它的突出特点是存在多种意志,它们不具有促使它们归于同一(identity)的共同目的。"① 任何一个团体由于它所追求的特殊的目的可以说是具有"人格"、具有自己的意志的,但这并不表明存在某种凌驾于其成员的单独意志之上的意志。各团体之间的关系也是这样。它不会合到一处成为一个"庞大一元的整体"。人们尽可能把它们结合起来,要"发现类似的目标,在异中求同,寻找共同的起源",但这样达到的一致性(oneness)仍旧只是部分的。人们认为可靠的要求不是"某个终极的综合性统一体(unity)",而是人们对之抱有同感的许多统一体(unities),它们并不是某个大系统的一部分。对人们来说,每一个片段的经验都是实在的,对这些片段的"依附"把人们引导入一个由各种忠诚构成的体系(system of loyalties),至于这个体系怎样维持平衡,在一定的时刻应当强调哪一种忠诚,是"我们中的每一个人必须决定的事"。②

　　拉斯基用两组名词来概括他的思想。一组是:"我们所处在的地方可以说不是一个单一宇宙(universe),而是一个多元宇宙(multiverse)"③。另一组则是借用美国实用主义哲学家詹姆士的话,也是他过去早已引用过的:个人彼此之间和社团彼此之间的关系的性质是"联邦的",而不是"帝国的","我们寻求的不是一个我自己将消失在其中的积极贯彻意志的中心(centre of active willing),而是这样一个中心,对于它的意志的形成,我自己能够贡献出我自己特有的力量"。这个中心如果要博得我的忠诚,它所做的事必须包含"我认为表达我的需要的结果",甚至是"我曾经帮助其实现的结果"。一个没有个人的贡献而达到的统一体有可能使个人适应它所创造的新环境,但这种适应不是"创造性的"。④ 这种观点在政治上的推论是:当国家寻求个人的忠诚时,它就改变了个人与个人所属的多种团体之间的关系,"它必须证明这种改变是正确的。它必须向我证明它要求我所做的调整会增加我的

---

① 《政治学原理》,第 32 页。
② 同上书,第 261 页。
③ 同上。
④ 同上书,第 261—262 页。

满意。……它必须表明它的要求代表一种真正的互相对善的增加（reciprocal increase of good）。而这种善既是我的善，也是对别人的善；它必须是我感到自己分享的一种合作性创造"①。

以上的论述表明，拉斯基在这一时期仍旧反复阐述他早期的多元主义中的一些重要观点。在1929年发表的《法律和国家》一文中，他明确宣布他仍旧把自己的理论称为"多元主义的国家理论"，因为他否认"社会中的任何社团天生具有对其他社团的优先性（primacy）。无论是法律上的权威还是这个社团所宣称的目标的广泛性都不能赋予这种优先性；优先性的资格始终取决于行为，而个人始终是这一行为的裁判员，因为实际上只有根据他们的生活质量才能衡量这一行为"。拉斯基在进一步解释时说明了三点：

第一，多元主义是对把"法律统一体"与"道德统一体"混为一谈的做法的抗议，是恢复个人良心作为法律的唯一真正源泉的地位的尝试。

第二，任何把法律理念和公正理念分开的法律体系都是不恰当的，而公正理念的内容是"人本身就是目的"这一基本原理。人有权利要求获得实现这一目的的条件，而这些条件在对所有的人都保持平等的情况下就等于公正。

第三，多元主义并不否认社会需要规则和维持规则的机构，却否认这一需要能赋予国家以支配所有其他社团的天生的最高地位（supremacy），它坚持"制定规则的权利始终是受到被制定的规则的性质制约的"②。

我认为，在拉斯基上述各方面的论述中始终贯穿着一种激进的民主主义思想，即人民大众（mass of people）应当参与政治，监督政府，影响政府决策。他也清醒地认识到，在迄今的社会制度中，包括民主制的资本主义社会在内，"国家总是显示出这一惊人的现象：广大群众效忠于比较少数的人"③，"社会生活的特征是众多的人不假思索地服从少数人"④。原因就在于，大多数人迫于生计和缺乏知识，是不懂得、也不想干预政治的。"如果

---

① 《政治学原理》，第263页。
② 《法律和政治研究》，第259—260页。
③ 《政治学原理》，第21页。
④ 同上书，第19页。

假定人们一般说来是政治生物（political creatures），那是一个严重的错误，尤其不能说他们是主动地和持续地关心政治的。"① 大多数人最关心的是私人领域。他们了解邻居，却不懂得真正的邻居是整个世界，"他们根据自己很少加以调查的那些机构的意志来确定自己的意志。他们并不审查这些机构的意志，以便使自己的意志和那些意志处于理性的关系"②。

拉斯基在这里重复提出他过去多次提到过的"惰性"问题。他说，大多数人是出于"惰性"而服从政府命令的，"甚至他们的抵抗也经常是盲目的仇恨，而不是合乎理性的争取一种替代状况（alternative）的愿望"③。他们在判断政府的好坏时只是根据它的行为的结果，而"对于造成那些结果的过程，他们是不介意的，甚至是不关心的"。因此，如果要设计一个政治组织的方案来满足这一基本条件，即："最终的权力必须交给那些既没有时间、又没有愿望来理解这一权力的运作细节的人们手中"，那么就必须认真探讨国家的基础，也就是"使个人自由地、平等地发挥创造力的权利问题"。④

由此可见，拉斯基归根结底还是把社团的存在与个人的权利联系起来。他认为，"任何代表社会整体的机构本身都不能恰当地保障个人实现自己的权利"。这只有通过"把企求获得某些特殊利益的人组织成一个准备把抵抗政府的意志作为最后手段的社团才能做到"。在任何国家内，"如果公民在对待统治者的态度上缺乏批判精神，那么要维持权利是一种困难的事"。另一方面，如果人们在国家内部生活中宁可要"持久的和平"，而不愿采取"有组织的抗议"，那么他们或迟或早将会"丧失自己自由的习惯"。拉斯基认为，国家遭遇到的"人的品格（character）的抵制"将比法律更加能使它承担责任，而为了实现这一目的"知情的和有组织的舆论抵得上政治哲学家们迄今曾描绘过的所有的制衡手段（checks and balances）"。⑤

很有意思的是，拉斯基正是通过论述社团作为利益集团在公民个人和国

---

① 《政治学原理》，第 18 页。
② 同上书，第 19 页。
③ 同上书，第 19 页。
④ 同上书，第 17 页。
⑤ 同上书，第 85 页。

家之间所起的中介作用而修改和发展了自己最初的多元主义理论，使它和我们当代的多元主义国家理论体系更加接近了。在这一方面，《政治学原理》中关于"权利"一章的最后一段话是很能说明问题的。拉斯基说，任何权利体系都有三个主要方面。第一个方面是个人利益。第二个方面是群体的利益，个人是把这些群体当作表现自己的个性或人格的渠道的。第三是社会或社群（community）的利益，这是多种社会力量的全部压力的总的结果。我们不允许各个群体通过冲突来确定自己的权利，也不允许个人这样做。"我们必须根据共同的规则（common rules）来生活。我们必须建立一个机构来推行和解释这些共同规则"，而这个机构要尽可能保证个人和群体的自由和平等。但是任何体系都有可能"偏向某些特殊利益"，总会有些有权力的个人或群体想压制处于弱势的人或群体，因此"我们努力要做的事必须是寻求妥协，而这种妥协能使最大多数的人享受与我们的资源相称的生活"。① 这种观点和当代多元主义国家观的某些流派的观点相比，即使不是在文字上，也是在实质上很相近的。我们只需要指出德国社会民主党的《1975—1985年经济政治大纲》中有关国家的论述就可以了。②

九

在这一阶段，拉斯基关于政治和经济的关系以及他对社会主义的看法也有发展。

在财产所有权决定政治权力这一点上，拉斯基的观点比过去更加明确。他在《政治学原理》中用整整一章"财产"来论述资本主义制度的弊病以及改良和革命问题。

拉斯基指出，当前的社会制度的实质是"富人的统治"。无论是拥有土地还是拥有工业资本的富人，他们的统治首先致力于积累财富，其次致力于防止财富的扩散。"社会生活的整个性质，也就是国家的整个性质首先是由社会分成少数富有的人和许多长期处在生活边缘的人决定的。"在这种情况

---

① 《政治学原理》，第141页。
② 参见中央党校科社教研室编：《社会党重要文件选编》，第193—194页，以及本章第八节的有关论述。

下，国家在确定维护权利的重点时是"有偏见的"，"它的决定是侧重真正掌握权力的人们的利益的"①；"一种私有财产的制度（regime）使国家在很大程度上成为保护财产所有者的意志和目的的机构"②，而在一个以财产为权利的基础的政治制度中，无财产者是不会有权利的。"被排除在权力分享之外的阶级总是被排除在利益分享之外的阶级。"③ 如果一个社会维持着一个靠财产所有而生活的阶级，那么这个社会"永远不能恰当地重视其卑微成员的要求"，因为前者支配社会的所有机构，拥有特权，能直接接触政治权力的源泉："经济地位带来明确的社会优越性。他们依靠自己的声势能够决定国家的前途。"④

拉斯基用许多篇幅谴责了资本主义制度的种种弊端，认为"不管从哪一个角度观察，当前的制度都是不合适的"，在心理、道德和经济方面都不合适。"结果是，它已丧失了人民中的广大多数的忠诚"⑤；"目前的制度正在崩溃，它不再能吸引工人的忠诚"⑥；"世界上的工人阶级对资本主义不再有任何信心"⑦。因此，"国家必须为公民的利益而控制工业权力，否则工业权力就将为它的所有者的利益而控制国家"⑧。

在这一时期，拉斯基已不再援引哈林顿，而是偶尔也援引马克思。例如在《政治学原理》第一页就提到马克思以"不屈不挠的劲头"指明"建立在贫富划分的沙子基础上的国家的软弱性"。后来他又把马克思与欧文一同当作"先驱者"，指出他们和萧伯纳一样，揭露了资本主义在其成功的全盛时期的"道德上的虚伪"，并且说，"随着年代的推移，自觉的人们中不相信他们的学说的人已经很少了"。⑨ 拉斯基在谴责资本主义时也说到了对将要取代它的制度的设想。他认为，这一制度是否更加合适，主要取决于它为

---

① 《政治学原理》，第 99 页。
② 同上书，第 174 页。
③ 同上书，第 27 页。
④ 同上书，第 185 页。
⑤ 同上书，第 216 页。
⑥ 同上书，第 210 页。
⑦ 同上书，第 507 页。
⑧ 同上书，第 109 页。
⑨ 同上书，第 211 页。

普通工人带来的幸福的程度。这个制度将使那两个在19世纪促使资本主义获得成功的诱因即谋求利润和积累财富丧失效用,它将消灭一个寄生的阶级,消除普通工人的不公正感,使他们对工作发生兴趣,也使他们感到自己的意志和目的能对"处于中央的庞大机关"产生影响,也就是说,工人"有可能深入到权力的中枢(seat of power)了"。此外,他将获得使他能保持自尊的工资和闲暇。所有这一切都与"那些构成他的人性(humanity)的事物密切地联系在一起"①。不仅对于体力劳动者,而且对于脑力劳动者都是如此,当然并不排斥愿望和方法的多样性。

这个新的社会制度当然要改变资本主义的所有制。拉斯基认为这是符合历史发展的趋势的,"现存的多种财产所有权毕竟只代表历史的一个瞬间。它们在今天和昨天不一样,明天它们又会是不同的"。财产是一个"社会的事实",因此和任何其他"社会的事实"一样是可以变化的,认为"各种财产所有权永远不能受到侵犯"是错误的。另一方面,拉斯基认为,"私人富裕的观念并不天生就是错误的",它包含某种真正能"表现人格并且有助于人格更加丰富的意义",但它必须成为公民"履行职能的结果"。② 它是通过个人努力并且是以能增加共同福利的方式获得的。它的量永远不能太大,以免占有者凭借它来行使权力,也永远不能太小,以免它的占有者无法"达到自我的最佳状态"(himself at his best)。因此,财富的分配愈平均,公民的贡献就愈有可能按照它的社会价值来加以判断。根据这一精神,拉斯基在《政治学原理》的"财产"一章中对如何改变所有制作了详细的论述,由此可以看出当时他对社会主义的理解。

拉斯基首先肯定,"当无职能(functionless)的财产是工业生产中的控制因素时,废除它的权利是迈向公正的必要途径"。但这种废除不会是容易的事,"没有直接的平坦宽阔的成功之路"。像一夜之间推翻封建所有制那样的革命是不可能的,"它至多只是一次代价昂贵和可疑的冒险,也许会以使目前制度加予它的受难者身上的枷锁更加牢固告终,而且就其规模来说,它甚至会摧毁整个文明的结构"。如果不举行革命,替代方案将是一个较慢

---

① 《政治学原理》,第211—213页。
② 同上书,第216—217页。

的过程，但"完全有可能是一个更有成效的过程"。这就是通过立法来赎买（buy out）所有主的权利并从而改变这些工业的结构。所有主有分红的权利，但要放弃利润和控制权。后二者将部分地归于该工业中的工人和科学家，部分地交给社会。具体的做法将因多种工业的性质而异，"一个聪明的社会将一点一滴地并且分阶段地进行，以便通过经验来学习"①。拉斯基还强调，赎买能缓和所有主的仇恨，避免对政府的攻击，而且领取的赎金数额不会太大，只限于目前的一代所有主领取，不能继承。对于新的工业组织来讲，"政府控制有可能是一个必要的阶段，工业必须通过这一阶段走向更加灵活的运行形式"，而"多种形式的可能性将比集体主义的反对者所想象的要大"。在这一过程中当然会无尽无休地犯错误，它比目前的制度需要更高程度的效率和公共精神。"但是生育不能没有痛苦，而那些面临更美好生活前途的人们不应当因为路上有危险就逃避"②。

　　拉斯基表示，他并不设想私有企业会消灭。它们的领域要比现在小，它们要比过去受到更加严格的控制和监督，但是"我并不认为，任何一种特殊的公式，不管是国家社会主义，基尔特社会主义，还是工团主义，能代表一种可以在所有情况下应用于所有工业的普遍真理"③。他把工业分成三大品类。第一种是生活必需的商品和服务，带有公共性即垄断性，它们的运作对社会的福利是必不可少的，它们必须为了使用而不是为了利润而运作，它们提供的服务必须在最大程度上是连续不断的，它们的价格必须受到管制，即使在很少有希望取得可观的经济回报（如研究工作）时也得维持。对于这一品类，唯一的治理方式是国有化，而其管理方法则是允许试验的。第二种品类或者是虽为必需，但不带垄断性质（如农业），或者不是那么迫切必需。它们的治理允许多种形式，可以私有，也可以采取生产者基尔特的形式，政府干预将在这一品类中起很大作用。第三种品类属于奢侈品，政府只需掌握一些标准，如工资、工时之类即可，对它们的利润不加干预。④ 此

---

① 《政治学原理》，第208—209页。
② 同上书，第210页。
③ 同上书，第437页。
④ 同上书，第436—437页。

外，许多国有化工业的周围仍有可能留下一些私有企业，有时是为了制造特殊商品，有时是为了出口。

拉斯基论述了国家对私有企业的干预问题。他说，"自由放任作为一个系统的原则已随1914年战争的爆发而结束。……实际的情况是，政府干预是必需的（essential），问题仅仅在于使干预能产生最大成果的方法"。他指出政府的干预涉及三个方面：第一，在生产方面保证工业中的工作人员、从工人到经理的劳动都得到恰当的回报，都享有"他作为人所不可缺少的最低限度的公民权利"。第二，在消费方面，保护消费者的权利，即持续的供应，合理的价格，质量的保证。第三，保护投资的人民即股民不受投机和欺诈的伤害。①

这里还必须着重指出，拉斯基在谈到他心目中将取代目前资本主义制度的社会即社会主义社会时把价值观念的变化放在很重要的地位。他说，这个社会"毫无疑问会具有与目前制度不同的道德尺度"。这当然是由于财产所有权的改变，"这样大的一种变化不能不改变我们对善和恶的判断"。不再能根据积累财富的多少来判断人的价值了，不会有人由于过多的财富而产生懒惰和浪费，也不会有人由于贫穷而产生"不受法律保护"、嫉恨以至与社会对抗的心情了。"在最初的日子里它看起来甚至将是一个物质上更加贫乏的社会……它可能成为一个只有很少富裕的人的社会"，但是"它将成为一个拥有更深刻的精神价值的社会，那种最坏的暴政即人对人的暴政将被排除"；"当人们被吸引来从事公共服务时，就有可能产生伙伴精神（fellowship）；当他们赖以生存的东西是在公正中产生的时候，他们就能结合在一起"。②

上面这些论述表明，拉斯基在这一阶段确实可以说是一个费边社会主义者，这与他的费边社员身份以及他和工党的关系也是完全一致的。但是我认为，第一，这与他继续主张多元主义国家观并不矛盾。第二，对改良的期望和对革命的担心以及这两种倾向的矛盾在他这一阶段的思想中占很重要地位。

---

① 《政治学原理》，第 476—477、488—489 页。
② 同上书，第 217 页。

十

拉斯基认为，在资本主义制度下，进行一场政治革命将摧毁文明，"因为现代扎克雷起义（法国历史上的农民起义，此处是借用来泛指革命——引者）所掌握的武器更加具有破坏力，尤其是比过去任何时期都具有更为持久的破坏力"，因此"我们只有在说服的方法受到暴力的挑战时才有权利采用革命的手段（instruments），因为文明的资源只应当在万不得已时才能放弃"。①

拉斯基在详细论述了他对改造私有制和对待私营企业的政策以后，生动地论证了英国不能通过革命改变现行制度的原因。他首先提到，共产党人会批评他所提出的改革方案是"胆怯和保守的，说它们不符合不可避免的灾变的逻辑。它们既没有设想当前阶段的资本主义会迅速消灭，也没有设想它会完全消灭。不如说它们含有在旧社会的外壳内发展一个新社会的意思。它们甚至足够大胆，竟敢设想作为目前社会结构基础的阶级战争会消失，因为它们认为有可能调和工业关系的双方的利益"。拉斯基对这种批评的回答是："革命不会实现它们所瞄准的直接目的，而它们被迫去使用的武器由于其性质会破坏它们心目中的前景。"他进一步分析说，如果在英国发生一次"社会革命"，即使它是成功的，它的代价也很少有人会愿意为之付出的，而正是这一代价会阻止作为革命目标的理想的完满实现。不仅如此，英国的社会革命必须在欧洲普遍发生革命运动的阶段才能成功，因为俄国革命的经验已经证明，当一个共产主义国家处在许多资本主义国家中间时，它不可能严格保持自己的面目（maintain the rigour of its outline）。换句话说，拉斯基认为成功的革命所需要的条件是很难实现的，因此只有在作为最后的一招而且胜利的机会很大时才能冒险，"因为在现代条件下，经济革命的失败所招致的惩罚会比过去任何时候都更加致命"。②

但是拉斯基清楚地认识到一个持久区分成富人和穷人的民族和文明是没有存活希望的，也从来未能存活下来。目前的社会制度所主张的道德原则是

---

① 《政治学原理》，第208页。
② 同上书，第505—506页。

遭到它们所涉及的大多数人的拒绝的，这个制度已无法保持他们的忠诚或爱慕。许多人会产生积极地推翻这一制度的愿望，而他们所采用的方式不是革命就是让步。革命既与文明生活不相容，而且会使"广大居民的生活水准降低到印度农民（ryot）的水平"①。不仅如此，革命一旦失败，就将"一方面破坏资本主义的繁荣，另一方面招致资本家的铁的专政，以致开启一个几乎肯定要毁灭文明前景的游击战时期"②。但是如果要避免革命，现在掌握政治和经济权力的人必须作出很大的让步，"足以保证产生一个世界秩序，普通的人肯定能在其中获得实现自己最佳状态（his best self）的机会"。拉斯基在《政治学原理》中对经济机构所作的论述就涉及这些让步，但没有涉及时间长短的问题。拉斯基认为这些建议也许在逐渐被接受时会是最有效的，但是他担心，"时间问题并不是单独由掌权的阶级决定的"。后者必须证明，在现存制度的范畴内有可能作出重大改进，"他们必须证明自己对被剥夺继承权的人们的善意……只有当这一证明是很快并且很扎实时，我们才能够维护人类的最佳前途"③。

这类反对暴力革命、主张理性、主张缓慢改良的言论在拉斯基这一时期的其他著作中也反复出现。例如，在1927年出版的《共产主义》（中译本改名为《我所了解的共产主义》）一书中，他论述了列宁关于武装起义的理论，分析了俄国革命时武装起义成功的原因，对无产阶级专政提出自己的看法和批评，并且由这些论述得出结论说："它给予我们的教训的确是一切政府所应该学习的，不然这些政府就要垮台，因为人民深刻而又广泛的要求是任何当权者所不能抗拒的。假若有政府抗拒，恐怕人民就会企图把共产主义起义的学说付之实践，而且在适当的领导之下，这是可能成功的。"他还说："从这些教训中可以得到一条重要的真理，就是：水闸一开，没有人敢预言谁将从洪水中出现而成为领袖。当人类放弃理性道路，而选用暴力来证明自己的欲望是真理而不是自己要求真理时，总要冒决堤放水的危险。"他承认，"我们有时遇到一种情况，非采用暴力不可。但是有意地选择暴力作

---

① 《政治学原理》，第540页。
② 同上书，第507页。
③ 同上书，第540页。

为唯一的救世之道，除了极少的情况外，很可能导致毁灭而不是成功。"①

但是拉斯基承认，共产主义对资本主义社会制度的控诉"在很大程度上是正确的"②，对于广大人民是有说服力的，而且"世界工人阶级从俄国所看到的，不是革命所否定的东西，乃是革命所肯定的东西。他们认为这个国家尽管有弱点和错误，但只有这样的国家才能为他们这样的人服务"③。在这种情况下，"要想抵抗这种诱惑力，必须先依靠让步，改变现行的社会制度，而且让步的范围与深度还须超过以往任何统治阶级所自愿做的让步，也必须使民主精神在各种社会生活中都能顺利实现"④。拉斯基认为，对于共产主义不能采取简单的攻击或压制的办法，"最重要的是掌握住它所强调的真理"，即克服资本主义制度下的贫富对立，"设法把广大的利益与社会制度所产生的利益结合起来"，而这就意味着"必须实行彻底改革，以扩大有效的人民同意的基础。若想叫人民同意，又必须重新修正各种财产权，使他们比现在的情况更平等一些；因为没有别种形式能使我们得到那种已经成为现代国家之目的的权利上的平等"。⑤

在一年后发表的一篇文章《马克思主义哲学的价值和缺陷》（刊登在《当代历史》杂志1928年10月号）中，他在肯定马克思主义关于政治权力服务于经济权力的理论及资本主义将产生危机和引发革命的观点之后仍旧表示反对暴力和革命，并且表示，"如果预言社会公正不能通过代议制政府的正常渠道和平地实现，那甚至是不公平的"。而且"尝试合乎宪法的转变的努力不会有任何损失，但是如果固执地和蓄意地放弃这种努力，却有可能损失很多"⑥。

在拉斯基的思想中，理性和暴力是互不相容的。他认为，只有理性的思考能使有产阶级亦即掌握政权的阶级作出必要的让步，但对于他们是否具有这种理性，他并不乐观，因为"那些基本的让步是要彻底破坏有产阶级所

---

① 哈罗尔德·拉斯基：《我所了解的共产主义》，商务印书馆1961年版，第134页。
② 《我所了解的共产主义》，第129页。
③ 同上书，第131页。
④ 同上书，第130页。
⑤ 同上书，第132—133页。
⑥ 转引自［英］迈克尔·纽曼：《拉斯基政治传记》，第104—105页。

掌握的权力的",而"我还不知道这样一个阶级默许自己遭到废弃的例子"①,何况"任何社会中总有一些有力的集团坚决否认让步的有效性。……他们对于理性妥协的政策,正像对方的最激烈分子一样,是没有丝毫准备的"②。因此他在《为平等声辩》一文中哀叹:"十九世纪宣扬关于投票箱是通向社会的善的阳光大道的学说。二十世纪看来很有可能主张暴力是激进改良的真正的接生婆"③;"不平等的权力仍旧是强大的,它所保护的利益是巨大的。对它的让位抱乐观态度是愚蠢,相信它肯定会失败是过分自信",而民主力量与特权力量的较量很有可能使"第二个国家比它们企图推翻的国家更坏"。尽管如此,"我们必须宁可相信理性有力量指引人的思想朝向让步和牺牲的前景。我们必须宁可企求说服我们的主人,使他们相信我们的平等就是他们的自由。"④

1931年在美国出版的《政治学》(英国版书名改为《政治学导论》)可以说是他这一时期的国家理论的提纲挈领的著作。拉斯基在其中谈到当前的资本主义社会制度的发展前景时认为,"目前的经济进化的性质暗示权威将向民众(multitude)方面转移,而随着这一转移,法律将强调民众的利益,而不是一个小的阶级的利益"。但是没有理由假定这一过程是不可避免的,也不能够肯定它会以和平的方式完成。如果原来的掌权者能不断作出让步,使"法律权威和政治权力保持一致",和平转变是可能的。但是,如果不能在宪法的框架内达到一致,"新的制度就会用强力贯彻它的意志",而这样的变化"很有可能带有灾难的性质。因为现代文明所依赖的机制是如此复杂和脆弱,未必还能在较大规模地使用暴力后存活下来"。拉斯基说:"因此,理性建议采取一种持续改良的政策;但是人并不完全是一个理性的动物,我们没有把握认为理性将获得胜利。"⑤

这一段话可以说是拉斯基这一阶段的思想矛盾的概括性表述。正如本文前面所说,他的这一思想矛盾是早就有的,但是在《政治学原理》出版到

---

① 转引自[英]迈克尔·纽曼:《拉斯基政治传记》,第101页。
② 《我所了解的共产主义》,第130—131页。
③ 《服从的危险及其他论文》,第212页。
④ 同上书,第236—237页。
⑤ [英]哈罗尔德·拉斯基:《政治学导论》,伦敦1931年英文版,第58—59页。

《政治学导论》出版之间的五六年里,这一矛盾在他的著作中出现的频率显然比以前高。他对资本主义经济和政治制度和平改造的前景既抱希望,又持相当悲观的态度。而与此相联系的是他对马克思主义的矛盾态度。他在继续对马克思主义持批评态度的同时,开始接受它的基本观点,特别是对于马克思学说对工人阶级和劳苦大众的感召力十分钦佩,而对英国万一在这一学说影响下发生革命的可能性又十分担心或甚至恐惧。这一矛盾状态当然是有政治和经济背景的。1926年由煤矿工人斗争引发的英国总罢工的失败,1931年麦克唐纳在组织所谓"国民内阁"时与工党的决裂,一方面使他对英国统治阶级的让步意愿的期望遭到挫折,另一方面又削弱了他对工党的领导力量的信心。1926年的经济危机使他为资本主义的发展前途忧虑,而法西斯主义在意大利上台及其在英国的反响又使他强烈地感到资产阶级民主制度的危机。他虽然把苏俄的无产阶级专政与法西斯专政同样看成对民主制的否定,却不能否认苏俄在改变资本主义经济制度、一定程度上满足了工人阶级要求方面取得的成就,而这种态度反过来又加强了他对英国的前途的担忧。在他部分地接受马克思主义以后,这一问题也始终未能解决。

第八节 对当代社会民主主义国家观的几点看法

前面各节所论述的各个理论家对于社会民主主义国家观的表述和论证方式虽然各有特色,但就其核心观点来说,基本上可以用1925年德国社会民主党海德堡纲领中的这一句话来概括:"民主共和国是工人阶级进行解放斗争并从而实现社会主义的最有利的基地。因此,社会民主党要保卫共和国并促进它的发展。"① 在两次世界大战之间时期,已有一些国家的社会民主党长期或短期参与执政或单独执政,在市政机构中也拥有一定的力量,它们的全部政治活动已完全按照多党制议会民主的政治游戏规则办事。第二次世界大战以后,发达资本主义国家的社会民主党的力量普遍加强,而且有了更多的执政经验,它们也进一步表示对现存国家制度的认同。特别是从法西斯奴役或侵略下解放出来的那些国家的党更是如此,因为它们认为自己是参与缔

---

① 《德国社会民主党纲领汇编》,第41页。

造现存国家的。例如，德国社会民主党哥德斯堡纲领在《国家制度》一章的开头就表示拥护联邦共和国的基本法（即宪法）。1986年8月通过的新纲领草案（《依尔塞草案》）进一步宣称："德意志联邦共和国是我们的国家。我们与其他政党一道并在与它们的激烈竞赛中建设了这个国家。我们懂得对国家负责。"[1] 法国社会党在1945年原则声明中说："由于国家摆脱隶属状态，由于工人经过一个半世纪的努力和牺牲重新与国家合而为一，因此今天的国家已经是他们的财产，并且在很大程度上是他们的手制品。"[2] 从这一立场出发，社会党普遍表示拥护国防。德国社会民主党的一位理论家认为，对于党来说在纲领中承认国防军是一个重大的立场转变。社会党也认为应当把警察看成维持治安的力量，而不是镇压人民的工具。德国社会民主党领袖勃兰特在同奥地利社会民主党领袖克赖斯基、瑞典社会民主党领袖帕尔梅（这三人现在均已去世，但他们的观点仍具有代表性）的《书信和谈话》中（1975）认为，现代民主国家已具有新的"向度"和性质。它为维护安全、自由和公正承担责任，不折不扣地对人民"从摇篮到坟墓"给予照料，为人民的"生活质量"操心，为社会能生存下去不断承担更加广泛的任务。社会民主党必须把这样的国家看成人民的"权利共同体"。勃兰特还援引克赖斯基的话说："重要的问题在于，不仅要控制权力，而且首先确定它在道义上的意义。"[3] 这种几乎毫无保留地支持现存国家制度的立场，同第二次世界大战前的社会民主党的态度相比可以说是一个很大的发展。

在这一情况下，社会民主主义政党的国家观和以前有所不同，主要不是由个别党的理论家来表述，而是在党的基本纲领、竞选纲领、施政纲领及领导人的讲话中作了详细的表述，而且它们对国家的经济和社会职能的理解已有一部分转化为政策。

在这一时期的社会民主主义国家观点中，虽然承认国家有一定的镇压职能（如《依尔塞草案》认为，国家有权在法治控制下垄断暴力手段，不允许公民违反法律或以暴力反抗），却把它的管理职能突出到首要地位，认为

---

[1]　《德国社会民主党基本纲领草案》，波恩1986年德文版，第25页。
[2]　《社会党重要文件选编》，1985年版，第279页。
[3]　[德] 维利·勃兰特等:《书信和谈话》，法兰克福1975年德文版，第14页。

这是现代工业发展的客观需要。关于这一点，英国费边社和工党的理论家克罗斯兰说得最清楚。他发表在《新费边论丛》（1952年初版，1970年第3次印刷）中的《从资本主义过渡》一文，把当时的英国社会称为"后资本主义社会"并列举它的八个特征，其中之一是，"国家的权力大大增加了，它现在成了一个独立的中间权力，支配国家的经济生活"。他说国家干预基本采取三种形式：直接经营国有企业，控制其余私营部门，运用预算政策来决定收入分配和资源分配，而"这样一来，资本主义的另一个主要特征即经济生活的绝对自主消失了"①。他认为英国和瑞典当时都已不再是资本主义社会，而是一种"国家统治主义"（statism）的社会。克罗斯兰被看成工党内的"修正主义者"，他的观点并没有全部被工党接受，但他对国家职能的分析反映了英国工党执政时的政策，因此是费边社会主义国家理论的一个方面。德国社会民主党的纲领性文件多次指出国家承担经济责任的巨大规模。哥德斯堡纲领说："现代国家不断地通过在税收、财政、货币制度和信贷方面的决定，和通过关税、贸易、社会福利、价格政策和公共契约以及农业和住宅建设等政策不断对经济发生影响。社会总产值有1/3以上要按这种方式经过国家之手。"② 这个党于1975年制定的《1975—1985年经济政治大纲》指出，国民生产总值的大约40%要经过国家财政，"国家的新任务正在形成"③。其他党的文件或者明确提到国家在这方面的职责，或者通过详细的竞选和施政纲领表明它们对国家职责范围和性质的认识，从而为我们研究民主社会主义国家理论提供了重要的素材。

社会民主党从这一观点出发在政治实践中推行的或促进推行的一系列经济和社会政策的最重要成果就是所谓的"社会（福利）国家"。这也可以说是在发达资本主义国家的自由主义左翼和社会民主主义之间政治思想趋同的基础之上产生的（参见本书第三章），是基本上符合当时资本主义发展的需要和社会阶级结构的，它促成了相当长期的经济繁荣和相对的社会安定，因

---

① 《新费边论丛》，伦敦1970年英文第3版，第39页。
② 《德国社会民主党纲领汇编》，第74页。
③ ［德］狄特·多沃等编：《德国社会民主党纲领性文件》，波恩1984年德文第2版，第414页。

此在很大程度上成为社会民主党和保守主义政党的共识。但是自20世纪70年代中期以后，西欧资本主义进入滞胀阶段，福利国家的沉重财政负担及其体制上的缺陷和运行中的官僚主义弊病不仅遭到企业界的反对，而且引起大部分纳税人的不满，因此成为20世纪80年代末兴起的新自由主义（Neo-Liberalism）与社会民主主义之间的政治斗争和理论争论的一个焦点。新自由主义的一个重要主张是"最小限度的国家"。但它实际上不是主张全面削减国家的职能，而是要取消或放松国家对资本主义的管制，让市场完全自行其是（"市场原教旨主义"），同时以发展经济为理由主张推行一些对资本家有利却损害劳动人民利益的政策，如降低企业税，压制或削弱工会在工资谈判中的权力，取消或降低某些社会福利待遇等等。保守主义政党领导的一些政府在推行新自由主义政策时曾对经济增长起过一定的促进作用，但是同时扩大了贫富差距，增加失业人数，造成社会不定定。1997年以来社会民主主义政党在西欧几个大国相继重新上台执政的事实突出地说明了新自由主义的失败。不仅如此，社会民主党方面为了反击新自由主义的进攻，提出了"第三条道路"理论，力求使自己摆脱理论和政策上的困境，进行革新（参看本书第三章），也收到了一些效果，但是遇到的困难和阻力还是很大，因此在这一期间有些政党重新丧失了执政或参与执政的地位。最近几年，特别是2008年开始的新世界范围经济恐慌突出地暴露了资本主义制度的矛盾和市场原教旨主义的致命缺点，再一次引发了对国家在经济中作用的争论。不管这次恐慌将以什么方式结束，这个重大事件和围绕它进行的讨论都是会对社会民主主义国家理论的发展起积极作用的。

当代社会民主主义国家理论的另一个重要特点是多元主义国家观。

如本章第七节所述，多元主义国家观在社会民主党方面的主要代表人物为英国的拉斯基。多元主义国家观的核心是承认代表不同利益群体的政治组织（政党和各种利益团体）对国家的决策能起重大影响，实际上分享着国家的政治权力。这一理论与社会民主主义关于在资本主义经济制度和议会制民主范围内"改善"或"驯化"资本主义的主张是相符的。德国社会民主党于1975年制定的《1975—1985年经济政治大纲》中关于"国家的作用"一节相当典型地表述了多元主义观点。1986年德国社会民主党新纲领草案（《依尔塞草案》），也作了类似的论述。从这两个纲领性文件关于国家的论述中可以归纳出以下几点：

第一，近一百多年来，在资本主义制度下，社会集团和以组织形式得到代表的各种利益的意义和影响有所扩大，并在继续扩大，它们相互之间的竞争和冲突决定并影响着国家的行动。

第二，目前的国家决不是一个"独立地超越社会之上的不偏不倚的仲裁人"，经济上强大的集团始终利用国家机构在损害多数人共同幸福的基础上实现自己的特殊利益。

第三，现存国家并不是垄断资本的代理人，并不是必然要成为经济上占统治地位的阶级的工具，它也能够成为按照更加民主的方向变革社会的工具，关键就在于各个利益集团怎样发挥作用。

第四，各个利益集团可以通过选举、通过各自的政党向政府的提议来影响政府决策，也能通过直接压力限制或阻碍政府的政策或计划的实施。

第五，国家的政策不仅仅是各种相互对立的局部利益的调和或综合，民主的政府应当推行符合社会整体利益的政策，反对局部利益。在民主制度中，国家的决定在很大程度上取决于选民的意向，没有一个政府能够长期推行违背大多数人民利益的政策。①

不难看出，这些观点一方面为社会民主主义政党在现存国家中的政治行动的合法性和合理性提供了论证，另一方面也规定了它们所应当代表的利益。多元主义所说的利益集团包括政党、企业家协会、工会和教会等等，20世纪七八十年代以来出现的新社会运动和团体当然也包括在内。社会民主主义政党在传统上是和工会密切合作的。随着发达资本主义社会阶级结构的发展变化，它们逐渐把中间阶层包括到自己所代表的利益范围之内，并且自称人民党。最近几年更加明确地把争取中间阶层作为主要任务，英国的"新工党"、德国的"新中间"都是在这一背景下提出来的。当然，传统的产业工人阶级尽管已经萎缩，但仍旧是社会民主主义政党所必须代表和依靠的社会群体。这些政党在选举中是否能取得胜利以及在胜利以后能否长期维持执

---

① 《1975—1985年经济政治大纲》中关于国家作用的论述，可参见《社会党重要文件选编》，第191—199页。《依尔塞草案》未公开发行，1989年德国社会民主党通过的新纲领即柏林纲领的相应部分在文字上做了删节。

政地位，在很大程度上取决于它们的政策是否能兼顾这两个大的社会群体的利益，也取决于它们是否能在企业主群体的压力面前维护这两个群体的利益。

根据多元主义国家观，社会民主党认为应当加强国家和各种社会力量的合作。法国社会党在1959年发表的声明中指责政府"把工人和整个国家分开，使他们拒绝参加解决国家的问题，而这是必不可少的"。因此社会党要求政府，"必须同代表工人运动的民主组织合作来拟定经济和社会方案"①。奥地利、英国、瑞典等国的社会党（工党）都提出"社会民主"，要求把民主原则扩大到一切社会领域，将参与决定和共同负责原则扩大到一切实际工作，保证政治的"开放性"，使广大人民能干预决策的过程。德国社会民主党的《1975—1985年经济政治大纲》认为，集团和团体是个人和社会之间必不可少的媒介机构，"必须克服各种社会力量同国家的截然对立，进而寻求新的合作分工"②，同时也要求这些集团的内部也实行民主制度。《依尔塞草案》根据这一精神论述了工会、教会和宗教团体、政党、各种协会、各种社会运动（公民倡议、妇女运动、和平运动）对国家决策的形成所起的重要作用，并表示社会民主党要在这些社会团体和力量中进行工作，通过它们来对国家施加影响。

正因如此，社会民主党还从一些重要的政治思想观点汲取养分，甚至已在实践中加以贯彻。首先是关于"公民社会"的理论。关于公民社会存在各种流派的观点，我在这里只采纳一种从政治上理解公民社会的观点，也就是把它理解成相对独立于国家的民间团体的概括，这些民间团体能够通过对公共事务的积极参与有效地影响国家政策，而公民社会与国家之间的关系是一种互动的关系。就上述意义来说，公民社会理论与多元主义国家观是一致的，它们所涉及的都是对国家权力的社会制约问题。正因为如此，近年来社会民主主义理论家和政治家日益重视公民社会的问题。从2000年4月以来由施罗德带头引起的讨论中可以看出这一问题在社会民主主义国家观中的重要意义。

---

① 《社会党重要文件选编》，第292页。
② 《德国社会民主党纲领性文件》，第2版，第209页。

施罗德在《新社会/法兰克福杂志》第 4 期上发表了《公民社会——关于重新确定国家和社会的任务的一些建议》一文。他的论述是以反对认为政治已丧失作用、主张"回归到政治"的观点为背景的。他认为，在解决新世纪的大问题，如怎样在"知识社会"中维护安全和公正，在网络时代要为自己的子女确定什么样的文化和社会方向，国家在一个急剧变化的社会中应当怎样"组织起来"等问题时，唯一的办法是通过政治。而政治不应当仅限于通过法律管理社会事务，也应当对人们的希望和忧虑作出回答，例如我们打算和应当在未来怎样实现公正、参与、互助和创新，怎样塑造一个不排斥任何人并且使所有人的才能都能充分发挥的社会，怎样为推动首创性、保护弱者、鼓励强者作出贡献等等。施罗德认为，为此必须认真思考和讨论加强和革新公民社会问题。现代公民社会概念的核心不是"非官僚化"和"放松管制"，而是要通过政治一体化和新的公民意识来"使变化受到公民的影响"（Zivilisiernng des Wandels），使公民为了公共利益承担更多的责任。提倡公民社会的目的既不是要消灭国家，也不是使政治让位。①

这里就涉及国家与公民社会的关系。施罗德认为，二者之间存在一种"紧张关系"，但并不存在"不可调和的对立"，"公民社会需要一个更好的、主动的并且能使人们发挥主动性的国家"。施罗德批评了那种依靠"国家更多地发挥作用"来实现更多公正的幻想。他认为，在一个"变动和维持秩序同样重要的"社会里，使用或扩大法律、暴力和金钱等传统的干预手段已不够了。国家承担过多的责任反而会产生日益严重的、国家针对社会的"责任帝国主义"（Verantwortungs-Imperislismus）②，这恰恰会导致废除政治。他引用歌德的话说，最好的政府是"教会我们管理自己的政府"。政府要给社会提供自己管理自己利益的空间，同时要求每一个人作出贡献来塑造自己和社会的生活。他说，"在我看来，从公民社会的角度来说，'促进和要求'也是一条正确的政治行动的座右铭。"③ 在过去的以充分就业为基础的社会市场经济中，劳动和资本是通过社会契约和劳资谈判合同彼此密切地联系起

---

① 《新社会/法兰克福杂志》2000 年第 4 期，第 201 页。
② 同上，第 202 页。
③ 同上，第 203 页。

来并且与社会密切联系的,随着社会结构和资本主义经济模式的变化,这种模式已失去意义了。

根据以上的分析和论述,施罗德得出结论说:"在这种条件下,公民社会成为社会参与者的最重要的场所。必须在这里实现把个人与社会的价值和目标结合起来的认同。公民们可以在这里重新获得一部分辅助性和自决。这要求有自我负责的意愿,也要求有一个集中关注为公正创造条件和社会团结的基础设施提供保证的国家,而且只有一个强大的、值得信任的国家也才有可能要求有经济权力的人积极投入。"① 而强大的国家决不是那种"无处不在的"国家,而是主动的并且能使人发挥主动性的国家。施罗德还列举四个国家和公民社会能协同发挥作用的具体任务领域:保健制度的改革,城市的更新,设立基金的权利,通讯和计算机文化。

施罗德关于公民社会的观点显然是与吉登斯在《第三条道路》中的观点相近的。吉登斯在《第三条道路》一书中驳斥新自由主义贬低政府作用的观点时列举政府存在的几种目的,其中包括以下三点:为各种不同利益的体现提供途径;提供一个对这些利益的竞争性要求进行协调的场所;创设和保护一个开放的公共领域,在这一领域中,关于政策问题的论争能够不受限制地持续发展下去。② 而这最后一点又与公民社会的作用有关。他在"公民社会问题"一节中主张,"国家和公民社会应当开展合作,每一方都应当同时充当另一方的协作者和监督者"③。

因此,施罗德的言论很快得到吉登斯的支持。《新社会/法兰克福杂志》第6期发表了该杂志记者就这一问题访问吉登斯的谈话记录。吉登斯表示非常赞同施罗德的文章,因为其中包含一个他认为正确的看法:强大的政府不等于"大政府"。当今政治的一个重要课题就是政府治理的艺术;如何使政府更有效,行动更迅速,更民主化。"为了做到这一点,必须使政府与一个主动的公民社会保持平衡。"④ 谈到强大的、值得信任的政府时,他认为国

---

① 《新社会/法兰克福杂志》2000年第4期,第204页。
② [英]安东尼·吉登斯:《第三条道路:社会民主主义的复兴》,北京大学出版社2000年版,第50页。
③ 同上书,第83页。
④ 《新社会/法兰克福杂志》2000年第6期,第335页。

家权力只有一个真正的基础，就是合法性。政府为了发挥影响需要民众的支持。目前人民对政治的信任和兴趣减少了，要维持政府的合法性是困难的。"改造政府，扩展民主，反对腐败——这是恢复合法性的重要手段。……这是目前全世界社会民主党讨论的核心。"① 吉登斯还论述了政府、市场和公民社会三者的关系。他认为，一个公道、合理的社会要求这三个领域的力量必须保持均衡。需要一个好的、主动的政府，但政府职能过多就会很快官僚化。还需要一个合理的市场经济，但是过分强大的市场会使一切都商品化，而这是不值得向往的。最后还需要一个强大的公民社会，但是如果它太强大，就会变成无政府状态。"一个好的社会要使这三个领域保持平衡。"②

需要指出的是，公民社会理论已经被德国社会民主党于2007年10月通过的新的基本原则纲领吸收。这一纲领在"团结互助的公民社会和民主的国家"一节中指出，"民主依照于公民的积极参与而存在。因此，我们需要一个强大而具有活力的公民社会，人们可在其中充分享有表达意见、结社和集会的自由。"这个公民社会能够而且应该监督、纠正、鼓励、减轻并补充国家的行为，但是"不能代替国家"。一方面，"只有在国家能够履行其主务的地方，才能形成一个有活力的公民社会"；另一方面，"没能一个警觉的公民社会，民主国家总是有危险的。"也就是说，"这两者互相需要对方。"纲领还指出，"公民社会的载体还包括政党、工会、教会、宗教四种社会团体和环保团体。"③

与此有联系的另一种政治学说和国家观是社团主义，它对社会民主主义的理论和实践也有很大的影响。

关于社团主义④也有多家学说。它主要是指各个利益集团或职业集团通过其代表机构参与国家政策的制定并协助国家贯彻这些政策。两次世界大战期间，德国社会民主党有些学者提倡以"职能民主"补充议会制，英国柯尔主张的基尔特社会主义也包含这一方面，因此社团主义与社会民主主义是

---

① 《新社会/法兰克福杂志》2000年第6期，第335页。
② 同上，第336页。
③ 《当代社会主义问题》2007年第4期，第16—17页。
④ 即Corporatism，此词也可译为职团主义、法团主义或社会合作主义。

相近的。就它立足于利益集团和公民社会来说，社团主义与多元主义是一致的，但是二者也有差别。一般说来，在多元主义的理解中，公民社会、利益集团是独立于国家并和国家对立的，而在社团主义的理解中，公民社会、利益集团是国家与个人之间的中介机构或中介区域。但是实际上，从政党到各种社团无不或多或少地处于国家权力的制约之下，在正常情况下它们也主要是通过常规的政治行动来参与或影响政府决策的。因此不管社团主义和多元主义在理论上有什么分歧，在实践中二者是可以结合起来的。一些国家的社会民主主义政党就是采取政府同重大利益集团（主要是企业家协会和工会）进行协商来贯彻自己的政策，如瑞典的"哈普逊民主"、荷兰的"瓦森纳尔会议"、奥地利的"社会伙伴关系"都是社团主义的各种形式的实践。联邦德国各大工会与企业主之间一年一度的"工资协议"也是在政府确定的规范下进行的。社团主义理论中有一派被称为"社会社团主义"，也可以被看成是对西欧发达资本主义国家社会民主主义政党的这种实践的表述。

上世纪80年代新自由主义在西欧一些国家占优势或支配地位的时候也曾努力破坏社会民主主义政党与它们所依靠的传统利益集团之间的密切关系，但有些社会民主主义政党仍旧能成功地运用社团主义模式解决工资和失业等问题。最突出的例子是荷兰的"圩田（填海造田）模式"。根据荷兰学者、贝克曼基金会高级研究员库泼鲁斯的说法，在这种模式中，"政府、工会和业主之间的磋商居于中心位置。它是忏悔式的社团主义、自由主义的市场意识、社会民主主义的社会政治和政府干预的一种结合"①。德国社会民主党于1998年重新执政后提出的"为了劳动的联盟"也可以说是一种社团主义的方案。②但主要由于企业方面不愿合作，这一方案未能起任何作用。

更为重要的是，社会民主主义政党在过去的社团主义实践中主要依靠的是政府、企业主和工会这个三角关系，目前的社团主义所涉及的范围已大大扩展了。发达资本主义国家的经济和社会发展引发了许多超出传统的社会民

---

① 《布莱尔与若斯潘之间的荷兰社会民主主义》，见陈林、林德山编：《第三条道路：世纪之交的西方政治变革》，当代世界出版社2000版，第23页。

② 参见［德］博多·洪巴赫：《突破——新中间的政治》，慕尼黑1998年德文版，第115—128页。

主主义政治视野之外的新问题和相应的新的利益集团、社会运动、自助运动、政治组织（如生态、动物保护、妇女和两性平等）。这些运动和组织为自己所关心的问题提供公开讨论的开放场所，从而能促使过去被公众所忽略的问题受到重视，它们所施加的压力有时能迫使政府或企业改变决策（如1995年著名的英国壳牌石油公司销毁钻井事件）。有些群体和运动就本质上说是全球范围的。因此，新社会运动、单一问题团体、非政府组织以及其他公民联合组织能在地方政治乃至世界政治中扮演重要角色。"政府必须做好向它们学习、对它们提出的问题作出反应以及与它们进行谈判的准备，而公司与其他商业机构也将会照此行动。"① 正是在这一方面，社团主义和公民社会思想有些共同之处。

社会民主党还可以从其他流派的政治学说和国家观中吸取积极因素，用以丰富自己的理论和指导自己的政治实践。

布莱尔在《第三条道路：新世纪的新政治》中联系公民社会谈到了社区（Community）的作用。他认为，"强大的社区依赖于那些共享的价值观念和对公民权利与义务的一种认识"；"第三条道路承认政府在社会领域的作用有限，但同时也认为，在这种有限的作用之内，政府需要与非官方部门建立新的伙伴关系。无论是在教育卫生、社会工作、预防犯罪，或是在儿童看护方面，一个'有能力的'政府加强而不是削弱了公民社会，它也有助于家庭和社区促进自己的表现"。② 吉登斯在《第三条道路》中论述公民社会问题时也谈到美国的"小群体运动"，谈到企业帮助破败的地方社区复兴，政府许可或监督地方的活动，预防犯罪与社区改造的关系以及"合作式治安"等问题。③ 如果说，这里讲到的社区更多地带有居住地区性质的话，那么政治学界一种比较新的社群主义理论所覆盖的领域就要广泛得多了。

20世纪80年代兴起的社群主义（communitarianism），我国也有人把它译成"社区主义"，是针对新自由主义推崇个人主义的理论。它对于公民社

---

① 《第三条道路：社会民主主义的复兴》，第56页。
② 同上书，第19—20页。
③ 同上书，第84—92页。

会与国家关系的理解，对于国家干预社团组织和经济生活的理解，对于所谓"强国家"与"弱国家"对立的理解，基本上与社会民主主义观点相近，也可以和多元主义、社团主义起相辅相成的作用，因此完全可以供社会民主党借鉴。

综上所述，可见英国工党和德国社会民主党的领导人和理论家在"第三条道路"提出后论述国家问题时是有许多共识的，而由此引起的讨论也会对社会民主主义的理论和实践起一定的积极作用。

法国社会党前总书记和政府总理若斯潘是不赞成"第三条道路"的提法的，但是他在最近一次的执政期间也对社会民主主义理论的革新作出了贡献（参看本书第一章第五节），而且也相当重视国家理论。社会党的饶勒斯基金会设有专门研究"公共权力"问题的工作小组。这个小组在2001年4月出版了一本题为《改革国家》的小册子。若斯潘本人和法国社会党在反对来自新自由主义的批评时也经常涉及国家的作用。

在理论方面，法国社会党没有超出当代社会民主主义通常接受的把国家看成代表全社会利益的中立机构的观点。《改革国家》一书的导言引用马克斯·韦伯把国家界定为"对暴力的合法垄断"的观点，认为国家是"植根于人民主权的权力"，并且说，那种认为国家是"一个可以对人和物实行管辖的集合体（collectivité）"的思想在法国是"根深蒂固的"。[①] 施特劳斯－康恩则在序言中用"社会契约"观点来论证这一合法性。他说："当一个自由公民组成的共同体赋予国家对暴力的垄断的时候，这是凭借一个通过民主途径自由地得到承认和维持的社会契约的名义。国家由此享有我们绝大部分同胞的拥护，他们把它看成唯一能够通过高水平的公共服务和社会保障来保护普遍利益、维护公正和保证平等分享权利的机会的仲裁者。"由于国家是社会契约的组成部分，"谁对国家造成威胁，也就对我们国家的整个凝聚力造成威胁"[②]。按照这种看法，当一个或几个政党通过选举获得多数而上台执政时，它们就是和广大公民缔结了社会契约。这个契约赋予他们的政府以合法性，但能否履行诺言来满足公民的要求则是这一合法性能否维持的条

---

① 《改革国家》，巴黎2001年法文版，第11—12页。

② 同上书，第6—7页。

件。因此康恩说:"法国每一个公民今后都将期待国家提供质量符合现代化水平的医疗、安全保障、司法、教育和互助,也就是说,要迅速、平等、便宜。"①《改革国家》一书关于"为什么要有公共权力?"的一章正是这样来论证国家取得合法性的三个来源的:第一,国家对外代表法兰西民族的形象(尽管它只是这一形象的一部分);第二,它根据所有的人都平等享有权利的原则创造社会联系;第三,它组织并且部分地提供社会服务。②

这两种对国家合法性的论证实际上都已涉及国家的职能。从《改革国家》一书来看,"公共权力"工作小组仍旧认为国家具有多方面的职能。国家既是民族权威的保证(外交、军队),又是社会公正的保障(再分配),还是有关团结的求助对象(失业、退休)、社会组织者(教育、作为雇主的国家)和法律的保障者(司法)。如果采用传统的分类法,可以把这些职能区分为四个方面:主权和规范,调控,再分配,公共服务的提供。③ 但是在实际运作时这些职能往往是互相交错的。例如,在经济领域,国家实行调控,对企业在其中进行活动的环境的发展变化产生影响,从而实现多种目标:欧洲的建设,法国经济在全球化条件下的竞争能力,社会团结,减少失业,代际平衡。工作小组还强调,在法国,人们很自然地(撇开自由主义的蛊惑宣传不说)认为国家是为大多数人、特别是境遇不佳的人服务的,它主要是以这样的身份保证民族团结的。国家意味着免费教育,以所有的人都能接受的价格使用交通工具,保证贫困者能获得优质医疗,而左派政党对于"从进步的角度把国家界定为公共服务的国家是起决定作用的"。从这些论述可以清楚地看出法国社会党在国家作用方面的观点与新自由主义的区别。

公共权力工作小组还结合法国的特点分析公民对国家的态度,认为公民对国家的不满和指责表现在两个方面:一方面认为国家干预太多,特别是大企业和大工会组织有这样的看法;另一方面是认为国家未能很好地维护已经取得的社会成果,例如公共服务质量的降低,治安和医疗方面的保障削弱以

---

① 《改革国家》,巴黎 2001 年法文版,第 7 页。
② 同上书,第 26—27 页。
③ 同上书,第 23 页。

及在反对新的不平等方面软弱无力等等。总之,国家在它不该起作用的地方起了作用,在不可缺少它的地方却没有充分发挥作用,这两种有时似乎矛盾的意见说明,公民希望有一个"精简而有效的、能够保证平等享受权利的国家"。因此,受到质疑的不是国家的行为,而是"当国家的伟大哲学目标(平等、再分配、调控)难以得到具体的、可以看得见的表述时,人们对它的效率感到不满。正因如此,对国家的改革在很大程度上是由对它进行干预的新的方式的思考决定的"①。法国社会党反对新自由主义提出的"更小的国家"的主张,认为应当就怎样才能实现"更好的国家"进行讨论。这可以说是当前社会民主主义政党的一个共识。

若斯潘则主要是从政策角度提出国家问题。他在论述对待资本主义的态度时强调"政治优先于经济",这就是说,在新的形势下国家仍应当继续对经济实行调控(这也是当前各国社会民主党的一个共识,但是贯彻的力度和侧重点各党并不完全一样)。他把这一点作为社会主义思想革新的主要内容之一:"不可缺少的对资本主义的调控需要公共权力发挥意志能动性。"②他还对所谓的"意志能动性"作了进一步的说明,指出"它是一种需要加以探讨的、不把国家和市场对立起来的合作性平衡。它是一种新的联盟"③。若斯潘还说:"国家可以在不必取代社会的其他行为主体的情况下起必不可少的推动作用。通常的情况甚至是唯有国家才能排除阻止社会按自己愿望向前发展的那些陈旧的障碍。我们把这种做法称为意志能动性。"④ 当然,这种主观能动精神是以承认现实为前提的,是"从现实出发来改造现实的",因此这是一种"现实主义的意志能动性"。⑤

综上所述,这种意志能动性的具体表现是国家与市场的合作性平衡。"市场负责货物和服务的交换、财富的创造、资源的配置、对经济风险的补偿。国家则承担调控、保护、社会团结、公正、安全以及对一个民族赖以聚

---

① 《改革国家》,第27页。
② 《现代社会主义》,第35页。
③ 同上书,第41页。
④ 同上书,第43页。
⑤ 同上书,第85页。

集力量以便向未来突进的那些原则的确认。"①

若斯潘驳斥那种认为传统的社会民主党人仅仅是"再分配论者"的说法，认为社会主义从一开始就关心生产，关心以更加有效、更加公正的方式创造财富。生产先行于再分配并且为再分配创造条件。在世界资本主义的新的给定情况下，社会党人应当关心使本国的生产机构保持竞争能力。因此，法国应采取强有力的工业政策来重组或创建世界规模的工业集团。在当前的新技术革命和交换全球化的条件下，国家对创新也承担责任，政府对新的信息和通讯技术的发展给予重大的支持，因为企业在这方面的态度是犹豫不定、害怕风险的。在基础设施、交通、教育、研究等领域，国家作为投资者都能充分发挥促进作用。国家致力于改善企业的环境，国家也要为市场的良好运作制定规则并且保证它们得到遵守。国家通过履行所有这些职能就能够号召人们认识到"经济首先是为整个人类集体服务的"②。

公共权力工作小组的一个重要任务是研究如何改革国家机构。当客观环境迅速改变的时候，国家也必须改变。改变主要表现在国家干预的范围和方式、公共服务的改革、国家权力的转移等方面。

首先，"（离人民）遥远的和无所不能的国家模式已经过时了"。公共决策过程应当具有透明性，能使公民了解国家的运作机制，衡量它的代价，评估它的重要性。这种透明性要与公民责任的加强结合起来，促成真正的参与性民主。

"国家已不再是至高无上的，它应当（与其他机构）分享自己的权力。"国家的某些职能有时是由于传统和历史继承性而赋予它的，它在这方面的效率和其他干预方式相比并不更高，目前国家应当把这些职能委派给别的机构。但是，在一个更加复杂的世界上，国家应当处于多样性的和分散的决策的中心，为政治凝聚力和集体计划的方向提供保证。"国家应当成为公共性生活的伟大建筑师，多样性的公共干预的组织者。"③ 国家还应当更多地成

---

① 《现代社会主义》，第84—85页。
② 同上书，第46页。
③ 《改革国家》，第18页。

为"面向未来的鼓舞者和解释者"①。

公共权力工作小组认为,目前的政治应当愈来愈成为"伙伴分享制"的（partenarile）,而国家应当组织三方面的伙伴关系（partenariat）：

第一,民族国家与欧洲之间,其内容和方式必须经过民主的辩论才能确定,为此国家还必须就有关"欧洲公共权力"的权利和义务问题向法国公民进行教育（pedagogie）,这也是国家的一个新的职能。

第二,国家和社会伙伴之间,包括国家和企业、工会、各种协会之间的伙伴关系。为了在这方面结成契约,必须使这些伙伴的眼光超越维护本身"既得权利"的保守观点,使它们认识到国家内部的改革是全体人员的事,它有可能成为领导人和全体行为主体（agents）共同承担的一项计划。这方面的伙伴关系与福利的改革是密切相关的。

第三,国家与地方集体之间,也就是权力的非集中化（或分散化）。

法国社会党对国家改革的重视是西方发达国家对现存民主制的普遍的不满和改革要求的反映。《改革国家》一书中一再强调："一个停滞不动的国家是一个处于危险中的国家②……如果停滞不动,它就不可救药。"书中甚至说："如果没有确定一项新的社会契约,那么随着政治被公民抛弃,国家就有被政治抛弃的危险",而"为了恢复国家和公民之间的信任,在国家和其他治理场所之间更好地重新分配任务是必不可少的。"③ 从书中的论述可以看出,法国左派政党比右派更加重视这一问题,法国社会党当然要把这当作自己的一项主要任务。

---

① 《改革国家》,第40页。
② 同上书,第8页。
③ 同上书,第20页。

第 三 章

社会民主主义和自由主义

第一节　科学社会主义、社会民主主义和自由主义的关系

一

作为政治思想体系，自由主义和科学社会主义在以下几点上是对立的：

第一，科学社会主义是以马克思主义的历史唯物主义为根据的。特别是恩格斯在《家庭、私有制和国家的起源》一书中以当时人类学的科学研究成果和历史事实为根据，分析了国家的产生和发展的过程，具有很大的理论说服力。而古典自由主义者如洛克、卢梭、霍布斯等都是从一个假设的人类原始状态出发来论证国家和自由主义核心思想的产生。后来的自由主义思想家虽然有时也涉及资本主义社会以前的社会发展过程，但是对之仍缺乏科学的分析。直到现代，像罗尔斯这样的自由主义思想家在立论时还要求助于人处在原始状态时的所谓"无知之幕"之类的假设。

第二，自由主义是基本上肯定资本主义社会，是以这一社会的经济和政治制度的框架为背景立论的，而科学社会主义则否定这一社会制度，要求建立一个新的社会制度。

第三，自由主义虽然不能完全忽视阶级和阶级矛盾的存在，却反对以阶

级斗争为手段、特别是以革命为手段来解决阶级矛盾和冲突,而是主张通过逐步的改良来实现社会和谐。科学社会主义则认为阶级斗争将不可避免地导致社会革命并从而实现政权和制度的更迭。

第四,自由主义认为国家是或者应当是代表整个社会的,中立的,它的主要职能应当是维护法制,抵御外侮,捍卫公民的合法利益,却无须干预经济生活。科学社会主义虽然不否定国家具有社会管理职能的一面,却认为国家从本质上讲是统治阶级实行专政的工具,在资本主义社会就是资产阶级专政的工具,必须通过革命对它实行彻底改造,而在革命之前则要通过政治斗争迫使它为工人阶级和劳动人民的利益对经济和社会生活进行干预。

第五,自由主义把个人自由和个性、个人能力的充分发挥看做首要原则,科学社会主义却认为被剥削阶级的个人自由的真正实现只有通过消灭阶级和整个社会的解放(从哲学意义上讲,原来的剥削阶级在这时也获得了解放)才能做到。当代社会民主党人和有些自由主义者喜欢引用《共产党宣言》中"每个人的自由发展是一切人的自由发展的条件"这样一句话来论证自己的观点,他们却忘了,宣言中的这一论断是以消灭"存在着阶级和阶级对立的资产阶级旧社会"、建立一个新的"联合体"为前提的。

但是,我们也应当考虑二者关系的另一个方面。自由主义是在资产阶级反对封建主义的斗争中产生的,而新兴的、革命的资产阶级是以全社会、全体人民的代表自居的,他们的反封建斗争也需要得到广大人民群众包括工人阶级的参加和支持。在这一背景下,自由主义的思想家也是以全体人民的代言人自居的。他们提出的自由主义原则应当平等地适用于任何个人,而法国大革命的口号"自由、平等、博爱"可以说是这些原则的完满的概括。自由主义思想家在建立和阐述自己的理论时也要着眼于社会效果。例如,亚当·斯密之所以鼓吹"看不见的手",是因为他认为只有通过这只手的自发的调节才能使经济的运行取得最有利于社会的结果,而边沁用来衡量功利主义实效的尺度则是"最大多数人"的"最大幸福"。自由主义理论对于个人自由的发挥也都提出了一定的限制条件,因此它们所主张的个人主义并不是简单地等同于自私自利、利己主义。自由主义思想的这一方面是"任何个人都是社会的人"这一客观事实的反映,它虽然不足以消除自由主义和科学社会主义的对立,却为自由主义与社会主义运动中的改良主义派之间的相互影响、相互渗透提供了思想基础。

恩格斯在批评空想社会主义者时曾经指出，他们认为法国大革命的原则的彻底实现就是社会主义。伯恩施坦在开始修正马克思主义时却承继空想社会主义者的这一思路，主张社会民主党人应当把"作为世界历史性运动的自由主义"与以自由主义为名义充当资本主义卫士的政党区别开来。他认为虽然自由主义最初获得的形态是资产阶级自由主义，但它实际上所表现的却是"一个更为深远得多的普遍的社会原则，这一原则的完成将是社会主义"，因此也可以把社会主义称为"有组织的自由主义"。①

但是，即使在受到伯恩施坦批评的自由主义党派方面，也不是所有的人都对社会主义抱敌对态度，这种情况在英国最为明显。英国工人运动在兴起初期曾经从自由党中寻找自己的政治代表。工党成立以后，工党和自由党以及自由主义思想家之间在思想上甚至政策上，仍旧长期存在交互影响和合作的局面。随着资本主义矛盾的发展，随着工人运动和工人组织的壮大和社会主义思想影响的扩大，大致从19世纪后半叶开始，一些自由主义思想家和政治家企图汲取社会主义思想的某些内容来发展自由主义，使它能适应新的形势和新的需要，同时仍旧坚守自由主义和科学社会主义界限。这批思想家被称为"新自由主义者"②。他们有时也称自己的思想是"社会自由主义"或"自由社会主义"。与此同时，在陆续成立的欧洲各国社会主义工人阶级政党方面，随着资本主义经济和资产阶级民主制的发展，随着工人阶级经济和政治地位的相对提高，也出现了一批社会改良主义者，他们的思想是与新自由主义互相呼应的。

二

新自由主义或社会自由主义在英国得到系统的表述，而且与英国工党和自由党的政治实践有密切的联系，因此我们可以把它当作分析社会民主主义与自由主义互相影响、互相渗透的典型，其代表人物则为伦纳德·特里劳

---

① 《社会主义的前提和社会民主党的任务》，第197、200页。
② 这时的"新自由主义"的英文原文为"New Liberalism"，我们当代的"新自由主义"的英文原文是"Neo-Liberalism"。

尼·霍布豪斯（1864—1929）和约翰·阿特金森·霍布森（1858—1940）。在他们之前还有一个托马斯·格林。格林在国家理论方面的观点与霍布豪斯、霍布森不同，但在新自由主义思想方面可以说是他们的先驱。格林的主要贡献是：

第一，权利的社会性观点。他反对天赋人权说，认为个人权利只有在得到社会承认时才能成立，而个人与此同时也就承认了别人享有同样的权利，他自己也就承担了社会的义务。

第二，"共同之善"的观点。"善"是人的能力的充分发挥和品格的完善化。个人的善与其他人的善相互包容，一起构成了"共同之善"，而离开"共同之善"也就不存在个人的善。

第三，财产观。承认私有财产是个人"自由的、合乎道德的生活"的必要手段，但每个人享有的权利应当是同等的，应当通过法律得到保证。

第四，国家观。社会是通过国家来行使对个人权利的承认的，这就赋予国家以代表社会共同利益来干预经济生活的权力。

在如下对霍布豪斯和霍布森的思想的论述中可以看到格林的这些思想的影响和发展。他们的思想可以概括为以下几个方面：

第一，社会的整体利益与个人利益是相辅相成的，整体利益是衡量个人利益是否合乎理性的基准。霍布豪斯认为：自由主义信念意味着只有以个人的"自我指引力"为基础才能建立一个真正的社会，其中"自由与其说是个人的权利，不如说是个人的必需"，但另一方面，"自由是社会生活的一个方面。互相帮助的重要性并不次于互相克制，集体行动的理论和基本原则性并不次于个人自由理论"。[①] 他运用"有机"概念来说明个人和社会的关系，主张"社会和谐"，即"每个人所具有的发展的可能性都必须是不仅允许而且积极促进他人发展的可能性"。[②] 霍布森则更进一步提出"社会有机体论"，认为只有把人类本身看成一个"集合有机体"，才能解决现代工业社会中的个人、阶级、性别差异等方面的实际问题，使各种矛盾以"最合

---

① [英]伦纳德·特里劳尼·霍布豪斯：《自由主义》，商务印书馆1996年版，第62页。

② 同上书，第65页。

适的、和解与和谐的方式"得到解决。根据霍布森的理论，任何个人权利和个人利益都不是绝对的，社会的权利和利益是至高无上的，但是"个人及其愿望和目的不会因为社会的利益而受到损害或被牺牲"，只不过个人应当认识到，他的个人努力和绩效就其过程和产品来说是如何密切地与所有其他社会成员的努力和绩效联系在一起的。① 霍布豪斯也认为，在和谐发展的情况下，每个人的权利和义务都是由集体规定的。如果某件事只是少数人的特权，尤其是当一个人所得到的某种好处正是别人的损失时，"就产生了极大的不和谐"②。他们两人的有机理论的伦理基础都是所谓的"共同之善"，这既是个人的"善"，也是所有的人都能分享的"善"。霍布森认为，个人在获得正确认识后，会"有意识地通过向共同之善自愿作出贡献的行为来实现个人的自由"③。而霍布豪斯所说的"理性"也就是"共同之善"。

　　第二，在财产观方面，新自由主义者承认私有财产包括生产资料私有制是使个人有"自由的合乎道德的生活"的必要手段，但是他们从不同角度论证了财产的"社会性"一面。霍布豪斯认为，从两个方面来说，财产的基础是社会的：其一，财产需要社会的保护；其二，生产本身也包含社会的因素。如果忽视这种社会性，就会造成"财富的单方面的不公正的分配"。他还提出"供（个人）使用的财产"和"提供权力的财产"的区别，后者会使财产所有者对无财产者拥有支配权。在现代社会，财产权集中在少数人手里，大多数人获得生产资料的可能性极小。因此应当"找到一种与新时代的工业条件相容的方法，使每个人能在系统中有自己的位置"，能对共同的产品拥有"留置权"。简而言之，就是使个人获得"供使用的财产"，而把"提供权力的财产"留给民主制国家。④ 他还主张把通过个人努力取得的财产与通过继承取得的财产区别开来，主张对遗产征税。霍布森则根据关于生产要素的经济学观点来分析财产问题，他承认管理工作与劳动和技术同样

---

　　① ［英］约翰·阿特金森·霍布森：《工作和财富》，伦敦1914年英文版，第304页。
　　② ［英］伦纳德·特里劳尼·霍布豪斯：《合乎理性的善》，伦敦1921年英文版，第134页。
　　③ 《工作和财富》，第304页。
　　④ ［英］詹姆士·麦多克拉夫特编：《〈自由主义〉和其他著作》，剑桥大学1994年英文版，第198页。

重要，承认对资本付利息和利润是合理的，同时强调作为社会代表的国家所承担的保护和公共服务职能也是生产的一个要素。他认为，在现代工业体系中，由于各种生产要素的合作，产品的价值远远超出生产成本，这个差额就是"剩余"，可以按恰当的比例在各生产要素之间进行分配，从而促进工业的增长即扩大再生产。但是在资本主义社会中，它的一部分是作为"非生产性剩余"即不劳而获的收入被分配掉了，这样既不能对进一步生产提供刺激，而且鼓励了懒惰。因此霍布森主张国家应当对公民的收入和财产中被认为是"不劳而获"的部分征税，以取得它为了履行自己的职能所需要的经费，也就是要征收所得税和遗产税。他甚至创造了"非财产"（improprerty）一词来说明"非生产性剩余"或"不劳而获的收入"，而且认为，正是由于某种原因存在"非生产性剩余"，才为工人运动提供了合理的基础："从经济上说，有组织的劳动就有理由试图将这些剩余转化成更高的工资。"①

第三，在国家观方面，霍布豪斯和霍布森都认为国家应当是代表全社会的。霍布豪斯说，国家不是为"少数人"的利益服务，甚至也不是为"许多人"的利益服务，而是要为"所有的人"的利益服务。② 霍布森通过对工人运动与国家的关系的分析指出，工人运动只代表一个阶级，而国家是代表全社会的。他认为，工人阶级的利益从长远和根本上来说是和社会利益一致的，但就其精神来说却是"分离主义"的，也就是代表一个特殊集团的特殊利益的，只有现代国家才能使用某种"更加平等、更有规则和更能促进工业进步的方法来分配剩余产品"。③

霍布豪斯认为，在工业社会中，国家的职能必然涉及劳动与资本的关系，它作为中央权力机构发挥"最高的调控权威的作用"，它不取代各个群体的部门利益，而是平衡和调和这些利益。霍布森从社会有机体的角度指出，各个生产要素拥有者之间既然存在个人利益的冲突，如果听任他们以个

---

① [英] 约翰·阿特金森·霍布森：《财富的科学》，伦敦 1914 年英文版，第 212 页。
② [英] 伦纳德·特里劳尼·霍布豪斯：《劳工问题》，伦敦 1912 年英文第 3 版，第 88 页。
③ [英] 约翰·阿特金森·霍布森：《工业系统：对劳动而获和不劳而获的收入的检讨》，伦敦 1910 年英文修订版，第 219 页。

人利益为出发点，那么不管他们的考虑是多么开明，仍不足以使社会和谐，不会符合社会作为有机体的要求，而这一要求是通过国家得到表现的，"任何文明国家中，国家是被赋予日益增加的对私有经济的调控权力的"①。另一方面，国家所提供的公共设施和公共服务中，虽然有一部分是专门为工资劳动者设置的，但是有许多都具有"更加广阔的社会方面"，它们"与其说是为了弥补一个阶级的缺陷，不如说是为了保护和改善作为整体的社会有机体"。②

但是他们的国家观是多元主义的。他们承认，社会中存在着不同的利益集团和党派，各种利益都力图通过选举和日常的政治活动来贯彻自己的意志，而"代议制不会自动准确显示人民的意志"，恰恰是那些"见解最明确、领袖最能干、组织最强、政治活动能力最大的"意志会得逞，而"财富"在这方面显然是占优势的。但是，代议制虽然不能纠正这一趋势，却为所有的党派"提供一个公平的阵地"，为所有"有足够的智慧、决心和组织性来把自己组织起来进行协同一致的政治行动的人"开辟了道路。③ 他们自己正是要走这一条道路的。他们都参加了政党，他们的理论和主张是偏向工人阶级和劳动大众的，他们力图通过国家进行干预，而最终目的是达到社会的和谐。

第四，在社会主义和自由主义的关系上，霍布豪斯和霍布森都肯定"趋同"是主要的方面。

霍布豪斯在他的代表作《自由主义》一书中承认自己关于自由、财产和国家的观点"体现着许多构成社会主义教导体系的思想"，但是它们仍旧属于自由主义或经济自由主义，因为"抽象的社会主义片面强调工业中的社会因素，而抽象的个人主义突出个人因素"，只有他所主张的经济自由主义才是对这两个因素一视同仁的。霍布豪斯已经感到，实际上，如果死守自由主义思想，是无法解决社会弊端的，自由主义只有从社会主义吸取教训，

---

① 《财富的科学》，第249—250页。
② 同上书，第25页。
③ 《〈自由主义〉和其他著作》，第127—128页。

才能"绝处逢生"。① 由此可见，他是想坚守传统自由主义的核心原则，同时吸取社会主义思想的某些方面，使自由主义获得新的生命力。

　　霍布豪斯把社会主义和自由主义称为"人道主义运动的两个分支"，认为它们从不同方面处理社会公正问题。自由主义强调"解放"，即人的能力应当不受阻碍地发展。社会主义则强调"互助"，即互相负责和强者对弱者的义务。两种理想是互相补充的，只有二者的受到歪曲的形式才会发生冲突。真正的社会主义是建立在自由主义赢得政治胜利的基础之上的，它不会破坏主要的自由主义理想，而是要补充它。霍布豪斯认为，老自由主义和社会主义在两个主要问题上的分歧在他们当时的自由主义者那里已不再存在了：自由主义者赞同社会立法和国家干预；自由主义和社会主义对劳动所得财产与遗产和投机所得财产作出区分并据此确定税收原则的观点也是一致的。② 霍布森认为，所谓自由主义与社会主义之间存在"不可逾越的鸿沟"的观点是荒唐的。这种观点的论据是："自由主义把个人自由当作目的，把一切活动中经营自由当作方法，而社会主义则使个人意志和个人努力服从某种国家机器的指挥。"这里所说的自由主义是指"自由放任"，但实际上从19世纪末开始，由于垄断资本扭曲了市场关系，自由主义者已放弃了"自由放任"思想，一种"经过调整的资本主义"与"理性化的、合作主义趋向"（指社会改良主义——引者）之间的趋同不仅是可能的，而且正在发生。③ 他们把二者趋同的结果称为"自由（的）社会主义"或"社会（的）自由主义"，这也正是他们自己的思想，这和社会主义运动方面的社会改良主义思想是对应的。霍布豪斯和霍布森都从各个方面批评马克思主义和科学社会主义，涉及历史唯物主义、剩余价值理论、阶级斗争观、计划经济、个人自由和无产阶级专政等等，这些批评也是与社会主义运动中的修正主义思想对应的。

---

　　① 《自由主义》，第106、108、114页。

　　② ［英］伦纳德·特里劳尼·霍布豪斯：《民主和反动》，伦敦1909年英文版，第230—231页。

　　③ ［英］约翰·阿特金森·霍布森：《自由主义和劳动》，《曼彻斯特卫报》1929年6月2日。转引自［英］迈克尔·弗里顿：《分裂了的自由主义》，牛津1986年英文版，第184页。

霍布豪斯对著名的德国社会民主党1891年爱尔福特纲领的态度是很能说明问题的。对于纲领导言中对以社会主义取代资本主义的论证，他只是称之为"当之无愧的革命原则"，认为只有与"那些体现它的实际措施"联系起来才能理解它的"真正意义"，但对于第二部分的十项要求则十分重视，认为这是社会主义的"具有实在形态的内容"，其中的大部分即使不是全部自由主义者都赞同的，也"肯定"是既与老一代自由主义者、又与那些被假定为带有社会主义色彩的自由主义者"有密切联系的"，是与"自由主义的进步的天然路线一致的"，其中有些已在英国实现，因此"应当通过真诚的互相理解的努力，使一种真正的、具有公共精神的自由主义与一种合乎理性的集体主义之间的分歧消失"。①

霍布森对自由党的两个文件的态度也是很能说明问题的。1928年英国自由党发表题为《英国的工业前途》的黄皮书，主张扩大公共服务，实行高工资政策，改善劳动条件，工人参加自治，限制利润、指引储蓄向公共事业投资等等，霍布森认为，它"就其总的倾向和许多具体建议来说是'社会主义'的"，而"工党的'社会主义'……并不比新自由主义者的社会主义更加先进"。② 1935年，当自由党在英国政治舞台上已处于配角地位时，有几个自由党员和前自由党员联合发表纲领性文件《今后五年》。这个文件认为社会主义是自由主义可以与之合作的力量，因为"个人主义与社会主义之间的历史争论，也就是全面实行竞争的资本主义制度与主张国家实行占有、管理和控制的制度之间的历史争论看来在很大程度上已经不切合实际了"。这个文件还主张混合经济和一定程度的经济计划，主张经济公正，认为民主政治不能长期与贫富悬殊的经济制度共存；承认私营工商业的重要性，同时强调国家通过发展政策促进公共利益的作用等等。霍布森参加了这一文件的副署，并且认为有可能在这一基础上建设一个强大的自由党，而当它有可能与工党成立联合政府时，有些工党党员和过去支持工党的选民都会投票支持自由党，因为"与任何社会主义相比，进步的自由主义是更加接

---

① 《民主和反动》，第238—239页。霍布豪斯和霍布森有时把社会主义称为"集体主义"（collectivism）。

② 《自由主义和劳动》，转引自《分裂了的自由主义》，第185页。

近一般选民的心态的"①。

霍布豪斯一直是自由党员，霍布森原来是自由党员，1916年退出，1924年加入工党。但是两个人的政治见解是超越党派界限的。霍布豪斯长期以来希望自由党和工党联合甚至合并，希望自由党能转变成"真正的、深刻意义上的社会民主党"②。他甚至希望英国党派结构能重新组合。他把英国的政治光谱从左到右分成四段：一是共产党员和理论社会主义者；二是普通工党党员和"好的自由党党员"；三是"坏的自由党党员"和普通的保守党党员；四是死硬派和顽固派。他主张让左右两类的极端分子自行其是，由"普通的工党党员"和"好的自由党员"为基础组成一个"经过革新的党"。③霍布森对工党内的"正宗的社会主义者"不满，批评工党内没有一个派别支持"对我国任何一个进步的和建设性的政府来说至关重要的中间路线（middle course）"。④上面所讲的他对《今后五年》的评价也表明他对两党的联合抱有期望。霍布豪斯和霍布森对待工党和自由党的这种有时自相矛盾的态度恰恰是他们关于新自由主义和社会民主主义趋同的看法的反映，也是他们的这一思想与这两个党在权力斗争中的复杂关系之间的矛盾的反映。

从上面论述的新自由主义思想可以看出它已涉及混合经济、社会保障、再分配等等方面。由于工党在第二次世界大战以前只有两次短暂参加执政，所以英国的一些社会政策立法主要是自由党执政时制定的。1942年，威廉·贝弗里奇（后来加入自由党）发表了著名的"社会保障和有关福利问题"报告，1945年上台的工党艾德礼政府终于为福利国家奠定基础，而追本溯源，新自由主义思想的贡献是不可抹煞的。因此伦敦大学教授彼得·克拉克认为，新自由主义者是20世纪40年代的英国社会民主主义的先驱，"艾德礼政府的工作使霍布森、霍布豪斯和华莱士这类人的富有希望的建议转化成

---

① 《一个异端经济学家的自白》，转引自《分裂了的自由主义》，第361—362页。
② 《走向公正的和平》，转引自《分裂了的自由主义》，第219页。
③ 参见《分裂了的自由主义》，伦敦1938年英文版，第218—219页。
④ 同上书，第220页。

具体的成就"①。

德国的自由主义产生较晚,在政治上很软弱,长期不能摆脱对保守势力的依赖和对社会民主党的疑惧。但是即使在德国,自由主义阵营中也有在思想上接近社会民主主义的人,弗里德里希·瑙曼就是一个代表人物。他是民族社会联盟的创始人,后来又是自由思想联盟的领导人之一。瑙曼声称自己是社会主义者,因为他深信"德国未来的政治必须由工人阶级来承担"。他主张德国应当成为一个"劳动国家",即国民收入应当首先属于劳动,同时也肯定那些出于经营和扩展企业、从而能创造新的劳动和使用新的劳动力的利润、利息和地租是"进步的前提"。他认为,社会主义的任务是"扩大城市和乡村、男人和女人的各种类型和形式的劳动在德国国民总收益中享受的份额"。要做到这一点,不能通过"革命的、马克思主义的共产主义乌托邦和教条",而是应当通过"在现存关系上不断进行政治、工会和合作社的工作"。② 瑙曼认为,现存国家应是代表人民的,它不是统治阶级的机构,但是为了对劳动群众进行统治而被统治阶级"滥用"了,这一情况可以通过扩大劳动群众在国家中的影响,也就是利用普选权增加他们在议会中的代表来克服。瑙曼认为,由于劳动群众在经济上的依附地位和普遍低下的政治水平,他们还不能掌握权力,更不可能哪怕是暂时推翻政府。在这种情况下,他们不应当持久充当反对党并削弱国家,而应当在现行帝国宪法的基础上充当遵守秩序的利益代表群体。③ 瑙曼不仅主张维护国家的君主制,还鼓吹民族主义,主张维护德国在殖民地的利益。

瑙曼对德国的自由主义党派在反对封建势力和推动社会改革方面的软弱非常不满,他企望1848年革命时期的资产阶级自由主义能够"复兴",而且把希望寄托在社会民主党身上。他认为德国社民党最吃亏的地方恰恰在于德国自由主义未充分发展,"我们的自由主义的春天太短了,许多花刚一开就又冻死了。因此有必要再来一次德国自由的春天",而如果没有无产阶级

---

① 转引自[英]丹尼斯·卡瓦那:《撒切尔主义和英国政治》,牛津大学出版社1990年英文第2版,第218—219页。
② 《弗里德里希·瑙曼文集》,科隆1964年德文版第5卷,第200、256、216—217页。
③ 同上书,第204、210页。

作为"发起攻击的步兵",这是不可能实现的。他希望德国社民党能把一切具有自由思想和社会改良思想的人都吸引过来,成为建立一个大的德国左派的出发点。他认为,资产阶级自由主义与无产阶级自由主义之间不存在"生存竞争",二者的对立不是必然的,因此社民党人应当冷静而坚定地说:"只有我们能拯救德国的自由,但是我们只有与自由主义的资产阶级分子合作才能做到这一点。"① 他还希望社民党能成为一个民族主义的党,而且还竭力促成社会党与自由主义党派在帝国国会选举中缔结联盟。

但是,德国社民党现状并不符合瑙曼的愿望。瑙曼认为,它"迄今仍旧至少正式地使用马克思主义的旧公式……作为革命的社会民主党与整个旧社会对立",它还"不能下定决心宣称自己是在现存国家基础上的社会主义—民主主义的改良政党"。他把这一切归咎于在党内占领导地位的正统派即倍倍尔、考茨基等人的空想主义和教条主义。正因如此,当19世纪末年伯恩施坦对马克思主义进行修正时,他大加赞赏,认为一个来自马克思主义学派的人对马克思主义的整套思想提出批评是有重要意义的。他认为伯恩施坦抛弃了"那种关于可望不久即将实现的最终目的的空想和关于人们必须为之做好准备的那一巨大灾变的思想",而维护了"一个社会主义和民主的妥协政党的思想",他所主张的是一种"已经丧失对社会实行迅速和彻底改造的信念的社会主义",而这正是瑙曼所期待的。不过他也看到,伯恩施坦修正主义还不能在党内形成一个旗帜鲜明的派别,更不用说成为主流了。尽管如此,德国社民党关于修正主义的争论表明,"旧的、消灭资产阶级社会的社会民主党理想要转变成新的、更加平凡却更有希望实现的理想,也就是要在这一社会内部成为日益扩大影响的权力因素",这一新理想实际上早已取代旧的理想,"只不过这一已经完成的变动还没有得到承认而已"。②

当然,德国社民党与自由主义政党的合作是很有限的,瑙曼的思想不但遭到社民党左派的反对,连并不想和党决裂的伯恩施坦本人也认为这种赞赏只会给他带来麻烦。但是瑙曼对社会党内改良主义的判断是符合实际的。我们无论是从伯恩施坦方面来看,还是从瑙曼方面来看,都可以认为这是德国

---

① 《弗里德里希·瑙曼文集》第4卷,第324—325页。
② 同上书,第2卷,第10页。

特殊条件下自由主义与社会民主主义思想趋同的表现。俾斯麦反动政府也与英国的自由党和保守党政府不一样，曾经对社会民主党采取严酷的镇压政策，但是为了安抚工人，挖掉社民党的社会基础，恰恰也是这个政府最早提出社会保障政策。对此社会民主党一面揭露其动机，一面加以利用。经过魏玛共和国和纳粹统治时期的曲折发展以及第二次世界大战，联邦德国终于建成了完整的社会保障体系，并且把"社会国家"原则写入宪法。实际上，相当长期以来，在德国推行福利国家政策的主要是自由主义的联盟党。

凯恩斯（也是自由党人）经济思想和福利国家政策基本上是符合二战后西欧资本主义发展的需要的，对各国的经济、政治和社会的稳定和发展是有利的，因此受到欢迎，而且在英国可以说已成两大党的共识，保守党上台时除国有化方面外原则上对此不加触动。在德国，三个主要政党（社民党、联盟党、自由民主党）不管以什么组合方式执政，也都坚持"社会国家"政策。在大多数西欧国家也不同程度地存在这一共识，直到20世纪70年代后半才开始发生变化。

三

社会民主主义政党（以下简称社会党）和自由主义、保守主义政党之间达成的上述共识有时也被称为"社会民主主义共识"，这是西欧发达资本主义国家的社会主义运动在特定的历史条件下与资本主义制度之间达成的妥协，其思想基础则是社会民主主义和新自由主义的趋同，而导致这一妥协的客观条件主要是：

第一，这些国家从二战结束后恢复经济开始的相当长期的经济繁荣。

第二，有长久历史的强大的工人运动和与之有程度不同的密切联系的社会党以及有些国家日益趋向社会民主主义的共产党。

第三，冷战形势下苏联和社会主义阵营的强大政治和精神压力。

到了20世纪70年代中期，由于石油危机和资本主义发展本身的周期性，各国的经济增长减缓，而通货膨胀程度和物价居高不下（所谓"滞胀"），凯恩斯主义经济政策开始失灵。另一方面，第三次科技革命引起的产业结构改革造成大批结构性失业，人口结构变化使社会老年化，医药技术的进步使医疗费用日益提高，所有这些因素加起来就使社会福利开支不断增加，而交纳保险费的人却相对减少，入不敷出，福利国家制度遭遇危机。另一方面，在资本主义全球化日益向纵深发展的情况下民族国家的调控力量受到限制，于是妥协局面和共识被突破了，20世纪的新自由主义（Neo-Liberalism）取代了凯恩斯主义。

关于新自由主义，这里要首先作两点说明：其一，本文前面所论过的新自由主义原文是"New Liberalism"，而当代新自由主义的原文是"Neo-Liberalism"，前者旨在革新传统的自由主义，而后者却标榜恢复传统的自由主义，二者在许多方面是针锋相对的。其二，作为理论体系，当代新自由主义已经存在半个多世纪。它是以 F. A. 哈耶克在1944年发表《走向奴役之路》一书为标志开始的。此书反对计划经济和社会主义，批评国家对市场机制的干预和限制，认为社会民主主义政策必然会导致现代奴役制，这不仅是针对苏联，而且也针对英国工党。1945年7月，工党赢得大选胜利，福利国家政策不仅在英国而且在欧洲的一些国家都已开始实行，哈耶克仍坚持自己的思想，并于1947年在瑞士韦维市的朝圣者山（亦译"佩勒兰山"）的研究所召集一批反对福利国家或美国罗斯福新政的学者开会，成立了以此山命名的学会，参加者中有不少名人和学术大师，如米尔顿·弗里德曼、瓦尔特·李普曼、路德维希·冯·米塞斯、米海尔·波特尼、卡尔·波普尔、利奥内尔·罗宾斯等。英国《新左翼评论》主编佩里·安德森把这个学会称为"新自由主义共济会"。"朝圣者山学会"定期召开国际会议，讨论、阐述和宣传新自由主义思想。他们绝对肯定市场的作用，反对国家干预经济生活。他们认为，工人通过强大的工会争取到的过高工资和国家过大的福利开支刺激了通货膨胀和物价，减少了企业的利润，抑止了企业家的投资积极性，因此他们要求国家严格控制货币发行量，节省财政开支和社会福利支出，同时改革税制，降低高收入者的所得税和企业税，以刺激投资，推动经济增长。为此，国家必须削弱工会的力量，维持一定的自然失业率。但是在此后的30年间，新自由主义始终处于非主流地位，直到20世纪70年代中期欧洲发达资本主义国家出现滞胀时，他们的思想才受到重视，并且逐渐在政治界获得支配地位。1979年，英国保守党领袖撒切尔夫人成立了西欧各国第一个实施新自由主义思想的政府。1980年，里根当选美国总统，与撒切尔夫人一同成为坚决贯彻新自由主义的代表人物。此后，一些西欧国家的政府陆续为右翼政党掌握，不同程度地推行新自由主义政策。1982年德国联盟党的科尔取代社会民主党的施密特而出任总理，1982年丹麦成立了右翼政党的联合政府，而北欧国家的政府除了瑞典和奥地利外都转向右翼。南欧各国虽然在这一时期是社会党执政，但在政策上也受到新自由主义的影响。

实际上，在西欧国家只有撒切尔夫人是全面推行新自由主义思想和政策的。她执政十年，在内政上的功过可以简单概括如下：大规模实行国有企业私有化，提高了生产率，同时以出售所得贴补国家财政，这一措施与控制货币总量共同压低了通货膨胀率，但后来有反弹；以优惠价格出售公房，使私房所有主大大增加，对中下层阶级有利；实行减税，主要对中上层阶级有利；取消工会的某些豁免权，限制罢工，大大削弱了工会的力量；基本保持福利国家结构和开支水平，但加强"选择性原则"，削弱"普遍性原则"，在保障基本生活需要的前提下加重对有工作能力而未从事工作者的压力，同时力图发挥私人经济在福利事业中的作用。这些措施的总的效果是：经济增长率提高，平均生活水平提高，但贫富差距扩大，失业率居高不下。她在位的最后两年经济形势又有恶化趋势，又由于所谓"人头税"（所有成年人都必须交纳的"公共事业费"）引起普遍不满，不得不辞职。而她原来赢得的声誉在后继者梅杰时期又进一步丧失。其他西欧国家的情况比英国复杂，新自由主义政策的贯彻程度也不那么全面和彻底，但整个说来都表明新自由主义并不像原来设想的那样能解决资本主义当前的问题。

在社会党方面，英国工党总结了在野18年的教训，在理论和政策上进行了反思，屏弃了一些教条主义观点（如党章中关于国有化的第四条），调整了和工会的关系，以"新工党"的面目出现，而且鼓吹介于传统社会民主主义和新自由主义之间的"第三条道路"。吉登斯也把这条道路解释成"社会民主主义的革新"（这也是他的《第三条道路》一书的副标题）。从这一意义上说，西欧其他国家的社会党实际上都在走这条道路，但有些党采用别的名称，如德国社民党的"新中间"，荷兰工党的"圩田模式"。有的党反对第三条道路的提法，但同样也在力求创新，如法国社会党。从1994年5月到1998年10月，荷兰工党、瑞典社民党、英国工党、法国社会党、德国社民党、意大利左翼民主党等在大选中获胜，整个西欧除西班牙和爱尔兰以外，15个国家全部是社会党单独或联合执政，呈现出一片"粉红色"，而英国工党在1997年大选中的"压倒性胜利"尤其令人震惊。但是其中有些政府的政绩并不能令人满意,或者在短期内还未见成效,或者虽有成果但遭遇到其他困难(如左翼的分裂),因此,此后几年有的国家又发生政权更迭,如法国和意大利;有的国家社民党遇到很大困难,如德国(社民党在2002年大选时仅以微弱多数险胜联盟党,组成第二届与绿党的联合政府,后又因改革方案引起普遍不满,被迫在2005年9月提前大选,选后与联盟党组成所谓"大联合"政府。)但是这只是革新过程中的挫折,说明革新刚刚开始,还有很长的路要走,而决不是已经失败。

这里涉及的仍旧是社会民主主义与自由主义的关系,不过这一次是与当代新自由主义的关系。其中有一个很重要的观点,即认为第三条道路意味着社会党的新自由主义化,也有人说英国的情况是以新自由主义的共识取代了社会民主主义的共识。对此我有不同的看法。

近几年社会党的政策与新自由主义政党的主张确实有如下一些共同之处:

第一,双方都认为,当务之急是把经济搞上去,而在全球化条件下必须采取措施留住本国资本和吸引外国投资,而主要措施是减税,特别是降低企业税和降低工资。

第二,社会福利国家在财政上难以为继是不争的事实,福利制度也确有不少弊病,必须改革,当然包括削减某些福利开支。

第三,为了解决新形势下的大批失业问题,有必要使劳动市场适当地灵活化,有些行业工会,特别是某些传统的行业工会所代表的利益与广大中下层阶级的利益有矛盾,或者在一定条件下有矛盾,社会党既然已由工人阶级的党发展成"人民党",因此也认为适当遏制这些工会是有必要的。

第四,社会党早已主张混合经济,而英国和法国的某些国有化措施效果不好,因此基本上不存在针对新自由主义私有化政策的重新国有化问题,甚至还有必要在某些方面进一步实行私有化。

不难看出,上述措施都是向资本方面倾斜的,广大雇员的生活水平会因此下降,而预期的经济增长和减少失业方面的效果却不一定会产生,或者不会立即产生,因此肯定会引起社会的不满。但是如果不采取这些措施,福利国家问题和失业问题也几乎无法解决。社会党正是这样普遍陷入困境。因此近年来,"社会民主主义的两难处境"、"福利国家的危机"已成了有关西欧发达国家的讨论和著作中的关键词和惯用语。

社会党如果采取这些政策,实质上就是向资本让步,向新自由主义让步,是从自己原来的立场和阵地后退。问题在于后退的程度多大,后退是积极的还是消极的。如果是前一种情况,就可以说是新自由主义化,如果是后者,那就表示社会党还在寻求一条新的道路,也不排除它们会在一定条件下与新自由主义达成一种比较稳定的妥协,甚至形成一种新的共识,这当然不会是原来所谓的"社会民主主义共识",也不应是"新自由主义共识",它的内容和性质还是悬而未决的,要视将来的发展而定。但无论从原则上讲,还是从维持自身的存在和执政能力的实用主义角度来讲,社会党都存在一个"身份特征"问题。在发达资本主义国家的政治光谱上,它应当主要是代表雇员阶级、中产阶级的中下层以及其他被边缘化的弱势群体的,它的政策在整体上必须反映这些阶级和群体的利益,否则它的位置就将被其他左翼党派取代,或者原来支持它的一部分选民会转而支持新自由主义政党,因此它将在左右两面都丧失力量。19世纪的新自由主义在意识形态上对社会民主主义是采取妥协和合作立场的,因此双方可以趋同。而当代的新自由主义对社会民主主义是抱敌对态度的,社会党可以从实用主义角度采用某些新自由主义政策,但不能向它趋同,趋同就是屈服,就意味着丧失自己的"身份特征"和存在理由。实际上,各国的社会党在应对目前的危机或两难处境时是力图守住以下底线的:

第一,社会党虽然已放弃社会主义对资本主义的制度替代,但仍旧主张对资本主义采取批判态度。例如,若斯潘强调"对资本主义的批判的分析"是马克思主义的"有用的部分",认为"对资本主义必须不断加以控制和调节"。[1] 瑞典社会民主工人党2001年纲领用大量篇幅从经济、政治、社会和国际角度对当代资本主义进行分析和批判。[2] 德国社会党总书记明特费林在2005年4月该党的一次论坛上批评资本主义只顾追逐利润,忽视人的价值,

---

[1] 《现代社会主义》,巴黎2000年法文版,第64、68页。
[2] 《当代世界社会主义问题》2005年第1期。

而金融投机商则和蝗虫一样,"扑向企业,挖根蚕食,最后一走了之"①。

第二,社会党承认市场经济的重要作用,但并不对它全盘肯定。若斯潘反复声称,市场是一个"有效的工具",但"既不产生互助,也不产生共同的计划"②,他也反对把所有财富都商品化。他用一句简练的话概括法国社会党对市场的态度:"要市场经济,不要市场社会。"这句名言已被布莱尔和施罗德接受,写进1999年5月他们二人的联合声明。

第三,社会党坚持基本价值。基本价值是以法国大革命时的"自由、平等、博爱"为蓝本的,各党的表述方式不完全相同,但都突出"平等",或者从更深层次的意义上强调"公正"。意大利进步学者博比奥认为,是否主张平等是当前政治中左右派分野的主要标志。③ 各国社会党的态度证实了这一观点。若斯潘说:"没有自由,社会主义不会存在。但是没有平等,社会主义也就不再有什么意义。"④ 德国社会民主党在制定新纲领的过程中广泛讨论公正概念,提出了一些新的解释,如除了坚持"分配公正"、"毕生机会公正"外,还应考虑到"代际公正",并且承认存在一些"公正的不平等"。社会党重视基本价值,实际上也就是确立一把衡量自己政策的标尺,是一种自我约束,有助于与新自由主义划清界限。

第四,社会党的一些具体政策也是和新自由主义有区别的。例如,布莱尔政府规定了最低工资,若斯潘政府确定35小时工作周,两党都认真采取措施解决青年就业问题。德国社民党和联盟党各自提出的改革医疗保健制度和税收制度的方案的着眼点和倾向性、两党对待工会的态度也都是有区别的。

自由主义和保守主义政党方面也不是铁板一块的。像撒切尔夫人那样咄咄逼人地宣称要"消灭"社会主义,不承认存在所谓的"社会"的例子毕竟是极端的。大多数新自由主义政治家并不一定与社会民主主义势不两立。拿德国来说,第二大党即联盟党(基督教民主同盟和基督教社会同盟的联

---

① 参见张文红:《福利改革:对德国社会民主党执政能力的考验》,《当代世界与社会主义》2005年第5期,第56页。

② 《现代社会主义》,第83—84页。

③ [意]诺贝托·博比奥:《右和左》,柏林1994年德文版,第82—86页。

④ 《现代社会主义》,第47页。

合）有基督教社会主义的传统，党内也有代表雇员利益的集团。它也是"人民党"，需要争取中间等级。它基本上接受了社民党提出的基本价值[①]，有时，特别是在竞选时还会拿这个大做文章。例如在 2002 年大选时，联盟党的总理候选人、基社盟主席施托贝尔批评联合政府的税收改革偏向大康采恩，使中产阶级受到"榨取和虐待"，认为这是"公正方面的缺陷"。他在一次演说中大谈"团结互助"，12 次使用"社会的"一词，以致被媒体讥讽为像是工会在发表声明。在 2005 年 9 月的大选中，联盟党总理候选人、基民盟主席默克尔表示要"诚实"，宣布以后将提高增值税以贴补社会福利开支，同时在竞选班子中重用主张以单一税收率取代累进税收政策制的基希霍夫教授，因而引起中下层阶级的不满，为社民党提供了攻击的靶子。联盟党得票率之所以远远低于预期，最后不得不与社民党组成大联合内阁，这是主要原因之一。联盟党不得不正视这些教训，而在联合政府中又要受到社民党和新近组成的左翼党的牵制，因此很难随心所欲地推行新自由主义政策。例如，联盟党主张大幅度地削弱对工人的解雇保护，而社民党反对，这一问题因此就没有列入联合执政纲领。默克尔在处于反对党地位和竞选时要鼓吹要"勇敢"、"坚决"，但当选总理半年以来却一再强调改革要"小步走"，这已成了媒体瞩目的问题，而且也引起了党内激进改革派的不满。她的盟友、自由民主党主席威斯特维勒甚至讥刺她已"从撒切尔夫人变成霍勒夫人"（德国童话中以慈悲为怀的仙女——引者），并且说这是由于她已被"持红色和黑色党证的社会民主主义者包围"（后者是指联盟党内有社会民主主义倾向的政治家——引者）。联合政府着手的第一项改革是医疗保险制度。在这方面，默克尔主张保险费与工资脱钩，所有的人都按月交同样的费用（当然要通过税收来平衡贫富差距），社民党则主张所有的人都按收入交一定比例的保险费，但是把股息、房租等项收入都要计算在内。双方差距较大，但这一次很可能相互让步，达成一个综合方案。默克尔之所以采取这种态度，显然是由于考虑到民众对改革的承受力和容忍限度。由此可见，自由

---

① 基民盟在 1971 年柏林纲领中承认"向共同体负责的个人自由"，"对每个人的公正和机会平等"，"一切公民团结互助"。基社盟 1976 年基本原则纲领也声称要努力建立以自由公正、团结互助为基础的生活秩序。

主义政党也有两难处境。这种情况在别的西欧国家也以不同的程度和不同的形式表现出来。

最令人感兴趣的是英国的情况。2005年11月戴维·卡梅伦当选为英国保守党主席，他一上台就宣称要使保守党"在外观、感觉、思想和行动方面都成为一个崭新的党"。有的媒体认为，他实际上是要使保守党转变成一个"向世界开放的"、"带有绿色气息的"、"具有社会色彩的自由主义政党"。他甚至说"有社会这样的东西"，这显然是与撒切尔的名言"没有社会这样的东西"针锋相对的。另一方面，卡梅伦称赞布莱尔使"工党移向政治的中间派"，取得了一些成就，也做了许多尝试，但是由于"顽固的工党"和戈登·布朗（布莱尔的第二把手和接班人）对他的改革计划的阻挠，他还是失败了。卡梅伦批评布朗是一个"属于昨天的人"、"80年代的一个政治家"。因此媒体也认为，卡梅伦似乎认为自己能比布朗更好地继承布莱尔的事业，保持生机勃勃的市场经济和慷慨的社会福利国家，甚至做得更好。他将既反对工党的社会主义梦想，又和自己党内的市场原教旨主义者保持距离。当然，保守党内部还有不少人是反对他这样做的，而且卡梅伦的这些言论究竟在多大程度上是他真正的考虑，目前还无法判断，但至少说明，保守党为了维持自己作为大党的存在和争取执政的机会，不得不向工党、也可以说是向政治的中间派靠拢，因此也出现了"新工党共识"、"撒切尔主义的社会民主主义化"这样的用语。①

四

社会民主主义和新自由主义之所以陷入困境，主要根源有两个方面：第一，当代资本主义的特点和由此引起的贫富差距的扩大。第二，福利国家制度的物质成果和在此基础上产生的群众心理状态对改革构成了相当大的阻力。因此，我有必要联系本章提出的问题作一些具体的论述。

我首先要引用第三条道路的主要理论家安东尼·吉登斯在他和英国《观察家报》原主编威尔·胡顿合编的《在边缘上》（此书在英国出版时改

---

① 参见于尔根·柯尼希在德国《时代》周报2005年第50期（12月8日）和2006年第12期（3月16日）上关于英国的报道。

名《全球资本主义》）一书中发表的观点。吉登斯认为，"随着共产主义的死亡（指苏东剧变——引者），再也不存在作为经济发展模式与资本主义竞争的对手了。……我们目前遇到的是一种新形式的资本主义"。于是他和胡顿以"没有共产主义的资本主义"为题进行了讨论。胡顿认为，这种资本主义与上世纪五六十年代受到监督和管制的资本主义不同，"它的压倒一切的目标是为财产所有者和股东服务，它有一个坚定的信念，认为所有阻止它发挥这一能力的障碍——管制、监督、工会、税收、公共所有制等等——都是不正当的，都应当废除。它的意识形态是：股份的价值必须最大化，劳动市场应当是'灵活的'，而资本应当随心所欲，决定向或不向那些工业和国家投资"。"它是一种非常狂热的资本主义，对于传播新技术和创建新的全球工业来说，它是十分有效的。它既是提供工作的手段，又是制造重大不平等的手段"。胡顿引用了熊彼特关于资本主义具有"创造性破坏"能力的著名论断，认为"我们正在经历一场创造性自我毁灭的狂欢"。吉登斯不赞成胡顿把当代资本主义仅仅看成破坏性的，认为它也能成为巨大的建设性力量。他承认"没有共产主义的资本主义"是一个和以前大不相同的"类型"，但它并不是像胡顿所描绘的那样野蛮和危险，而是在物质方面和社会方面都有可能与积极的成果联系起来；有些惊人的变化不能归咎于资本主义，而是科学和技术进步造成的。胡顿认为共产主义曾经产生过好的影响，它使资本主义得以保持警惕，在某种意义上说，它使资本主义明白自己必须有一个"人道的面目"。吉登斯则认为，"也许社会民主主义和凯恩斯主义仅仅是因为它们是处于美国自由资本主义和苏联共产主义之间，才能有过去那样的发展的"。他认为，"我们需要新的思想、新的全球管理形式，用以填补共产主义留下的空白"。不过他仍旧主张："没有人能发现任何方案可以有效地取代市场经济和民主的政治制度的结合，尽管这二者都有很大的缺陷和局限性。"① 这次讨论说明二人存在分歧，但他们在这一点上是一致的：当代资本主义比苏东剧变前更加肆无忌惮，需要用适当的方式加以控制。

其次，我要引用1986年两个美国著名经济学家的论述。第一个是诺贝

---

① 以上观点，见［英］胡顿和吉登斯编：《在边缘上》，伦敦2000年英文版或《全球资本主义》，纽约2000年英文版，第9—12页。

尔奖得主保罗·萨缪尔森的观点。萨缪尔森在2005年6月接受德国《明镜》周刊访谈时说,尽管全球化世界上的生活整个说来意味着物质福利的扩大,但是在收入分配方面,上面的一半和下面的一半的差距扩大了,目前有些公司的董事长和普通职工的工资的比率会达到400∶1。全球化加强了不平等,加重了不安全和紧张的心理,甚至对麻省理工学院的毕业生来说,情况也已改变。"我们生活在一个更加紧张的世界,更加令人心烦的世界。"他说,"市场没有心,市场没有大脑",所以应当"稍微约束全球化过程,但不能也不应该阻止它。我们所能做的是帮助那些受害的人。我们能用税收制度的力量来使得从像我这样的富人向不那么富的人那里再分配。这几乎不会使我们的增长有所减缓"。他表示赞成罗斯福和肯尼迪的新政的某些内容,"可以减轻不平等",但"不是消除不平等"。①

另一个经济学家是哈佛大学经济学教授肯尼斯·罗哥夫,他曾经是国际货币基金组织首席经济学家,是坚决维护自由主义经济政策的,但他在最近的一些著作中批评了全球化的消极后果。他在2006年4月接受德国《明镜》周刊采访时一再指出:"工资在整个经济增长中所占的份额在缩小,这是事实";"20年以来,在所有的富裕国家中,劳动因素都令人吃惊地发生了变化,富人更富了,但是下层的人们并没有像资本家那样迅速上升";"存在财富的不公正分配是不容置疑的"。他驳斥了保守主义者关于"水涨船高"的宣传,认为新奥尔良的灾难证明,贫困的人们"根本没有船"。他把这归咎于"不受约束的资本主义","在我们这里,就社会方面来说是不能维持到底的,它将导致紧张关系。如果今后五年我们过得还像过去五年那样,社会摩擦将会加强"。② 但是他提出的办法也只是反对给富人减税,特别是反对取消遗产税,主张更加公平的分配。

第三,我要引用德国基督教民主联盟的一个老党员、1997—1999年曾任该党总书记的海纳尔·盖斯勒的话。盖斯勒批评默克尔的"小步走",认为基民盟看不到"大的整体",基民盟需要一种"新的社会和经济哲学"。他认为,基民盟所主张的"受价值观约束的经济制度"只是理论,实际上

---

① 《国外理论动态》2005年第12期,第35—37页。
② 《明镜》周刊2006年第16期,第90、92页。

目前的资本主义是一个"相当反常的制度",新自由主义者却仍对之"鼓掌欢迎"。他认为德国推行的社会市场经济是以有序的竞争为条件的,而当前的世界经济却没有任何秩序,"不如说它是一个无政府的世界。没有任何法律,没有任何规章,没有任何的社会协议。黑社会、毒贩子和恐怖主义都从这一制度中获利,因为在这一制度中只有一个观点起作用,这就是资本的利益"。他说:"基民盟必须认识到,纯粹的资本主义和纯粹的共产主义完全一样,都是错误的";"我们需要一种新的秩序,一种国际的—生态的市场经济作为与无政府资本主义及其股东价值的专政相对抗的方案"。他还强调政党不应该只考虑眼前的具体任务,而是必须把握"大的问题","为未来设定方案",而基民盟作为执政党的危险正是在于"它忘了超越执政而进行的深思"。盖斯勒是同基民盟的一个年青政治家、默克尔的亲信诺贝特·勒特根在《时代》周刊上进行战略讨论时发表这些意见的,而周刊编辑部在报道这一讨论时加了这样的小标题:"多大程度的资本主义会使德国受益?基民盟需要多少社会主义?"① 这几句话巧妙地说明了德国和基民盟目前所处的困境。

上面四个例子代表或接近社会民主主义的观点,也反映了中右政党中的左派观点。关于左派的观点就更不必说了。我们也可以从德国找到许多具体的情况来证明他们的观点。

近几年来,德国的企业家及其联合组织利用全球化条件下资本可以自由流动的优势,不断向工会施加压力,要求取消工人阶级经过多年斗争而取得的两项重要成就,即一年一度确定工资增幅的行业劳资谈判和35小时工作周,以便他们在某些行业和工厂与工人斗争时可以"各个击破"。资方通常以把工厂迁往工资低得多的不发达国家(主要是东欧和亚洲)来迫使工人接受他们的条件。例如,1997年以来西门子公司曾多次迫使所属工厂的工人同意将每周工时增加到40小时而不增加工资,取消休假津贴和圣诞节奖金(代之以根据工厂当年绩效而发放的奖金),以此来换取工厂留在原地,有时连五金工会主席出面与资方交涉也无济于事。这种做法一旦成功,就将成为其他工厂效法的样板。

---

① 《时代》周报2006年第1期(2005年12月29日)第4版。

尤其严重的是，有些工厂或企业尽管不断获取最高利润，却继续解雇工人。德国电讯公司仅仅在2005年第四季度的利润就达到24亿欧元，却要解雇32 000名工人。亨克尔公司在2004年利润创历史最高记录的同时解雇了3 000名工人。国际商用机器公司2004年的利润也超过以前的任何年代，却解雇620名程序设计员。德意志银行股票猛涨，却解雇了6 400名职员。大陆轮胎公司的股票若干年来在达克斯（Dax）指数中是最好的，而且接连四年创纪录，却要关闭它在汉诺威的一家盈利的工厂，迁往东欧，致使320名工人失业。生产家用电器的瑞典跨国公司Electrolau决定在2007年底关闭设在纽伦堡的一家工厂，而这家工厂是盈利的，品牌也是知名的。尽管1 750名工人以各种方式表示抗议，中立的专家建议至少在原地保留一半生产，有的同行认为这样做是"失策"，市长（社民党人）认为资方缺乏"社会责任感"，甚至基民盟总书记马库斯·泽德尔也指责这是瑞典人的"极坏的作风"，但是斯德哥尔摩的康采恩总部仍坚持这一决定，因为新设在波兰的承担大部分产额的工厂工人的工资只是纽伦堡的十分之一。

这些情况引起严重的社会不满。《时代》周报在2005年12月1日发表题为《疯狂的利润》的社论，认为企业的头等任务不仅是提高效率和股票价值，而是也要关心职工的命运和公益，应当使创造利润者也能分享利润，也应当投资创造新的工作，否则就是"不正派的"、"疯狂的"。这种情况甚至遭到资产阶级党派一些成员和代表人物的反对。上面提到的盖斯勒表示，现在已不允许"像过去那样出卖装满男人、女人和儿童的奴隶船"。他还援引德国《宪法》第14条，指出财产要承担为公共利益服务的责任。基民盟的领袖之一、黑森州州长罗朗德·科赫说，上世纪50年代和60年代是"经济好，人也好"，现在越来越多的人却认为"经济越好，我越糟"。有人以"生产合理化"为理由为资本家辩护，并且指出像大陆轮胎公司这样的企业，如果不能为投资资本提供15%到18%的利润，银行和股东就会拒绝投资。科赫对这种看法表示怀疑。他在一次讨论会上问在场的一位投资银行经理：有些企业仅仅"为了要使自身的资本的利润率从15%上长到18%"就取消职工的圣诞节奖金，这是否公平合理？企业是否可以考虑在一定时期内为了社会的团结而少拿一两个百分点的利润？这位经理避而不答，显然是不赞成的。实际上，到目前为止，无论是工会和工人的抵制和斗争，还是舆论的抨击，对于资本家的行为是起不了多少作用的。

但是资本和劳动的矛盾是客观存在的，而且还在加剧，其影响也在不断地扩大。在不受约束的资本的压力下，不仅广大的失业群众和下层阶级受到生活水平降低的威胁，而且在职的工人和一部分中产阶级的不安全感也在加深。欧洲发达资本主义国家的广大群众几十年来生活在福利国家的保护下，过着相对富裕和安定的生活，他们对此已经习已为常。在某种程度上说，社会福利制度已成为他们的"既得利益"，对于许多人来说，西欧各国现在普遍推行的改革意味着社会福利的削减和他们的既得利益的损失，这是不能接受的。因此，改革面临着强大的社会阻力。这种阻力不仅是消极的，而且有时也会以大规模示威或罢工的形式爆发出来。2006年以来，英国发生过退休职工为维护养老金而举行的示威。3月，德国最大的工会即服务工会发起了部分市政工人的罢工，他们反对政府把每周的工作时间从38.5小时延长到40小时，最后以达成偏向雇员的妥协——39小时而告终。虽然这里雇主的一方是政府，不是资本家，但斗争也是在资本和劳动的矛盾这一总的背景下展开的，可以说是劳资直接矛盾的"折射"。最令世人瞩目的则是法国青年反对《初次雇佣合同法》的斗争。这项法律规定企业在雇用25岁以下青年工人的最初两年内可以任意解雇他们。政府总理德维尔潘政府本来以为这会消除企业在雇用青年工人时的顾虑，有助于解决青年就业，不料却遭到广大青年的激烈反对。巴黎的大学生带头用示威游行和占领大学校园的方式表示抗议。德维尔潘起初表示决不让步，但在声势浩大的反抗运动的压力下，希拉克总统最后仍不得不下令废除这一法律，采用对雇用青年工人的企业给予津贴的办法来促进青年就业。值得注意的是，这一遭到反对的法律的论据是：只有允许企业有权随意解雇工人才能消除它们雇用工人时的顾虑，因此削弱解雇保护最终有利于增加就业。德国的企业主和联盟党、自由民主党正是以此为理由要求取消解雇保护的。因此，法国青年的胜利对德国的广大雇员和左派给予了很大的鼓舞。可以估计，今后几年内欧洲各国类似这样的斗争将会是不断增加的。

新自由主义政党在本质上是资产阶级政党，是以维护和巩固资本主义经济政治制度为己任的。但是资产阶级政党的代表人物和领袖毕竟与直接代表某些企业集团利益的游说团体不一样，他们要从资产阶级的整体和长远利益出发来考虑问题。这些政党为了上台执政和巩固政权，必须向政治光谱的中间地带靠拢，力图成为"人民党"，因此它们的言论和政策必须慎重，即使在野时也不能肆无忌惮，否则群众就会通过选票或上街来惩罚它们。法国的这次斗争是个典型的例子。而默克尔担任总理后的审慎态度，联盟党内某些重要人物的"社会民主主义倾向"以及英国卡梅伦所作出的姿态，原因正在于此。

不仅如此，当前发达资本主义国家的社会政治矛盾决不限于失业和福利问题，而是也表现在环境保护、男女平等、战争与和平、对第三世界的援助、对美国霸权的态度以及特别是对全球化发展的态度上。但是归根到底，资本与劳动之间、金融资本和垄断资本与广大人民群众之间的矛盾仍是社会的主要矛盾。只要这一矛盾还存在，反对资本主义的斗争就不会停止，社会主义工人政党就不会消亡，一百多年的社会主义运动的成果就不能抹杀，因此社会民主主义虽然暂时会后退，却不会被新自由主义压垮，双方的矛盾和斗争是长期的。另一方面，在全球化的条件下，这一斗争已日益难以在民族国家的范围内取得积极成果。有人针对《共产党宣言》的前后一句话讽刺说："全世界无产阶级并没能团结起来，而资产阶级却已经团结起来了"，这种说法虽然不能成立，但资本主义企业能够利用一国的工人阶级来反对别国的工人阶级，这已是不争的事实。因此，反对当代资本主义的斗争将逐步扩大到区域范围和全球范围。一些社会民主主义理论家已着眼于这一点并且提出种种第三条道路或革新社会民主主义的方案。例如，吉登斯主张用一种新的"全球性治理"思想来对付资本主义，"填补共产主义崩溃留下来的空隙"。他把这称为"国际第三条道路"的"哲学"，也就是要把"围绕社会民主主义价值的、更加有效的经济和社会治理"与"对民主的热烈信念"和"对人权的高度关心"结合起来。当然，如果从全球化角度来考虑和解决问题，那就不仅涉及单项问题的全球性运动，也涉及社会主义国家以及第三世界国家的民族主义和社会主义运动，也不能摆脱国与国之间、地域集团之间的斗争的影响，这将是一个长期、复杂、曲折和艰巨的过程。这样的远景虽然不能使当前的斗争成为多余的，却多少能鼓舞人心，对斗争产生一定的影响。在这样的背景下，社会民主主义与新自由主义之间的矛盾和斗争究竟会产生什么样的政治格局，特别是考虑到各国间的巨大差别，目前还很难预料，因此匆忙作出结论还为时尚早。

第二节　霍布豪斯的"新自由主义"和"社会自由主义"

17、18世纪欧洲的古典自由主义是新兴资产阶级的利益和企求的反映，但是自由主义思想家是以全社会的代言人自命的，各家学说虽然都以最大可能发挥个人的自由和首创精神为出发点，但也在不同程度上认为这不仅与整个社会的进步发展不相矛盾，而且正是保证这一发展的根本条件。他们也是以这一观点为自己理论的正确性提出辩解的。当然，他们所设想的自由、平等在资本主义社会中未能真正实现，也未能在以自由主义为标榜的政治流派或政党的政策中得到真正的体现。随着资本主义的发展，工人阶级和资本家之间的矛盾日益突出，工人的阶级组织产生并迅速发展，社会主义思想的影响日益扩大。到了19世纪末，正是在古典自由主义的主要诞生地英国，在自由主义思想阵营中出现了一批人，企图发展自由主义以适应新的形势和新的需要。他们的思想从实质上讲是向社会主义靠拢，同时又坚守自由主义与社会主义的界限。他们在一定程度上主张部分生产资料公有制和维护工人阶级的利益，但是坚决拒绝他们所认为的社会主义经济和政治制度，特别是反对社会主义革命。这批思想家自称或被称为"新自由主义"，但是，他们有时也称自己的主张为"自由社会主义"或"社会自由主义"。

19世纪新自由主义的主要代表是霍布豪斯和霍布森（有人戏称之为两个"霍布"，Two Hobs），他们在国家理论上都属于多元主义。但是，在国家理论上持新黑格尔主义保守观点的格林和里奇在某些观点上与他们相近，所以，也被列为新自由主义者。特别是 T. H. 格林，人们在探讨两个"霍布"的新自由主义时是不能不溯及他的思想。

一

新自由主义的基本思想是强调社会的整体利益与个人利益是相辅相成的，整体利益是衡量个人自由是否合乎理性的基准。格林对此作出了很大贡献，本章第一节对此已作评介。从下面对霍布豪斯新自由主义思想的论述中可以看到格林这些思想的影响和发展。

伦纳德·特里劳尼·霍布豪斯（1864—1929）是英国社会学家和哲学家，曾在牛津大学（1987—1897）和伦敦大学（1907—1927）任教，也曾担任过工会干部和报刊编辑。他的主要著作有《劳工运动》（1889）、《自由主义》（1911）、《形而上学的国家论》（1917）、《合乎理性的善》（1921）等。从《劳工运动》1912年修订第3版的序言可以看出他的新自由主义思想的出发点。第一，他把当时的英国社会称为"工业社会"，即以现代工业为主的资本主义社会。民族工业是这一社会的基础，但公共福利的宏伟大厦必须建立在健全的经济制度的下层结构（substructure）之上，而这种健全性表现为：以诚实的方法为社会的所有成员提供享受美好和充实的生活的物质必要条件。第二，在英国这个世界上最富裕的国家里存在贫富悬殊的两个阶级，广大群众享受不到上述那样的物质生活和必要的休闲。要解决这一问题，"重要的不是增加财富的生产，而是更好地分配财富"[①]，"要比盲目的并且有时受到盲目崇拜的竞争力量更多地关心大众的福利"[②]。第三，当英国工人阶级开始为维护和改善自己的生活水平而斗争时，他们中大多数人还没有选举权，因此必须采取工会和合作社等议会外组织形式进行活动，这是得不到政府支持的，而且在某种程度上是反对政府的。但是，在选举权扩大以后，他们可以利用政治机构来达到目的了。另一方面，近年来一些工会斗争的经验表明，斗争的结果要取决于法庭的判决，这使工会普遍认识到工会组织必须由劳工政治加以补充，这就促使了独立工党的诞生（1893），而且也使议会工党（即1900年成立的劳工代表委员会和1905年由它发展而成的工党）与自由党合作来进行社会改良。在这种情况下，必须弄清工会与国家之间的正确关系，确定二者各自的真正职能。

由此可见，霍布豪斯心目中的劳工问题就是资本主义社会中资产阶级和工人阶级的矛盾，他认为这一问题是可以在现存制度下由代表全社会的国家在分配领域解决的。为此，他所提出的财产理论和国家理论以及社会改良政策在某些方面与过去各国社会党中的改良主义流派的思想相近。另一方面，

---

① 《劳工问题》，第14页。
② 同上书，第16页。

他又继承和发挥了格林关于"共同之善"的思想,提出人与社会之间的"有机"关系和"社会和谐"等观点,以此来调和他的新自由主义理论与传统自由主义之间的矛盾,同时又和社会主义特别是马克思主义的历史唯物主义、阶级斗争和社会革命理论划清了界限。他对"共同之善"的论证在很大程度上是伦理的和唯心的,他的"社会和谐"理论则是一种阶级调和主义。

二

霍布豪斯的自由主义思想的核心是个人自由与社会集体的善之间的有机的互动关系。他认为,自由主义信念意味着只有以个人的"自我指引力"为基础才能建立一个真正的社会,在其中"自由与其说是个人的权利,不如说是个人的必需";"自由是社会生活的一个方面。互相帮助的重要性并不次于互相克制,集体行动的理论的基本原则性并不次于个人自由理论"。① 他既反对把社会分解成"各个人",而"不考虑他们共同生活的性质",也反对把社会生活抬高到"不同于社会成员相互交往的生活"的高度。② 换句话说,无论是社会还是个人都不具有优先地位,任何个人都是立足于社会的,任何社会都是由处于相互关系中的个人组成的整体。他还引用格林的一段话来论证自己的主张:"如果任何自由不再服务于一个善的社会目的,它在道义上说就不再是一项权利。"

霍布豪斯用"有机"概念来说明个人和社会的关系,并且主张"社会和谐"。所谓"有机"是指这样的一种情况:"一件事物是由许多彼此十分不同的部分组成的,而这些部分一旦脱离整体就会遭到破坏或者彻底改变……如果个人能从社会脱离,他的生活就会变得完全不同……尤其在对于自由主义理论至关重要的权利和义务问题上,个人和社会的关系比什么都更重要。"③ 所谓"和谐发展"是指"每个人所具有的发展的可能性都必须是不

---

① 《自由主义》,第62页。
② [英]伦纳德·特里劳尼·霍布豪斯:《形而上学的国家论》,商务印书馆2002年版,第128页。
③ 《自由主义》,第63页。引者有时根据原书对译文略作改动,以下不再一一注明。

仅允许、而且积极促进他人发展的可能性"。① 而"由自由的个人组成的社会将互相对合乎理性的和谐作出贡献，正如对每个人的个性作出贡献一样，这就是生活的伦理目的。他的权利和义务都是由集体利益规定的"②。因此，如果某件事只是少数人的特权，尤其是当一个人所得某种好处正是别人的损失时，"就产生了极大的不和谐"③。

有机和谐的伦理基础是"共同的善"，它既是个人的善，也是所有的人都能分享的善。如果一个有机的生活"有和它的成员的整个得失相对立的'善'，"这个"善"就是骗人的，连参与的那些人都受骗了。④ 当然，社会和谐要求社会成员享受平等权利和机会平等，但也不否认收入和地位的不平等，只不过"这种不平等的依据不是受到优待的个人的利益，而是共同的善"。⑤

三

作为社会学家，霍布豪斯分析了财产作为一个社会制度的历史发展过程。他把财产区分为"供使用的财产"和"提供权力的财产"。前者是指：财产是个人过一种有秩序的、自主的生活的物质基础。后者是指：财产"是一种社会组织形式，通过这种形式，没有财产的人们的劳动是由拥有财产的人们为了自己的享乐而加以管理的"⑥。在现代社会，财产所有权集中在少数人手里，大多数人获得生产资源的可能性极小。解决问题的办法是，"找到一种与新时代的工业条件相容的方法，使每个人能在工业系统中有自己的位置"，能对共同的产品拥有"留置权"，这无须依赖私人的慈善，也不必听从官吏的任意决定。简而言之，就是"使个人获得'供使用的财

---

① 《自由主义》，第65页。
② [英]伦纳德·特里劳尼·霍布豪斯：《合乎理性的善》，伦敦1921年英文版，第168页。
③ 同上书，第134页。
④ 《形而上学的国家论》，第126页。
⑤ 《自由主义》，第66页。
⑥ [英]伦纳德·特里劳尼·霍布豪斯：《财产的历史演变：事实和观念》，收入牛津主教查尔斯·戈尔编纂的论文集《财产》，此处引自[英]詹姆士·麦多克拉夫特编：《〈自由主义〉和其他著作》，剑桥大学1994年英文版，第181页。

产'，使民主制国家保留'提供权力的财产'"①。

霍布豪斯还从另一个角度把财产区分为"社会财产"和"个人财产"。他认为，"经济学的主要问题不是消灭财产，而是使社会的财产概念在适合现代需要的条件下恢复其正确的地位，"也就是说，要"把财富的社会成份同个人成份区别开来"，把前者"上交国库，由社会掌握，以满足社会成员的基本需要"。② 这一思想是他的社会政策的基础。

霍布豪斯认为，从两重意义上说，财产的基础是社会的。一方面，社会的有组织力量保护财产的所有人不受偷盗掠夺，维护他的权利，否则，"他们的权利连购买一星期的用品也不值"。因此他们必须承认，"社会也是创造财富不可或缺的伙伴"③。另一方面，"价值有一种社会因素，生产也有一种社会因素"。现代生活中的生产的社会因素包括：劳动的分工合作，由各种社会力量决定的供求率，在生产方法中对别人的智慧所创造的机器、对一切可利用的文明手段及文明所产生的机构的利用。当然，个人利用这些条件和机会的情况是不一样的，这就是"生产中的个人因素"，是"个人索取报酬的基础"。④ 霍布豪斯认为，经济公正就是"不仅对每一个人，而且对每一种履行有用服务的社会的或个人的功能按其应得的给予报酬"。所谓"应得"是按照刺激和维持那种功能的有效运用所必需的量来计算的。良好的经济组织（包括社会主义在内）不能忽视对个人努力的刺激，但是如果忽视财富的社会因素，就会"使社会失去它在工业成果中应得的一份，结果就是造成财富的单方面的、不公正的分配"⑤。

霍布豪斯还主张把两种财产区分开来，即通过继承权取得的财产和通过本人努力取得的财产。他认为，从前的自由主义者（如洛克）主张区别劳动所得和不劳而获是正确的，但是应当看到，"从资本或土地获得的收入可能代表个人的储蓄而非他继承的财产"，因此真正的区别应是在继承所得与

---

① 《〈自由主义〉和其他著作》，第198页。留置权是抵押权人在抵押者偿清债务前扣留抵押品的权利。霍布豪斯常用来比喻劳动者对社会产品拥有一定份额的权利。
② 《自由主义》，第98页。
③ 同上书，第96页。
④ 同上书，第96—97页。
⑤ 同上。

劳动所得之间。他主张对遗产征税，认为"国家对过去积累的遗产的控制是不受限制的"。① 而税收的真正功能是"为社会争取财富中来源于社会的部分，或者说得更透彻些，一切不来源于个人努力的东西"；征税不是把甲的东西剥夺来送给乙，"而是把一样应归社会所有的东西偿还给社会"。税收是用来促进公益事业的，这对于所有的阶级都有好处，至于用公共开支来消灭贫穷，这也是"一切人都有权利来要求和有义务来履行的目标"。②

霍布豪斯认为，可以设想工业制度中有一个中央组织来对生产中的个人因素和社会因素进行区分，既可以实行公平的分配，又可以履行公共目的。这个中央组织应当是一个"秩序井然的国家"③。

四

霍布豪斯的国家观是多元主义的。他认为，国家只是社会上许多团体（association）中的一种，它和其他的自愿的团体的区别只是在于它行使强制力，它有资格控制居住在其地理疆域内的所有的人。但是，国家不是为"少数人"的利益服务，甚至也不是为"许多人"的利益服务，而是要为"所有的人"利益服务。④ 在工业社会中，国家的职能必然涉及劳动与资本的关系。它是作为中央的权力机构发挥"最高的调控权威的作用"。它不是取代各个群体的部门利益，而是平衡和调和这些利益。它不取消雇主联合会与工会之间的契约自由，而是规定契约必须遵循的限制和条件，也就是要"保证公平竞赛的游戏规则"。国家对劳动中的卫生和安全条件、工时限制、疾病和事故的照顾以及最低工资作出规定。通过纠正不平等，它使契约自由以比过去更加深刻、更加真实的意义得到实现。另一方面，尽管国家强制雇主方面接受一些条件，它却允许他们发挥首创性，直接管理和控制自己的企业。国家只是拥有某种监督的权利。霍布豪斯在这里用了一个生动的比喻："企业主是领主（lord），国家是最高领主（overlord）。"⑤

---

① 《自由主义》，第 100 页。
② 同上书，第 102—103 页。
③ 同上书，第 105 页。
④ 《劳工问题》，第 86 页。
⑤ 同上书，第 88—89 页。

但是，霍布豪斯也清醒地看到其中的困难。国家是通过政府来行使职能的，而政府是由代议制产生的，但是"代议制不会自动地准确显示人民的意志"，恰恰是"组织得最好的利益容易获得过度的影响"。在正常的情况下，社会中存在着由不同的党派、阶级利益、工会利益和宗教利益之类产生的众多意志，大选是这些意志的搏斗，"那些见解最明确、领袖最能干、组织最强、政治活动能力最大的"意志将会得逞。财富由于掌握代议制中的种种组织手段，因此具有特别大的影响，而且这些年来"财富寡头在这方面的地位已经巩固，影响也加强了"①。在经济发展趋势导致财富极大不平等的情况下，很难有真正的政治平等，代议制本身不能纠正这一趋势，但是它"为所有的党派提供一个公平的阵地"，为所有"有足够的智慧、决心和组织性来把自己组织起来进行协同一致的政治行动的人"开辟了道路②，这些人自己必须学会使用这一手段，这正是霍布豪斯这样的人所从事的工作。

霍布豪斯的国家观是与他对财产和所有制的看法互相贯通的。他不赞成被他认为"狭隘形式"的社会主义关于由国家掌握全部财产并且分配生活必需品和舒适用品的主张，认为国家不应该废除私有财产，而是应当使所有的公民"享有对公共财富储备（common stock）的某种留置权"。但是，既然如上所述，社会和个人都是财富的来源，国家就肯定拥有"为公共利益自由处置财产制度的权力"；"从根本上说，国家不受所有主权利的限制，而所有制却要服从共同的善的最高需要"③。把这一论点应用于实际，结果就是：国家可能把某些形式的财产如土地和交通工具收归国有，也可能直接组织公共服务如邮政和铁路，但主要是通过税收来为社会福利事业取得财政来源。

霍布豪斯认为，国家的这种职能虽然不符合自由放任主义（laissez-faire）的自由观，却是对于有效地实现"真正的个人自由原则"不可缺少的。随着治国经验的成熟，自由主义者也开始懂得，"通过工业控制，他们

---

① 《民治的政府》，见《〈自由主义〉和其他著作》，第127—128页。
② 《〈自由主义〉和其他著作》，第127—128页。
③ 《劳工问题》，第90页。

并不是在破坏自由,相反是使自由更加坚固"①。他们不仅接受,而且积极促进扩大政府在工业控制和教育等等方面的"集体责任"。霍布豪斯说:"正是这种慢慢渗入公众内心深处的信念最终变成了有关社会改造的新思想。"②

五

霍布豪斯把上述关于自由、财产和国家的论述概况成两个原则:

第一,经济公正原则,即"报酬应与社会服务相等"的原则。

第二,国家的"经济主权"原则,即为了保证第一条原则的实现,国家应对财产拥有某种"最高领主权"(overlordship),应对工业拥有监督权。

上述权利和权力的实现是不能"通过革命性地改变财产权或工业制度而一蹴而就的",而是应当通过"小心谨慎的试验",因为历史的教导似乎是:"当人们愿意把问题逐个地予以解决,而不是把它们彻底摧毁以建立一项充满吸引力和想像力的全面制度时,进步就更持久可靠。"③ 霍布豪斯承认自己的这些观点"体现着许多构成社会主义教导体系的思想",但是他们仍旧属于自由主义或经济自由主义,因为"抽象的社会主义片面地强调工业中的社会因素,而抽象的个人主义突出个人因素",只有他所主张的经济自由主义才是对这两个因素一视同仁的。④

这里就涉及本文要着重讨论的社会主义和自由主义的关系,霍布豪斯在自己的著作中也反复论述这一问题。1905年出版、1909年修订再版的《民主和反动》一书的最后一章就是"自由主义和社会主义"。他把这两者称为"人道主义运动的两个分支",它们从不同方面处理社会公正问题。自由主义是在反对封建主义的法律和政府的斗争中发展起来的,它强调"解放",主张人的能力作为进步的主要动因应当不受阻碍地发展。社会主义或"集体主义(collectivism)"则主张社会的互助(solidarity),强调互相负责和强者对弱者的义务。它的口号是"合作和组织"。霍布豪斯认为,实际上这两

---

① 《自由主义》,第43页。
② 同上书,第83页。
③ 同上书,第105—106页。
④ 同上书,第106页。

种理想不是相互冲突，而是互相补充的。但是这两种信念都很容易受到歪曲。自由主义的原则会变成"商业竞争的令人讨厌的教义"，把"挣钱的能力"当作"成功的标准"，把互助看成对"不负责任和没有效率"的人的挽救。① 而英国的某些社会主义者自命为"专家"，认为自己有资格为普通人决定"怎样才是有道德和幸福的"，于是社会被看成"一架由单一的中心牵线操纵的完美的机器，所有的男人和女人不是'专家'，就是傀儡。人道、自由和公正都从旗帜上抹掉了"。② 二者受到歪曲的形式当然会发生冲突，但是真正的社会主义是建立在自由主义赢得的政治胜利的基础之上的，它不是破坏主要的自由主义理想，而是要补充它的。实际上，老自由主义和社会主义在两个主要问题上的分歧，在目前的自由主义者这里已不再存在了：自由主义者赞同社会立法和国家干预；自由主义和社会主义对劳动所得的财产与遗产和投机所得的财产作出区分并据此确定税收原则的观点也是一致的。

但是，霍布豪斯的这些观点只能说明他赞同当时欧洲社会主义政党在日常斗争中实行的改良政策，并不表示他已接受这些政党（至少作为正统观念）信奉的社会主义理想。他对德国社会民主党1891年爱尔福特纲领的分析典型地说明了他的这一态度。他认为，纲领导言部分关于把生产资料的资本主义私有制转变成社会所有制，把"工资劳动生产"转变成社会主义生产的主张是一个"当之无愧的革命原则"，但是它是十分"广泛和影响深远的"，如果"脱离那些体现它的实际措施，就很难理解它的真正意义"。③ 至于纲领的第二部分列举的十项具体要求，大部分即使不是全部自由主义者都赞同的，也"肯定"既与老一代自由主义者，又与那些被假定为带有社会主义色彩的自由主义者"密切地联系"的。关于税收的建议一部分已在1894年英国政府预算中实现，一部分也是英国自由主义者赞同的；工人社会立法的要求则"与我们在英国熟悉的要求非常相似"。④ 总之，仅就社会主义的"具有实在形态"的内容而言，它是与"自由主义的进步的天然路

---

① 《民主和反动》，第229页。
② 同上书，第230—231页。霍布豪斯所批评的是费边社的某些知识分子。下面将要提到的"官僚社会主义"也是指此。
③ 同上书，第236页。
④ 同上书，第238—239页。

线"一致的。所以他大胆地作出结论说:"应当通过真诚的互相理解的努力,使一种真正的、具有公共精神的自由主义与一种合乎理性的集体主义之间的分歧消弭。"①

实际上,霍布豪斯在高度称赞爱尔福特纲领的当前政策的同时已把纲领的指导原则撇在一边。这一指导原则来自马克思主义,而霍布豪斯是反对马克思主义的,他称之为"机械社会主义",指责它存在四个缺点。(1) 把社会发展的原因"归于经济因素的单独作用";(2)"把一切价值归因于劳动";(3) 在政治上,"假定一种以实际上并不存在的明确的阶级差别为基础的斗争";(4) 为未来构想出一种"由政府控制工业的制度"。② 这四点批评是各派自由主义思想共有的,可见霍布豪斯的思想没有超出自由主义的范围。它明确声称英国并不存在德国社会民主党向之诉求的那种阶级斗争,不存在马克思学说以之为基础的那种尖锐的、无产阶级与"工业界大亨"之间的对立,认为英国当时的危险在于大的股份制企业(即垄断资本)维持自己的特权、反对社会改良、破坏民主和自由的反动努力。马克思的社会主义制度设想则是一种乌托邦,应当被改造成指导政治家纠正工业结构中的弊病和发扬其优点的原则:"事实上,社会主义作为政治中的一支实际力量就是靠这种改造而发展的,这一变化带来了唯物主义乌托邦的终结。"③

针对马克思主义和所谓的"官僚社会主义"参见第 386 页注④,霍布豪斯提出"自由的社会主义"概念(尽管他认为是否存在这种东西还有待研究),认为这种社会主义必须是民主的、自下而上的,"服从绝大多数人的真实愿望的";还必须是自由的,即"支持个性的发展,而不是对个性的控制"。④ 这种观点仍未能超越自由主义的老生常谈。第一次世界大战以后,他又在《社会公正的因素》一书中使用"社会自由主义"一词,认为它与"本来的社会主义"(socialism proper)的分歧在于"它是企求社会与个人的

---

① 《民主和反动》,第 239 页并参考脚注。
② 《自由主义》,第 85—86 页。
③ 同上。
④ 同上书,第 88 页。

和谐的"。① 其实这一思想在《自由主义》一书中已有所表述："我们把和谐概念作为解决问题的线索，始终按照共同的利益来确定个人的权利，并且按照构成一个社会的全体个人的利益来考虑共同利益。"② 他在《社会公正的因素》一书中还进一步指出，这种社会自由主义涉及一种监督私人企业的"有效的社会组织形式"问题，这类"管理形式"可以既比国家经营又比私人企业更好地保证自由、产品的公正分配和效率。他认为这是"本来的国家社会主义与半社会主义或社会自由主义者之间的、公共经营与公共监控之间的分界线"。那时距俄国革命已经四五年，英国工党和费边社都对苏俄的实践很感兴趣并且加以研究，但霍布豪斯在这时发表的几本书中只字不提苏俄，却说："大多数现代社会看来是信奉社会自由主义的。"③

从上面的这些言论可以看出，霍布豪斯是想坚守传统自由主义的核心原则和资本主义社会的经济与政治制度，同时吸收社会主义思想的某些方面，来解决这个社会的弊端。他感到自由主义的信条似乎已变成"化石"，十分尴尬地夹在"财阀帝国主义"和"社会民主主义"这两块磨石之间。如果想保持某些"老概念"的实质，就必须经过一个"适应和发展的过程"。他说："自由主义已经绝处逢生，在与社会主义交换思想的过程中吸取了不止一个教训，也给了不止一个教训。"④ 他也希望自由党和工会应当撇开在利益和偏好方面的"次要分歧"，联合起来反对"日益加强的财富的权力"。⑤ 另一方面，他看到了工党在为维护工人权利而进行斗争时也认识到必须与自由党合作，"巩固了它同自由党的联盟"⑥，改变了19世纪90年代以来彼此对立的情况，而"这绝非仅仅是政治上的权宜之计，而是扎根于民主政治的需要的"⑦。

---

① [英]伦纳德·特里劳尼·霍布豪斯：《社会公正的因素》，纽约1922年英文版，第169—170页。

② 《自由主义》，第106页。

③ 《社会公正的因素》，第202页。

④ 《自由主义》，第108、114页。

⑤ 《民主和反动》，第239页。

⑥ 《自由主义》，第113页。

⑦ 同上书，第107页。

霍布豪斯始终是自由党人，但是他长期以来希望自由党和工党联合甚至合并。从第一次世界大战后期开始，他时而表示相信英国迟早会出现一个由"具有人道主义信念的进步人士联合组成的统一的民主政党"①，时而估计自由党处在从"政治改良的党"转向"真正的、深刻意义上的社会民主党"的"十字路口"②。后来他又认识到，要实现他的信念主张，英国的党派结构应当重新组合。有趣的是，他把英国从左到右的政治光谱分为四段：一是共产党员和理论社会主义者；二是普通的工党党员和"好的自由党员"；三是"坏的自由党员"和普通的保守党党员；四是死硬派或顽固派。③ 霍布豪斯（还有一些左派自由党人）主张让左右两类的极端分子自行其是，而支持一个经过革新的、以第二类人为基础的党。但严重的问题在于当时"坏的自由党人"在自由党内占多数，它当然要右倾了。正是由于自由党未能摆脱霍布豪斯所说的那种处于"两块磨石"之间的窘境，它在政治上日益衰落，终于在1924年的大选中遭到惨败，而英国从此形成保守党和工党两个大党对峙的政治局面。霍布豪斯改造自由党的幻想破灭了，但是我们可以把美国政治学家雷克斯·马丁对于格林的评价用到他身上：他的观点"为19世纪英国的老的、资本和'自由党'的自由主义向20世纪民主的'福利'国家的'新自由主义'的转变奠定了基础，并且通过这一观点的外化（projection）为老自由主义向当前世界的这种（福利）国家的许多社会服务和干预政策的转变奠定了基础"④。

六

霍布豪斯的新自由主义思想，无论是称为"自由社会主义"或"社会

---

① ［英］伦纳德·特里劳尼·霍布豪斯：《一个有效率的工党》，《曼彻斯特卫报》1917年10月22日，转引自《分裂了的自由主义》，第218页。

② ［英］伦纳德·特里劳尼·霍布豪斯：《走向公正的和平》，《曼彻斯特卫报》1918年9月28日，转引自《分裂了的自由主义》，第219页。

③ 霍布豪斯给C. P. 施各特的信，1924年11月7日，转引自《分裂了的自由主义》，第222页。又见［英］施特方·科里尼：《自由主义和社会学》，剑桥1979年英文版，第247页。

④ 转引自［英］阿·西姆霍妮、D. 霍恩施坦合编：《新自由主义：自由与共同体的和解》，剑桥2001年英文版，第49页。

自由主义"也好，还是像他在一封信中所说的"第三种见解"① 也好，实质上是用社会主义思想的某些内容来补充和改造自由主义，是与第二国际欧洲社会党内的修正主义、改良主义思潮，亦即两次世界大战之间时期社会主义工人国际所属各党的社会民主主义相近的。正因为如此，他才一度期待自由党有可能发展成"社会民主党"（见前）。但是，社会党至少在理论上还是信奉马克思主义的。例如，德国社会民主党 1925 年制定的《海德堡纲领》的原则部分基本上是沿用《爱尔福特纲领》的思想的。其次，社会党仍旧认为应当用社会主义制度代替资本主义，而生产资料公有制是社会主义的经济基础，甚至并不信奉马克思主义的英国工党也在 1918 年党章的第四次条中对此作出规定。在这两个根本的原则性问题上，新自由主义与社会民主主义都有区别，甚至是对立的。不过，社会党本身也是有从左到右的各个派别的，社会党的实践则是实用主义的，而且愈来愈和自己的官方理论脱节，因此，常常出现社会民主主义政策与自由主义特别是新自由主义重合和交叉的情况。上述霍布豪斯关于英国政党光谱中的四种人的描述也可以说是这种错综复杂情况的反映。

毫无疑问，在霍布豪斯等人努力向社会主义吸取养分的时候，他们的思想也不可能不对社会主义运动产生影响。社会民主主义和新自由主义有一个共同的出发点：承认资本主义的生命力和弹性并且在这一前提下来制定对策。20 世纪 50—70 年代的西欧资本主义的"黄金时代"似乎已证明它们是正确的（不管各国在各个时期执政的是什么党派），但是 80 年代以后，社会福利国家的困境和"新自由主义"（Neo-Liberalism）的兴起，特别是在全球化迅速发展形势下欧洲社会民主主义遭遇的危机仍旧给我们留下这一问题：在不触动资本主义所有制并且否认阶级斗争的条件下是否能实现霍布豪斯所企求的"社会和谐"？如果不能，那又该怎样？这是我们在充分肯定霍布豪斯的历史功绩时不能回避的问题。

---

① 霍布豪斯给 C. P. 施各特的信，1924 年 11 月 7 日，转引自《分裂了的自由主义》第 222 页。又见《自由主义和社会学》，第 247 页。"第三种见解"指既反对个人主义，又反对"教条的社会主义"。

第三节 约翰·霍布森的"自由(的)社会主义"

约翰·阿特金森·霍布森(1858—1940)在我国学术界主要是以《帝国主义》一书的著者而闻名的,而他是 19 世纪末英国的新自由主义的代表人物这一事实却较少引起注意。他在大学攻读的是古典文学和经济学,曾任牛津大学和伦敦大学的讲师,也曾当过杂志编辑,1897 年以后就专门从事著书立说了。霍布森和霍布豪斯齐名,二人对自由主义和社会主义的态度基本一致,但霍布森在经济学上有自己的特殊见解,他的社会有机体观点也比霍布豪斯关于社会的有机性的观点更进一步。

霍布森是在 19 世纪 80 年代英国经济处于长期萧条时开始著述的。那时英国的情况正是一个发达工业国家的"悖论"的表现:"充足中的贫困"。[①]将近有三分之一人的生活在赤贫状态,就业情况不正常,居住过分拥挤。这对霍布森产生了极其深刻的影响。他在《贫困问题》一书中写道:"在现代生活中,再也没有比憔悴、饥饿的劳动者在人口拥挤的工业和财富中心游荡的形象更加悲惨的了。他徒劳地乞求人们允许他参与工业,允许他对财富作出贡献,他要求的报酬不是文明生活的舒适和奢侈,而是他自己和他的家庭的粗劣食品和栖身之处,而这些都是他甚至在最原始的野蛮社会中实际上都可以获得的。"[②]针对那种把贫困和失业归咎于懒惰的保守观点,他指出,贫困是一个社会问题,是"一个全国性工业疾病,只能采取全国性的工业就业来医治它"[③]。这些话和与此联系的对工人生活的描述充分说明了他当时关心的问题,而他一系列的早期著作的书名也说明了这一点:《贫困问题》(1811)、《近代资本主义的演进》(1894)、《失业者问题》(1896)、

---

① 霍布森后来曾以此为书名发表了一本小册子,1931 年出版。
② [英]约翰·阿特金森·霍布森:《贫困问题》,伦敦 1891 年英文第 2 版,第 17 页,转引自[英]约翰·阿列特:《新自由主义:约·阿·霍布森的政治经济学》,多伦多 1981 年英文版,第 7 页。
③ 《贫困问题》,第 227 页,转引自[英]彼得·克拉克:《自由主义和社会民主主义者》,伦敦和纽约 1978 年英文版,第 49 页。

《社会问题》（1901）、《分配的经济学》（1901）。他在这些著作中对资本主义社会的问题进行了分析和批判并且阐述了自己的改良主义思想。他在1889年出版的第一本著作《工业的生理学》（与A. F. 莫默里合著）中就已提出消费不足是资本主义社会中失业、生产过剩乃至经济危机的根源的理论。在以后的著作中他进一步阐发了这一理论，而在《工业系统》（1909）、《财富的科学》（1911）、《工业和财富》（1914）等更加成熟的著作中他又阐述了自己关于财产、国家和特别是社会有机体的理论。

一

霍布森对资本主义的批评是从他提出消费不足论开始的。这一理论简单说来是这样的：由于分配方面的问题，工人的工资仅仅足以甚至还不足以购买他维持自己和一家生活的必需品，而资本家的收入远远超过他在消费和维持生产方面的支出，他就将这些剩余"储蓄"起来，也就是用于新的投资。结果是生产扩大了，产品却卖不出去，必然导致停产和解雇工人，也就是导致失业和贫困。这一理论是对传统经济学关于生产和消费能通过市场的调节而获得平衡的理论的挑战，因此曾受到正统经济学家的批评和抵制，但进步经济学家却给予肯定，例如凯恩斯是基本赞同这一理论的，不过他认为霍布森把资本家的"储蓄"完全和投资等同起来是错误的。

我在这里不打算从经济学方面分析这一理论以及它在政治经济学历史中的地位，只是想指出，由于这一理论把资本主义社会中的矛盾归结为分配不公正，因此它和霍布森关于生产要素和财产来源的观点结合起来，成为他的社会改良主义的理论基础。霍布森甚至运用这一理论来解释资本主义国家的帝国主义政策的起源。他认为，由于资本家的"这种储蓄找不到更多工厂和其他资本设备的有利用途，于是过度储蓄的动力逐渐受到阻碍。但它也设法利用政治权力来向国外市场寻求出路，因为国外独立的市场都已封锁或限制，于是获取殖民地、保护地和其他帝国发展的地区，就成为国家改革中更为迫切而有意识的活动了"[①]。

[①] ［英］约翰·阿特金森·霍布森：《帝国主义》，上海人民出版社1964年版，第7页。（此书初版于1902年，这里的引文出自1938年新版的导言，此书正文中有多处阐述这一观点。）

二

霍布森的经济学观点的另一个重要方面是他对于生产要素的分析。他以这一分析为基础，论证了工人运动的必要性和重要性以及国家在社会政治中的作用。

霍布森认为生产有四个要素：劳动、能力、资本和土地，它们都从出售产品的所得中取得自己的报酬。在他的有关论述中有以下几点需要着重指出：

第一，他所说的"能力"要素是指"生产能量的高级形式"，即发明家、技术人员和管理人员。他对管理人员的评价很高。特别是由于当时已出现资本家不一定自己管理企业的情况，他认为经理的能力和劳动对企业在竞争中的成败是起关键作用的，随着工业的发展，他们在"剩余"总额中所获份额将超过资本所得，从而将拥有更大的权力和更多的财富。

第二，他把资本要素所得的报酬分成两部分。一部分是固定资本的折旧，另一部分是利息。他认为，资本家节省一部分消费用于投资，是一种"牺牲"或一种"努力"，这同其他生产服务一样，必须付款购买，再加上投资风险应得的"保险费"，就构成利息，它对吸引新的资本也有"激励"作用。但是他对地租是持否定态度的。他虽然承认现状，把地租纳入生产成本，但认为土地是自然资源，地租纯粹是不劳而获，是应当加以控制或甚至取消的。在这一方面，他受到亨利·乔治的影响，而且是与格林和另一些新自由主义者一致的。

第三，他强调国家对于工业生产的作用。他认为，"政府的工作中有很大一部分，而且是愈来愈大的部分是有关保护和推动工业的。"例如，军队、警察和司法机构对私有财产和经济的保护；卫生、教育和其他公共服务对经济效率的直接或间接的促进作用；许多涉及劳动条件、企业管理行为和消费者利益保护的立法和行政措施等等。因此国家可以被"正当地看成一个生产要素"，它与劳动、土地、资本和从事工业的个人能力合作，也应当有它自己的一份报酬，否则，"有缺陷的公共服务"就会造成不安全和无效率，阻止资本和劳动投入工业或它们在财富生产中的有效合作。①

第四，他认为，在现代工业体系中，由于各个生产要素的合作，产品的价值远远超出为维持生产所必需的成本，这个差额就是"剩余"。剩余可以通过恰当的比例在各要素之间分配，从而促进工业的增长（即扩大再生产），也可以作为对某个强大的要素拥有者的过多报酬而造成浪费。他从这一角度把出售产品的收入分成三个部分：1. 维持成本，包括：（1）为维持生产的目前规模和效率而必须付给各种劳动和能力的最低工资；（2）固定资本和土地改良实施的折旧；（3）国家维持公共服务的费用。2. 生产性剩余，包括：（1）为扩大和改进现有的工业系统而鼓励更高质量和效率的劳动和能力所付的最低工资；（2）为激励新的资本投入而付出的最低利息；（3）国家为扩大和改进公共服务的费用。3. 非生产性剩余，包括：（1）土地和其他自然资源的经济地租（即级差地租）；（2）超出第二项所规定的必需的利息；（3）超出第二项所规定的必需对劳动和能力的报酬。②

上述第三部分的分配即"非生产性剩余"是霍布森最关心的问题，他实际上是把这看成资本主义社会的弊病的主要根源。"唯一真正的争执，即资本和劳动、土地和才能之间冲突的唯一真实的原因是非生产剩余。它在工业交往中是引起经济疾病的不断的纠纷的根源。"③ 他认为，这种非生产性剩余是由于某个要素的天然的或人为的"稀缺"造成的，它们属于"不劳而获"的收入。它们在三个方面造成浪费和破坏：第一，它们不能给生产提供刺激。第二，它们占有了如果分配给某一要素本可用于生产的那一部分的收入，使工业由于各要素不能按比例增长而不能进步。第三，它们鼓励懒惰。

霍布森对生产要素和收入分配的分析在理论上否定了剩余价值，在实际运用时模糊和冲淡了劳动和资本的对立，把双方的斗争化解成消除"浪费"的努力。霍布森认为问题的关键在于维持各个生产要素之间的"和谐"关系。当产品的分配（即报酬）是正常时，就能刺激各个生产要素，使其维

---

① 《财富的科学》，第84—85页。参见上海人民出版社1958年中文版，第48页。
② 同上书，第86页。参见中文版，第49页。
③ 同上书，第82页。参见中文版，第47页。

持或增加自己的"生产的能量",而"工业的健康状态得到保证,在几个要素之间也会存在完全的和谐"。如果雇主或资本家拒绝给予劳动者以必要的份额,劳动就不能达到必需的"效率水平"。反过来说,如果工人把利息或利润压得过低,资本和"能力"也就不能充分发挥。总之,"不仅就维持生产的基金来说,而且就生产性剩余的应用来说,在劳动、资本和能力的各自利益之间都存在一种和谐"。有时,由于一方或双方(不开明的资本家或不明事理的工人)不能正确地理解或解释这三个要素的和谐,社会产生摩擦或甚至激烈的冲突,从而阻碍生产的进步。但是,"只要所有有关各方都能清楚地认识工业形势,那么,维持费用和剩余费用的恰当分配就会体现出利益的一致性(solidarity)"。

但是这种和谐当然还没有在实际生活中实现。生产"剩余"中的很大一部分是被当作"非生产性剩余"而"浪费"掉的。霍布森认为,正是这一部分的剩余为工人运动提供了合理的基础(rational basis)。凡是在对其他生产要素的报酬超过"为了促成它们的充分利用所必需的"量的地方,"从经济上说,有组织的劳动就有理由试图将这些剩余转化成更高的工资"。[1]

但是,工会是否能够或在多大程度上能够成功,取决于它们和雇主组织的力量对比。后者拥有更多的资源和信息,因此常常能击退工会的压力。工人运动在认识到这一点以后就一定要转向政治,也就是要利用国家来补充工会和其他私人的合作性和慈善性组织的努力,以争取改进工人的劳动条件和提高工资。

从这些论述可以看出,霍布森对工人运动的趋向的看法是和霍布豪斯一致的。同样,霍布森也是按照与霍布豪斯大致相同的思路论述了国家的作用。

三

从霍布森关于工人运动和国家的关系的论述可以看出这样明显的对比:工人运动只代表一个阶级,而国家却是代表全社会的。

霍布森一方面肯定工人运动的合理性,认为工人阶级的利益从根本和长

---

[1] 《财富的科学》,第120页。

远来说是与社会利益一致的。他说:"劳工力求凭借国家而提出的要求,虽然主要是受一个阶级的利益驱使,但最终是符合并且促进社会作为整体的利益的。"通过把非生产性剩余转化成生产性剩余,通过使工人及其家庭更好地过文明化生活,享受更多的闲暇、娱乐和教育,就可以提高劳动的效率,推动工业的进步,使工业可以更加健康地增长。因此劳工政策有资格被称为"社会政策",它能造成"双重的社会收益"。①

尽管如此,他仍旧认为,工人运动并不等于社会主义。工人运动利用公共支持争取提高工人在剩余产品中份额的努力,就其精神来说是"分离主义"的(in a separatist spritit),也就是说,是为了某些特殊集团和特殊利益。社会主义则把整个剩余产品看成社会收入。社会主义意味着"以社会的努力来取代工业中的个人的或自由合作的努力"。从这一意义上说,工会的劳工政策不是社会主义。② 即使工会在许多工业领域和政治领域的联合行动及其在精神和目标上的共同性也不能模糊工联主义与社会主义的区别。在历史上,工人运动至多只是调节剩余产品分配的平衡和纠正其弊端的一个"不灵活的和不可靠的手段"③。它所使用的力量是不规则的,它所实行的财富再分配在量上说是不充分的,就其在各种等级的工人中的比例来说是不恰当的,低层次的。最需要公平分享的工人最不可能得到,而最不需要的"工人贵族"所得却最多。不仅如此,使用压力调整收入平衡的方法造成工业中的许多浪费。与此相比,现代国家日益能够使用某种"更加平等、更加规则和更能促进工业进步的方法来分配剩余产品"④。

霍布森认为,国家是代表社会进行干预的,它所使用的方法主要有三种:(1)对工业的管制;(2)对工业的经营;(3)征税。第一种方法指使用公共机构的全部立法权力来监控经营工业的条件,包括工资、工作时间和其他劳动条件以及对失业、疾病和老年的照顾。这些立法主要是加强工会的谈判条件,因此仍不能算是社会主义的。第二和第三种措施可以看成是社会

---

① 《财富的科学》,第215页。参见中文版,第122—124页。
② 《工业系统:对劳动而获和不劳而获的收入的探讨》,第217、215页。
③ 同上书,第219页。
④ 同上。

主义的。

第二种措施即"国家对工业的经营"是指国家或地方占有并管理某些工业。霍布森在这里使用了"国家社会主义"一词,认为"完全的国家社会主义措施"即企业的社会化或国有化通常只能应用于那些如果留在私人手中就会产生垄断或造成严重危险和混乱的企业。即使在这种情况下也要看国家或城市是否有能力比私营企业更加经济地或更加有效地经营。如果是这样,"这不言而喻是走向社会主义的一个健全的步骤",否则,"对这一工业的社会化不言而喻是不可取的"。① 霍布森认为,国家的有效经营可以"通过对行业的剩余利润的调控和分享来更好地保证社会利益",也就是使财富为更加广泛的人们享有和更加符合人道。它可以以两种方式做到这一点。第一,排除私人收入中不劳而获的和过量的,因此会造成浪费的成分,用于为社会服务;加强工业系统的活力,扩大能得到满足的需求的总量。第二,实行与工业日益增加的复杂性相称的中央指导,减少由于个人的和集团利益之间的冲突而造成的浪费,从而以最小的人力成本生产最大的效用。②

霍布森关于税收的理论,是他的新自由主义思想的一个核心内容。他认为,征税是"一个过程,在其中社会通过国家取得它依靠社会工作挣得的收入以及它为开展社会生活所必需的收入"。以前流行的看法是,国家是个人为了获得保护而联合组织起来的,它需要收入来实行这一服务,也仅仅由于这一目的才"被授权来侵犯个人的财产和收入并通过征税取得必要的收入"。也就是说,征税是对个人财产权利的侵犯和损害,是使纳税人作出"牺牲"③。霍布森认为这种错误看法已逐渐改变。一方面,从税收的来源来说,国家日益从公民的收入和财产中被认为是"不劳而获"的部分获取它为履行职能所需要的经费。税收不是对公民收入和财产的"没收",而是"国家的一种手段",国家通过这一手段"征集自己的收入,并且将它用于维护、发展和改进它向社会提供的服务"。④ 另一方面,从国家的职能来说,

---

① 《工业系统:对劳动而获和不劳而获的收入的探讨》,第 222 页。
② 《财富的科学》,第 255—256 页。参见中文版,第 143 页。
③ 《工业系统:对劳动而获和不劳而获的收入的探讨》,第 223 页。
④ 《财富的科学》,第 229—230 页。

它们提供的公共设施和公共服务虽然有一部分是专门为工资劳动者设置的，但有许多却具有"更加广阔的社会方向"，它们"与其说为了弥补一个阶级的缺陷，不如说是为了保护和改善作为整体的社会有机体"，而且愈是涉及"高层次的国家行为"，"我们就看到社会政策愈来愈不会等同于（identified）任何一个阶级的利益。"

霍布森一再强调，所有的税收都应当来自收入和财产中被认为是"不劳而获"的部分，但是在复杂的现代工业体系中，很难对"劳动所得"和"不劳而获"作出准确区分，因此只能从本文前面所说的"非生产性剩余"着眼，而且假定后者所占的份额与收入或财产的多少成正比，累进所得税就是以此为基础制定的。霍布森认为，这种假定很有理由，可以认为是正当的，但这与霍布森的另一些观点相矛盾。例如，他对"才能"要素很重视，当然也承认这一要素应从生产收入中分得较多的份额，那么，它的收入中究竟有多少属于"非生产性剩余"呢？又如，他接过空想社会主义者的"各尽所能，按需分配"的口号，对之作了自己的解释："要求每个人尽其所能地工作，对每个人按其工作进行分配。"也就是说："水平更高的工人应当获得比低水平工人更高的工资，因为他的需要更高。"① 这种解释当然是更加切合实际的，但如何与他关于"非生产性剩余"在工作中的比例的估计协调呢？当然累进所得税制作为实际操作方法是具有一定合理性的，要求对它从理论上作出完美的论证也是很困难的。但无论如何，霍布森对于"不劳而获收入"的谴责是有积极意义的，他在第一次世界大战以后又创造了"非财产"（improperty，相当于"非生产性剩余"或"不劳而获的收入"）一词来说明这种收入。② 他对遗产税的强调更是有积极意义的，在这一点上他也与霍布豪斯一致。

霍布森还从现代工业体系的内在矛盾的角度论证了国家的作用。他认为，现代工业系统是具有"适应和合作"的技巧的。就个别的工厂和企业

---

① ［英］约翰·阿特金森·霍布森：《社会问题》，伦敦 1901 年英文版，第 164—165 页。转引自《新自由主义：约·阿·霍布森的政治经济学》，第 68—69 页。

② 霍布森在《战争后的民主》（伦敦 1917 年英文版）一书中第一次使用"非财产"一词。20 年以后他又写了《财产和非财产》一书（伦敦 1937 年英文版）来论述这一问题。参见《分裂了的自由主义》，第 263—264 页。

来说，各种生产要素的拥有者的个人利益之间尽管会有冲突，但仍存在着为维持企业健全运行所需要的"密切和经常的和谐"。但是当问题涉及由企业组成的行业和整个工业系统时情况就要复杂得多，既存在秩序，也存在无序状态，不能表现出像单个企业那种程度的和谐。与自由放任思想所主张的相反，如果仅仅从各个生产要素的自我利益出发，不管它们的考虑是多么开明，仍不足以实现工业中的社会和谐，因为它们没有考虑到社会作为有机体的要求，而这一要求是通过国家表现的。霍布森认为，现代社会任何地方都是与各种生产要素的拥有者合作的，并且有资格在工业中发挥国家调控作用和分享工业产品，而现代国家的扩大了的经济活动就是"这一真理的表现"。虽然并不存在要使国家占有和经营所有工业的那种普遍倾向或有意识的政策，但是"在任何文明国家中，国家是被赋予日益增加的对私有经济的调控权力的"。其目的首先是保护作为工人、消费者或公民的国家成员不受伴随谋利过程的风险或伤害的影响；其次是使公众直接分享依靠社会能力和个人能力的带动而产生的财富。①

从霍布森关于生产要素和国家职能的观点可以看出，他的社会改良主义的理论与霍布豪斯的理论一样，是贯穿着社会和谐思想的。但是他的这一思想进一步发展成社会有机体理论，这也是他的新自由主义思想的伦理论证。

四

霍布森在早期著作中已陆续涉及社会的有机思想，而在1914年出版的《工作和财富》一书中他完整地表述了他的社会有机体思想。

社会有机体论反对把社会看成仅仅是个人的"聚集体"（aggregation），认为社会是一个具有超越个人的生命的有机体。霍布森主张，不应把社会仅仅看成是一批具有社会本能的、在其个人生活中具有"社会方面"的男人和女人，而是应当把它看成"一种群体生活，它具有一个集体的身体、集体的意识和意志，而且有能力实现一种集体的、生死攸关的（vital）目标"。他进一步解释说："一定不能把社会解释成一组社会关系，而是必须把它理解成一个集合有机体（collective organism）。它具有本身的生活、意志、目

---

① 《财富的科学》，第249—256页。参见中文版第140—143页。

标和意义，这是与它的个别成员的生活、意志、目标和意义有区别的。"①他还说，社会的全部生活是通过组成它的单位的合作来进行的，"这些单位不是单独地为自己工作，而是为一个整体工作，而它们各自的幸福是通过整体的正确运行而得到实现的"②。

霍布森认为，根据对社会的这种理解，"对经济过程就将不仅根据它们对个人生活的影响，而是根据它们对社会福利的影响来考虑"。因此，任何有理性的人民面对现代工业社会中的许多实际问题，如个人、阶级、性别差异等方面的问题时，都必须认识到"只有关于人类本身是一个集合有机体的假说才能提供合理解决这些问题的希望"③。如果把社会有机体观点用于考察工业行为，那就要求人们对每一个行为或产品，"既要从个人的立场，也要从个人所属的社会的立场来作出评价"，"由此就产生这两个利益领域的和谐"，而表面上的整体和局部、普遍和特殊之间的矛盾也就可以解决了。总之，"通过把社会当作一个有机体来对待，生产和消费、成本和用途、物质福利和精神福利、个人福利和社会福利之间的矛盾统统获得了它们最合适的和解与和谐的方式。"④

但是霍布森并不是想用社会有机体观点来否定传统自由主义突出个人自由的思想。他提出一个"联邦"论来解释社会有机体中个人与整体的关系。他说："社会工业生活的统一性不是仅仅一种融合的统一性（个人实际上消失在这种融合中），而是一种'联邦制'的统一性。在这种统一性中，联邦制将为个人保留其权利和利益。"但是，"联邦政府"之所以保留这些权利，是因为"它也认识到一个个人自由的领域对于集体生活的健康是有帮助的，它的联邦性在于国家承认个人目的和社会目的，或者更加准确地说，国家承认那些通过社会行动直接达到的社会目的和那些在个人中得到实现的社会目的。"⑤根据这种联邦的理论，一方面，任何个人权利和个人利益都不是绝对的，社会的权利和利益是至高无上的，它们压倒个人对一切与它们相抵触

---

① 《工作和财富》，第15页。
② 同上书，第16页。
③ 同上书，第16页。
④ 同上书，第17页。
⑤ 同上书，第304页。

的自由的要求。另一方面，个人及其愿望和目的不会因为社会的利益而受到损害或被牺牲，只不过是个人"更加清楚地认识到，他的个人努力和绩效就其过程和产品来说，是如何密切地与社会所有其他成员的努力和绩效联系在一起的"。正因为如此，"他就会有意识地通过向共同之善自愿作出贡献的行为来实现个人的自由"①。

在霍布森的这些观点中可以明显看出格林关于"共同之善"的观点的影响，这也是他与霍布豪斯相同之处。霍布森的社会有机体论决定他的思想始终贯穿着两个方面。第一，必须首先从社会角度看经济问题，认识到个人利益和社会利益是相辅相成的。第二，只有通过维持和促进现代工业社会中各方面利益的和谐才能解决社会问题，保证社会持续进步。这两个方面使他既能在一定程度上赞成社会主义，又始终与马克思主义的社会主义保持距离。

五

霍布森在自传中回顾他在 19 世纪 80 年代的思想说："虽然我的意见和我的感情开始转向社会主义，但我不是一个社会主义者、马克思主义者、费边社员或基督徒。"②

他指责科学社会主义玩弄黑格尔的辩证法，而"历史学家会揭穿经济决定论的原则、社会进化的各个阶段以及'日益加强的贫困'的规律的漏洞；阶级经济学家（class-economists）会揭露马克思的价值和剩余价值理论的谬误；心理学家会指明单纯依靠社会服务为激励的经济社会的不切实际"③。

首先，霍布森批评剩余价值理论，指责马克思"把脑力劳动和体力劳动的报酬看成唯一合法的费用，把地租、利息、利润和很大的一部分薪金（salary 应是指对管理人员的才能的报酬——引者）统统看成剥削阶级从收

---

① 《工作和财富》，第 304 页。
② 《一个异教徒经济学家的自白》，第 29 页。转引自《自由主义者和社会民主主义者》，第 51 页。
③ ［英］约翰·阿特金森·霍布森：《社会科学中的自由思想》，伦敦 1926 年英文版，第 147 页。

入的唯一生产者即工人那里夺取的剩余"。他认为,"正统的"社会主义拒绝承认(可用于投资的)储蓄和对工业的指挥所起的作用以及为这类服务付给利息和利润的正当性。现存社会是需要利润和利息来刺激个人进行投资和管理工业的,因此"正统的"社会主义是"凭借它对未来社会的幻想向现存的社会事实挑战"。① 在第一次世界大战期间,他继续批评社会主义把资本家所获得的报酬不加区分地称为"掠夺"并且声称劳动者有权获得"工业的全部产品",而这里所说的劳动仅限于"工人"(wage-earner)的工作。② 从这些批评可以看出霍布森对马克思的经济理论的了解是很肤浅的,他未能领会马克思对资本主义的科学分析(例如关于劳动者有权获得工业的全部产品的观点是马克思早已批判过的)。

　　霍布森也反对科学社会主义的阶级斗争观点,这是从他的社会有机体论必然得出的结论。1926 年,他在《社会科学中的自由思想》一书中说,社会主义者和其他有阶级意识的工人都受到这样学说的"灌输",即认为"地租、利润和利息都是由掠夺成性的寡头集团,即土地和其他工具以及工业机会的'垄断性'所有者,用强力从劳动的产品中扣除的"③。他认为这是一种"神话",是受"阶级偏见"影响的。但是这一理论既揭示了目前的资本主义的掠夺行为,又体现了未来的"胜利的无产阶级神话",它是战斗性和人道精神的"感情混合物"。关于资产阶级和无产阶级、资本主义剥削和工资奴役的尖锐对立以及关于一个生产工具归社会所有的社会的图景当然对于刚刚觉醒的,渴望享受一种更加充实、安全、舒适的生活的群众是有吸引力的。而"与消极的防御策略相比,积极的进攻策略需要更大胆的、更加简单的和更带煽动性的神话"④。霍布森说,这一神话是"为了刺激有组织的劳工的战斗欲望而设计出来的",但是它触犯了常识,而特别是在英国,常识的影响使人们对知识权威的尊重保持一定的分寸而且厌恶"极端的"措

---

　　① 《工业系统:对劳动而获和不劳动而获的收入的探讨》,第 227 页。
　　② [英]约翰·阿特金森·霍布森:《战后的民主》,伦敦 1917 年英文版,第 32 页,转引自《分裂了的自由主义》,第 182 页。
　　③ [英]约翰·阿特金森·霍布森:《社会科学中的自由思想》,伦敦 1926 年英文版,第 149 页。
　　④ 同上书,第 154 页。

施,"这在很大程度上阻碍了这个国家的劳工领袖和普通工人接受马克思的'科学社会主义'"。① 另一方面,他也曾在第一次世界大战前认为,在英国,"资本和劳动之间的冲突不断减少",在生产性剩余的分配方面,"随着知识和信息的每一次普遍改进,都可以更加清楚地看到两个重要群体之间的和谐"。②

在否定了马克思主义的社会主义的科学性以后,霍布森自己作为"公正无私的科学家"提出的主张仍旧是本文前面提到的国家干预和税收。直到晚年他都坚持认为,累进所得税、遗产税和借此维持的公共服务以及对工业的国家干预"作为政策确实是我们时代的最革命的运动,因为这是为了穷人的利益(他们是几乎所有公共服务费用的主要受益者)而没收富人的收入和财富"③。

霍布森对科学社会主义的另一点重要的批评意见是和其他自由主义者共同的,这就是社会主义社会中的个人自由问题,在俄国十月革命以后这已从理论问题转变为实践问题。他在《从资本主义到社会主义》一书中论述社会主义的实际问题时着重提出所谓"完全的社会主义"(像苏联这样实行生产资料公有制的社会)的一个危险是:由于缺乏个人自由,个人的创造性也受到压抑。他认为,社会主义必须允许个人在生活中享有"不受任何限制地发挥创造能力的自由,不管这些能力是属于科学、艺术的范围,还是属于娱乐的范围",至于"完全的社会主义"声称"能使创造性活动'理性化',对自由进行组织和对灵感(inspiration)进行计划,这是极不可靠的"。④ 与此相比,他称赞英国大多数社会主义者"不是把社会主义表述为摧毁个人自由,而是通过排除贫困、愚昧、社会方面的无能和其他残疾对个人自由的阻碍来扩大个人自由"⑤。

---

① 《社会科学中的自由思想》,第154页。
② 同上书,第277页。
③ 《听众》1934年10月31日,转引自《自由主义者和社会民主主义者》,第265页。
④ [英]约翰·阿特金森·霍布森:《从资本主义到社会主义》,伦敦1932年英文版,第36—37页。
⑤ [英]约翰·阿特金森·霍布森:《我们必须抛弃民主吗?》1927年12月3日,《民族》杂志,转引自《分裂了的自由主义》,第183页。

他虽然并不认为列宁和布尔什维克仅仅出于渴望统治人民才掌握权力，却认为由于他们自以为能代表无产阶级的意志和真正利益，所以他们夺取权力的意志加强了。他指责布尔什维克把马克思主义当成宗教，把马克思和列宁当成新社会制度的圣人崇拜，而他们关于"千年太平"的设想，"不管是当成政治的还是经济的宗教来看，都是同它想取代的那种荒谬神学一样受到理性主义憎恶的"。① 他甚至把苏联的无产阶级专政与意大利和德国的法西斯专政相提并论，认为它们都是努力通过"编造的历史和歪曲的宣传支配青年的思想，按一个共同的信仰、感情、愿望和行为的标准来塑造他们"②。

六

针对他所批评的"完全的社会主义"，霍布森主张实行"有限的社会主义"，也就是"自由的社会主义"。按照他的看法，这种自由社会主义实际上是自由主义和社会主义趋同的产物，也可以说是二者之间的中间道路。他认为，所谓自由主义与社会主义之间存在"不可逾越的鸿沟"的观点是荒唐的。这一观点的论据是，"自由主义把个人自由当作目的，把一切活动中的经营自由当作方法，而社会主义则使个人意志和个人努力服从某种国家机器的指挥"③。这里所说的自由主义是指"自由放任"，但实际上从 19 世纪末开始，由于垄断资本扭曲了市场关系，自由主义者已放弃了"自由放任"思想，一种"经过调整的资本主义"与"理性化的、合作主义的趋向"之间的趋同不仅是可能的，而且正在发生。④ 霍布森接受了另一个自由主义者霍格的看法，认为当人们认识到资本与劳动的冲突同弱小行业与强大行业之间的冲突相比很可能处于次要地位时，就会迅速朝"实际的社会主义"迈进。而 1928 年英国自由党发表的题为《英国的工业前途》的黄皮书和以后

---

① ［英］约翰·阿特金森·霍布森：《上帝和财神》，1937 年英文版，第 137 页，转引自《自由主义者和社会民主主义者》，第 264 页。
② ［英］约翰·阿特金森·霍布森：《民主和正在变化的文明》，1934 年英文版，第 70 页，转引自《自由主义者和社会民主主义者》，第 266 页。
③ ［英］约翰·阿特金森·霍布森：《自由主义和劳动》，《曼彻斯特卫报》1929 年 2 月 6 日，转引自《分裂了的自由主义》，第 184 页。
④ 同上。

制定的纲领就是这种"实际的社会主义"的体现,他们"就其总的倾向和许多具体建议来说是'社会主义'的"。① 例如,扩大公共服务,高工资政策,改善劳动条件,工人参加自治,限制利润,指引储蓄向公用事业投资等等。他甚至认为,"工党的'社会主义'……并不比新自由主义者的社会主义更加先进"②。

这里要涉及霍布森和霍布豪斯两个人的政治生涯中的一个有趣现象。霍布豪斯始终是自由党员,但是一直希望自由党和工党中的进步的、"非教条主义的"成员能联合组成一个新的、走中间道路的党。1924年,他曾在一封私人通信中说,正在执政的"温和的工党"整个说来是代表"基本的自由主义"的,而自由党却是一部分倾向保守党,一部分倾向工党,一部分算是"自由贸易联盟派"。他认为那些"并不是彻底主张国有化的工党党员"与"要求社会进步的"自由党人之间不再存在区别,但是传统和阶级区别还阻碍着许多好的自由党人加入工党。现在工党倾向于吸收这些人,那就只有倾向于保守党和一大批传统的自由主义者还会留在自由党内了。③ 霍布森起初是自由党人,1916年退出,1918年曾以独立候选人身份参加大选,1924年加入工党,但对工党始终持批评态度。他在回忆录中说,在加入工党后从来没有感到"十分自在",因为这个党是"受工会成员及其提供的经费支配的,在思想上是受'正宗的社会主义者'(full-blooded socialists)领导的",而党内任何一个派别都没有坦率地承认"对我国的任何一个进步的和建设性的政府来说至关重要的中间路线(middle course)"。④ 霍布森和霍布豪斯对待这两个党的有时自相矛盾的态度并不说明他们在政治上是不坚定的,却恰恰是他们关于新自由主义和社会主义趋同思想的反映,也是他们的思想与这两个党在政治斗争和权力斗争中错综复杂关系之间的矛盾的反映。这种情况也发生在当时另一些著名的英国自由主义者和社会民主主义者身上。1935年由几个自由党员和前自由党员联合发表、得到一些知名的自

---

① 《自由主义和劳动》,转引自《分裂了的自由主义》,第185页。
② 同上书,第185页。
③ 1924年霍布豪斯给施考科的信,转引自《自由主义和社会学》,第247页。
④ 《一个异端经济学家的自白》,第126页,转引自《分裂了的自由主义》,第220页。

由党员、工党党员和无党派人士副署的纲领性文件《今后五年》典型地说明了这一现象。

《今后五年》的立场基本上是自由主义的，但认为社会主义是可以与之合作的重要力量，因为"个人主义与社会主义之间的——全面实行竞争的资本主义制度与主张国家实行占有、管理和控制的制度之间的——历史争论看来在很大程度上已经不切实际了"①。这一文件主张混合经济和一定程度的政府计划，主张经济公正，认为民主政治不能长期与贫富悬殊的经济制度共存；承认私营工商业的重要性，同时强调国家通过发展政策促进公共利益的作用。费边社主席柯尔虽然未署名，但认为"它不是社会党的（socialist），却带有温和的社会主义性（mildly socialistic）"，并且认为作者们在改革自由主义时"并不害怕来一点社会主义，只要它清除了像阶级斗争之类的可怕内容就行"。② 霍布森是副署者之一，对文件本身和作者的意图都大加赞赏，认为有可能在这一纲领的基础上建设一个强大的自由党，而且在有可能成立工党、自由党联合政府的前提下，工党的一些并不墨守官僚主义规章的普通党员和许多过去投票支持工党的非党员都会投票支持自由党，因为"与任何的社会主义相比，进步的自由主义是更加接近一般选民的心态的"③。

牛津大学教授迈克尔·弗里顿在《分裂了的自由主义》一书中对霍布森和霍布豪斯的新自由主义思想作了总的评价。他认为不管是前者的"自由社会主义"还是后者的"社会自由主义"，"两位理论家显然都不是指向一个中间地带（middle ground），而是表明一个合理的和一贯的进步立场。从意识形态的角度来说，这一立场在理论上和实践上都已成为一个规范，它致力于使资本主义经过和平的和试验的转型而进入社会主义。从这一前景来看，其他进步的或革命的理论都是偏离（deviations），它们既是未经过认真透彻思考的，也是不适合英国的政治文化的"。弗里顿还说，霍布森在1936

---

① 《今后十年》，第5页，转引自《分裂了的自由主义》，第357页。
② 转引自《分裂了的自由主义》，第363页。
③ 《一个异端经济学家的自白》，第124—126页，转引自《分裂了的自由主义》，第361—362页。

年著文论述《一种英国的社会主义》①，暗示他的立场是"核心的立场"，不是"折中"（halfway house），而其他与之竞争的进步学说只能被看成是"次要的意识形态变体"（minor ideological variants），而就英国的政治光谱来说，这些变体是"偏离航向的（off course）"。② 我们可以说，弗里顿实际上把"两个霍布"所代表的社会主义思想看成英国社会主义的正统。我认为这个看法有一定道理。但另一方面，也可以把这种思想看成欧洲大陆上的社会民主主义思想的英国"变体"，而且这是新自由主义和工党的中右翼的思想趋同的产物。这不仅可以从霍布森和霍布豪斯的政治生涯得到证明，而且以下重要事实也是足以说明问题的：著名的1942年《社会保障和有关福利问题》的报告起草者威廉·贝弗里奇是接近中左翼自由主义的，后来加入自由党。凯恩斯也是自由党人。正因如此，这一思想在工党内部也不是畅行无阻的。一方面，20世纪50年代克罗斯曼的"修正主义"发展了这一思想；另一方面，它又一直受到以比万、福特和本为代表的左翼的反对。经过金诺克和施密斯的努力，到布莱尔时代它才在党内奠定正统地位，然而面对全球化，它又不得不向"第三条道路"发展了。

第四节　弗里德里希·瑙曼和德国社会民主主义

如本章第一节所述，爱德华·伯恩施坦在19世纪末对马克思主义进行修正时就提出应当如何看待社会主义与自由主义的关系问题。

德国资本主义的发展比英、法晚，资产阶级自由主义思想的产生也较晚，第一次世界大战前德国还没有真正的议会制民主，自由主义作为政治力量是相当软弱的。但是19世纪60年代就成立的德国社会民主党在理论和组织上都是欧洲工人阶级社会主义政党中最强大的。因此伯恩施坦认为，在这种力量对比下，两个党在某些方面结成同盟是不可能对社会民主党造成损害的。但是实际上，由于资产阶级自由派对反动势力的软弱态度和对社会民主党的疑惧，二者在选举中的结盟成效不大。尽管如此，伯恩施坦的修正主义

---

① 载《新政治家》1936年1月25日和2月1日。
② 《分裂了的自由主义》，第185页。

思想却在德国资产阶级自由派中引起共鸣，用他自己的话来说，就是"各种各样的称赞雪片似地飞来"。其中最为突出的是德国民族社会联盟创始人和自由思想联盟领导人之一的弗里德里希·瑙曼（1860—1919）。

一

弗里德里希·瑙曼的思想是比较复杂的。从他对民主主义、工人阶级和社会主义的态度来说，他可以说属于自由主义的左翼。但是他又是一个坚定的民族主义者，支持德国政府的帝国主义政策，认为只有这样才能保证国家的繁荣和解决国内的社会问题。总的说来，他仍是德国自由主义思想的历史性代表人物，当代德国自由民主党的政治基金会就是以他的名字命名的。

瑙曼出生于莱比锡附近的施托姆泰尔村的一个新教牧师家庭。他曾经在莱比锡和埃尔朗根学过神学，在萨克森邦的一个以工人居民为主的村庄朗根贝尔格做过牧师，在法兰克福（美因河）担任神职时参加基督教社会工作。1895年脱离教会工作，创办《援助》杂志，1896年创立民族社会联盟，此后一直在柏林从事政治活动和写作、出版工作。1903年解散民族社会联盟并加入自由思想联盟，1907年和1913年当选帝国议会议员，第一次世界大战后在1919年参与创立德国民主党并担任主席，但不久即病故。他在政治活动方面的作用远不如在著述方面的作用大。1964年出版的6卷本《弗里德里希·瑙曼文集》就足以说明这一点。

瑙曼起初是信奉基督教社会主义的，企图通过使教会和工人阶级接近来解决社会问题，但一方面由于遭到教会内部保守势力的压制，另一方面受到马克斯·韦伯等人的影响，终于摆脱教会，从事独立的政治活动。

瑙曼在他的一些早期著作如《民族社会（主义）教义问答》（1897）、《为什么我们自称社会主义者？》（1899）、《民族社会主义》（1899）中阐述了他的社会主义和民族主义观点。

首先，他肯定马克思克服了"社会主义（思想）从前非历史的、梦想性的阶段"，把社会主义理解成"一个历史的、处于变动和变化之中的现象"。但是他反对马克思对于"革命力量"的信念，认为把对待革命的态度这一政治问题当作"经济社会主义"的标志是错误的。因此他主张，在援引马克思"这个伟大的社会主义者"的"方法"时，要拒绝把社会主义一词仅仅理解成"某种一劳永逸地确定下来的教义形态（Lehrform）"，相反，社会主义是"生机勃勃的、变动着的事物。它和所有生机勃勃的事物一样吐故纳新"，而它所谓"不断学习的、创造性的力量已成为我们时代的伟大的人民运动"①，它正处在进入实际政治的开始时期，它的作用远远没有终结。从瑙曼的这些漂亮的词藻后面不难看出，他在反对教条的同时不仅否定了革命，而且否定了制度变革是社会主义的目标。

其次，对工人阶级历史地位的评价是他主张社会主义的原因。他说："我们之所以是社会主义者，是因为我们深信，德国未来的政治必须由工人阶级来承担。"② 随着德国工业的发展，工业雇佣工人的人数日益增加，现在已超过农业人口，而且还将进一步发展。工业工人的幸福必将随之带来为他们服务的其他阶层即手工业者、商人、医生、教员、作家的幸福，因此，"社会问题决不仅仅是纯粹的工业工人的事情。它是最广泛和最高意义上的民族问题和教育问题。在精神方面为工人工作，就是为未来的民族精神工作"③。

瑙曼认为，德国应成为一个"劳动国家"，即国民收入应当首先属于劳动，但目前几乎有一半属于利息和地租。他认为，那些用于购买奢侈品、经营和扩展企业以及从国外获取利润的利息和地租是"进步的前提"，因为这样可以创造新的劳动和使用新的劳动力，从而提高群众的生活水平，只有那些降低劳动收益的利息和地租才是"应加谴责的"。④ 因此社会主义的任务是"扩大城市和乡村、男人和女人的各种类型和形式的劳动在德国国民经济总收益中享受的份额"。要做到这一点，不能通过"革命的、马克思主义的共产主义乌托邦和教条"，而是应当通过"在现存关系的基础上不断进行政治、工会和合作社的工作"。瑙曼还表示，愿意"从有利于劳动的角度对现存关系的历史性改造施加影响"⑤。

谈到"现存关系"，必然要涉及国家问题。瑙曼认为，国家是"表现在

---

① 《弗里德里希·瑙曼文集》第5卷，科隆1964年德文版，第265页。
② 同上书，第252页。
③ 同上书，第256页。
④ 同上书，第216—217页。
⑤ 同上书，第200页。

立法和行政中的人民生活本身"，它不是统治阶级的机构，但是它被后者"滥用"了，也就是通过立法和行政"对劳动群众进行不恰当的利用"。① 这一情况可以通过扩大劳动群众在国家中的影响，也就是利用普选权增加他们在议会中的代表来克服。但是，劳动群众不能掌握全部国家权力，因为他们在经济上处于过分依附的地位。他们只能掌握部分的权力并且在很大程度上限制迄今为止的统治阶级的权力。另一方面，劳动群众中只有较少数部分具有独立的政治意识和处理国家事务的能力，而政府却拥有军队和各有产阶级的全部力量的支持，因此劳动群众不可能哪怕是暂时推翻政府。劳动群众的议会代表可以在二者之间作出选择：或者持久充当原则上的反对党并削弱国家，或者在现行帝国宪法的基础上充当遵守秩序的利益代表群体。瑙曼认为，后一种情况更能取得成功。②

根据这样的逻辑，瑙曼为德国的君主制和民族主义进行辩护。遵守现行宪法当然要承认君主制。瑙曼认为，虽然德国君主的个别言论可以被理解成反对工人运动的，但是君主制作为一种"设置"（Einrichtung）是对工人运动有利的。这是因为君主制的首要任务是维护民族国家的权力和规模，"它不能持久地仅仅依靠国民中那些在经济上和政治上已经丧失重要意义的部分"即"普鲁士大地主"，而是将"愿意与工人运动缔结和平"。③ 他在1898年发表的《民族社会主义政策》一文中指出，只有当自由（主义）的政党和社会（主义）的政党采取维护国家的态度并且成为德国的"伟大"的载体时，德国才会出现"自由的春天"。保守主义的强势在于它是"民族（主义）的"，而当社会主义成为"民族（主义）的"时候，这也就将成为社会主义的强势。他批评社会民主党提出的"不给（这个制度）一个人、一分钱的"口号，认为这会加强自由主义的敌人的力量。他号召工人、手工业者、农民、商人、公务员、学者伸出手来，"为祖国自由的、伟大的未来结成一个神圣同盟"，从而召唤来一个"皇帝和劳动、国家力量和社会主

---

① 《弗里德里希·瑙曼文集》第5卷，第203—204页。
② 同上书，第204、210页。
③ 同上书，第210—211页。

义在你们对德意志民族热烈的、自由的爱的火焰中融为一体的新时代"。①

这就是瑙曼的"民族社会主义"的主要内容。就对待工人运动的态度来说，瑙曼比德国自由主义的主流派（民族自由党和自由思想人民党）更加激进，但是就对待德国皇帝和德国帝国主义的态度来说，他和他们并没有多大区别（这一点下面还要说到）。瑙曼的政治活动和政治著作的最突出之处在于他对德国社会民主党的态度，特别是对伯恩施坦修正主义的态度，这正是本节论述的重点所在。

二

瑙曼对德国自由主义派在反对封建势力和推动社会改良方面的软弱性是非常不满的。他企望1848年革命时的资产阶级自由主义的"复兴"，而且把这一希望寄托在社会民主党身上，这是以他对社会民主党的理论和行动的观察和思考为根据的。当时的德国社会民主党在纲领上仍旧坚持以社会主义制度取代资本主义，也没有否定革命的必要性，但是实际上他们主要从事议会活动和社会改良工作，对于如何从合法斗争转向以革命手段夺取政权也没有作出回答。瑙曼看到了社会民主党日益发展壮大的表面现象下掩盖着的矛盾或两难处境，不仅力争社会民工党与自由主义派合作，而且希望它能转变成激进自由主义的堡垒。

瑙曼在《民族社会（主义）政策》（1898）一文中引用德国谚语来批评德国社会民主党说："手里抓着麻雀总比看着鸽子在房顶上好，但迄今社会民主党人很少这么想，他们眼睛看着大鸽子即一个崭新的社会制度，却因此放过了取得实际社会进步的机会。"② 在《民族社会主义》（1899）一文中又指责德国社会民主党"迄今仍旧至少是正式地使用马克思主义的旧公式……作为革命的社会民主党与整个旧社会对立"，它还"不能下定决心宣称自己是在现存国家基础上的社会主义—民主主义的改良政党"。但是它现在实际上不能进行革命，因为它没有颠覆旧社会的能力，而且它对"革命"一词的解释已经和"进化"一样了。因此它陷入了一种"不确定的中间状

---

① 《弗里德里希·瑙曼文集》第5卷，第250—251页。
② 同上书，第244页。

态（Zwischenlage）",也就是"继续扛着旧公式,却不能实现它们"。① 不难看出,这些话与伯恩施坦的一些话何其相似!(伯恩施坦于1890年在《社会民主党人报》上发表文章表示,他不赞成为了追求鸽子而把手中的麻雀放掉,而是应当麻雀和鸽子都要。1899年他在《社会主义的前提和社会民主党的任务》一书中,主张社会民主党应当有勇气做一个"民主的,社会主义的改良政党"。)瑙曼认为社会民主党迄今还不愿意"掌握工业德国政治中的领导权",成为一个"伟大的民族民主派","一个工业性质的德意志祖国左派"。但是他深信它总有一天会走上这条道路,并且表示民族社会联盟愿意为此做准备。②

瑙曼在他的重要著作《民主制和帝制》(1900)中详细分析了社会民主党内部的派别和思想动态。他认为党的领袖奥古斯特·倍倍尔的思想中尽管也有"改良主义的现实主义"成分,但主要是受"社会空想主义"的影响,不过他的"乌托邦—诗人型社会主义"的影响已逐渐消失,社会主义运动已更加"清醒",着眼于长期工作了。与此同时,党内有一部分人日益坚持教条主义:"党从马克思和恩格斯的已经过时的和仍旧有效的丰富多彩的思想宝库中制造出教义问答式的学说",而这种马克思主义的代表就是考茨基。他既不考虑"警察心目中的"那种革命,也不想建立有执政能力的民主的人民党,而只是主张忠于原则,坚持最终目的,坚持"科学意义上的"革命性。它一方面主张夺取政权,另一方面既不用言论也不用行动表明采取什么道路夺取政权。瑙曼认为,考茨基是一个教条主义者,因此他"对于德国的社会主义意味着一个严重的危险,政治上衰退的危险"③。

与此形成鲜明对比的是,瑙曼对伯恩施坦大加称赞。伯恩施坦的《社会主义的前提和社会民主党的任务》在1899年3月出版后,他立即在柏林的一次集会上作了题为《倍倍尔和伯恩施坦》的演讲。他认为,伯恩施坦的这本书把社会民主党内近年来零星出现的、涉及某些领域的批评意见集中起来,涉及从唯物主义世界观的基础直到殖民地、合作社、土地纲领等实际

---

① 《弗里德里希·瑙曼文集》第5卷,第253页。
② 同上书,第253页。
③ 同上书,第2卷,科隆1964年德文版,第8—11页。

问题，是针对人们称之为"马克思主义"的那一套思想（Gedankenzusammenhang）的。"许多意见与其他方面所说的完全一样，但正是他，与随便哪个死守马克思主义来源的人一样，都是来自马克思主义学派的人，正是他提出了如此集中的、形成整体的批评供我们思考和进一步研讨，这是具有重要意义的。"① 瑙曼认为，伯恩施坦的思想是德国新的经济和社会情况的反映，特别是因为"经济生活的发展并不是完全像人们在 30 年或 40 年以前所设想的那样进行的。资本主义的发达并没有使无产阶级的广大群众贫困化，而是使人民群众的生活也随之（虽然是在较小程度上）提高。因此旧的观点必须改变，必须把社会主义理解为首先是在这个当前的资本主义社会内部的一个上升的运动"。当然人们仍旧可以抱有取代这一社会制度的希望，伯恩施坦表示对最终目的不感兴趣，但也不想破坏这一目的。他只是认为今天的问题仅仅在于"找到社会主义在目前经济生活中的正确位置"，而这应当是"社会主义运动利用资本主义经济的上升，要在这一上升中为自己争取尽可能多的物质财富和个人自由"。② 瑙曼认为，伯恩施坦抛弃了"那种关于可望不久即将实现的最终目的的空想和关于人们必须为之作好准备的那一巨大灾变的思想"，伯恩施坦所维护的是关于"一个社会主义的和民主的妥协政党的思想"，这个党以工会和合作社组织为支柱，并且由于与它密切接近的部分居民特别是农民的支持而加强了力量。③

瑙曼在《民主制与帝制》中盛赞伯恩施坦表述了一种"比迄今德国政治文献所表述的更加明确的政治理想：在现存帝国宪法基础上的民主主义左派"把最终目的和"老的民主的革命主义"都推到"遥远的和不可捉摸的未来"去了。它的社会主义是"实际的、不形成体系的，是从战斗的工人阶级的生动活泼的需要中产生出来的"。它包括四个主要方面：第一，增加和改善国家社会主义的公共企业，特别是大城市的市政社会主义；第二，通过国家立法实行有利于下层雇佣工人阶级的劳动保护；第三，在所谓的自由

---

① ［德］弗里德里希·瑙曼：《倍倍尔和伯恩施坦》，柏林德文版，第 4 页（这个小册子未标明出版年代，但可以推断为 1899 年）。
② 同上书，第 12—13 页。
③ 同上书，第 14 页。

劳动契约的基础上建立劳动阶级的工会组织；第四，由消费者组成合作社并促进合作形式大生产。瑙曼认为，一种"已经丧失对社会实行迅速和彻底改造的信念的社会主义"只能有这些目标，需要补充的只是：也应当把商业政策和税收政策看成社会主义必须加以考虑的主要问题。①

最不能令瑙曼满意的是，伯恩施坦修正主义还不能在德国社会民主党内形成一个旗帜鲜明的派别，更不用说成为主流了。他认为，只有当社会民主党内其他的机会主义者如福尔马尔、奥艾尔、大卫等愿意发动进攻时，伯恩施坦的思想才能获胜。但是实际情况却是，那些机会主义者都像奥艾尔所说的那样，"可以这样做，却不说出来"②，所以伯恩施坦仍旧是孤立的，"社会民主党内的所谓的伯恩施坦分子目前还不能下决心在自己的同志面前彻底地公开地坚持一种机会主义—民主主义的政策"③。瑙曼在1903年再版《民主制和帝制》一书时增加了许多内容，详细地评论了社会民主党几次代表大会关于伯恩施坦问题的争论，特别是同一年举行的德累斯顿代表大会。瑙曼指出，在这些大会上，福尔马尔、奥艾尔、大卫等都只是作为个人发言，只是偶尔才摆脱旧的基本思想的束缚，并没有提出新的思想来代替旧的思路，也没有说明目前无产阶级的政治道路应当是什么。因此他们所表现的只是一种"放松现象"（Lockerungserscheinung），一种"融化过程"（Schmelzungsprozess），还未能形成一个"统一修正主义者集团"。④ 另一方面，德累斯顿代表大会通过的谴责伯恩施坦并且重申党的传统政策的决议只是一次"理论上的宣战"，不是一次实际的宣战，党内基本上已没有任何人还相信当前一代人能战胜一切现存的政治权力，只是在宣传上还必须这样说而已。⑤

瑙曼对德国社会民主党内部原则争论的总的评价是，这一争论表明，"旧的、消灭资产阶级社会的社会民主党理想要转变成新的、更加平凡却更

---

① 《弗里德里希·瑙曼文集》第2卷，第17—18页。
② 伊·奥艾尔是德国社会民主党执行委员会书记，他在伯恩施坦发表修正主义文章后写信给伯恩施坦说："这种事人们是不说出来的，只是这样做！"
③ 《弗里德里希·瑙曼文集》第2卷，第15页。
④ 同上书，第8页注。
⑤ 同上书，第10页（第8页注 b 的继续）。

有希望实现的理想，也就是要在这一社会内部成为日益扩大影响的权力因素"。这一新理想实际上早已取代旧的理想，"只不过这一已经完成的变动还没有得到承认而已"。这一理想不是要推翻整个资本主义、整个资产阶级社会，而是要摧毁保守主义的和教会的多数派在国家内的政治影响。

今天我们阅读瑙曼的这些论述时，不能不承认它对德国社会民主党的分析是相当准确的。但是他根据这些分析而得出的关于这个党的发展方向的判断和企望在当时却是脱离现实的。

三

瑙曼认为，德国社会民主党在政治光谱中的定位应当是民主主义或自由主义的左派。

他认为，按照社会民主党的新理想，德国将进入"一个由民主派从左的方面进行统治的时期"，"社会民主党在实践中努力争取的一切都取决于系统地扩大民主主义的影响"。没有民主政治方面的进步，任何社会改良方面都是不可能的。无论是国家社会主义、市政社会主义，还是工人联合、工人保护、工人消费组织，"在国家政策主要由民主的敌人掌握时，都不可能繁荣发展"。因此"民主制优先于一切社会主义。民主制不获得成功，我们的社会主义就没有出路"，而根据伯恩施坦的基本观点，"社会主义者毫无疑问必须夺取民主的权力"。[①]

从这个角度来看，瑙曼认为德国社会民主党最吃亏的地方在于，德国的"自由主义未能充分发展。我们的自由主义的春天太短了，许多花刚一开就又冻死了。因此有必要再来一次德国自由的春天"。但是自由运动总是在人们最痛切地感到受压迫的地方产生的，因此，"德国自由的春天如果没有无产阶级是不能设想的。他们是向监护政策和强制政策的墙发起攻击的步兵，是在'现存国家和社会制度内部'发起政治攻击的群众"。[②]

瑙曼希望德国社会民主成为德国自由主义的核心力量。他在1899年的《社会民主党要什么？》一文中说，社会民主党能达到的目的是：成为建立

[①] 《弗里德里希·瑙曼文集》第2卷，第18—19页注。
[②] 同上书，第19页（16页注 c 的继续）。

一个大的德国左派的出发点，从保守派手中夺取领导权，把一切具有自由思想和社会改良思想的人都吸引过来，做过去德国自由主义由于力量太弱未能完成的事，即克服封建保守主义的压力。社会民主党人应当放弃关于能实现的最终目的的哲学思考，冷静而坚定地对自己说："只有我们能拯救德国的自由，但是我们只有与自由主义的资产阶级分子合作才能做到这一点！"①瑙曼认为，资产阶级自由主义与无产阶级自由主义之间不存在"生存竞争"，二者的对立不是必然的。两个世代以前，英国无产阶级运动的萌芽就是汇入自由主义并且使后者获得力量和实现统一的，现在英国工人阶级才有可能和自由派分离。德国的中央党已经在信奉天主教的德国人民中"克服阶级对立，使工人组织不仅与自由主义分子而且甚至与保守主义分子联合组成一个政党。左翼方面如果早就认识到在原则上分成资产阶级的一半和无产阶级的一半意味着多大的危险，也就会走与英国政治历史相似的道路，不致陷入党派斗争的混战之中了"②。

瑙曼还希望德国社会民主党成为民族主义的党。他认为民族主义应当是社会民主党的新理想的另一个方面。他希望社会主义运动能把"现代的经济政治的国家"纳入自己的思考范围，并且把自己看成"愿意参与锻造这一国家、这个在民族的基础上觉醒的国家的锤子，它也将由于我们而获得在世界上的前途"。他希望社会民主党能够用这一类似拉萨尔在纪念费希特时发表的、要使社会运动成为民族运动的思想取代伯恩施坦所否定的思想，而国家中那些打算实行"反颠覆法"和"苦役监禁法"的老爷们将向"一个同时吸收社会内容和民族内容的党"让步。③当然，由于社会民主党"过去"的影响过分强烈，它目前还不能以很高的热情和很大的精力来接受民族思想。但是伯恩施坦等人的言论是"朝向改变社会主义与民族思想关系的一系列发展中的步骤"④。

瑙曼还竭力促成社会民主党与自由主义党派在国会选举中的联盟，他曾

---

① 《弗里德里希·瑙曼文集》第4卷，科隆1964年德文版，第324—325页。
② 同上书，第170—171页。
③ 《倍倍尔和伯恩施坦》，第14—15页。
④ 同上书，第16页。

提出"从巴塞尔曼①到倍倍尔"的口号。但是由于双方都很难排除彼此之间的疑惧,特别是由于自由主义党派支持政府的帝国主义政策,两党只在很少几次选举中合作。连伯恩施坦也说:"能否与自由派结盟取决于具体情况","我认为有一些联盟是社会民主党在任何情况下都不应当参加的"。② 例如1907年,德国反动派在大选时利用德国在非洲镇压霍屯督人的殖民战争进行反对社会民主党人的煽动性宣传,自由主义党派是站在反对派一边反对社会民主党的。

四

在评价瑙曼的历史地位时不能忽视他的民族主义和帝国主义观点。

瑙曼在《民族社会(主义)教义问答》的基本原则部分的第一条就开宗明义地宣称:"我们站在民族主义立场。我们认为德意志民族对外的经济和政治力量的发展是在国内进行一切较大的社会改良的前提。我们同时也深信,如果没有关心政治的人民群众的民族意识(Nationalsinn),对外的强权(Macht)是不能长久维持的。因此我们要求一种对外实行强权和对内实行改良的政策。"③ 这种对外政策是为"扩大德国的经济力量和德国的精神服务的",为此,瑙曼主张彻底实行普遍义务兵役制,适当地扩大舰队,维持和扩大殖民地。他甚至认为应当通过"胜利的海战以后的缔和"来获得殖民地④,而且认为将来与英国作战的可能性是存在的。⑤ 瑙曼声称要把他的民族主义思想与社会主义思想即国内的改良结合起来,后者在政治上的表现是:所有国家公民的不受限制的公民权利,包括结社权、帝国议会的普选权,并且把它扩大到邦议会和市政代议机构;在经济上的表现是:扩大工人阶级和劳动人民在国民经济收入中所享有的份额。这一切都要在德意志帝国宪法的基础上,而且要通过"君主与人民代表机构的强有力的合作"来实

---

① 巴塞尔曼(Ernst Bassermann)是右翼自由主义的"民族自由党"的领袖。
② 《社会主义月刊》第6卷(1902),第416页。
③ 《弗里德里希·瑙曼文集》第5卷,第199页。
④ 同上书,第209页。
⑤ 同上书,第236—237页。

现。① 瑙曼实际上是把德国的君主制看成民族主义和社会主义的结合点。一方面，皇帝是德国统一和对外强权的象征，"对于我们民族的历史来说，帝制是一个绝对的必然性"。另一方面，不管皇帝个人的观点会如何改变，"皇帝这个职位（Amt）对于我们民族的维持生存是必要的"，社会主义只有与皇帝合作才能取得进步，"我们需要社会的皇帝（Sozialer Kaiser）"。②

瑙曼自己承认，他在创建民族社会联盟时只想"用一个民族（主义）的竞争的政党来与国际的社会民主党对抗，并从而影响德国的群众运动"。他的党曾经向右和向左发出呼吁和倡议：叫资产阶级不要害怕"伟大的工人运动"，却要把它看成"一个历史的发展"；对工人阶级说："现在正是把你们的政治力量用在民族方面的大好时候！"正因为如此，当伯恩施坦在《社会主义的前提和社会民主党人的任务》中为殖民政策辩护时，瑙曼立刻抓住，在民族社会联盟的宣传小册子中加以引用，以此来证明修正主义与他的观点相近。③

但是瑙曼的民族社会主义观点与社会民主党的纲领性观点显然是对立的。因此上述例子被卡尔·李卜克内西用来证明伯恩施坦背离了社会主义。1899年4月他在柏林的一次集会上说："如果伯恩施坦真正主张他在这里（指在《前提》中——引者）部分地说出来的思想，那么他真正是属于瑙曼先生的行列了。"④ 弗兰茨·梅林也在《新时代》发表文章评论《民主制与帝制》一书，认为瑙曼沉迷于"征服政策和暴力政策"，力图用大炮和装甲舰来在其他国家面前捍卫德国的"世界霸权"，而民族社会主义运动对于工人阶级说来，"总是想做好事却做了坏事"。⑤ 连伯恩施坦本人也承认，瑙曼想使德国的君主制摆脱保守主义基础的想法是"阶级政治的幻想"⑥。因此

---

① 《弗里德里希·瑙曼文集》第5卷，第209页。
② 同上书，第243—244页。
③ [德] 彼得·泰勒尔：《社会自由主义和德国的世界政策：弗里德里希·瑙曼在威廉德国（1869—1919）》，巴登·巴登1963年德文版，第104页。
④ 《社会自由主义和德国的世界政策：弗里德里希·瑙曼在威廉德国（1869—1919）》，第104页。
⑤ 《新时代》第18年卷第2册，第67页。
⑥ 《社会主义月刊》第4卷（1900），第247页。

当 1903 年瑙曼考虑解散民族社会联盟时，有一部分联盟成员期望他加入社会民主党，他明确地说："我个人认为，只要社会民主党拒绝（政府的）军事要求，走这条路是完全不可能的。"①

1903 年，瑙曼的民族自由联盟在两次参加国会选举都告失败后解散，瑙曼等人加入以特奥多·巴尔特为首的自由思想联盟。1907 年瑙曼终于进入议会。在这一阶段，他继续坚持把德国的世界地位和殖民政策与国内的改良政策结合起来的路线，但是和大德意志党等保守势力相比，他反对毫无节制的霸权政策和扩充军备，而更加接近国际和解同盟关于"互相竞争的国家之间的共同（经济）利益归根结底超过它们之间的对抗"的看法，对工业国之间日益密切的经济利益交错的关系表示欢迎，甚至认为"利益的逻辑"是"最好的和平宣传"。② 他还参加了国际议会同盟和德法两国部分议员的促进和解的活动。在第一次世界大战期间，他支持政府的战争政策和所谓的"国内和平"，曾提出在战后建立德国领导下的"中欧联邦"的建议，但后来又曾表示支持东欧各民族的民族自决权。德国十一月革命后，他坚决反对德国按照俄国布尔什维克的榜样实行苏维埃制度，主张德国成为"民主的自由国家"，积极参加国民议会的选举，支持以多数派社会民主党为首的联合政府。他在参加制宪委员会的工作时认为，仅仅承认个人自由权利是不够的，在考虑国民的基本权利时必须考虑到社会和物质问题，他主张所谓"社会的国家权利"或"国民可以理解的基本权利"（volksverstandliche Grundrechte），并且企图以此建立"资本主义与社会主义之间的谅解和平"。总之。在魏玛共和国初期的短暂活动中，瑙曼虽然以坚决反对签署凡尔赛条约表明他在德国战后的民族主义立场，但他的主要精力是用于推动民主制的发展的。

正如本节开头时所说，瑙曼的政治思想是比较复杂的，而且经过几个发展阶段，因此德国政治界和学术界对他的评价也是多种多样的。但是根据他对待民主制、工人阶级和社会民主主义的一贯态度及其反对反犹主义的立场，我们可以排除他所创建的民族社会联盟与纳粹的"民族社会主义"之

---

① 《社会自由主义和德国的世界政策》，第 125 页。
② 同上书，第 221—223 页。

间的思想关联,并且承认他是威廉帝国时代德国社会自由主义的一个重要代表人物,而我们今天对他的研究也将有助于一般地说明社会民主主义与自由主义之间的关系。

第 四 章

社会民主党和工会的关系

第一节 社会主义政党和工人运动及工会的关系

马克思和恩格斯认为,科学社会主义是工人运动的理论表现。因此,他们在创立理论的同时努力同有组织的无产阶级建立广泛的联系,使自己的理论与工人运动结合起来。这种努力的第一个成果就是1847年建立的共产主义同盟。恩格斯在他为这一组织用问答方式写作的纲领草案即《共产主义原理》中,对第一个问题"什么是共产主义"非常明确地回答说:"共产主义是关于无产阶级解放的条件的学说。"[①] 这一文件中虽然没有"共产党"一词,而是使用"共产主义者"来表述自己的组织,但是在最后强调要努力使无产阶级联合成一个紧密团结的、准备战斗的和有组织的阶级,并且使用了"党的政策"一词。[②] 后来恩格斯回忆说:"要使无产阶级在决定关头强大到足以取得胜利,无产阶级必须(马克思和我从1847年以来就坚持这种立场)组成一个不同于其他所有政党并与它们对立的特殊政党,一个自觉的阶级政党。"[③] 这个党就是共产党。1845年发表的《共产党宣言》充分论述了这一思想。

[①] 《马克思恩格斯选集》第1卷,人民出版社1995年版,第230页。
[②] 同上书,第246页。
[③] 同上书,第4卷,第685页。

但是在发达资本主义国家，在无产阶级政党出现以前，已经产生工人阶级的各种形式的群众组织，主要是工会。马克思对这一情况是这样论述的："工人阶级的政治运动自然是以自身夺取政权作为最终目的，为此当然需要一个发展到一定程度的、在经济斗争中成长起来的工人阶级的预先的组织。"①

关于这种组织和社会党的区别，可以概括为以下三个方面：

第一，无产阶级的社会主义政党是以整个无产阶级（不分民族的）彻底解放乃至全人类的解放为最终目的的。恩格斯在《共产党宣言》1883年德文版的序言中把宣言的基本思想概括为，阶级斗争"现在已经达到这样一个阶段，即被剥削被压迫的阶级（无产阶级），如果不同时使整个社会永远摆脱剥削、压迫和阶级斗争，就不再能使自己从剥削它压迫它的那个阶级（资产阶级）下解放出来"②。工会则主要是为工人阶级的一个（或大或小的）部分的一个（或长或短的）时期的经济利益而斗争的。

第二，工会在进行经济斗争时必然会感受到政治制度的影响、阻碍和压力，因此在一定情况下也会关心或甚至参与政治斗争，但是它们在任何情况下都不会发展成为政治组织，而是要寻求政治组织的支持。它们在这样做时并不一定只和工人阶级的社会主义政党联系，而是也会和工人阶级的其他思想流派或资产阶级政党相联系。例如，英国的工会起初是和自由党合作的，法国的某些工会受无政府工团主义的影响很深，德国除了与社会民主党接受的工会外还存在与自由资产阶级或基督教会有密切联系的工会。

第三，即使是倾向工人阶级社会主义政党的工会，它们与党的关系基本上是平等的或平行的关系。社会党当然希望能在政治上得到工会的支持，甚至希望工会能接受自己的政治指导，但是工会却首先要考虑到本部门工人群众的当前利益，不一定在任何情况下都会支持社会党。

1871年巴黎工人起义前夕，马克思和恩格斯认为在欧洲各国建立独立的工人阶级政党的条件已经成熟。1871年2月13日恩格斯代表第一国际总委员会起草的《致国际工人协会西班牙联合会委员会》的信中说："各地的

---

① 《马克思恩格斯选集》第1卷，第603—604页。

② 同上书，第252页。

经验都证明，要使工人摆脱旧政党的这种支配，最好的办法就是在每一个国家里建立一个无产阶级的政党，这个政党要有它自己的政策，这种政策显然与其他政党的政策不同，因为它必须表现出工人阶级解放的条件。"[①] 巴黎公社失败后，1871年9月举行的第一国际伦敦代表会议明确提出了在各国建立工人阶级政党的任务。[②] 1872年第一国际海牙代表大会通过决议，把这一任务列入《国际工人协会章程》第7条。在第一国际的最后几年和解散以后，欧洲各国陆续出现了这样的工人政党，这标志着国际工人运动进入一个新的发展阶段。社会党和工会的关系问题正是在这一阶段出现的。

在第二国际酝酿和成立过程中，工会曾起了一定的作用。在第二国际的整个发展中，党和工会的关系也是一个重要的问题。

从19世纪70年代后期开始，欧洲一些国家的社会主义党派领导人和代表人物曾就重建工人运动的国际组织多次进行磋商和举行会议。这些党派中有马克思主义的，也有社会改良主义的。前者以德国社会民主党和法国工人党（即盖得派）为代表，后者以法国社会主义工人联合会（即可能派）为代表，得到英国社会民主联盟的支持。无政府主义者起初也参加了讨论并企图贯彻自己的方针，后来被排除在外。这里值得着重提到的是英、法两国工会的作用。法国的工会是分裂的，一部分支持盖得派，一部分支持可能派，还有无政府工团主义者，而英国工会则有统一的即英国职工大会，它的领导是支持可能派的。

筹备第二国际的第一次国际性会议是1877年9月在比利时根特召开的世界社会主义代表大会，这次大会既通过了宣布"无产阶级组成为一个特殊的政党，反对其他一切由资产阶级组成的政党"的决议，也通过了关于工会组织问题的决议："鉴于在反对人剥削人的斗争中工会是工人解放的一种最有力的工具，代表大会（在承认一切工人阶级的目的必须是结束雇佣劳动的同时）敦促一切尚未组织起来的工人参加工会。"[③] 由此可见社会主义政党的领导人对工会的重视，而实际上，后来成立的第二国际是各国社会

---

① 《马克思恩格斯选集》第1卷，第639页。
② 《关于工人阶级的政治行动》决议，见《马克思恩格斯全集》第17卷，第455页。
③ 转引自〔苏〕米·斯切克洛夫：《第一国际》，三联书店1974年版，第34—35页。

党和工会的联合组织。

1881年10月在瑞士库尔又召开了一次国际社会主义者代表大会。大会进一步讨论了恢复社会主义的国际组织问题，并且委托法国工人党负责筹备下一届国际代表大会。但会后法国可能派抢先在1883年10月至11月在巴黎召开了国际工人代表会议，企图使这次会议成为建立国际组织的第一步。这次会议排斥了盖得派，出席者除可能派和法国一些工会的代表外只有13名外国代表，其中英国工会的代表就占了9人。

法国可能派与盖得派的对立发展成以可能派为一方，以盖得派、德国社会民主党等马克思主义组织为另一方围绕召开创立新的国际组织的会议而进行的斗争，最后导致1989年7月在巴黎同时举行了两个国际代表大会。值得注意的是，从形式上讲，这两个代表大会都是根据英国和法国的工会组织的授权而进行准备的。

在可能派方面，它在英国职工大会领导人的支持下于1886年又一次在巴黎召开国际工人代表会议，出席会议的主要是法国和英国工会的代表。会议除了通过关于劳动保护立法的决议外，还决定委托可能派于1889年巴黎国际博览会期间召开国际工人代表大会。

与此同时，英国职工大会在赫尔举行的年会决定在伦敦召开一次国际工会代表大会来讨论劳动保护问题。1887年9月在斯温西召开的英国职工大会年会决定在1888年11月召开这次会议，并且强调这是纯粹的工会代表大会，而且要求代表必须获得正式的工会组织的委托书。结果是，当时还处于非法状态的德国和奥地利的工会和社会民主党的代表受到排斥，法国代表团也以可能派及其拥护者占大多数，盖得派被排斥在外。这次会议重申1886年8月巴黎国际工人代表会议的决议，要求1889年在巴黎举行国际代表大会，并委托可能派负责大会的筹备工作。

盖得派方面也在积极进行筹备工作。1888年10月至11月在波尔多召开的法国工会联合会代表大会根据盖得派的建议，委托法国工会联合会全国委员会同法国其他工人组织一起在1889年巴黎国际博览会期间召开国际工人代表大会，邀请各国工会和社会主义政党的代表参加。1888年12月在特鲁瓦召开的法国社会主义组织和工人组织的代表大会确认了波尔多大会的这一决议。由于可能派抵制这次会议，因此国际代表大会的筹备工作主要由盖得派和布朗基派（恩格斯当时把这两派笼统称为马克思派）负责。这时，德国社会民主党本已决定要于1889年在瑞士召开各国社会党和工会的国际代表大会。法国马克思派经过协商并且在恩格斯的帮助下争取德国社会民主党同意放弃自己的计划，与法国马克思派以及瑞士、比利时、荷兰等国的社会党共同筹备国际代表大会，并表示愿意与可能派妥协，力争共同召开大会。由于可能派坚决拒绝，最后仍由法国马克思派负责召集和组织这次大会。

两个代表大会的议程有许多方面是共同的，例如都讨论了国际劳工立法问题，也讨论了争取普选权问题，而且有些具体建议也是相同的。但是马克思派大会是把具体要求与无产阶级斗争的最终目标联系起来的，指出"无产阶级要取得政权，以便剥夺资本主义并将生产资料归社会所有"[①]。马克思派大会关于政治斗争和经济斗争关系的决议也指出，为了工人阶级的解放，只靠经济组织（工会）是不够的，无产阶级应当加入独立的社会主义政党。可能派大会的有关决议都未涉及这些问题，明显地带有改良主义色彩。就国际代表性来说，可能派大会远远不及马克思派大会。马克思派大会有来自19个国家的代表和各国社会主义运动的许多著名活动家，而出席可能派代表大会的代表绝大多数是法国人，外国代表只占13%强，主要来自英国社会民主联盟和英国工会。在这种形势下，可能派方面不再自立门户，在1891年参加了马克思派召开的布鲁塞尔国际工人代表大会，从此融入了统一的国际社会主义运动，它与马克思派的斗争也成为整个第二国际内部思想路线斗争的一个部分。

在第二国际成立起时，各国工会特别是英、德、法等国工会一直派代表作为正式成员参加各次代表大会。巴黎（1889）、布鲁塞尔（1891）和苏黎世（1893）代表大会笼统地称为国际社会主义工人代表大会，1896年的伦敦代表大会则称为国际社会主义工人和工会代表大会。1900年巴黎大会起，才把名称正式确定为国际社会党代表大会，但这并不意味着工会不能参加。实际上工会参加大会的资格是列入第二国际的规章的。

1893年苏黎世代表大会确定了这样的条件："一切工会以及承认工人组

[①] 《第二国际第一次代表大会文件》，中国人民大学出版社1989年版，第217页。

织和政治运动的必要性的社会主义政党和团体均得参加代表大会。"① 1896年伦敦代表大会决定的下次代表大会受邀请的单位中也包括"一切纯粹的工会组织，它们虽然并不进行政治斗争，但承认政治活动和议会活动的必要性"。负责筹备1900年巴黎大会的预备会议又进了一步，要求参加大会的工会组织"承认采取社会主义政治行动的必要性"，并且相应地把参加条件中涉及工会的部分改为"一切站在阶级斗争的立场上并承认政治活动即立法和议会活动的必要性、却并不直接参加政治生活的工会"。② 这一条件得到了巴黎代表大会的批准，并且被第二国际的领导机构即社会党国际局列入《国际代表大会和国际局章程》草案，最后在1907年斯图加特代表大会上通过。

从上述规定的形成过程可以清楚地看出，工会与社会党的关系基本上是平等的，但是社会党力图在政治上对工会施加影响，不但把无政府工团主义工会和接近资产阶级政党的工会排除在外，而且对亲社会党的工会也提出严格要求，也就是要求它们必须"站在阶级斗争的立场上"。但这一点恰恰是社会党和工会的一个重大分歧，因为一谈阶级斗争就有可能发展成政治斗争，甚至走向革命。因此在1907年6月社会党国际局讨论上述章程草案时，英国独立工党的格莱西尔和法国社会党的饶勒斯都提到阶级斗争的提法不易被英国工人阶级接受，或者说会使他们"感到不安"，而主张笼统地改为"工人阶级反对资本主义的独立斗争"。他们的建议没有被接受。其实阶级斗争概念的含义是很广泛的，英国工会完全可以把它限制在它们为争取劳动立法之类的斗争范围之内，何况这些确实也是阶级斗争的一个方面。因此，《国际代表大会和国际局章程》中的规定并不妨碍英国工会和另一些改良主义的工会参加国际代表大会，只是在讨论1906年成立的英国工党是否具有正式代表资格时为反对者提供了论据，但最后这一障碍仍旧被绕过了（参加本章第三节）。

无论如何，工会是社会党进行政治斗争的一个重要阵地，因此第二国际各党领导对党与工会的关系是很重视的。1907年6月，社会党国际局向各

---

① 《第二国际第一次代表大会文件》，第16页。
② 《1900年巴黎国际社会党代表大会正式记录》，巴黎1901年法文版，第9页。

党发出调查信，要求就以下五个问题作出回答。这五个问题是：（1）你们的政党和工会之间的关系是什么样的？（2）工会是否作为团体加入你们的党？是否交纳党费？（3）如果工会没有直接加入政党，工会会员是否必须成为党员？（4）政治组织和工会组织的理事会是否共同讨论，以便就共同的问题达成协议？（5）工会是否在自己的会员中进行社会主义宣传？从收到的答复可以看出有几种类型，有些差别还是很大的。第一，匈牙利、比利时、挪威以及西班牙的部分地区，大部分工会作为集体直接加入党。第二，英国工党以工会集体成员为基础，波兰和立陶宛社会民主党与此类似。第三，德国社会民主党、奥地利社会民主党、捷克社会民主党、波兰社会党与工会有比较密切的关系，但这些国家的工会在组织上是独立的。第四，法国、荷兰、意大利的无政府工团主义工会反对与本国的社会主义政党共同行动。第五，爱尔兰和美国的社会主义政党与本国工会没有联系。①

　　工会的国际组织也是在第二国际时期建立的。第一国际曾提出建立国际工会组织，但是由于客观条件不成熟未能实现，因此"国际工会的职能是由国际工人协会来执行的"②。英国职工大会在前述1888年伦敦国际工人代表大会上曾提出过建立工会国际联合会的设想，法国总工会也曾在一次国际会议上提出类似的建议，但都未能得到各国工会的广泛支持。第二国际成立大会和布鲁塞尔代表大会都讨论过成立国际工会组织问题，苏黎世代表大会和伦敦代表大会还曾就此提出具体建议，这些讨论对建立统一的国际工会组织都起了促进作用，但筹建这一组织的过程却是工会独立进行的，第二国际并未参与。

　　1901年8月在哥本哈根举行的斯堪的纳维亚国家劳工代表大会发展成为各国工会代表的首次国际会议，决定已经成立的各国工会中心的书记可以定期举行联席会议。1903年各国工会中心国际书记处（即工会国际）正式成立并选举德国工会总委员会主席列金为书记。这个书记处直到第一次世界大战爆发前共召开过五次国际代表会议，并在1913年改名为国际工会联合

---

① 《1907年斯图加特国际代表大会提案和决议草案汇编》，布鲁塞尔1907年法文、德文、英文版，第19—30、209—224、411—427、577—583页。
② 《马克思恩格斯全集》第44卷，人民出版社1982年版，第728页。

会。工会国际的历次大会只讨论工会本身的问题，不涉及政治理论，也不涉及各国工人运动的倾向和策略，也不涉及第二国际历次大会讨论的重大问题，如反对军国主义、对总罢工的态度、米勒兰入阁等问题等等。此外，各国工会仍旧派代表参加第二国际的代表大会，但大会的决议对于工会没有约束力。可见工会国际与第二国际处于平等地位，它的活动局限于经济范围。

从第二国际成立到第一次世界大战爆发这二十几年内，欧洲发达资本主义国家的工人运动和社会主义运动有了很大的发展，但另一方面，各国之间的矛盾冲突不断加剧，帝国主义战争危险迫在眉睫，各国国内的阶级矛盾也在加剧，这就使各国社会党面临艰巨的政治斗争任务，从第二国际各次代表大会的议事日程和主要的争论问题也可以看到这一点。所有这些政治问题当然也都涉及工人阶级和工会，但是工会的成员是广大的工人群众，工会领导首先关心的是他们所代表的那一部分的工人的当前利益以及与这些利益直接有关的政治斗争，不可能像社会党领导那样认识到涉及工人阶级长远利益的政治斗争的重要性。特别是当工人阶级的经济和政治地位随着资本主义经济和资产阶级民主政治的发展而日益提高，工会的地位也相对稳定以后，工会领导更加不愿意在政治斗争方面冒风险。法国的工会组织由于受到无政府工团主义的影响，在这方面的表现最为明显，1895年成立的法国总工会在1906年的亚眠代表大会上通过的"亚眠宪章"明确规定，总工会的任务是对雇主采取直接的经济行动，工会组织不应过问政党问题，会员可以自由参加符合自身哲学观点的活动，如此等等。① 德国的工会和法国不同，与德国社会党的关系一直比较密切，曾得到恩格斯的称赞："德国运动的一大优点，就是工会组织同政治组织齐心协力地工作。工会组织产生的直接利益，吸引着许多平时对政治漠不关心的人参加政治运动；同时，政治行动的一致性把平时相互隔绝的工会团结起来，保证它们互相支援。"② 特别是在1878年的反社会党人法时期，工会与党配合进行了艰苦而又出色的政治和经济斗争。结果是，接近社会民主党的工会（当时通称"自由工会"）的力量远远

---

① 参见［法］让·布隆：《法国工人运动史》第2卷，巴黎1970年法文版，第305—306页。

② 《马克思恩格斯全集》第19卷，人民出版社1959年版，第138—139页。

超出受资产阶级政党或基督教会影响的工会的力量。但是，随着工会力量的壮大，特别是1892年成立工会总委员会以来，工会领导方面想把工会同政党分开，把两个组织作为相互竞争的力量的倾向表现得很明显。总委员会主席卡尔·列金在1893年德国社会民主党科伦代表大会上就"工会运动和党员对它的支持"议程所作报告以及德国社会民主党1905年耶拿代表大会和1906年曼海姆代表大会关于政治性群众罢工的决议突出说明了这一点（详见本章第二节）。

对待工会方面的这种思想，社会党方面有三种不同的态度。第一种以法国社会党的饶勒斯为代表。他在社会党1906年里摩日代表大会上提出并获得通过的决议，一方面宣称工人阶级只有通过政治运动和工会运动相结合才能获得彻底解放，同时又表示注意到上述"亚眠决议""确认了工会运动对于一切政党的独立性"，表示相信这两种活动"在根本上的一致"必将导致这两种组织的"自由合作关系"。① 这在实际上是承认了工会在政治上中立的思想。第二种态度的代表是德国社会民主党。它的1906年曼海姆代表大会关于政治性群众罢工的决议在实际上承认工会中立的前提下声称："为了保证党和工会的思想和行动的统一……绝对必须用社会主义思想武装工人运动。"② 列宁和俄国布尔什维克则持第三种态度。他们在1907年俄国社会民主党伦敦代表大会上通过的决议中提出"工会中社会民主党工作的基本任务之一，就是要促使工会承认社会民主党的思想领导以及努力建立工会和党的组织联系"③。列宁后来又进一步解释说："对于俄国来说，这种联系的形式在对此有利的条件下应当是使工会具有党性，党员应当为此而努力。"④ 列宁的思想后来发展成共产党对工会的政策，但对于第二国际各党来说，只要主张工会必须参加政治斗争和加强与社会党的思想和组织联系，就已经是对工会中立思想的否定。

---

① ［法］亚·泽瓦埃斯：《1871年以后的法国社会主义》，三联书店1983年版，第254—255页。

② 中国人民大学国际政治系主编：《国际共运史文献史料选编》第2卷，第296页。

③ 中央编译局编译：《苏联共产党代表大会、代表会议和中央全会决议汇编》第一分册，人民出版社1964年版，第158—159页。

④ 《列宁全集》第16卷，人民出版社1988年版，第83页。

在这一背景下，第二国际1907年斯图加特代表大会把"政党和工会之间的关系"列为重要议程，并且展开了激烈的争论。这里不可能具体论述这一争论，但是必须指出，其中有些观点是比较切合实际的，甚至在目前仍有参考价值。有些是根据当时实际情况和需要提出的，今天已不再适用。有些则在当时就是脱离实际的，行不通的。

奥地利社会民主党代表贝尔提出的决议草案指出，在争取无产阶级解放的斗争中，社会党的任务主要是组织和领导政治斗争，工会则主要是组织和领导工人阶级的经济斗争；二者同等重要，二者的关系愈密切，斗争就愈有成效；工会活动应当以社会主义为指针，社会党应当支持工会为改善工人阶级地位而进行的斗争并且在议会中支持工会。这一决议强调二者必须受同一思想支配，但又具有同等价值，党不能向工会发号施令，反之亦然。二者之间的一致可以通过党员在工会中的兼职来做到。斯图加特代表大会以此为基础通过了关于党和工会的决议，并且加上了"确认工会在纯属工会领域的自主"这样的提法，基本上是符合实际的。但是决议中认为工会的斗争应以社会主义思想为指针则是要求过高，工会对此至多只能做到在口头上接受。贝尔本人在最后发言中还提到，"只有那些站在阶级斗争的立场上并且关心使社会的社会主义化成为行动的工会才能做出真正有益于无产阶级的工作"，又说："工会会员必须具有关于阶级斗争必然性的意识，他们必须成为社会主义者。"这些说法和比利时工人党代表德·布鲁凯尔提出的决议草案中关于"工会组织的行动和宣传必须遵循阶级斗争和国际社会主义的原则"的提法都是不切实际的，甚至是混淆党和工会的界限的。不过无论如何，斯图加特代表大会通过的决议对于工会方面来说还是可以接受的，但是也和第二国际的许多其他决议一样，为各种派别留下了自行解释的余地，实际效果是不明显的。①

斯图加特代表大会关于党和工会关系议题的提出和讨论是第二国际时期社会民主主义运动内部的原则性分歧和斗争的一个方面。

第二国际成立大会即马克思主义者的国际社会主义工人代表大会的记录

---

① 参见《1907年国际社会党代表大会会议记录》，布鲁塞尔1907年法文版，第186—200页。

是这样写的:"在(主席台)前面可以看到一幅标语,写着全体工人在组织成社会主义政党时的目标和要求:从政治上和经济上剥夺资本家阶级,实行生产资料的社会化!"就此而言,第二国际各国的社会党是革命的党。尽管如本书前面所述,各党内部始终存在革命派和改良派的分歧,党的领导也不程度地存在理论脱离实际的缺点,但是在这时的社会民主主义运动中占主流地位(或者所谓"正统派"地位)的理论中是隐含着或者至少并不排除采取暴力革命手段的可能性的。当时的发达资本主义国家已基本上实现普选权,工人阶级已能通过合法途径争取提高经济和政治地位,因此工会干部大多数是倾向改良主义的,工会会员也不可能都信奉社会主义。

在这种情况下,工会不仅在组织上要保持独立,而且在政治上也不可能始终与社会党保持一致,更谈不上接受党的领导了。

一般情况下,社会党在刚刚建立时要避免公开提出要求工会接受社会主义,到党的力量壮大后才会明确反对工会(对社会党的)中立,但随着工会力量的发展壮大又不得不在实际上承认工会中立。值得注意的是,许多提出工会中立问题的工会实际上是接近社会党的,有些国家(如德国)的工会领导人几乎都是社会民主党员,他们并不想使工会和社会党脱离关系,只是不愿受党的某些具有革命倾向的决议的束缚,不愿意在政治上冒风险,因此工会中立思想基本上是社会党内改良主义路线和(包括口头上和理论上的)革命路线之间的斗争的反映。第一次世界大战以后,国际社会主义运动分裂成两个阵营,各国与社会党接近的工会也分成两派,一派参加共产党领导的红色工会国际,另一派则加入与社会主义工人国际合作的国际工会联合会(阿姆斯特丹工会国际)。两大派工会之间继续存在革命路线和改良路线的斗争,但是在社会民主党的与之接近的工会之间虽然也有矛盾,但已不再存在第二国际时期的那种工会中立问题之争了。

社会民主党不想举行革命,但必须争取执政才能实现自己的目的。要执政,就必须遵守议会民主制的游戏规则,在选举中争得多数,而即使在发达资本主义国家,单凭工人阶级的支持也是不可能做到这一点的。因此社会党的竞选纲领和执政纲领必须也考虑到中小资产阶级(或笼统地说中等阶级)的一部分的要求,它们一旦执政时所推行的政策也必须如此。在这一大背景下,产生了社会民主党"趋中"或"中间阶级化"现象。社会民主党不得不在尽可能多地争取中间群众和尽可能多地保持工人阶级群众的支持这两头之间寻找平衡，而且在一些政策上必然会与工会发生矛盾。但总的来说，社会党或者应当是代表社会中下层阶级利益的，因此它们与工会仍旧会保持一定程度的联系和合作。

在工会方面，由于发达资本主义国家经济结构的发展变化，大致从上世纪70年代开始，制造业普遍缩减，社会服务业却大幅度扩展，工会会员人数不断减少，未加入工会的工人在工人总数中的比例不断增加，因此工会对政治的影响力削弱了。尽管如此，工会仍旧是支持社会民主党的主要力量。

本章的以下两节将分别以德国社会民主党和英国工党为例具体说明社会民主党和工会之间关系的发展过程。

第二节 德国社会民主党和工会

德国社会民主党是发达资本主义国家历史最久、人数最多、在理论和纲领方面贡献最大的社会党。和英国的情况不同，德国的工会与社会民主党之间不存在英国工党那种内部"联盟"关系，却有着密切的合作关系。

一

德国第一批工会或类似工会的工人组织是在1848年革命时出现的，经过19世纪50年代的反动时期以后在60年代开始蓬勃发展。德国的社会民主党组织也是在这一时间产生的。但拉萨尔在1863年建立的全德工人联合会虽然面向并且企图依靠工人阶级，却把斗争重点放在争取普选权和国家资助合作社上，对工会并不重视。他的后继者约翰·巴普提斯特·冯·施韦泽才开始重视工会，并且在1868年9月成立全德工会联合会。与此相比，倍倍尔和威廉·李卜克内西领导的爱森纳赫派根据第一国际的原则从一开始就重视工会工作，在1868年建立了德国工人协会联合会，倍倍尔还制定了《德国工会标准章程》。由此可见，德国工会虽然也是主要从事经济斗争，但是就其与党派的关系来说，很早就卷入两派社会民主主义运动的对立。与此同时，也产生了与资产阶级自由主义党派联系的希尔施－敦克尔派工会和受基督教会影响的教派工会。

1875年5月，德国的两派社会民主主义组织在哥达代表大会上实现统一，成立德国社会主义工人党（1890年改名为德国社会民主党），在同一地方紧接着举行的工会代表会议上两派工人运动也实行统一。这次代表大会通过了原属拉萨尔派的卷烟工人协会主席弗里德里希·威廉·弗里茨舍提出的两项决议案，这两项决议的精神可以说一直是贯穿在德国社会民主党与工会的关系之中的。

一项决议说："虽然工会组织无法彻底和持久地改善工人的状况，然而对于暂时提高工人的物质状况，推动对他们的教育，使他们意识到自己的阶级地位，毕竟还是有益的。"代表会议因此声称所有工人都有加入工会或建立工会的义务。

另一项决议宣布"工会会员有义务使工会组织不介入政治"，但同时又要求他们加入德国社会主义工人党，"因为只有这个党能够使工人的政治和经济地位成为不折不扣地符合人的尊严的"。①

这两项决议的重要意义在于：

第一，把工会的任务限制在经济和阶级教育方面，基本上明确了它们和政党的分工。

第二，肯定了社会党对工人阶级彻底解放的决定性作用，与此相比，所谓"不介入政治"可以说是出于策略考虑的提法。1878年俾斯麦反动政府颁布所谓"反社会党人法"，与社会民主党接近的许多工会也被查禁。工会运动领袖和积极分子一方面在非法状态下继续给社会民主党提供帮助，另一方面以互助储金会、救济协会、地方职业协会等形式陆续恢复工会组织，甚至还进行罢工斗争。1890年"反社会党人法"废除后，这派工会立刻举行代表会议，成立全国性领导机构即德国工会总委员会。在1919年举行的第十次德国工会代表大会上，总委员会改称德国工会联合会。一直到1933年5月被希特勒政府查禁为止，这一派工会在德国工会运动中始终占主要地位。

但是，这个与社会民主党接近的工会却一直自称"自由工会"，以此一

---

① ［德］约亨·朗考、汉斯·马特霍弗尔、米夏埃尔·施奈德：《德国社会民主党和工会》第1卷，波恩1994年德文版附录，第81页。

方面与希尔施·敦克尔工会和基督教会影响下的工会划清界限，另一方面表明自己在组织上是独立于社会民主党的，是不受社会民主党支配的。①

从社会民主党方面来说，它作为工人阶级的政党的性质从一开始就是非常明显的。拉萨尔派是以"工人联合会"的名义出现的，它的章程规定：任何一个德国工人和被联合会确认为工人的人都有资格入会（当然也吸收不属于工人范畴却同意联合会的原则和目标的人入会）。爱森纳赫派的正式名称是"德国社会民主工人党"，两派合并后最初的名称是"德国社会主义工人党"，都以废除雇佣劳动、争取工人阶级的解放为纲领性目标。1890年社会民主党哈雷代表大会要求，"党员同志在所有地方参加现存的工会组织并且在没有工会组织的地方创建这种组织"。② 1891年的爱尔福特纲领更是在基本原则部分从理论上阐述了资本主义社会向社会主义社会发展以及工人阶级获得解放的历史必然性，并且在提出十项具体要求后还专门提出"为了保护工人阶级"的五项要求。由此可见，社会民主党是以工人阶级在政治上的代表自居的，而且确实是在为工人阶级的利益奋斗的。

不仅如此，爱尔福特纲领中说："工人阶级反对资本主义剥削的斗争必然是一场政治斗争"，而"把工人阶级的这场斗争塑造成一种有觉悟的和统一的斗争，向他们指明他们天然必然实现的目标——这就是社会民主党的任务。"③ 这就在实际上确认了党为工会确定政治方向的作用。

社会民主党为工人阶级提出的要求当然是符合他们的利益的，对于未来社会的设想和论证在原则上也不会遭到工人阶级的反对，然而就德国和德国社会民主党当时的实际情况来说，这里是存在问题的。

第一，尽管社会民主党内已经出现以福尔马尔为代表的改良主义派别，但是就党的主流思想来说，仍旧是以推翻现行政权为目的的（爱尔福特纲领中就有"不掌握政治权力就不能实现生产资料向全体居民所有的过渡"这样的提法），而在德国当时的政治和经济制度下要做到这一点就不能排除暴力革命的可能性，但这并不是广大工人群众优先采取的选择。

---

① ［德］瓦尔特·尼克尔编：《德国工会手册》，科隆1995年德文版，第45页。
② 《德国社会民主党1890年哈雷代表大会会议记录》，柏林1890年德文版，第222页。
③ 《德国社会民主党纲领汇编》，第21页。

第二，反社会党人法虽然已经废除，但是德国政府仍旧企图制定新的镇压社会民主党和工人运动的法律。

第三，德国工人运动尽管多次遭到挫折，但是总的来说，已经获得在现存制度下通过合法手段不断提高自己的政治和经济地位的可能性，因此改良主义已成为工会运动的支配思想。

二

以下两个表格中分别说明从反社会党人法废除到第一次世界大战爆发期间德国社会民主党在帝国国会选举中取得的成绩和德国自由工会力量的发展。

德国社会民主党的选举成绩[①]

大选年份	社民党得票数	社民党议席数
1890	1 427 298	35
1893	1 786 738	44
1898	2 107 076	56
1903	3 010 771	81
1907	3 259 029	43
1912	4 250 440	110

材料来源：[德]洛塔尔·贝托尔特等编：《德国工人运动史大事记》第1卷，人民出版社1983年版。此表是作者根据书中历年数据编成的。

德国自由工会所属各工会中央联合会数目和会员总数

年份	中央联合会数	会员总数	备注
1892	56	237 000	1. 会员人数为全年平均数。
1893	53	233 000	
1894	54	246 000	
1895	53	260 000	
1896	51	330 000	

---

① 由于选区划分存在不合理之处，所得选票数与议席数不一定相当。1912年德国社会民主党已成为国会第一大党。

（续表）

年份	中央联合会数	会员总数	备注
1897	56	412 430	
1898	57	493 700	
1999	55	580 473	
1900	58	680 427	2. 与自由工会相比，基督教工会和希尔施－敦克尔工会会员数都很少，1895 年前者为 5 500 人，后者为 66 759 人。1914 年分别为 218 197 人和 77 749 人。
1901	57	677 510	
1902	60	733 206	
1903	63	887 698	
1904	—	1052 108	
1905	—	1429 303	
1906	—	1799 293	
1907	—	1873 146	
1908	—	1797 963	3. 1914 年各工会会员数都减少很多，这是由于应征入伍等原因。
1909	—	1892 568	
1910	—	2128 021	
1911	—	2421 465	
1912	—	2583 492	
1913	—	2525 042	
1914	—	1502 811	

材料来源：此表是作者根据《德国工人运动史大事记》第 1 卷中的历年数据编成的。

由此可见，德国自由工会力量的发展是很快的。与 1892 年的会员总数相比较，1878 年已超过 2 倍，1904 年超过 4 倍，1905 年超过 5 倍，1913 年已超过 10 倍。工会在反社会党人法时期对社会民主党给了很大帮助，在反社会党人法废除后社会民主党的合法斗争中、主要是选举和议会斗争中也起很大作用，因此一些工会领导干部对工会与党的关系的看法开始改变。改变不是表现在双方的分工上，而是表现在对工会斗争的重要性的估计上。这种变化也是逐渐发生的，而且是与社会民主党内改良主义、修正主义的发展相呼应的。

卡尔·列金当选德国工会总委员会主席后在 1891 年 2 月发表《告工会会员书》，其中指出，工人阶级政党是"致力于改造当前的社会组织的"，而工会运动由于受到法律的限制，"是以现在的资产阶级社会为基础的"。[①]

---

① 转引自《德国社会民主党和工会》第 1 卷，第 23 页。

不久以后，他又在《总委员会通讯》上发表论述组织问题的文章，表示"我们十分清楚地了解，工人阶级地位的最终改善，也就是消灭雇佣劳动、获得劳动的全部所得，是只有通过政治途径才能实现的"[①]。不过他也补充说："必须通过在今天的资产阶级社会中进行经济斗争来争取工人接受这一思想"，这已经透露出要求对经济斗争作出更高估计的倾向，而这种思想在社会民主党1893年科隆代表大会上列金就"工会运动和党员同志对它的支持"议程进行辩论时的发言中得到清楚的表述。

列金在发言中承认"工会组织是政治运动的预备学校（Vorschule）"，他在对此作解释时实际上突出了经济斗争的重要性。他强调，只有当工会首先以获得物质利益的前景吸引工人，使他们懂得劳动和资本之间缺乏和谐之后才能促使他们关心和参加政治斗争，因此，工会组织是"政治运动的最好的鼓动手段（Agitationsmittel）"。不仅如此，由于工会在进行工资斗争时要求会员"经常和日益增加地作出物质牺牲"，要求他们用自己的"全部生计"和"整个的人"来支持整体，所以工会和政治组织相比是一个"更加优秀得多的学校"，"能更好得多地培养坚定的性格，培养乐于牺牲的同志"，而今后的斗争和"也许会发生的最后的决定性斗争正需要这样的人"。与此相比，他竟把参加政党说成是主要不过是加入选举协会，每四周参加一次党的会议，交一点党费而已。另一方面，他又要求党组织和党的报刊"在一切方面"支持工会，理由是工会运动的领袖从来只认为工会"不过是今天的资本主义社会内部的一个治标手段"，"为了党的利益，没有任何根据可以忽视工会运动"。总之，"我们对这一运动不作过高的估计，但是希望它得到促进"。[②]

倍倍尔在发言中批评当时德国工人报刊在不得不关心小问题时存在一个巨大危险，即"忽视伟大目标并从而助长普遍松懈的倾向"。他指出，由于德国政府实行了并且还将实行一些社会政策特别是劳动保险立法，使德国工人运动在这一活动领域的"生命线"被切断了，"随着国家权限的每一次扩

---

① 转引自同上书，第23—24页。
② 《德国社会民主党1893年科隆代表大会会议记录》，柏林1893年德文版，第183、201、180页。见《德国社会民主党和工会》第1卷附录，第82—83页。

张，工会活动的阵地就进一步缩小"，而列金对此缺乏认识。倍倍尔强调政治斗争在克服"资本主义的集中化权力"斗争中的重要性。他说，我们能够组织工会，但一当资本像克虏伯，施图姆，莱茵河威斯特法伦的煤、铜工业那样"普遍获得如此大的权力时，工会运动就完了，那时只有政治斗争才能生效"①。

这次讨论像德国社会民主党历次代表大会上的许多争论一样，也是以妥协告终，大会最后一致通过伊格纳茨·奥艾尔提出的决议，表示考虑到哈雷代表大会已通过支持工会的决议（见前），而且在那以后没有发生任何需要在原则上和策略上改变态度的事件，因此"重申对工会运动的赞同，并且再次要求党员同志承担义务，坚持不懈地推动人们认识工会组织的重要意义并且尽一切力量加强工会的力量"②。

但是恰恰在社会民主党内部，对于"伟大目的"的看法也产生了分歧。从1896年起，伯恩施坦陆续发表文章，对马克思主义理论提出修正，主张向社会主义和平过渡，提出"目的是微不足道的，运动就是一切"。当1898年社会民主党斯图加特代表大会对他的修正主义观点进行讨论和批判时，他在给大会的信中表示不折不扣地反对这样的见解："我们面临指日可待的资产阶级社会的崩溃，社会民主党应当根据对这种即将到来的巨大社会灾变的指望来确定自己的策略或使自己的策略以它为转移。"③ 这次大会没有对伯恩施坦问题作出结论，争论在会后继续进行。而德国工会的领导显然是站在伯恩施坦方面的。列金在1899年5月举行的德国工会第三次代表大会上说："恰恰是我们这些组织在工会中的工人不希望所谓的灾变来临，它将迫使我们在社会的废墟上建设一些制度，不管它们比我们现在的制度是更好还是更坏，反正都要在废墟上建设。"④ 而倍倍尔在本文前引发言中提到的德国政府的社会立法行动对工会有可能产生的坏影响也得到了证实。1900年列金

---

① 《德国社会民主党和工会》第1卷附录，第83—84页。
② 同上。
③ 《伯恩施坦文选》，人民出版社2008年版，第10页。
④ 《德国工会1899年第三次代表大会会议记录》，汉堡德文版（无出版年代），第103页，转引自《德国社会民主党和工会》第1卷，第23页。参见《德国工会简史》，中国工人出版社1992年版，第79页。

在柏林的一次演说中竟声称:"国家承担了通过立法途径干预劳动关系的义务,它通过充分的保护立法防止过度的剥削,用法律确认了工会所争取到的权利并从而为劳动关系的进一步改善铺平了道路。"①

一般说,工会干部并不直接参加社会民主党内关于修正主义的争论。大部分工会干部只是满足于从事日常的经济斗争,而当他们强调经济斗争的重要性超过政治斗争、强调当前任务而忽视远大目标时,实际上也就是对修正主义的支持。因此党内关于修正主义的争论也必然涉及对工会的作用的估计,但是各派的观点都没有超出社会民主党关于党和工会的分工关系的传统观点。

三

伯恩施坦虽然主张和平过渡,但是他仍旧把工人阶级取得政权和改变所有制看作实现社会主义的前提,因此他仍旧把政党的作用放在第一位。他认为工会在经济上能迫使资本家降低利润,提高工资,也就是实现"劳动收益的更为平均的分配。"工会的社会政治地位则是"工业中的民主因素","它们的倾向是摧毁资本的专制主义,使工人能够对工业的管理发生直接的影响",但是对这种影响的程度的估计存在分歧。伯恩施坦反对主张工会在工业中拥有"无条件的决定权",认为"事实上工会在目前以及在不远的将来有十分重要的工业政策方面的任务需要完成",但是这些任务决不会要求、也不会容忍工会具有"全能",工会在企业中始终只能保持着"参与者"的地位。② 伯恩施坦的观点可以说是典型的社会改良主义的工会理论,认为工会的作用仍旧主要限于企业领域和经济领域,不能代替政党所发挥的全面的政治作用。

罗莎·卢森堡是从社会主义革命的角度考虑工会的作用。她在1899年发表的批判伯恩施坦的著作《社会改良还是革命》中对工人阶级经济和社会地位的斗争显然估计较低:"工会不能消灭工资规律。工会在最好的情况

---

① 转引自〔德〕克劳斯·舍恩霍文:《20世纪的工会和社会民主党》,波恩1995年德文版,第10页注9。

② 《社会主义的前提和社会民主党的任务》,第187—189页。

下也只能让资本主义剥削在当时'正常'的界限内进行，但决不能取消这种剥削，哪怕是逐步地取消也做不到。"① 她甚至认为："资本主义社会中的客观进程式使工会斗争……成了一种西西法斯的工作。"② 这种观点与工会领导的思想显然是针锋相对的，因此遭到他们的拒绝，特别是在下面提到的关于政治群众罢工的争论中得到表现。

倍倍尔在1900年发表小册子《工会运动和政党》，继续阐述党的传统观点。他在这里把"政治"解释成对工人阶级最后的解放这一伟大目标的认识和追求，认为"一个非政治的工会对于工人通过这样的组织本应达到的东西来说是一柄没有把手和锋刃的刀，它不是一种会使企业主敬服的阶级斗争武器，而是引起他们嘲笑的玩具"。这种观点也可以说是马克思在第一国际时期对工联的看法的重复。因此倍倍尔反对一些工会成员认为纯粹工会运动是主要的、政治运动却是次要的观点。但是他认为工会应当尽一切可能增加会员，扩大财源，加强自己在道义上的力量，以便使企业主放弃对工人的无理要求："只要工会存在，就是叫企业主不要把弦绷得太紧的警告"。为了做到这一点，工会应当不考虑任何宗教信仰、政治意见和族裔的差别而吸收会员，自由工会、基督教工会和希尔施·敦克尔工会应当在"为提高工人的物质和社会地位而斗争"这一点上联合起来。

但是另一方面，倍倍尔认为工会干部也应当是"有党派倾向的人"（Parteimann），他不是作为工会干部这样做的，而是作为一个"有阶级觉悟的工人"，作为一个"把他当作工人对待和虐待的国家和社会制度"的成员而这样做的。每一个工会成员在选举时刻也应当对各政党之间的斗争表示自己的信念，他不是作为工会会员，而是作为国家公民这样做的，他所关心的不仅是与工会会员有关的问题。当然工会会员愿意加入哪一个党是他个人的信念，工会是没有权利干预的。因此倍倍尔不赞成1875年哥达工会代表会议的有关决议（见前），而且他认为这是多余的。因为根据他的许多同志对于社会主义思想取得胜利和赢得人心的能力的信念，"即使不在工会中日复

---

① 《卢森堡文选》上卷，人民出版社1984年版，第9页。
② 同上书，第100页。

一日地宣讲和宣传这一思想，它也将逐渐赢得整个工人阶级"①。倍倍尔的想法显然过分乐观，与当时的德国工会实际情况并不完全符合。

党的正统派理论家考茨基和倍倍尔同样乐观。他既不像伯恩施坦那样用词晦涩而明显倾向改良主义，又不像卢森堡那样低估甚至几乎完全否定改良的作用。他首先强调党和工会的互相依赖。他认为，党的力量的根源是无产阶级，而无产阶级的强大不仅表现在政治影响上，而且也表现在它的经济组织上，"党和工会尽管不时发生磨擦，但从来是互相依存、互相促进的。将来的斗争还将促进这一内在的团结，这种团结是不会因为两个组织在表面上的独立而丧失任何亲密关系的"。他又指出二者的区别。无产阶级的政治组织始终只能"包括精英"，只有工会才能成为群众组织，把无产阶级的凡是能进行斗争和组织起来的阶层都组织起来。"一个社会民主党，如果它的核心队伍不是由工会组成，就是建立在沙子上的"。出于对结社法和工会任务的考虑，工会必须留在党外，但是社会民主党始终"力求使工会组织的成员充满社会主义精神"，而在工会会员中的社会主义宣传是应当与"党的鼓动工作中支持工会的宣传齐头并进的"。他的结论是："如果工会和党肩并肩地斗争，它们就能胜任由资产阶级社会日益发展的政治和经济危机向它们双方提出的任务。"②

问题在于，要求广大工会干部乃至工会会员接受社会主义思想本来只是社会民主党人的一个理想。到了20世纪90年代，在社会民主党内部对于社会主义及其实现途径的观点已经产生严重分歧的情况下，仍旧在党和工会关系中把这一理想当作不言而喻的道理来宣传，这已经是接近幻想了。上述倍倍尔和考茨基的观点可以说是这种幻想的典型表现。1905—1906年社会民主党与工会在政治性群众罢工问题上的分歧也是说明这一幻想破灭的一个典型例子。

四

罢工是工人阶级为争取和捍卫自己的经济利益经常和必须采用的手段，

---

① 转引自《德国社会民主党和工会》第1卷，第89—91页。
② 《论党代表大会》，《新时代》1903年卷第2册第49期，第729—739页。见《德国社会民主党和工会》第1卷附录，第92—93页。

工人运动和社会主义运动在原则上对此是不存在分歧的。无政府主义者和无政府工团主义者宣扬通过一次甚至有可能涉及全世界的"总罢工"可以实现无产阶级的最后解放以及通过所谓"军事罢工"和总罢工来阻止帝国主义战争的观点，这一直是遭到第一国际和第二国际各党的批判和否定的。但是在第二国际成立前后，比利时、奥地利、瑞典、德国的社会党为了争取和捍卫普选权及工人阶级的其他政治权利，曾发动过多次不同规模的政治罢工，也取得不同程度的胜利。这类罢工由于规模较大，也被称为总罢工，但是正如罗莎·卢森堡所说，它们是"作为一种特殊的政治形势的产物，作为特殊的政治效果的手段而在一定的国家或者只在一定的城市和地区举行的"，因此与无政府主义的总罢工"在政治上是两个对立的概念"。① 德国一般把这种罢工称为群众罢工（Massenstreik）或政治性群众罢工。第二国际最初几次代表大会在讨论策略问题时都涉及总罢工问题，1904年阿姆斯特代表大会关于这一议程所作的决议可以说是讨论的总结，它在与无政府主义总罢工概念划清界限的前提下，强调政治性群众罢工是工人阶级为了防止政治权利的恶化或获得新的权利而采用的手段，是针对资本主义国家的，前提是要有强大的组织、严格的纪律和必要的行动准备。这些条件是否具备要由各党自行决定。当然，改良主义的工会领袖是反对这一观点的，例如德国工会代表罗伯特·施米特声称："拥有90万会员的德国各大工会认为总罢工问题是根本不能讨论的。无产阶级争取政治和经济权力的斗争不是通过总罢工，而是通过政治和经济生活的一切领域的不停顿的工作来决定的。"② 另一方面，以卢森堡为代表的德国社会民主党左派特别是在1905年俄国革命经验的启发下，不仅把政治性群众罢工看成主要是防御性的或者为争取某些合法权利而采取的有限的进攻性手段，而是认为它是由无产阶级日常合法斗争向举行革命过渡的手段，是为无产阶级社会主义革命做准备的阶段，甚至是这一革命的最初阶段。这两派对于阿姆斯特丹大会决议的态度是针锋相对的。

阿姆斯特丹大会后不久，德国社会民主党在1904年9月举行的不来梅

---

① 《卢森堡文选》上卷，第385页。
② 《阿姆斯特丹国际社会党代表大会会议记录》，柏林1909年德文版，第28页。

代表大会根据卡尔-李卜克内西和克拉拉·蔡特金等人的建议，决定把政治性群众罢工问题列入将在第二年9月召开的耶拿代表大会的议程。但1905年5月举行的德国工会第五次代表大会（科隆）也以政治性群众罢工为主要议程。瓦工联合会主席特奥多尔·伯麦尔贝格在报告中表示担心政治性群众罢工有可能对工会已经取得的地位造成很大威胁。他说，我们"为了达到目前这样的组织程度曾经作出了巨大的牺牲"，"为了扩展我们的组织，我们在工人运动中需要安静"。① 大会以压倒多数通过的决议表示，"一切企图通过宣传政治性群众罢工来确定一种策略的企图是应加屏弃的"，建议"有组织的工人坚决反对这种企图"，并且警告工人不要"由于某种原因接受和传播这种思想而放弃为加强工人组织而进行的日常细小工作"。②

这就是工会代表在德国社会民主党1905年耶拿代表大会上对总罢工问题的基本立场，这次大会上的这次争论在历史上很有名，这里不作详述，只是着重提一下：甚至伯恩施坦也不赞同工会的立场，而是认为总罢工可以用作捍卫普选权的一个手段。③ 大会通过倍倍尔提出的决议，首先指出统治阶级和统治势力总是力图阻碍和破坏工人阶级用合法手段对国家事务施加影响的可能性，特别是力图阻碍、剥夺或削弱工人阶级在议会中的代表力量，因此"整个工人阶级迫切需要承担的责任是，以它所能掌握的一切手段对任何向人权和公民权的进攻给予反击并且反复要求充分的平等权利"。决议强调，特别是当普选权和结社权受到攻击时，工人阶级应当坚决运用任何合适的手段，而在一定情况下"广泛运用群众罢工是最有效的斗争手段之一"。为了使采用这种手段成为可能，必须最大限度地扩大工人阶级的政治和工会组织，通过宣传使工人群众认识到政治权利的重要性、国家和社会的阶级性以及统治阶级凭借独占政治权力而虐待工人的事实。决议在最后又重复多年来用于处理党和工会关系的老一套提法：任何党员都应当参加本行业的工会并支持工会的目的，而工会的任何一个有阶级觉悟的成员也有义务参加本阶

---

① 《德国社会民主党和工会》第1卷附录，第93页。
② 同上。
③ 参见《伯恩施坦文选》，人民出版社2008年版，第406—408页。

级的政治组织即社会民主党并且努力传播社会民主党的报刊。① 这一决议是主张把政治性群众罢工当作进攻性手段的左派（主要观点见下）和完全否定总罢工的右派（最极端的观点是奥艾尔的话："总罢工就是总胡闹"）之间的妥协，而且基本上把总罢工定位在"防御性手段"上。但即使如此，工会领导仍旧不能接受。

1906年2月，德国社会民主党执行委员会与德国工会总委员会就政治性群众罢工问题举行会谈，党的领导向工会领导作了让步，结果是在1906年9月的曼海姆代表大会上再次讨论政治性群众罢工问题时通过了一项新的决议。这一决议的主要部分可以说是掩饰矛盾的辞令和已丧失实际意义的套话。例如，首先重申耶拿决议，同时认为（1904）工会科隆代表大会有关决议与它没有矛盾，因此宣布"关于科隆决议的一切争论已经结束"。然后再次建议加强党的组织和报刊宣传工作。建议党员和工会会员参加和支持彼此的组织。接着是大段论述工会和党各自的任务，认为实现社会主义社会既是党的任务，"也是工会中有阶级觉悟的党员必然努力争取的目的"，因此"两个组织在自身的斗争中必须依靠相互的谅解和合作"，而双方的中央领导也必须就"为了同等涉及双方利益而进行统一的行动"进行协商。最后，为了无产阶级斗争的胜利，双方在思想和行动上必须保持一致，"工会运动必须充满社会民主主义的思想"，每一个党员都有义务为此努力。但体现这一决议真正精神的却是这一段话："一旦党执行委员会认为存在举行一次政治性群众罢工的必要性时，它必须与工会总委员会取得联系并且采取为使这一行动成功地实现所必需的一切措施。"还有一句不很显眼却也十分重要的话："工会就重要性来说并不次于社会民主党。"② 这两句话从文字上看都是"中立"的，但是考虑到工会领导的坚决立场，特别是考虑到他们对自己力量的狂妄估计（阿道尔夫·冯·艾尔姆于1906年2月在工会总委员会理事会上说："只要工会干部更多地关心党的事"，就能够在一次党代表大会上

---

① 《德国社会民主党1905年耶拿代表大会会议记录》，柏林1905年德文版，第142页以下。

② 《德国社会民主党1906年曼海姆代表大会会议记录》，柏林1906年德文版，第305页。

把群众罢工的拥护者"一扫而光"①),这样的决议等于承认了工会领导对政治性群众罢工的否决权,实际上也使它成为不可能的了。这就是有名的"曼海姆协议"。这一协议既是当时社会民主党内两条路线斗争双方力量对比的反映,也是工会实际力量的反映。1906 年社会民主党有党员 384 000 人,自由工会的会员却有 170 万,而社会民主党议会党团中的工会干部的比例在 1912 年也已上升到 32.7%。还有一个值得重视的事实是:1905 年社会民主党耶拿大会表决妥协性决议时有 287 票赞成,14 票反对和 2 票弃权;1906 年曼海姆代表大会表决让步性协议时有 386 票赞成,只有 5 票反对;这充分说明党代表大会的代表是重视工会的力量的。正是在曼海姆代表大会上,考茨基和另外 32 名党员联名对上述决议案提出一项补充提案,其中指出社会民主党是"无产阶级进行阶级斗争的最高和最广泛的组织形式",这一补充提案也得到卢森堡等左派的支持,但是考茨基在改良主义者的干涉下最后撤回了提案的这一重要部分,这也说明,"曼海姆协议"已经明确肯定工会和党完全平行的地位。②

当然,德国的工会从来在组织上是独立的,不存在是否隶属于党的问题,所谓平行实际上是承认二者政治上的同等重要性,要求党的政治斗争配合或甚至服从工会的经济斗争,也就是要求党实行改良主义路线。

五

卢森堡在 1906 年发表《群众罢工,党和工会》一文,阐述了社民党左派关于党和工会关系的观点。她说,经济斗争和政治斗争不是工人阶级的两种不同的阶级斗争,而只是同时进行的一种阶级斗争,它既以在资产阶级社会内部限制资本主义剥削为目的,也以把资产阶级社会连同剥削一起消灭(Abschaffung)为目的。尽管在议会斗争时期,这一斗争的两个方面"由于技术上的原因"是彼此分开的,但"它们毕竟不是两种平行发展的行动,而仅仅是工人阶级解放斗争的两个时期,两个阶段"。卢森堡援引《共产党宣言》的观点,认为工会斗争所代表的是工人阶级的当前利益、群体利益

---

① 转引自《德国社会民主党和工会》第 1 卷,第 27 页。
② 《德国工人运动史大事记》第 1 卷,第 249、257 页。

和工人运动的一个发展阶段,而社会民主党所代表的是"整个工人阶级及其解放的利益",因此工会与党的关系是"局部与整体"的关系,关于工会与社民党"权利平等"的理论之所以在工会领导中引起如此强烈的反响,是因为"关于工会的性质本身及其在工人阶级总的解放斗争中的作用存在一种彻底错误的认识"。

卢森堡进一步指出,这种错误认识的根源在于一种"对资产阶级社会平静的、'正常'的时期的幻想"。社会民主党今天本来应当把议会斗争和工会斗争融合成一种以消灭资产阶级社会制度为目标的阶级斗争。对于社会民主党来说,议会斗争虽然是工会斗争的补充,但是它与后者一样,也仅仅是在资产阶级社会的基础上进行的。就性质来说,它是政治领域的改良工作和当前工作,正如工会工作是经济领域的改良工作和当前工作一样,它也与工会工作一样是无产阶级阶级斗争整体的一个发展阶段。但上述幻想却认为社会民主党的政治斗争已"化解"(aufgehen)成议会斗争了。因此,工会与党"权利平等"的理论不是单纯的"理论误解",也不是单纯的"本末倒置",而是"社会民主党内那一机会主义派别的众所周知的倾向的表述,这一派别实际上也想把工人阶级的政治斗争降低为议会斗争,想使社会民主党从一个革命的无产阶级政党转变成一个小资产阶级的改良政党"。[1]

卢森堡对工会与党的关系的实质的分析是切中要害的,她的缺点在于仅仅把党与工会的对立看成"社会民主党与一部分工会干部的对立",而且同时也是"工会内部这部分工会领袖同组成工会的无产阶级群众的对立。"卢森堡这样说是过高估计了德国广大工人的革命热情。当时英国工党刚刚成立,工党和工会之间又存在种种特殊关系,因此卢森堡不无自豪地说,仅仅根据德国社会民主党的选民人数和工会会员人数就可以使每一个儿童都明白,"德国的工会不是像英国那样从未受启蒙的、怀有资产阶级思想的群众中招募队伍的,而是从已经成为被社会民主党唤醒、已经支持阶级斗争思想的无产阶级群众中,从社会民主党的选民群众招募队伍的",她甚至在批评那些对"工会是社会民主党的后备学校"思想不满的工会干部时说:"在德国,社会民主党才是工会的后备学校。"她把德国的党和工会比成一个"双

---

[1] 参见《卢森堡文选》下卷,第96—98页。

尖金字塔"，躯体和基础是一体混成的，都是无产阶级群众，只有两个塔尖即领导机构是截然分开的。她说："在百万工会会员的意识中，党和工会实际上是同一回事，它们是无产阶级的社会民主主义解放斗争的不同形式。"① 应当说，这一估计是严重脱离实际的。德国工会中当然有人是有社会主义理想并愿意为之斗争的，但是这样的会员一般都已加入社会民主党，而且在加入社会民主党的工会会员中也只占少数。

如前所述，卢森堡和其他左派当时主要关心的是如何由日常的合法斗争向社会革命过渡的策略。当时各帝国主义国家之间的矛盾日益尖锐，战争的危险迫在眉睫，左派关心的是如何通过革命防止战争或者利用战争造成的危机发动革命的问题。他们与党内改良主义的代表人物如伯恩施坦进行激烈的理论斗争，但是对党员群众中相当普遍的改良主义情绪估计不足，对德国人民包括工人阶级在内的民族主义乃至沙文主义情绪估计不足，卢森堡在论述党和工会关系时所作的错误估计正是这种总的估计在一个方面的表现。

无论在形势估计和策略考虑上，左派在第一世界大战前夕已逐渐和党的正统派发生分歧，卢森堡和考茨基的关系就是最好的注解。但考茨基也在考虑夺取政权和进行社会革命这样尖锐的问题，因此才在这一时期写出《社会革命》（1902）和《取得政权的道路》（1990）这两本书，目的是想使社会民主党和无产阶级为社会革命做好思想准备，但恰恰是在向革命过渡问题上的观点模糊，回避了重要问题。尽管如此，在工会与党的关系问题上，考茨基也提出了工会应当更多地考虑政治斗争和社会主义最终目的的问题。

考茨基在《取得政权的道路》一书中强调社会民主党在思想上对工会的影响。他认为对于无产阶级来说，党的重要意义在于能使他们认识到自己的力量。这种觉悟只有个别阶层具有，整个无产阶级是缺乏的，社会民主党能够通过理论和行动使无产阶级获得和加强自己的"力量意识"，这正是资产阶级及其政府最害怕的，他们害怕"国家的权力手段失效和国家中力量对比的完全改变将成为不可逆转的"。社会民主党采用的方法是把个别的斗争与整个社会发展联系起来考虑，从而使无产阶级为了生存而被迫进行的日常工作由于对"我们全部努力的最终目的，也就是使工人阶级及从而使人

---

① 《卢森堡文选》下卷，第102—103页。

类全体摆脱任何阶级统治这一目的认识而获得崇高意义",使无产阶级产生以这一明确认识为基础的"革命激情"。社会民主党和工会的工作成绩表现为近20年来双方组织的强大发展以及工人报刊的发展,"这是历史上从未见过的,劳动的、受统治的群众的有组织的力量"。他也批评了工会方面认为仅仅通过现存的法律基础就能日益限制资本,以"立宪制的工厂"代替资本主义的专制并且通过这一过渡阶段逐渐地、无需经过任何突然的中断和任何灾变就实现"工业民主"的思想。他认为近年来经济危机已使阶级斗争尖锐化,工会的地位仍旧是重要的,但斗争方法需要改变,某些重要经济部门的罢工斗争日益具有政治性质,在有些纯粹的政治斗争如选举权斗争中,群众罢工作为武器也往往取得成功,但工会的政治斗争只能补充和加强工人政党的议会活动,不能代替它。"随着社会改良的斗争日益重新成为政治斗争,企业主联合会也将日益力图使议会和政府'激烈地'反对工人及其组织并且削弱他们的政治权利。"①

卡尔·列金在《西西法斯工作还是积极的成就?论德国工会活动的评价》一书中既回答了卢森堡过去对工会活动的低估(见前),又批评了考茨基。他一针见血地指出考茨基的小册子(即《取得政权的道路》)的倾向是"把注意力引向伟大的政治决战",而为此要求"无产阶级必须把力量用在这里"。列金把认为(资产阶级的)一次灾难、一次突然的政治崩溃就在眼前的观点称为"政治幻想",认为考茨基的小册子正是"以耀眼的、颇有说服力的辞令"表述了这一幻想。列金强调"在为最终目的的努力时不能忘记为当前进行的工作",整个工人运动表明,"生活水平最低的工人阶层即使不是社会主义的坚决敌人,也是它的最不可靠的信徒",只有在生活水平达到一定高度时,"工人的自我意识才会觉醒,他们才会参加政治生活和渴望发挥政治影响。因此工人阶级在物质方面的任何提高也就是他们在当前社会中政治地位的加强"。列金指出,工人阶级已经为工会运动付出如此多的精力,希望依靠这一运动实现如此多的物质要求,他们希望得到的"不仅仅

---

① 《取得政权的道路》,柏林1909年德文版,第32页及以下、第38页及以下、第78页及以下。中译文参见《考茨基文选》,人民出版社2008年版,第227—229、245、268—270页。

是对一个伟大的政治变革的许诺"。列金表示，虽然决不应对工会的权力手段作过高估计，但是"如果我们在政治领域根据对力量对比的错误判断而行动，那么这肯定是一个（比过高估计工会运动）更大得多的错误"。列金反对考茨基在书中借用"直接行动"一词和承认无政府工团主义的"合理内核"，认为，"一旦我们采取总罢工、怠工和直接行动，就会用善意铺平通向反议会政治的道路"。他宣称，德国的工会组织今天已扎下了强有力的根，"它不会被引诱去走任何别的道路"[①]。

今天我们回顾历史，可以说即使在德国这样的发达国家，当时也还不存在进行社会主义革命的条件，列金的观点反映了大多数工人在现存制度下逐步"安静地"改善自己经济和政治地位的愿望，而卢森堡的革命思想在一定程度上是脱离实际的。但是另一方面，德国的资产阶级民主制度还存在不少缺陷：政府对皇帝负责而不是对议会负责；最大的普鲁士邦仍实行三级选举权制；工人组织工会的权利仍受到限制。此外，八小时工作制问题也没有解决。这些都不是可以单纯凭借工会与企业主之间的经济斗争来解决的，而是必须通过政治斗争。正如倍倍尔所说，这些都是每个工人不仅作为工人而且作为公民应当关心的问题。如果社会民主党有正确的策略，如果党和工会能很好配合，在这些领域是有可能取得一定成就的。至于反对帝国主义战争威胁的斗争更是涉及民族和全人类命运的生死攸关的大事，社会民主党和工人阶级当然不能坐视，问题仍旧在于策略和对斗争成果的正确预期。在所有这些问题上，都不排除及时地和适度地运用政治性群众罢工手段的可能性。而德国自由工会的领导特别是通过社民党1913年耶拿代表大会的有关决议（其中确定"政治性群众罢工只有在工人阶级的所有组织取得完全一致的情况下由有阶级觉悟的、对社会主义的最后目的抱有热情并且愿意作出一切牺牲的群众来进行"）实际上杜绝了这一可能性。在这以后，第一次世界大战爆发时，德国社会民主党议会党团投票赞成战争拨款，工会总委员会在发表一份和平呼吁书后很快就宣布放弃反战努力并与政府合作，这就毫不奇怪了。

社会民主党和自由工会领导的动机和目的基本上是一致的。除了受民族

[①] 《德国社会民主党和工会》第1卷附录，第104—108页。

主义和沙文主义驱使外，它们都害怕由于反战斗争而丧失多少年来争取到的政治、经济、组织等方面的成就，并且期待在协助德国政府迅速取得胜利后能在政治和社会改革方面得到相应的回报。迄今还没有发现材料说明党和工会双方的领导曾在作出最后决定前进行磋商，但是共同的社会改良主义思想显然为此提供了基础。

六

在战争过程中，社会民主党发生分裂，反对"8月4日政策"的左派和一部分中派党员经过在党内的斗争后终于在1917年4月成立独立社会民主党。工会总委员会在这一过程中始终站在党的沙文主义和改良主义多数派（在分裂后一度称为多数派社会民主党）一边，要求并且支持多数派把"搞分裂活动者"开除出党，因为"他们所主张的观点与工会的性质和作用相对立，如果得到贯彻，就会使工会所有已经取得和正在努力争取的成果全部牺牲掉"。① 总委员会甚至威胁说，如果社民党不能坚持迄今的政治路线，它就要建立自己的党即工会党。1916年11月自由工会明确表示支持多数派社会民主党，这种态度与它在大战前的态度是基本一致的。在战争过程中，自由工会领导与基督教派和自由主义派的工会领导一样，虽然也在某些方面代表工人的社会政治利益，另一方面却努力协助政府疏导和平息工人的抗议和骚乱。自由工会内部当然也有反对战争的左派，例如1915年6月莱比锡《人民之声》报发表的要求德国社民党领导改变"8月4日政策"的呼吁书就有150位工会干部的签名。个别地区、个别行业的工会都有不同程度的反对总委员会路线的集团；战争后期，为了改善生活和争取和平而举行的自发罢工此起彼伏，但是工会内部的反对派始终未能发展起来并导致工会运动的分裂。

在德国十一月革命和魏玛共和国建立的过程中，自由工会的领导基本上和多数派社会民主党保持同一立场。1919年6月在纽伦堡举行的自由工会第十次代表大会通过了对总委员会的信任票，也就是肯定了总委员会在战时

---

① 《1915年7月5—7日各工会执委会联席会议记录》，转引自《德国社会民主党和工会》第1卷，第35页。

和战后的政策。大会决定废除 1906 年的"曼海姆协议",并且宣布对各派政党持中立态度。这主要是因为当时社会民主党已经分裂成两派,而且正处于重新组合的过程中。大会宣布成立全德工人联盟,以其理事会代替总委员会,列金继续担任主席。全德工会联盟实际上是支持社会民主党的(多数派社会民主党后来与独立社会民主党中右派合并,一度称统一社会民主党,不久就恢复社会民主党的名称),支持共产党的会员和派别在其中只占少数,一直受到压制和排斥。

1919 年 1 月建立的共和国和 2 月通过的魏玛宪法确实赋予工人阶级和广大人民群众以更多的政治和经济权利,但是强调的仍旧是保护私有制,有关社会化的诺言纯属一纸空文,未能落实。宪法也未规定废除旧的军队和旧的国家机构和官僚体系。这一时期社会民主党和工会的关系有以下几点需要特别指出。

由于社会民主党已明确自己的社会改良主义的性质,并且对资产阶级民主共和国表示认同,因此全国工会联合会与党的领导之间不再存在路线分歧,但是双方之间又出现另外一种性质的矛盾。社会民主党根据对德国和世界经济政治发展的分析,在 1921 年的格尔利茨纲领中确认自己为"城乡劳动人民的党",力求"使一切依靠自己劳动成果为生的体力和脑力劳动者"为争取民主和社会主义而共同奋斗,而且指出"中小所有者、工商业主、大批脑力劳动者、公务员、职员、艺术家、作家、教师、各种自由职业生活条件的成员"都下降到无产阶级的水平。1925 年的海德堡纲领虽然没有重复上述对党的性质的界定,但是也指出"职员和各种知识分子"的利益"在越来越大的程度上与其余工人的利益趋于一致","中间阶层也不能完全享受生产力的增长所造成的物质和文化的进步"。由此可见,社民党在政治斗争特别是选举斗争中已开始面向更加广大的人民阶层。不仅如此,由于社会民主党曾几次参加或领导联合政府,它在执政时有时必须首先考虑到广大人民的需要,有时又不得不与资产阶级党派及其所代表的利益妥协,这也就必然会与工会所代表的利益发生矛盾,也就会造成双方的分歧。例如在 1930 年,当工会与资本家方面就是否通过提高保险金交纳率来防止减少失业救济金问题发生争执时,联合政府内的多数社民党部长接受了亨利希·布吕宁代表中央党提出的妥协性方案,但社民党国会党团中的工会代表却否决了这一方案，终于使社民党员米勒领导的内阁在 1930 年垮台。用德国研究工会史的专家的话来说："在这里，社民党作为愿意实行联合和妥协的人民党、尤其是作为这样的执政党与工会作为传统的雇员利益代表之间的冲突第一次极其明显地表现出来了。"①

1919 年德国工会的纽伦堡代表大会曾在关于政治中立性的决议中自豪地宣称："工会不应仅限于代表它的成员的狭隘的职业利益，相反，它必须成为无产阶级的阶级奋斗的中心，以促使争取社会主义的斗争取得胜利。"②这一观点显然是以工会在战争中曾经发挥的作用为依据的，显然也是夸大了自己的作用。但是无论如何，1920 年 3 月自由工会带头发起的总罢工挫败了卡普暴动，这至少说明工会领导虽然害怕颠覆现存资产阶级制度的社会革命，但是的确也是愿意为捍卫资产阶级民主共和国而作出牺牲的（当然由于斗争为时很短，对这一胜利不能估计过高），而且工会在暴动平定后提出的各项政治和经济改革要求也说明这一点。但事实证明，卡普暴动平定后德国又恢复原来的状况，工会的要求不仅未能实现，而且它的力量甚至不足以阻止政府镇压鲁尔工人由于这些要求未能实现而举行的抗议暴动。在这以后，工会仍旧回到进行经济斗争的老路上去了。

魏玛共和国时期德国自由工会的一项重大举动是关于"经济民主"的设想和计划。作为一个理论体系的经济民主是在德国社会民主党著名理论家和领导人鲁道夫·希法亭关于"有组织的资本主义"理论的背景下提出的。在这一理论指引下，社会民主党和工会都把资产阶级共和国理想化，认为政治生活的民主化已经实现，但少数有产者仍拥有经济特权，障碍人民运用政治民主，因此必须实行经济民主以补充政治民主。经济民主思想的核心是通过工人阶级参与企业的管理，参与对垄断集团的监督，参与国家经济政策的制定和贯彻，扩大劳动者权利和劳动保护，实行教育事业的民主化，以此来逐步改革资本主义经济制度，实现社会主义。1925 年全德工会联盟布勒斯劳代表大会任命一个委员会制定"经济民主"纲领，希法亭也参加了这一委员会的工作。1928 年的全德工会联盟汉堡代表大会通过了纲领委员会提

---

① 转引自《德国社会民主党和工会》第 1 卷，第 44 页。
② 同上书，第 1 卷附录，第 111 页。

交的"经济民主方针"。工会的重要理论家弗利茨·纳弗塔利发表了一系列文章以及《经济民主：本质、道路和目的》小册子来宣传这一思想。经济民主是社会民主主义改良思想在经济领域的表现，它在德国得到了完整的系统的表述，而德国工会对此所作的努力和理论表述在这一时期的发达资本主义国家中也是独一无二的。

最后，在魏玛共和国后期全国工会联盟和希尔施-敦克尔工会方面都曾有过进行联合、使工会运动统一化的努力。全德工会联盟主席特奥多尔·莱帕特在《工会报》上明确表示，不同派别工会之间的"共同之处远远多于区别之处"，至少在全德工联和自由主义工联之间"没有可以为保持分离辩解的对立"，他期待"工会的联合会通过建立一个全面的社会和政治权力同盟而为巩固共和主义国家制度开辟崭新的前景"。① 只是由于基督教工会不愿断绝与中央党的联系，这一工会联合的设想未能实现，但至少已为第二次世界大战以后德国工会运动的统一做了一定的准备。

七

在纳粹统治下，各派工会干部和会员都有一部分参加抵抗运动并且因此加强了合作和团结。流亡在英国、瑞典、瑞士等国的工会干部更加有机会反思多年工会斗争的经验教训，考虑战后如何重建工会的问题，并提出了一些建议。特别是旅居英国的工会小组与伦敦的德国社会民主党流亡执委会合作于1945年提出了一项"德国新工会运动"计划，主张根据会员自愿和政治独立的原则建立产业工会。1945年德国投降后不久，占领德国的盟军就允许各占领区在一定条件下建立工会。这时领导重建工作的旧工会干部一致主张建立统一的工会。三个西占区先后按各产业工会结成联盟的形式成立各州或占领区范围的工会联合会。此后各个组织之间以各种方式联系和合作，在发展组织和参与制定政策方面做了不少工作。1949年德意志联邦共和国成立后，德国工会联合会终于在1949年10月12—14日于慕尼黑举行的代表大会上宣告成立，包括16个工会，汉斯·伯克勒当选第一任主席。但是按产业组织工会的原则未能彻底实现。此外还存在独立的德国职员工会和全德

---

① 《德国社会民主党和工会》第1卷附录，第111页。

公务员联盟，1955—1956年又有个别小规模的基督教工会成立（苏占区早在1946年就已成立统一的自由德国工会联盟）。

伯克勒本是英占区统一的德国工会联盟主席，他在该联盟1947年4月的成立大会上就强调工会在"党派政治上的中立"，同时指出这不是"政治上的中立"，因为政治上的中立意味着（对政治的）"漠不关心"，这在过去就意味着"政治上的反动"；工会的中立只表现为抵制各党派对工会施加影响的企图，维护我们的"最神圣的原则"（Heiligstes）即"统一和团结"。①德国社会民主党支持工会中立原则。党主席库尔特·舒马赫在1947年7月党的纽伦堡代表大会上表示肯定这一原则，但是警告工会干部和在工会中工作的社会民主党员不要通过"给予工会内部反对社会民主党员的人（指共产党员——引者）以不受任何拘束的自由"来实现中立。②

不过，考虑到社民党和工会在纲领性目标上的基本一致性，也考虑到社会民主党在工会会员人数和干部中的优势，工会的中立性并不是立刻就可以实现的。1953年，由于基督教民主同盟政府在企业劳资关系法问题上未能满足工会的要求，与社民党接近的工会曾在大选中提出"选出一个更好的联邦议会"的口号来支持社民党，因此几乎导致全德工会的分裂。工会中的共产党人更是遭受排挤，到1956年党被查禁后更加丧失力量。

从头几届德意志联邦议会的构成中也可以看出社会民主党在工会中的优势。1949年，115名来自工会的议员中有80名为社民党员，22名为联盟党员。1953年，194名来自工会的议员中，142名为社民党员，47名为联盟党员。1957年来自工会的议员为202名，其中社民党员154名。联盟党员为46名。1961年，议员中来自工会的增加到223名，其中社民党员也增加到179名，联盟党员却减少5名，只有41名。少数工会领导人是社民党成员和社民党联邦议会党团成员，或者与社民党接近。1994年出版的《德国社会民主党和工会》一书指出联盟党对工会会员的吸引力已经增加，"今天组织在德国工会联合会中的雇员在联邦议会选举时有四分之一到三分之一投联盟党的票，有一半投社民党的票"。但是另一方面，几乎所有的社会民主党

---

① 《德国社会民主党和工会》第1卷附录，第114—115页。
② 同上书，第116—117页。

国会议员都参加一个属于全德工会联合会的工会,而这样的联盟党议员却只占党团人数的 8%(大约有 25% 参加不属于全德工会联合会的工会,如德国公务员联合会或基督教工会联合会)。社民党和全德工会联合会之间的关系仍旧像以往那样密切:社民党联邦议会党团成员的 95%、社民党理事会成员的 100% 都是参加工会的。16 个产业或行业工会的主席中有 15 个是社民党员,德国工会联合会理事会的 9 个成员中有 7 个是社民党员。德国工会联合会所属工会的理事会专职干部中有 80 名是社民党员,只有 10 名是联盟党员。参加历次工会代表大会的代表有大约 2/3 是社民党员。①

但是,正如我在前面提到的,格尔利茨纲领和海德堡纲领都已涉及对党的阶级性的更加广泛的界定。第二次世界大战以后,1952 年在多特蒙德代表大会上通过的社民党行动纲领(1954 年柏林代表大会又作了修订)明确宣称:"社会民主党已经从它产生时的工人阶级的党变成了人民的党,但工人阶级仍旧是它的成员和选民的核心。"② 1959 年的哥德斯堡基本原则纲领重申:"社会民主党已经从一个工人阶级的党变成了一个人民政党。"③ 从这句话的上下文可以看出对党的性质作出如此界定的论据:工人运动和社会民主主义运动的成果"使得工人阶级的日益解放有利于实现所有人的自由",社会民主党"要把工业革命以及所有生活领域的技术化所释放出来的力量用于实现所有人的自由和公正。"④

实际上,社会民主党性质的这一变化既是资本主义经济发展过程的客观后果,也是工人运动和社会主义运动的斗争成果。从 19 世纪下半叶开始,在经济发达并且具有不同完备程度的议会民主制的资本主义国家,广大工人阶级的经济状况和政治地位不断提高,尤其是熟练工人阶级就物质条件和精神状态来说已逐渐接近中产阶级。另一方面,由于社会民主党从革命政党转变成改良主义政党,中产阶级的地位还不十分稳定的阶层,主要是职员,也

---

① 《德国社会民主党和工会》第 1 卷附录,第 69—70 页。
② 《德国社会民主党纲领性文件》,第 282 页。
③ 《德国社会民主党纲领汇编》,第 84 页。
④ 同上书,第 84 页。

逐渐改变对社会民主党疏远或敌对的态度,并向它靠拢。① 就德国来说,虽然第一次世界大战之前的议会制民主还有欠缺之处,后来又经过纳粹专政,但社会仍旧是按上述方向发展的。第二次世界大战以后,德国社会民主党已成为一个力求扩大本党选民范围、争取执政的"全方位的党"(Ctach-all party)。特别是经过20世纪60—70年代勃兰特和施密特先后担任政府总理时期的教育改革,熟练工人的上层获得了进一步在社会和政治方面向上攀升的机遇,社会民主党也逐渐向"中间"靠拢。用德国当代著名的社民党研究专家弗兰茨·瓦尔特的话来说:"这个以前由车工、矿工和印刷工人组成的政党日益成为由教师、管理职员、社会工作者和平等问题专家组成的'新中间'的政党。"② 我们必须从这一角度来考察二战后德国工会运动和社民党的关系的发展。

第一,统一的工会的建立毫无疑问是德国工会运动历史上的一个巨大进步。在酝酿成立过程中,工会干部按照过去的习惯,常常使用"中立(性)"来说明统一工会与各党派的关系,但在1909年慕尼黑大会通过的章程中的有关提法却是:"对政府、行政机构、企业、宗教派别和政党的独立性",这不仅比原来的"党派中立性"包容更广,而且更具积极意义。我们过去在论述德国工人运动史时习惯把1906年的曼海姆协议说成是德国社民党领导的一次"让步"或甚至"失败",但如果摆脱当时的具体情况并且从工会的角度来看,也可以说成是工会力图摆脱党的约束的努力所取得的一次重大成果。对于另外两个派别工会系统来说,当然也存在同样的问题。因此,当三大派别工会在政治独立性的前提下实现统一时,毫无疑问能更好地代表整个工人阶级的利益,在同政府与资本家阶级的联盟进行斗争时更容易取得成果。

第二,和以前的工会组织相比,统一的德国工会在德国政治上所起的作

---

① 1921年的德国社会民主党格尔利茨纲领中论述一战后德国社会的阶级矛盾时提到"中小所有者、工商业主、大批脑力劳动者、公务员、职员、艺术家、作家、教师、各种自由职业成员的生活条件却下降到无产阶级的水平"(《德国社会民主党纲领汇编》,第33页)。这句话虽有夸大之处,但说明社会民主党已很重视中产阶级的分化。

② [德]弗兰茨·瓦尔特:《德国社会民主党:从无产阶级到新中间》,重庆出版社2008年版,第2页。

用更大，这是广大工会干部和会员以过去的斗争教训为代价争取到的。第一次世界大战时期工会与政府的合作既是考验也是锻炼，魏玛共和国时捍卫民主制的斗争，纳粹统治时期的迫害、地下斗争和国外的流亡都锻练出一批工会干部。正如伯克勒所说的，工会的中立并不意味着对政治漠不关心。实际上，德国工会联合会在战后若干重大政治问题上都曾表示并且坚持自己的立场，有时与社民党一致，有时则有分歧。例如，在德国重新武装问题上，社民党持反对态度，而统一工会则表示赞成，直到1954年10月第三次工会代表大会才表示拒绝一次军事拨款。又如，1957年至1958年，围绕在德国部署美国核武器和联邦军队是否应建立核武器运载系统问题，成立了由工会干部和教授们组成的"议会外反对派"，并与社民党合作抗议阿登纳政府有关政策。这一运动到1958年3月发展成建立"反对原子屠杀"的行动委员会，继续组织群众斗争。统一工会的联邦执委会甚至曾举行非常会议讨论应否为此举行总罢工。虽然总罢工未举行，但1958年仍发动了声势浩大的示威和群众大会。此后运动逐渐退潮，社会党和统一工会都退出，但紧接着又产生围绕紧急状态法的斗争。紧急状态法是联盟党政府为了弥补基本法的一个缺陷于1958年12月提出的，一开始就遭到社会民主党和工会联邦执委会的反对。但是很快工会与社民党就发生分歧。一方面，五金工业工会在1960年10月的代表大会上决定"在迫不得已的情况下要用一切合法手段包括罢工来抵制"，另一方面，1960年11月的社民党汉诺威代表大会通过决议，支持党的领导以建设性态度参与紧急状态法的制定工作。1962年5月党的科隆代表大会提出制定紧急状态法时必须考虑的若干条件，而同年10月工会联合会联邦代表大会却坚持彻底拒绝紧急状态法的立场。当然，无论在社民党还是在工会内部都存在不同的意见，有时争论是非常激烈的。在经过长期的党内外争论、党代表大会和工会代表大会的讨论、议会讨论和议会外的党派磋商以及一系列群众抗议行动之后，紧急状态法的修改文本终于在联盟党和社民党第一届大联合政府时期于1968年通过。这一最后文本更加切合实际，而且对工人阶级更加有利，这应当说是德国社会民主党在工会的压力下经过长期、曲折的斗争而取得的成果。但也正是这一斗争典型地表现了社民党和工会之间的关系的变化。提出紧急状态法的基督教民主同盟在1965年联邦议会选举斗争中利用这一问题攻击社会民主党是"工会的俘虏"，而社民党的总理候选人勃兰特则力图划清与工会的界限，明确表示拒绝上述1962年工会科隆代表大会的立场。实际上，这时德国工会联合会与社民党之间尽管存在我在上面列举的那种密切关系，但是从前那种（自由）工会与社民党之间（自动的或经过协商才取得的）不言而喻的政治合作已不存在了。1968年德国社会民主党纽伦堡代表大会决定在执委会内设立由党主席兼任主席的"工会委员会"，它应在每次代表大会后召开，就重大社会政策问题向党提出建议。1970年执委会又设立专门研究雇员问题的"雇员问题工作组"。这些措施恰恰从另一方面说明了这一情况。

第三，在第二次世界大战结束后的初期，工会和社会民主党（甚至基督教民主联盟）都曾一度设想战后德国会实行生产资料社会化和计划经济，但这一幻想不久就破灭了。随着经济恢复和马歇尔计划的实行，工会和社民党都致力于在议会制民主和市场经济基础上的改良工作，而工会的主要任务是巩固和扩大参与决定权，维护劳资谈判自治。1959年德国社会民主党制定新的纲领即哥德斯堡纲领，宣布世界观多元化和实际上放弃制度改革目标。1963年通过的工会杜塞尔多夫纲领也强调"在世界观上、宗教和政治上实行宽容的决心"。德国的议会民主制经过帝国时期、魏玛时期的演变已经成熟，工会已是具有合法地位的重大利益集团，主要在议会外进行活动，也有不少代表参加议会，甚至担任政府领导职位。但是工会在给自己政治上定位时非常注意自己的身份特征。1969年当选德国工会联合会主席的海因茨·弗特尔在工会的1971年5月杜塞尔多夫第二次非常联邦代表大会上的报告突出说明这一点。

弗特尔认为，今天工会运动的基础和一百年以前一样，仍是雇员在社会上所处的劣势和依附地位。工会的任务一如既往是双重的：在经济和社会劣势造成的后果面前保护工会会员；从事为消除雇员依附地位和丧失权利状态的社会条件而进行的政治运动。他把前者称为保护职能，后者称为塑造职能，二者不可分离，"只有通过社会改革才有可能获得有效的和持久的保护。工会既是保卫同盟，同样也是政治运动"。弗特尔表示反对人们用"社会伙伴关系"或"维护制度的职能"这样"已成为意识形态的"错误语词来说明工会的身份，企图"在现有体系内确定工会的地位，以使这一体系避免任何改革"。他声称，"我们不受现存社会关系的链条的束缚"；工会始终把自己当成一种政治力量,当作"社会进步的发动机"。但是另一方面,工会决不应成为党的代替组织(Parteiersatz),工会只是作为雇员的联合组织提出和发展关于雇员获得解放和平等权利的政治设想以及"明日社会的政治模式","我们必须在这样的模式的基础上对政党施加影响——而不是相反!"①

第四,就工会和社会民主党关系而言,在工会总的说来保持"独立性"的前提下,二者之间仍旧是比较密切但又保持一定距离的。1966—1969年的大联合政府中,工会主席格奥尔格·勒伯尔担任交通部长,工会对政府的反周期景气政策给予支持,但是在参与决定权问题和紧急状态法问题上则有分歧和冲突。1969年开始的以社民党为主的社会党自由党联合政府时期,勒伯尔和其他几个重要工会领导人入阁担任部长,这对于政府当然是一个重大的支持,但正是在这一时期,弗特尔发表前引观点,表示工会不是政府或现行制度的工具,实际上也是力图表明与社民党之间的"批判性距离"。

在社会民主党方面,1975年曼海姆大会通过的《1975—1985年经济政治大纲》专设一节论述社民党与社会团体首先是与工会合作的态度。其中关于工会的作用的论述可以概括为以下几点:

第一,民主社会主义的统一战略不能单独由党来担任,因为"与党接近的组织首先是工会占有特殊的地位",党必须与它们"更加紧密地合作"。这一合作的基础是在工人运动的共同斗争中形成的,而这一斗争的基本经验是党和工会的相互依附,二者的共同目标是实现一个更好的社会制度,共同的道路是改革或改良。

第二,工会和社民党必须相互尊重彼此在组织和任务上的自主性。工会不能取代党在政治上领导和动员党以外群众的任务及其为发展社会福利国家所进行的立法和政府行为。社民党确认统一工会的独立性,并且肯定工会除了继续进行工资政策等方面的斗争外还要承担代表雇员利益参与塑造社会的任务。正如哥德斯堡纲领所说,工会是"持续不断的民主化进程的重要支柱",它与社会民主党共同创造的政治气候是实现成功的改良政策所必需的。

---

① 《德国社会民主党和工会》第1卷附录,第130—131页。

第三，社民党和工会在实行资本和劳动的斗争时必须抵制不论是来自保守政党还是来自企业联合组织的反抗。

第四，社民党号召党员在企业和行政机关的工作岗位上积极参与工会工作。

尽管如此，由于上世纪 70 年代中期以后经济持续不景气，福利国家制度遭到很大困难，科技革命引起的经济结构变化又使传统工会趋向衰退，因此社民党和工会的活动能力都大大受到限制。社民党在联合政府中一方面受到联合伙伴自由民主党的牵制，另一方面受到在联邦参议院中占多数的联盟党的牵制，不但在经济上必须实行紧缩和节约政策，而且在有关参与决定权的企业劳资关系法的修订上也不能满足工会的要求。双方曾利用纪念 1906 年曼海姆协议 75 周年的机会再次宣布彼此对待的原则，强调合作，但仍无法解决实际的困难。工会方面甚至有人针对 1983 年预算决议提出"无理要求已经过分了"的抗议口号①，印刷和纸张工会主席列昂纳德·马莱因则提出："我们不要另外一个政府，但要另外一种政策。"但是工会与社民党的矛盾并没有动摇政府。1982 年 9 月，由于执政伙伴自由民主党的背离，社民党在联盟党对总理施密特提出的建设性不信任案表决中失败，联盟党与自由党联合政府上台，从此直到 1998 年社民党处于在野地位，共达 16 年之久。

在野的社民党仍旧与工会有矛盾，这首先是由于社民党作为人民党扩大选民争取范围的努力，其次是由于社民党和绿党的接近，后者从自然保护的角度对一些传统工业采取敌视态度，甚至把工会称为"工业时代的恐龙"。第三，即使没有执政负担，社民党仍不得不考虑到经济发展情况与社会福利目标之间的某些矛盾，这也会使工会不满。在上世纪 80 年代关于通过缩短工作时间来增加就业岗位的争论中，社民党副主席奥斯卡·拉封丹 1988 年初在公共服务业劳资协议争执期间提出"缩短工作时间可以无需工资补偿"的主张，一度引起工会方面的激烈反对。这时社民党正处在制定新的基本原则纲领过程之中，上述各种情况促使社民党主席汉斯·约亨·福格尔在工会的理论和政策刊物《工会月刊》1988 年第 7 期（7 月份）上发表重要文章

---

① 《新社会/法兰克福杂志》1982 年第 8 期，第 774—777 页。

《德国社会民主党和工会》，系统地阐述了党对工会的态度，这篇文章也可以说是这一时期社民党和工会关系的总结。

福格尔首先指出，自从1906年曼海姆协议以来，社民党和工会之间的关系中存在一系列尽管没有书面确定或者甚至未经过正式约定、却始终有效的原则。例如：第一，工会和党互相尊重彼此的独立性，"德国社会民主党不是工会党，工会不是社会民主主义的派别组织"；第二，党和工会在原则纲领和原则性决议中对形势的估计和目标的确定基本一致；第三，工会是雇员的有组织的利益的代表，它们在为了"塑造工作和经济条件"而进行的斗争中必然要对与雇员利益有关的政治过程施加影响，但它们在党派政治上是独立的，也不是"替代党"。德国社会民主党是"左翼人民党"，现在和未来它的核心仍是男女雇员。但它也是独立的，是向其他承认它的目标的"非雇员"开放的，因此它也"超越向工会负责的领域承担整体责任"；第四，工会的观点和决定在个别情况下会与社民党的观点和决定发生冲突，双方在解决这类冲突时一定不能忽视"今后合作的必要性"，必须看到"一方的削弱通常也意味着另一方的削弱并且在多数情况下意味着即使不是反动力量、也是保守力量的加强"。

福格尔把这些原则概括成一个"以利益和目的为准绳的合作"，他认为这是最符合客观的给定情况的，比人们习惯使用的"联盟"概念更恰当。"联盟"概念一方面太过头，暗示双方之间有着并不存在的"相互附属关系"，另一方面又不充分，不能使人看到"不管各个时期表面的合作形式如何，目标和利益在很大程度上仍是一致的"。他认为，党和工会只能"共同"实现它们的最重要的目标，否则"根本不能"实现这一目标。它们是"互相依存"的，而其他任何政党都不能这样说。从这一背景来看，面对当前的一系列问题的挑战，社民党和工会只能通过"共同的努力"或"平行的努力"才能克服。

福格尔列举了一系列社会结构和个人生活形式、生活规划的改变。他认为这些发展一方面增加使社会团结瓦解的危险，另一方面也有可能使一个新的社会制度更加接近。他借用天主教教皇社会通谕中的一句话来描绘这一前景："不再是资本使劳动为它效劳，而是最终劳动使资本为它效劳。"这一前景能否实现，正如对自然界的和平和人类和平的保障一样，取决于我们是

"听任发展自行其是，还是能做到按照社会的、生态的和普通人道的标准把它置于控制之下"。这种力量既存在于社民党队伍之中，也存在于科学领域、天主教社会教义、基督教社会伦理以及新社会运动之中，但是"德国社会民主党和工会双方都是改革的和有塑造意愿与力量的中心"。双方必须在各自的领域提出如何应对危险和深刻的结构转变的"令人信服的方案"，并表明它们将如何利用自己的机会，"以实现一个不断更新的高度自由、公正和团结互助的社会"。为此双方还必须从事艰巨的组织工作和说服工作，而"在政治领域只有德国社会民主党，在政治领域只有工会才能完成这一工作"①。

福格尔的这些观点在1989年12月通过的德国社会民主党《柏林纲领》中得到反映。纲领的第五章"国家和社会中的民主"中设有"工会"一节，其中表示支持工会的各种经济、社会和政治要求，维护统一工会，维护劳资协议自治，维护罢工权。值得注意的是，纲领在这里仍旧强调"共同的历史和共同的目标"将社会民主党与工会联系在一起，并且敦促企业和管理部门的社会民主党雇员积极参与工会工作。②

但是《柏林纲领》刚一通过，就发生两德统一、苏东剧变这样的世界历史性事件，由此引起的德国国内和国际政治格局的变化，特别是全球化程度的急速扩大，与20世纪70年代末就已经开始的科技革命、经济结构的变化和新自由主义攻势结合起来，使德国社会民主党面临身份认同和政策革新的要求。1997年重新上台执政的英国工党提出了"第三条道路"，标榜"新工党"。联合政府的德国社民党是以"革新和公正"、争取"新中间"为口号投入竞选的，这里的"革新"和"新中间"有着丰富的内涵。1999年6月德国社民党主席、政府总理施罗德和英国工党领袖、首相布莱尔联合发表了题为《欧洲："第三条道路"/新中间》的共同声明，其中谈到工会问题时表示相信"过去那种在工作场所发生的冲突不应再出现"，主张"加强社会各团体间的合作和对话，对变化和改革形成新的共识"，并且提出三点主张：在工作上真正建立伙伴关系，让雇员们有机会和雇主一同分享成功的回

---

① 德国《社会民主党和工会》第1卷附录，第141—144页。
② 《德国社会民主党纲领汇编》，第149页。

报；支持现代工会的工作，支持工会和雇主合作驾驭变革并创造长期繁荣；在欧洲范围内努力和合作者保持对话，支持而不是阻碍必要的经济变革。声明在这里还提到德国社民党政府一上台就召集政界、商界和工会的领袖举行会议，结成了就业、培训和加强企业竞争力的"为了劳动的联盟"。① 这一声明比德国社会民主党以往任何文件都更加明确地表明了施罗德革新社会民主党的方向，其中对福利国家、就业问题、工会工作等问题的看法在党内引起相当广泛的讨论和批评，因此施罗德本人和党的文件此后也很少援引这一声明，但德国社会民主党实际上是按这一方向进行改革的。

1998—2002年的第一届红绿联合政府已经就养老金和失业问题采取了一些改革措施，第二届红绿联合政府在2003年制定了《2010年规划》，总的精神是"促进和要求"，其中涉及失业和福利问题的主要措施是：一方面适当地缩减失业补助待遇和增加医疗个人交费项目，鼓励进行私人补充养老金保险；另一方面加强压力以促使失业者再就业。此外在削减税收、加强科研教育、鼓励私人创业等方面也有不少革新。这一规划可以说是联邦德国历史上最大、最深刻的一次改革，涉及大多数人的利益，而其中着眼于削减福利开支的措施，尽管从执政的社民党看来，有利于加强德国经济在全球化条件下的竞争优势，从长远来说对德国的劳动人民是有利的，但是在短期内势必使相当大的一部分中下阶层暂时减少收入，因此这一规划从2003年底开始逐步实施后在社会上引起了相当普遍的不满，当然也对社民党和工会的关系产生不利的影响。

工会的支持是社民党在1998年和2002年两次大选中获胜的一个关键，许多工会领袖仍旧认为自己应当站在社民党一边，反对联盟党和自民党中的"企业家的朋友"。但是红绿联合政府上台后，由于政府的改革政策在很多方面涉及广大雇员的利益，工会和政府之间的矛盾日趋严重，《2010年规划》实施后尤其如此。德国工会联合会曾在全国范围多次组织抗议示威。2004年4月3日（欧洲行动日）和五一国际劳动节，柏林两次举行以"劳动和社会公正"为口号的示威游行，都有50万人参加。联合会主席宗默尔和两个最大的行业工会即服务业工会和五金工业工会的主席都坚决表示反对

---

① 参见《第三条道路：世纪之交的西方变革》，第40—41页。

《2010年规划》。当时的五金工业工会主席彼得斯声称要发动一场"公民运动"来迫使社民党"恢复理智",并且表示在具体问题上打算与其他社会力量(如教会、反全球化环保组织)结盟,以代替与社民党的历史性联盟,争取实现"政治转折"。当然,工会领导层中也有支持改革的"现代派",认为工会不应当脱离自己对社会整体的责任来代表会员利益,社民党领导也力求与工会领导对话,争取工会支持改革。但是工会内部的左倾力量是不可忽视的,他们的活动与社会民主党内左派的活动相结合,确实已在政治上产生重要后果。

《2010年规划》提出后,社民党内左派的有组织活动一直没有停止,施罗德被迫在2004年2月辞去党主席职务,由明特费林接任。这虽然能减轻对他的压力,却不能削弱左派的反叛。党内开始出现公开的反对派组织,坚决要求停止执行《2010年规划》,指责党已变成"新自由主义的党"。反对派组织中有不少工会干部,他们利用自己的身份和地方工会为反对党派组织的发展提供种种方便,而全国性工会领导实际上是容忍或不同程度地鼓励这种行动。当然,这并不意味他们打算和德国社会民主党决裂,而只不过是企图借此对它施加压力,使它推行偏向工会的政策。

德国的左翼党终于在2005年成立,它实际上是由原西德各州的社民党反对派组织和原东德各州的民主社会党组织合并而成的。在2005年9月提前举行的联邦议会选举中,左翼党获得10%的选票,进入议会,使德国出现五个政党并存的政治格局,也使两党或多党联合政府成为今后相当长时期内德国不可避免的执政形式。左翼党的成立当然使社会民主党丧失了一批选民,但是如果没有左翼党,这批选民中的许多人很可能放弃投票或甚至会投票支持联盟党,而左翼党却使他们留在政治光谱的左侧,同时也使社民党有可能更加明确地凸显自己的中左政党身份特征,摆脱既要争取中间选民、又害怕失去社会下层阶级(Mütterklasse)或沦为下层阶级危险的选民的两难处境。这就要求社民党既有正确的、符合时代需要的纲领,又能制定能把现代化改革与社会公正原则结合起来、能使中等阶层(熟练工人、管理人员、职员、自由职业者等等)的利益与下层阶级适当地协调的策略和政策,这也正是社会民主党能否摆脱目前的困境的关键。

在这一背景下来考察今后一段时期内德国社会党与工会的关系,可以说基本上仍旧是既有合作、也有矛盾冲突的关系。《新社会/法兰克福杂志》2008年第10期以《德国社会民主党应当保持镇静》为题发表了该杂志主编、社民党著名理论家托马斯·迈尔与德国采矿、化学、能源工业工会主席施摩尔特的对话。在对话中,施摩尔特肯定了1998年上台的红绿联合政府"结束了(德国)政治上的一个长久的保守主义时期",对于工会和在那一时期受到亏待的雇员、退休者和失业者来说是一个"新的开始","从历史上看是一个里程碑",但是也发生了一些"使工会不愉快的事"。工会中有不少人认为《2010年规划》在原则上是错误的,但他认为应当"有区别地"看待它,"规划"有关社会政策的许多部分是工会要求的,但是有些部分需要纠正。他认为,面对左翼党成立这一事实,社民党应当"保持镇静,不应当为了与左翼党竞争而作出过分的许诺。即使左翼党的口号在某些地方受到欢迎也不要这样做,因为民主主义从长远来说是不能取代严肃的政策的"。他认为,社民党应当明确地说明,在全球化情况下哪些事是做得到的,哪些已不再能做到以及今后应当怎么办。"社会公正这一指导原则不言而喻是保持不变的。但具体的政治行动和塑造行为却不一定非遵循二三十年前宣告的模式不可。"① 这一对话可以说基本上反映了工会与社民党之间关系的现状。

2008年10月28日,德国社会民主党汉堡代表大会通过了新的纲领。纲领的第三章第三节"团结互助的公民社会和民主的国家"中把工会与政党、教会、宗教团体、社会团体和环保团体一同列为"公民社会的载体",认为"它们是我们走向人道的、有未来能力的社会征途上的伙伴"②,而且将工会列在仅次于政党的第二位。第三章第六节"人人都有好工作"的所有内容实际上都涉及工会的工作,而"参与和占有决策"这一小节更是直接论述了社民党与工会的关系,表示党要和工会一同主张雇员应在社会劳动所得中获得公正份额并在经济生活和社会生活中享有"共同决定权";认为劳资协定自主权是"崇高的财富",是"不可触犯的";表示希望有"强大而有行

---

① 《新社会/法兰克福杂志》2008年第10期,第25—27页。
② 《当代世界社会主义问题》2007年第4期,第17页。

动能力的工会，它们代表大部分员工，并具有罢工能力"。① 汉堡纲领虽然没有像哥德斯堡纲领和柏林纲领那样专设以工会为标题的一节，也没有采用哥德斯堡纲领中关于"工会作为全体劳动者的代表而行动"、柏林纲领中关于"共同的历史和共同的工作将我们与工会联系在一起"这样的提法，但是它对工会工作的重视以及对工会保持友好的态度仍是非常明确的。我认为，汉堡纲领的这些内容将是今后相当长时期内指导德国社会民主党处理它与工会关系的根本方针。

第三节 英国工党和工会

一

与欧洲大陆各国的社会民主主义政党相比，英国工党有几个重要的特点。第一，它是由工会发起并且以工会为主要基础而建立的。第二，它从来不是一个以马克思主义为指导思想的党。第三，它从成立时起就是一个社会改良主义的党。因此英国工党与工会的关系是非常密切的，不存在第一节中所说的工会中立问题。但是从20世纪60年代以来这一关系也逐渐发生重大的改变。

工党是英国一些工会为了更好地参加议会选举而成立的。自从英国1867年进行选举改革、1868年英国职工大会成立以后，工会主要通过在选区与自由党联盟来争取工人代表进入议会。这种做法是有成绩的：1874年就有两位矿工代表首次进入议会，而这样的议员通常被称为"自由工党议员"（Lib-labs），但是工会经常受到自由党的压制和排挤，因此逐渐产生独立进行选举斗争并选出议员的想法。1893年独立工党成立，职工大会决定设立基金在地方和议会选举中支持独立工党，1895年曾提出28名候选人，但无一当选。于是1899年9月职工大会年会决定召开一次由"所有的合作主义组织、社会主义组织、工会和其他工人阶级组织"参加的特别代表大

---

① 《当代世界社会主义问题》2007年第4期，第27页。

会来"筹划在下一次议会选举中增加劳工成员当选人数的办法"。① 会议在1900年2月召开，决定成立劳工代表委员会。参加的组织有工会、费边社、独立工党和社会民主联盟（合作社组织未参加）的代表。参加代表委员会的工会共67个，代表会员57万人，占当时全部工会会员的1/4强。1908年矿工联合会加入，进一步加强了工会的力量。

劳工代表委员会一成立就取得成果。1900年10月它提出15名议员候选人，其中2人当选。1902年、1909年又有3人在补缺选举中当选。1906年它提出50名候选人，29名当选，其中23名是工会会员。同年劳工代表委员会改称工党。

从工党成立的过程可以清楚地看出：第一，它是明确地以参加选举为目标的。第二，它不是一个以单个党员为基础的群众政党，而是一个"组织联盟"。政治学家称之为"联盟党"，也有人称之为"间接成员党"。② 1918年工党才开始吸收个人党员，但工会的力量仍占支配地位。第三，按照英国的工党历史专家埃里克·肖的说法，它不是一个"理念党"，而是一个"战略党"。在参加工党的三个社会主义组织中，社会民主联盟很快就退出（1901），费边社和独立工党都是社会改良主义组织，而费边社会主义对工党影响很大。即使如此，工党成立时却没有任何纲领性文件表述自己的社会政治理想，职工大会大部分领袖甚至连改良主义的社会理想都没有。1918年的工党章程中第一次提出社会主义目标，从这时起，撇开组织上的特点不谈，我们才可以把工党看成一个社会民主主义的政党。

一个能充分说明工党特性的历史事实是第二国际的社会党国际局1908年10月第十次全体会议关于是否允许工党正式加入国际的讨论。在这以前，已经有两名工党代表参加1907年第二国际斯图加特代表大会，这里的问题在于是否赋予工党以拥有全权的正式代表资格。如第一节所说，这时第二国际的加入条件已最终确定，社会党国际局第九次全体会议已经以此为标准来

---

① ［英］哈里·哈默尔：《朗文版1900—1998年工党指南》，纽约1999年英文版，第146页。
② ［英］莫里斯·林威吉尔：《政党的起源及其在现代国家中的活动》，伦敦1964年英文版，转引自［美］托玛斯·奎恩：《工党的现代化》，纽约2004年英文版，第47页。

衡量过英国工党，但未作结论，第十次全体会议继续讨论这一问题。关键在于工党是否承认阶级斗争，是否有社会主义目标，是不是一个社会主义政党。一部分代表认为工党具备这些条件，可以无保留地吸收它参加国际。个别代表反对。第二国际的著名理论家考茨基和俄国社会民主党布尔什维克的领袖列宁都赞成吸收工党，但在论证理由时都提出了自己独特的看法。考茨基认为工党是进行阶级斗争的，但缺少一个社会主义纲领，因此他提出的有关决议草案中这样说："它虽然没有明确承认阶级斗争，它实际上仍旧进行这一斗争"，而且"由于它的组织是独立于资产阶级政党的，因此它是站在国际社会主义政党的基础之上的"。列宁基本上同意考茨基的提法，但建议把决议的结尾改成："因为它标志着英国各真正无产阶级组织走向一种有阶级觉悟的政策和建立一个社会主义工人政党的第一步。"

现在回顾这一段历史的时候必须提出一个似乎荒谬的情况：英国工会的一些著名领袖曾经参加发展和建立第二国际，第二国际历次代表大会中都有英国工会的代表团，而且人数不少。费边社和独立工党都是第二国际的正式成员，而由这些组织联合建立的工党的成员资格却受到质疑。但是略加分析，这也是不难理解的。一方面，第二国际的加入条件经过多次讨论已日益明确和严格，而且它对工会和政党的要求是不完全一样的。另一方面，费边社和独立工党都有自己的纲领，工党却没有，但它又确实是作为上述几个组织的联合组织而进行选举斗争的，在这一斗争中又确实是与资产阶级政党特别是保守党对抗的。正因如此，考茨基决议草案才采用了模棱两可的措词，但是在列宁提出修改意见后他表示反对，认为这一措词是"以一个期望为基础的"，"不明确"，并且重申"工党是一个进行阶级斗争并且代表劳动者大众的党"。① 这次会议最后以大多数赞成通过了考茨基的决议，从此英国工党成为第二国际英国代表团的4个正式成员之一（另外3个是费边社、独立工党、社会民主联盟）。列宁在投票时表示反对决议的上述第二部分，会后继续在文章中指责这一决议表明国际似乎"担保"工党实际上"在进行彻底的阶级斗争"，"似乎只要工人组织在议会中形成单独的工人团体，就

---

① 《社会党国际局会议正式记录》，根特1909年法文版，第42、45页。

可以**在一切行动上不依赖资产阶级了**"。①

这次争论在第二国际历史上只是一个小小的插曲,几乎没有引起研究工党历史的学者的注意。但是我认为提到这件事有助于理解工党的特殊性。

二

从成立时起,工党与工会就有着特殊的关系。这首先表现在一年一度的工党代表大会选举领导机构即全国执行委员会和通过决议时工会的代表权上。工会代表实行著名的"集团投票制",这也是继续职工大会的做法。职工大会举行的两年一次的代表大会原来实行代表一人一票制,这样对于人数众多的大工会显然不利,于是1894年的大会决定,工会代表的投票数应当按这个工会的实际人数计算。这个办法被照搬到劳工代表委员会和工党中来,结果是工会的投票数大大超过费边社、独立工党和其他社会主义组织的票数的总和(这是使社会民主联盟在1901年退出的原因之一)。1918年开始吸收个人党员后,由于党员人数远远少于工会会员人数,因此,工会特别是几个大工会仍旧对执委会的组成和决策起决定作用。

不言而喻,工会力量在执委会中要占优势。1900年(劳工代表委员会)执委会由12人组成,工会占7人,社会主义团体占5人。1914年执委会为16人,工会占11人。1918年执委会为23人,工会占14人。1937年执委会为27人,工会占有18人。1953年起执委会为29人,工会占18人,这一比例一直维持到上世纪90年代中期。布莱尔上台后,1997年执委会扩大到32人,工会占13人。

起初工党议员候选人绝大多数是由工会提名和支持的。1918年出现个人党员后,在各选区成立选区工党,由选区工党的总委员会及其执委会领导,但选区内的工会可以按会员人数100:1的比例选举代表参加总委员会,因此在工业地区有可能在总委员会中占支配地位。选区工党和工会都可以提出议员候选人,经总委员会的执委会筛选后再由总委员会投票决定,而工会往往能在其中起决定作用。1987年金诺克实行选举改革,成立地区选举团,允许工会至少有40%的投票权,其余由个人党员按一人一票权选出。因工

---

① 《列宁全集》第17卷,人民出版社1988年版,第215页。

会的投票是集中使用的，因此个人党员选出的候选人可能因工会的反对而落选，工会通过的候选人却可以在受到部分个人党员反对的情况下仍获得通过。直到1993年史密斯担任领袖后才彻底实行选区党员按一人一票决定议员候选人的办法，取消了工会的优先权

　　工党在财政上对工会的依赖是更加重要的。加入工党的工会向会员征收的会费实际上包含党费（但不加说明），因此工会会员可以说是集体入会。工会把这方面的收入一部分交给工党中央，一部分用来资助工党竞选和当选议员的活动。由于这件事情的重要性，它曾成为工会和工党政治斗争的一个重要问题。1909年，由于联合铁路职工工会会员奥斯本反对工会擅自征收党费的做法，议会上院作出一项判决，禁止工会动用基金支持工党，这就是著名的"奥斯本判决"。但是1913年的自由党政府通过的工会法允许工会可以通过会员秘密投票决定设立用于支援政党的政治基金，而且会员有权利声明不交纳这笔费用，即所谓"订约不参与"（Contract out）。1914年在总数为120万的工会会员中有1/3即40万人进行投票，赞成建立这种基金的为298 702人，反对者为125 310人，明确宣布不参与的会员为数很少，因此奥斯本判决实际上被废除了。① 1927年的保守派政府又在工会争端和工会法中规定所谓的"订约参与"（Contract in），即工会会员只有在明确表示参与工党的条件下才需交纳政治费用，这一法令立刻使工会向工党交纳的经费减少1/3。1946年的工党政府又恢复了"订约不参与"的做法。上世纪80年代撒切尔政府为了打击工会和工党，制定法律要求各工会每十年一次投票决定是否维持政治基金，1985—1986年有37个工会投票决定维持，90年代中期继续有工会这样做，这就使工党在这方面的财政支持仍旧得到保证。②

　　当然，为了减少对工会的依赖，工党曾努力增加个人党员人数和他们的党费③，但这并不能减少工会财政支持的重要性。80年代早期，工会提供工党选举总基金的95%，此后大大减少，但2001年仍占竞选费用的55%。80

---

① 参见《朗文版1900—1998年工党指南》，第277页。
② 同上。
③ 工党个人党员每年应交党费在1989年为10英镑，1993年为15英镑，1997年为17.5英镑，2002年为18.5英镑。经济困难的党员可以少交，但不得低于7英镑。

年代工会在每次选举时向工党提供 200 万到 300 万英镑经费，2001 年高达 600 万英镑。从 1979 年到 1988 年，工党党员人数减少 11%，工会的缴费会员人数减少 29%（主要由于失业），但工会为了减轻工党支部所受的打击，竟按实际人数的 105% 向工党交费。1992 年工会交款占工党经费的 66%，此后大大减少。1992—1997 年期间，工党的经费 40% 来自工会，40% 来自捐款，党员交费仅占 12%。[①]

另一方面，从 1975 年起，英国政府开始向在野党拨付与其所得选票和议席相应的经费，供它们进行研究和开展影子内阁活动。最近几年，工党改革派又在积极推动政府以欧洲大陆国家为榜样实行对政党的普遍津贴。此外，工党选举委员会还可以向社会团体和企业募捐（2001 年募得 610 万英镑），到 2003 年，工党的经费只有 1/3 是来自工会的。但是工会的经费始终是可靠的来源，特别是党在野时更是如此。在工会方面，也有少数领导人由于对工党执政时的政策不满而采取减少资助的办法。例如，2001 年普通工人和市政工人工会决定在 4 年内减少对工党的缴款 100 万。[②] 但是总的来说，工会是不赞成国家对政党进行资助的，因为这会进一步削弱工会对工党的影响。

工会不仅在财政上大力支持工党竞选，而且在人力方面作了很大贡献。1918 年以前，工党的地方竞选网完全是由本地工会分支构成，在那以后，这些分支继续起作用，提供工作人员，允许使用工会建筑和办公室。1978 年成立了"工会争取工党胜利"（TUCV）组织，1986 年成立"工会会员支持工党"组织（TUFL）。前者包括各主要工会，动员工会干部为工党竞选工作，鼓励工会会员投工党的票，有时还为此募捐，如 1983 年向每个会员征收 10 便士缴纳给工党选举委员会。后者负责在基层加强党和工会的联系，为工党竞选提供人力、资金和运输工具等。这两个组织是 1994 年工党成立的"工会和工党联络委员会"的前身，它包括所有参加工党的工会，负责协调工会在选举时期对工党的支持，是工党和工会之间的沟通渠道。[③]

---

① 《工党的现代化》，第 151—152 页。
② 同上书，第 189 页。
③ 同上书，第 151、152 页。

从工党成立起直到第二次世界大战以前工党议员的阶级成分和职业来看，体力劳动者和工会干部的比例是很高的，不过呈现逐步下降的趋势。1906年的29名议员全部是由工会推选的，其中23人为各体力劳动者工会的成员。1922年，由于已成立选区工党组织，议员不是全部由工会推选，但在142人中仍占87人。1929年，288人中占115人。1931年，48人中占32人。1935年，154人中占80人。工会推选的议员大多数出身工人阶级，也有少数其他阶级的。在非工会推选的议员中，1918年工人阶级出身的占64%，1922年以后逐渐减少，此后一直未超过38%，1931年只有20%。在最初阶段，工会领导人往往兼任议员，例如1906年8名议员全部是或曾经是某一工会的总书记，而职工大会的议会委员会成员中有6人担任议员。1923年以后，主要由于工会工作日趋繁重，工会总书记不再进入议会，1935年的议员中只有3个工会总书记，而且不是主要工会的。第二次世界大战前工党两次组阁时阁员的阶级结构则与此略有不同。1924年20名阁员中只有7人是工会推选的议员，1929年19人中有6人，不过这两届阁员有一半是出身于工人阶级或来自工人组织的。与此相比，1924年的阁员有7人、1929年有5人出身于贵族或上层中产阶级。

由于上述这些情况，工党和工会的领袖往往用一些有趣的比喻来说明二者之间的密切关系。既是工会又是工党早期领袖的阿塞·亨德逊在1907年的大会上说，工党是工会的"最天真、最独立的孩子"。W.J.戴维斯于1913年在职工大会上说："我们的大会是伟大工人运动的母亲。"艾德利内阁的重要成员、外交大臣贝文曾是当时最大工会即运输工人和普通工人工会的总书记，他在1935年工党年会上说："工党是从工会的肚子里生出来的。"1949年，一位职工大会代表在工党年会上把二者的关系比喻成亚伯和该隐（圣经中亚伯拉罕的两个儿子）的关系。1962年工党年会上又有人把这比成球和链子的关系。直到1987年，还有一位工会领袖把二者比成一把剪刀的两半，"夹起来很有力，分开就没有用了"①。这些带有浓厚感情色彩的比喻如果仅仅用来说明工党的起源和初期状况还是比较贴切的，但是如果用来概括双方关系的全部和一百年来的发展就不适合了。

---

① ［英］路易斯·明金：《时常争吵的联盟》，爱丁堡1991年英文版，第3页。

另一些人用"契约"、"协议"、"合伙"等词比喻来指出二者之间的关系是"制度化的交易"：工会提供财政、选举和组织方面的支持，以换取工党在政治上的保护，在党内则以工会会员入党换取选票和权力。也有把这一关系中的工会领袖说成是"后台老板"、"老板"或甚至是"有政治动机的团伙（mafia）"[①]，这当然是太过分了，但是双方之间的互利交换关系确实是存在的，而1918年工党章程中明确规定了党有义务"与职工大会的议会委员会合作"，1924年工党年会上党章修正案的动议人说："工党应当是工会运动在政治上的表现。"[②]

因此起初有些工会干部认为双方如进一步融合，甚至最好有一个统一的中央机构会更有好处。亨德逊在担任工党书记以后曾主张"使政治的（方面）和工业的（方面）不致成为两个分开的运动，而是一个运动在实在意义上的两个方面。"[③] 职工大会书记弗列德·布拉姆莱在1924年说："工党在政治上的进展……主要是工会在政治上的进展。……政治组织是靠工会的基金运行的，这个国家的政治工党可以被称作工会工党，如果我们愿意使用这一术语的话。"[④] 1921年，由党和工会的代表组成全国联合委员会来处理包括工业纠纷在内的广泛的政治和工业问题。在有些地方，工党和工会委员会曾经合并。1923年的工党大选宣言是由工党执委会、职工大会总委员会和议会委员会执委会的联席会议最后批准的。1923年9月，工党执行委员会曾建议把工会代表大会和工党年会的召开日期衔接起来，由前者讨论工业问题，后者讨论政治问题，但这一建议被职工大会否决了。[⑤]

由于经费、人事、组织等方面的原因，这种融合企图最终还是失败了。特别是在1924年工党短期参加政府以后，更加证明这种企图是不切实际的。公务员工会书记W. J. 布朗在1925年的职工代表大会上说，一般认为，工党内阁会"自动地在工业事务上执行职工大会的政策"，但实际情况却是，"在政府一方和工会另一方之间将存在永恒的观点分歧，而这一分歧不是由

---

① 《时常争吵的联盟》，第4页。
② 同上书，第4页。
③ 同上书，第19页。
④ 同上书，第5页。
⑤ 同上书，第4页。

于政治一方或工业一方的任何恶行造成的,而是由于这一事实:工会要履行的职能和政府的职能不一样"。①

实际上,工党与工会双方之间保持一定的距离和分工是符合工人运动利益的。从工会方面来说,存在多年与企业主谈判或斗争的传统和经验,只有在遭到政府或司法的压制时才必须求助于运动的政治一翼,在其他情况下是宁可不要政府干预的,而且在多元制议会民主的条件下,它们在政治上也不能仅限于和工党打交道。从工党方面来说,在作为反对党时它当然可以主要从工人阶级利益出发进行斗争,但一旦进入政府,特别是在组织少数派政府时,它要履行自己对工会的义务就会遭到阻力,有时会是很大的阻力。例如,1939年的工党政府打算取消1925年的工会法时就因为自由党的反对而失败。不仅如此,工党政府还必须考虑到国家和广大人民的利益,而工会的利益并不一定总是和全体人民的利益一致。例如,罢工本来是工人阶级争取和捍卫自身利益的一个重要手段,但是也会造成牺牲和经济损失,甚至有可能成为"社会讨厌的事"②,这一情况当然会在工党政府的看法和行动中得到反映。1924年政府在处理码头工人、伦敦电车和地铁工人罢工时,甚至威胁要根据紧急状态法动用军队,因此遭到职工大会总委员会和工党执委会联席会议的批评,就是一个例子。即使在处于反对党地位时,工党为了争取上台执政,它的诉求范围也不能仅限于工会和工人阶级,而必须面向更加广泛的人民阶层。工党自称是"体力劳动者和脑力劳动者"的党,而脑力劳动者的包容范围是很广的。工党有时还使用"人民"这样笼统的概念。曾经担任工党领袖和首相的拉姆塞·麦克唐纳就说过:"工党的未来将取决于它能否成功地向自己和全国明确阐述自己的原则。如果它把自己缩小成一个阶级的运动或一个行业(trade)的运动,它将被削弱并且最终消失。"③

正因为工党采取这样的战略,从20世纪20年代以来,除了1979—1983年这一时期以外,工党在历届议会选举中所得票数始终比职工大会的会员人数多得多。反过来说,工会会员也并不是全都投票支持工党。60年代,工

---

① 《时常争吵的联盟》,第19页。
② 同上书,第17页。
③ 同上书,第17页。

会会员投票支持工党的在50%上下波动，70年代下降。1983年只有1/3工会会员支持工党，此后又上升。1997年工党取得压倒性选举胜利时共得1 350万张选票，而这时职工大会成员总共才有680万，而且还有很多工会会员（虽然属少数，但人数并不少）未投工党的票。

根据我看过的近二三十年来英美等国研究社会民主主义运动特别是研究工党的著作，大多数学者在以下三方面是基本一致的。

第一，由于工党和工会的目标和利益在总的方面和从长远看来基本一致，因此双方的关系可以说是同盟关系。

第二，二者的职能不同。简单地说，工党的任务是政治上的，工会的任务是工业方面的。在正常情况下二者是互相补充的，但是必须保持一定的界限。工会尽管为党提供经费，并且资助一部分议员，因而也可以在政策方面施加影响，但是议员有一定的自主性，是不会直接听命于工会的。反过来说，工会坚持自己在工业问题即劳资谈判方面和独立自主，只是在必要时才需要工党（特别是在执政时）的干预或者服从工党的政策需要，但这也是有限度的。

第三，正因如此，双方之间会经常产生矛盾、摩擦甚至争吵，也可以说经常存在一种紧张关系，但是由于上述第一点是基本特征，因此双方都会保持克制，使这种争吵不会导致破裂。有人形象地把这比喻成一个家庭的生活："共生的、热烈的，有时是悲惨的，但基本上是不可分的。"① 有人甚至说："在这种关系中，你可以想象会发生谋杀，但决不会离婚。"② 路易斯·明金则把这种关系称为"时常争吵的联盟"（contentious alliance）。有些学者不完全同意他的论证，但接受了这一提法。我也认为这是一个比较恰当的说法。

三

不言而喻，像上述"时常争吵的联盟"这样的关系在工党执政时或执政几率较高时才会突出地表现出来，因此我着重论述第二次世界大战以后的

---

① 《时常争吵的联盟》，第3页。
② 同上。

时期。这一时期工党执政的年代是：1945—1951 年，1964—1970 年，1974—1979 年，1997 年迄今。

关于双方的分工，双方的领袖都常常非常坦率地发表意见，在 1959 年职工代表大会上，工党全国执委会委员詹姆斯·加拉汉说："我们大家是同志，但是有不同的工作要做。你们有你们在工业方面的工作，我们有我们的政治工作。我们彼此不发号施令。任何工党领袖，如果他允许自己受工会指使，就是不值得尊敬的。"① 1959 年，最大的工会即运输工人和普通工人工会书记弗兰克·克辛斯在这个工会的代表会议上说："我们生活中最重要的任务是选出一个下决心实现社会主义政策的工党政府。"但 1956 年他在工党年会上声称："我去年告诉你们不要教工会怎样干自己的活，我也肯定不会去告诉工党怎样干自己的活。"②

这样的分工当然不是消极的互不干涉，而是积极的互补，但这需要一个大的前提即工党确实是为工会和工人阶级的利益而斗争的，即使有些时候为了国家的需要或者为了维持自己的执政地位而推行不符合工人阶级利益的政策，也有理由说服工会，或者哪怕是经过争吵仍能维持联盟。在这方面，有双方配合较好的时候，也有矛盾尖锐、几乎导致关系破裂的时候，而随着经济形势的变化，后一种情况逐渐加剧，最后导致工党进行了一系列削弱工会影响的改革。

艾德礼政府是历届工党政府中成绩最好的一个。它把著名的贝弗里奇报告中的建议付诸实施，特别是建立了国民保健体系，这当然是给工人阶级和广大人民带来好处的。另一方面，它处于战后英国满目疮痍、百废待兴，而大英帝国又日趋衰败的时期，面临严重的经济困境。工会的大力支持对于艾德礼政府保持稳定和渡过难关是起了很大作用的。

艾德礼政府的一个主要成员埃纳斯特·贝文原来是运输工人和普通工人工会的书记，这届议会有 39 名议员是这一工会推选的，它还有一些干部进入这届内阁，而继任的书记阿瑟·狄肯凭借他的工会的力量和他在职工大会

---

① ［英］布里安·布列瓦蒂、里查德·赫弗曼：《工党百年史》，伦敦 2000 年英文版，第 213 页。

② 《工党百年史》，第 213—214 页。

的影响在支持政府、特别是争取同意控制工资增长幅度方面起了很大的作用。

工党一上台，狄肯就在向他的工会所作季度工作报告中说："我们必须认识到，新政府在面临的任务中将需要我们全力协助和理解。很明显，如果我们要实现经济安全和大量的社会重新建设，每一个人都必须全力以赴；换句话说，我们为了生活得好，必须好好工作。"他强调，为了克服战争后的困难，工会必须承担重大责任。他说，"目前的工会运动与它以前的历史时期相比，正在扩展更加广泛的活动领域，并被要求承担更大的责任"，也就是不再仅限于关心工资和就业的通常条件，而是应当在"计划那种能提供充分就业和提高生活水平的经济方面发挥作用"，"在社会化的服务中发展对人民大众承担责任的认识"。他认为，由于工党掌握了政权，工会不能采取"中间路线"，必须面对"责任随权力而来"的事实；在战后最严重的时期，政府单凭自己的力量不能解决面临的紧迫问题，只有当"与生产有关的所有各方最大限度地发挥效率"时才能生产为实行社会服务、充分就业和提高生活水平所必需的物品，因此工会会员绝不能"逃避责任和拒绝面对明显的事实，我们只有竭尽全力才能闯过难关"。他一方面主张，为了恢复正常的国内生产和对外贸易，战争时期实行的一些令人讨厌的严厉的管制措施仍有必要维持相当一个时期，另一方面要求工会积极配合政府推行提高生产率、采用新技术、提高效率、改善劳动力利用的措施。对于未经批准的罢工，狄肯深恶痛绝，认为"对于恢复我们的经济和创造我们为提高生活水平所必需的新财富来说，再也没有比反复举行这种罢工能起更加致命作用的了"。他甚至认为这些罢工者是"为反动派效劳的"。另一方面，他号召工会会员在解决工业争端时按正规方式进行集体谈判，并且"表现出公众一方最大可能的忠诚、自我约束、忍耐和克制"。①

就实际行动来说，狄肯本人和工会对政府的支持主要表现在控制工资涨幅上。从第二次世界大战以后工党的历史看来，这一问题正是工会和执政工党之间最容易引起冲突的一个主要问题。工会一直坚持自身在工资谈判中的

---

① 以上分别见狄肯在运输工人和普通工人联合会总执委会上的发言；1945 年、1946 年、1947 年他向总执委会所作的工作报告。转引自《工党百年史》，第 193、199、195 页。

独立自主权利,反对政府干涉。狄肯本人也是如此。直到1947年,他还在工党年会上表示,"在任何情况下我们决不会承认确定工资和规定雇用条件是政府的一项责任"①。但是当1947年底英国经济有崩溃危险,政府就个人收入、成本和物价问题发表白皮书时,职工大会在1948年3月的特别会议上通过决议,同意在控制工资方面与政府合作,狄肯也改变了态度,他以避免通货膨胀为理由论证必须控制工资涨幅,认为工会必须承担责任,必须重视经济事实,如果一味叫嚷增加工资,就会"帮助创造将破坏工会运动的真正影响的条件"②。他表示相信政府在稳定物价、控制资本家利润方面的决心,认为工会仍有一定的谈判自主权。他在同年8月向运输工人和普通工人工会执委会的报告中以明确的语言论述了工会在"掌权"后的责任:"由于工党在执政,而且推行工业的社会化、对工业的控制和监督、征税和政府的旨在限制货币利润的政策,我们必须按照我们面对的已经改变的条件调整我们的态度。我们已经掌握权力并且随之也承担了责任,这要求我们清楚地了解新秩序。工会在发展这一新社会秩序方面的重要性日益增加。我们必须明智地、审慎地行动,在任何时刻都不牺牲我们的原则或我们所代表的人民的利益,但是要采取建设性态度,带着尊严感和理解感。"③ 他认为,正是政府的政策和工会的支持使英国避免陷入1922年那样的萧条。1949年9月英镑贬值以后,狄肯认为工会更加有必要限制要求提高工资的权利,否则很难扭转危机。但是随着物价的提高,愈来愈多的工会拒绝让步,1950年的职工代表大会终于决定停止支持控制工资涨幅的政策。

  根据一些研究者的看法,工会在这一阶段所作的牺牲对于英国经济是起了积极作用的。阿列克·凯恩克洛斯说,从1943年到1947年,平均小时工资在第一年增加9%,第二年增加8.5%,此后9个月到1948年增加将近9%,从那时到1949年9月英镑贬值时工资只增加2.8%,此后一年的增加更降到1%以下。与此相比,同一时期的食品零售价格增幅是每年5%,因此,"货币工资增加得如此少,实际工资保持稳定或下降,失业减少到30万

---

① 转引自《工党百年史》,第197页。
② 同上书,第200页。
③ 同上书,第201页。

人,这显著地证明了工会领袖的影响。"肯尼斯·摩根认为工会这样突出地放弃自己的作用,在和平时期是罕见的。"在分散的和存在对抗的英国劳工关系的世界中,冻结工资的总效应的成功是令人瞩目的,这也是克里浦斯(工党财政大臣)的一次胜利"。彼得·亨纳西则说,"1940年晚期工人运动的团结的程度是永远不会重复出现的。"工党领袖之一休·盖茨克尔的传记作者菲列普·威廉斯认为,狄肯等人的努力使工会会员的生活水平大大改善并且避免了通货膨胀对穷人和弱者的伤害,"使艾德礼政府能够重建经济并且为持续的繁荣奠定了基础,而后来的历届政府未能对此有所发展"[①]。这些评论很可能有溢美之处,但是至少可以说明,工会的合作是工党政府保持稳定和取得成就的重要保证。

1951年工党在大选中失败,此后在野13年,1964年再次上台,执政到1969年,1974年又组建战后第三次工党政府。与艾德礼时期比较,在这三十年中,工党与工会的"时常争吵的联盟"关系表现得更加明显,而1974—1979年加拉汉和威尔逊政府时期的"社会契约"和"不满的冬天"可以说是这种关系的典型表现。

所谓"社会契约",是指1974年上台的工党政府与职工大会之间的协议,这是双方为了避免再次出现1964—1969年政府时期的摩擦和冲突而采取的预防措施,也可以说是一次交易的"合同"。据此,工会方面同意限制工资涨幅,政府方面许诺取消1971年保守党希斯政府制定的工业关系法,控制物价和股东红利,通过改善社会福利和社会服务来提高"社会工资",以保证低收入者的生活水平。1972年1月成立了由工党全国执行委员会、议会工党和职工大会三方同等人数的成员组成的职工大会——工党联络委员会,它的任务是:第一,协调工党和工会对待1971年工业关系法的反应;第二,使双方在重大政策问题上的关系"制度化",避免重复上届工党政府时双方的重大冲突。1972年工党年会上,加拉汉第一次使用"社会契约"一词来说明这种"制度化"关系。1973年,工党和工会就有关政策的要点达成协议,制定《经济政策和生活费用》文件,其主要内容被吸收进1973

---

① 《工党百年史》,第203页。

年的竞选纲领。① 1974年2月，工党和工会在竞选过程中发表联合宣言，宣布双方已就"社会契约"达成协议，工会同意在广泛的协议条件得到满足时接受政府的工资政策，而工党则许诺当选后将努力实行"国民财富更加公正得多的分配"，抑制"高物价、房租和其他对低收入者和退休者有重大影响的征收"，从而创造"货币工资随生产发展而增加的正确经济气候"②，并列举了一些具体的许诺。

1974年3月，工党政府上台后，立即向煤矿工人支付总额为1.3亿的工资而结束了2月开始的煤矿罢工。7月通过新的工会和和劳工关系法，取消了1971年的工业关系法。1975年制定雇佣保护法，规定对不公正解雇的损失赔偿，扩大了裁员补偿制度，扩大了工会和雇员的权利，成立负责工业争议仲裁的"顾问、调解和仲裁机构"。在降低房租、提高家庭和儿童补贴、改进保健制度等方面也做了一些工作。但是在关键性问题即提高工资问题上，双方的关系经历了从合作到对抗的过程，终于导致工党再一次下台。

1975年7月，政府发表《向通货膨胀进军》白皮书，提出自1976年8月起工资最高涨幅为每周6英镑，年收入在8 500英镑以上者不增加。职工大会同意。

1976年4月，政府宣布减税13亿英镑，以换取工会接受第二阶段的限制工资涨幅政策，最高4.5%（即每周工资最低2.5英镑，最高4英镑）。7月，职工大会特别会议同意4.5%的限额。

1977年3月，运输工人和普通工人工会总书记杰克·琼斯要求冻结物价以避免工资上涨。3月，职工大会和政府制定《今后三年和进入80年代》文件，重申社会契约，计划每年工资增长3%，并创造100万个工作岗位。

同年9月，职工大会年会决定恢复工资的自由集体谈判，但工资增加百分比应限制在个位数。

同年11月，政府调动军队压制消防队员为要求增加工资而举行的罢工。职工大会谴责这一罢工。罢工于1978年结束。

1978年5月，政府建议将工资涨幅限制在5%并在8月实行。10月，职

---

① 《朗文版1900—1998年工党指南》，第154页。
② ［英］埃里克·肖：《1945年以后的工党》，伦敦1996年英文版，第114页。

工大会年会拒绝接受这一建议,也拒绝继续社会契约。①

从1978年12月公路货运工人罢工开始,一系列公营和私营企事业部门,特别是地方行政部门和医院工作人员举行罢工,对生产和国民生活产生严重影响,这就是所谓"不满的冬天"。1979年1月加拉汉宣布撤回将低收入工人工资涨幅限制在5%的建议;2月,政府向职工大会保证在三年内将通货膨胀率减少到5%,但已无济于事。1979年5月,工党在大选中被保守党击败,再次成为在野党,而且长达18年。

在这个"不满的冬天",有遍布全国公共服务机构的150万工人罢工,涉及医院、学校和地方政府服务机构。铁路也停运。医院外设置了纠察线,大街上垃圾堆积,利物浦甚至发生过掘墓工人罢工,死人无法安葬的事情。据贝纳德·多诺休说:"工业关系受到一种奇特的、激动的疯狂情绪的传染,在有些情况下工会实际上在提出工资要求前就已举行罢工。"这种局面与季节重合,使全国陷入不折不扣的双重的"严酷的冬天",政府也似乎被压垮了,"唐宁街10号一片死寂,有点像是走投无路。……大臣们显然是泄气了"。② 加拉汉不顾部分阁员的批评和建议,拒绝采取强力手段对付工会。政府最终通过与工会订立一项协定(concordat),使罢工逐渐停止。1979年3月,政府在议会信任投票中失败(31票对310票),加拉汉宣布5月举行大选,结果是工党获得36.9%的选票和269议席,保守党获得43.9%选票和339个议席。毫无疑问,"不满的冬天"是导致工党失败的直接原因。

不仅如此,"不满的冬天"以及威尔逊—加拉汉政府时期工党和工会关系的整个发展所产生的社会和政治影响是深远的。正如一位学者指出的,在"不满的冬天"受苦最多的不是雇员,而是公众,加上电视画面的渲染,小报的煽动性大标题和报道,工党政府的威信一落千丈,加拉汉本人也在回忆录中说:"我们在一个领域的威信的丧失导致其他领域的不幸,横扫面前的一切。"③ 明金也指出公众意识的变化:"工党的一项资产——它、而且只有

---

① 《朗文版1900—1998年工党指南》,第154—156页。
② [英]伯纳德·多纳休:《首相:哈罗德·威尔逊和詹姆士·加拉汉执政时的政治行为》,1987年英文版,第171页,转引自《1945年以后的工党》,第152页。
③ [英]詹姆士·加拉汉:《时代和机会》,伦敦1987年英文版,第540页,转引自《1945年以后的工党》,第153页。

依靠它才能与工会达成谅解——大遭破坏。工党支持者中有许多人赞成保守党关于罢工和工会的某些建议。工会会员中也有许多人赞成。"①

"不满的冬天"虽然来势凶猛,却不能说是工会对政府的突然袭击,它实际上是积压了几年之久的问题和不满的最终爆发,主要的原因是政府未能兑现它在"社会契约"中所作的承诺。

加拉辛在全国职工大会1974年会上说:"社会契约是作为一个整体实现的。谁也没有权利只接受他喜欢的那一部分,却拒绝其他部分。"② 这就是说,工人为了得到许多好处,简而言之为了得到"社会工资",必须在工资要求方面作出让步和妥协。针对这一说法,人们也可以反过来说,工人方面如果作了让步,就必须得到应有的回报。如前所述,工会曾接连三次接受政府提出的控制工资涨幅的要求,政府方面也的确做了一些好事,但是它为控制物价和股东红利而采取的措施收效不大,特别是在社会福利方面的改进未能满足工人的愿望。1976年的政府开支白皮书曾预告1976—1977年度的公共事业经费将增加2.5%,实际上却降低了2%。在这种情况下,"社会契约"当然很难维持下去了。

职工大会和一些大工会的领导是把工党政府看成"自己的"政府,因此曾努力支持政府。但是,由于生产和经济的发展,工会的权力日益分散,地方工会和工作场所的工会代表(shop steward)在工资谈判方面的权力日益加强,工人对于本行业利益的关心压倒了阶级团结意识,全国性工会领导机构说服和控制基层工人的力量相对削弱,但工党政府对这一情况不予重视。当1978年11月福特汽车公司的工人经过9个星期的罢工争取到工资增加17%,从而大大突破5%的限额时,这一行动被一些工会看成工会战斗力的证明,被当成了榜样,而政府却还在考虑对违反政府规定的公司实行制裁,当公路货运工人紧跟着举行罢工时,局面就难以收拾了。几个主要工会领导对这一问题的看法很有助于我们理解这一阶段工党与工会的关系。

全国公共雇员协会(1977):"因为社会契约是被理解成工会运动和工党政府之间的一次交易,也因为政府未能满足它在缔结这一交易时在工人中

---

① 《时常争吵的联盟》,第216页。
② 《工党百年史》,第156页。

引起的期望,因此在工会会员看来,社会契约已从一项关于经济和社会方面的优先措施的协议转变成贯彻抑制工资政策的工具——而且仅此而已。"

全国矿工工会(1977):"当政府急于获取和维持工党和工会运动对限制工资涨幅政策的支持时,它是把社会工资概念当作巡洋舰上的旗帜一样炫耀的。政府支持者声称,必须同意严格限制货币工资,否则就必须削减社会工资……从那时起发生的事我们大家都是知道的。公共开支大大减少了。"

运输工人和普通工人工会总书记摩斯·伊文斯:"丹尼斯·希里(工党政府财政大臣)向国际货币基金组织借款的条件是摧毁社会契约希望的主要原因……这意味着养老金政策、对其他福利的许诺都不会实现,其他公共开支计划,不管是国民保健、建筑还是其他类似的事情,也都不会实现——这是严重的缩减,这使许多人失望了。"

职工大会总书记勒恩·莫里:"归根到底,是对公共部门的'封顶措施'导致了骚动,导致所谓的'不满的冬天'。这是无可辩驳的事实。"[①]

工会的抱怨当然是有道理的,但是我们也不能单凭这一方面来评价这届工党政府的业绩。工党政府在处理与工会关系时确实已越过了双方合作条件的底线,但是我认为,这不仅是由于当时的工党首相威尔逊和加拉汉个人和主要阁员的某些决策错误,而主要是由于20世纪70年代以后英国和欧洲发达国家的经济发展已进入一个新的阶段,凯恩斯主义失灵了。另一方面,新的科技革命所造成的产业结构变化引起了社会结构的变化,工会的结构及其在社会上的影响也随之发生变化。但是无论是工党还是工会的领导和精英人物都还没有认清新的形势并使自己的观念和政策适应这一形势。1979年工党下台后,一些工会领导与党的左派合流,工会也加强了对议员的控制,左派在1980年工党执委会和领袖选举中取得优势,迈克尔·福特担任领袖。执委会在1983年大选时制定左倾选举纲领,结果惨败,得票率为28.3%,是1918年以来最低的;议席209个,是1935年以来最少的一次。此后,中左(后转为中右)的奈尔·金诺克当选领袖,开始实行一系列政策修正和组织改革,但步骤仍不够快,阻力也很大。1987年和1992年工党又连续两次在大选中被保守党击败。1992年7月史密斯继任领袖,进一步实行改革。

---

① 《工党百年史》,第228页。

1994年史密斯病逝后，7月布莱尔接任，提出了"新工党"和"第三条道路"的口号。改革的步伐大大加快，终于取得1997年大选的"压倒性"（landslide）胜利，结束了工党18年的在野历史，迄今已连任三届。

四

从金诺克到布莱尔，工党所进行的组织改革的重要内容之一就是削减工会在党内的影响和权力，削弱党和工会的密切关系。其实在英国政界，包括工党内部，是不断有人认为不应当允许工会对工党施加过大影响的。特别是20世纪70年代中期以后福利国家遇到困难时，这样的意见愈来愈多了。早在1974年，加拉汉就已声称："工会对所有的政府（指中央和地方政府——引者）的影响已太大了，我们必须对这一情况加以纠正和补救。"托尼·克罗斯兰在1974年出版的《现在的社会主义》一书中也赞同这一看法。① 许多评论家把公共开支过大归咎于工会过大的权力和它们对政府的压力。曾负责就业工作的一位官员说："工会在党内拥有压倒一切的权力，党几乎完全依赖工会的钱，工会组织是选举中的可靠力量，工党代表大会实行集团投票制，大批议员接受工会赠款——这意味着工会与工党政府的关系不可避免地有时会成为'赞助人和被保护者'之间的关系。"② 当1976年政府白皮书揭示公共开支已占国内生产总值的60%、超过任何西方发达国家时，一位资深经济政策官员立刻得出结论说："为了使英国的经济复苏，公共部门对国民生产总值的索取必须抑制，公共部门的贷款需要必须减少，以降低通货膨胀率，营业利润必须增加，而工会对政府的影响必须削弱。"③ 这些言论正是在工党与工会订立"社会契约"的年代出现的。后来脱离工党而组织社会民主党的罗伊·詹金斯在1991年撰写的自传中回顾这一阶段时说："当时的气氛是，大臣们发现职工大会要什么就给它们什么。"④

而正当金诺克为首的工党领导开始企图摆脱这一尴尬处境、改变工党的形象时，1983年4月又发生一件大事，全国煤矿工会在激进的总书记阿

---

① 《1945年以后的工党》，第159页注11。
② 同上书，第138页。
③ 同上书，第139页。
④ 同上书，第139页。

瑟·斯卡吉尔的领导下，为抗议撒切尔政府举行了长达一年之久的罢工。金诺克对这一行动是不赞成的，但是罢工得到党执委会中的左派和许多工会领袖（至少是口头上）的支持，他只好采取模棱两可的态度。他没有谴责工会在罢工前未进行投票，也赞同执委会几次通过的支持罢工的决议，但坚持不将罢工问题提交议会讨论，不在罢工现场露面。1984年6月，他表示对政府警察和罢工纠察队的暴力行为同样谴责。10月他批评斯卡吉尔在罢工中采取的"对峙"（confrontational）政策。罢工失败后，1985年3月，金诺克拒绝支持全国煤矿工会关于对罢工中犯罪的煤矿工人实行大赦的要求。总之，金诺克的表现招致左右两方面的批评，使他的威信大受影响。他自己则认为这次罢工使本应进行的革新政策的工作"损失了一年时间"[①]。但另一方面，也正是这次罢工的失败证明了工会和党内左派关于能用议会外的激烈的对抗打击保守派政府、使之让步甚至垮台的战略是行不通的，因而也推动了党内改革的进程。工党民意调查员菲立普·古尔德主持的"焦点小组"从上世纪80年代中期以来的研究结果一直表明，工党与工会的关系阻止选民投票支持工党，他们甚至在1992年大选之后仍旧认为："工党之所以失败，是因为它仍旧是'不满的冬天'、工联影响、罢工和通货膨胀、裁军、本和斯卡吉尔的党。"[②]（指工党和工会内以这两人为代表的左派——引者）

工党的改革或"现代化"是多方面的，其中大政方针的改革是最主要的，而组织上的改革是为方针改革服务的。工党和工会关系方面的改革当然也首先与方针政策有关，但是组织方面的改革却还有一层象征性意义，因此是值得重视的。

首先是党代表大会上工会的权力问题。如本文前面所述，工会在工党年会中实行集团投票制，权力比重很大。1918年工党开始吸收个人党员时，选区党组织的投票权仅占4.4%，此后上下波动，始终处于少数，直到80年代中期才大致确定为10%。从30年代起，党内不断有要求扩大选区工党投票权的呼声和活动，到80年代这一改革的压力增加了，这主要是因为一些工会的合并产生了几个大工会，使集团投票制的效果更加明显。例如

---

① 《工党百年史》，第121页。
② [美] 麦格·拉塞尔：《建设新工党》，纽约2005年英文版，第27页。

1980年，单是运输工人和普通工人工会就有125万票，全部选区工党却只有68.9万票，而4个最大工会控制的票数是选区工党票数的5倍，这种情况正是在上面所说的工会遭到工党内外种种指责的时候发生的，因此甚至工会方面也有些人产生了改革集团投票制的要求。此后不断从各方面提出具体的改革方案，但是争论和阻力仍旧很大。1989年在党员中进行的一次调查表明，72%的人认为年会上的集团投票制"使党丧失名誉"。1990年代表大会终于决定将二者原来大致90%：10%①的比例改为70%：30%，并在1992年大选后生效。1992年的年会确定了这一规章改革，1993年开始生效。但1990年成立的全国执委会关于党和工会关系的政策检讨小组向1993年年会提出的报告中建议，如果今后党员人数增加很多，应把比例进一步改成50：50。布莱尔1994年接任工党领袖后正是以此为根据（1995年6月已有党员30万人）使1995年的年会通过这一比例，并在1996年生效。②

这一改革的效果是很明显的。布莱尔担任党主席后竭力争取改写党章第4条，终于在1995年4月的特别代表大会上实现了这一目标。这一具有历史意义的修正就是按照30：70的比例投票决定的。选区工党代表90%赞成修改，按30%计算，折合为总投票数的27%。工会方面尽管有两个最大的工会（运输工人和普通工人工会、全国公共雇员工会）的反对，仍有54.6%强的票赞成，按70%计算，折合为总票数的38.23%，二者相加，以65.23%的多数通过。③ 如果按照原来的比例就只有58.14%的赞成票了（当然也能通过）。这个例子不算是典型的，因为布莱尔事先已争取到许多工会的支持，所以差别只表现在优势的程度上。如果是工会多数不赞成的问题，差别就是关键性的了。

布莱尔担任首相后，在1997年9月的年会上又实行了一次改革，将执委会席位由29个扩大到32个。增加的席位包括：欧洲议会英国工党党团主

---

① 绝大部分著作都援用这一比例，只有《朗文版1900—1998年工党指南》将这一比例确定为87：10，我认为这是考虑到执委会其他社会主义组织如费边社等的席位所拥有的选举权，因此应是比较准确的。见该书第17页等处。但该书在记载党章第4条修改的表决情况时实际仍是按30：70的比例计算的。

② 这一整个过程，可参见《建设新工党》，第191—198页。

③ 《朗文版1900—1998年工党指南》，第247页；《工党百年史》，第315页。

席，国会工党议员和欧洲议会工党议员共3人，政府雇员3人，地方政府官员2人，共增加9席。与此相应，选区党组织议席由7个减到6个，5个妇女席位全部取消，改为在政府官员、议员、选区工党和工会席位中实行最低妇女份额制。工会虽仍占12席，加上惯例由工会干部担任的司库共13席，但原来妇女5席是由年会全体代表选出，因此实际上是可由工会方面掌握的，这次全部失去，而新增加的席位全部是由政府和议会工党控制的，工会的比重已由18∶29减少到13∶32，也就是由62%降到41%，它们对决策的影响显然大大减少了。①

另一项重要改革是用"一人一票制"代替集团投票制。这一改革涉及三个方面。第一，工党领袖（包括到领袖）的选举。第二，工党议员候选人的推举。第三，年会上代表投票权的行使。金诺克担任领袖后决心从事这一改革，而且首先从议员候选人推举程序着手，但他关于以选区党员一人一票制选出候选人的建议在1984年的年会上未获通过。1985年年会才决定将电力、电子、电讯和管道工人工会提出的支持一人一票的决议移交1987年年会讨论和作出决定，而这次年会终于以妥协的方式决定成立选区选举委员会来推选议员候选人，其中工会有40%的投票权，其余60%归选区工党。选区工党实行一人一票制，工会方面仍采用集团投票。这一办法未能最终排除工会对候选名单的控制。有时会出现这样的情况：工会支持的候选人尽管受到选区工党方面的反对仍能通过，反之，选区工党支持的候选人如果遭到工会反对就无法通过。因此1990年工党年会决定取消选区选举团，改为由选区党员和缴纳（包括在工会会费内的）党费的工会会员按一人一票制推选议员候选人。这一办法也未能很好地推行。史密斯担任领袖后，1993年的年会才最后决定议员候选人由选区党员和（除工会会费外还）按优待条件缴纳党费的工会会员以一人一票制产生。工会只保留提名候选人和在选区工党总委员会中参与决定入围候选人名单（short list）的权利。

工党的领袖本来是由议会工党选举产生的。后来在左翼的影响下，1981年1月的工党特别会议通过建立选举团来选举领袖的决议，工会在其中占40%的投票权，选区工党和议会工党各占30%。但议员是一人一票，工会

---

① 《建设新工党》，第179页。

和选区工党都是集团投票,这就使工会领导人和选区工党的积极分子(那一阶段主要属于左翼)能控制选举。1988年金诺克在与左翼代表人物托尼·本竞选领袖时,建议选举团内的选区工党代表根据基层党员(通过一人一票制)投票的结果来投票,1989年又建议全国执委会中选区工党席位的选举也采用这一办法。这两次选举的结果都对以金诺克为首的改革派有利,于是1990年2月全国执委会决定:一人一票制对于选区工党代表来说具有强制性。① 史密斯在金诺克的基础上实行进一步的改革。1993年9月年会决定削减领袖选举团中工会成员的份额,改为工会、选区工党、议会工党各占30%,并且废除工会和选区工党代表的集团投票制,实行一人一票制(每人必须在自己所代表的基层党员或工会会员中先举行投票,根据其结果在选举团中投票)。

至此,工党和工会双方的关系在组织上的改革基本完成。总的结果是:第一,工会在工党全国执委会中的权力和影响大大削减。第二,除工党全国执委会中的工会席位仍由工会代表按集团投票制选出外,在工党各个层面的选举中都实行一人一票制。第三,工会代表在工党各个层面的选举中的代表权大大削减。

在这里需要说明的是,工党和工会围绕双方关系的斗争往往是与党内左右翼的斗争纠缠在一起的,这一过程很复杂,这里不可能涉及。其次,一人一票制的改革不仅是针对工会,也是针对选区党组织的积极分子的,他们和一般党员相比普遍趋向激进,因此扩大一般党员的民主权利也有利于党领导推行改革措施,甚至有利于党的权力向领导的集中。第三,党领导和工会领导的矛盾虽然主要表现在工业关系问题上,但往往也涉及重大国防和外交问题,有时这些问题还会占突出地位,但与前者相较毕竟仍是次要的,我在这里为了突出分析的主线,将这些问题撇开了。

正如前面所述,双方关系的淡化并没有造成"离婚",尽管工党内的某些激进改革派确实使用过这个词来表示自己的愿望,甚至史密斯也曾想完全

---

① 这是根据〔英〕埃里克·肖:《1945年以后的工党》(第190页)的说法。根据《建设新工党》,在1988年年会上,执委会就已支持这一办法,1989年据此建议制定了规章。见该书第47页。

把工会排斥在工党领袖选举过程之外,但并未能实现。这不仅是由于历史传统的力量,而且也有其深刻的经济和社会根源。首先,工党在财务方面还在相当大的程度上依赖工会,而且这种情况在短期内还不可能有重大改变。第二,随着产业和社会结构的变化,英国工人阶级也发生很大的分化。但是一方面,体力劳动者及其工会仍占一定比例,不可忽视。另一方面,工党力图扩大选民时的目标主要是中产阶级,而后者实际包括工人阶级中的比较富裕的上层,工会对他们的政治取向是可以发挥一定作用的。因此,工党即使从争取执政的实用主义战略出发也不能失去工会这个同盟。从工党要维持政治光谱中的中左身份特征来考虑,这就更加有必要了。

从工会方面来说,尽管工人阶级的一部分(包括工会会员)由于种种原因会在选举中支持保守党,但后者的资产阶级性质是明显的,特别在撒切尔执政时期对工会的敌意也是明显的。社会民主党和自由党对工会一直采取疏远态度,共产党力量薄弱,因此迄今工党仍是最有可能代表整个工人阶级利益的政党。为了使工党夺取和维持执政地位,工会仍会在一定程度上牺牲自己成员的局部的、暂时的利益而支持工党的政策。1985年,曾任印刷工人工会领袖的布伦达·迪恩曾这样说:"我并不认为由工会来操纵工党是好事。实际上认为这是事与愿违……使党当选的是那些(占选民)5%的'不知情的人'(don't Knows)。如果这些人看到党是被任何一个集团控制,这就会损害党当选的机会。政治就是要掌权,就是要掌握政府——我们一定要有把握为工党提供当选的手段。"① 另一个工会领袖、最大的工会即运输工人和普通工人工会总书记隆·托德是左派,后来倾向支持金诺克,他也主张工会应适应被工党领导认为在选举中至关重要的那些政策调整,他在1990年说:"如果我们不争取使工党重新执政,那么我们就可以对工党建议中的所有好的事物说'再见'了。"② 撒切尔政府要求工会必须通过全员投票决定是否在财政上支援工党,许多工会投票的结果都是肯定的,而且整个说来工会对于由国家资助政党的建议是持反对态度的,因为这会损害工会与

---

① 转引自《工党的现代化》,第59页。
② 转引自[英]埃里克·肖:《1979年以后的工党》,伦敦和纽约1994年英文版,第100页。

工党的关系。以前，每当保守党政府通过对工会不利的法律后，工党在竞选时就会许诺上台后将废除这些法律，而且也确实会这样做。但是金诺克担任领导后的工党在竞选时却表示，除个别问题外不会推翻撒切尔政府对工会采取的措施，而这是获得工会方面同意的。

奥托·基尔希海默在1996年提出第二次世界大战前西欧各国的大众整合性政党（mass integration Party）向全方位政党转变的趋势，其主要标志是：减少党的意识形态包袱；加强高层领导集团的作用；降低党的个人成员的作用；减少对受保护阶层即特定的社会阶级或宗派代表的重视，要求更大范围选民的支持；确保接近各种利益集团的渠道。[1] 从金诺克到布莱尔时期工党的现代化或改革基本上是符合这五个特征的。撇开其他方面不谈，仅仅从工党和工会关系的改变来看，工党已经从一个工人阶级政党转变成以工人阶级和一部分中产阶级的联盟为基础的政党。

工党党员的社会结构和特性以及历次大选中工党从各个社会阶级和群众得票的情况应当是最能说明问题的。遗憾的是，在我看到的书里找不到这方面的系统的材料，只能举出一些不完整的数据，以供参考。还需要说明的是，第一，在计算得票百分比时，有的材料是指某一阶级或群众支持工党的投票数在工党得票总数中的比例，有的材料则是指这一数目在该阶级或群体总投票数中的比例。第二，各个著者和材料区分社会阶级或群众时使用的概念不完全一样，对同一概念的解释也不完全一样。尽管如此，经过对各种材料来源进行对比和综合仍能大致看出工党目前的面貌。

张契尼、潘琪昌主编的《当代西欧社会民主党》中指出，在1951年、1955年、1959年工党连续三次失利的大选中，工人阶级的支持票与工党得票总数的百分比不但没有减少，还略有上升，分别是：55%、56%、57%（1945年工党上台时的份额是55%），而中等阶级的支持率却从1945年的27%下降到19%、19%和14%。[2]

《工党百年史》中的一篇文章指出，1945年大选中工党从中产阶级获得

---

[1] [德]奥托·基尔希海默：《全方位政党》，见彼得·梅尔编：《西欧政党体系》，牛津1990年英文版，第50—60页。

[2] 《当代西欧社会民主党》，东方出版社1981年版，第48页。

的支持占这个阶级全部投票数的63%。① 彼得森等主编的《西欧社会民主党》则说,1966年大选中又一次达到这一水平。②

2002年出版的《新工党的草根群众》一书中有许多说明工党党员结构、党员对各种政治经济问题的态度、工党在大选中获得的投票份额等等的图表。根据其中的一个图,在1966年工党获胜的大选中,工人支持工党的投票率为71%,是历史上最高的一次。此后逐步减少,1974年略有回升。1979—1992年连续四次的失败中分别为55%、49%、48%、44%。1997年再度上台时回升到49%,2001年为55%。③

据《工党百年史》中的材料,1997年大选中工党获得32.2%的领薪阶层选票,37.5%的白领工人选票,而保守党在这两个阶层中得票的比例分别为31.4%和24.7%。④

最后,我要完整地援引《新工党的草根群众》中的一份分析1997年大选时工党党员和投票支持工党的选民的情况的表格,我认为这能很清楚地说明目前工党的阶级性和社会性。

工党党员和选民的社会特性(百分比)⑤

		党员	选民
性别	男性	61	49
	女性	39	51
年龄	25岁及以下	4	11
	26—35岁	13	19
	36—45岁	20	20
	46—55岁	24	19
	56—65岁	16	15
	66—65岁	23	16
	平均数	52	47

---

① 《工党百年史》,第145页。
② 《西欧社会民主党》,上海人民出版社1982年版,第124页。
③ [英]佩屈里克·赛义德、保尔·怀特利:《新工党的草根群众》,伦敦2002年英文版,第3页。
④ 《工党百年史》,第144—145页。
⑤ 《新工党的草根群众》,第45页。

(续表)

		党员	选民
社会阶级	领薪阶层	64	26
	常规非体力劳动者	12	21
	小资产者	2	6
	领班和技术员	7	8
	工人阶级	15	39
所在经济部门	私营部门	37	67
	公营集团公司	7	4
	其他公共部门	43	26
	慈善和志愿机构	9	1
	其他	5	1
受教育程度	大学毕业生	34	9
	非大学毕业生	66	91
家庭收入	1万英镑以下	25	35
	1—2万英镑	25	28
	2万英镑及以上	50	37

这个表中的领薪阶层应当包括公务员、职员和白领工人，其中一部分已中产阶级化。常规非体力劳动者和领班、技术员中也有一部分中产阶级化。小资产者当然属于中产阶级。只有工人阶级应是体力劳动者。由此可见，不同的社会阶级支持工党的情况显然与其经济地位相联系而有很大差别。总之，我们可以大致指出两点：（1）工党已在相当程度上中产阶级化；（2）工党的支持者仍以工人阶级和低收入者占多数。因此目前可以把工党界定为工人阶级和一部分中产阶级的党。

五

英国工党1997年上台以后又连续在两次大选（2001，2005）中获胜，但2005年的得票率已明显下降，领先于保守党的优势从9%（40.7%：31.7%）减少到2.9%（35.2%：32.3%）。最近几年，一方面由于布莱尔在伊拉克战争中一味追随美国而大失民心，一方面由于党内领袖之争、一些政策缺陷以及长期执政不可避免带来的群众厌倦心态，工党在民意测验中的得分大大下降，而以保守党在新领袖卡梅伦的带领下力挽颓势，因此2010年的大选将是一次激烈的斗争。对工党来说，与工会的关系已不再是争取选票时的一个关键问题或"一张牌"，但是从这个党的长远发展来看，特别是从欧洲发达国家的社会民主主义运动的发展趋势来看，这仍旧是一个值得注意的问题。我在这里只是介绍一些英国研究者的观点。

我首先仍想评价一下明金的观点。明金是曼彻斯特大学的教师，曾参加工党全国执委会的"工党与工会关系"检讨小组。《时常争吵的联盟》一书是得到工党工会和学术界的广泛帮助而写成的，引证的材料非常丰富。他在书的最后作了总结性论述。他反对那些关于二者应当"友好分手"或者"强制离婚"的看法，认为双方应当维持目前这样的关系，这是符合社会政治情况的客观需要的，是利大于弊的。

从社会和政治情况来说，目前的社会仍是一个充满阶级不平等的社会，工人阶级虽然整体上已经萎缩，但是体力劳动工人、服务业工人和办公室工作人员（clerical workers）仍占工人阶级的大多数，也是工党的主要支持者。工党如果失去这部分人的支持，就会丧失它一向自诩的"人民的党"的形象，不再是一个"比任何其他主要政党都更加能代表英国社会"的党了。相反，工党与工会的联盟能证明劳动人民"在政治上的创造力"，体现他们对"等级平等"的要求。尽管工人运动存在许多毛病，但这一联盟仍旧是一种"把白厅的决策者与办公室、车间、工厂和其他工作场所的千百万人的政治投入联系起来的参与性民主制理想"的体现。尤其是考虑到近年来不断扩大的劳动阶级妇女就业队伍始终重视自己在工党中的组织基础，这支力量是不能轻易抛弃的（1997年大选中工党支持者中妇女占51%）。①

如本节开头所说，英国工会之所以发起建党，是因为感觉受到政府的压制、现存的政党敌视或歧视和司法机构的不公正处理，虽然工会的力量及其与保守党、自由党的关系今非昔比，但是工党仍旧是它们感到最可以信赖的党。迄今它们保持对工党的财政支持，不仅反对由国家为政党提供基金，而且经常就经费问题与工党全国执行委员会谈判，力图尽可能发挥自己对工党财政支持的政治效果。

在一连串改革消除了工会与工党关系中的若干弊端以后，双方互补的好

---

① 《时常争吵的联盟》，第648—649页。

处仍旧存在。通过双方参加的一系列委员会、论坛和其他沟通和联系机制，通过双方领袖的对话，双方都可以起"互相教育"的作用。工党可以使工会接受更加广阔的社会价值观，关心公共利益，克服狭隘的生产者宗派主义，关心消费者利益，重视管理技术。工党也可以从工会吸收广泛的社会经验，具体地理解贫困和安全问题以及由于强调竞争和效率而日益加强的工作场所压力、不安全感和紧张感，从而能加强自己的社会代表性。在处理得当时，工业纠纷甚至可以成为工党可加以利用的"财产"，工党与工会的关系也能成为政治上的"无价之宝"。①

明金还认为，尽管20世纪60年代以来工会和工党关系遇到种种波折和危机，但始终没有破裂，而是具有一定的"弹力"或"快速恢复的能力"（resilience），其原因在于工人运动中还存在某种"家庭"义务感，一种被人夸张地称为TIGMOO（This great movement of ours，"我们的这个伟大运动"）的运动意识。这一运动尽管存在分裂和对抗（特别是在体力劳动者和受过大学教育的工薪阶层之间），但是它由于对"分裂的社会"抱有一种"广泛的理解"而获得团结的力量，认为自己是"更加特殊地"代表那些"处于社会逆境中的人"的。当然对"社会逆境"的理解也是存在很大差异的：这个运动可以响应一部分工人在他们与以资本为后盾的力量的冲突中发出的支持"我们的阶级"的呼吁，也可以接受"除社会公正之外无所偏袒"的观点，也就是认为工党是对"全体人民"负责的观点（金诺克在1983—1984年煤矿工人大罢工中是以此为理由来驳斥斯卡吉尔的）。有时还有一种"松散的、激进的民众主义"把上述这两种态度结合起来，它不对阶级作出前后一贯的界定，只是提出一种"人民"观来反对"少数人"及其政治工具。明金认为，"这些诉求和灵活性容许差别很大的内部力量共存并使运动具有相当大的适应力"②。

明金还举出一些仍被承认的价值观。例如社会公正的优先性是得到高度同意的，大多数工会仍挥舞"公正效应之剑"，主张缩小男女、黑白、手脑、伤残者和体格健全者之间的工资差距。尽管工会和工党双方都强调个人

---

① 《时常争吵的联盟》，第649页。
② 同上书，第653—654页。

的"终结优先性",但是集体主义仍是双方在观点和目标上最基本的共同点。至少有一部分人认识到个人权利如要有效运用必须依靠集体权利,也有许多人认为集体讨论和集体行动能为个人在抗拒政治和经济权力时获得信心提供"必不可少的帮助"。工会和工党中的女权主义进一步加强了集体主义的这一方面。因此,"在运动的所有层面都能发现耐久的集体主义,同样也能发现对一个受贪婪的个人主义支配的社会的根深蒂固的厌恶"①。在这种集体主义中,工会的团结互助传统和工党的"伙伴关系"(fellowship)传统尽管会在公共利益的边界上发生冲突,但双方在很大程度上都是以关于"人类的社会本性和相互义务"的观点为依据的,这就为对社会责任心的诉求和关于一个"个人的和阶层的愿望的实现并不是从根本上与社群(community)利益相冲突的社会"的远景设想(vision)提供了基础。②

明金承认,今后十年间工党无论在野还是执政都会遇到新的问题和两难处境,而且从工党诞生之时起它与工会的关系就存在麻烦和问题,存在分道扬镳的可能性,但是这种关系有许多"长处",许多"促成团结的特点","它具有丰富的却常被误解的活力,很大的灵活性。它是不应当受到低估的。它也不应当受到轻视。它有许多可供推崇和值得自豪之处。它也有很大的适应力"。因此,他的结论是:"在今后十年内,这种充满争吵的关系的生命将比当代对它的许多批评更长。"③

明金的观点可能有些过分乐观,但我认为从大的方向上讲是正确的,许多地方对我们研究当代工人运动和社会民主主义有启发。他的书是1991年出版的,他曾估计,根据1979年以来的经验,工会中有愈来愈多的人渴望工党再度执政,这一估计在1997年已被证实了。

另一位工党历史专家埃里克·肖是施特林大学高级讲师。他认为,工会对工党的影响即使在以前也没有从表面上看来那么大,实际上工会是很少运用"否决权"的。工会运动也从来不是一个同质性力量,存在着左和右,公共部门和私营部门,熟练工人和半熟练、非熟练工人的差别。按照传统,

---

① 《时常争吵的联盟》,第657页。
② 同上书,第657页。
③ 同上书,第658页。

只有在涉及工会的核心职能如劳动立法和工资政策时，工会才会阻挠工党领导的新方案，并且有时引起双方的公开冲突。但是近年来由于会员人数不断减少、财政资源削减，大批失业以及受到撒切尔政府立法的打击，工会的战斗力和自信心也遭到挫折，产生"更带防御性的心态"，因此"工会与工党互相依赖关系中的平衡发生了变化"，工会日益把希望寄托在工党重新执政上，希望由此可以使"工会的影响力复兴，工会会员的状况改善"，甚至在对待撒切尔时期的工会立法问题上，一些过去不肯让步的工会也愈来愈听话了。① 另一方面，一些中左工会及其领袖仍旧认为工党和工会是"构成单一的工人运动整体的两个部分"，因此工会"完全有参与党的事务的合法权利"。他们感到，例如工党议员候选人推荐程序中的一人一票制也包含着工党改革派削弱工会力量的意图，因此曾经竭力抵制。肖指出，1992年大选中工党失败后，媒体上大量出现的民意调查报告都把责任归咎于工会，实际上许多工会领袖在这次选举斗争中都是低调出现的，而且选举后工党本身的研究报告很少提到工会的责任。肖认为，对于改革派来说，工会代表一种"特殊利益"，这种利益在党内的牢固影响将损害党的吸引力。他们的最终意图很可能是：国家的政党资助基金一旦建立，就切断二者的组织联系②。肖的这一分析是在1996年作出的，当时他的担心不是没有道理的，但是近十年来的发展表明，即使改革派有这样的打算，也很难实现。

2002年出版的《新工党的草根群众》的两个作者，佩屈里克·赛义德和保尔·怀特利分别是谢菲尔德大学和埃塞克斯大学的教授。此书着重分析工党基层党员的情况和作用，当然也不可避免地要涉及党和工会的关系。该书在最后论述工党的前途时强调，党决不能由于完全遵循中产阶级的要求而丧失核心选民的信仰。作者指出，资本主义社会产生不平等，如果不加抑制，就会成为严重的不平等，这是一百多年来的社会理论家都懂得的道理。传统上这一过程中的"输家"都是从工党寻求保护的（再分配，组织工会的权利，免费的高质量的公共服务）。如果工党热切关心资本主义"博彩"中赢家的利益，支持低税收，减少或取消再分配，攻击工会的权利，削减公

---

① 《1945年以后的工党》，第221页。
② 同上书，第194页。

共服务经费或甚至取消公共服务，它就会很快丧失传统的支持者。如果赢家比输家多，而不受抑制的资本主义能使每一个人都富裕，那就不会有问题。但不幸的是，近几年来出现了一个下层阶级（underclass），它在撒切尔年代发展起来，在工党第一个任期内并没有多大减少。2001年以来的发展表明工党未能在这一情况中吸取教训，而工党政府的前途在于它是否能兑现关于改进公共服务特别是教育和卫生的诺言。2001年选举结果的研究表明，对工人阶级投票者是否支持工党起决定作用的是他们对工党在保健、教育、控制犯罪方面的政绩的评价。投票支持工党的人给工党打的平均分是：6.8、7.2、6.3（十分制），反对者则是：5.1、5.7、4.8。[①] 如果工党不能改善公共服务，选民特别是工人阶级的选民就不能不惩罚它，"而它近年来争取到的中产阶级支持者有可能得出结论说，既然没有任何政党能改善公共服务，就应当大大削减，也许要削减到这样的程度，也就是只向下层阶级提供最低程度的服务"。这时这些支持者就会转向"提倡低税收和最小限度的国家并且支持公共服务全盘私有化的保守党。[②] 这是一个比较悲观的估计。事实上，2005年的选举中工党的优势已经减少，但保守党的支持率上升很少（见前），而最近一年保守党的发展也表明，它不是向右的极端而是向中间发展，但是对双方来讲，公共服务确实都是一个关键问题。

2004年和2005年英国先后出版了两本专门论述英国工党改革的书：《使工党现代化：1983年以来的组织改变》和《建设新的工党党组织的政治学》。两本书在最后都对工党的前途和工党与工会的关系作出了自己的估计。

《使工党现代化：1983年以来的组织改变》的作者托马斯·奎恩也是埃塞克斯大学的讲师，他和肖一样揭示了这一情况。工党的一个主要选举战略家菲列普·古尔德（1992年大选后他曾说，选民把工党看成工会的"特洛伊木马"）在1999年出版《未完成的革命》一书，指出1997年只是工党转变的一个阶段，而不是终点。如果不存在经费方面的障碍，工党与工会的联系还可以进一步改变或甚至结束。另一方面，布莱尔在1999年工党代表大

---

① 《2001年英国选举运动研究》，转引自《新工党的草根群众》，第182—183页。
② 《新工党的草根群众》，第183—184页。

会上致词时仍表示支持这一联系。奎恩据此认为，这是由于工党的执政业绩已得到选民肯定，不必担心与工会的联系会造成负面影响；也是由于工党政府采取对工资水平不加干预的政策，长期以来导致它与工会紧张关系的一个主要问题即控制工资增长问题已失去重要性。工党政府在一些问题上并不能满足工会的期望，特别是在公共服务事业中实行"公私伙伴关系"等等改革普遍引起工会的不满，不过由于撒切尔时代工业关系法的严格限制，也由于1980年以来工会会员总数已减少一半，工会方面已经没有能力发动卡拉汉政府时那样的大规模斗争了（2002年因停工而损失的工作日为130万个，与之相比，1979年为2900万个）。

2001年大选后工会对工党的不满主要表现为三个方面：

第一，一些大工会的领导由左派掌握，如工程和电力工人联合工会，普通工人和市政工人工会、运输工人和普通工人工会，消防队联合会，铁路、海运和运输工人工会，通讯工人工会等。有些工会如铁路、海运和运输工人工会、消防队联合会已脱离工党，但大多数工会领袖仍认为留在党内更符合工会利益。

第二，由于感到对工党的财政支持在政策方面得不到相应的回报，有些工会考虑减少交纳费用。但是当改革派力图争取由国家资助党的经费时，工会方面又竭力反对，因此工会对工党的财政支持今后仍旧会保持在一定水平。

第三，有些工会企图利用在党的机构中仍旧拥有的权力影响党的决策。例如2003年工党年会上，4个最大工会的领袖联合起来曾使工党政府提出的某些决议案不能通过。此外，工会对工党的一些大臣、后座议员和选区工党积极分子仍可发挥一定影响。

奎恩试图用博弈论来分析工党与工会联系的发展可能性。工党面临的选择是或者采取亲工会政策、但在选举上冒风险，或者采取温和政策，在选举上会得到好处，但会与工会发生冲突。工会方面可以选择继续为工党提供基金或者脱离工党并且撤销基金。从工党方面考虑，最佳选择是在获得工会财政支持的条件下采取温和政策，次佳选择是采取亲工会政策并获得工会基金的支持。工会方面的最佳选择是参加工党（当然要提供财政援助）并获得亲工会政策，次佳是参加工党并获得中间派即温和政策，因为只要留在党内，就还有可能促使它改变政策。目前这种博弈的结果就是工会继续在财政上支持党，党则执行温和政策。但这种平衡状态不是固定不变的。如果连最温和的工会领袖也感到无法影响工党的政策，工会就会退出工党。反之，如果国家资助政党基金能建立，工党也就不需要工会留在自己的组织机构之内，因为对于改革派来说，"与工业和公共部门中生产者利益在机构上的联系已经违背时代精神，今后有可能伤害工党。而工党执政时工会会产生破坏稳定的影响"。这种联系目前之所以还能维持，是因为工党还找不到替代工会基金的财政来源。但是，尽管主要由国家来资助政党的主张遇到强大阻力，但已不再是决不可能实现的了，因此工党与工会的关系已进入一个"不确定的阶段"，很难预测。①

奎恩的结论是："老宅第墙上的常春藤已经在枯萎……一百年积累起来的传统不足以阻止现代化派寻求从根本上改造党及其政策，以使工党能再一次当选。由于同样的原因，工党与工会共同享有的传统也不能阻止工会领袖把他们给工党的钱当作杠杆来反对工党。"奎恩认为，这些发展都可以被看成"对已经改变的环境的合乎理性的反应"，而将来如果工党和工会"离婚"，也同样是如此。② 不过我认为，这种"离婚"也只涉及工党和工会的特殊组织上的内在结合，而这种特殊关系对于欧洲大陆社会民主主义政党来说本来就是不存在的。工党和工会的关系还有由社会阶级结构和政治光谱决定的一面，这是机构上的"离婚"不能改变的。

《建设新的工党：党组织的政治学》是我目前看到的最新的一本论述工党组织改革的著作。作者麦克·拉塞尔是伦敦大学学院的高级研究员。他基本上同意明金的观点，不赞成那些认为工会领导或者议会工党领导拥有绝对权力的极端观点。他认为，在对工会在党内的作用进行了重大改革以后，已很少有人认为党的"工业一翼"是占支配地位的了。不过二者的关系始终是复杂的，在许多不同层次，正式的或非正式的权力的运用都是不同的。在工党历史上的大部分时期，主要工会的领导人都是议会工党领导的忠实支持者，是能抵制左翼积极分子的"近卫军"。20世纪70年代以后工会一度力

---

① 《工党的现代化》，第 187—191 页。
② 同上书，第 191—192 页。

图更加积极地运用它们始终在形式上拥有的权力,结果是导致后来的组织改革。拉塞尔认为,当工会与党的关系以更加建设性的形式运行时,也能给党的领导带来许多好处,"使他们有可能关起门来与少数各自掌握党的大量选票的个人谈判"。在金诺克时代,工会对于党的领导来说成为"既是一种麻烦又是一种必需"。因此工会问题是工党领袖的一个实在的、牵涉面很广的"两难问题"。实际上,工党在改革中对工会代表权的压缩常常主要是为了使党的形象"现代化",而领袖们有时是并不情愿的,但"通常是在媒体和敌对政党的压力下这样做了"。

拉塞尔认为,工会的正式权力的削减反而使他们"有用"了,在最近几年的工党年会上,选区工党代表是顺从党领导的"团结"号召的,而工会领袖却能起抵制作用。"工会在形式上的力量可能减弱了,但是与选区工党相比,它们仍能作为集团更加有效地运作(通过内部的集体作出决议和领袖之间的协商)"。工会的领袖"仍旧是有可观的资源为后盾的大人物。因此他们不像草根党员一样容易被党领导权力的'技术'的或'心理的'方面吓倒"。无论作为同盟还是作为对手,对于工党领袖来说,"工会都是极端重要的"。[①]

[①] 《建设新工党》,第262—263页。

主要参考文献

中文文献

《马克思恩格斯选集》第1—4卷,人民出版社1995年版。
《列宁选集》第1—4卷,人民出版社1995年版。
[德]爱德华·伯恩施坦:《社会主义的前提和社会民主党的任务》,三联书店1965年版。
[德]爱德华·伯恩施坦:《社会主义的历史和理论》,东方出版社1989年版。
陈林、林德山主编:《第三条道路:世纪之交的西方政治变革》,当代世界出版社2000年版。
[德]弗兰茨·梅林:《德国社会民主党史》第2卷,三联书店1964年版。
[德]弗兰茨·瓦尔特:《德国社会民主党:从无产阶级到新中间》,重庆出版社2008年版。
[英]安东尼·吉登斯:《第三条道路:社会民主主义的复兴》,北京大学出版社1998年版。
[英]伦·特·霍布豪斯:《自由主义》,商务印书馆1996年版。
[英]约翰·霍布森:《财富的科学》,上海人民出版社1958年版。
[英]约翰·霍布森:《帝国主义》,上海人民出版社1964年版。
[德]卡尔·考茨基:《取得政权的道路》,三联书店1961年版。

［德］卡尔·考茨基:《爱尔福特纲领解说》,三联书店1963年版。

［德］卡尔·考茨基:《唯物主义历史观》第5分册,上海人民出版社1964年版。

［德］卡尔·考茨基:《社会革命》,人民出版社1980年版。

［英］哈罗尔德·拉斯基:《我所了解的共产主义》,商务印书馆1961年版。

《德国工人运动史大事记》第1—2卷,梁建华、孙魁等译,人民出版社1983、1986年版。

李兴耕编:《饶勒斯文选》,人民出版社2009年版。

刘芸影等编译:《社会党国际文件集》,黑龙江人民出版社1989年版。

《社会党国际和社会党重要文件选编》,中央党校出版社1993年版。

王学东编:《考茨基文选》,人民出版社2008年版。

［比利时］艾密尔·王德威尔得:《社会主义反对国家》,三联书店1964年版。

［奥地利］鲁道尔夫·希法亭:《金融资本》,商务印书馆1994年版。

肖伯纳主编:《费边论丛》,商务印书馆1958年版。

殷叙彝:《民主社会主义论》,中央编译出版社2007年版。

殷叙彝编:《伯恩施坦文选》,人民出版社2008年版。

张世鹏等编译:《德国社会民主党纲领汇编》,北京大学出版社2005年版。

中央编译局国际共运史研究所编译:《拉萨尔言论》,三联书店1976年版。

中央编译局国际共运史研究所编译:《伯恩施坦言论》,三联书店1965年版。

中央编译局国际共运史研究所编译:《考茨基言论》,三联书店1966年版。

中央编译局国际共运史研究所编译:《卢森堡文选》上、下卷,人民出版社1984、1990年版。

张文焕:《拉萨尔评传》,人民出版社1983年版。

外文文献

Brian Brivatti and Richard Hefferman: *The Labour Party, A Centenary History*, London, 2000.

Cola Stefan: *Zwischen zwei Stühlen*, Bonn, 1982.

Der organisierte Kapitalismus, Bericht und Diskussionen, Hague, 1973.

Dieter Dowe: *Programmatische Dokumente der deutschen Sozialdemokratie*, 4. aktualis. Aufl., Bonn, 2004.

Eduard Bernstein: *Ferdinand Lassalle und seine Bedeutung für die Arbeiterklasse*, Berlin, 1919.

Eduard Bernstein: *Der Sozialismus einst und jetzt*, Stuttgart, 1922.

Eric Shaw: *The Labour since 1945*, London, 1996.

Eric Shaw: *The Labour since 1979*, London, 1994.

Eugen Prager: *Geschichte der USPD*, Berlin, 1921.

Eun-Jeung Lee: *Der soziale Rechtsstaat als Alternative zur authoritären Herrschaft*, Berlin, 1994.

Ferdinand Lassalle: *Reden und Schriften*, Bd. 3, Berlin, 1892–1893.

Friederich Naumann: *Werke*, Bd. 1–6, Köln, 1964.

Friederich Naumann: *Bebel und Bernstein*, Berlin, 1899.

Gary Stinson: *Karl Kautsky*, Pittsburg, 1978.

Günter Konk: *Der Organisierte Kapitalismus, Sozialdemokratische Partei und Staat*, Stuttgart, 1983.

Hans-Josef Steinberg: *Sozialismus und deutsche Sozialdemokratie*, 5. Aufl., Bonn, 1979.

Harold Lasky: *Study of Sovereignty Problem*, Yale Uni. Press, 1917.

Harold Lasky: *Authority in the Modern State*, Yale Uni. Press, 1919.

Harold Lasky: *The Foundation of Sovereignty and Other Essays*, New York, 1921.

Harold Lasky: *Grammar of Politics*, London, 1925.

Harold Lasky: *Introduction to Politics*, London, 1931.

Hartmut Schustereit: *Linksliberalismus und Sozialdemokratie in der Weimarer Republik*, Düsseldorf, 1975.

Hendrik de Man: *Psychology of Marxist Socialism*, 2. ed., London, 1985.

Hermann Heller: *Staatslehre*, Tübingen, 1983.

Hermann Oncken: *Lassalle, zwischen Marx und Bismarck*, Stuttgart, 1966.

Horst Heimann und Thomas Meyer (Hrsg.): *Reformsozialismus und Sozialdemokratie*, Bonn, 1982.

Ingrid Gilcher–Holtey: *Das Mandate der Intellektuellen, Karl Kautsky und Sozialdemokratie*, Berlin, 1986.

Jean Jaures: *Oeuvres de Jean Jaures*, Tom 1, 6, Paris, 1931, 1933.

Jochem Langkau et al: *SPD und Gewerkschaften*, Bd. 1, Bonn, 1994.

John A. Hobson: *Industry System*, London, 1910.

John A. Hobson: *Democracy after the War*, London, 1917.

John A. Hobson: *Science of Wealth*, Iondon, 1914.

John A. Hobson: *Work and Wealth*, London, 1914.

John A. Hobson: *From Capitalism to Socialism*, London, 1932.

Karl Kautsky: *Terrorismus und Kommunismus*, Berlin, 1919.

Karl Kautsky: *Über Sozialdemokratie und Kommunismus*, München, 1948.

Karl Kautsky: *Der Parlamentarismus, die Volksgesetzgebung und die Sozialdemokratie*, Stuttgart, 1893.

Karl Kautsky: *Benstein und das Sozialdemokratische Programm*, Stuttgart, 1899.

Karl Vorländer: *Kant und Marx*, 2. Aufl., Tübingen, 1926.

Leon Blum: *Oeuvres de Leon Blum*, Tom 1, 5, 6, Paris, 1954, 1955, 1958.

Leon Blum: *Socialisme demokratique*, Paris, 1972.

Leon Blum: *Radicalisme et Socialisme*, Paris, 1928.

Lionel Jospin: *Socialisme moderne*, Paris, 2000.

Lewis Minkin: *Contentious Union*, Edingburg, 1991.

Massimo L. Salvador: *Sozialismus und Demokratie. Karl Kautsky 1880–1938*, Stuttgart, 1982.

Max Adler: Die *Staatsauffassung des Marxismus*, Wien, 1922.

Michael Freeden: *Liberalism Divided*, Oxford, 1986.

Meg Russel: *Building New Labour*, New York, 2005.

Noberto Bobbio: *Rechts und Links*, Berlin, 1994.

Patrick Seyd and Paul Whitley: *New Labour's Grassroots*, London, 2002.

Peter Clarke: *Liberals and Social Democrats*, London and New York, 1978.

Peter Taylor: *Sozialiberalismus und die deutsche Weltpolitik. Friedrich Naumann im Wilhelmmischen Reich*, Baden – Baden, 1963.

Renold T. Hobhouse: *Labour Problem*, London, 1912.

Renold T. Hobhouse: *Democracy and Reaction*, London, 1909.

Renold T. Hobhouse: *The Factor of Social Justice*, New York, 1922.

Ruedi Waser: *Die sozialistische Idee im Denken Hermann Hellers*, Basel, 1965.

Schlomo Na'aman: *Lassalle*, 2. Aufl., Hannover, 1971.

Thilo Ramm: *Ferdinand Lassalle. Der Revolutionär und das Recht*, Berlin, 2004.

Thomas Queen: *The Modernisation of Labour Party*, New York, 2007.

Will Hutton and Anthony Giddens: *Global Capitalism*, New York, 2000.

Wolfgang Luthardt: *Sozialdemokratische Verfassungstheorie in der Weimarer Republik*, Opladen, 1986.

图书在版编目（CIP）数据

社会民主主义概论/殷叙彝著.
—北京：中央编译出版社，2011.3
（国家哲学社会科学成果文库）
ISBN 978 – 7 – 5117 – 0792 – 5

Ⅰ.①社…
Ⅱ.①殷…
Ⅲ.①社会民主主义 – 研究
Ⅳ.①D091.6
中国版本图书馆 CIP 数据核字（2011）第 035893 号

社会民主主义概论

出 版 人	和 龑
责任编辑	贾宇琰　邢艳琦
封面设计	肖　辉　春天书装
责任印制	尹　珺
出版发行	中央编译出版社
地　　址	北京西单西斜街 36 号（100032）
电　　话	（010）66509360（总编室）　（010）66509350（编辑室） （010）66161011（团购部）　（010）66130345（网络销售） （010）66509364（发行部）　（010）66509618（读者服务部）
网　　址	www.cctpbook.com
经　　销	全国新华书店
印　　刷	北京瑞哲印刷厂
开　　本	787 毫米×1092 毫米　1/16
字　　数	500 千字
印　　张	31
版　　次	2011 年 3 月第 1 版第 1 次印刷
定　　价	98.00 元

本社常年法律顾问：北京大成律师事务所首席顾问律师　鲁哈达
凡有印装质量问题，本社负责调换，电话：（010）66509618